Kirchengeschichte II:
Vom Spätmittelalter bis zur Gegenwart

Lehrwerk Evangelische Theologie (LETh)

Unter Autorenschaft von
Michael Domsgen, Beate Ego, Katharina Greschat,
Isolde Karle, Ulrich H. J. Körtner, Christof Landmesser,
Rochus Leonhardt, Wolf-Friedrich Schäufele
und Henning Wrogemann

Band 4

Wolf-Friedrich Schäufele

Kirchengeschichte II: Vom Spätmittelalter bis zur Gegenwarte

Studienausgabe

EVANGELISCHE VERLAGSANSTALT
Leipzig

Wolf-Friedrich Schäufele, Dr. theol., Jahrgang 1967, studierte Evangelische Theologie, lateinische Philologie und Biochemie in Tübingen, Heidelberg und Mainz und war Wissenschaftlicher Mitarbeiter bzw. Assistent an den Universitäten Mainz und Köln und am (Leibniz-)Institut für Europäische Geschichte in Mainz. Seit 2007 ist er Professor für Kirchengeschichte an der Philipps-Universität Marburg. Seine Forschungsschwerpunkte liegen in der Kirchengeschichte des Mittelalters und der Frühen Neuzeit, insbesondere der Reformationsgeschichte.

Bibliographische Information der Deutschen Nationalbibliothek
Die Deutsche Nationalbibliothek verzeichnet diese Publikation in der Deutschen Nationalbibliographie; detaillierte bibliographische Daten sind im Internet über http://dnb.de abrufbar.

© 2023 by Evangelische Verlagsanstalt GmbH, Leipzig
Printed in Germany

Das Werk einschließlich aller seiner Teile ist urheberrechtlich geschützt. Jede Verwertung außerhalb der Grenzen des Urheberrechtsgesetzes ist ohne Zustimmung des Verlags unzulässig und strafbar. Das gilt insbesondere für Vervielfältigungen, Übersetzungen, Mikroverfilmungen und die Einspeicherung und Verarbeitung in elektronischen Systemen.

Das Werk wurde auf alterungsbeständigem Papier gedruckt.

Cover und Layout: Kai-Michael Gustmann, Leipzig
Satz: ARW-Satz, Leipzig
Druck und Binden: BELTZ Grafische Betriebe GmbH

ISBN 978-3-374-07433-4 // eISBN (PDF) 978-3-374-05485-5
www.eva-leipzig.de

ZUM LEHRWERK

Das Lehrwerk Evangelische Theologie (LETh) bietet einen Überblick über alle Fächer der Evangelischen Theologie nebst einer Einführung für Theologinnen und Theologen in die Religionswissenschaft. Auf dem aktuellen Stand der Forschung vermittelt es das Grundwissen für Studium und Examen. Zielgruppe sind Studierende der Evangelischen Theologie im Hauptfach sowie im Diplom- oder Magisterstudium Evangelische Theologie. In besonderer Weise dürfen sich Studierende mit dem Berufsziel Pfarramt und Lehramt – hier vor allem, aber nicht ausschließlich am Gymnasium – angesprochen fühlen. Das Lehrwerk lässt sich aber auch unabhängig von modularisierten Studiengängen benutzen. Das Bemühen um einen klaren Aufbau der Bände und eine griffige Sprache, bei der Fachterminologie und gutes Deutsch zusammenfinden, zielt auf eine Leserschaft, die Freude an theologischer Bildung hat.

Die Bände des Lehrwerks wollen keine historisierende Darstellung der einzelnen theologischen Fächer und Teildisziplinen geben, sondern gegenwartsbezogenes theologisches Grundwissen vermitteln. Dabei bemühen sich die Autoren, den Gesichtspunkt der fachwissenschaftlichen Relevanz von Theologie mit der praxisorientierten Ausrichtung auf das künftige Berufsfeld der Studierenden zu verbinden. Die Leitfrage bei der Stoffauswahl lautet: Welches Grundwissen ist für den Erwerb der im Pfarramt oder im Lehramt geforderten theologischen Kompetenz entscheidend?

Für jeden Band ist selbstverständlich sein Autor oder seine Autorin verantwortlich. Zugleich aber wurde jeder Einzelband vor dem Erscheinen im Herausgeberkreis im Hinblick auf inhaltliche Grundentscheidungen und Aufbau gründlich diskutiert. Auf diese Weise werden Querverbindungen hergestellt und Überschneidungen vermieden, um dem Gesamtwerk bei aller theologischen Pluralität die nötige Geschlossenheit zu verleihen. Den Leserinnen und Lesern sollen auf diese Weise die innere Einheit der Theologie und die bestehenden Zusammenhänge zwischen ihren Einzeldisziplinen, ihren Fragestellungen und Methoden deutlich werden (enzyklopädischer Aspekt).

Der Umfang der Bände und ihr Aufbau richten sich nach den Erfordernissen des für Studierende im Rahmen von Prüfungsvorbereitungen rezipierbaren Stoffes. Die Hardcovereinbände sind strapazierfähig, die Ladenpreise bezahlbar.

Bis 2024 erscheint das Lehrwerk Evangelische Theologie in zehn Bänden:

2018: Band 5: Dogmatik (Ulrich H. J. Körtner)
Band 9: Ökumenische Kirchenkunde (Ulrich H. J. Körtner)
2019: Band 6: Ethik (Rochus Leonhardt)
Band 8: Religionspädagogik (Michael Domsgen)
2020: Band 7: Praktische Theologie (Isolde Karle)
Band 10: Religionswissenschaft und Interkulturelle Theologie (Henning Wrogemann)
2021: Band 4: Kirchengeschichte II: Vom Spätmittelalter bis zur Gegenwart (Wolf-Friedrich Schäufele)
2022: Band 3: Kirchengeschichte I: Von der Alten Kirche bis zum Hochmittelalter (Katharina Greschat)
2023: Band 1: Altes Testament (Beate Ego)
2024 Band 2: Neues Testament (Christfried Böttrich)

Allen Bänden sind ein Literaturverzeichnis sowie Register – je nach Notwendigkeit zu Personen, Sachen und Bibelstellen – beigegeben. Die verwendeten Literaturabkürzungen richten sich nach der jeweils aktuellsten Ausgabe des *Internationalen Abkürzungsverzeichnisses für Theologie und Grenzgebiete* (IATG), die Abkürzungen der Bibelstellen nach den *Loccumer Richtlinien*.

Leipzig, im Februar 2021　　　　　Verlag und Autorenschaft

Inhalt

Vorwort XVII

1. Kirche und Theologie im Spätmittelalter (1294–1517)

1.1 Überblick: Das Spätmittelalter – Krisen und Neuaufbrüche ... 1
1.2 Der Niedergang des Papsttums im 14. Jahrhundert 4
    1.2.1 Die Peripetie: Papst Bonifaz VIII. (1294–1303) 4
    1.2.2 Das Papsttum in Avignon (1309–1377) 7
    1.2.3 Papst Johannes XXII. (1316–1334) 9
    1.2.4 Das Große Abendländische Schisma (1378–1417) 13
1.3 Von der Hoch- zur Spätscholastik: Die jüngere Franziskanerschule 14
    1.3.1 Johannes Duns Scotus 15
    1.3.2 Wilhelm von Ockham 17
1.4 Die Mystik im Spätmittelalter 21
    1.4.1 Meister Eckhart und die Dominikanermystik 21
    1.4.2 Geert Grote und die Devotio moderna 25
1.5 Kirchenkritik im Zeitalter des Großen Schismas 26
    1.5.1 John Wyclif und die Lollarden 28
    1.5.2 Jan Hus und die Hussiten 29
1.6 Die Reformkonzilien 32
    1.6.1 Der Konziliarismus 32
    1.6.2 Die Konzilien von Pisa (1409) und Konstanz (1414–1418) 33
    1.6.3 Das Konzil von Basel (1431–1449) 35
1.7 Theologie und Frömmigkeit am Ausgang des Mittelalters ... 38
    1.7.1 Frömmigkeitstheologie 38
    1.7.2 Die Frömmigkeit am Ausgang des Mittelalters 39
1.8 Christentum und Kirche im Zeichen von Renaissance und Humanismus 44
    1.8.1 Die Renaissance 44
    1.8.2 Der Humanismus 47
    1.8.3 Das Renaissance-Papsttum 50
1.9 Weiterführende Literatur 52

2. Die Reformation im deutschsprachigen Raum (1517–1555)

- 2.1 Einführung: Die Reformation als Epoche 54
- 2.2 Politik, Religion und Kultur am Vorabend der Reformation ... 57
- 2.3 Luthers Werdegang bis 1517 60
  - 2.3.1 Kindheit, Studium und Erfurter Klosterjahre (1483–1511) ... 60
  - 2.3.2 Prediger und Professor in Wittenberg (1511–1517) 62
  - 2.3.3 Luthers »reformatorischer Durchbruch« 63
- 2.4 Luther und der Ablassstreit (1517–1521) 65
  - 2.4.1 Petersablass und 95 Thesen 65
  - 2.4.2 Von der Heidelberger zur Leipziger Disputation 67
  - 2.4.3 Luthers reformatorische Hauptschriften 68
  - 2.4.4 Das Ketzerurteil 70
- 2.5 Der Wormser Reichstag und die evangelische Bewegung 1521–1525 71
  - 2.5.1 Luther in Worms und auf der Wartburg 71
  - 2.5.2 Evangelische Bewegung und Wittenberger Stadtreformation 73
  - 2.5.3 Sickinger Fehde und Bauernkrieg 75
  - 2.5.4 Thomas Müntzer 77
  - 2.5.5 Das dreifache Umbruchsjahr 1525 79
- 2.6 Luthers Theologie 80
- 2.7 Reformatoren neben Luther 85
  - 2.7.1 Wittenberger Reformatoren: Melanchthon – Bugenhagen – Amsdorf 86
  - 2.7.2 Schweizerische und oberdeutsche Reformatoren: Martin Bucer 88
- 2.8 Huldrych Zwingli und die Reformation in Zürich 90
  - 2.8.1 Zwinglis Werdegang bis 1522 90
  - 2.8.2 Die Einführung der Reformation in Zürich (1522–1526) ... 92
  - 2.8.3 Die Ausbreitung der Reformation in der Schweiz 95
  - 2.8.4 Zwinglis Theologie 97
- 2.9 Radikale Reformatoren 99
  - 2.9.1 Spiritualisten 99
  - 2.9.2 Täufer 101
  - 2.9.3 Antitrinitarier 103
- 2.10 Der Erste Abendmahlsstreit (1524–1536) 104
- 2.11 Reich und Reformation (1522–1532) 108
  - 2.11.1 Reichsregiment und Fürstenbündnisse (1522–1526) 108

	2.11.2 Vom ersten zum zweiten Speyerer Reichstag (1526–1529)	109
	2.11.3 Der Augsburger Reichstag (1530)	111
	2.11.4 Schmalkaldischer Bund und Nürnberger Anstand (1531–1532)	113
2.12	Die Ausbreitung der Reformation in den deutschen Territorien (1525–1544)	114
2.13	Ausgleichsversuche und Eskalation (1536–1546)	119
	2.13.1 Konzilsvorbereitungen	119
	2.13.2 Die Reichsreligionsgespräche	119
	2.13.3 Militärische Eskalation	121
	2.13.4 Luthers Alter und Tod	123
2.14	Schmalkaldischer Krieg, Interim und Augsburger Religionsfriede	125
	2.14.1 Der Schmalkaldische Krieg	125
	2.14.2 Das Augsburger Interim	125
	2.14.3 Fürstenkrieg und Augsburger Religionsfriede	127
2.15	Weiterführende Literatur	130

3. Die Reformation in Westeuropa (1520–1648)

3.1	Überblick: Europäische Reformationen	133
3.2	Johannes Calvin und die Reformation in Genf	135
	3.2.1 Calvins Werdegang bis 1541	135
	3.2.2 Calvin in Genf 1541–1564	139
	3.2.3 Calvins Theologie	142
3.3	Die Reformation in Frankreich	145
	3.3.1 Der französische Protestantismus bis zur Confessio Gallicana (1559)	145
	3.3.2 Die Hugenottenkriege bis zum Edikt von Nantes (1562–1598)	147
3.4	Die Reformation in den Niederlanden	149
	3.4.1 Der Protestantismus in den Niederlanden bis zur Confessio Belgica (1561)	149
	3.4.2 Der Achtzigjährige Krieg (1568–1648)	150
	3.4.3 Der Arminianismus und die Synode von Dordrecht	152
3.5	Die Reformation in England und Schottland	154
	3.5.1 Die Reformation in England	154
	3.5.2 Die Reformation in Schottland	157
3.6	Weiterführende Literatur	158

4. Kirche und Theologie im Konfessionellen Zeitalter (1555–1648)

- 4.1 Überblick: Das Konfessionelle Zeitalter 159
  - 4.1.1 Das Konfessionelle Zeitalter als Epoche 159
  - 4.1.2 Konfessionsbildung, Konfessionalisierung, Konfessionskulturen 165
  - 4.1.3 Exkurs: Das landesherrliche Kirchenregiment 166
- 4.2 Die Katholische Reform in Italien und Spanien 168
  - 4.2.1 Die Katholische Reform in Italien 169
  - 4.2.2 Die Katholische Reform in Spanien 170
  - 4.2.3 Katholische Weltmission 173
- 4.3 Das Konzil von Trient (1545–1563) und die tridentinische Reform 175
  - 4.3.1 Das Konzil 175
  - 4.3.2 Die Beschlüsse 177
  - 4.3.3 Die tridentinische Reform 179
- 4.4 Die Gegenreformation im Heiligen Römischen Reich 181
- 4.5 Theologie und Frömmigkeit im Katholizismus des Konfessionellen Zeitalters 184
  - 4.5.1 Die katholische Barockscholastik 184
  - 4.5.2 Die romanische Mystik 185
  - 4.5.3 Der Jansenismus 187
- 4.6 Die innerlutherischen Lehrstreitigkeiten bis zum Konkordienbuch (1548–1580) 188
  - 4.6.1 Die innerlutherischen Streitigkeiten 188
  - 4.6.2 Vom Wormser Religionsgespräch 1557 zum Konkordienwerk 1577/80 190
- 4.7 Theologie und Frömmigkeit im nachkonkordistischen Luthertum 194
  - 4.7.1 Die lutherische Orthodoxie 194
  - 4.7.2 Frömmigkeit im Luthertum 197
  - 4.7.3 Der mystische Spiritualismus 200
- 4.8 Die Ausbreitung des Reformiertentums in Deutschland 202
  - 4.8.1 Reformierte Konfessionsbildung vor und nach 1555 ... 202
  - 4.8.2 Kurfürstentum Pfalz 204
  - 4.8.3 Weitere reformierte Territorien 206
- 4.9 Reformierte Orthodoxie und konfessionelle Irenik 207
  - 4.9.1 Die reformierte Orthodoxie 207
  - 4.9.2 Konfessionelle Irenik und Unionsbestrebungen 209

4.10	Der englische Protestantismus im Konfessionellen Zeitalter	210
	4.10.1 Anglikanismus und Puritanismus bis 1642	210
	4.10.2 Puritanische Revolution und anglikanische Restauration	213
	4.10.3 Der Puritanismus und die Neuengland-Kolonien	215
4.11	Dreißigjähriger Krieg (1618–1648) und Westfälischer Friede (1648)	217
	4.11.1 Der Dreißigjährige Krieg	217
	4.11.2 Der Westfälische Friede	220
4.12	Weiterführende Literatur	222

5. Kirche und Theologie im Zeitalter von Pietismus und Aufklärung (1648–1789)

5.1	Überblick: Vom Alt- zum Neuprotestantismus	223
5.2	Der Pietismus: Anliegen und Eigenart	228
5.3	Der reformierte Pietismus in den Niederlanden und Deutschland	230
	5.3.1 Der niederländische Pietismus	230
	5.3.2 Der reformierte Pietismus in Deutschland	232
5.4	Philipp Jakob Spener und die Anfänge des lutherischen Pietismus in Deutschland	235
	5.4.1 Philipp Jakob Spener: Leben und Werk	235
	5.4.2 Die Ausbreitung des Spenerschen Pietismus in Deutschland	240
5.5	August Hermann Francke und der Hallesche Pietismus	241
	5.5.1 Franckes Werdegang und Wirken als Professor und Pfarrer in Halle	241
	5.5.2 Die weltweite Ausstrahlung des Halleschen Pietismus	245
5.6	Nikolaus Ludwig von Zinzendorf und die Herrnhuter Brüdergemeine	248
	5.6.1 Zinzendorf und die Gründung Herrnhuts	248
	5.6.2 Zinzendorfs Theologie und die Eigenart der Brüdergemeine	251
	5.6.3 Von Herrnhut in die Welt	254
5.7	Der württembergische Pietismus	257
5.8	Der radikale Pietismus	260
	5.8.1 Der radikale Pietismus im Luthertum	261

5.8.2 Der radikale Pietismus in den Wittgensteinischen
Grafschaften und der Wetterau 263
5.8.3 Radikalpietistische Sozietäten 265

5.9 Die philosophische Aufklärung in Europa 265
    5.9.1 Die Frühaufklärung 267
    5.9.2 Die britische Aufklärung 269
    5.9.3 Die französische Aufklärung 271
    5.9.4 Die deutsche Aufklärung 273

5.10 Die theologische Frühaufklärung 276

5.11 Die Neologie 279
    5.11.1 Die kirchlich-praktische Richtung der Neologie 280
    5.11.2 Die akademische Richtung der Neologie 282
    5.11.3 Das Woellnersche Religionsedikt 283

5.12 Theologischer Rationalismus und Supranaturalismus 284
    5.12.1 Der ältere Rationalismus 284
    5.12.2 Gotthold Ephraim Lessing 286
    5.12.3 Der nachkantische Rationalismus und
           Supranaturalismus 288

5.13 Die katholische Aufklärung 290

5.14 Kritik und Umformung der Aufklärung 293

5.15 Weiterführende Literatur 294

6. Kirche und Theologie im langen 19. Jahrhundert (1789–1918)

6.1 Überblick: Das lange 19. Jahrhundert – Eigenart
und Voraussetzungen 297
    6.1.1 Politische Revolutionen 298
    6.1.2 Wirtschaftliche und soziale Umwälzungen 300
    6.1.3 Geistige Umwälzungen 300
    6.1.4 Konsequenzen für Christentum und Kirche 304

6.2 Von der Französischen Revolution zum Wiener Kongress 306
    6.2.1 Die Französische Revolution und die Kirchen 306
    6.2.2 Die Kirchenpolitik Napoleons 308
    6.2.3 Deutschland im napoleonischen Zeitalter 310
    6.2.4 Wiener Kongress und Restauration 313

6.3 Die Erweckungsbewegung 315
    6.3.1 Die Erweckung in Europa und in Nordamerika 315
    6.3.2 Erweckung und Vereinsprotestantismus
          in Deutschland 318

Inhalt　　　　　　　　　　　　　　　XIII

6.3.3　Die Erweckung in Süddeutschland 319
6.3.4　Die Erweckung in Preußen und in Norddeutschland　321
6.4　Die evangelischen Kirchen in Deutschland bis
　　　zur Reichsgründung 1871 232
　　6.4.1　Evangelische Kirchenunionen 323
　　6.4.2　Union und Agendenstreit in Preußen 324
　　6.4.3　Der Neokonfessionalismus 327
　　6.4.4　Deutsche Revolution und preußischer Konservatismus　328
　　6.4.5　Gesamtkirchliche Einungsbestrebungen 331
6.5　Die evangelische Theologie im 19. Jahrhundert 332
　　6.5.1　Friedrich Schleiermacher 332
　　6.5.2　Liberale Theologie 334
　　6.5.3　Konservative Theologie 337
　　6.5.4　Die Vermittlungstheologie 339
　　6.5.5　Evangelische Theologie im Kaiserreich 341
　　6.5.6　Der Anglikanismus und die Oxford-Bewegung 344
6.6　Katholische Kirche und Theologie im 19. Jahrhundert 345
　　6.6.1　Die Neuorganisation der katholischen Kirche
　　　　　in Deutschland 346
　　6.6.2　Der Ultramontanismus 347
　　6.6.3　Katholische Theologie in Deutschland in der
　　　　　ersten Jahrhunderthälfte 349
　　6.6.4　Der Kölner Kirchenstreit 351
　　6.6.5　Ultramontanismus und Deutschkatholizismus
　　　　　in den 1840er Jahren 352
　　6.6.6　Katholische Kirche und Deutsche Revolution 354
　　6.6.7　Der Pontifikat von Papst Pius IX. 355
　　6.6.8　Das Erste Vatikanische Konzil und der Altkatholizismus　357
　　6.6.9　Katholische Theologie und Frömmigkeit in der
　　　　　zweiten Hälfte des 19. Jahrhunderts 359
　　6.6.10　Papst Pius X. und der Antimodernismus 361
6.7　Die Kirchen vor der sozialen Frage 362
　　6.7.1　Diakonische Initiativen im Kontext der
　　　　　Erweckungsbewegung 362
　　6.7.2　Johann Hinrich Wichern (1808–1881) und die
　　　　　Innere Mission 364
　　6.7.3　Politische Initiativen des sozialen Protestantismus 366
　　6.7.4　Sozialer Katholizismus und katholische Soziallehre ... 368
6.8　Die deutschen Kirchen im Kaiserreich 369
　　6.8.1　Die evangelischen Kirchen und der Staat 369

	6.8.2 Gemeinschaftsbewegung und Pfingstbewegung	371
	6.8.3 Die katholische Kirche und der Kulturkampf	374
	6.8.4 Weltmission im Zeitalter des Kolonialismus	377
6.9	Die Kirchen im Ersten Weltkrieg	379
6.10	Weiterführende Literatur	381

7. Kirche und Theologie im kurzen 20. Jahrhundert (1918–1990)

7.1	Überblick: Das »kurze 20. Jahrhundert« und die kirchliche Zeitgeschichte	383
7.2	Die institutionelle Neuaufstellung der christlichen Kirchen in Deutschland	386
	7.2.1 Novemberrevolution und Weimarer Reichsverfassung	386
	7.2.2 Institutioneller Neuaufbau der evangelischen Kirchen	388
	7.2.3 Konkordate und Staatsverträge	390
	7.2.4 Christliche Wohlfahrtspflege, Jugend- und Frauenarbeit	392
7.3	Theologie und Frömmigkeit in der Zwischenkriegszeit	394
	7.3.1 Die Theologie in der Zwischenkriegszeit	394
	7.3.2 Liturgische Bewegungen	400
	7.3.3 Die christlichen Kirchen zwischen Atheismus und Neuheidentum	402
7.4	Evangelische Kirche und Nationalsozialismus I: Der Kampf um die Reichskirche (1933/34)	405
	7.4.1 Überblick: Der Nationalsozialismus und die Kirchen	405
	7.4.2 Auf dem Weg zur evangelischen Reichskirche	407
	7.4.3 Jungreformatorische Bewegung und Pfarrernotbund	410
	7.4.4 Der Niedergang der »Deutschen Christen« und der Zerfall der Reichskirchenregierung	412
	7.4.5 Reichskirchliche Gleichschaltungspolitik	413
7.5	Evangelische Kirche und Nationalsozialismus II: Die Bekennende Kirche und die Bekenntnissynoden von Barmen, Dahlem und Augsburg (1934/35)	415
	7.5.1 Auf dem Weg zur Bekennenden Kirche	415
	7.5.2 Die erste Reichsbekenntnissynode von Barmen	416
	7.5.3 Die zweite Reichsbekenntnissynode von Dahlem	419
	7.5.4 Die dritte Reichsbekenntnissynode von Augsburg	421
7.6	Evangelische Kirche und Nationalsozialismus III: Von 1935 bis 1945	422

7.6.1 Die Kirchenausschüsse und die Spaltung
der Bekennenden Kirche 422
7.6.2 Die evangelischen Kirchen bis 1939 425
7.6.3 Die evangelische Kirche und die Juden 426
7.6.4 Evangelische Kirche und Widerstand 429
7.6.5 Der Verbandsprotestantismus im NS-Staat 431
7.6.6 Die Kirchen im Zweiten Weltkrieg 432
7.7 Die katholische Kirche und der Nationalsozialismus 434
7.7.1 Die katholische Kirche und das Reichskonkordat 434
7.7.2 Der deutsche Katholizismus bis 1939 435
7.7.3 Die Päpste und der Nationalsozialismus 437
7.8 Die Neuordnung der evangelischen Kirchen in
Deutschland nach 1945 439
7.8.1 Die Landeskirchen 439
7.8.2 Die Kirchenkonferenz von Treysa 441
7.8.3 »Stuttgarter Schuldbekenntnis« und
»Darmstädter Wort« 443
7.8.4 Die Kirchenkonferenz von Eisenach und die EKD 445
7.9 Der Protestantismus in der Bundesrepublik
Deutschland bis 1990 448
7.9.1 Westintegration und Wiederbewaffnung:
Die Ära Adenauer 448
7.9.2 Gesellschaftspolitische Kontroversen:
Die 1960er bis 1980er Jahre 452
7.9.3 Säkularisierung und EKD-Reform 458
7.10 Die evangelischen Kirchen in der DDR 460
7.10.1 Evangelische Kirchen und SED-Staat bis
zum Mauerbau: Die 1950er Jahre 461
7.10.2 Vom Mauerbau bis zur Gründung des Kirchenbundes:
Die 1960er Jahre 467
7.10.3 »Kirche im Sozialismus«: Die 1970er Jahre 470
7.10.4 Friedensbewegung und politische Wende:
Die 1980er Jahre 472
7.11 Die katholische Kirche in der zweiten Hälfte
des 20. Jahrhunderts 475
7.11.1 Das Papsttum nach 1945 475
7.11.2 Das Zweite Vatikanische Konzil 477
7.11.3 Das nachkonziliare Papsttum 481
7.11.4 Die katholische Kirche in der Bundesrepublik
Deutschland 483

	7.11.5 Die katholische Kirche in der DDR	485
7.12	Christsein in der Ökumene	487
	7.12.1 Die Anfänge der ökumenischen Bewegung im 19. und frühen 20. Jahrhundert	487
	7.12.2 Die drei Zweige der ökumenischen Bewegung im 20. Jahrhundert	489
	7.12.3 Der Ökumenische Rat der Kirchen	491
	7.12.4 Protestantisch-katholische Einheitsbestrebungen	493
	7.12.5 Exkurs: Zur Geschichte der Ostkirchen in der Neuzeit	496
7.13	Weiterführende Literatur	500

8. Ein Wort zum Schluss

Anhang

Literatur	505
Register	514
Personen	514
Orte	526
Sachen	532

Vorwort

Kirchengeschichte – oder besser: Christentumsgeschichte, denn es geht nicht nur um die kirchlichen Institutionen – ist wissenschaftssystematisch zunächst ein Teilgebiet der allgemeinen Geschichtswissenschaft. Als Teildisziplin der Theologie dient sie letztlich dem praktischen Zweck der Ausbildung zum geistlichen Amt oder zum höheren Lehramt. Das hat Konsequenzen, die auch die Konzeption des vorliegenden Bandes bestimmen. Über meine Auffassung der Aufgaben einer theologisch verstandenen Kirchengeschichte habe mich andernorts ausführlicher ausgesprochen.[1] Hier möchte ich nur zwei Punkte hervorheben.

Erstens: Das Studium der Kirchengeschichte muss verständlich machen, weshalb das Christentum, eine vor zwei Jahrtausenden im Vorderen Orient entstandene Religion, noch heute, im 21. Jahrhundert, unter grundlegend gewandelten geistigen, kulturellen, wissenschaftlich-technischen, ökonomischen, sozialen und politischen Bedingungen von einer Mehrheit der Weltbevölkerung als ein plausibles Angebot der Welt- und Selbstdeutung, der Sinnstiftung und der moralischen Orientierung empfunden wird. Möglich war dies nur durch eine kontinuierliche Fortentwicklung von Überzeugungen, Praktiken und Institutionen, die im Lauf der Jahrhunderte immer wieder zu grundlegenden Transformationen und Neukonfigurationen des Christentums führte – beginnend mit der nachösterlichen Umformung der Jesusbewegung zur Christusreligion über den komplexen Vorgang der Reformation bis hin zu dem umfassenden, noch nicht abgeschlossenen Prozess der Säkularisierung und Verdrängung des Christentums aus der Öffentlichkeit in den privaten Raum, der mit der Französischen Revolution begonnen hat und in Deutschland vor allem mit dem Ende der

---

[1] Schäufele, Auf dem Weg zu einer historischen Theorie der Moderne; Ders., Theologische Kirchengeschichtsschreibung als Konstruktionsaufgabe; Ders., Kirchengeschichte und Historische Theologie; Ders., Christentumsgeschichte als Transformationsgeschichte.

katholischen Reichskirche und des landesherrlichen Kirchenregiments und dem Wertewandel der 1960er Jahre wichtige Etappen erlebt hat.[2] Das Augenmerk auf derartige Umformungsprozesse führt dazu, dass die »klassische« Einteilung der gesamten Kirchengeschichte in meist fünf große Perioden – Alte Kirche, Mittelalter, Reformation, Neuzeit (Konfessionelles Zeitalter, Pietismus und Aufklärung), Neueste Zeit (19. und 20. Jahrhundert) – hier zugunsten einer kleinschrittigeren Gliederung preisgegeben wird. Der vorliegende Band, der um das Jahr 1300 einsetzt und chronologisch an den dritten Band dieser Lehrbuchreihe anschließt, führt in sieben überschaubaren Abschnitten vom Spätmittelalter bis zur Gegenwart.

Zweitens: In der Darstellung der Kirchengeschichte der Neuzeit wird, je näher wir der Gegenwart kommen, der Fokus geographisch zunehmend mehr auf den Entwicklungen in Europa und namentlich in Deutschland liegen. Im Zeitalter der Globalgeschichte und postkolonialer Fragestellungen sowie des ökumenischen Dialogs bedarf eine solche Beschränkung der Rechtfertigung. Tatsächlich ist sie nicht bloß aus praktischen Gründen legitim – die schiere Stofffülle macht, gerade für ein Lehrbuch, eine Auswahl unumgänglich –, sondern auch im Blick auf die Kernaufgabe der Kirchengeschichte als theologischer Disziplin, angehenden Pfarrerinnen und Pfarrern und Religionslehrerinnen und Religionslehrern ein historisch begründetes Verständnis eben jener Gestalt des Christentums zu erschließen, mit der sie in ihrem Wirkungskreis aktuell konfrontiert sind und für die sie in ihrem Amt einzustehen haben. Ein darüber hinausgehendes Studium der ökumenischen und globalen Christentumsgeschichte ist gleichwohl wünschens- und empfehlenswert.

Der vorliegende Band ist ein Lehrbuch. Präsentiert werden das wesentliche Examenswissen und allgemein anerkannte Deutungen und Theoriekonzepte, keine Spezialinteressen des Verfassers. Verlässliche und verständliche Orientierung waren das Ziel, nicht Originalität. Dennoch erzählt dieses Buch wie jedes historische Werk allein schon mit der Auswahl, Darbietung und Verknüpfung des Stoffs eine eigene Geschichte, aus einer bestimmten Perspektive und mit bestimmten Interessen. Das ist nicht zu vermeiden und auch kein Schaden – die Leserinnen und Leser müssen sich nur bewusst bleiben, dass es sich um eine Konstruk-

---

2 Vgl. Schäufele, Christentumsgeschichte als Transformationsgeschichte.

tion handelt, neben die oder an deren Stelle andere derartige Konstruktionen treten können und müssen.

Das Buch eignet sich zur selbstständigen ersten Erschließung des kirchengeschichtlichen Lehrstoffs und als Begleitlektüre zu akademischen Vorlesungen und Seminaren ebenso wie zur Wiederholung und Prüfungsvorbereitung. Es kann und soll aber ein vertieftes Studium der Kirchengeschichte nicht ersetzen. Zu jedem der sieben Abschnitte werden daher Literaturempfehlungen für eine weiterführende Lektüre gegeben. Das Literaturverzeichnis am Ende des Bandes nennt neben den in den Anmerkungen zitierten Titeln weitere zur Examensvorbereitung geeignete Überblicksliteratur. Immer empfehlenswert ist das Studium von Quellen. Die eingestreuten Zitate – durchweg, wo vorhanden, in moderner deutscher Übertragung – sollen darauf Lust machen. Zum Einstieg sei besonders auf die bewährte Sammlung »Kirchen- und Theologiegeschichte in Quellen« verwiesen.

Kirchengeschichte gilt bei Studierenden als schwieriges Fach und wird wegen der unüberschaubar scheinenden Fülle antiquarischer Informationen gefürchtet. Ausdrücklich sei daher betont: Wichtiger als Daten- und Detailwissen ist, ein Verständnis für die großen Probleme und Zusammenhänge der Kirchengeschichte zu erwerben. Natürlich braucht ein verlässliches historisches Orientierungswissen auch »Anker« in Gestalt wichtiger Daten und Namen. Im vorliegenden Band kommen diese elementaren Daten und Namen vor – aber im Wesentlichen nur sie. Weitere Ereignisse, Personen und Jahreszahlen bleiben im Interesse einer überschaubaren Präsentation des eigentlichen Lernstoffs unerwähnt. Es handelt sich insofern um ein kompaktes Lehr- und Lernbuch im strengen Sinne, nicht um eine wissenschaftlichen und literarischen Ansprüchen verpflichtete historiographische Darstellung. Daher werden auch nur die nötigsten Belege geboten, alles Weitere ist über die vertiefende Literatur leicht aufzufinden. Im Übrigen gilt für diese wie für jede andere Darstellung der Kirchengeschichte die Sentenz, die der Schriftsteller Ludwig Marcuse (1894-1971) über seinem Schreibtisch hängen hatte: »Es ist alles immer viel komplizierter.«[3]

Für die Vorbereitung auf eine Examensprüfung ist ein zweifacher Durchgang durch dieses Buch empfehlenswert: zunächst eine fortlaufende Lektüre des ganzen Bandes ohne größere Unterbrechungen und

---

3 Marcuse, Es ist alles immer viel komplizierter.

ohne allzu viel Augenmerk auf die Details, um die großen Entwicklungen und Zusammenhänge aufzufassen; danach eine zweite, abschnittsweise Durcharbeitung mit Einprägung der Einzelheiten und, wenn möglich, vertiefender Lektüre weiterer Literatur.

Das Buch ist aus meinen Vorlesungen an der Philipps-Universität Marburg hervorgegangen. Es verdankt viel den Anregungen und engagierten Nachfragen meiner Hörerinnen und Hörer. Besonders zu Dank verpflichtet bin ich meiner Ehefrau, Dipl.-Theol. Ulla Schäufele, und meiner Wissenschaftlichen Mitarbeiterin Sophia Farnbauer, die alle Kapitel gegengelesen und wertvolle Hinweise beigesteuert haben. Meine studentische Hilfskraft Ivana Schauß hat mich bei der Erstellung der Register, meine Frau bei den Registern und Korrekturen unterstützt. Dem Herausgeberkreis des »Lehrwerks Evangelische Theologie« und Frau Dr. Annette Weidhas von der Evangelischen Verlagsanstalt danke ich für die gute und konstruktive Zusammenarbeit.

Marburg, im Februar 2021   Wolf-Friedrich Schäufele

1.
Kirche und Theologie im Spätmittelalter (1294–1517)

1.1 Überblick: Das Spätmittelalter – Krisen und Neuaufbrüche

Das Spätmittelalter wird in der allgemeinen Geschichtswissenschaft wie in der Kirchengeschichte gewöhnlich von ca. 1300 bis ca. 1500 angesetzt. Namentlich das 14. Jahrhundert hebt sich als eine *Krisenzeit* von den vorangehenden Entwicklungen ab. Bereits seit dem Beginn dieses Jahrhunderts machte sich die Klimaabkühlung bemerkbar, die ihren Höhepunkt im späteren 16. und 17. Jahrhundert erreichte und als »Kleine Eiszeit« bezeichnet wird. Extreme Wetterereignisse wie Hochwasser und Sturmfluten, Missernten und Hungersnöte häuften sich. In den Jahren 1347–1353 erreichte erstmals seit der Antike wieder die Pest von Zentralasien her Europa. Der »Schwarze Tod« führte zu dramatischen Bevölkerungsverlusten – schätzungsweise ein Drittel der Einwohner! –, sorgte für religiöse Verunsicherung, die sich u. a. in Geißlerzügen und Judenpogromen entlud, und hatte erhebliche und lange nachwirkende demographische, wirtschaftliche und kulturelle Auswirkungen. Die Seuche blieb endemisch; bis ins frühe 18. Jahrhundert wurde Europa in kurzen Abständen immer wieder von Pestepidemien heimgesucht. Auch politisch war das Spätmittelalter vielfach durch Instabilität und Krisen gekennzeichnet; es gab zahlreiche bewaffnete Konflikte, deren bedeutendster der Hundertjährige Krieg zwischen England und Frankreich (1337–1453) war. Ebenfalls vor allem in diesen beiden Ländern kam es zu Bauernaufständen.

Im Osten war 1291 mit dem Fall von Akkon nach zwei Jahrhunderten die Kreuzfahrerherrschaft im Heiligen Land zu Ende gegangen. Seit Anfang des 14. Jahrhunderts wurden die türkischen Osmanen zur neuen muslimischen Vormacht im östlichen Mittelmeerraum. 1453 eroberten sie Konstantinopel (Istanbul) und setzten damit – ein Jahrtausend nach dem weströmischen Reich – auch dem Byzantinischen Reich als dem östlichen Nachfolgestaat des Imperium Romanum ein Ende. In den fol-

Der Papst lässt sich die Füße küssen
Holzschnitt von Lucas Cranach d. Ä., »Passional Christi und Antichristi«,
Wittenberg 1521

Das »Passional Christi und Antichristi«, eine polemische Flugschrift der frühen Reformation, stellte in dreizehn Bildpaaren mit Holzschnitten Cranachs und Beitexten von Philipp Melanchthon das Vorbild des armen und demütigen Christus und die Praxis der machtbewussten und prunksüchtigen Päpste als vermeintlicher Stellvertreter Christi einander gegenüber. Das hier wiedergegebene fiktive Bild zeigt den Papst mit der dreifachen Papstkrone, der Tiara, auf dem Haupt und auf einem Thron sitzend, mit Kardinälen und Bischöfen an seiner Seite. Weltliche Herrscher verschiedenen Ranges – der römisch-deutsche Kaiser, der König von Frankreich und die sächsischen Kurfürsten – erweisen ihm kniefällig die Huldigung mit dem Fußkuss, der Teil des päpstlichen Hofzeremoniells war und erst von Papst Johannes XXIII. (Papst 1958–1963) abgeschafft wurde. Damit wird symbolisch die Herrschaftsgewalt des Papstes auch über die weltlichen Mächte, wie sie in höchster Zuspitzung von Papst Bonifaz VIII. (Papst 1294–1303) artikuliert wurde, inszeniert.

1.1 Überblick: Das Spätmittelalter

genden Jahrzehnten stießen die osmanischen Eroberer über den Balkan bis nach Wien vor, das sie 1529 erstmals (und 1683 zum zweiten Mal) erfolglos belagerten. Damit waren nun die alten Kerngebiete der orthodoxen Christenheit des Ostens unter muslimischer Herrschaft, was hier die weitere kulturelle und religiöse Entwicklung erschwerte. Anstelle Konstantinopels, des »zweiten Rom«, wuchs nun die Bedeutung von Moskau, das sich selbst als »drittes Rom« empfand und wo 1589 ein neues Patriarchat eingerichtet wurde, für die orthodoxen Ostkirchen (Kap. 7.12.5). In den christlichen Reichen des Westens trug die gemeinsame Abwehr der osmanischen Expansion zur Entstehung einer kollektiven »europäischen« Identität bei.

Auch kirchengeschichtlich stellte sich das Spätmittelalter als Krisenzeit dar. Im Hochmittelalter hatte das Papsttum im Zuge der Gregorianischen Kirchenreform seine zentrale kirchliche Leitungsfunktion im Westen – auch um den Preis der Aufkündigung der Kirchengemeinschaft mit den orthodoxen Ostkirchen – durchsetzen können. Den jahrhundertelangen Machtkampf zwischen Sacerdotium und Regnum bzw. Imperium, zwischen den rivalisierenden Universalgewalten Papsttum und Kaisertum, hatten die Päpste mit dem Sieg über die Stauferkaiser für sich entschieden. Das Papsttum stand an der Schwelle zum 14. Jahrhundert auf der Höhe seiner Macht – und stürzte binnen weniger Jahre in seine tiefste Krise, die zur Verlegung der Kurie von Rom nach Avignon und schließlich sogar zum Schisma zwischen zwei und schließlich sogar drei konkurrierenden Päpsten führte. Die Krise des Papsttums ließ erstmals nach den großen Ketzerbewegungen des Hochmittelalters mit John Wyclif in England und Jan Hus in Böhmen und ihren Anhängern einflussreiche kirchenkritische Kräfte aufkommen. Sie erlaubte auch die Erprobung eines alternativen Modells der Kirchenleitung in Gestalt universaler Konzilien, das allerdings eine Episode blieb und dem Wiedererstarken des Papsttums im späteren 15. Jahrhundert nichts entgegenzusetzen hatte. Auch in der Theologie waren deutliche Verschiebungen zu beobachten. In der Hochscholastik war es gelungen, allen Schwierigkeiten zum Trotz die neu entdeckte aristotelische Philosophie mit der christlichen Überlieferung in Einklang zu bringen und die so gewonnene Harmonie von Philosophie und Theologie in eindrucksvolle Denksysteme auszumünzen. Schon mit der jüngeren Franziskanerschule im frühen 14. Jahrhundert begannen diese Synthesen fraglich zu werden und die Spannung zwischen Philosophie und Theologie, Vernunft und Offenbarung wieder aufzubrechen. Die Abwendung vieler Theologen von der metaphysischen Spekulation hin zur Anleitung zu praktischer Frömmigkeit war eine naheliegende Konsequenz.

Bei allen krisenhaften Momenten ist das Spätmittelalter keineswegs nur und ausschließlich als Krisenzeit zu charakterisieren. Denn in diese Geschichtsperiode fallen auch jene *Neuaufbrüche*, die gewöhnlich als die entscheidenden Weichenstellungen für den Übergang zur Neuzeit identifiziert werden. Um 1450 begann mit dem Buchdruck mit beweglichen Lettern eine regelrechte Medienrevolution mit immensen kulturellen, sozialen und politischen Folgewirkungen, und die großen Entdeckungsfahrten am Ende des 15. Jahrhunderts weiteten den geographischen und intellektuellen Horizont des alten Europa und führten ein Zeitalter globaler Wirtschaft und Politik herauf. Vor allem aber kam es im Spätmittelalter zu einer eindrucksvollen Kulturblüte, in der teils ältere Tendenzen und Potentiale der mittelalterlichen Kultur zur Entfaltung kamen, teils und vor allem aber das neue Kultur- und Bildungsideal der Renaissance und des Humanismus zur Wirkung gelangte. Mit der Wiederanknüpfung an die idealisierte Kultur des griechisch-römischen Altertums wurde die vermeintlich barbarische »finstere« Zwischenzeit, das bald so genannte »Mittelalter«, für beendet und überwunden erklärt. Die Renaissancekultur blieb nicht ohne Auswirkungen auf die Religion, und vom humanistischen Bildungsprogramm sind wesentliche Impulse für die Reformation ausgegangen.

1.2 Der Niedergang des Papsttums im 14. Jahrhundert

1.2.1 Die Peripetie: Papst Bonifaz VIII. (1294–1303)

Mit Bonifaz VIII. (Papst 1294–1303; s. im Band LETh 3) erreichte der päpstliche Anspruch auf die *plenitudo potestatis*, die volle Herrschaftsgewalt über die Kirche wie über die weltlichen Mächte, seine letztmögliche, extreme Steigerung. Doch nur wenig später musste derselbe Papst in drastischer Weise erfahren, dass dieser hochgespannte Anspruch nicht mehr durchsetzbar war. Das Papsttum, das sich nach jahrhundertelanger Rivalität der beiden Universalgewalten erfolgreich gegen das staufische Kaisertum durchgesetzt hatte, geriet nun auf Jahrzehnte in

1.2 Der Niedergang des Papsttums

die Abhängigkeit der französischen Könige; es waren die Partikulargewalten der einzelnen europäischen Herrscher, denen die Zukunft gehörte. Der Pontifikat von Bonifaz VIII. bildet insofern so etwas wie die Peripetie im Drama des mittelalterlichen Papsttums. Der Konflikt mit König Philipp IV. dem Schönen von Frankreich durchzog die gesamte Amtszeit von Bonifaz. Er entzündete sich an der rechtswidrigen Besteuerung des französischen Klerus durch Philipp, die Bonifaz 1296 mit der nach ihren Anfangsworten benannten Bulle (Papsturkunde) »Clericis laicos« (»Dass die Laien den Klerikern ...«) beantwortete, in der er dem König die Besteuerung und den Klerikern jegliche Abgabenzahlungen an Laien untersagte. Ein Aufstand der mit Philipp dem Schönen verbündeten Adelsfamilie Colonna im Kirchenstaat zwang den Papst im folgenden Jahr, die Geltung der Bulle für Frankreich wieder aufzuheben.

In den folgenden Jahren ruhte die Auseinandersetzung mit Philipp dem Schönen, und Bonifaz erreichte den Höhepunkt seiner Macht. Eine eindrucksvolle Inszenierung der päpstlichen Autorität gelang ihm mit der Ausrufung des ersten »Jubeljahrs« (»Heiligen Jahres«) im Jahr 1300. Bezugnehmend auf das »Jobeljahr« von Levitikus 25, sollte es ein Jahr besonderer Gnaden sein, in dem jeder Pilger, der nach Rom kam, die Peterskirche besuchte, beichtete und die Eucharistie empfing, einen vollständigen Ablass (Plenarablass) aller Sündenstrafen erhielt (zum Ablass s. u. Kap. 1.7.2). Der gewaltige Andrang von rund einhunderttausend Pilgern bedeutete einen beträchtlichen Prestigegewinn für das päpstliche Rom und war auch langfristig folgenreich. Bonifaz hatte bestimmt, dass alle hundert Jahre weitere Jubeljahre stattfinden sollten, doch schon 1350 wurde das zweite, 1390 das dritte ausgerufen. Schließlich wurde der Turnus auf 25 Jahre verkürzt, dazu kamen immer wieder außerordentliche Jubeljahre. Das letzte Heilige Jahr fand 2016 statt, dabei konnte erstmals auch in allen Bischofskirchen außerhalb von Rom der Plenarablass erworben werden. Kulturgeschichtlich trug die Feier der Jubeljahre zur Durchsetzung des Jahrhundert-Denkens bei und gab auch Anlass zur Ausbildung einer profanen Jubiläumskultur mit 25-, 50-, und 100-Jahr-Feiern.

Im durch das Jubiläum bestärkten Vollgefühl seiner päpstlichen Autorität reagierte Bonifaz VIII. im Jahr darauf auf das Wiederaufflammen des Konflikts mit dem französischen König, der den päpstlichen Legaten (Gesandten) hatte verhaften lassen. Bonifaz setzte »Clericis laicos« wieder in Kraft, beraumte eine Synode der französischen Bischöfe in Rom an und veröffentlichte Ende 1302 seine berühmte Bulle »Unam sanctam« (die Anfangsworte zitierten das nizänische Glaubensbekenntnis: »eine heilige, katholische und apostolische Kirche«). Darin bekräftigte er den Anspruch auf die *plenitudo potestatis* in allen kirchlichen und weltlichen Angelegenheiten und stützte sich dafür auf die im Anschluss an Lukas 22,38 entwickelte Argumentationsfigur von den beiden Schwertern. Christus habe der Kirche beide Schwerter, das der geistlichen und das der weltlichen Gewalt, übereignet, und die Kirche habe die Handhabung des weltlichen Schwerts nur an die Könige delegiert, die es in ihrem Sinne zu führen hätten. Mehr noch: Da die päpstliche Gewalt unmittelbar von Gott stamme und die gesamte Kirche dem Papst als dem Stellvertreter Christi untergeordnet sei, sei der Gehorsam gegen den Papst für alle Menschen nicht nur verpflichtend, sondern sogar heilsnotwendig. Damit war jeder Widerspruch gegen den Papst kurzerhand zur Häresie erklärt.

> »Beide [Schwerter] sind also in der Gewalt der Kirche, nämlich das geistliche und das weltliche. Dieses ist aber für die Kirche zu führen, jenes hingegen von der Kirche. Jenes gehört dem Priester, dieses liegt in der Hand der Könige und Ritter, aber nur wenn und solange der Priester es will. Es gehört sich aber, daß das eine Schwert dem anderen untergeordnet ist. [...] Wer sich also dieser von Gott so geordneten Gewalt widersetzt, der widersetzt sich der Ordnung Gottes [...] So erklären, sagen, bestimmen und verlautbaren wir, daß jede menschliche Kreatur bei Verlust ihrer ewigen Seligkeit dem römischen Papst untertan sein muß.«[4]

Philipp IV. erklärte nun seinerseits Bonifaz zum Häretiker und appellierte an ein allgemeines Konzil. Als der Papst daraufhin seine Exkommunikation vorbereitete, ließ Philipp ihn in der päpstlichen Sommerresidenz in Anagni von einem Militärkommando unter Führung der Colonna gefangen setzen. Nach wenigen Tagen konnten ihn die Bürger der Stadt befreien, doch nur einen Monat später starb Bonifaz. Das Attentat von Anagni hatte ihn persönlich schockiert, vor allem aber unmissverständlich gezeigt, wie unrealistisch die übersteigerten päpstlichen Machtansprüche waren.

---

4 Zitiert nach Ritter/Lohse/Leppin, Mittelalter (KThGQ 2), 179 f.

1.2.2 Das Papsttum in Avignon (1309-1377)

Unter den Nachfolgern von Bonifaz VIII. gerieten Papsttum und Kardinalskollegium in eine weitgehende Abhängigkeit von Frankreich. 1305 wurde nach elfmonatigem schwierigem Konklave der Erzbischof von Bordeaux, ein Vertrauter König Philipps IV., zum Papst gewählt, der den Namen Clemens V. (Papst 1305-1314) annahm. Clemens ließ sich in Lyon krönen und hielt sich zunächst an wechselnden Orten in Frankreich auf, bis er sich 1309 dauerhaft in Avignon in der Provence niederließ - einer Stadt, die damals zwar politisch nicht zum Königreich Frankreich gehörte, aber doch im Einflussbereich des französischen Königs lag. Indem Clemens fast nur Franzosen zu Kardinälen ernannte, stellte er sicher, dass in der Folgezeit auch nur Franzosen zu Päpsten gewählt wurden. Avignon blieb auch unter seinen Nachfolgern päpstliche Residenz, eine Rückkehr der Kurie nach Rom, dessen Bischof der Papst von Rechts wegen war, rückte in weite Ferne. Schon Zeitgenossen sprachen von der Periode des avignonesischen Papsttums (1309-1377) als einer »babylonischen Gefangenschaft des Papsttums«. In seiner Amtsführung beeilte sich Clemens V., den politischen Wünschen König Philipps des Schönen zu entsprechen. Die Bulle »Clericis laicos« setzte er außer Kraft, auf dem Konzil von Vienne (1311-1312) verfügte er die von Philipp IV. erstrebte Auflösung des Templerordens (bereits 1307 hatte der König Häresieprozesse gegen die Templer führen lassen, um sich ihr Vermögen anzueignen).

Auch alle folgenden Päpste bis 1378 waren sämtlich Franzosen. Insgesamt residierten sieben Päpste in Avignon, ab 1335 in dem mehrmals erweiterten prächtigen Papstpalast. Die Kurie, die päpstliche Zentralbehörde, erfuhr in dieser Zeit eine starke Erweiterung. Sie wurde zu einem effektiven Verwaltungsapparat ausgebaut und mit spezialisierten Beamten - auch sie ganz überwiegend Franzosen - besetzt; vergleichbare Strukturen gab es an den weltlichen Höfen der Zeit noch nicht. Der Ausbau der Kurie war mit hohen Kosten verbunden. Zugleich gingen die Einnahmen aus Rom und dem Kirchenstaat, die schon zuvor kaum mehr ausgereicht hatten, die mit dem Einfluss der Päpste gewachsenen Aufgaben zu finanzieren, zurück. Zur Finanzierung der Kurie entwickelte man in Avignon daher ein elaboriertes Steuer- und Abgabensystem, das als kurialer Fiskalismus bezeichnet wird. Die Päpste behielten sich entgegen den geltenden Gepflogenheiten durch sogenannte Reservationen nach und nach die Besetzung aller Bischofsstühle und die Vergabe zahlreicher niederer Pfründen selbst vor. Für die Ernennung oder Bestätigung der Kandidaten wurden Gebühren fällig, die teils an den Papst, teils ans Kardinalskollegium, teils an die Kurie zu entrichten waren. Bischöfe und Äbte mussten sogenannte »Servitien« in Höhe eines Drittels der Einkünfte des ersten Amtsjahres bezahlen, Erzbischöfe für die Verleihung des Palliums (der vom Papst geweihten Wollstola als Abzeichen ihres Ranges) zusätzlich sogenannte »Palliengelder«. Die Empfänger niederer Pfründen hatten die »Annaten« in Höhe der Einkünfte des ersten Amtsjahrs abzuführen. Doch auch bei Sterbefällen und Vakanzen wurden Gebühren fällig. Neben der Ämtervergabe brachten die Erteilung von Dispensen (ausnahmsweisen Befreiungen von kirchenrechtlichen Vorschriften), Privilegien und Ablässen der Kurie Einnahmen, dazu verschiedene Sondersteuern. Diese Praktiken waren erfolgreich, ihre zunehmende Ausdehnung und ihre (missbräuchliche) Durchsetzung mit Hilfe von Kirchenstrafen wie der Exkommunikation und dem Interdikt (Verbot von Gottesdiensten – und damit der priesterlichen Heilsvermittlung – an einem Ort) brachte die Kurie aber zunehmend in Misskredit.

Auch wenn sich das Finanzproblem auf diese Weise als lösbar erwies, blieb ein politisches Problem bestehen: Von Avignon aus waren die italienischen Besitzungen der Päpste nur schwer zu behaupten. In Rom hatten rivalisierende städtische Adelsfamilien die Macht übernommen, und im Spiel der politischen Interessen verschiedener Akteure drohte der Kirchenstaat, die Grundlage der weltlichen Herrschaft der Päpste, zu zerfallen. Bereits 1367 unternahm daher Papst Urban V. den Versuch, mit Unterstützung des Kaisers nach Rom zurückzukehren. Er konnte sich aber gegen die mächtigen italienischen Territorialherren nicht behaupten und musste wenige Jahre später nach Avignon zurückkehren. Dennoch blieb das Unternehmen einer Rückkehr nach Rom auf der Agenda. Bestärkt durch eindringliche Mahnungen der Visionärinnen Birgitta von Schweden und Katharina von Siena, gelang Papst Gregor XI. 1376/77 gegen erbitterten Widerstand vor allem aus Florenz die Rückkehr nach Rom und die Rückverlegung der Kurie dorthin. Da die alte päpstliche Residenz in Rom, der Lateran-Palast, zerstört war, wurde jetzt der Vatikan mit der Peterskirche[5] zum Sitz von Papst und Kurie.

---

5   Die verbreitete Bezeichnung »Petersdom« ist strenggenommen nicht korrekt, denn die stadtrömische Bischofskirche (»Dom«) der Päpste ist nach wie vor die Lateranbasilika.

1.2.3 Papst Johannes XXII. (1316–1334)

Die markanteste Papstpersönlichkeit während der fast siebzigjährigen Periode des avignonesischen Papsttums war der aus dem südfranzösischen Cahors stammende Johannes XXII. (Papst 1316–1334), der unmittelbare Nachfolger Clemens' V. Das Konklave hatte sich lange hingezogen, und am Ende hatten sich die französischen gegen die italienischen Kardinäle durchgesetzt. Obwohl Johannes bei seinem Amtsantritt wohl schon 72 Jahre alt war, währte sein Pontifikat noch mehr als 18 Jahre. Er entschied sich für den Verbleib in Avignon und setzte die profranzösische Politik bei den Kardinalernennungen fort. In zwei großen Konflikten war dieser Papst engagiert: mit dem deutschen König und mit den Franziskaner-Spiritualen.

1314 waren im Heiligen Römischen Reich zwei konkurrierende Könige gewählt worden: der Wittelsbacher *Ludwig IV.* und der Habsburger Friedrich von Österreich. In dieser Situation beanspruchte Johannes XXII. die Ausübung der kaiserlichen Rechte für sich. Als Ludwig IV. einen militärischen Sieg über seinen Rivalen errungen hatte und seine Herrschaft auch in den von alters her zum Reich gehörenden Gebieten Norditaliens durchsetzen wollte, exkommunizierte Johannes ihn und forderte ihn zum Amtsverzicht auf; despektierlich nannte er ihn nur »Ludwig der Bayer«. Im Gegenzug bezichtigte der König den Papst wegen dessen Haltung im franziskanischen Armutsstreit (s. u.) der Häresie und appellierte an ein allgemeines Konzil. Nachdem er seine Herrschaft in Deutschland gefestigt hatte, unternahm Ludwig einen Kriegszug nach Italien. In Rom ließ er sich 1328 in der Peterskirche von drei Bischöfen und von Vertretern des Volkes – also nicht, wie üblich, vom Papst (der inzwischen ohnehin in Avignon residierte) – zum römischen Kaiser krönen; Johannes XXII. erklärte er für abgesetzt und ließ einen Gegenpapst wählen, der sich aber nicht lange behaupten konnte.

Die Auseinandersetzung zwischen Johannes und Ludwig dauerte an, auch wenn sie die Herrschaft des Kaisers nicht ernsthaft erschüttern konnte. An seinem Hof in München nahm er den Ordensgeneral der Franziskaner Michael von Cesena und weitere prominente Angehörige des Ordens, darunter Wilhelm von Ockham (Kap. 1.3.2), auf, die von Johannes XXII. wegen ihrer Haltung im Armutsstreit exkommuniziert worden waren (s. u.). Ockham bestritt literarisch den Anspruch des Papstes auf die *plenitudo potestatis* und die Zwei-Schwerter-Theorie; falls der Papst wie in der gegenwärtigen Situation ein Häretiker sei, müsse die universale Kirche entscheiden. Unter Ludwigs Schutz in München lebte auch der ebenfalls exkommunizierte Pariser Magister Marsilius von Padua. Dieser hatte in seinem Hauptwerk »Defensor pacis« (»Verteidiger des Friedens«, 1324) in Anknüpfung an Aristoteles eine politische Staatstheorie entwickelt, die dem Volk oder seiner Vertretung die eigentliche gesetzgebende Gewalt und die Vollmacht, den Regenten ein- oder abzusetzen, zuerkannte; die Herrschaft des Königs beruhte also nicht auf päpstlicher Autorisierung, sondern quasi auf einem Gesellschaftsvertrag. Parallel dazu entfaltete Marsilius eine Konzeption der Kirche, in der in vergleichbarer Weise die von einem Konzil repräsentierte Gesamtheit der Gläubigen die entscheidende Instanz war und die Vollmacht zur Einsetzung der Amtsträger hatte; alle Kleriker seien gleichrangig, dem Papst komme nur ein Ehrenvorrang und schon gar keine weltliche Macht zu.

Auch nach dem Tod Johannes' XXII. blieben die Beziehungen Ludwigs IV. zum Papsttum gespannt. Eine Konsequenz daraus war die Entscheidung des Kurvereins von Rhens (am Rhein südlich von Koblenz), eines Treffens der zur Königswahl berechtigten Kurfürsten im Jahr 1338, dass der von ihnen gewählte deutsche König auch ohne päpstliche Bestätigung rechtmäßiger römischer König sein sollte. Die auf die Königskrönung folgende päpstliche Kaiserkrönung war nicht mehr rechtskonstitutiv für die Herrschaftsgewalt, sondern nur noch ein repräsentativer Akt. In diesem Sinne fixierte Kaiser Karl IV. 1356 in der »Goldenen Bulle« das Verfahren für Wahl und Königskrönung der römisch-deutschen Könige. Seit dem 16. Jahrhundert führten die deutschen Könige den Titel »erwählter römischer Kaiser« und verzichteten – auch infolge der Reformation – ganz auf eine zusätzliche päpstliche Kaiserkrönung; der letzte vom Papst gekrönte Kaiser war Karl V. (reg. 1519–1556).

Innerkirchlich griff Johannes XXII. massiv in den *franziskanischen Armutsstreit* ein. Schon zu Lebzeiten von Franziskus hatte sich angedeutet, dass mit dem Wachstum seines Ordens das strikte Armutsideal des Gründers kaum durchzuhalten sein würde. Bald kam es darüber zu deutlichen Spannungen. Die Ordensmehrheit, die sogenannte »Kommunität«, war bereit, zusätzliche Aufgaben in Seelsorge und Wissenschaft zu übernehmen und zu diesem Zweck auch die Verfügung über weltliche Güter zu akzeptieren; die Päpste, denen an der kirchlichen Domestizierung des Ordens lag, stellten mit sogenannten Erklärungen

1.2 Der Niedergang des Papsttums

der Ordensregel fest, dass die Armutsforderung dadurch nicht verletzt werde, da der Papst der eigentliche Eigentümer, die Franziskaner nur Nutzer der ihnen anvertrauten Vermögenswerte seien. Demgegenüber beharrten die vor allem in Italien in der Mark Ancona und der Toskana und in der Provence vertretenen »Spiritualen« – sie identifizierten sich selbst mit den Bringern der von Joachim von Fiore prophezeiten Geistkirche des dritten Zeitalters – auf der Geltung der unveränderten Ordensregel und der strikten Observanz der Armutsforderung.

Bonaventura (gest. 1274) war es in seiner langen Amtszeit als Generalminister gelungen, einen offenen Konflikt zu vermeiden. Nach seinem Tod kam es innerhalb des Ordens zum sogenannten ersten oder praktischen Armutsstreit (1274–1319). Papst Nikolaus III. suchte diesen 1279 mit der Bulle »Exiit qui seminat« (»Der Sämann ging aus«) einzudämmen, indem er die päpstliche Auffassung verbindlich festschrieb: Demnach durften die Franziskaner zwar keinerlei Eigentum haben; doch selbstverständlich hatten sie das Nutzungsrecht (Nießbrauch, usus facti) an allen ihren Besitzungen, die rechtlich Eigentum des Papstes seien. Die Spiritualen gaben sich mit dieser Sprachregelung allerdings nicht zufrieden und forderten, dass auch die bloße Nutzung im Sinne eines *usus pauper* dem Armutsgebot unterliegen müsse.

Als Papst Johannes XXII., der als ambitionierter Macht- und Finanzpolitiker dem franziskanischen Armutsideal denkbar fernstand, 1316 den Stuhl Petri bestieg, begann er zusammen mit dem Ordensgeneral Michael von Cesena und der Kommunität eine blutige Verfolgung der Spiritualen in ihren Hochburgen in der Provence. Doch nicht nur die Position der Radikalen im Franziskanerorden war dem Papst ein Dorn im Auge. Bald wendete er sich, vom konkurrierenden Bettelorden der Dominikaner unterstützt, auch gegen das abgeschwächte Armutsideal der Kommunität. Mit der Konstitution (päpstliche Entscheidung) »Cum inter nonnullos« (»Weil unter einigen«) entfachte er Ende 1323 den zweiten oder theoretischen Armutsstreit (1323–1329), der nicht mehr innerhalb des Franziskanerordens, sondern zwischen der Ordensleitung und dem Papst ausgefochten wurde. Indem Johannes die von allen Franziskanern vertretene Überzeugung von der persönlichen und gemeinschaftlichen Armut Jesu und seiner Jünger als häretisch verurteilte und feststellte, dass alle Besitzungen des Ordens rechtlich dessen volles Eigentum seien, unternahm er einen Generalangriff gegen das franziskanische Armutsideal. Führende Vertreter des Ordens wie Michael von

Cesena und Wilhelm von Ockham wurden exkommuniziert und suchten bei Kaiser Ludwig IV. Schutz. Unter einem neu gewählten papsttreuen Generalminister konnte sich der Franziskanerorden konsolidieren, doch die Nachwirkungen blieben jahrzehntelang spürbar. Die im Spätmittelalter in vielen großen Orden ausgetragenen Auseinandersetzungen um eine striktere Regelobservanz fielen bei den Franziskanern nicht von ungefähr besonders heftig aus. 1517 kam es zur förmlichen Spaltung des Ordens in die Minderheit der »Franziskaner-Konventualen« (auch »Minoriten« genannt) und die Mehrheit der dem strengen Armutsideal anhängenden »Franziskaner-Observanten« (meist einfach »Franziskaner« genannt), aus denen später als dritter Ordenszweig noch die Kapuziner (Kap. 4.2.1) hervorgingen.

Päpste des 14. und 15. Jahrhunderts

Bonifaz VIII. (1294-1303)
  Heiliges Jahr (1300), Bulle »Unam sanctam« (1302)

1309-1377: Papsttum in Avignon
Clemens V. (reg. 1305-1314)
  1311/12 Konzil von Vienne
Johannes XXII. (1316-1334)
1376/77 Rückverlegung der Kurie nach Rom durch Gregor XI.

1378-1417: Großes Abendländisches Schisma
1378 Doppelwahl: Urban VI. (Rom), Clemens VII. (Avignon)
1409 Konzil von Pisa
  drei Päpste: Gregor XII. (Rom), Benedikt XIII. (Avignon), Alexander V. (Pisa)
1414-1418 Konzil von Konstanz
  1417 Absetzung aller drei Päpste, Wahl Martins V. (1417-1431)
1431-1449 Konzil von Basel
Eugen IV. (1431-1447); Gegenpapst: Felix V. (1439-1449)

Renaissance-Päpste
Sixtus IV. (1471-1484): Sixtinische Kapelle
Alexander VI. Borgia (1492-1503): Kinder Cesare, Lucrezia
Julius II. (1503-1513): Kriege
Leo X. (1513-1521): Ablassstreit

1.2.4 Das Grosse Abendländische Schisma (1378–1417)

Anderthalb Jahre nach der Rückführung der Kurie von Avignon nach Rom starb Gregor XI. Dass die Papstwahl 1378 schicksalhaft werden würde, war abzusehen. Angesichts einer französischen Zwei-Drittel-Mehrheit im Kardinalskollegium befürchteten die Einwohner von Rom die Wahl eines Franzosen, der nach Avignon zurückkehren könnte. Das Konklave war von Tumulten überschattet. Schließlich wurde ein Italiener gewählt, der Erzbischof von Bari, der sich Urban VI. (Papst 1378–1389) nannte. Doch schon nach wenigen Monaten hatte Urban die Kardinäle durch seine selbstherrliche Amtsführung brüskiert. Unter Hinweis auf die unter Pressionen erfolgte Wahl erklärten sie Urban für abgesetzt und wählten statt seiner den französischen Kardinal Robert von Genf zum Papst, der den Namen *Clemens VII.* annahm.

Urban VI., der schon zuvor zahlreiche neue Kardinäle ernannt hatte, dachte nicht daran, sein Amt aufzugeben, und konnte sich in Rom behaupten. Clemens VII. nahm seinen Sitz wieder in Avignon und errichtete dort eine eigene Kurie. Das so entstandene Schisma (1378–1417) dauerte über den Tod der beiden rivalisierenden Päpste fort und stürzte das Papsttum in eine tiefe Krise. Fortan gab es ein römisches und ein avignonesisches Papsttum nebeneinander. Die spätere offizielle Papstgeschichtsschreibung erkannte Urban und seine römischen Nachfolger als rechtmäßige Päpste an und qualifizierte Clemens und dessen Nachfolger in Avignon als Gegenpäpste. Tatsächlich spaltete das Schisma die gesamte lateinische Christenheit. Um jeden der beiden Päpste sammelte sich eine eigene »Obödienz« (Anhängerschaft). Weltliche Herrscher, Bischöfe, Universitäten und Städte mussten sich entscheiden. Im Ergebnis wurde der römische Papst vom Heiligen Römischen Reich, England und den Reichen Nord- und Ostmitteleuropas unterstützt, zur avignonesischen Obödienz gehörten Frankreich, Schottland, Spanien und Portugal. Teilweise ging die Spaltung sogar durch Orden, Klöster und Bistümer hindurch, wo es dann ebenfalls zu Doppelwahlen von Ordensgeneralen, Äbten oder Bischöfen kam. Da jeder der beiden Päpste seinen Rivalen und dessen Anhängerschaft kollektiv exkommunizierte, befand sich, technisch gesehen, für vier Jahrzehnte die gesamte westliche Christenheit im Kirchenbann!

Für die Institution des Papsttums bedeutete das Große Abendländische Schisma einen empfindlichen Verlust an Macht, Ansehen und Vertrauen. Praktisch führte es zu einer spürbar erhöhten finanziellen Belastung von Klerus und Kirchenvolk. Denn jetzt mussten zwei Päpste, zwei Kardinalskollegien und zwei Kurien an zwei Standorten unterhalten werden. Die Folge war ein starker Ausbau des kurialen Fiskalismus, auch eine Vermehrung der Ablässe, die gegen Geldzahlungen vergeben wurden. Es erscheint nicht verwunderlich, dass in dieser Zeit der Unmut gegenüber dem Papsttum wuchs. Um Kirchenkritiker wie John Wyclif in England und Jan Hus in Böhmen sammelten sich erstmals seit dem Hochmittelalter wieder machtvolle oppositionelle Bewegungen (Kap. 1.5).

Letztlich verhalf die Schwäche des Papsttums einer alternativen Konzeption von Kirchenleitung zum Durchbruch: dem Konziliarismus. Danach sollte ein allgemeines Konzil als Repräsentanz der gesamten Kirche die oberste Entscheidungsgewalt haben und als solche auch über dem Papst stehen. Es war dann wirklich ein solches Konzil, das mit der Absetzung der konkurrierenden Päpste und der Wahl eines einzigen neuen Papstes 1417 in Konstanz das Abendländische Schisma beendete (Kap. 1.6).

1.3 Von der Hoch- zur Spätscholastik: Die jüngere Franziskanerschule

Weniger spektakulär als in der Papstgeschichte, aber ebenfalls deutlich zeigt sich die Epochenschwelle zum Spätmittelalter in der Theologiegeschichte. An die Stelle der großen, Offenbarung und Vernunft scheinbar mühelos integrierenden Synthesen und Systeme der Hochscholastik, wie sie in eindrucksvoller Weise etwa Thomas von Aquin repräsentierte, trat nun die Theologie der Spätscholastik, deren Vertreter den Blick vom Großen und Allgemeinen zum Konkreten und Besonderen, vom System zur Vielheit der einzelnen Probleme wendeten und die Harmonie von Offenbarung und Vernunft zunehmend in Frage stellten. Dieser Übergang ist besonders deutlich in der jüngeren Franziskanerschule zu beobachten. Ihre Hauptvertreter, Johannes Duns Scotus und Wilhelm von Ockham, stammten beide von den britischen Inseln und wurden akademisch in Oxford – neben Paris dem zweiten großen Zentrum der franziskanischen Theologie – geprägt, beide haben zuletzt in Deutschland gewirkt. Während Duns Scotus als letzter großer Vertreter der Hochscholastik gilt, gehört Ockham schon der Spätscholastik an. Doch

1.3 Von der Hoch- zur Spätscholastik

beide stehen in einer durchgehenden Entwicklungslinie, die es rechtfertigt, sie derselben »Schule« zuzuordnen. Mit ihren neuen Beiträgen zum Universalienproblem – vereinfacht gesagt: der Grundsatzfrage, wie sich Denken bzw. Sprache und Wirklichkeit zueinander verhalten –, das vor allem im 11./12. Jahrhundert intensiv diskutiert worden war, haben sie das Selbstverständnis der Theologie merklich verändert.

1.3.1 Johannes Duns Scotus

Johannes Duns Scotus (gest. 1308) war gebürtiger Schotte und 15-jährig in den Franziskanerorden eingetreten. Er hatte in Oxford die freien Künste (*artes liberales*) und Theologie studiert und dort und in Paris als Bakkalaureus und schließlich als Magister (= Professor) Theologie gelehrt. Zuletzt unterrichtete er ein Jahr lang am franziskanischen Ordensstudium in Köln, wo er 1308 im Alter von nur 42 Jahren starb.

Unter der Vielzahl der von ihm hinterlassenen Ausarbeitungen und von seinen Hörern aufgezeichneten Erörterungen ragt sein nach dem Entstehungsort Oxford benannter Kommentar zu den Sentenzen des Petrus Lombardus, das »Opus Oxoniense«, hervor.

Schon die Zeitgenossen legten Scotus den Ehrennamen »Doctor subtilis« bei – nicht zu Unrecht, war er doch einer der scharfsinnigsten Denker der Scholastik. Als origineller Philosoph und Theologe verband er Aristotelismus, Augustinismus und das Erbe der älteren Franziskanerschule, vor allem Bonaventuras. Mit seinen Ideen inspirierte er – wie Thomas von Aquin den Thomismus – eine eigene Schulrichtung, den Scotismus; noch im 17. Jahrhundert erlebte dieser in der römisch-katholischen Theologie eine Blüte.

Hier seien nur drei wesentliche Aspekte seines theologischen Denkens benannt: die Verhältnisbestimmung von Philosophie und Theologie, die Gotteslehre und die Erlösungslehre. Charakteristisch für Scotus ist erstens seine neue Auffassung des Verhältnisses von Vernunft und Offenbarung, von *Philosophie und Theologie*. Für Thomas waren Natur und Gnade, Vernunft und Offenbarung in abgestufter Ordnung harmonisch aufeinander bezogen: die Vernunft bildete die notwendige Voraussetzung und Grundlage, bedurfte aber der Ergänzung und Vervollkommnung durch die Offenbarung. Selbstverständlich stützte sich auch Scotus auf die – aristotelische – Philosophie, doch rückte er die Erkenntniswege der Philosophie und der Theologie stärker auseinander.

Grund dafür war seine Betonung des Gegensatzes zwischen Gott und Welt. Zwar konnte man – dies stellte auch Scotus nicht in Abrede – die Existenz Gottes in herkömmlicher Weise aus dem ontologischen Seinszusammenhang und dessen Kausalitäten beweisen. Doch Gott selbst stand außerhalb dieses Seinszusammenhangs. Gottes Sein war vom Sein der Geschöpfe so sehr unterschieden, dass es keine *analogia entis* zwischen ihnen gab, weshalb sich mit der natürlichen Vernunft keine eindeutigen Aussagen über Gottes Wesen machen ließen. Gottes Wesen konnte daher nicht Gegenstand der Metaphysik, sondern nur der Theologie sein. Deren Erkenntnisquelle aber war die Offenbarung, die nicht mit der Vernunft, sondern nur im Glauben ergriffen werde. Es bestand für Scotus daher die Möglichkeit, dass die Aussagen von Philosophie und Theologie nicht übereinstimmten - unter Umständen sogar im Sinne einer doppelten Wahrheit: dass etwas für die Philosophie wahr, für die Theologie jedoch falsch sein konnte (wenn nämlich die Philosophie verschiedene Denkmöglichkeiten zuließ, von denen der Offenbarung zufolge aber nur eine richtig war); und auch der umgekehrte Fall konnte vorkommen.

Als Franziskanertheologe vertrat Scotus zweitens im Unterschied zum thomistischen Intellektualismus einen Voluntarismus, ordnete also – bei Gott wie beim Menschen – den Willen der Vernunft über. In der *Gotteslehre* ging er folgerichtig vom souveränen Willen Gottes aus. Wenn Gott die Welt so geschaffen hatte, wie sie war, dann nicht deshalb, weil diese Einrichtung vernünftig oder notwendig war, sondern nur darum, weil es so seinem göttlichen Willen entsprach. Überhaupt war nichts an sich selbst gut oder notwendig. Gut war etwas nur dann und darum, weil Gott es so gewollt hatte; hätte er etwas anderes gewollt, so wäre dieses gut. Das bedeutete eine nicht unerhebliche Verschiebung im Gottesbild. Trotzdem nahm Scotus keinen unberechenbaren Willkürgott an. Zwar war Gottes Macht und Freiheit zu handeln grundsätzlich unbeschränkt: *potentia Dei absoluta*. Doch hatte er selbst in seiner Freiheit sich aus Liebe verlässlich an bestimmte Ordnungen gebunden, denen gemäß er kraft seiner *potentia Dei ordinata* in der Natur (Naturgesetze) und der Geschichte (Heilsordnung) handelte; nur ausnahmsweise, etwa im Fall von Wundern, wirkte Gott *de potentia absoluta*. Luther hat diesen Gedanken später in modifizierter Form in seiner Unterscheidung zwischen *Deus absconditus* und *Deus revelatus* aufgenommen (Kap. 2.6).

Drittens war auch die *Erlösungslehre* von Duns Scotus voluntaristisch konfiguriert. Die Rechtfertigung verstand er als die freie Annahme (Akzeptation) des Menschen durch Gott. Die Versöhnung durch Christus und die Mitteilung der Gnade Gottes durch die sakramentalen Heilsmittel der Kirche waren dabei nicht durch irgendwelche objektiven, rational verstehbaren Notwendigkeiten bedingt wie in der Satisfaktionslehre Anselms von Canterbury, sondern beruhten allein auf der freien, willkürlichen Setzung Gottes, der die Akzeptation des Menschen *de potentia ordinata* daran gebunden hatte. Ebenso konnten die durch die Eingießung der Gnade ermöglichten guten Werke des Menschen nicht objektiv das Heil verdienen, wurden Scotus zufolge von Gott aber auf Grund seiner Setzung als verdienstlich akzeptiert.

1.3.2 Wilhelm von Ockham

Wilhelm von Ockham (gest. 1347), ein Engländer aus der Grafschaft Surrey, war ebenfalls schon in jungen Jahren dem Franziskanerorden beigetreten und hatte seine Ausbildung am Ordensstudium in London und an der Universität Oxford erhalten. Dort hielt er die obligatorische Vorlesung über die Sentenzen des Lombarden, die Voraussetzung für die Verleihung des theologischen Magister- (= Doktor-)Grades war. Die erstrebte Magister-Promotion blieb Ockham jedoch versagt, vielleicht auf Betreiben des Oxforder Universitätskanzlers, der ihn einige Jahre später bei Papst Johannes XXII. als Häretiker anzeigte. Stattdessen unterrichtete er am Londoner Ordensstudium Philosophie. Von 1324–1328 hielt Ockham sich an der Kurie in Avignon auf, wo ein Häresieprozess gegen ihn geführt wurde. Eine Untersuchungskommission befand eine Reihe seiner Lehrsätze für ketzerisch oder falsch, trotzdem kam es nicht zu einer förmlichen Verurteilung. Stattdessen wurde Ockham in Avignon in den theoretischen Armutsstreit verwickelt (Kap. 1.2.3). Gemeinsam mit dem Generalminister seines Ordens Michael von Cesena floh er 1328 in den Schutz von Kaiser Ludwig IV. und verbrachte seine letzten beiden Lebensjahrzehnte in München, wo er polemische Schriften gegen den Machtanspruch des Papsttums verfasste.[6]

---

6   Umberto Eco hat Ockham in seinem Mittelalter-Roman »Der Name der Rose« (1980) ein literarisches Denkmal gesetzt: Die Hauptfigur William von Baskerville beruht (neben Sherlock Holmes) im Wesentlichen auf Ockham und dessen philosophisch-theologischen und kirchenpolitischen Anschauungen.

Während die anderen großen Scholastiker Ehrennamen erhielten, die sie als »Doktor« qualifizierten (z. B. Albertus Magnus: »Doctor universalis«; Thomas von Aquin: »Doctor angelicus«; Bonaventura: »Doctor seraphicus«; Duns Scotus: »Doctor subtilis«), wurde Ockham, der den höchsten akademischen Grad nicht erlangt hatte, von seinen Zeitgenossen der »Venerabilis Inceptor« (= »Ehrwürdiger Kandidat«) genannt. In seiner Philosophie und Theologie war er von seinem Ordensbruder Duns Scotus geprägt, entwickelte aber die dort angelegten Ideen selbstständig weiter. Sein gewichtigster Beitrag zur Philosophie der Spätscholastik war seine »nominalistische« Auffassung des *Universalienproblems* und die damit zusammenhängende Verhältnisbestimmung zwischen Philosophie und Theologie.

Die schon aus der Antike stammende Frage nach den Universalien, also den Allgemeinbegriffen, die abstrakt Arten (z. B. »Mensch« oder »Menschheit« im Unterschied zu dem konkreten Einzelmenschen Sokrates oder dem konkreten Einzelmenschen Petrus, »Pferd« oder »Pferdheit« im Unterschied zu dem konkreten Pferd Brunellus oder dem konkreten Pferd Bukephalos) oder Eigenschaften von Einzeldingen (beispielsweise Weißsein, Güte oder Wahrheit, jeweils im Unterschied zu einzelnen Dingen, die je für sich weiß, gut oder wahr sind) beschreiben, hat die mittelalterliche Erkenntnistheorie durch die Jahrhunderte hindurch immer wieder beschäftigt. Denn damit stand die Frage nach dem Verhältnis von Begriffsbildung und logischer Verknüpfung dieser Begriffe durch Schlussfolgerungen – also der philosophischen Erkenntnis überhaupt – zur empirischen Wirklichkeit zur Debatte, oder, anders gesagt: die Frage, inwieweit durch die Vernunft gewonnene philosophische Aussagen die Realität überhaupt zutreffend beschreiben.

Die vorherrschende Antwort der Scholastiker auf diese Grundfrage lässt sich als (Universalien-)Realismus beschreiben: Danach hatten die Allgemeinbegriffe nach Art der platonischen Ideen auch außerhalb des menschlichen Geistes eine eigenständige, von den Einzeldingen unabhängige und ihnen vorausliegende Existenz (*universalia ante res*). Auch die aristotelisch geprägte Dominikanerschule vertrat einen, wenngleich abgemilderten, Realismus, wonach die Allgemeinbegriffe in den Einzeldingen selbst real existierten (*universalia in rebus*). Die Gegenposition wurde nur selten vertreten: ein (Universalien-)Nominalismus, der allein den sinnlich wahrnehmbaren Einzeldingen objektive Reali-

1.3 Von der Hoch- zur Spätscholastik 19

tät zumaß und die Allgemeinbegriffe nur als von Menschen nachträglich ausgedachte Vokabeln (Namen, *nomina*) gelten ließ (*universalia post res*).

Duns Scotus teilte trotz eigener Akzentsetzungen noch den gemäßigten Realismus der Dominikanertheologen. Ockham dagegen vertrat, von der älteren Tradition abweichend, einen Nominalismus, der allein den sinnlich wahrnehmbaren Einzeldingen Realität zuerkannte. Die Allgemeinbegriffe galten ihm aber nicht wie den strengen Nominalisten als bloße, willkürlich gesetzte Vokabeln oder Namen, sondern als natürliche Zeichen und im menschlichen Geist real vorhandene Konzepte, weswegen sein gemäßigter Nominalismus auch als Konzeptualismus bezeichnet wird.

Alles Erkennen der außermentalen Wirklichkeit beruhte nach Ockham auf der an den konkreten Einzeldingen gewonnenen Erfahrung. Von Gott konnte der Mensch keine derartige Erfahrung haben. Deshalb rückte Ockham die Theologie noch weiter von der Philosophie ab als Scotus. Glaubenssätze wie Gottes Existenz, seine Allmacht, die Dreieinigkeit und die Inkarnation Christi galten ihm, anders als der älteren Scholastik, als nicht rational beweisbar; eine natürliche Theologie, die allein kraft der Vernunft ohne Rekurs auf die Offenbarung Aussagen über Gott macht, konnte es nicht geben. Die Wahrheiten der Theologie konnten nicht verstandesmäßig erkannt, sondern mussten auf Grund der Autorität der göttlichen Offenbarung, die uns in der Bibel und dem kirchlichen Lehramt entgegentritt, willensmäßig geglaubt werden. Dementsprechend rechnete auch Okham mit der Möglichkeit einer doppelten Wahrheit. Auch wenn er grundsätzlich vom Nutzen der Philosophie für die Theologie überzeugt blieb, trug er so zur Auflösung der engen Verbindung beider Fächer bei.

Wie Scotus vertrat Ockham einen prononcierten *Voluntarismus* und übernahm von ihm die Unterscheidung von *potentia Dei absoluta* und *potentia Dei ordinata*. Doch betonte er die Freiheit Gottes noch schärfer als Scotus: so könne Gott z. B. bestimmen, dass alle, die sich heute an einem bestimmten Ort aufhalten, verdammt werden, und alle, die morgen dort sind, erlöst werden. In der Gnadenlehre übernahm Ockham von Scotus den Gedanken der Akzeptation. Im Zuge seines konsequenten Voluntarismus beurteilte er die Fähigkeit des Menschen zum Guten jedoch optimistischer: auch nach dem Sündenfall verfügte der Mensch über einen freien Willen und war zum Guten geneigt und konnte auch ohne den Beistand von Gottes Gnade gute Werke tun. In dieser Hinsicht unterschied sich Ockhams Denken deutlich von der thomistischen Gnadenlehre und näherte sich (semi-)pelagianischen Positionen. Spätere Theologen prägten dafür die pointierte Formel: »facienti quod in se est Deus non denegat gratiam« (»dem Menschen, der tut, was er kann, verweigert Gott nicht seine Gnade«). Die viel kritisierte Werkgerechtigkeit des Mittelalters hat vor allem hier, in der Tradition Ockhams, ihren Anhalt.

Ockham hatte keine unmittelbaren Schüler, wirkte aber über seine Schriften schulbildend. So wie der Scotismus auf Duns Scotus zurückging, bildete der an Ockhams Denken anknüpfende Ockhamismus eine eigene Schulrichtung, die im Nominalismus des *Venerabilis Inceptor* ihr Alleinstellungsmerkmal gegenüber den älteren Schulen hatte. Im universitären Wissenschaftsbetrieb standen sich fortan die thomistisch-scotistische »via antiqua« (»der alte Weg«) und die ockhamistische »via moderna« (»der neue Weg«) gegenüber. Der »Wegestreit« wurde vor allem an den artistischen (philosophischen) Fakultäten ausgetragen und betraf die Theologie eher indirekt. Während an Universitäten wie Prag und Köln ausschließlich die *via antiqua* vertreten war, wurden andere Universitäten wie Oxford, Paris, Wien, Heidelberg und Erfurt zu Hochburgen der *via moderna*. Häufig bestanden aber auch beide *viae*, nicht selten in getrennten Kollegien, nebeneinander an derselben Fakultät (z. B. Tübingen). Erst die tiefgreifende Umgestaltung der Artisten-Fakultäten durch den Humanismus ließ den Wegestreit obsolet werden.

Wichtige Vertreter der *via moderna* waren die beiden Pariser Theologen Pierre d'Ailly und Jean Gerson, die uns noch als Vertreter des Konziliarismus begegnen werden (Kap. 1.6.1). In Deutschland wäre vor allem Gabriel Biel (gest. 1495) zu nennen, der aus der Frömmigkeitsbewegung der Devotio moderna (Kap. 1.4.2) hervorging und zu den ersten Professoren der neu gegründeten Universität Tübingen gehörte. Luther war von Biel und der Erfurter *via moderna* stark geprägt. Sein Misstrauen gegenüber den Fähigkeiten der menschlichen Vernunft, seine Betonung der Autorität der Bibel und sein Gottesbild mit der Unterscheidung von verborgenem und offenbarem Gott (Kap. 2.6) lassen deutlich die ockhamistischen Einflüsse erkennen; umgekehrt kann Luthers Rechtfertigungslehre als Reaktion auf die pelagianisierende ockhamistische Gnadenlehre verstanden werden.

1.4 Die Mystik im Spätmittelalter

Die auf die unmittelbare Erfahrung einer Begegnung und Vereinigung (*unio*) des Gläubigen mit Gott zielende mystische Frömmigkeit[7] war ein Jahrtausend lang fast ausschließlich im (männlichen) Mönchtum gepflegt worden. Dabei dominierte anfangs der Typ einer neuplatonisch geprägten Aufstiegsmystik. Im Westen kamen seit dem 12. Jahrhundert und namentlich mit Bernhard von Clairvaux daneben verstärkt brautmystische und passionsmystische Modelle auf. In der Frauenmystik des 13. Jahrhunderts vollzog sich der Übergang der literarischen Mystik vom Lateinischen in die Volkssprachen, und es begann eine kontinuierliche Erweiterung des Trägerkreises, der über das weibliche Mönchtum hinaus zunächst die semireligiosen Terziarinnen und Beginen erfasste. Im Spätmittelalter setzte sich diese Popularisierung oder »Demokratisierung« der Mystik weiter fort. Mystische Literatur und mystische Frömmigkeitsformen erreichten nun auch die frommen Laien, und selbst dort, wo keine Mystik im strengen Sinne praktiziert wurde, kam es zu Beginn der Frühen Neuzeit zu einer »Diffusion« mystischer Erlebnis- und Redeformen hinein in die allgemeine Kirchenfrömmigkeit. Insgesamt spiegelt die Geschichte der Mystik im Hoch- und Spätmittelalter die durchgehende Tendenz zur Individualisierung der Frömmigkeit wider, die dann in anderer Weise auch von der reformatorischen Theologie aufgenommen wurde.

1.4.1 Meister Eckhart und die Dominikanermystik

Durch ihre Tätigkeit als Seelsorger in Frauenklöstern kamen im 14. Jahrhundert Angehörige des Dominikanerordens mit der von den Nonnen gepflegten volkssprachlichen mystischen Frömmigkeit in Berührung und bildeten sie zu einer reflektierten mystischen Lebenslehre weiter. Hauptvertreter dieser sogenannten Dominikanermystik waren Meister Eckhart und die eine Generation jüngeren Johannes Tauler und Heinrich Seuse. Die von ihnen vertretene Form der Mystik wird nach dem geographischen Wirkungskreis ihrer Vertreter auch als »oberrheinische Mystik« bezeichnet. Der traditionelle Terminus »deutsche Mystik« ist

---

7 Vgl. Schäufele, Christliche Mystik.

berechtigt, insofern damit auf den Gebrauch der (mittelhoch-)deutschen Sprache Bezug genommen wird – nicht jedoch, wie etwa beim NS-Chefideologen Alfred Rosenberg, im völkischen Sinn als Bezeichnung einer vermeintlich »deutscher Wesensart« besonders entsprechenden Form von Religiosität (Kap. 7.3.3).

Während die Frauenmystik affektiv und erlebnisorientiert war, hat Meister Eckhart (gest. 1328) eine hochgradig spekulative, philosophische Form von Mystik entwickelt – der Philosophiehistoriker Kurt Flasch hat daher sogar dafür votiert, Eckhart überhaupt nicht als Mystiker, sondern als Philosophen zu verstehen.[8] Auf jeden Fall zeigt das Beispiel Eckharts, der auch ein Scholastiker von Rang und ein vielbeschäftigter Ordensfunktionär war, dass scholastische und mystische Theologie keine Gegensätze und Mystiker nicht notwendig weltabgewandte Kontemplative sein mussten. Eckhart stammte aus Hochheim in Thüringen und war jung ins Erfurter Dominikanerkloster eingetreten. Im Orden stieg er bald in wichtige Leitungsämter auf, parallel dazu verfolgte er eine akademische Laufbahn und versah sogar zweimal (wie vor ihm in seinem Orden nur Thomas von Aquin) eine theologische Professur an der Pariser Universität – der übliche Name »Meister Eckhart« beruht auf dem eingedeutschten Titel »Magister«. Im Anschluss betreute er mehr als zehn Jahre lang als Generalvikar des Ordensgenerals in Straßburg die süddeutschen Dominikanerinnenklöster; aus dieser Zeit stammt der Großteil seiner deutschsprachigen Predigten. Vielleicht gab es schon hier Beanstandungen seiner Lehren, jedenfalls wurde Eckhart schließlich als Lektor ans Generalstudium der Dominikaner nach Köln versetzt. Bald wurde dort gegen ihn ein förmliches Inquisitionsverfahren wegen Häresie eröffnet. In Avignon, wo er sich an der Kurie verantworten musste, ist Eckhart wohl 1328 gestorben; im Jahr darauf wurden ausgewählte Sätze aus seinen Schriften verurteilt. Auch Ockham, der ihm in Avignon begegnete, fand seine Lehren befremdlich. Infolge der kirchlichen Verurteilung war Eckhart lange vergessen. Erst im 19. Jahrhundert wurde er wiederentdeckt und vor allem von den Philosophen des Deutschen Idealismus hochgeschätzt. Heute gilt er vielfach als Inbegriff eines Mystikers – zu Unrecht, denn für die Mystik seiner Zeit war er keineswegs repräsentativ.

---

8   Flasch, Meister Eckhart.

1.4 Die Mystik im Spätmittelalter

Im Zentrum von Eckharts mystischer Lebenslehre – lieber als ein »Lesemeister« (Dozent) wollte er ein »Lebemeister« sein – stand die Vorstellung von der Gottesgeburt in der Seele. So, wie Gott ewig und immerfort innertrinitarisch seinen Sohn gebar, wollte er ihn auch in der Seele des Menschen gebären. Dies war möglich, weil es darin einen besonderen Ort, den »Seelengrund« gab, der selbst ewig und von göttlicher Art und darum fähig war, Gott zu fassen. Allerdings musste dieser Seelengrund erst gereinigt und bereitet werden, musste der Mensch von allem Kreatürlichen und Äußerlichen, auch von seinem eigenen Willen, ja sich selbst frei werden. Diesen Zustand eines Menschen, der alles »gelassen« hatte, und der nicht durch aktive Willensanstrengung zu erreichen war, nannte Eckhart »Gelassenheit« oder »Abgeschiedenheit«. Indem der Vater seinen Sohn in seine Seele gebar, wurde der gelassene Mensch vergottet: er ging in der Fülle der Gottheit auf und kehrte in die ursprüngliche Einheit alles Seins vor der Schöpfung zurück, in der es keinerlei Differenz zwischen Schöpfer und Geschöpfen gab. Dieser »Durchbruch« war kein affektiver, sondern ein intellektueller Akt. Er war kein besonderes spirituelles oder ekstatisches Ereignis, sondern eine dauerhaft erschlossene Gegenwart Gottes im Grund der menschlichen Seele. Eckhart konnte die Rückkehr des Ichs in seine Ungeborenheit mit Spitzensätzen beschreiben, die sich hart an der Grenze der Rechtgläubigkeit bewegten:

> »Darum bin ich die Ursache meiner selbst meinem Sein nach, das ewig ist, nicht aber meinem Werden nach, das zeitlich ist. Und darum bin ich ungeboren, und nach der Weise meiner Ungeborenheit bin ich ewig gewesen und bin ich jetzt und werde ich ewiglich bleiben. [...] In meiner ewigen Geburt wurden alle Dinge geboren, und ich war Ursache meiner selbst und aller Dinge; und hätte ich gewollt, so wäre weder ich noch wären alle Dinge; wäre aber ich nicht, so wäre auch ›Gott‹ nicht: dass Gott ›Gott‹ ist, dafür bin ich die Ursache; wäre ich nicht, so wäre Gott nicht ›Gott‹.«[9]

Solche Sätze mussten, zumal in der Volkssprache vor Laien vorgetragen, die kirchlichen Autoritäten alarmieren.

Eckharts wichtigste Schüler Heinrich Seuse und Johannes Tauler vermieden die provokanten Spitzenaussagen ihres Lehrers und verban-

---

9   Meister Eckehart, Deutsche Predigten und Traktate, 308 (aus der sog. Armutspredigt).

den jeder auf seine Weise Eckharts spekulative Lebenslehre mit traditionellen Elementen affektiver Mystik; ihre Schriften und Predigten waren lebensnäher und stärker seelsorglich orientiert. Heinrich Seuse (latinisiert: Suso; gest. 1366), der in Konstanz und Ulm zunächst als Dozent, dann als Seelsorger wirkte, hatte in Köln bei Meister Eckhart studiert. In seinen Schriften, vor allem seiner geistlichen Autobiographie, traten Eckharts Gedanken hinter eine Passionsmystik zurück, die sich an der Betrachtung der Leiden Christi entzündete und auf das Mitleiden und Mitsterben des Menschen mit Christus zielte und in der praktischen Frömmigkeit extreme Selbstkasteiungen einschließen konnte.

Noch stärker als Seuse hat der Straßburger Dominikaner Johannes Tauler (gest. 1361) gewirkt, der sich vor allem der Seelsorge in Nonnenklöstern widmete. Auch er war von Eckhart geprägt, dem er in seiner Heimatstadt begegnet sein muss. Mit seinem Engagement für die Bewegung der sogenannten »Gottesfreunde« trug Tauler zu der erwähnten Popularisierung der Mystik bei. Dabei handelte es sich um lose Kreise frommer Laien, Kleriker und Ordensleute vor allem im Rheinland und der Schweiz, die sich an volkssprachlicher mystischer Literatur inspirierten. Auf zahlreichen Reisen betreute Tauler diese Frommen, predigte und beschaffte Bücher für sie. Berühmt wurde er durch die Sammlung seiner deutschen Predigten, die auch noch vom jungen Luther und im Pietismus hochgeschätzt wurden. Darin leitete Tauler seine Hörerinnen und Hörer auf dem klassischen Dreistufenweg von Reinigung, Erleuchtung und Einung zur Erreichung der *unio mystica* an. Zentral war dabei die Erkenntnis und Anerkenntnis der eigenen Sündhaftigkeit und Nichtswürdigkeit des Menschen, der Gottes gerechtes Gericht über die Sünde akzeptieren und bereit werden musste, Trostlosigkeit und Schmerz, ja im Sinne einer *resignatio ad infernum* (sinngemäß: »Loslassen bis hin zur Hölle«) sogar ewige Höllenstrafen zu leiden. Wenn der Mensch so jeden Anspruch auf Glück, ja auf seine ewige Seligkeit preisgab, erhob Gott ihn gnadenhaft zu sich und schenkte ihm Ruhe und Freude.

Nicht zur eigentlichen Dominikanermystik gehörig, aber den Gedanken Eckharts und Taulers nahe war eine anonyme Schrift aus dem späteren 14. Jahrhundert, die im Mittelalter nach ihrem Entstehungsort als »Der Frankfurter« bekannt war. Der Verfasser war wohl ein Priester des Deutschen Ordens in (Frankfurt-)Sachsenhausen. Der neuplatonisch-mystische Weg des Aufstiegs zur Vergottung des Menschen und

1.4 Die Mystik im Spätmittelalter

zur Einung mit dem absoluten Sein Gottes wurde hier zugleich mit starker biblischer Grundierung als ein Weg des Gehorsams in der Nachfolge Christi profiliert. Der junge Luther schätzte das Buch als ein Kompendium der Glaubenslehre in der Volkssprache und ließ es unter dem Titel »Theologia Deutsch« drucken.

1.4.2 Geert Grote und die Devotio moderna

Starke Impulse einer Popularisierung mystischer Frömmigkeit gingen von der in den Niederlanden entstandenen Bewegung der »Devotio moderna« (»neue Frömmigkeit«) aus. Geert Grote (gest. 1384), ein akademisch gebildeter Patriziersohn aus Deventer, hatte sich nach einem Bekehrungserlebnis durch die Lektüre mystischer Schriften für ein Leben der Innerlichkeit entschieden. Besonders prägte ihn der niederländische Mystiker Jan van Ruusbroec, den er in dessen Kloster bei Brüssel besuchte. Auf einem Mittelweg zwischen weltlicher und klösterlicher Lebensweise wollten Grote und Gleichgesinnte, die sich um ihn scharten, inmitten der pulsierenden Welt der niederländischen Städte ein Leben nach dem Vorbild der Wüstenmönche des Altertums führen. Dabei ging es ihnen nicht um das Beschreiten eines individuellen mystischen Vervollkommnungsweges, sondern um eine Erneuerung der Kirche nach apostolischem Vorbild. Grote selbst ließ sich zum Diakon weihen und wirkte bis zu seinem frühen Tod an der Pest in den südlichen Niederlanden als Bußprediger. Institutionelle Gestalt gewann Grotes »neue Frömmigkeit« in drei Gründungen: den »Brüdern vom gemeinsamen Leben« (in Deutschland nach ihrer besonderen Tracht auch »Kugelherren« oder »Nullbrüder« genannt), den »Schwestern vom gemeinsamen Leben« und der »Windesheimer Kongregation«. Während die Schwesternhäuser ähnlich strukturiert waren wie Beginenhäuser, lebten in den Bruderhäusern (Fraterhäusern), deren erstes im Pfarrhaus von Grotes Schüler Florens Radewijns in Deventer entstand, Geistliche und Laien in einer frommen Wohngemeinschaft zusammen; häufig widmeten sie sich dem Kopieren von Büchern und der Unterrichtung von Schulkindern.

Mit der Gründung des Augustiner-Chorherrenstifts Windesheim bei Zwolle, das bald Zentrum einer ganzen Kongregation ähnlich ausgerichteter Männer- wie Frauenklöster wurde, entstand eine klösterlich organisierte Spielart der Devotio moderna. Die Bewegung verbreitete sich rasch in den gesamten Niederlanden und strahlte auch nach Deutschland und Nordfrankreich aus. Typisch für die Frömmigkeit der Devoten war ein streng geregeltes geistliches Leben mit regelmäßiger Gewissenserforschung, erbaulicher Lektüre und Meditation. Auch wenn es sich bei der Devotio moderna nicht um eine dezidiert mystische Bewegung wie die der Gottesfreunde handelte, so lasen und verbreiteten die Devoten doch auch mystische Schriften, und ihr Frömmigkeitsstil war mystisch geprägt. Im Umkreis der Devotio moderna entstand das erfolgreichste Werk der christlichen Frömmigkeitsliteratur überhaupt: das lateinische Andachtsbuch »De imitatione Christi« (»Nachfolge Christi«). Die thematisch geordnete Sammlung von Sentenzen und Maximen zur Anleitung im frommen Leben wurde wohl von dem Augustiner-Chorherrn Thomas von Kempen (ca. 1380–1471) im Kloster Agnetenberg bei Zwolle zusammengestellt. Der Titel war Programm. Nachfolge, wörtlich: Nachahmung des irdischen Lebens Jesu – wobei es mehr um die Gesinnung und die innere Haltung als um die praktischen Taten ging – war der Weg zur wahren Frömmigkeit. Das von der Devotio moderna geprägte Milieu brachte verschiedene Reformtheologen hervor wie Johann Pupper von Goch und Wessel Gansfort in den Niederlanden, aber auch Johann Ruchrat von (Ober-)Wesel in Deutschland, die auch Kritik an Kirche und Klerus übten und ebenso wie das Buch von der Nachfolge Christi später im Protestantismus geschätzt wurden.

Die Devotio moderna hat stark auch auf die Laienfrömmigkeit eingewirkt, der »Humanistenfürst« Erasmus von Rotterdam und zeitweise (in Magdeburg) auch Martin Luther haben bei den Brüdern vom gemeinsamen Leben die Schule besucht.

1.5 Kirchenkritik im Zeitalter des Grossen Schismas

Nachdem es der Großkirche gelungen war, die großen oppositionellen (»häretischen«) Bewegungen der Katharer und der Waldenser weitgehend zu unterdrücken, führte das Große Abendländische Schisma erneut zu einem Ausbruch massiver Kirchenkritik. Der Oxforder Theologieprofessor John Wyclif ging sogar so weit, das Papsttum mit dem Antichrist[10] zu identifizieren. Der Prager Universitätsgelehrte und Prediger Jan Hus machte sich Wyclifs Kirchenkritik zu eigen. Ihre jeweiligen Anhänger, die englischen Lollarden und die böhmischen Hussiten, trugen die Reformideen von Wyclif und Hus weiter; in Böhmen entstand für mehr als ein Jahrhundert eine vom Papst unabhängige Nationalkirche.

Wyclif, Hus und andere Kirchenkritiker des Mittelalters wurden bereits von den Reformatoren des 16. Jahrhunderts als Vorläufer in Anspruch genommen und in der späteren protestantischen Kirchengeschichtsschreibung als »Vorreformatoren« oder »Wegbereiter der Reformation« behandelt. Ihren vollkommensten Ausdruck hat diese Geschichtsanschauung im Wormser Lutherdenkmal (1868) von Ernst Rietschel gefunden, wo zu Füßen des Wittenberger Reformators Valdes, Wyclif, Hus und Savonarola (s. u. Kap. 1.8.3) sitzen. Wirklich gab es in der Anwendung des Schriftprinzips, der Verwerfung von Ablass und Heiligenkult und der Papst- und Kirchenkritik Berührungspunkte, und die Nachkommen der mittelalterlichen Waldenser (im Piemont) und Lollarden (in England) haben sich später der Reformation angeschlossen. Doch es gab keine direkten historischen Verbindungslinien zwischen dem Denken der früheren Reformer und den Reformatoren, und die eigentlichen theologischen Kernanliegen der Reformation – die Gottunmittelbarkeit der einzelnen Gläubigen unter Ausschaltung der priesterlichen Heilsvermittlung und die Rechtfertigung allein aus Glauben – fanden sich so vorher noch nicht. Tatsächlich war die Inanspruchnahme zunächst von Hus (bei Luther seit 1519) und später anderer Persönlichkeiten des Mittelalters eine legitimatorische Geschichtskonstruktion, die beweisen sollte, dass das reformatorische Evangelium keine neue (und damit irrige) Erfindung, sondern mit der apostolischen Lehre identisch und auch zwischenzeitlich immer wieder von gottgesandten Einzelnen bezeugt worden war.[11] Die Kategorie der »Vorreformatoren« ist also ein aus der Rückschau gebildetes apologetisches Konstrukt. Hus, Wyclif und die anderen waren mehr und anderes als bloße Vorläufer der Reformation.

---

10 Der »Antichrist« ist der Anti-Christus; das Wort wird wie das mittelhochdeutsche »krist« (= Christus) dekliniert: des Antichrists, dem Antichrist, den Antichrist.
11 Vgl. Schäufele, Die Selbsthistorisierung der Reformation.

1.5.1 John Wyclif und die Lollarden

Der Engländer John Wyclif (gest. 1384), der eine akademische Laufbahn an der Universität Oxford einschlug und dort schließlich Theologieprofessor wurde, war ein scholastischer Philosoph und Theologe von Rang. Seine Lehre erhielt durch seine eigentümliche Metaphysik eine eindrucksvolle Geschlossenheit. Gegen die herrschende *via moderna* Ockhams ging er auf einen Universalienrealismus zurück, der die Allgemeinbegriffe auf ewige, notwendige Ideen im Denken Gottes zurückführte; alles geschaffene Sein gründete demnach in einem idealen Sein in Gott. Besonders zeichnete sich Wyclif durch seine Hochschätzung der Bibel aus, die ihm bei seinen Anhängern den Beinamen »Doctor evangelicus« eintrug. Wyclif setzte die Heilige Schrift mit Christus als dem ewigen Wort Gottes gleich. Sie enthielt jegliche Wahrheit, vor allem aber das moralisch verstandene »Gesetz Christi«, das seine Jünger zur Nachfolge in Armut und Demut verpflichtete. Die Konsequenz daraus war ein Biblizismus, der sich kritisch gegen die kirchliche Lehrautorität wenden ließ. Wyclif selbst kommentierte in mehrjähriger Arbeit die gesamte Bibel. Die Übersetzung der Bibel ins Englische, die er forderte, wurde später von seinen Schülern besorgt.

Realismus und Biblizismus bildeten die Grundlage für Wyclifs Kirchenkritik. Ihm zufolge erforderte die katastrophale Abweichung des Klerus vom göttlichen Gesetz eine tiefgreifende Reform von Kirche und Klerus. Als kirchenpolitischer Berater des Herzogs von Lancaster entwickelte Wyclif das Programm einer umfassenden Enteignung und Rückführung der Kirche zur apostolischen Armut durch die weltlichen Herrscher. Mit der in seinem Buch »De ecclesia« entwickelten radikal-augustinischen Ekklesiologie, die die Kirche als unsichtbare Gemeinschaft der Prädestinierten verstand, relativierte er die Autorität der Amtsträger, von denen man nicht wissen konnte, ob sie der wahren Kirche angehörten. Die päpstliche Verurteilung seiner Lehren und der Ausbruch des Papstschismas 1378 führten Wyclif schließlich zu radikaler Kritik an der kirchlichen Hierarchie: Leben und Lehre der Kirche seien dem Irrtum verfallen, das Papsttum als Institution – also nicht nur dieser oder jener einzelne Papst – sei der endzeitliche Antichrist. Als Wyclif schließlich aus philosophischen Gründen die Lehre von der Transsubstantiation der Abendmahlselemente ablehnte – Brot und Wein konnten für ihn nicht einfach aufhören zu existieren –, verlor er seinen Rückhalt bei den

1.5 Kirchenkritik im Zeitalter des Grossen Schismas

Bettelorden und beim Herzog von Lancaster und musste sich auf seine Landpfarrei zurückziehen, wo er 1384 starb. Vom Konstanzer Konzil (Kap. 1.6.2) 1415 erneut verurteilt, wurde er mehr als vierzig Jahre nach seinem Tod exhumiert und verbrannt.

Wyclifs Ideen wurden von seinen Schülern an der Universität Oxford weitergetragen und von Wanderpredigern in eine Volksbewegung übersetzt. Die von ihren Gegnern so genannten »Lollarden« (vielleicht nach lat. lolium, dem Unkraut unter dem Weizen nach Matthäus 13,24-30) wurden nach einem Aufstandsversuch 1414 von den kirchlichen und staatlichen Autoritäten in England in den Untergrund gedrängt; sie versammelten sich in klandestinen Zirkeln und studierten die Bibel in englischer Sprache. Bedeutender als in England war die Nachwirkung von Wyclifs Lehren indessen auf dem europäischen Kontinent, in Böhmen.

1.5.2 Jan Hus und die Hussiten

Auch in Böhmen formierte sich unter dem Eindruck des Papstschismas eine Reformbewegung, die sich gegen kirchliche Missstände richtete, aber auch zum Vehikel nationaler Emanzipationsbestrebungen der einheimischen Tschechen gegenüber der deutschen Oberschicht wurden. Ihr Ausgangspunkt war Prag, das um die Mitte des 14. Jahrhunderts durch Kaiser Karl IV. faktisch zur Hauptstadt des Heiligen Römischen Reichs gemacht, zum Erzbischofssitz erhoben und mit einer Universität – der ersten im Heiligen Römischen Reich – ausgestattet worden war. Die böhmische Reformbewegung hatte eine doppelte Wurzel. Einerseits konnte sie an das Auftreten einheimischer Bußprediger anknüpfen, die in der zweiten Hälfte des 14. Jahrhunderts mit ihrer apokalyptischen Botschaft die Menschen zur Umkehr angesichts des nahen Weltendes gerufen hatten. Andererseits wurde sie von den Schriften Wyclifs inspiriert, die seit der Verheiratung einer Schwester des böhmischen Königs mit dem König von England von fahrenden Gelehrten nach Prag gebracht wurden. Doppelt wie ihre Wurzel war auch die institutionelle Basis dieser Bewegung. Einer ihrer Ausgangspunkte war die von Prager Bürgern gestiftete Bethlehemskapelle, in der in der Tradition der älteren Bußprediger Volkspredigten in tschechischer Sprache gehalten wurden, der andere war die artistische (= philosophische) Fakultät der Prager Universität, wo die tschechischen Magister Wyclifs Universalienrealismus gegen die *via moderna* der deutschen Magister ausspielten.

1. Kirche und Theologie im Spätmittelalter

Nicht der Gründer, aber der prominenteste Protagonist und schließlich Märtyrer der von Prag ausgehenden böhmischen Reformbewegung war Jan Hus (gest. 1415). Aus Südböhmen gebürtig, hatte er an der Prager Universität den Grad eines Magisters der freien Künste erworben und als solcher zeitweise auch als Rektor der Universität amtiert; neben seiner philosophischen Lehrtätigkeit studierte er Theologie und ließ sich zum Priester weihen. Seit 1402 war er zugleich als Prediger an der Bethlehemskapelle tätig, wo er eine immer radikalere Kirchenkritik übte und gegen den weltlichen Besitz der Kirche und die Verfehlungen des Klerus auftrat. An der Universität gehörte Hus zu den eifrigsten Verteidigern Wyclifs, von dem er theologisch stark geprägt wurde, ohne jedoch seine Abendmahlslehre zu übernehmen. Maßgeblich beteiligt war Hus an einer handstreichartigen Änderung des Abstimmungsverfahrens, mit der die tschechische »Nation« (Landsmannschaft) der Universität die Oberhand über die drei anderen Universitätsnationen erhielt, was zum Auszug der deutschen Magister und zur Gründung einer konkurrierenden Universität in Leipzig führte.

Seit 1408 schritt der Prager Erzbischof ein und verbot die Schriften Wyclifs und die Predigten in der Bethlehemskapelle. Hus appellierte an den Papst, wurde aber auf Grund einer Anzeige des Erzbischofs selbst zum Angeklagten eines Häresieprozesses. 1412 wurde Hus exkommuniziert und musste aus Prag nach Südböhmen fliehen, wo er unter dem Schutz des Adels sein von dem gleichnamigen Buch Wyclifs abhängiges Hauptwerk »De ecclesia« schrieb. Darin übernahm er Wyclifs prädestinatianische Ekklesiologie und bestritt die Stellung des Papstes als Oberhaupt der Kirche; ein böser Papst galt auch ihm als Antichrist. Auf Betreiben des böhmischen Königs Wenzel und dessen Stiefbruders, des deutschen Königs Sigismund, befasste sich das Konzil von Konstanz (Kap. 1.6.2) mit der Angelegenheit. Hus wurde nach Konstanz vorgeladen und dort bald nach seiner Ankunft gefangengesetzt, obwohl König Sigismund ihm eigentlich freies Geleit zugesichert hatte. Als Anhänger Wyclifs machte man ihm den Prozess und verbrannte ihn 1415, nachdem er einen Widerruf verweigert hatte, als unbußfertigen Häretiker auf dem Scheiterhaufen. 1416 ereilte seinen Freund und Weggefährten Hieronymus von Prag am selben Ort das gleiche Schicksal.

Der Märtyrertod von Hus führte zur Eskalation der Situation in Böhmen. An die Spitze der Reformbewegung trat der Magister Jakobell von Mies, der mit seiner Forderung nach dem Laienkelch den »Hussi-

1.5 Kirchenkritik im Zeitalter des Grossen Schismas

ten«, wie man sie bald nannte, ihr prominentes Erkennungszeichen gab. Das Vorgehen König Wenzels gegen die Hussiten führte 1419 zu deren Aufstand. Mit dem ersten Prager Fenstersturz, bei dem Hussiten zehn Amtspersonen aus dem Fenster des Neustädter Rathauses warfen und töteten, begannen die blutigen Hussitenkriege (1419-1436), die vom Papst als Kreuzzüge deklariert wurden und auch auf die Nachbarländer übergriffen. In den »Vier Prager Artikeln« von 1420 forderten die Hussiten freie Predigt, den Laienkelch, die Säkularisation des Kirchenguts und die Bestrafung von Todsünden durch die weltliche Obrigkeit. Doch schon bald kam es zu einer folgenschweren Spaltung der hussitischen Bewegung in die gemäßigten »Utraquisten« oder »Calixtiner«, die nach dem Laienkelch als ihrem Erkennungszeichen (lat. *sub utraque specie* = »unter beiderlei Gestalt«, also Abendmahl mit Brot und Wein; lat. *calix* = »Kelch«) benannt wurden, und die radikalen »Taboriten«. Dieser militante Flügel hatte sich in Südböhmen formiert, wo die stark apokalyptisch-chiliastisch gestimmte Landbevölkerung Wallfahrten auf Berge unternahm, die biblische Namen erhielten und deren wichtigster nach dem Berg der Verklärung (Matthäus 17 parr.) »Tabor« genannt wurde.

Auf dem Konzil von Basel (Kap. 1.6.3) gelang schließlich eine Verständigung zwischen den Konzilsvätern und den Utraquisten, die 1433 mit den »Prager Kompaktaten« (»Vereinbarungen«) fixiert wurde. Die böhmische Kirche wurde dadurch zu einer gegenüber dem Papst autonomen Nationalkirche gemacht, die Praxis der Kelchkommunion für Laien gebilligt (weitergehende substantielle Unterschiede zur römischen Kirche gab es nicht). Im Jahr darauf zerschlugen kaiserliche und utraquistische Truppen mit vereinten Kräften den letzten Widerstand der Taboriten. Die utraquistische Kirche bestand für gut ein Jahrhundert, bevor sie sich unter dem Eindruck der Reformation in Deutschland in einen evangelischen und einen altgläubigen Flügel spaltete und im 17. Jahrhundert von der Gegenreformation zerschlagen wurde; die heutige »Tschechoslowakische Hussitische Kirche« ist eine 1919 - abermals im Zuge der nationalen Emanzipation von der deutschsprachigen Elite der Habsburgermonarchie - entstandene Neugründung. Eine Sondergruppe bildeten die »Böhmischen Brüder« (»Brüder-Unität«), die um die Mitte des 15. Jahrhunderts aus dem Zusammenschluss von Taboriten und Waldensern entstanden und sich im 16. Jahrhundert der Reformation anschlossen; ihr Erbe wird seit dem 18. Jahrhundert von der Herrnhuter Brüdergemeine (Kap. 5.6) weitergetragen.

1.6 Die Reformkonzilien

1.6.1 Der Konziliarismus

Die Krise des Papsttums infolge seiner »Babylonischen Gefangenschaft« in Avignon und des Großen Schismas ließ auch außerhalb der oppositionellen Sondergruppen der Lollarden und Hussiten den Ruf nach grundlegenden Reformen laut werden. Der im Umkreis des Konzils von Vienne (1311-1312) erstmals nachweisbare Ruf nach einer »Reform der Kirche an Haupt und Gliedern« - mit dem Haupt der Kirche, das nach evangelischer Überzeugung natürlich nur Christus sein kann, war der Papst gemeint - wurde zur allgegenwärtigen Programmformel der spätmittelalterlichen Christenheit. Das Papstschisma und der dadurch bedingte Autoritätsverlust des Papsttums gaben Anlass und Gelegenheit zur Erprobung eines theoretisch bereits länger erörterten alternativen Modells der Kirchenleitung: des Konziliarismus.

Bereits im Altertum hatten sich Konzilien als probates Mittel zur autoritativen Entscheidung innerkirchlicher Konflikte bewährt. Die sieben »ökumenischen Konzilien« von Nizäa 325 bis Konstantinopel 787 wurden von den orthodoxen Kirchen des Ostens wie von der lateinischen Christenheit als verbindliche Autoritäten anerkannt. Nach der Trennung von der Ostkirche bezeichneten die Päpste dann auch die Synoden der Westkirche als »ökumenische Konzilien«. Doch infolge der Durchsetzung des päpstlichen Jurisdiktionsprimats besaßen sie keine eigene Leitungsautorität mehr, sondern dienten faktisch nur als ausführende Organe päpstlicher Kirchenpolitik; ein Musterbeispiel hierfür war das Vierte Laterankonzil (1215) unter Papst Innozenz III.

Unter dem Eindruck der Papstkrise des späteren 14. Jahrhunderts kam es zu einer Wiederaufwertung der Konzilien. Die Kanonisten (Kirchenrechtler) entwickelten die neue kirchenrechtliche Theorie des Konziliarismus, die das korporative Leitungsorgan des Konzils zur höchsten kirchlichen Autorität neben und über dem monarchischen Papsttum erhob, dessen Entscheidungen auch der Papst unterworfen war. Ähnliche Gedanken hatten ein halbes Jahrhundert zuvor bereits Marsilius von Padua und Wilhelm von Ockham, die Hoftheologen Kaiser Ludwigs IV., entwickelt (Kap. 1.2.3). Der neue Konziliarismus knüpfte allerdings nicht bei ihnen, sondern an älteren kirchenrechtlichen Traditionen an. Sein Zentrum lag an der Universität Paris, wo bereits unmittelbar nach

1.6 Die Reformkonzilien

Ausbruch des Schismas die deutschen Magister Konrad von Gelnhausen und Heinrich von Langenstein entsprechende Überlegungen anstellten. Eine vertiefte theologisch-juristische Ausarbeitung erfuhr die konziliaristische Theorie zu Beginn des 15. Jahrhunderts durch den Pariser Universitätskanzler und späteren Kardinal Pierre d'Ailly und dessen Schüler Jean Gerson sowie später durch den deutschen Kanonisten Dietrich von Nieheim.

1.6.2 Die Konzilien von Pisa (1409) und Konstanz (1414–1418)

Im Jahr 1409 wurde die konziliare Theorie in die Praxis umgesetzt, als auf Einladung von Kardinälen beider Obödienzen – derjenigen des römischen und derjenigen des avignonesischen Papstes – in Pisa ein Konzil mit rund 600–800 Teilnehmern aus mehr als der Hälfte der abendländischen Kirchenprovinzen stattfand. Das unmittelbare Ziel der Kardinäle war freilich nicht die Etablierung einer neuen Kirchenverfassung, sondern die Beilegung des Papstschismas und die Wiederherstellung der päpstlichen Autorität. Die beiden amtierenden Päpste, Gregor XII. (Rom) und Benedikt XIII. (Avignon), die der Vorladung nach Pisa keine Folge leisteten, wurden als Häretiker und Schismatiker für abgesetzt erklärt. Statt ihrer wählte das Konzil – also nicht, wie kirchenrechtlich vorgeschrieben, die Kardinäle! – den Franziskaner Alexander V. zum neuen Papst; nach dessen frühem Tod im folgenden Jahr 1410 trat Johannes XXIII. seine Nachfolge an. Doch die bisherigen Päpste in Rom und Avignon konnten sich weiter behaupten. So war aus dem Zweiernun sogar ein Dreierschisma geworden. Dennoch begann sich eine Lösung des Schismas abzuzeichnen, indem die Pisaner Päpste (die in Bologna und in Lodi residierten) binnen kurzem die bei weitem größte Obödienz hinter sich versammeln konnten; zudem gab das Konzil von Pisa der Idee des Konziliarismus weiter Auftrieb.

Zu einer Sternstunde des Konziliarismus wurde das *Konzil von Konstanz*. Entscheidend für sein Gelingen war das persönliche Engagement des römisch-deutschen Königs Sigismund (reg. 1410–1437, 1433 Kaiser), der das Konzil gemeinsam mit dem Pisaner Papst Johannes XXIII. einberief und die ihm unterstehende Reichsstadt Konstanz am Bodensee zum Tagungsort bestimmte. Unter den ca. 600–700 Konzilsvätern waren nicht nur Bischöfe, sondern auch zahlreiche Vertreter von Dom- und Stiftskapiteln, monastischen Orden und Universitäten. Mit seiner vierjährigen Dauer von 1414 bis 1418 war das Konstanzer Konzil das bis dahin längste der Kirchengeschichte. Gleich drei Aufgaben hatte es zu bewältigen. Am wichtigsten und schwierigsten war die Beilegung des Papstschismas und die Wiederherstellung der Kircheneinheit im Abendland (*causa unionis*). Darüber hinaus sollte das Konzil eine umfassende Reform der Kirche an Haupt und Gliedern ins Werk setzen (*causa reformationis*) und schließlich die religiösen Unruhen infolge des Auftretens von Jan Hus und seiner Parteigänger in Böhmen befrieden (*causa fidei*).

War das Konzil von Pisa eher ein pragmatischer Notbehelf gewesen, so verstand sich das Konzil von Konstanz ganz im Sinne der konziliaristischen Theorie als unmittelbar von Christus autorisierte höchste Repräsentanz der Kirche auf Erden, der jeder, auch der Papst, Gehorsam schuldig war – ein Anspruch, den die Konzilsväter in dem 1415 beschlossenen Dekret »Haec sancta« rechtverbindlich fixierten:

> »Diese heilige Synode zu Konstanz, [...] die zum Lobe des allmächtigen Gottes rechtmäßig im Heiligen Geist versammelt ist, [...] erklärt erstens, daß sie, im Heiligen Geist rechtmäßig versammelt, ein allgemeines Konzil abhaltend und die irdische katholische Kirche repräsentierend, ihre Vollmacht unmittelbar von Christus hat. Ihr ist ein jeder, welchen Standes und welcher Würde auch immer, sei es auch die päpstliche, in denjenigen Angelegenheiten zum Gehorsam verpflichtet, die sich auf den Glauben, auf die Ausrottung des besagten Schismas und die allgemeine Reform der Kirche Gottes an Haupt und Gliedern beziehen.«[12]

Der Pisaner Papst Johannes XXIII. hatte gehofft, in Konstanz seinen alleinigen Pontifikat gegen seine Konkurrenten durchsetzen zu können; doch schon bald zeichnete sich ab, dass nur eine Absetzung aller drei Päpste den Konflikt auflösen konnte. Wirklich setzte das Konzil Johannes und zwei Jahre später auch den avignoneser Papst Benedikt XIII. als Schismatiker und Häretiker ab. Der römische Papst Gregor XII. erklärte von sich aus seinen Rücktritt. Ende 1417 wählte eine Versammlung von Kardinälen und Konzilsdelegierten in Konstanz Martin V. (Papst 1417–1431) zum neuen Papst. Wirklich gelang es Martin, allgemeine Anerkennung zu erlangen, die Herrschaft über den Kirchenstaat wiederzuge-

---

12 Zitiert nach Ritter/Lohse/Leppin, Mittelalter (KThGQ 2), 235.

winnen und in Rom Fuß zu fassen. Damit war das verheerende abendländische Schisma nach rund vierzig Jahren endlich überwunden.

Die weitergehende *causa reformationis* stand in Konstanz im Schatten der *causa unionis*. Immerhin gelang die Verabschiedung von fünf Reformdekreten. Das bedeutendste davon war das Dekret »Frequens« von 1417, das die regelmäßige Durchführung von Konzilien – zunächst nach fünf, dann nach sieben Jahren und schließlich mindestens alle zehn Jahre – als Ergänzung und zur Kontrolle der päpstlichen Kirchenleitung vorsah. In der *causa fidei* erklärte das Konstanzer Konzil die Lehren des verstorbenen englischen Kirchenkritikers John Wyclif und der böhmischen Reformer Jan Hus und Hieronymus von Prag für häretisch; die Hinrichtung der beiden letzteren wurde zum Fanal für den Ausbruch der Hussitenkriege (Kap. 1.5.2).

1.6.3 Das Konzil von Basel (1431–1449)

Das Konzil von Konstanz hatte mit der Überwindung des Papstschismas eindrucksvoll das Potential des Konziliarismus demonstriert. Doch das dadurch ermöglichte Wiedererstarken des Papsttums ging in einer paradoxen Rückwendung auf Kosten der Konzilsautorität und führte schließlich zum Ende des Konziliarismus. Der neue Papst Martin V. ratifizierte die Beschlüsse des Konstanzer Konzils nicht; sein Interesse galt nicht der Kirchenreform, sondern dem Ausbau seiner eigenen Machtposition. Das Konzil, das er gemäß dem Konstanzer Dekret »Frequens« fristgerecht nach fünf Jahren 1423/24 in Pavia und Siena durchführen ließ, war schon wieder ganz vom Papst dominiert. 1431 berief Martin V., wieder fristgerecht nach sieben Jahren, ein weiteres Konzil nach Basel, starb aber noch vor dessen Eröffnung.

Das Konzil von Basel (1431–1449) sollte zur entscheidenden Machtprobe zwischen dem Papsttum und der konziliaren Bewegung werden. Nach nicht einmal drei Monaten erklärte der neue Papst Eugen IV. (Papst 1431–1447) das Konzil für aufgelöst, doch die Konzilsväter, die von König Sigismund, dem die Reichsstadt Basel unterstand, und einer Reihe weiterer weltlicher Herrscher Rückendeckung erhielten, widersetzten sich der päpstlichen Anordnung und bestätigten die Geltung des Konstanzer Dekrets »Haec sancta« über den Vorrang des Konzils vor dem Papst. Papst Eugen sah sich schließlich zum Einlenken gezwungen und erkannte die Rechtmäßigkeit des Konzils an.

Die Konzilsväter in Basel verfolgten ambitionierte Ziele. Im Grunde legten sie es darauf an, das Konzil als dauerhaft tagende Vertretung der Gesamtkirche mit eigener Leitungsgewalt und eigener Verwaltung als Parallelstruktur zum Papst und seiner Kurie zu etablieren. Bis 1436 wurde eine große Zahl von Reformdekreten beschlossen. Am schmerzlichsten für Papst und Kurie war die Einschränkung der päpstlichen Reservationen und Vergaben von Pfründen und die Abschaffung der Annaten, Servitien und Palliengelder. 1438 übernahm König Karl VII. von Frankreich für die französische Kirche, in der es seit dem 14. Jahrhundert eine starke nationalkirchliche (»gallikanische«), auf Unabhängigkeit vom Papsttum zielende Bewegung gab, in der »Pragmatischen Sanktion von Bourges« alle Reformdekrete des Basler Konzils; die päpstlichen Rechte über die französische Kirche wurden zu Gunsten des Königs beschränkt. Auch wenn die Pragmatische Sanktion von Bourges achtzig Jahre später wieder aufgehoben wurde, konnte die Kirche Frankeichs ihre Sonderstellung und ihre »gallikanischen Freiheiten« bis zur Französischen Revolution bewahren.

Im Umkreis des Basler Konzils entstand auch die 1439 von einem unbekannten Autor verfasste »Reformatio Sigismundi«: eine unter dem Namen des kurz zuvor verstorbenen Kaisers Sigismund verbreitete, bis ins 16. Jahrhundert hinein viel gelesene Programmschrift in deutscher Sprache, in der weitgehende kirchliche und politische Reformen propagiert wurden, darunter die Trennung von geistlicher und weltlicher Gewalt, die Säkularisation von Kirchengut und die Aufhebung der Leibeigenschaft.

Der größte kirchenpolitische Erfolg des Basler Konzils war die Beilegung des blutigen Konflikts mit den Hussiten; die hier 1431 gefundene Einigung mit den Utraquisten wurde 1433 mit den Prager Kompaktaten besiegelt (Kap. 1.5.2). Doch noch ein ambitionierteres Ziel hatte man sich gesteckt: Nachdem 1417 in Konstanz das Abendländische Schisma überwunden worden war, sollte nun das 1054 entstandene Morgenländische Schisma mit der orthodoxen griechischen Kirche beigelegt werden. Tatsächlich hatte bereits das Zweite Konzil von Lyon 1274 die Wiedervereinigung von West- und Ostkirche beschlossen, doch der byzantinische Kaiser hatte die Union gegen den orthodoxen Klerus nicht durchsetzen können. Auch jetzt zeigten sich die Byzantiner, die in Kleinasien hart von den osmanischen Türken bedrängt wurden, dem neuerlichen Unionsversuch geneigt. Die Mehrheit der Konzilsväter wollte mit den Grie-

1.6 Die Reformkonzilien

chen in Basel selbst oder in Avignon verhandeln, diese wünschten Verhandlungen in Italien unter Mitwirkung des Papstes. Das gab Eugen IV. eine Handhabe, das unliebsame Konzil zu spalten. Er verfügte dessen Verlegung nach Ferrara, und wirklich folgte ein Teil der Basler Konzilsväter seinem Ruf, während die Mehrheit in Basel verblieb. Damit war es nun – statt des früheren Papstschismas – zu einem Konzilsschisma gekommen.

Das päpstliche Teilkonzil tagte seit 1438 in Ferrara, seit 1439 in Florenz. Hier gelang 1439 wirklich die Aushandlung eines Unionsdekrets (»Laetentur coeli«, »Die Himmel sollen sich freuen«) mit den Byzantinern, das jedoch, nicht zuletzt infolge der Eroberung Konstantinopels 1453 und des Untergang des Byzantinischen Reiches, folgenlos blieb. Das Konzil von Ferrara-Florenz verabschiedete noch eine Reihe weiterer Beschlüsse; unter anderem wurde hier 1439 die Siebenzahl der Sakramente dogmatisiert. 1443 wurde dieses Konzil in den Lateran verlegt und stellte seine Arbeit ohne förmlichen Abschluss ein.

Das in Basel verbliebene Teilkonzil erklärte Eugen IV., der die dortigen Konzilsväter exkommuniziert hatte, für abgesetzt und wählte Felix V. zum Gegenpapst. Aus dem Konzilsschisma folgte so erneut ein Papstschisma. Doch das Basler Konzil hatte seinen Zenit überschritten und tagte bald nur noch selten. Verhängnisvoll war der Verlust der Unterstützung durch die weltlichen Fürsten. Kaiser Friedrich III. (reg. 1440–1493) suchte das Bündnis mit dem Papst, mit dem er 1448 das Wiener Konkordat abschloss, das gegen die Intentionen des Basler Konzils die Ansprüche des Papstes auf die Vergabe von Bistümern und Pfründen und auf finanzielle Abgaben im Heiligen Römischen Reich weitgehend und auf Dauer anerkannte; anders als die gallikanische Kirche blieb die Reichskirche so dem Zugriff von Papst und Kurie ausgeliefert. Im selben Jahr vertrieb Friedrich die Konzilsväter aus der Reichsstadt Basel. Diese übersiedelten noch ins savoyische Lausanne, doch 1449 erklärte der Konzilspapst Felix V. seinen Rücktritt, und das Konzil löste sich auf. Damit war der Sieg des Papsttums über die konziliare Bewegung besiegelt.

1.7 Theologie und Frömmigkeit am Ausgang des Mittelalters

1.7.1 Frömmigkeitstheologie

Charakteristisch für die Theologie des ausgehenden Mittelalters war ein vermehrtes pastorales, seelsorgerliches und frömmigkeitspraktisches Interesse. Ihr ging es weniger um hohe metaphysische Spekulation als vielmehr um Themen wie Sünde, Gnade, gute Werke, Kirche und Sakramente, Tod und ewiges Leben und um Anleitung zu praktischer Frömmigkeit und religiöser Lebensführung. Anstelle der großen Summen der Hochscholastik entstanden nun erbauliche Schriften in den Volkssprachen: Auslegungen des Dekalogs, des Vaterunsers, des Messkanons, Beichtspiegel (Anleitungen zur Gewissenserforschung) usw. Damit kamen die Theologen einem wachsenden Bedürfnis der Laien nach religiöser Unterweisung entgegen. Berndt Hamm hat für diese Spielart spätmittelalterlicher Theologie den Terminus »Frömmigkeitstheologie« geprägt.[13] Ihr wohl bedeutendster Vertreter war der Pariser Theologieprofessor und Universitätskanzler Jean Gerson, (gest. 1429) der uns bereits als prominenter Vertreter der *via moderna* und des Konziliarismus begegnet ist. Neben seinen fachwissenschaftlichen lateinischen Publikationen verfasste er mystisch-erbauliche Traktate in französischer Sprache. Etwa zur gleichen Zeit wirkten die Frömmigkeitstheologen des Wiener Kreises um Heinrich von Langenstein und Nikolaus von Dinkelsbühl. In Deutschland waren am Ende des 15. Jahrhunderts die Augustinereremiten Johannes von Paltz und Johann von Staupitz, die beide von einer augustinischen Gnadentheologie geprägt waren, Vertreter dieser Richtung.

Nicht mehr eigentlich der Scholastik angehörend, sondern bereits auf der Schwelle zur Renaissance angesiedelt war das philosophische und theologische Werk von Nikolaus von Kues (Cusanus, gest. 1464). Der aus Kues an der Mosel gebürtige Gelehrte hatte im Auftrag des Trierer Erzbischofs am Basler Konzil teilgenommen und in seiner Schrift »De concordantia catholica« (»Die umfassende Eintracht«) einen milden Konziliarismus propagiert sowie, ähnlich wie zur selben Zeit der Humanist Lorenzo Valla, die Unechtheit der »Konstantinischen Schenkung«

---

13 Hamm, Frömmigkeitstheologie am Anfang des 16. Jahrhunderts.

nachgewiesen. Danach war er auf die Seite des Papstes gewechselt und hatte an den Unionsverhandlungen mit Byzanz teilgenommen. Zum Lohn erhielt er den Kardinalshut und wurde Bischof von Brixen. Sein zentrales kirchenpolitisches Anliegen war die Suche nach Einheit und Verständigung, und die Einheit in der Vielfalt war auch Hauptthema seines gelehrten Werks. Stärker als vom Aristotelismus war Nikolaus vom Neuplatonismus und der areopagitischen Mystik geprägt. Eine vollständige rationale Erkenntnis Gottes hielt er, anders als die großen Denker der Hochscholastik, für unmöglich; die Vernunft erfasse allein das empirisch Wissbare und reiche nur bis an die Mauer des Paradieses. Erreichbar war, wie er in seinem Hauptwerk »De docta ignorantia« ausführte, nur ein »belehrtes Nicht-Wissen«, eine weise Unwissenheit, die sich ihrer Grenzen bewusst bleibe. Gottes Wesen konnte nach Nikolaus, anders als bei allem anderen Seienden, nicht relational durch seine Bezogenheit auf ein Anderes (»A ist A, indem es anders als B ist«) bestimmt werden – weder auf ein äußeres Anderes, denn alle Geschöpfe spiegeln die göttliche Natur wider, so dass Gott das *non aliud* zu allem Geschaffenen ist, noch auf ein inneres Anderes, denn in Gott gibt es keinen Unterschied zwischen Akt und Potenz, zwischen verwirklichten und unverwirklichten Möglichkeiten; Können (*posse*) und Sein (*esse*) fallen in ihm als dem *possest* zusammen. Tatsächlich steht Gott über den Gegensätzen, die das Wesen der geschaffenen Seienden ausmachen. Er ist das Eine und Absolute, in dem in einer großen *coincidentia oppositorum* alle Gegensätze in eins fallen.

1.7.2 Die Frömmigkeit am Ausgang des Mittelalters

Das späte Mittelalter sah eine bis dahin ungekannte Steigerung der Frömmigkeit.[14] Ihr Grundthema war die Sünden- und Gerichtsangst und die Fürsorge für das eigene Seelenheil. Gottvater und Christus wurden vor allem als strenge Richter über die Sünde vorgestellt. Unter dem Eindruck von Krieg, Hunger und Seuchen konnten Endzeiterwartungen rasch virulent werden; über Kirchenportalen und an den inneren Westwänden von Kirchen wurden regelmäßig Weltgerichtsszenen angebracht. Die Unsicherheit und Bedrohtheit des Lebens konfrontierte die

---

14 Zum Folgenden: Bernd Moeller, Frömmigkeit in Deutschland um 1500.

Menschen aber auch ständig mit dem Gedanken an den eigenen Tod. Das um 1400 entstandene literarische und Bildmotiv des Totentanzes beschwor die ständeübergreifende Unausweichlichkeit des Todesgeschicks. Eine eigene Literaturgattung lehrte die *ars moriendi*, die Vorbereitung auf das Sterben. Gefürchtet war vor allem der plötzliche, unvorbereitete Tod, vor dem der Anblick des heiligen Christophorus schützen sollte, dessen riesenhaftes Abbild oft Kirchenmauern zierte.

Folgenreich war die »Geburt des Fegefeuers«[15], die die Individualisierung des Glaubens vorantrieb. Schon Origenes hatte über die Möglichkeit einer über den Tod hinaus möglichen Läuterung der Sünder spekuliert, und im 13. Jahrhundert wurde in der lateinischen Westkirche das Fegefeuer (*purgatorium*) endgültig als ein dritter, in Dantes »Göttlicher Komödie« (Anfang 14. Jh.) anschaulich ausgemalter Jenseitsort neben Himmel und Hölle etabliert. Damit verschob sich der Akzent vom endzeitlichen Weltgericht (*iudicium universale*) zum individuellen Gericht (*iudicium particulare*) unmittelbar nach dem Tod des Einzelnen, dessen Urteil vom Endgericht nur noch bestätigt werden würde. Unmittelbar in den Himmel gelangten die sündlosen Heiligen, die Hölle als Ort ewiger Strafen für die Sünde drohte nur denen, die im Zustand ungebüßter Todsünde – der Begriff war aus 1Joh5,16 f. abgeleitet, der übliche Katalog umfasste Hochmut (*superbia*), Geiz (*avaritia*), Wollust (*luxuria*), Zorn (*ira*), Völlerei (*gula*), Neid (*invidia*) und Trägheit (*acedia*) – und ohne die kirchlichen Gnadenmittel starben. Die große Mehrheit der Kirchenchristen durfte auf die himmlische Seligkeit hoffen, hatte aber zunächst im Fegefeuer, einer Art Hölle auf Zeit, ihre Sünden abzubüßen; denn in der Beichte wurde nur die Sündenschuld vergeben, nicht aber die von Gott verhängten zeitlich begrenzten Sündenstrafen, die durch Unglück und Leiden in diesem Leben oder nach dem Tod im Purgatorium abzubüßen waren.

Nun gab es Möglichkeiten, die individuelle Verweildauer im Fegefeuer zu reduzieren. Die wichtigste davon eröffnete der Ablass (*indulgentia*), der seit dem 11. Jahrhundert Teil der Bußpraxis war. Der Idee nach handelte es sich um die Erlassung der zeitlichen Sündenstrafen. Die Vollmacht dazu hatte der Papst, der über den sogenannten »Kirchenschatz« in Gestalt überschüssiger Verdienste Christi und der Heiligen verfügte. Der Ablass konnte vollständig (Plenarablass, z. B. für

---

15 Le Goff, Die Geburt des Fegefeuers.

1.7 Theologie und Frömmigkeit am Ausgang des Mittelalters

Kreuzfahrer oder seit 1300 in den Heiligen Jahren in Rom) oder partikular (quantifiziert nach Tagen oder Jahren Fegefeuerstrafe, deren Gesamtdauer freilich unbekannt war) sein. Erworben wurde er durch ein Almosen oder ein frommes Werk, schließlich durch Geldzahlung. Seit dem 14. Jahrhundert konnte er mit Ablassbriefen – die nicht selten unzulässigerweise neben dem Erlass der Sündenstrafen auch den der Sündenschuld versprachen – sozusagen auf Vorrat erworben und zu einem späteren Zeitpunkt durch den Beichtvater in Kraft gesetzt werden und auch anderen, selbst bereits Verstorbenen – den sogenannten »armen Seelen« im Fegefeuer –, zugewendet werden. Praktisch dienten die Ablässe der Kirche meist als Mittel zur Geldbeschaffung.

Ein mächtiges Gnadenmittel war auch die Messe (Eucharistie). Sie galt als ein sündentilgendes Opfer, das der Priester Gott darbrachte, und dessen Früchte Lebenden und – bei den sogenannten Seelenmessen – Verstorbenen zugutekamen. Die zu diesem Zweck zahlreich gestifteten Privatmessen wurden gewöhnlich ohne Gemeinde von oft wenig gebildeten Messpriestern (Altaristen) an den in großer Zahl errichteten Seitenaltären größerer Kirchen gelesen. Auch bei den regulären Messen stand nicht mehr die Kommunion – allein mit der Hostie, seit dem 12. Jahrhundert wurde den Laien der Kelch nicht mehr gereicht – im Vordergrund. Stattdessen etablierte sich eine sogenannte Schaufrömmigkeit, die den Anblick der Elevation der Hostie im Augenblick der Wandlung als heilsbringend schätzte und die sich auch in der Ausstellung der konsekrierten, mit dem wahren Leib Christi gleichgesetzten Hostie in Monstranzen und im seit 1264 gefeierten Fronleichnamsfest mit seinen Prozessionen niederschlug. Auch die Heilig-Blut-Mirakel und -Wallfahrten (z. B. Walldürn im Odenwald, Wilsnack in Brandenburg) des Spätmittelalters gehören hierher, ebenso wie die Vorwürfe des Hostienfrevels und Ritualmords gegenüber den Juden, die damals aus England, Frankreich, Spanien (nach der »Reconquista«, der 1492 abgeschlossenen Rückeroberung der iberischen Halbinsel von den Arabern) und vielen deutschen Territorien vertrieben wurden.

Hochgeschätzt als Fürbitter bei Gott waren die Heiligen, die nun zunehmend als Patrone Einzelner (Taufnamen!) oder von Gemeinschaften und als spezialisierte Helfer für genau definierte Notlagen angerufen wurden. Besonders populär war das Ensemble der »Vierzehn Nothelfer«. Bilder der Heiligen oder ihre materiellen Überreste, die Reliquien, wurden zum Ziel von großen und kleinen Wallfahrten; die Wallfahrt zum Jakobusgrab in Santiago de Compostela stand den klassischen Pilgerzielen Jerusalem und Rom nicht nach. Fürstliche Personen legten riesenhafte Reliquien-(Heiltums-)Sammlungen an, die regelmäßig ausgestellt – für die Betrachtung der Partikel erhielten die Gläubigen Ablass – und in »Heiltumsbüchern« verzeichnet wurden; die größte Sammlung in Deutschland trug der Magdeburger und Mainzer Erzbischof Albrecht von Brandenburg in Halle zusammen, dicht gefolgt vom konkurrierenden Wittenberger »Heiltum« Kurfürst Friedrichs des Weisen von Sachsen (gest. 1525).

Die bei weitem bedeutendste Heilige war die Gottesmutter Maria. Je mehr Christus vergöttlicht und von den Menschen abgerückt wurde, desto mehr wurde Maria als Fürsprecherin bei Gott und Christus, ja als Miterlöserin in Anspruch genommen. Bilder von sogenannten Schutzmantelmadonnen zeigen Maria als Beschützerin vor Gottes Zorn und den Gefährdungen des Lebens, und auch den armen Seelen im Fegefeuer konnte sie die Qualen mindern. Duns Scotus und die Franziskaner entwickelten die – von Thomas von Aquin und den Dominikanern bestrittene – Lehre von der unbefleckten Empfängnis Mariens (*immaculata conceptio*; nicht zu verwechseln mit der Jungfrauengeburt Christi!), wonach Maria durch ein göttliches Wunder von ihrer Mutter Anna ohne Erbsünde empfangen worden sei. Seit dem 13. Jahrhundert verbreitet war die Vorstellung von der leiblichen Aufnahme Marias in den Himmel nach ihrem Tod (Mariä Himmelfahrt). Beide Lehren wurden aber erst im Zuge der intensivierten Marienfrömmigkeit im Zuge des Ultramontanismus im Jahr 1854 bzw. 1950 päpstlich dogmatisiert (Kap. 6.6.7, 7.11.1). Zugleich mit Maria wurde nun Anna verehrt und stieg zu einer Modeheiligen auf. Das wohl wichtigste Vehikel der Marienfrömmigkeit wurde der Rosenkranz.

Weithin herrschte eine nach außen drängende, auf die massenhafte Vervielfachung von quantifizierbar gedachten guten Werken ausgerichtete Frömmigkeit; dahinter stand die Vorstellung eines »Gradualismus« (Berndt Hamm), der dem Menschen gestattete, wie auf einer Stufenleiter schrittweise immer weiter vom Natürlich-Zeitlichen zum Himmlisch-Ewigen aufzusteigen.[16] Das 14., vor allem aber das 15. Jahrhundert sah einen Boom im Bau und der Ausschmückung von Kirchen, von frommen Stiftungen und Schenkungen jeder Art, von Wallfahrten,

---

16 Hamm, Einheit und Vielfalt der Reformation, 69–71.

1.7 Theologie und Frömmigkeit am Ausgang des Mittelalters

Messstiftungen, Almosengaben und dergleichen. Bruderschaften, die sich der Verehrung eines bestimmten Heiligen, dem Rosenkranzgebet oder der Stiftung eines Altars verschrieben hatten, ermöglichten ihren Mitgliedern sozusagen eine Vergemeinschaftung der kollektiv erbrachten guten Werke und garantierten ihnen Fürbitte über den Tod hinaus.

Neben den zahlreichen Erscheinungsformen dieser nach außen gerichteten, quantifizierenden, auf die Vielzahl der guten Werke und die kirchlichen Gnadenmittel bauenden Frömmigkeit finden wir im Spätmittelalter auch eine verinnerlichte und stark individualisierte Frömmigkeit. Sie speiste sich vielfach aus den Traditionen einer »popularisierten« Mystik, wie sie von den Gottesfreunden oder den Brüdern vom gemeinsamen Leben gepflegt wurde. Eine besondere Blüte erlebte die Passionsfrömmigkeit, die mit Andachtsübungen und -bildern die Versenkung in das Leiden des Heilands suchte. Andachtsbücher auf Latein und in den Volkssprachen hatten Konjunktur, die Vertreter der Frömmigkeitstheologie schufen eine reiche katechetische Literatur für Laien. In diesen Zusammenhang gehört auch das Interesse an (volkssprachlichen) Predigten, die im gewöhnlichen Messgottesdienst nicht vorgesehen waren, in den Städten aber zunehmend nachgefragt wurden. Hier hielten die Bettelorden ein entsprechendes Angebot vor, zusätzlich kam es, wie z. B. in Prag an der Bethlehemskapelle, zur Stiftung von Prädikaturen (Predigerstellen). Der bekannteste Prediger deutscher Sprache war Johann Geiler von Kaysersberg (gest. 1510) am Straßburger Münster.

Zu Unrecht als typisch »mittelalterlich« gilt der Hexenwahn, auch wenn seine Anfänge ins 15. Jahrhundert zurückreichen. Nachdem die Kirche im Frühmittelalter noch gegen den Hexenglauben vorgegangen war, kam es im Gefolge des Kampfes gegen die großen Ketzerbewegungen des Hochmittelalters zur Ausbildung einer geschlossenen Hexenlehre, wonach für die vermeintliche »Hexensekte« neben dem Schadenzauber das Teufelsbündnis einschließlich der geschlechtlichen Vereinigung mit dem Bösen (Teufelsbuhlschaft) und der Hexenflug zum nächtlichen Teufelstanz kennzeichnend waren. Der deutsche Dominikaner Heinrich Institoris erwirkte 1484 beim Papst eine »Hexenbulle« zur inquisitorischen Verfolgung der Hexerei und legte 1487 mit dem »Hexenhammer« ein Handbuch vor, das entscheidend dazu beitrug, Hexerei vor allem als weibliches Delikt zu verstehen. Seinen Höhepunkt erreichte der Hexenwahn erst in der Frühen Neuzeit, in mehreren Wellen im späten 16. und im 17. Jahrhundert, wohl auch im Zusammenhang mit der Verschärfung der konfessionellen Spaltung Europas. Die Prozesse wurden ganz überwiegend nicht von kirchlichen, sondern von weltlichen Gerichten geführt; doch trugen nicht wenige Prediger zur Anheizung des Hexenwahns bei. Andererseits machten sich Geistliche wie der Jesuit Friedrich Spee mit seiner Schrift »Cautio criminalis« (»Strafrechtlicher Vorbehalt«, 1631) und der lutherische Theologe Johann Matthäus Meyfart als Gegner der Hexenverfolgungen einen Namen. Die Gesamtzahl der Opfer, darunter rund achtzig Prozent Frauen, ist schwer zu schätzen; man rechnet in ganz Europa mit ca. 40.000 bis 60.000 Hinrichtungen, davon 25.000 in Deutschland.

1.8 Christentum und Kirche im Zeichen von Renaissance und Humanismus

1.8.1 Die Renaissance

Es wäre verkehrt, das Spätmittelalter nur als Krisenzeit zu sehen. Tatsächlich kam es im späteren 14. Jahrhundert und im 15. Jahrhundert noch einmal zu einer beachtlichen Kulturblüte. Manches davon ist als Fortsetzung der älteren mittelalterlichen Kulturentwicklung zu erklären. Der niederländische Historiker Johan Huizinga hat dies in seiner klassischen Studie zum französisch-niederländischen 15. Jahrhundert gezeigt und vom »Herbst des Mittelalters« als einer Zeit der Reife und Vollendung gesprochen, in der sich zugleich Verfall und Auflösung abzeichneten.[17] Langfristig bedeutender waren jedoch die neuen Impulse, die sich, von Italien ausgehend, in ganz Europa verbreiteten und die Kultur der Renaissance hervorbrachten.

Der Begriff »Renaissance« als Bezeichnung einer Epoche der Kunst- und Kulturgeschichte ist erst seit dem 19. Jahrhundert gebräuchlich und wurde vor allem von dem Schweizer Kulturhistoriker Jacob Burckhardt etabliert.[18] An zeitgenössische Formulierungen (ital. *rinascita*)

---

17 Johan Huizinga, Herbst des Mittelalters. Studie über Lebens- und Gedankenformen des 14. und 15. Jahrhunderts in Frankreich und den Niederlanden, Paderborn 2018 (niederländische Erstausgabe: 1919).

18 Jacob Burckhardt, Die Cultur der Renaissance in Italien. Ein Versuch (Jacob Burckhardt, Werke 4), München 2018 (Erstausgabe: 1860).

1.8 Christentum im Zeichen von Renaissance und Humanismus

anknüpfend, bezeichnet der Terminus »Renaissance« (frz. »Wiedergeburt«) recht genau das damalige Kulturideal. Die Renaissance war das Projekt einer umfassenden kulturellen Erneuerung auf den Gebieten der Kunst, Architektur und Literatur, die durch eine Wiederbelebung und Weiterführung der Kultur der griechisch-römischen Antike erreicht werden sollte. Das klassische Altertum galt als Vorbild und Ideal, auf das man über die als barbarisch empfundene und zu Unrecht als »finsteres Mittelalter« denunzierte Zwischenzeit hinweg zurückgriff – nicht mit dem Ziel, es einfach zu kopieren, aber doch in seinem Sinn und nach seinem Maßstab Neues zu schaffen. Dieses Programm eines Fortschritts durch Rückkehr zum Alten und Ursprünglichen, das uns heute fremd erscheint, war typisch für das Denken der Vormoderne, die grundsätzlich im Urzustand das normative Ideal sah, das es zu bewahren und im Fall der Abweichung davon wiederherzustellen galt. In ähnlicher Weise hatte die Gregorianische Kirchenreform des 11. Jahrhunderts die Rückkehr zur Bibel und zum alten Kirchenrecht propagiert, und auch der Reformation des 16. Jahrhunderts lag in ihrem Rückbezug auf die Bibel und die Alte Kirche die gleiche Logik zugrunde.

Das neue Kulturideal wurde nicht zufällig in Italien mit seinem Reichtum an römischen Altertümern entwickelt. Sein erster prominenter Vertreter war der Kleriker und Dichter Francesco Petrarca. Sein (stilisierter) Bericht über die Besteigung des Mont Ventoux in der Provence 1336, der eine Art von Bekehrung zur eigenen Subjektivität und zum ästhetischen Naturgenuss – der mittelalterliche Mensch nahm die Natur als bedrohlich war – schildert, gilt als klassisches Dokument der Frührenaissance. Die Renaissancekultur entwickelte sich vor allem in den reichen oberitalienischen Stadtrepubliken, namentlich in Florenz, von wo aus sie sich in ganz Europa ausbreitete. Ihren Höhepunkt erreichte die Renaissance im 15. und 16. Jahrhundert, seit dem 17. Jahrhundert wurde sie von der Barockkultur abgelöst.

Das neue Kulturideal war mit einer folgenreichen neuen Lebenshaltung verbunden. An die Stelle von frommer Weltflucht und Jenseitsorientierung trat eine neue Lust am Diesseits und ein vitaler Wille zur Welt- und Lebensgestaltung. Wo das Mittelalter im Allgemeinen die Armseligkeit und Niedrigkeit des Menschen betont hatte – so etwa Papst Innozenz III. (Papst 1198–1216) in seinem Buch »De miseria humanae conditionis« (»Das Elend des menschlichen Daseins«) –, da entwickelte die Renaissance ein positives, optimistisches Menschenbild. In seiner »Oratio de hominis dignitate« (»Rede über die Würde des Menschen«) zeigte der Philosoph Giovanni Pico della Mirandola (gest. 1494), dass der Mensch die Freiheit besitze, sein Leben selbst zu gestalten und zu entscheiden, ob er es tierähnlich oder gottähnlich führen wolle:

> Gott spricht zu Adam: »Wir haben dir keinen festen Wohnsitz gegeben, Adam, kein eigenes Aussehen noch irgendeine besondere Gabe, damit du den Wohnsitz, das Aussehen und die Gaben, die du selbst dir aussiehst, entsprechend deinem Wunsch und Entschluß habest und besitzest. Die Natur der übrigen Geschöpfe ist fest bestimmt und wird innerhalb von uns vorgeschriebener Gesetze begrenzt. Du sollst dir deine ohne jede Einschränkung und Enge, nach deinem eigenen Ermessen, dem ich dich anvertraut haben, selber bestimmen. [...] Weder haben wir dich himmlisch noch irdisch, weder sterblich noch unsterblich geschaffen, damit du wie dein eigener, in Ehre frei entscheidender, schöpferischer Bildhauer dich selbst zu der Gestalt ausformst, die du bevorzugst. Du kannst zum Niedrigeren, Tierischen entarten; du kannst aber auch zum Höheren, zum Göttlichen wiedergeboren werden, wenn deine Seele es beschließt.«[19]

Der selbstbestimmte, umfassend gebildete, künstlerisch und lebenspraktisch tüchtige Universalmensch (*uomo universale*) wurde zum Ideal der Zeit, der zielstrebig handelnde, nicht mehr an religiöse Normen gebundene politische Machtmensch, wie ihn Niccolò Machiavelli in seinem Buch »Il principe« (»Der Fürst«) beschrieb, zum Inbegriff des Renaissancefürsten. Entgegen älteren Forschungsmeinungen war die Renaissance aber nicht grundsätzlich kirchen- oder christentumsfeindlich. Mit der Überzeugung, dass Christentum und klassische Antike vereinbar seien, vollzog die Renaissancekultur das Ergebnis entsprechender Diskussionen des Altertums nach.

Die Zuwendung zum Diesseits und zum Menschen zeigte sich besonders eindrücklich in der bildenden Kunst. Neben religiöse Themen traten nun Szenen aus der antiken Mythologie, der Geschichte und dem alltäglichen Leben sowie eine neue Natur- und Landschaftsmalerei. Die Entdeckung der Zentralperspektive ermöglichte einen neuartigen Realismus. Die neue Kunst der Porträtmalerei versuchte, anders als die stilisierenden Personendarstellungen des Mittelalters, die Individualität des einzelnen Menschen zu erfassen. Durch die neuen druckgraphi-

---

19   Pico della Mirandola, Über die Würde des Menschen; zitiert nach Ritter/Lohse/Leppin, Mittelalter (KThGQ 2), 221.

1.8 Christentum im Zeichen von Renaissance und Humanismus

schen Verfahren (Holzschnitt, Kupferstich) erreichten Bildwerke nun auch eine viel weitere Verbreitung. In der Architektur wandte man sich von der jetzt so bezeichneten und als barbarisch stigmatisierten »Gotik« ab und knüpfte an antike Bauformen und Architekturtheorien an. Von den bedeutendsten Künstlern der italienischen Renaissance seien nur das Universalgenie Leonardo da Vinci sowie Michelangelo, der Gestalter der Sixtinischen Kapelle und Erbauer der Kuppel von St. Peter in Rom, genannt. In Deutschland standen Renaissance-Künstler wie Albrecht Dürer (gest. 1528) und Lucas Cranach (Vater und Sohn) der Reformation nahe.

1.8.2 Der Humanismus

Zur Renaissancekultur gehörte auch die als »Humanismus« bezeichnete, eminent wirkungsmächtige Bildungsbewegung. Wie der Begriff »Renaissance« knüpft der Begriff »Humanismus« an den damaligen Sprachgebrauch an, ist als solcher aber eine Prägung erst des 19. Jahrhunderts. Zur Unterscheidung von späteren, ebenfalls als »humanistisch« charakterisierten Bestrebungen spricht man genauer auch vom »Renaissance-Humanismus« – so, wie andererseits der Begriff Renaissance auch auf andere Phänomene wie die Karolingische Renaissance, die von der neueren Forschung postulierte »Renaissance des 12. Jahrhunderts« oder die »Lutherrenaissance« (s. u. Kap. 7.3.1) angewendet wird.

Die Humanisten bildeten eine akademisch-literarische Avantgarde. Nach antiken Vorbildern nahmen sie zwei- oder dreigliedrige latinisierte oder gräzisierte Gelehrtennamen an (z. B. Desiderius Erasmus Roterodamus, Mutianus Rufus, Crotus Rubeanus). Durch Briefe und Buchwidmungen waren sie europaweit vernetzt, in verschiedenen Städten wie z. B. Nürnberg oder Augsburg sammelten sich humanistische Gesellschaften (»Sodalitäten«) zur Pflege heiterer Geselligkeit. Anders als in seinem Ursprungsland Italien, fasste der Humanismus im Heiligen Römischen Reich auch an den Universitäten Fuß.

Die Humanisten verfolgten ein Bildungsideal, das in der Schulung an der klassischen Antike dem Menschen zur Selbstentfaltung und Ausbildung seiner Persönlichkeit im Sinne eines idealen, von Wissen und Tugend bestimmten Menschentums verhelfen sollte. Unentbehrliche Grundlage waren die drei alten Sprachen, vor allem das Lateinische, das im Mittelalter als Gebrauchssprache in Kirche und Schule verwahrlost war und nun nach klassischen Vorbildern erneuert wurde. Dazu trat das Griechische, das, im Westen lange fast unbekannt, nun auch mit Hilfe von aus dem von den Türken bedrängten Byzantinischen Reich geflohenen Gelehrten intensiv studiert wurde. Daneben wurde nun auch das Studium des Hebräischen betrieben, das als Ursprache der Menschheit galt und nicht nur den Grundtext des Alten Testaments, sondern auch die rabbinische und kabbalistische Literatur erschloss. Das Ideal der Humanisten war der *vir trilinguis*, der dreisprachige Mensch.

Neben den sprachlichen Fächern – dem klassischen »Trivium« von Grammatik, Rhetorik und Dialektik – legten die Humanisten besonderen Wert auf Ethik, Poesie und Geschichte. An den Artistenfakultäten der Universitäten wurden diese *studia humanitatis* in den Mittelpunkt gestellt. Der Lehrbetrieb der jetzt diffamierend so genannten »Scholastik« mit seiner Orientierung an kanonisch gewordenen Autoritäten sah sich zunehmender Kritik ausgesetzt. Stattdessen forderten die Humanisten den selbstständigen Rückgang auf die originalen Schriften antiker Autoren: *ad fontes* (»zu den Quellen«)! Gezielt wurden unbekannte antike Texte gesucht und publiziert, vorhandene wie das »Constitutum Constantini« (Konstantinische Schenkung) einer Quellenkritik unterzogen. Die seit dem Hochmittelalter bestehende Dominanz des Aristotelismus als Referenzphilosophie der abendländischen Wissenschaft wurde in Frage gestellt, in Florenz widmete sich ein Kreis um Marsilio Ficino (gest. 1499) und Pico della Mirandola – die »Platonische Akademie« – dem Studium Platons und des Neuplatonismus. Damit gab der Humanismus entscheidende Impulse für die Umgestaltung von Wissenschaft und Unterricht. Auf religiösem Gebiet verband sich der Humanismus teilweise mit Bestrebungen zur Kirchenreform. Sein Prinzip *ad fontes* führte zu einer Rückbesinnung auf die Bibel, die nun in ihren Ursprachen gelesen wurde, und auf die Schriften der Kirchenväter. Der sogenannte Bibelhumanismus hat in vielem der Reformation den Boden bereitet und ist mit ihr in verschiedener Weise Allianzen eingegangen.

Zwei herausragende Vertreter des Humanismus, die auch kirchengeschichtlich eine besondere Bedeutung hatten, waren Johannes Reuchlin und Erasmus von Rotterdam. *Johannes Reuchlin*[20] (gest. 1522), der als Jurist in Stuttgart tätig war, gilt mit seinem Lehrbuch »De rudimentis

---

20 Betonung auf der ersten Silbe; »-lin« ist das alemannische Diminutivsuffix. Reuchlin selbst gräzisierte seinen Namen zu »Kapnion« (= »Räuchlein«).

1.8 Christentum im Zeichen von Renaissance und Humanismus 49

hebraicis« (»Hebräische Anfangsgründe«) als Begründer der Hebraistik. Von der Beschäftigung mit der Kabbala und der rabbinischen Literatur erhoffte er sich den Zugang zu einer verborgenen Weisheit, die er für die Christen nutzbar machen wollte. Aus diesem Grund – nicht etwa aus einer allgemeinen Toleranzgesinnung – widersprach Reuchlin scharf dem Vorhaben der Vernichtung der gesamten jüdischen Literatur, das der getaufte Jude Johannes Pfefferkorn angeregt hatte. Von den Kölner Dominikanern unterstützt, gelang es Pfefferkorn, 1505 vom Kaiser Mandate zur Konfiskation der jüdischen Schriften zu erwirken. Reuchlin protestierte in mehreren Schriften dagegen und wurde so zur Gallionsfigur der humanistischen Bewegung. Ein glänzender Propagandastreich waren die »Epistolae obscurorum virorum« (»Dunkelmännerbriefe«), eine Satire auf die Unbildung der Kölner Dominikaner aus der Feder junger Humanisten, darunter der Reichsritter Ulrich von Hutten. 1520 wurden Reuchlins Schriften vom Papst verurteilt, doch vielen galt er als moralischer Sieger. Christliche Gelehrte studierten weiterhin die jüdische Literatur, die bereits von Pico della Mirandola begründete christliche Kabbalistik erlebte eine Blüte. Der Reuchlin-Streit mit seiner Mobilisierung der Humanisten und der damit verbundenen Lagerbildung wirkt wie ein Präludium zum 1517 begonnenen reformatorischen Ablassstreit; Reuchlin selbst blieb allerdings auf Distanz zur Reformation.

Der unbestrittene »Fürst der Humanisten« war der Niederländer *Erasmus von Rotterdam* (gest. 1536). Als Sohn eines Priesters hatte er selbst eine geistliche Laufbahn eingeschlagen, dann aber eine Existenz als freischaffender Gelehrter und Schriftsteller gewählt. Nach Stationen in den Niederlanden, Frankreich, Italien und England lebte er längere Zeit in Basel, dann in Freiburg im Breisgau. Erasmus arbeitete an einer Synthese von Antike und Christentum, die er als *philosophia Christi* bezeichnete. 1516 gab er unter dem Titel »Novum instrumentum omne« (»Das ganze Neue Testament«) eine eigene lateinische Übersetzung des Neuen Testaments, begleitet vom griechischen Grundtext, heraus; diese erste gedruckte Ausgabe des griechischen Bibeltextes überhaupt diente den Exegeten lange als sogenannter *textus receptus* und lag auch Luthers Bibelübersetzung zugrunde. In späteren Jahren veranstaltete Erasmus Druckausgaben der Schriften von Cyprian, Irenäus, Ambrosius, Origenes, Augustinus und anderen Kirchenvätern.

Wie viele andere Humanisten hatte Erasmus ein waches Auge für die kirchlichen Missstände, die er u. a. in seinem satirischen »Encomium moriae« (»Lob der Torheit«) kritisierte. Auf der Grundlage seines christlichen Humanismus erstrebte er eine Reform (*restitutio Christianismi*), die auf ein praktisches, sittlich bewährtes Bergpredigtchristentum hinauslief, das sich am Leben Jesu, wie es die Evangelien schilderten, zu orientieren hatte. Von der scholastischen Spekulation sollte die Theologie zur biblischen Einfalt zurückkehren. Musterhaft ausgeführt hat Erasmus dieses Programm im »Enchiridion militis Christiani« (»Handbuch des christlichen Streiters«). Danach ging es beim Christsein vor allem um das vom freien Willen getragene unablässige moralische Bemühen im Kampf gegen die Laster und im Streben nach Tugend nach dem Vorbild Christi.

Anfangs beobachtete Erasmus das Auftreten Luthers mit Sympathie, doch schon bald zeigte er sich von dessen Ungestüm befremdet. 1524/1525 zerbrach die Gemeinsamkeit der ungleichen Reformer an ihrer Einschätzung des menschlichen Willensvermögens (Kap. 2.5.5.). Erasmus blieb letztlich der römischen Kirche treu und stellte auch manche früheren Kritikpunkte zurück, was ihn allerdings nicht davor bewahrte, dass seine kirchenkritischen Werke und sein griechisches Neues Testament vom Konzil von Trient (Kap. 4.3) verboten wurden. Die Hoffnung des Erasmus, die streitenden Religionsparteien durch beiderseitige Kompromissbereitschaft und die Orientierung an den Bekenntnissen der alten Kirche doch noch versöhnen zu können, erwies sich als trügerisch; seine Schüler haben dieses Programm einer »altkatholischen Irenik (Friedenstheologie)« in verschiedenen Religionsgesprächen ergebnislos verfolgt.

1.8.3 Das Renaissance-Papsttum

Es war paradoxerweise dem Konziliarismus und der Überwindung des Papstschismas durch das Konstanzer Konzil geschuldet, dass das Papsttum nach seiner »babylonischen Gefangenschaft« in Avignon und dem Abendländischen Schisma wieder erstarken und seine zentrale Rolle in der westlichen Kirche zurückerlangen konnte. Am Ende des Mittelalters stellte sich das Papsttum äußerlich imposant und glänzend dar. Für die Reihe der Päpste seit der Mitte des 15. Jahrhunderts hat sich der Begriff »Renaissance-Papsttum« eingebürgert. Sie entstammten überwiegend bedeutenden italienischen Adelsfamilien und verstanden sich in erster Linie als Fürsten, nicht als Bischöfe und Kirchenleiter. Ihre oberste Prio-

1.8 Christentum im Zeichen von Renaissance und Humanismus 51

rität bestand darin, den Kirchenstaat, ihr weltliches Herrschaftsgebiet in Italien, mit allen, auch kriegerischen, Mitteln, zu stabilisieren. In dem zum Heiligen Römischen Reich gehörenden Norditalien suchten sie, zum Teil im Bündnis mit dem französischen König, der 1494 dort eingefallen war, ihre Macht auf Kosten des Kaisers zu erweitern. Da die Päpste ihre Herrschaft nicht an eigene Nachkommen vererben konnten, praktizierten sie als alternative dynastische Strategie einen ausgedehnten Nepotismus, indem sie Verwandte zu Kardinälen erhoben oder in andere lukrative Ämter beförderten. Ihrem fürstlichen Selbstverständnis entsprechend, betrieben die Renaissance-Päpste eine ausgedehnte Repräsentation. Sie bauten die Stadt Rom und den Vatikan prachtvoll aus und beschäftigten als feinsinnige Mäzene die besten Künstler ihrer Zeit. Besonders tat sich in dieser Richtung ausgerechnet Papst *Sixtus IV.* (Papst 1471–1484) hervor, der zuvor Generalminister des Franziskanerordens gewesen war; er ließ die Sixtinische Kapelle errichten und ausmalen. Fertiggestellt wurde sie unter seinem Neffen *Julius II.* (Papst 1503–1513), einem berüchtigten Kriegsherrn und anderen großen Mäzen auf dem Stuhl Petri. Sein größtes Projekt war der ambitionierte Neubau der Peterskirche im Vatikan, den er 1506 begann. Bramante, Raffael und Michelangelo arbeiteten daran mit, die Fertigstellung erfolgte erst 1626.

Die persönliche Lebensführung vieler Renaissance-Päpste war geeignet, bei sittenstrengen Zeitgenossen Anstoß zu erregen. Berüchtigt war in dieser Hinsicht vor allem *Alexander VI.* (1492–1503) aus der spanischen Adelsfamilie Borgia, ein skrupelloser Machtpolitiker, der einen ausgedehnten Nepotismus praktizierte. Alexander hatte verschiedene Konkubinen. Seinen Sohn Cesare Borgia, einen Kriegsherrn und Machtmenschen, der Machiavelli zu seinem Werk »Il principe« inspiriert haben soll, erhob er zum Bischof und Kardinal, seine Tochter Lucrezia, mit der er selbst ein Liebesverhältnis unterhalten haben soll, verheiratete er dreimal aus politischen Motiven.

Zu den schärfsten Kritikern Alexanders VI. zählte der Dominikanermönch *Girolamo Savonarola* (gest. 1498) in Florenz. Als apokalyptischer Endzeitprophet und strenger Bußprediger geißelte er das weltliche Leben von Adel, Bürgern und Klerus und ergriff beim französischen Einmarsch 1494 gegen die Stadtherren aus der Familie der Medici für Frankreich Partei. Nach der Vertreibung der Medici gewann er entscheidenden Einfluss auf die städtische Politik und errichtete ein striktes Sittenregime. Vom Papst wegen seiner profranzösischen Haltung exkommuniziert und seines Rückhalts im Stadtregiment beraubt, wurde er 1498 als Ketzer auf dem Scheiterhaufen verbrannt.

Die großen Anliegen der Kirchenreform, die die Reformkonzilien auf die Agenda gesetzt hatten, blieben unter den Renaissance-Päpsten weitgehend liegen. Julius II. sah sich gezwungen, wieder ein Konzil, das *Fünfte Lateran-Konzil* (1512–1517), einzuberufen. Abgeschlossen wurde es kurz vor dem Beginn des reformatorischen Ablassstreits unter seinem Nachfolger *Leo X.* (Papst 1513–1521), dem die Maxime zugeschrieben wird »Lasst uns das Papsttum genießen, da Gott es uns verliehen hat«. Wirksame Beschlüsse wurden nicht gefasst.

1.9 Weiterführende Literatur

Angenendt, Arnold: Geschichte der Religiosität im Mittelalter, Darmstadt [4]2009.

Basse, Michael: Entmachtung und Selbstzerstörung des Papsttums (1302 bis 1414) (KGE II/1), Leipzig 2011.

Basse, Michael: Von den Reformkonzilien bis zum Vorabend der Reformation (KGE II/2), Leipzig 2008.

Leppin, Volker: Geschichte des mittelalterlichen Christentums (Neue Theologische Grundrisse), Tübingen 2012.

Seebaß, Gottfried: Geschichte des Christentums III. Spätmittelalter – Reformation – Konfessionalisierung (Theologische Wissenschaft 7), Stuttgart 2006, 17–91.

Zschoch, Hellmut: Die Christenheit im Hoch- und Spätmittelalter. Von der Kirchenreform des 11. Jahrhunderts zu den Reformbestrebungen des 15. Jahrhunderts (= Zugänge zur Kirchengeschichte 5 = UTB 2520), Göttingen 2004.

Luther und Hus teilen das Abendmahl aus
Holzschnitt aus dem Umkreis der Werkstatt Lucas Cranachs d. Ä., um 1550.
Die fiktive Szene zeigt eine Abendmahlsfeier, bei der Martin Luther (1483–1546) und der böhmische Reformtheologe Jan Hus (ca. 1370–1415) den Mitgliedern der sächsischen Kurfürstenfamilie Brot und Wein reichen. Das Abendmahl »in beiderlei Gestalt« (*sub utraque specie*), also mit Kelchkommunion für alle Gemeindeglieder, war für die evangelischen Kirchen charakteristisch, seine erstmalige Feier markierte den Übergang einer Gemeinde zur Reformation. Die Kommunikanten sind namentlich bezeichnet: Friedrich der Weise (rechts vorn) und seine Nachfolger Johann der Beständige (links vorn) und Johann Friedrich der Großmütige (rechts und links hinten) und dessen Ehefrau und Söhne. Ohne die Unterstützung der Landesfürsten wäre die Reformation nicht möglich gewesen. Im Ergebnis kam es zur Entstehung des landesherrlichen Kirchenregiments. Jan Hus wird als mittelalterlicher »Zeuge der Wahrheit« und Vorläufer des reformatorischen Anliegens in die Szene einbezogen. Eigentlich hätte es nahegelegen, Hus den Kelch reichen zu lassen, war der Laienkelch doch eine zentrale Forderung der Hussiten gewesen, doch sollte die vornehmere Kelchseite wohl Luther vorbehalten bleiben.

2.
DIE REFORMATION IM DEUTSCH-SPRACHIGEN RAUM (1517–1555)

2.1 EINFÜHRUNG: DIE REFORMATION ALS EPOCHE

In der Geschichtswissenschaft lässt man mit der Wende vom 15. zum 16. Jahrhundert die (Frühe) *Neuzeit* beginnen. Verschiedene Faktoren wirkten dabei zusammen: das Ende des Byzantinischen (= oströmischen) Reiches, das den Untergang des weströmischen Reiches um ein Jahrtausend überdauert hatte, mit der Eroberung Konstantinopels durch die türkischen Osmanen 1453; die durch den Buchdruck mit beweglichen Lettern um 1450 angestoßene Medienrevolution; die Entdeckung einer »neuen Welt« durch die Entdeckungsfahrten spanischer und portugiesischer Seefahrer (1483 Entdeckung Amerikas durch Christoph Kolumbus, 1498 Entdeckung des Seewegs nach Indien durch Vasco da Gama); die mächtigen Kultur- und Bildungsbestrebungen von Renaissance und Humanismus, die durch Rückgriff auf die idealisierte Antike Neues schaffen und ein vermeintlich finsteres »Mittelalter« überwinden wollten; und schließlich die Reformation, die unter Rückgriff auf die Bibel und das ältere Christentum die westliche Kirche erneuern wollte.

In einer kirchengeschichtlichen Darstellung liegt es nahe, die Reformation als solche als Epochendatum zu wählen. Die *Reformation als historische Epoche* – als erster sprach der preußische Historiker Leopold von Ranke vom »Zeitalter der Reformation«[21] – können wir in diesem Sinne mit Luthers Thesenanschlag 1517 beginnen lassen. Mit der reichsrechtlichen Anerkennung des Luthertums im Augsburger Religionsfrieden von 1555 wird für das Heilige Römische Reich ein gewisser Endpunkt markiert, mit dem man zugleich das Konfessionelle Zeitalter beginnen lässt, auch wenn danach noch weitere Territorien zur Reformation übergingen. Die Reformationen in anderen europäischen Län-

---

21 Leopold von Ranke, Deutsche Geschichte im Zeitalter der Reformation, 6 Bde., Berlin 1839–1847.

dern (Kap. 3) setzten dagegen vielfach erst später ein und zogen sich deutlich länger hin.

In der evangelischen Kirchengeschichtsschreibung galt die Reformation von jeher als historische Zäsur. Zum Mittelalter steht sie in *Kontinuität und Diskontinuität* zugleich. Einerseits gehört sie in den Zusammenhang eines umfassenden Bemühens um Kirchenreform, das die westliche Christenheit von der Gregorianischen Reform des 11. Jahrhunderts bis zum Konzil von Trient in der Mitte des 16. Jahrhunderts beschäftigte. Andererseits war die Reformation ein unableitbares, »emergentes« Geschehen.[22] Weder war sie in ihrer konkreten Gestalt unausweichlich – Kirche und Frömmigkeit des ausgehenden Mittelalters waren bei allen Missständen im Einzelnen nicht in einer grundstürzenden Krise – noch war sie durch »Vorreformatoren« substantiell vorbereitet worden – die Berufung der Reformatoren auf Vorläufergestalten wie Jan Hus oder John Wyclif war eine historisch unhaltbare Konstruktion (s. o. Kap. 1.5). Am Beginn der Reformation stand eine von Luther im Rückgriff auf Paulus und Augustinus entwickelte neue Auffassung des Christentums, deren theologische, soziale, wirtschaftliche und kulturelle Implikationen zu einer nicht nur kirchlichen, sondern gesamtgesellschaftlichen Umwälzung führten. Die reformatorische Entdeckung Luthers und der von ihm ausgelöste Ablassstreit gaben entscheidende Impulse für das gesamte europäische Reformationsgeschehen, auch wenn bald zahlreiche unterschiedlich geprägte reformatorische Aufbrüche mit unterschiedlich profilierten Führungspersönlichkeiten neben- und seit der Mitte der 1520er Jahre teilweise gegeneinander traten. Neben dem Wittenberg Luthers wurden das Zürich Zwinglis und – eine Generation später – das Genf Calvins weithin ausstrahlende reformatorische Zentren, daneben gab es dissentierende Richtungen, die unter dem unglücklichen Sammelbegriff der »Radikalen Reformation« zusammengefasst werden. Eine noch einmal andere Ausprägung nahm der Protestantismus in der englischen Reformation an. Bei aller Verschiedenheit der vielen »Reformationen« im Europa des 16. Jahrhunderts waren und fühlten sich deren Vertreter in der Hauptsache aber doch soweit miteinander verbunden, dass es gerechtfertigt erscheint, nach wie vor von »der Reformation« im Singular zu sprechen.

---

22 Hamm, Die Emergenz der Reformation.

Bei allen Momenten der Kontinuität zu Kirche und Theologie des Mittelalters war die Reformation in ihrem religiösen Grundanliegen systemsprengend und musste, nachdem dieses keine allgemeine Akzeptanz fand, zwangsläufig kirchenspaltend wirken. Im Ergebnis ging die äußere Einheit der abendländischen Christenheit verloren, an die Stelle der einen *christianitas* traten moderne Konfessionskirchen. Dabei liefen in allen Kirchentümern parallele Prozesse der Konfessionsbildung und Konfessionalisierung ab, die im Reich mit der Herausbildung der frühmodernen Staatswesen verzahnt waren (Kap. 4.1.2). Auch die römisch-katholische Kirche der Neuzeit ist nicht einfach die Fortsetzung des mittelalterlichen Christentums, sondern in dieser Form im 16. Jahrhundert entstanden. Die Reformation leitete so direkt in das Konfessionelle Zeitalter über.

Ihrem *historischen Selbstverständnis* zufolge wollte die Reformation nichts Neues schaffen, sondern die Kirche re-formieren – die sprachliche Unterscheidung von »Reformation« und »Reform« ist erst im 18. Jahrhundert aufgekommen –, das heißt ihre ursprüngliche *forma* wiederherstellen. Dahinter stand das vormoderne Geschichtsdenken, das bei der Kirche wie bei jeder anderen Institution den Anfang als normative Idealzeit ansah, der gegenüber es im Verlauf der Zeit nur Verfall und Niedergang geben konnte. So sahen die Reformatoren in der mittelalterlichen Papstkirche eine illegitime Neuerung, das Ergebnis eines Abfalls von der reinen Kirche Christi und der Apostel, und nahmen für sich in Anspruch, selbst die erneuerte alte Kirche zu sein. Die traditionelle Spitzenstellung der Patristik und der Reformationsgeschichte in der evangelischen Kirchengeschichtswissenschaft bei gleichzeitiger Geringschätzung des Mittelalters ist ein Erbe dieses reformatorischen Geschichtsdenkens, das für den Gedanken des Fortschritts und der Entwicklung noch keinen Sinn hatte.

Tatsächlich entstand mit dem Protestantismus ein neuer, *dritter Grundtyp der christlichen Religion* neben dem orthodoxen Christentum des Ostens und dem katholischen Christentum des Westens. Charakteristisch dafür ist die Aufhebung der Unterscheidung von Klerus und Laien und die daraus resultierende Ausschaltung der sakramentalen priesterlichen Heilsvermittlung sowie die konsequente Individualisierung der religiösen Existenz im Sinne einer Gottunmittelbarkeit jedes einzelnen Gläubigen. Überhaupt hob die Reformation die Unterscheidung von »Heiligem« und »Profanem« auf, was einerseits zu einer Anerkennung der Weltlichkeit der Welt (und den daraus mittelfristig resultierenden Säkularisierungstendenzen) führte, andererseits zu einer Intensivierung der religiösen Existenz des Einzelnen durch die Ausdehnung christlicher Vollkommenheitsideale, die seit der Konstantinischen Wende an das Mönchtum und herausragende »Heilige« delegiert gewesen waren, auf alle Gläubigen. In der Forschung wurden eine Reihe theoretischer *Modelle* zur Deutung der Reformation entwickelt. Die marxistische Sicht der Reformation als Ausdruck einer »frühbürgerlichen Revolution« im Rahmen einer Abfolge von Klassenkämpfen wird heute nicht mehr vertreten.[23] Vielversprechend erscheinen vor allem zwei neuere Ansätze: Berndt Hamm versteht die Reformation als Vorgang einer »normativen Zentrierung« von Glaube, Theologie und Kirche auf die Alleinwirksamkeit Gottes, die den mit vielfältigen Abstufungen, Vermittlungen und Synergien zwischen Gott und Mensch rechnenden »Gradualismus« des Spätmittelalters sprengte.[24] Volker Leppin deutet die Reformation und das Auseinandertreten der Konfessionen als Prozess der einseitigen Auflösung und institutionellen Verfestigung von im Spätmittelalter noch als vereinbar gedachten Polaritäten von Dezentralität und Zentralität der Kirche, Laienbeteiligung und Klerikalismus, subjektiver Heilsaneignung und objektiver Heilsvermittlung, humanistischer und scholastischer Wissenschaft.[25]

2.2 POLITIK, RELIGION UND KULTUR AM VORABEND DER REFORMATION

Die Reformation nahm ihren Ursprung im *Heiligen Römischen Reich deutscher Nation*, zu dem bis 1648 formal auch noch die Schweiz gehörte. Im Namen dieses Staatsgebildes kam sein alter Anspruch auf Universalität – in der Nachfolge des antiken Imperium Romanum – und Sakra-

---

23 Wohlfeil, Positionen der Forschung.
24 Hamm, Reformation als normative Zentrierung; Ders., Von der spätmittelalterlichen reformatio zur Reformation; Ders., Normative Zentrierung im 15. und 16. Jahrhundert.
25 Leppin, Die Wittenberger Reformation und der Prozess der Transformation.

lität zum Ausdruck. Der *Kaiser*, der zugleich deutscher König war, stand seinem Selbstverständnis nach über den Königen der Nationalstaaten. Tatsächlich war das Reich, wie der seit Ende des 15. Jahrhunderts gebräuchliche Zusatz »deutscher Nation« anzeigt, zu Beginn der Frühen Neuzeit keineswegs mehr universal, doch seine Verfassung unterschied sich charakteristisch von der moderner Staaten wie von derjenigen der anderen europäischen Länder. Das Reich war kein Territorialstaat im modernen Sinne mit einem Staatsvolk, einem festen Staatsgebiet und zentralen Institutionen, sondern ein Personenverbandsstaat, der auf einem komplizierten Geflecht von persönlichen Herrschaftsrechten und Loyalitätsverhältnissen beruhte. Es bestand aus mehr als dreihundert Reichsständen: den geistlichen Fürsten (allen Bischöfen und den Äbten und Äbtissinnen der großen Reichsabteien, die seit dem Hochmittelalter zugleich weltliche Herrschaft ausübten), den weltlichen Fürsten und den fünfundachtzig Freien Städten und Reichsstädten.[26] Das Reich war eine Wahlmonarchie. Der Kaiser wurde von den sieben Kurfürsten (drei Erzbischöfen und vier weltlichen Fürsten) bestimmt, und er war für Steuerbewilligungen dauerhaft auf die zum Reichstag versammelten Reichsstände angewiesen. Mit der Umgestaltung der einzelnen Territorien zu modernen Staatswesen mit zentralisierter Herrschaft und rationeller Verwaltung gewannen die Landesfürsten gegenüber dem Kaiser, aber auch gegenüber der Ritterschaft und den Bauern rasch an Macht. Bereits vor der Reformation versuchten sie, Einfluss auf die kirchlichen Verhältnisse in ihren Territorien zu gewinnen. Ihre Unterstützung führte die Reformation zum Erfolg und ließ evangelische Landeskirchen entstehen.

Das Papsttum war aus der Krise des 14. und 15. Jahrhunderts gestärkt hervorgegangen. Den größten innerkirchlichen Einfluss hatte es in Deutschland. Während die französischen Könige im 15. Jahrhundert für ihre Nationalkirche die »gallikanischen Freiheiten« und damit eine gewisse Unabhängigkeit von Rom erlangt hatten, besaß der Papst im Reich auf Grund des Wiener Konkordats von 1448 (Kap. 1.6.3) weitreichende Eingriffsmöglichkeiten. Die hohen Abgaben an die römische

---

26 »Freie Städte« waren Bischofsstädte, die sich von der bischöflichen Stadtherrschaft befreit hatten. Ihre Rechtsstellung unterschied sich geringfügig von derjenigen der »Reichsstädte«, die direkt dem Kaiser unterstanden. Doch schon zu Beginn des 16. Jahrhunderts wurde die Unterscheidung nicht mehr streng gehandhabt.

2.2 Politik, Religion und Kultur

Kurie – Ergebnis des kurialen Fiskalismus, der für die Vergabe von kirchlichen Ämtern und die Erteilung von Dispensen und Privilegien hohe Gebühren vorsah und verschiedene Steuern und Abgaben einschloss (Kap. 1.2.2) – sorgten für Unmut, der seit 1458 auf den Reichstagen mit Aufstellungen der »*Gravamina* (Beschwerden) der deutschen Nation« artikuliert wurde. Zudem war in den Gemeinden die pfarramtliche Versorgung häufig mangelhaft: der Inhaber der Pfründe (des Pfarreinkommens) wohnte, insbesondere wenn er mehrere derartige Pfründen zugleich besaß, häufig nicht am Ort und ließ sich von einem schlecht bezahlten und schlecht qualifizierten »Vikar« vertreten, oft waren Pfründen auch Klöstern inkorporiert, die die Einkünfte bezogen und dafür Ordensleute zum Dienst abordneten. Der Fiskalismus und die Klagen über abwesende, ungebildete und sittenlose Kleriker, die gleichwohl rechtliche und wirtschaftliche Privilegien genossen, die bei einem Anteil von bis zu 10% an der Bevölkerung einiger Städte erhebliche Auswirkungen hatten, nährten einen Antiklerikalismus, an den die reformatorische Predigt anknüpfen *konnte*.[27] Es trifft jedoch nicht zu, dass die kirchlichen Verhältnisse desolat gewesen seien und notwendig zur Reformation gedrängt hätten. Tatsächlich war das 15. Jahrhundert in Deutschland »eine der kirchenfrömmsten Zeiten des Mittelalters«[28]. In der Sorge um ihr Seelenheil – der eigene Tod und das nahe Weltende ängstigten viele – nahmen die Menschen das kirchliche Heilsangebot gerne und reichlich in Anspruch (Kap. 1.7.2).

Die wichtigsten kulturellen Voraussetzungen der Reformation waren der *Humanismus* und der Buchdruck. Mit dem Humanismus (Kap. 1.8.1–2) hatte die Reformation den Gestus der Erneuerung im Rückbezug auf die idealisierte Frühzeit – dort der klassischen Antike, hier der unverdorbenen alten Kirche – über ein vermeintlich »finsteres Mittelalter« hinweg gemeinsam, sie traf sich mit ihm in der Kritik an der Scholastik und im Interesse an den drei klassischen Sprachen Latein, Griechisch und Hebräisch sowie an der Bibel und den Kirchenvätern. Nicht wenige Humanisten, darunter vor allem Philipp Melanchthon (Kap. 2.7.1), schlossen sich der Reformation an. Das Urteil Bernd Moellers besteht zu Recht: »ohne Humanismus keine Reformation«[29]. Der um 1450 von Johannes Gutenberg erfundene Buchdruck mit beweglichen

---

27 Goertz, Pfaffenhass und groß Geschrei.
28 Moeller, Frömmigkeit in Deutschland um 1500, 22.

Lettern leitete eine Medienrevolution ein. Sogenannte Flugschriften mit überschaubarem Umfang und geringem Preis konnten aktuelle Debatten rasch bekannt machen und Öffentlichkeit schaffen. Die Reformation hat von dem neuen Medium stark profitiert – und das neue Medium von der Reformation. Bereits Ende 1520 waren weit mehr als 500.000 Exemplare von Luther-Schriften im Umlauf.[30]

2.3 Luthers Werdegang bis 1517

Martin Luther (1483–1546) hat mit seinen neuen theologischen Einsichten das reformatorische Christentum begründet, und bis zur Mitte der 1520er Jahre dominierten seine Auffassungen die reformatorische Bewegung in der Breite. Erst der Abendmahlsstreit mit Zwingli (Kap. 2.10) ließ die spannungsreiche Vielfalt der reformatorischen Aufbrüche ans Licht treten. Auch wenn Luther in den letzten anderthalb Lebensjahrzehnten nur noch wenig praktischen Einfluss auf die Gestaltung der Reformation hatte, blieb er bis zu seinem Tod und darüber hinaus die verehrte Autorität der Wittenberger Reformation.

2.3.1 Kindheit, Studium und Erfurter Klosterjahre (1483–1511)

Martin Luther – bis 1517 schrieb er seinen Familiennamen »Luder« – wurde am 10. November 1483 (das Jahr ist nicht ganz sicher) in Eisleben geboren und am folgenden Tag, dem Martinstag, getauft. Sein Vater Hans Luder, Abkömmling einer thüringischen Bauernfamilie, war dabei, sich eine Existenz als Hüttenunternehmer im florierenden Kupferbergbau der Region zu erarbeiten und brachte es zeitweilig zu einigem Wohlstand. Martin wuchs in der Stadt Mansfeld auf, wohin die Eltern bald nach seiner Geburt umgezogen waren, und besuchte dort die Lateinschule. 1497 wurde er zunächst nach Magdeburg, ein Jahr später nach Eisenach, der Heimatstadt seiner Mutter Margarethe Lindemann, zur Schule geschickt. Zur väterlichen Strategie sozialen Aufstiegs für die Familie gehörte eine akademische Ausbildung seines Sohnes,

---

29 Moeller, Die deutschen Humanisten und die Anfänge der Reformation, 59.
30 Moeller, Stadt und Buch, 30.

2.3 Luthers Werdegang bis 1517

und so bezog Luther 1501 die Universität in der zum Erzstift Mainz gehörenden thüringischen Großstadt Erfurt. Er absolvierte hier zunächst das obligatorische philosophische Grundstudium der *artes liberales* (»freie Künste«), das er mit dem Magistergrad abschloss. Dabei erhielt er eine Ausbildung in der ockhamistischen *via moderna*, die auch noch sein späteres theologisches Denken (Gottesbild, Gnadenlehre, Erkenntnistheorie, Schriftprinzip) prägen sollte. Mit dem bedeutenden Erfurter Humanistenkreis hatte er nur indirekt Kontakt. Schon früh scheint ihn religiöse Unruhe umgetrieben zu haben, die durch Erfahrungen wie den Tod eines Mitstudenten und eine lebensgefährliche Verletzung mit dem eigenen Degen verschärft wurde. In einem Gewitter, in das Luther 1505 auf der Rückreise von einem Besuch bei den Eltern in Stotternheim (bei Erfurt) geriet, gelobte er in Lebensgefahr der heiligen Anna, der damals populären Patronin der Bergleute, Mönch zu werden. Das in einer Ausnahmesituation geleistete Gelübde wäre kirchenrechtlich nicht bindend gewesen. Dennoch trat Luther kurz darauf in das Erfurter Kloster der Augustinereremiten, eines der großen Bettelorden, ein. Offenbar erhoffte er sich eine Befreiung von seinen religiösen Ängsten, galt doch das Klosterleben als sicherster Weg zum Seelenheil. Zugleich entzog er sich so den väterlichen Karriere- und Eheplänen; das kurz zuvor begonnene, vom Vater gewünschte Jura-Studium brach er ab. Der Vater verzieh Luther diesen Schritt jahrelang nicht. Der Klostereintritt im Jahr 1505 war die erste große Zäsur in Luthers Leben; rund zwanzig Jahre, das ganze mittlere Lebensdrittel, hat er als Mönch verbracht, und auch seine spätere reformatorische Theologie ist noch von diesem Erbe geprägt.

Nach dem einjährigen Noviziat legte Luther 1506 die Mönchsgelübde (Profess) ab, 1507 wurde er im Erfurter Dom zum Priester geweiht und feierte bald darauf seine erste Messe (Primiz). Luther war ein übereifriger Mönch. Er trieb härteste Askese mit Nahrungs- und Schlafentzug und beichtete täglich, mitunter mehrere Stunden lang. Die Frage nach dem gnädigen Gott, die ihn umtrieb, war nicht seine Frage allein, sondern die fast aller Zeitgenossen, aber Luthers außergewöhnliche Skrupulosität trieb ihn in höchste Gewissensnöte. Statt Gott zu lieben, begann er, ihn und seine unerfüllbaren Forderungen zu hassen. Sein Ordensvorgesetzter und Beichtvater Johann von Staupitz, der Generalvikar der Kongregation der regelstrengen Observanten innerhalb des Augustinerordens, zu der auch das Erfurter Kloster gehörte, war theologisch von der deutschen Mystik geprägt. Er wies den jungen Mönch in seinen Anfechtungen auf den gekreuzigten Christus hin. Luther hat später betont, wie viel er Staupitz theologisch verdankte. Dennoch dauerten seine »Klosterkämpfe« an (und auch später hatte er immer wieder mit Anfechtungen zu kämpfen, in denen er ganz unbefangen den Teufel am Werk sah). Trotzdem bestimmte Staupitz ihn zum Theologiestudium, das er, unterbrochen nur durch eine einjährige Abordnung an die Universität Wittenberg, wo Staupitz selbst Professor war, ebenfalls in Erfurt absolvierte.

2.3.2 Prediger und Professor in Wittenberg (1511–1517)

1511 wurde Luther von Staupitz in das Schwarze Kloster der Augustinereremiten in Wittenberg versetzt. Wittenberg war eine wenig bedeutende Kleinstadt, zu dieser Zeit aber in einem rasanten Ausbau begriffen. Der Landesherr, Kurfürst Friedrich der Weise (gest. 1525) von Sachsen aus der ernestinischen Linie der Wettiner, der hier eine Residenz hatte, war der mächtigste Fürst nach dem Kaiser und gebot über ein prosperierendes Land mit einer boomenden Montanindustrie. 1502 hatte er in Wittenberg eine eigene Landesuniversität, die Leucorea, gegründet. In der Kirche des Allerheiligenstifts, die zugleich als Universitäts- und Schlosskirche diente, hatte er nach einer Fahrt ins Heilige Land eine riesige Sammlung von 17.400 Reliquienpartikeln aufgebaut, deren Betrachtung bei einer der beiden jährlichen Heiltumsweisungen 127.000 Jahre Ablass einbrachte. Als seinen Hofmaler zog er Lucas Cranach den Älteren nach Wittenberg.

Staupitz war einer der Gründungsprofessoren der Universität gewesen und wollte Luther zu seinem Nachfolger machen. Zuvor aber sandte er ihn zusammen mit einem Mitbruder auf eine ordenspolitische Mission nach Rom, um seinen Plan einer Union zwischen den Observanten und den weniger strengen sogenannten Konventualen im Orden zu unterstützen. Die Reise fand im Winterhalbjahr 1511/12 statt[31] und blieb ohne Ergebnis. Luther war befremdet über die Sitten und das Gebaren der italienischen Geistlichen, nahm aber eifrig die Heils- und

---

31 Also nicht, wie in der älteren Literatur angegeben, 1510/11. Vgl. Schneider, Martin Luthers Reise nach Rom.

Ablassangebote der heiligen Stadt wahr – ein Kirchenkritiker war er damals noch nicht.

Nach seiner Rückkehr nach Wittenberg wuchsen Luther bald wichtige Ämter zu. 1512 wurde er zum Doktor der Theologie promoviert und übernahm die theologische Professur von Staupitz. In seinen Vorlesungen behandelte er ausschließlich biblische Bücher:[32] seine erste Vorlesung galt den Psalmen, mit denen er als Mönch durchs Stundengebet bestens vertraut war, es folgten bis 1521 Vorlesungen über den Römerbrief, den Galaterbrief und den Hebräerbrief sowie eine zweite Psalmen-Vorlesung. Nebenbei versah Luther das Amt des Klosterpredigers, und seit 1515 war er als Distriktsvikar für elf Klöster in Sachsen und Thüringen verantwortlich. Seit 1514 wirkte er überdies als Prediger und Seelsorger an der Wittenberger Stadtkirche.

2.3.3 Luthers »reformatorischer Durchbruch«

Wann und wie entwickelte Luther sein neues, reformatorisches Verständnis des Christentums? In dem 1545, ein Jahr vor seinem Tod, verfassten Vorwort zum ersten Band seiner gesammelten lateinischen Werke berichtete Luther von einer plötzlichen Einsicht, die ihm anhand von Röm 1,16 f. aufgegangen sei: die Gottesgerechtigkeit (*iustitia Dei*), die dort als Inhalt des Evangeliums bezeichnet wird, war keine Eigenschaft Gottes, derentwegen man ihn fürchten müsste (*iustitia activa*), sondern ein Geschenk Gottes an den Gläubigen (*iustitia passiva*). Demnach wäre es die Entdeckung der evangelischen Rechtfertigungslehre gewesen, die in Form eines punktuellen Durchbruchs am Anfang der Reformation gestanden hätte. Nach dem (heute nicht mehr vorhandenen) Turm des Augustinerklosters, in dem Luther sein Arbeitszimmer hatte, spricht man auch vom »Turmerlebnis«. Da Luthers Selbstzeugnis von 1545 eine präzise Datierung nicht zulässt, versuchte man, durch Abgleich mit seinen frühen Vorlesungen den Zeitpunkt des Durchbruchs zu bestimmen. Eindeutige Ergebnisse waren so nicht zu erhalten, die Datierungsvorschläge reichen von 1514 bis 1518 (also noch nach den 95 Thesen). Tatsächlich scheint Luther während dieses Zeitraums

---

32 Seine Professur war jedoch nicht, wie oft behauptet, eine »Bibelprofessur«, denn spezialisierte Professuren gab es noch nicht; vgl. Köpf, Martin Luthers theologischer Lehrstuhl.

allmählich zu seiner reformatorischen Grundeinsicht gekommen zu sein. Man muss dann davon ausgehen, dass er im Rückblick den allmählichen Erkenntnisfortschritt mehrerer Jahre in eine zentrale Einsicht zusammengefasst hat. Luthers theologische Entwicklung verdankte sich sehr persönlichen Fragen und Einsichten, einer nicht gewöhnlichen religiösen Skrupulosität und intensivem Bibelstudium. Zugleich vollzog sie sich im Zusammenhang des Gemeinschaftsprojekts der Herausbildung einer eigenen Wittenberger Theologie, an dem neben Luther auch seine Fakultätskollegen Nikolaus von Amsdorf und Andreas Karlstadt mitarbeiteten. Unter dem Einfluss von Staupitz wandten sie sich Augustinus und der Mystik Johannes Taulers zu und reformierten das Theologiestudium entsprechend; seit 1516 wurden in Wittenberg keine Vorlesungen über die Sentenzen des Petrus Lombardus mehr gehalten. In der »Disputatio contra scholasticam theologiam« vom September 1517 distanzierte Luther sich mit Augustinus scharf von der aristotelisch geprägten Theologie des Mittelalters. Luther las selbst Tauler und gab die von ihm so genannte »Theologia deutsch« (Kap. 1.4.1) heraus. Unter Taulers Einfluss entwickelte er eine mystische »Demutstheologie«,[33] die die gnadenhafte Rechtfertigung des Sünders als Folge von dessen vorbehaltloser Anerkennung von Gottes gerechtem Verdammungsurteil über die Sünde erhoffte. Von dort aus kam er im Lauf der Jahre schließlich zur voll entwickelten Lehre von der Rechtfertigung des Sünders aus Gnade um Christi willen durch den Glauben, die nicht mehr mit mystischen Denkfiguren, sondern mit worttheologischen Begründungen operierte (s. u. Kap. 2.6). Flankiert war die Entwicklung von Luthers reformatorischer Gnadentheologie von der Herausbildung einer reformatorischen Bibelhermeneutik, die die allegorische Bibelauslegung des Mittelalters nach dem vierfachen Schriftsinn zunehmend durch eine am buchstäblichen Litteralsinn orientierte Exegese ersetzte.

---

33 Den Begriff der »Demutstheologie« hat Ernst Bizer eingeführt (Bizer, Fides ex auditu). – Zur Bedeutung der Mystik für Luther vgl. Leppin, Die fremde Reformation.

2.4 Luther und der Ablassstreit (1517–1521)

2.4.1 Petersablass und 95 Thesen

Äußerer Anlass für die Reformation wurde der Streit um den Ablass (zum Ablass s. o. Kap. 1.7.2). Zugunsten des Neubaus der römischen Peterskirche wurde in Deutschland seit 1516 vom Mainzer Erzbischof (seit 1518: Kardinal) Albrecht von Brandenburg der sogenannte Petersablass vertrieben und von seinem Subkommissar, dem Dominikaner Johann Tetzel, mit robusten Methoden (»Sobald das Geld im Kasten klingt, die Seele aus dem Fegefeuer in den Himmel springt«) beworben. Die Ablasskampagne war Teil eines Dreiecksgeschäfts: die Hälfte der Erlöse sollte zur Bezahlung der hohen Gebühren dienen, die Albrecht wegen seiner eigentlich unkanonischen (rechtswidrigen) Wahl – er war 23-jährig zum Erzbischof von Mainz gewählt worden, obwohl er bereits Erzbischof von Magdeburg und Administrator (Verwalter) des Bistums Halberstadt war – an die Kurie abführen musste und die das Bankhaus Fugger vorfinanziert hatte.

Luther kannte diese Zusammenhänge zunächst nicht, und der Petersablass durfte in Kursachsen auch nicht vertrieben werden, um nicht mit den Ablassgnaden der Wittenberger Heiltumsweisungen zu konkurrieren. Doch in den Nachbarterritorien waren Ablassbriefe zu erwerben, und als Theologe wie als Seelsorger protestierte Luther gegen diese Praxis. Er tat dies in einem akademischen Format: mit 95 Thesen, wie sie Grundlage universitärer Disputationen waren. Am 31. Oktober 1517, dem Vortag der Wittenberger Heiltumsweisung zu Allerheiligen, setzte er sie in Umlauf. Dass Luther die Thesen, wie sein engster Mitarbeiter Melanchthon später berichtete, an die Tür der Schlosskirche, die als Mitteilungsbrett diente, angeschlagen habe, ist 1962 von dem katholischen Kirchenhistoriker Erwin Iserloh und neuerdings wieder von dem evangelischen Kirchenhistoriker Volker Leppin bestritten worden. Sicher zu entscheiden ist der Sachverhalt nicht, doch neue Quellenfunde sprechen eher für eine Historizität des Anschlags;[34] Luther hatte die Thesen hierfür eigens in Plakatform drucken lassen. Freilich darf man sich den Thesenanschlag, wenn er denn stattgefunden hat, nicht als

---

34 Vgl. Ott, Luthers Thesenanschlag – Faktum oder Fiktion; Hasselhorn/Gutjahr, Tatsache.

heroische Tat im Sinn der Luther-Hagiographie des 19. Jahrhunderts vorstellen. Entscheidend war, dass Luther seine 95 Thesen am 31.10.1517 an den zuständigen Ortsbischof in Brandenburg und an Albrecht von Mainz und wenig später an auswärtige Gelehrte verschickte. Den Brief an Albrecht unterzeichnete er erstmals als »Luther« (statt »Luder«), eine Schreibweise, die er von »Eleutherius« (»der Befreite«) ableitete und die ein theologisches Statement sein sollte; sie markiert die zweite große Zäsur seines Lebens.

Die 95 Thesen kritisieren den Ablass von einem vertieften, aus monastischen Anschauungen gespeisten Bußverständnis her:

> »1. Unser Herr und Meister Jesus Christus wollte, als er sprach: ›Tut Buße‹ usw. (Mt 4,17), dass das ganze Leben der Gläubigen Buße sei.
> 5. Der Papst will und kann allein für solche Strafen Erlass gewähren, die er nach seiner eigenen Entscheidung oder nach den kanonischen Satzungen auferlegt hat.
> 6. Der Papst kann keine Schuld anders erlassen als durch die Erklärung und Zusicherung, dass sie von Gott erlassen sei [...].
> 81. Diese willkürliche Predigt vom Ablass macht, dass es auch den Gelehrten nicht leicht fällt, den Respekt vor dem Papst gegen Schmähungen, oder wenigstens gegen scharfsinnige Fragen der Laien zu verteidigen.
> 82. Wie beispielsweise: Warum macht der Papst das Fegefeuer nicht ganz leer um der heiligsten Liebe und der höchsten Not der Seelen willen, also aus dem zwingendsten Grund, wenn er doch unzählige Seelen erlöst um des verderblichsten Geldes willen für den Bau einer Basilika, also aus einem sehr geringfügigen Grund?«[35]

Auf den ersten Blick wirken die Thesen nicht dezidiert reformatorisch, tatsächlich waren sie aber hoch brisant, indem Luther dem Papst ausdrücklich die Gewalt über das Fegefeuer bestritt. Es ist daher nicht überraschend, dass Albrecht von Brandenburg sie auf den Rat der Theologen seiner Mainzer Universität hin der römischen Kurie vorlegte. Zu einer Disputation über die 95 Thesen kam es nicht, doch wurden sie, an mehreren Orten im lateinischen Original und in deutscher Übersetzung nachgedruckt, rasch verbreitet und zogen Luther Angriffe der Theologieprofessoren Konrad Wimpina in Frankfurt/Oder und Johann Eck in Ingolstadt zu. Mit dem kleinen deutschen »Sermon von Ablass und Gnade«, der Luther berühmt machte, und den ausführlichen, Papst Leo

---

35 Zitiert nach Leppin, Reformation (KTHGQ 3), 37, 39.

X. gewidmeten »Resolutiones« (»Entscheidungen«) zu den Thesen wurde der Ablassstreit vollends publik.

2.4.2 Von der Heidelberger zur Leipziger Disputation

Als Ende April 1518 die Observantenkongregation seines Ordens ihr Generalkapitel in Heidelberg abhielt, wurde Luther von Staupitz mit dem Vorsitz der in diesem Rahmen üblichen Disputation beauftragt. In der öffentlichen Debatte in den Räumen der Heidelberger Universität knüpfte er nicht etwa an die Ablassthesen an, sondern entfaltete grundsätzlich die neue Wittenberger Theologie und plädierte gegen eine scholastisch-spekulative *theologia gloriae* (»Herrlichkeitstheologie«), die die göttliche Vollkommenheit und die menschlichen Werke ins Zentrum stellt, für eine *theologica crucis*, eine Kreuzestheologie, die Gott im Kreuz und im Leiden Christi erkennt und im Glauben von ihm seine Gerechtigkeit erhofft. Mit der Heidelberger Disputation fand Luther bei vielen jüngeren Zuhörern Zuspruch, darunter einer ganzen Reihe späterer süddeutscher Reformatoren wie Martin Bucer und Johannes Brenz.

Nachdem Luther in Rom nicht nur durch Albrecht von Mainz, sondern auch durch Johann Tetzel und dessen Ordensbruder Wimpina angezeigt worden war, wurde im Juni 1518 der Ketzerprozess eröffnet und Luther nach Rom vorgeladen. Friedrich der Weise konnte durchsetzen, dass das Verhör in Deutschland stattfand, am Rande des Augsburger Reichstags im Oktober 1518. Der päpstliche Gesandte Kardinal Thomas Cajetan argumentierte mit der Autorität des Papstes. Klar erkannte er die Brisanz von Luthers Theologie; dessen Behauptung, nicht das Sakrament, sondern der Glaube rechtfertige, soll er mit den Worten kommentiert haben: »das heißt eine neue Kirche bauen«. Luther verweigerte den geforderten Widerruf und floh aus Augsburg. Dass nicht gleich das Ketzerurteil erging, der Prozess vielmehr sogar zeitweise sistiert wurde, war der Tatsache geschuldet, dass der Papst wegen der anstehenden Kaiserwahl auf Luthers Landesherrn Friedrich den Weisen Rücksicht nehmen musste, der nach dem Tod Kaiser Maximilians als Reichsvikar fungierte und selbst als möglicher Kandidat galt. Friedrich hielt seine Hand über Luther, auch wenn er nie offen Partei ergriff und sich erst 1525 auf dem Sterbebett zum evangelischen Glauben bekannte. Die Hoffnung des Papstes, die Wahl des jungen spanischen Königs Karl, abermals eines Habsburgers, zum Kaiser (Karl V., reg. 1519–1556) verhindern zu können, erfüllte sich nicht – aber der Luther-Prozess blieb noch bis zum Sommer 1520 liegen.

Unterdessen kam es auf der im Juni/Juli 1519 abgehaltenen Leipziger Disputation zwischen dem Ingolstädter Professor Johann Eck und den Wittenbergern Karlstadt und Luther zu einem ernsten Schlagabtausch. Leipzig, das nicht zum ernestinischen Kurfürstentum Sachsen, sondern zum benachbarten albertinischen Herzogtum Sachsen gehörte, war neutraler Boden, doch aus Wittenberg waren Amsdorf, Melanchthon und viele Studenten als Zuhörer angereist. Luther bestritt, dass die Stellung des Papstes als Oberhaupt der Kirche und die Überordnung des Bischofs- über das Priesteramt auf göttlichem Recht beruhten. Von Eck provoziert, ging er schließlich so weit, die Rechtgläubigkeit des 1415 vom Konstanzer Konzil als Ketzer verurteilten Jan Hus zu verteidigen, was zeige, dass Papst und Konzilien irren könnten. Die theologischen Fakultäten in Köln und Löwen (Belgien), denen die Akten der Disputation zugeschickt wurden, erklärten im Nachhinein Eck zum Sieger, und auch der Landesherr Herzog Georg (»der Bärtige«) von Sachsen, der Teile der Disputation mit angehört hatte, ergriff gegen Luther Partei. Dagegen stellten sich nun zahlreiche Humanisten auf seine Seite. Die folgende Beschäftigung mit den Schriften von Hus bestärkte Luther in seinem Verdacht, der Papst könne der Antichrist sein, und in der Forderung nach dem Laienkelch beim Abendmahl; in seinem Glaubensmut galt ihm der böhmische Reformer fortan als Vorläufer seines eigenen Anliegens.

2.4.3 Luthers reformatorische Hauptschriften

Luthers Virtuosität im Umgang mit dem neuen Medium des Buchdrucks zeigte sich, als er im Sommer 1520 in vier programmatischen Schriften seine theologischen Anliegen entfaltete und damit eine breite öffentliche Unterstützung mobilisierte, die ihm wahrscheinlich das Leben rettete.

In der besonders erfolgreichen *Adelsschrift* (»An den christlichen Adel deutscher Nation«) griff Luther die Gravamina der deutschen Nation auf und entwarf ein umfangreiches politisches und kirchliches Reformprogramm, das von den weltlichen Obrigkeiten durchgesetzt werden sollte. Dazu mussten die drei Mauern eingerissen werden, hin-

2.4 LUTHER UND DER ABLASSSTREIT

ter denen sich die römische Kirche verschanzt hatte: die Unterscheidung von »geistlichem Stand« (Klerus) und Laien, die alleinige Vollmacht des Papstes zur Auslegung der Bibel und die alleinige Vollmacht des Papstes, ein Konzil einzuberufen. Nachdem Papst und Bischöfe versagt hatten, waren nun kraft des – hier erstmals formulierten – allgemeinen Priestertums aller Getauften die Fürsten berechtigt und verpflichtet, mit den ihnen zu Gebote stehenden Mitteln die Reform der Kirche zu betreiben.

Luthers lateinische Schrift über *die babylonische Gefangenschaft der Kirche* (»De captivitate Babylonica ecclesiae praeludium«) war eine Generalabrechnung mit der mittelalterlichen Sakramentenlehre. Ausgehend vom Verständnis der Sakramente als von Christus gestifteten, mit einem Verheißungswort verbundenen Zeichenhandlungen, ließ Luther von den sieben Sakramenten der mittelalterlichen Kirche nur Taufe, Abendmahl und Buße gelten (später zählte er die Buße, der ein äußeres materielles Zeichen fehlte, nicht mehr als eigenes Sakrament). Hinsichtlich des Abendmahls kritisierte Luther das Verbot des Laienkelchs, die Lehre von der Transsubstantiation (Wesensverwandlung von Brot und Wein in Leib und Blut Christi) und die Vorstellung von der Messe als einem vom Priester darzubringenden verdienstlichen Opfer.

Die *Freiheitsschrift* (»Von der Freiheit eines Christenmenschen«) widmete Luther als Zeichen der Gesprächsbereitschaft Papst Leo X. Er entfaltete hier sein Verständnis der evangelischen Freiheit des Glaubenden, dessen Rechtfertigung er als »fröhlichen Wechsel und Streit« beschrieb, in dem der Mensch seine Sünde an Christus abgibt und im Gegenzug dessen Gerechtigkeit erhält. Zugleich habe der Gerechtfertigte aber dem Nächsten in der Liebe mit guten Werken zu dienen. Das besagen die berühmten paradoxen Eingangssätze:

> »Damit wir gründlich erkennen können, was ein Christenmensch sei und wie es um die Freiheit beschaffen sei, die ihm Christus erworben und gegeben hat, wovon Paulus viel schreibt, will ich diese zwei Leitsätze aufstellen: Ein Christenmensch ist ein freier Herr aller Dinge und niemandem untertan. Ein Christenmensch ist ein dienstbarer Knecht aller Dinge und jedermann untertan«.
>
> »Aus dem allen folgt der Schluss: Ein Christenmensch lebt nicht in sich selbst, sondern in Christus und seinem Nächsten, in Christus durch den Glauben, im Nächsten durch die Liebe. Durch den Glauben geht er über sich hinaus bis zu Gott, aus Gott kehrt er wieder unter sich zurück durch die Liebe und bleibt doch immer in Gott und göttlicher Liebe, wie Christus Joh 1(,51) sagt: ›Ihr werdet den Himmel offen sehen und die Engel Gottes hinauf- und herabfahren auf des Menschen Sohn.‹ Sieh, das ist die rechte, geistliche, christliche Freiheit,

die das Herz frei macht von allen Sünden, Gesetzen und Geboten, welche alle andere Freiheit übertrifft wie der Himmel die Erde. Gott gebe uns, das recht zu verstehen und zu behalten! Amen.«[36]

Der Sermon »Von den guten Werken« entwickelte anhand der Zehn Gebote eine evangelische Ethik, in der alle guten Werke dem Glauben als der Erfüllung des Ersten Gebots nachgeordnet sind.

2.4.4 Das Ketzerurteil

Nach der Wiederaufnahme des römischen Prozesses fertigte Papst Leo X. im Juni 1520 die nach ihren Anfangsworten »Exsurge Domine« (Ps 74,22: »Erhebe dich, Herr«) benannte Bannandrohungsbulle aus, die in Deutschland von Johann Eck und dem päpstlichen Gesandten Hieronymus Aleander bekannt gemacht wurde. Darin wurde Luther eine letzte Frist von sechzig Tagen zum Widerruf von als irrig verurteilten Aussagen gesetzt. Nachdem Aleander an mehreren Orten, unter anderem in Mainz, öffentliche Verbrennungen von Büchern Luthers durchgesetzt hatte, inszenierte auch Luther seine Reaktion als Zeichenhandlung: Vor dem Wittenberger Elstertor verbrannte er Anfang Dezember mit seinen Studenten seinerseits die Bannandrohungsbulle und das päpstliche Gesetzbuch und demonstrierte so seinen Bruch mit dem Papst. Die Verhängung des Kirchenbanns mit der Bannbulle »Decet Romanum Pontificem« (»Es gebührt sich, dass der Papst ...«) Anfang 1521 war die zwingende Folge: Luther und seine Anhänger wurden exkommuniziert, seine Bücher verboten. Aleander stellte die Bulle auf dem soeben in Worms zusammengetretenen Reichstag dem Kaiser zu – nun oblag es der weltlichen Obrigkeit, den verurteilten Ketzer mit dem Tod zu bestrafen.

---

36 Zitiert nach Leppin, a. a. O., 61, 62.

2.5 Der Wormser Reichstag und die evangelische Bewegung 1521–1525

2.5.1 Luther in Worms und auf der Wartburg

Der junge Kaiser Karl V. aus dem Hause Habsburg, der zugleich spanischer König und Herrscher über die Kolonien in der neuen Welt war, gebot über ein Reich, »in dem die Sonne nicht unterging« (Schiller). Sein Vorbild war Karl der Große, sein Ideal das sakrale Reich des Mittelalters auf der Grundlage der katholischen Religion; 1530 ließ er sich als letzter deutscher Kaiser in Bologna vom Papst krönen. Das hinderte ihn nicht, um seine territorialen Herrschaftsansprüche in Oberitalien auch gegen den Papst Krieg zu führen. Regelmäßig lag Karl im Krieg mit König Franz I. von Frankreich, zunehmend hatte er sich auch der Abwehr der über den Balkan vordringenden Türken zu widmen. Die reformatorische Sache im Reich profitierte erheblich von diesen außenpolitischen Ablenkungen.

Der Wormser Reichstag von 1521 war der erste des neuen Kaisers. Die päpstlichen Gesandten forderten ihn auf, den Kirchenbann gegen Luther durch Verhängung der Reichsacht (Rechtloserklärung) zu vollstrecken, doch Kurfürst Friedrich von Sachsen konnte durchsetzen, dass Luther zuvor angehört werden sollte. So wurde er nach Worms vorgeladen, mit der Zusicherung freien Geleits – einer Zusage, die man, wie Luther wusste, hundert Jahre zuvor bei Jan Hus nicht eingehalten hatte; auch diese Reise konnte auf dem Scheiterhaufen enden. Trotzdem unternahm Luther mit wenigen Begleitern, eskortiert vom Reichsherold, die Fahrt, die zu einem Triumphzug mit Empfängen und Predigten u. a. in Erfurt, Gotha und Eisenach wurde. Am 17. und 18. April wurde er in Worms am Rande des Reichstags in Anwesenheit des Kaisers von dem Offizial des Trierer Erzbischofs verhört. Luther, der mit einem Streitgespräch gerechnet hatte, wurde von der umstandslosen Aufforderung, seine Bücher zu widerrufen, überrascht und bat um Bedenkzeit. Am folgenden Tag verweigerte er den Widerruf unter Verweis auf sein in Gottes Wort gefangenes Gewissen (also nicht auf das Gewissen als autonome Instanz):

> »Weil eure geheiligte Majestät und Eure Herrschaften es verlangen, will ich eine schlichte Antwort geben, die weder Hörner noch Zähne hat: Wenn ich

nicht durch das Zeugnis der Heiligen Schrift oder Vernunftgründe überwunden werde – denn weder dem Papst, noch den Konzilien allein vermag ich zu glauben, da es feststeht, dass sie wiederholt geirrt und sich selbst widersprochen haben –, so halte ich mich überwunden durch die Schriftstellen, die ich angeführt habe, und mein Gewissen ist durch Gottes Worte gefangen. Und darum kann und will ich nicht widerrufen, weil gegen das Gewissen zu handeln weder sicher noch lauter ist. Ich kann nicht anders, hier stehe ich, Gott helfe mir. Amen.«[37]

Der viel zitierte Schlusssatz »Hier stehe ich ...« lautete nach der Gegenüberlieferung in den Reichstagsakten tatsächlich wohl nur »Gott helfe mir. Amen«. Neben dem Thesenanschlag ist Luthers Auftreten vor Kaiser und Reich in Worms der zweite große »Erinnerungsort« des (lutherischen) Protestantismus geworden. Eine Kommission der Reichsstände unternahm noch einen erfolglosen Vermittlungsversuch. Dennoch konnte Luther unbehelligt die Heimreise antreten. Kaiser Karl V. verhängte mit dem Wormser Edikt die Reichsacht gegen Luther; es war auf den 8. Mai datiert, wurde den Reichsständen aber erst zwei Wochen später, nach dem Schluss des Reichstags, bekannt gemacht. Danach sollten Luther und seine Anhänger dem Kaiser ausgeliefert werden, Luthers Schriften waren verboten. Tatsächlich blieb das Edikt zunächst weithin folgenlos: Kaiser Karl verließ das Reich, um in Italien Krieg zu führen und kehrte erst 1530 zurück, und sein Bruder Erzherzog Ferdinand, der zwischenzeitlich die Regierung führte, musste angesichts der Türkengefahr Rücksichten auf die Reichsstände nehmen, die wegen Luthers Popularität scharfe Maßnahmen scheuten. Dem Kurfürsten von Sachsen wurde das Wormser Edikt auf Grund einer diskreten Vereinbarung überhaupt nicht erst zugestellt.

Um den akut bedrohten Luther von der Bildfläche verschwinden zu lassen, inszenierten die Räte Friedrichs des Weisen auf seiner Rückreise durch den Thüringer Wald – Luther hatte am Vortag noch seine väterliche Verwandtschaft in Möhra besucht – einen Überfall, bei dem der (vorgewarnte) Luther verschleppt und auf die Wartburg bei Eisenach gebracht wurde, wo er die folgenden zehn Monate bis Ende Februar 1522 inkognito als Ritter »Junker Jörg« lebte. Allgemein galt Luther als tot – Albrecht Dürer schrieb in das Tagebuch seiner niederländischen Reise

---

37 Verändert nach Leppin, Reformation (KTHGQ 3), 65 f.

2.5 Der Wormser Reichstag und die evangelische Bewegung

eine bewegende Totenklage –, mit den Freunden in Wittenberg stand er aber im Briefverkehr und machte dort Ende 1521 sogar unerkannt einen kurzen Besuch. In der Einsamkeit der Wartburg hatte Luther mit Anfechtungen zu kämpfen, entfaltete aber eine gewaltige Produktivität. Er verfasste die »Kirchenpostille«, eine Sammlung evangelischer Musterpredigten, und weitere Schriften, vor allem aber übersetzte er in nur elf Wochen das Neue Testament nach der Ausgabe des Erasmus aus dem griechischen Grundtext ins Deutsche. Nach seiner Rückkehr von der Wartburg sah er die Übersetzung gemeinsam mit Melanchthon noch einmal durch. Im Herbst 1522 erschien das sogenannte »Septembertestament« im Druck und fand so reißenden Absatz, dass bald ein »Dezembertestament« folgte. Noch 1522 machte sich Luther gemeinsam mit seinen Wittenberger Kollegen an die Übersetzung des Alten Testaments aus dem Hebräischen und brachte die ersten drei Teile 1523/24 heraus. Durch Arbeitsüberlastung verzögerte sich dann aber die Übersetzung der Prophetenbücher, und erst 1534 lag die Lutherbibel vollständig vor. Es handelte sich nicht um die erste deutsche Bibelübersetzung – zuvor waren schon achtzehn gedruckte deutsche Bibeln erschienen –, aber die erste, die nicht auf der lateinischen Vulgata, sondern den biblischen Grundtexten beruhte (was beim Alten Testament zur Orientierung am hebräischen Kanon und zur Ausscheidung der Apokryphen führte, mithin zur Abwendung von der anderthalb Jahrtausende lang unangefochtenen christlichen Kanontradition). Ihr Verkaufserfolg stellte dank ihrer sprachlichen Qualität und der Prominenz ihres Bearbeiters alle früheren Ausgaben in den Schatten. Die enorme Wirkung der Lutherbibel half mit bei der Etablierung einer in ganz Deutschland verständlichen Hochsprache.

2.5.2 Evangelische Bewegung und Wittenberger Stadtreformation

Durch Luthers Schriften kam es seit 1520/21 vielerorts in Deutschland zur Entstehung sogenannter evangelischer Bewegungen. Dabei spielten vor allem die in großer Zahl verbreiteten reformatorischen Flugschriften eine Rolle. Auch wenn der Satz von Arthur Dickens »The German Reformation was an urban event«[38] überpointiert sein mag – auch unter

---

38 Dickens, The German Nation and Martin Luther, 182.

der Landbevölkerung fanden reformatorische Ideen Widerhall und inspirierten 1524/25 die aufständischen Bauern (Kap. 2.5.3) -, so waren es doch vor allem die Bürger, Kaufleute und Handwerker, Kleriker und Ordensleute in den Städten, namentlich in den weitgehend autonomen Reichsstädten, die die reformatorischen Anliegen Luthers aufgriffen und durchzusetzen versuchten. Vor allem die Forderung nach evangeliumsgemäßer Predigt wurde nun allenthalben erhoben, praktische Reformen wurden angemahnt. Die Jahre bis 1525 waren eine Zeit lokaler reformatorischer Bewegungen »von unten«, der sogenannten Gemeindereformationen. Erst ab 1526 setzten die obrigkeitlich geleiteten sogenannten Fürstenreformationen ein.

Besonders rasche Fortschritte machte die evangelische Bewegung in den Jahren 1521/22 in Wittenberg. Während Luthers Aufenthalt auf der Wartburg predigten an seiner Stelle in der Stadtkirche Andreas Karlstadt und im Augustinerkloster der junge Mönch Gabriel Zwilling und attackierten Zölibat und Mönchsgelübde, Messe und Heiligenbilder. Eine Reihe von Geistlichen, darunter auch Karlstadt, heiratete, etliche Mönche verließen das Augustinerkloster, worin Luther sie von der Wartburg aus mit einer Schrift über die Mönchsgelübde (»De votis monasticis iudicium«) bestärkte: ewige Gelübde, mit denen man sich Gottes Gnade verdienen zu können glaube, könnten und müssten um der evangelischen Freiheit willen gebrochen werden. Zu Weihnachten 1521 hielt Karlstadt in der Stadtkirche eine evangelische Abendmahlsfeier ohne Messgewänder, mit deutschen Einsetzungsworten und Kelchkommunion. Auch wenn es vereinzelt zu Pöbeleien gegen Mönche und zu Störungen von Messfeiern kam, trugen die Wittenberger Theologieprofessoren und Melanchthon die Neuerungen mit, und auch Luther hatte bei seinem Inkognito-Besuch nichts einzuwenden, solange die Obrigkeit das Heft in der Hand behielt und es nicht ungeordneten Aufruhr gab.

Die »Zwickauer Propheten«, drei Handwerksburschen um den Tuchknappen Nikolaus Storch, die in Wittenberg auftauchten und sich auf unmittelbare göttliche Offenbarungen beriefen, sorgten für Irritationen, gewannen aber keinen wesentlichen Einfluss auf den Gang der Dinge. Im Januar 1522 erließ der Wittenberger Stadtrat in Zusammenarbeit mit den Theologen eine evangelische Kirchenordnung, die die Entfernung der Heiligenbilder, evangelisches Abendmahl und die Einrichtung einer Armenkasse (»gemeiner Kasten«) vorsah. Damit griff der Rat in die Befugnisse des zuständigen Bischofs ein, es handelte sich aber trotzdem um ein geordnetes Verfahren. Doch kurz darauf kam es zu einem tumultuarischen Bildersturm, und als Herzog Georg von Sachsen, alarmiert durch die Nachrichten aus dem Nachbarland, beim Reichsregiment einen Befehl zur Unterdrückung der Neuerungen erwirkte, schritt die kursächsische Regierung gegen die »Wittenberger Unruhen« ein und machte alle Reformen rückgängig. Anfang März 1522 kehrte Luther gegen den Willen Kurfürst Friedrichs des Weisen von der Wartburg zurück. Er legte demonstrativ die Kutte wieder an, und es gelang ihm, in der Woche nach dem Fastensonntag Invocavit mit täglichen Predigten die Lage zu beruhigen. In den berühmten »Invocavit-Predigten« rief er zur Schonung der »Schwachen im Glauben« (1Kor 8-9) auf: erst müsse man die Gemeindeglieder überzeugen, bevor man weitreichende Neuerungen einführe, um nicht einen neuen Gewissenszwang auszuüben. In den folgenden Jahren wurden die zunächst abgeschafften Neuerungen Schritt für Schritt wieder eingeführt. Erst seit 1526 feierte man mit Luthers »Deutscher Messe« die Liturgie auf Deutsch, die ersten deutschen Gesangbücher waren schon 1524 gedruckt worden. Karlstadt, der mit dem langsamen Vorgehen unzufrieden war, zog sich aus Wittenberg zurück, sein Verhältnis zu Luther war zerrüttet.

Evangelische Bewegungen gab es in dieser Zeit auch in den meisten der überwiegend in Süddeutschland gelegenen Reichsstädte, namentlich in Nürnberg, Augsburg, Basel, Zürich (Kap. 2.8.2) und Straßburg. Früher als in den Fürstenstaaten kam es hier zur Einführung der Reformation, und vielfach wurde schon vor 1525 evangelischer Gottesdienst gehalten – wichtigstes Erkennungszeichen war das Abendmahl »in beiderlei Gestalt« (*sub utraque specie*, also mit Brot und Wein) –, auch wenn oft erst später evangelische Kirchenordnungen erlassen wurden.

2.5.3 Sickinger Fehde und Bauernkrieg

Man hat die Jahre bis 1525 auch die »Sturmjahre der Reformation« genannt.[39] Religiöse, politische und soziale Konflikte gingen in dieser Zeit teilweise brisante Verbindungen ein. Das betraf etwa die Reichsritterschaft. Diese Adeligen hatten keinen Landesherrn über sich, gehörten aber nicht zu den Reichsständen. Mit dem Ausbau und der Zentralisierung der Herrschaft der Fürsten verloren sie an Einfluss und gerieten in

---

39 Z. B. Fuchs, Das Zeitalter der Reformation, 52.

prekäre Verhältnisse. Zu ihrem Wortführer wurde der pfälzische Ritter Franz von Sickingen, der sich durch zahlreiche Fehden – er betätigte sich, modern gesprochen, als eine Art Inkasso-Unternehmer – den Ruf eines Raubritters erworben hatte. Durch seinen Freund, den hessischen Reichsritter Ulrich von Hutten, war er für die Reformation gewonnen worden. Hutten war ein gebildeter Humanist und neulateinischer Dichter und im Reuchlin-Streit Mitverfasser der »Dunkelmännerbriefe« (Kap. 1.8.2) gewesen. Als Autor scharfer Streitschriften gegen den Papst musste er sein Amt als Rat des Mainzer Erzbischofs niederlegen und fand Zuflucht bei Sickingen auf der Ebernburg bei Bad Kreuznach, die, von ihm als »Herberge der Gerechtigkeit« gerühmt, damals mehreren prominenten Reformatoren Zuflucht bot, darunter Martin Bucer und Johannes Oekolampad. 1522 begann Sickingen, bei dem sich politische – die Begründung einer eigenen Landesherrschaft – und religiös-reformatorische Ziele verbanden, einen Kriegszug (Sickinger Fehde, Ritterkrieg; 1522/123) gegen den Kurfürst-Erzbischof von Trier. Das Unternehmen scheiterte, und Sickingen fand im Frühjahr 1523 den Tod; Hutten floh in die Schweiz, wo er noch im selben Jahr an der Syphilis starb.

Auch die Bauern hatten unter dem Ausbau der Territorialherrschaft der Fürsten zu leiden. Zunehmende Eingriffe in ihre angestammten Rechte und steigende Belastungen durch Frondienste und Abgaben hatten, verbunden mit materieller Not infolge des raschen Bevölkerungswachstums und der Verarmung der Landbevölkerung, bereits mehrfach zu Aufständen geführt, in Deutschland zuletzt zu den Erhebungen des »Bundschuh« und des »Armen Konrad« zu Beginn des 16. Jahrhunderts. Ab dem Sommer 1524 flammten am Oberrhein erneut Aufstände auf, die sich 1525 nach Franken, ins Elsass, ins Rheinland und nach Thüringen und schließlich bis nach Tirol ausbreiteten und seit dem 19. Jahrhundert summarisch als »der deutsche Bauernkrieg« bezeichnet wurden. Tatsächlich solidarisierten sich auch Städter mit den Bauern; Peter Blickle sprach daher allgemeiner von »der Revolution des gemeinen Mannes«.[40] Die Aufständischen verweigerten ihren Grundherren Dienste und Zehnten und schlossen sich zu bewaffneten Bünden (»Haufen«) zusammen, die schließlich Burgen und Klöster angriffen. Nicht selten verbanden sich auch hier politisch-emanzipatorische mit reformatorischen Ideen von der evangelischen Freiheit; nicht nur in den

---

40 Blickle, Der Bauernkrieg.

Städten, auch auf dem Land hatte die reformatorische Botschaft Gehör gefunden. In den »Zwölf Artikeln«, in denen die zur »Christlichen Vereinigung« zusammengeschlossenen Bauern in Oberschwaben Anfang März 1525 in Memmingen ihre Forderungen zusammenfassten – Verfasser waren der Kürschnergeselle Sebastian Lotzer und der reformatorische Prediger Christoph Schappeler –, wurden alle Forderungen aus der Bibel begründet, und neben der Aufhebung der Leibeigenschaft und der Reduzierung von Frondiensten gehörten dazu evangelische Predigt und freie Pfarrerwahl. Vielfach nachgedruckt, wurden sie zum Manifest der Aufständischen in ganz Deutschland. Luther erkannte, von den Bauern als Schiedsrichter angerufen, in seiner »Ermahnung zum Frieden auf die Zwölf Artikel« die Berechtigung der Forderungen an, kritisierte aber die Berufung auf die Bibel für die Durchsetzung weltlich-politischer Ziele und warnte vor Gewaltanwendung. Nachdem er selbst auf einer Reise in Thüringen in den dortigen Bauernaufstand hineingeraten war, appellierte Luther in einer neuerlichen, mehr als zwanzigmal gedruckten Schrift »Wider die räuberischen und mörderischen Rotten der Bauern« an die Fürsten, die Erhebung unnachsichtig niederzuschlagen. Die Fürsten hätten dieser Aufforderung nicht bedurft, und tatsächlich konnten sie Luthers erst vier Tage zuvor erschienene Schrift noch nicht kennen, als sie in der Schlacht von Frankenhausen im Mai 1525 unter den Bauern ein Blutbad mit sechstausend Toten anrichteten. Die Mahnung des erschrockenen Reformators an die Sieger, Milde walten zu lassen (»Sendbrief von dem harten Büchlein wider die Bauern«) fand kein Gehör mehr. In den Augen der Bauern war der Wittenberger zum Gegner geworden.

2.5.4 Thomas Müntzer

Zur Symbolfigur für die Verbindung zwischen radikaler Reformation und Bauernkrieg wurde Thomas Müntzer (gest. 1525). Aus Stolberg am Harz gebürtig, hatte er in Leipzig und Frankfurt/Oder studiert und war 1520 evangelischer Prediger in Zwickau geworden. Mit seiner Betonung des unmittelbaren Geistwirkens Gottes in der Seele, in der ihn die Begegnung mit den Zwickauer Propheten bestärkte, geriet er in Konflikt mit anderen reformatorischen Theologen und wurde schon im nächsten Jahr entlassen. Nach unsteten Wanderjahren, die ihn u. a. nach Prag führten, fand Müntzer 1523 eine neue Anstellung als Pfarrer im sächsischen Allstedt, wo er – mehrere Jahre vor Luther in Wittenberg – eine volkssprachliche Liturgie einführte und sich mit einer ehemaligen Nonne verheiratete. Durch seine Unterstützung gewaltsamer antiklerikaler Aktionen und die Gründung eines »Bundes« von Aktivisten zog er bald die Aufmerksamkeit der Obrigkeit auf sich. In seiner berühmten, auf dem Allstedter Schloss gehaltenen »Fürstenpredigt« forderte er 1524 die sächsischen Fürsten auf, die Sache des Evangeliums mit der Gewalt des Schwerts gegen die Gottlosen durchzusetzen. Luther distanzierte sich daraufhin von Müntzer, der seinerseits scharfe Angriffe gegen den Wittenberger richtete. Aus Allstedt vertrieben, setzte Müntzer seine radikalreformatorische Wirksamkeit zunächst kurzzeitig in der thüringischen Reichsstadt Mühlhausen fort, bevor er auch dort ausgewiesen wurde.

Müntzer vertrat eine durch das Studium der mittelalterlichen Mystik geprägte spiritualistische Theologie, die im Unterschied zu Luther nicht die Predigt des äußeren Wortes und den Glauben an die Zurechnung der Gerechtigkeit Christi, sondern das »innere Wort« und die eigene religiöse Erfahrung ins Zentrum stellte. Danach musste sich der Mensch von Gottes Geist in Anfechtung und Leid führen lassen und leer werden, um das innere Wort Christi in seinem Herzen zu hören. Weltliche Herrschaftsverhältnisse, die die Untertanen in »Menschenfurcht« hielten, so dass sie diesen Heilsweg nicht gehen konnten, galten ihm als unrechte Tyrannei. Ihre Brisanz gewann Müntzers Theologie durch ihre apokalyptische Aufladung. Angesichts des nahen Weltendes galt es, mit dem Schwert die Scheidung zwischen den Auserwählten und Verdammten zu vollziehen und das Reich Gottes und eine gerechte Gesellschaftsordnung aufzurichten. In der »Fürstenpredigt« von 1524 hatte er noch die sächsischen Fürsten für diese Aufgabe gewinnen wollen und sich ihnen selbst als »neuer Daniel« empfohlen; als diese sich verweigerten, erkannte er in den aufständischen Bauern die Auserwählten, die das Gericht vollziehen sollten.

Nach einem Aufenthalt im süddeutschen Bauernkriegsgebiet kehrte Müntzer im Frühjahr 1525 nach Mühlhausen zurück, wo er die bisherige Stadtregierung durch einen »Ewigen Rat« ersetzte. Als der Bauernaufstand Thüringen erreichte, führte Müntzer ein bewaffnetes Aufgebot aus Mühlhausen in den Kampf und übernahm die Führung eines Bauernhaufens. In der Schlacht von Frankenhausen wurden die Aufständischen niedergemacht, Müntzer zwei Wochen später hingerichtet.

Müntzer war in erster Linie Theologe, auch wenn seine Theologie obrigkeits- und sozialkritische Konsequenzen hatte. Von der marxistischen Historiographie wurde diese Seite seines Denkens verabsolutiert. Müntzer wurde gewaltsam in die ideologische Deutung der Geschichte als Abfolge von Klassenkämpfen eingebaut, als Sozialrevolutionär und Protagonist einer »frühbürgerlichen Revolution« in Anspruch genommen und in der DDR als Gegenfigur zu dem vermeintlichen »Fürstenknecht« Luther aufgebaut. Gerade die kontroverse Deutung und die politische Inanspruchnahme Müntzers hat im Zeitalter der deutschen Teilung der Erforschung seiner Person wichtige Impulse vermittelt.

2.5.5 Das dreifache Umbruchsjahr 1525

Der Bauernkrieg war eine tiefe Zäsur für die Reformationsgeschichte in Deutschland. An die Stelle der evangelischen Bewegungen und der Gemeindereformation (Reformationen »von unten«) traten in den darauffolgenden Jahren obrigkeitliche Reformationen (Fürstenreformationen), die von den Landesfürsten mit Hilfe ihrer Verwaltungsapparate »von oben« durchgesetzt und organisiert wurden. Doch auch in zwei anderen Hinsichten kann man das Jahr 1525 als Umbruchsjahr bezeichnen: damals besiegelte Luther den Bruch mit seiner monastischen Existenz, und es kam zum Bruch zwischen ihm und Erasmus von Rotterdam.

Noch unter dem Eindruck des Bauernkrieges heiratete Luther im Juni 1525 Katharina von Bora (1499-1552). Die aus verarmtem Adel stammende Katharina hatte als Zisterzienser-Nonne in ihrem Kloster in Nimbschen bei Grimma heimlich Schriften Luthers gelesen und war zusammen mit acht Ordensschwestern nach Wittenberg geflohen. Mit der Eheschließung zog Luther einen Schlussstrich unter seine monastische Lebensweise, die er, nun ganz im Sinne der evangelischen Freiheit, nach der Rückkehr von der Wartburg zunächst wieder aufgenommen hatte. Da er mit seinem baldigen Tod rechnen musste, war die Heirat für ihn in erster Linie ein Bekenntnisakt, doch gewannen die Eheleute einander bald herzlich lieb. Der Kurfürst überließ ihnen das Augustinerkloster als Wohnhaus, und Katharina betrieb hier eine Burse (Studentenwohnheim) und beherbergte und verpflegte zahlreiche Studenten und Gäste, für deren Versorgung sie eine eigene Landwirtschaft und Brauerei unterhielt. Der Hausstand der Familie Luther wurde zum Vorbild für das evangelische Pfarrhaus, das sich als ungemein erfolgreiches Sozialmodell bewähren sollte. Von den sechs Kindern überlebten vier die Eltern; der frühe Tod der Lieblingstochter Magdalena traf Luther sehr. Ebenfalls 1525 kam es zum endgültigen Zerwürfnis zwischen Luther und Erasmus von Rotterdam. Nachdem beide ehedem freundliche Briefe gewechselt hatten, war Erasmus zunehmend auf Distanz gegangen und hatte, von der Kurie und vom englischen König gedrängt, im Herbst 1524 mit seinem Traktat vom freien Willen (»De libero arbitrio«) Luthers Sünden- und Gnadenlehre angegriffen, die die Willensfreiheit und sittliche Verantwortlichkeit des Menschen und seine Mitwirkung am Heil missachte. Ende 1525 antwortete Luther mit »De servo arbitrio« (»Vom unfreien Willen«) und zeigte anhand des Römerbriefs, dass der Wille unter Sünde nicht frei zum Guten und der Mensch ein Reittier (Ps 73,22) entweder Gottes oder des Teufels sei; faktisch entwickelte er eine Prädestinationslehre, die er durch die Unterscheidung von verborgenem und geoffenbartem Gott (Kap. 2.6) auffing. Zusammen mit Erasmus wandten sich viele weitere Humanisten von Luther ab, während andere wie Melanchthon an seiner Seite blieben. Letztlich kam es zu einer Spaltung der humanistischen Bewegung, die als eigenständige Größe im Streit der Konfessionen aufgerieben wurde; doch ihre Bildungsideale lebten im Protestantismus wie im Katholizismus fort.

2.6 Luthers Theologie

Luther hat seine Theologie[41] nicht systematisch, sondern immer in konkreten Gesprächskontexten entwickelt. Sie lässt sich daher nicht spannungsfrei in ein System bringen. Charakteristisch ist die enge Verbindung von wissenschaftlicher Theologie und religiös-seelsorgerlichen Anliegen. Theologie ist für Luther nicht reine Theorie, sondern von der religiösen Erfahrung unabtrennbar; sie wird durch Gebet, biblische Betrachtung und erlittene Anfechtung (*oratio, meditatio, tentatio*)[42] erworben. Als Zentrum seiner Theologie hat Luther selbst die Rechtfertigungslehre benannt (in den »Schmalkaldischen Artikeln« von 1537,

---

41 Zu Luthers Theologie vgl. u.a. Althaus, Theologie Martin Luthers; Schwarz, Martin Luther – Lehrer der christlichen Religion.
42 WA 50, 659, 3 f.

Kap. 2.13.1). Seit dem 19. Jahrhundert wird Luthers Theologie gerne mit den berühmten Exklusivformeln *sola gratia* (»allein aus Gnade«) – *sola fide* (»allein aus Glauben«) – *sola scriptura* (»allein die Schrift«) zusammengefasst; manchmal stellt man auch weitere Bestimmungen wie *solus Christus, solo verbo* usw. dazu. Dabei wurde das *sola gratia* das »Materialprinzip«, das *sola scriptura* das »Formalprinzip des Protestantismus« genannt.[43]

Luther fasst Gott, ähnlich wie die mittelalterlichen Franziskanertheologen, vor allem als souveränen Willen (also nicht in erster Linie als das höchste Sein oder das höchste Gut). Das führt in »De servo arbitrio« zu einem neuen, vielleicht durch die Unterscheidung der beiden *potentiae* Gottes bei Scotus und Ockham (Kap. 1.3.1-2) inspirierten Gedanken: der Dialektik zwischen dem verborgenen (*deus absconditus*) und dem geoffenbarten Gott (*deus revelatus*). Danach ist Gott in seiner Allmacht und seinem alles wirkenden Willen – hierher gehört vor allem die Frage der Prädestination, aber auch der Theodizee – für uns unbegreiflich und verborgen. Doch wir sollen auch gar nicht versuchen, den *deus absconditus* zu ergründen, sondern uns stattdessen an den *deus revelatus* halten, dessen Liebeswille uns in Christus und in seinem Wort offenbart ist. Überhaupt denkt Luther ganz wesentlich von der Kondeszendenz Gottes, d. h. von seinem Kommen in diese Welt und seiner Selbstentäußerung in Christus in der Inkarnation und am Kreuz her. *Christus* geht nach Luthers Überzeugung so ganz in die materielle Welt ein, dass göttliche und menschliche Natur in seiner Person unauflöslich verschmelzen. Damit steht Luther in gewisser Weise der alexandrinischen Christologie des Altertums nahe; zwischen göttlicher und menschlicher Natur Christi findet ihm zufolge ein Austausch der beiderseitigen Eigenschaften, eine *communicatio idomatum*, statt.

Mit Augustinus betont Luther, dass alle Menschen infolge der von Adam überkommenen Sünde – Luther spricht ausdrücklich von »Erbsünde« – zum Guten unfähig und unter Gottes Zorn sind. Mit eigenen Kräften und Werken können sie vor Gott nicht bestehen. Der Sünder wird gerechtfertigt, indem Gott ihm aus Gnade das Verdienst und die fremde Gerechtigkeit Christi als seine eigene anrechnet und ihn wie ein

---

[43] So erstmals im »Handbuch der Dogmatik« (1814/18) des rationalistischen Theologen Karl Gottlieb Bretschneider (Kap. 5.12.3); vgl. Beutel, Kirchengeschichte im Zeitalter der Aufklärung, 161.

Richter formal gerecht spricht. Dieses Verständnis der *Rechtfertigung* als Gerechtsprechung, das bei Luther im Vordergrund steht und bei Melanchthon und im späteren Luthertum dann zur Alleingeltung kommt, wird als imputative (von *imputare* = anrechnen) oder forensische (von lat. *forum* = »Gerichtshof«) Rechtfertigung bezeichnet. Danach wird die Gerechtigkeit, die vor Gott gilt, nie zur eigenen Gerechtigkeit des Menschen, sondern bleibt eine fremde Gerechtigkeit; der Grund der christlichen Existenz liegt so immer außerhalb von uns selbst (*extra nos*). Auch der Gerechtfertigte ist in diesem Leben nie frei von der Sünde. Immer ist er gerecht und Sünder zugleich (*simul iustus et peccator*) – gerecht im Blick auf Gott, der ihn freispricht, und Sünder im Blick auf sich selbst und seine andauernde Bosheit. Allerdings kennt Luther auch ein sogenanntes effektives Verständnis der Rechtfertigung im Sinne einer wirklichen Gerechtmachung. Denn der Gerechtfertigte tut – als Folge, nicht als Grund der Rechtfertigung! – ganz selbstverständlich von sich aus gute Werke, wie ein guter Baum gute Früchte bringt (vgl. Mt 7, 17 f.).

Das *Heilsmittel*, mit dem Gott dem Menschen seine Gnade zueignet, ist das Wort. Gott schenkt uns, wie Luther gegen die von ihm als »Schwärmer« bezeichneten Spiritualisten (Kap. 2.9.1) betont, Vergebung der Sünde und den Heiligen Geist nicht unmittelbar, sondern bindet sich an das äußere Wort. Dadurch wird das *extra nos* des Heils verbürgt und jede eigene Gerechtigkeit und frommer Selbstbetrug ausgeschlossen. Gottes Wort begegnet uns in der Bibel in zweifacher Gestalt: als Anspruch und Zuspruch, als *Gesetz und Evangelium*. In der gesamten Bibel Alten wie Neuen Testaments spricht Gott in dieser doppelten Weise zu uns, und es ist die höchste Kunst der Theologen, beides zu unterscheiden. Als Gesetz konfrontiert uns Gottes Wort mit Gottes Anspruch und Forderung an uns. Dadurch lässt es uns allererst unsere Sünde erkennen und führt uns in die Verzweiflung, die uns Gott suchen lässt. Das ist eine notwendige Voraussetzung für die Predigt des Evangeliums; gegen die sogenannten »Antinomer« hat Luther mehrfach die Notwendigkeit der Gesetzespredigt verteidigt. Freilich ist es ein fremdes Werk, ein *opus alienum*, das Gott durchs Gesetz wirkt. Zu seinem eigenen und eigentlichen Werk, dem *opus proprium*, kommt er im Evangelium. Als Evangelium spricht Gottes Wort uns die Vergebung um Christi willen zu, macht uns heil und richtet uns auf. Das Verheißungswort (*promissio*) des Evangeliums weckt den Glauben (*fides*), der sich Gottes Zusage aneignet und die Vergebung der Sünden und ewiges Leben empfängt. Dabei ist Glaube wesentlich als Gottvertrauen (*fiducia*) verstanden, nicht als bloßes Für-Wahr-Halten von Lehrsätzen.

Gottes heilswirkendes Wort des Evangeliums kommt zum Menschen nicht nur durch die Predigt, sondern auch durch die Sakramente, deren Kern die in den Einsetzungsworten enthaltene göttliche Verheißung ist. In diesem Sinn versteht Luther die Sakramente mit Augustinus als *verbum visibile* (sichtbares Wort). Konstitutiv sind die Einsetzung durch Christus und die Verbindung des Verheißungswortes mit einem materiellen Element; von den sieben Sakramenten der mittelalterlichen Kirche lässt Luther daher nur Taufe und Abendmahl (anfangs auch die Buße) gelten. Die Kindertaufe ist legitim, weil Gott auch in den Säuglingen schon einen »Kinderglauben« weckt. Sein Abendmahlsverständnis hat Luther im Streit mit Karlstadt und Zwingli entfaltet (s. u. Kap. 2.10).

Luther findet Gottes Wort in der *Bibel*, die alleinige Norm für den christlichen Glauben ist (*sola scriptura*). Sie ist in ihren wesentlichen Gehalten klar, dunkle Stellen werden von hellen her verständlich, so dass die Bibel sich selbst auslegt (*scriptura sacra sui ipsius interpres*) und keiner autoritativen Deutung durch das kirchliche Lehramt bedarf. Die Mitte der Schrift Alten wie Neuen Testaments, sozusagen der »Kanon im Kanon«, ist das Evangelium von Christus (»was Christum treibet«), wobei das Alte Testament vom erwarteten und verheißenen, das Neue vom gekommenen Christus spricht. Von Christus als ihrer Mitte her ist die Bibel auszulegen, und von dort aus kann Luther auch an einzelnen biblischen Aussagen oder ganzen Büchern wie dem Jakobusbrief, in dem er das Evangelium von der Rechtfertigung allein aus Gnade nicht deutlich genug ausgedrückt fand, Sachkritik üben; die Vorstellung einer Verbalinspiration der Bibel ist ihm unbekannt. Anders als Zwingli, der nur für erlaubt hält, was in der Bibel ausdrücklich geboten ist, gilt Luther nur das als unerlaubt, was in der Bibel ausdrücklich verboten ist – in allem anderen kann man der evangelischen Freiheit Raum geben.

Ähnlich wie Augustinus vertritt Luther einen doppelten *Kirchenbegriff* mit der Unterscheidung von sichtbarer und unsichtbarer – oder besser: verborgener – Kirche. Ihrem Wesen nach ist die Kirche die Gemeinschaft der nur Gott bekannten Gläubigen und als solche menschlichem Erkennen grundsätzlich entzogen. Zugleich aber wird sie immer wieder sichtbar und an bestimmten Merkmalen (*notae ecclesiae*) erkennbar, deren wichtigste die Evangeliumsverkündigung und die von Christus eingesetzten Sakramente Taufe und Abendmahl sind, durch die der Glaube geweckt und Kirche gebaut wird. Innerhalb der Kirche gibt es keine Unterschiede des Rangs – alle Getauften sind zum Priestertum berufen, d. h. sie können die christliche Lehre beurteilen und sollen vor Gott füreinander einstehen –, wohl aber des Amtes, denn der Ordnung halber sollen nicht alle predigen und die Sakramente reichen.

In Luthers *Ethik* spielt das biblische Gesetz für das Leben der Gerechtfertigten keine Rolle. Seine Aufgaben liegen ausschließlich in der Regelung des bürgerlichen Zusammenlebens der Menschen (*usus civilis legis*) – Luther denkt hier vor allem an die Zehn Gebote – und, wie beschrieben, in der Überführung der Sünde (*usus theologicus oder elenchticus*). Über diesen doppelten Gebrauch des Gesetzes hinaus kennt Luther, anders als etwa Melanchthon oder Calvin, keinen weiteren »dritten Brauch des Gesetzes« (*tertius usus legis, usus didacticus*) für die Wiedergeborenen – denn diesen ist das Gesetz ins Herz geschrieben, so dass sie keiner äußerlichen Gebote mehr bedürfen. Für Luthers Sozialethik grundlegend ist seine Dreiständelehre mit ihrer funktionalen Einteilung der Gesellschaft in *ecclesia* (Kirche), *oeconomia* (Ehe und Familie) und *politia* (Staat). Alle drei Stände sind göttliche Schöpfungsordnungen, auch die Ehe und die weltliche Erwerbstätigkeit; für letztere hat Luther erstmals den zuvor der göttlichen Berufung zum Ordensleben vorbehaltenen Begriff »Beruf« gebraucht. Luthers wichtigster Beitrag zur politischen Ethik war seine in den 1520er Jahren entwickelte Zwei-Regimenten- (weniger präzise: Zwei-Reiche-) Lehre (»Von weltlicher Obrigkeit, wie weit man ihr Gehorsam schuldig sei«, 1523). Er unterscheidet hier zwei Herrschaftsweisen Gottes. Im Reich Christi, also in der Kirche, regiert Gott als Erlöser die Herzen der Gläubigen innerlich durch den Heiligen Geist. Im Reich der Welt dagegen regiert er als der Schöpfer die Nichtchristen äußerlich durch die weltlichen Obrigkeiten, die nach Römer 13 die Guten schützen und die Bösen bestrafen. Grenzüberschreitungen nach beiden Richtungen sind unstatthaft: Weder kann man die noch nicht erlöste Welt mit dem Evangelium regieren, noch dürfen sich weltliche Regenten eine Herrschaft über den Glauben und die Gewissen anmaßen. Christen leben in beiden Reichen und müssen daher ethische Abwägungen treffen; aus Liebe zu den Nichtchristen unterwerfen sie sich freiwillig auch den weltlichen Ordnungen. Diese Konzeption lief auf eine Säkularisierung der weltlichen Herrschaft hinaus, die nur politischen, nicht religiösen Zwecken zu dienen hatte; Luther konnte, für seine Zeit unerhört, formulieren: »der Kaiser muss kein Christ sein«. Damit war sein Ansatz wesentlich moderner als die politisch-ethischen Vorstellungen der Schweizer Reformatoren. Doch auch Luther konnte diese kühne Konzeption nicht auf Dauer durchhalten; die Inanspruchnahme der weltlichen Obrigkeiten für die Sicherstellung der Verkündigung des Evangeliums und die Etablierung des landesherrlichen Kirchenregiments über die evangelischen Landeskirchen (Kap. 2.12) waren ein Rückfall hinter die Zwei-Regimenten-Lehre.

2.7 Reformatoren neben Luther

Luther war die überragende Reformatorenpersönlichkeit. Als prominenter Protagonist des Ablassstreits, mit seinen grundstürzenden theologischen Einsichten, als meistgelesener Flugschriftenautor und als Bibelübersetzer entfaltete er eine einzigartige Wirkung. Darüber darf man aber nicht übersehen, dass die von ihm angestoßene Erneuerung der Kirche von zahlreichen weiteren, eigenständigen Reformatorenpersönlichkeiten mitgestaltet wurde. Neben ehemaligen Priestern und Mönchen trugen auch »Laien« wie der Wittenberger Hofmaler Lucas Cranach d. Ä. und sein Sohn Lucas Cranach d. J., der Nürnberger Ratsschreiber Lazarus Spengler oder der Kürschner Melchior Hoffmann die reformatorische Bewegung mit. Frauen, denen kirchliche Ämter und formale höhere Bildung verwehrt waren und blieben,[44] haben als Fürstinnen – so etwa Elisabeth von Rochlitz, die in Sachsen verheiratete Schwester des Landgrafen Philipp von Hessen –, als Flugschriftenautorinnen – so Argula von Grumbach in Franken und Katharina Zell in Straßburg – oder als Ehefrauen von Reformatoren wie Katharina von Bora die Reformation mitgestaltet.

---

44 Die Vorstellungen von einem vor der Reformation angeblich möglichen selbstbestimmten Leben von Frauen im Kloster gehen in den meisten Fällen an der Realität vorbei.

2.7.1 Wittenberger Reformatoren: Melanchthon – Bugenhagen – Amsdorf

In gewisser Weise kann man sagen, dass die Wittenberger Reformation trotz der alles überragenden Bedeutung Luthers ein Gemeinschaftsprojekt war. Luther stand von Anfang an in engen und fruchtbaren Arbeitsbeziehungen mit seinen Universitätskollegen. Philipp Melanchthon, Johannes Bugenhagen, Nikolaus von Amsdorf, Justus Jonas, Caspar Cruciger und andere trugen zur Profilierung der Wittenberger Theologe, zur Übersetzung der Bibel ins Deutsche und zur Durchsetzung der Reformation in Kursachsen und anderen Territorien bei. Außerhalb Kursachsens waren es Persönlichkeiten wie Andreas Osiander in Nürnberg, Urbanus Rhegius in Augsburg und in Celle oder Johannes Brenz in Württemberg, die im Sinne der Wittenberger Reformation Luthers arbeiteten.

Philipp Melanchthon (1497–1560) war der engste Mitarbeiter Luthers und der wichtigste Verbindungsmann zwischen der Wittenberger Reformation und dem Humanismus. Gebürtig aus Bretten bei Karlsruhe, war er weitläufig mit Johannes Reuchlin verschwägert, der ihm seinen Gelehrtennamen »Melanchthon« (griechische Übersetzung des Familiennamens »Schwartzerdt«) gab. An den Universitäten in Heidelberg und Tübingen erhielt er eine gründliche humanistische Bildung und war schon in jungen Jahren ein Meister des Griechischen und Hebräischen. 1518 erhielt er auf Reuchlins Empfehlung eine Professur für Griechisch in Wittenberg, wo er mit einer fulminanten Antrittsrede zur humanistischen Universitätsreform – er pochte auf das Studium der klassischen Sprachen, der Poesie und Geschichte und der Mathematik – sofort auch Luther für sich gewann. Melanchthon lehrte als Magister an der Philosophischen Fakultät und verstand sich in erster Linie als Humanist und Philologe, erwarb aber auch den Grad eines Baccalaureus biblicus, der ihm gestattete, an der Theologischen Fakultät Vorlesungen über biblische Bücher zu halten. Bald war er neben Luther der bedeutendste Wittenberger Professor und durfte sich seine Lehrgegenstände selbst wählen. Melanchthon war international in humanistischen Kreisen und darüber hinaus bestens vernetzt. Selbst König Heinrich VIII. von England und König Franz I. von Frankreich suchten ihn als Berater in kirchlichen Angelegenheiten zu gewinnen.

Anders als Luther war Melanchthon ein systematischer Denker. Er verfasste 1521 mit den »Loci communes« die erste lutherische Dogmatik, die er anhand von elf zentralen Begriffen (loci) aus dem Römerbrief entfaltete und an der er zeitlebens weiterarbeitete (insgesamt drei Fassungen, sog. aetates). Luther hielt sie für das beste Buch nach der Bibel. Ab 1527 wirkte Melanchthon an der Kursächsischen Kirchen- und Schulvisitation (Kap. 2.12) mit, 1530 verfasste er auf dem Augsburger Reichstag mit der Confessio Augustana und deren Apologie zwei der wichtigsten lutherischen Bekenntnisschriften (Kap. 2.11.3); auch sein Traktat über die Vollmacht des Papstes von 1537 erhielt den Rang einer Bekenntnisschrift (Kap. 2.13.1). Immer wieder war Melanchthon beteiligt an Versuchen, kirchliche und theologische Auseinandersetzungen beizulegen, so im innerevangelischen Abendmahlsstreit, in dem er mit Martin Bucer 1536 die Wittenberger Konkordie aushandelte (Kap. 2.10), und auf den Reichsreligionsgesprächen der Jahre 1540/41 (Kap. 2.13.2). Als bedeutender Bildungsreformer trieb der *Praeceptor Germaniae* (»Lehrer Deutschlands«), wie man ihn nannte, die Wittenberger Universitätsreform voran, bemühte sich um Ausbau und Neuausrichtung des Schulwesens und verfasste zahlreiche Lehrbücher.

In theologischen Einzelfragen setzte Melanchthon andere Akzente als Luther. Als Humanist verfolgte er stärker lehrhafte und ethischpädagogische Interessen. Die Rechtfertigung verstand er streng imputativ und schied sie scharf von der Heiligung und dem »neuen Gehorsam«, legte aber zugleich größeren Wert auf die guten Werke und sah anders als Luther im Gesetz auch eine Handlungsanweisung für die Wiedergeborenen (*tertius usus legis, usus didacticus*). Anders als Luther war Melanchthon nicht Prediger, sondern Gelehrter und Lehrer und betonte in erster Linie den lehrhaften Gehalt (*doctrina*) des Christentums und die Funktion der Pfarrer als qualifizierte theologische Lehrer; mit seinem Verständnis der Kirche als Lehr- und Lerngemeinschaft stellte er die Weichen für die evangelische Pastorenkirche.

Nach Luthers Tod und der bedrohlichen Verschlechterung der Situation der Protestanten durch den Schmalkaldischen Krieg (Kap. 2.14.1) konnte sich Melanchthon nicht unangefochten als neue Autorität des Luthertums durchsetzen. Die jahrzehntelangen Streitigkeiten zwischen den sogenannten Gnesiolutheranern einerseits und ihm und seinen Anhängern, den Philippisten, andererseits setzten ihm schwer zu (Kap. 4.6). Dennoch war Melanchthons Wirkung beachtlich. Mancherorts wurde das von ihm geprägte milde Luthertum später Wegbereiter eines Übergangs zum Calvinismus. Nachdem Melanchthon lange zu Unrecht als nachgiebiger Kompromissler und lebensfremder Stubengelehrter gegolten hatte, werden seine Verdienste heute wieder gewürdigt.

Johannes Bugenhagen (gest. 1558) aus Wollin in Hinterpommern (daher auch »Doktor Pommer« genannt) war seit 1523 Stadtpfarrer in Wittenberg und Freund und Beichtvater Luthers. Seit 1535 hatte er zugleich eine theologische Professur inne. Bugenhagen legte 1534 eine eigene Übersetzung der Bibel ins Niederdeutsche vor. Als wichtiger Reformator und Kirchenorganisator wirkte er von Wittenberg aus an der Reformation in einer Reihe norddeutscher Territorien mit und schuf evangelische Kirchenordnungen (Kirchenverfassungen) u. a. für Braunschweig, Hamburg, Lübeck, Pommern und Dänemark.

Luthers engster Freund *Nikolaus von Amsdorf* (gest. 1565), ein Neffe von Johann von Staupitz, war ursprünglich ebenfalls Theologieprofessor in Wittenberg. 1524 wurde er der erste evangelische Superintendent von Magdeburg, wo er der Reformation zum Durchbruch verhalf. 1541 wurde er auf Druck des sächsischen Kurfürsten im Bistum Naumburg als evangelischer Bischof eingesetzt, doch schon sechs Jahre später endete mit der Niederlage der Protestanten im Schmalkaldischen Krieg das »Naumburger Bischofsexperiment« wieder (Kap. 2.13.3). Nach Luthers Tod schlug Amsdorf sich auf die Seite der strengen »Gnesiolutheraner«, die den Anspruch erhoben, das wahre Erbe des Reformators gegen angebliche Aufweichungen durch Melanchthon und dessen Schüler zu verteidigen (Kap. 4.6).

2.7.2 Schweizerische und oberdeutsche Reformatoren: Martin Bucer

Eine eigene Ausprägung erhielt die Reformation im schweizerischen Zürich, das durch Huldrych Zwingli zum zweiten großen reformatorischen Zentrum wurde (Kap. 2.8). Neben Zwingli selbst waren hier vor allem seine Mitarbeiter Leo Jud und Oswald Myconius und sein Nachfolger Heinrich Bullinger bedeutend. Nachdem sich die Wege der Wittenberger und der Zürcher Reformation im Ersten Abendmahlsstreit (Kap. 2.10) getrennt hatten, entwickelten sich der lutherische und der sogenannte reformierte Protestantismus dauerhaft auseinander. Zwei Jahrzehnte später begründeten Johannes Calvin und sein Nachfolger Theodor Beza in Genf in der französischsprachigen Schweiz ein weiteres, europaweit ausstrahlendes reformatorisches Zentrum, das bald zum unbestrittenen Mittelpunkt des Reformiertentums wurde (Kap. 3.2).

Eine besondere Rolle spielten die reformatorischen Bewegungen und die Reformatoren in den oberdeutschen (d. h. südwestdeutschen) Reichsstädten. Sie waren mehrheitlich humanistisch geprägt und standen den Anschauungen Zwinglis nahe; als Beispiele seien der Basler Reformator Johannes Oekolampad und der Konstanzer Reformator Ambrosius Blarer genannt. Wichtigstes Zentrum der oberdeutschen Reformation war die Reichsstadt Straßburg. Hier wirkte neben anderen Reformatoren Martin Bucer, der ein eigenes theologisches Profil entwickelte und als »der dritte deutsche Reformator« nach Luther und Melanchthon gelten kann.[45]

Martin Bucer (Butzer, 1491-1551) aus Schlettstadt im Elsass trat im Alter von 15 Jahren in den Dominikanerorden ein und studierte in Heidelberg, wo er durch Luthers Heidelberger Disputation für die Reformation gewonnen wurde. Einige Jahre später verließ er den Orden, heiratete und wurde nach mehreren Zwischenstationen 1523 Pfarrer in Straßburg, wo damals gerade die reformatorische Predigt Fuß fasste. Rasch wurde er zur führenden Reformatorenpersönlichkeit der Stadt und wirkte auch an der Gründung des weithin berühmten Straßburger Gymnasiums mit. Bucer entwickelte seine Theologie eigenständig. Im Ersten Abendmahlsstreit verfolgte er einen Mittelweg zwischen der Wittenberger und der Zürcher Reformation und versuchte, zwischen Luther und Zwingli zu vermitteln. In langen Verhandlungen mit Melanchthon gelang ihm 1536 die Aushandlung der »Wittenberger Konkordie« zur Abendmahlslehre, die schließlich zum Anschluss des oberdeutschen Protestantismus an die lutherische Wittenberger Reformation führte (Kap. 2.10). Bei den Reichsreligionsgesprächen der Jahre 1540/41 gehörte Bucer neben Melanchthon zu den Hauptvertretern der Protestanten. Mit seinen theologischen und pastoralen Ideen, namentlich der biblisch begründeten Vier-Ämter-Lehre (nach Epheser 4,1) und der Hochschätzung der Kirchenzucht, beeinflusste er Calvin, der von 1538-1541 die französische Flüchtlingsgemeinde in Straßburg leitete. Als Berater des Landgrafen Philipp von Hessen begründete Bucer die evangelische Konfirmation, für den evangelisch gesinnten Kölner Erzbischof Hermann von Wied plante er zusammen mit Melanchthon eine umfas-

---

45 Bornkamm, Martin Bucer, der dritte deutsche Reformator.

sende Kirchenreform. Nach dem Augsburger Interim von 1548 (Kap. 2.14.2) musste Bucer aus Straßburg fliehen, er verbrachte seine letzten Lebensjahre als Professor in Cambridge.

2.8 Huldrych Zwingli und die Reformation in Zürich

In Zürich entstand durch Huldrych Zwingli ein zweites, eigenständiges Zentrum der Reformation im deutschen Sprachraum. Zürich gehörte zu den wichtigeren Zentren der 1291 gegründeten Schweizer Eidgenossenschaft, zu der neben den »Dreizehn Alten Orten (Kantonen)« die vertraglich mit ihnen verbundenen »Zugewandten Orte« zählten. Rechtlich gehörte die Schweiz noch bis zum Westfälischen Frieden von 1648 zum Heiligen Römischen Reich, doch faktisch war sie autonom, wenngleich durch vielfältige Beziehungen mit dem Reich verbunden. Aus der Schweizer Reformation Zwinglis und Calvins entstand mittelfristig das Reformiertentum als zweiter Haupttyp des Protestantismus neben dem Luthertum.

2.8.1 Zwinglis Werdegang bis 1522

Huldrych Zwingli (1484–1531) wurde als Sohn eines wohlhabenden Bauern und Amtmanns in Wildhaus im Toggenburg in der Ostschweiz geboren und wie sein Vater auf den Namen des heiligen Ulrich getauft – die von ihm später favorisierte Schreibweise »Huldrych« (»gnadenreich«) war, wie Luthers neue Schreibweise seines Familiennamens, ein theologisches Bekenntnis. Nach dem Besuch der Lateinschulen in Basel und Bern studierte er in Wien und Basel die *artes liberales* bis zum Magistergrad und danach kurz auch Theologie und wurde 1506 in Konstanz zum Priester geweiht.

Von 1506 bis 1516 war Zwingli Pfarrer in der Gemeinde Glarus, dem Hauptort des gleichnamigen kleinen Kantons. Er setzte sich für eine politisch-militärische Unterstützung des Papstes gegen Frankreich ein und begleitete selbst Glarner Söldner in den Krieg, wofür er eine jährliche Rente vom Papst erhielt. Eine bedeutsame Weichenstellung war die in dieser Zeit begonnene Lektüre antiker Autoren und Kirchenväter sowie der Schriften des Erasmus von Rotterdam, den er 1516 in Basel

2.8 Huldrich Zwingli und die Reformation in Zürich

besuchte und dessen griechisches Neues Testament er studierte. Zwingli setzte diese Studien auch fort, als er von 1516–1518 als Leutpriester – also als Priester, der mit der Pfarrseelsorge (an den »Leuten«) betraut war – im Kloster Einsiedeln im Kanton Schwyz, einem bis heute wichtigen Marienwallfahrtsort, tätig war. Man kann Zwingli in dieser Zeit am besten als Anhänger eines erasmianischen Bibelhumanismus bezeichnen; er übte Kritik an Missbräuchen des Wallfahrtsbetriebs, stand aber noch nicht in grundsätzlichem Gegensatz zum alten Kirchenwesen.

Mit der Berufung als Leutpriester an das von Karl dem Großen gegründete Großmünsterstift in Zürich erreichte Zwingli 1519 seinen eigentlichen und endgültigen Wirkungskreis. Zürich war deutlich kleiner als Basel oder Genf, fungierte aber neben Bern als »Vorort« der Eidgenossenschaft, und Zwingli konnte hier gemeinsam mit dem Rat sehr viel unmittelbarer gestaltend wirken als dies Luther im Kurfürstentum Sachsen möglich war. Ähnlich wie bei Luther lässt sich auch bei Zwingli keine präzise datierbare »reformatorische Wende« ausmachen. Seine eigene Angabe, er habe bereits 1516 in Einsiedeln mit der Predigt des Evangeliums begonnen, besagt zunächst nur, dass er seitdem allein die biblischen Texte ins Zentrum seiner Verkündigung stellte. In Zürich, wo er am 1. Januar 1519, seinem 35. Geburtstag, seine erste Predigt hielt, legte er von Sonntag zu Sonntag fortlaufend (*lectio continua*) das Matthäusevangelium, dann die Apostelgeschichte und die Timotheusbriefe aus. Anscheinend hat Zwingli in den Jahren 1519/20 allmählich zu seiner reformatorischen Theologie gefunden. Dabei wurde er neben dem intensiven Studium der Bibel (Paulus, Johannesevangelium) auch durch Schriften Luthers beeinflusst, ohne im eigentlichen Sinne von dem Wittenberger abhängig zu sein. In Zwinglis frühen Zürcher Predigten verstärkten sich die kirchenkritischen Töne. Er kritisierte die Heiligenverehrung, die Lehre vom Fegefeuer und das Fronleichnamsfest, bestritt aber auch das göttliche Recht der Zehntforderung der Kirche, was ihn in Konflikt mit seinem Stiftskapitel brachte. Nachdem er bereits seit mehreren Jahren das in der Schweiz wichtige Söldnerwesen – ein Relikt davon ist die bis heute bestehende Schweizergarde im Vatikan – ablehnte, setzte er 1522 beim Rat ein Verbot des sogenannten »Reislaufens« (»Reise« = Kriegszug) durch; ein Pazifist war Zwingli jedoch nicht, auch zur Verteidigung der Sache des Evangeliums hielt er militärische Mittel für legitim.

2.8.2 Die Einführung der Reformation in Zürich (1522–1526)

Um Zwingli sammelte sich in Zürich bald eine evangelische Bewegung, die im Frühjahr 1522 mit einer spektakulären Aktion von sich reden machte: dem »Zürcher Fastenbrechen« oder »Zürcher Wurstessen«. Am Abend des Sonntags Invocavit – eben jenes Sonntags, an dem Luther in Wittenberg seine Invocavit-Predigten begann – verzehrten im Haus des Druckers Christoph Froschauer zwölf (!) Männer, darunter zwei Geistliche, gemeinsam zwei geräucherte Würste und verstießen damit demonstrativ gegen die kirchlichen Fastenbestimmungen.[46] Zwingli war anwesend, beteiligte sich aber nicht an der Mahlzeit. Der Vorfall wurde rasch bekannt, es kam zu Nachahmeraktionen. Zwei Wochen später verteidigte Zwingli das Fastenbrechen in einer Predigt, aus der seine erste reformatorische Schrift »Von Erkiesen (= Auswählen) und Freiheit der Speisen« hervorging. Mit biblischen Argumenten zeigte er, dass die Übertretung kirchlicher Fastenvorschriften keine Sünde sei und es in der evangelischen Freiheit liege, zu fasten oder nicht. Auf eine Beschwerde des zuständigen Bischofs von Konstanz hin verurteilte der Zürcher Rat zwar das Fastenbrechen – verlangte aber vom Bischof die Vorlage einer biblischen Begründung der Fastenpraxis!

Im Lauf des Jahres 1522 unternahmen radikale Anhänger Zwinglis wiederholt spektakuläre antiklerikale Aktionen und Predigtstörungen. Zwingli selbst wandte sich mit zehn anderen Klerikern an den Bischof von Konstanz und forderte die Zulassung »schriftgemäßer« (d. h. evangelischer) Predigt und die Aufhebung des Zölibats – er selbst lebte zu diesem Zeitpunkt bereits in einer geheimen Ehe mit der Witwe Anna Meyer, die er 1524 heiratete. Nachdem Zwingli sich förmlich vom Bischof losgesagt hatte, ermöglichte ihm der Zürcher Rat, sich am Großmünster ausschließlich dem Predigen zu widmen und zum führenden Geistlichen der Stadt zu werden.

Die Eskalation des Streits zwischen Zwingli und der kirchlichen Obrigkeit und wachsende Unruhen in der Stadt und den Landgemeinden veranlassten den Rat schließlich dazu, unter Übergehung des

---

46 An Sonntagen wurde nicht gefastet. Doch am Sonntagabend begann nach der aus der Antike übernommenen kirchlichen Zeitrechnung bereits der Montag, an dem in der vorösterlichen Fastenzeit kein Fleisch gegessen werden durfte.

2.8 Huldrich Zwingli und die Reformation in Zürich

eigentlich zuständigen Konstanzer Bischofs die Angelegenheit selbst in die Hand zu nehmen und alle Geistlichen der Stadt zu einem theologischen Streitgespräch – einem von den universitären Disputationen inspirierten und später vielfach nachgeahmten neuen Format kirchenpolitischer Entscheidungsfindung – ins Rathaus zu laden. Dort sollte die von Zwingli verkündigte evangelische Lehre erörtert und vom Rat (!) ihre Rechtmäßigkeit auf Grund der Bibel (!) beurteilt werden. Die Erste Zürcher Disputation fand am 29. Januar 1523 statt und hatte an die sechshundert Teilnehmer; der Konstanzer Bischof, der das Verfahren missbilligte, schickte Beobachter. Zwingli hatte seine reformatorische Theologie in 67 »Schlussreden« (Thesen; *conclusiones*) zusammengefasst:

> »1. Alle, die sagen, das Evangelium sei nichts wert ohne die Beglaubigung der Kirche, irren und lästern Gott.
>
> 2. Die Hauptsache des Evangeliums ist kurz zusammengefasst die, dass unser Herr Christus Jesus, wahrer Gottessohn, uns den Willen seines himmlischen Vaters mitgeteilt und uns durch seine Unschuld vom Tod erlöst und mit Gott versöhnt hat.
>
> 3. Deshalb ist Christus der einzige Weg zur Seligkeit für alle, die je waren, sind und sein werden [...]
>
> 5. Deshalb irren alle, die anderen Lehren gleich viel oder mehr Bedeutung zumaßen als dem Evangelium; sie wissen nicht, was Evangelium ist.«[47]

Am Ende entschied der Rat, dass die Schlussreden nicht widerlegt und Zwingli keine Ketzereien nachgewiesen worden seien und gestattete ihm und seinen Anhängern die Fortsetzung ihrer Verkündigung und verpflichtete auch die übrigen Prediger zur evangeliumsgemäßen Predigt. Konkrete Beschlüsse über kirchliche Reformen wurden aber nicht gefasst. Wie Luther die Ablassthesen, so arbeitete Zwingli in der Folge seine Schlussreden zu einer umfangreichen Schrift aus (»Auslegen und Gründe der Schlussreden«).

In den folgenden Monaten drängte die evangelische Bewegung auf praktische Maßnahmen. Besonders die Bilderverehrung und die Messfeier standen in der Kritik. Dabei taten sich vor allem zwei Anhänger Zwinglis hervor: der elsässische Humanist Leo Jud, der 1519 Zwinglis Nachfolge in Einsiedeln angetreten hatte und seit 1523 in Zürich Pfarrer und engster Mitarbeiter des Reformators war, und der Schulmeister Oswald Myconius aus Luzern, der später Münsterpfarrer und Professor

---

47 Zitiert nach Leppin, Reformation (KTHGQ 3), 87.

in Basel werden und die erste Zwingli-Biographie schreiben sollte. Nachdem es zu ersten Bilderstürmen gekommen war, beraumte der Rat für den 26.–28. Oktober 1523 die *Zweite Zürcher Disputation* an, an der diesmal neunhundert Personen teilnahmen und bei der Zwingli und Jud sich mit einem altgläubigen Chorherrn des Großmünsterstifts über Bilder und Messe auseinandersetzten. Bezeichnenderweise zeigten sich hier Differenzen auch unter den Evangelischen: während radikale Anhänger Zwinglis, die späteren Täufer (Kap. 2.9.2), auf eine sofortige Abschaffung drängten und dem Rat jeden Entscheidungsspielraum bestritten, setzten Zwingli und andere auf ein besonnenes Vorgehen unter der Leitung der legitimen politischen Obrigkeit. Damit vollzog sich in Zürich eine ähnliche Polarisierung zwischen Radikalen und den moderaten Reformatoren wie in der Wittenberger Stadtreformation. Schließlich schärfte der Rat das Schriftprinzip ein, ließ aber Bilder und Messe vorläufig bestehen; vor ihrer Entfernung sollten, vor allem im Landgebiet, die Gläubigen durch Predigten erst weiter vorbereitet werden.

In den Jahren 1524 und 1525 wurden dann im Zusammenwirken Zwinglis mit dem Rat allmählich reformatorische Neuerungen durchgesetzt. 1524 wurden alle Bilder aus den Kirchen entfernt. Am Gründonnerstag 1525 fand das erste evangelische Abendmahl nach einer von Zwingli entworfenen schlichten Liturgie statt: als Predigtgottesdienst ohne Orgel und Gesang, mit einer Mahlfeier an Tischen mit hölzernen Tellern und Bechern. Im gleichen Jahr wurden die Klöster und Stifte aufgehoben. Das Großmünsterstift wurde in eine Bildungsanstalt mit Dozenten für Hebräisch, Griechisch und Latein umgewandelt, seit 1525 fanden hier fünfmal wöchentlich für die Stadtgeistlichkeit und interessierte Zuhörer exegetische Vorlesungen statt, an denen Jud, Zwingli, Myconius und andere mitwirkten. Aus dem Betrieb dieser Predigerschule, des »Lectorium«, das auch als »Prophezey« bekannt ist und eine Vorläuferin der Zürcher »Hohen Schule« war, ging auch die Zürcher Bibel hervor. Diese deutsche Bibelübersetzung war wie die Lutherbibel ein Gemeinschaftswerk unter maßgeblicher Beteiligung Zwinglis. Handelte es sich beim Neuen Testament (1524) noch um eine Bearbeitung des Luthertextes, so machte man sich nach dem Stocken des Wittenberger Unternehmens an die selbständige Neuübersetzung des Alten Testaments. Schon 1529 – fünf Jahre vor der Lutherbibel – war die Zürcher Bibel vollendet.

2.8 Huldrich Zwingli und die Reformation in Zürich

Die Reformation Zwinglis hatte, begünstigt durch die politischen Verhältnisse der Zürcher Stadtrepublik, von Anfang an eine starke gesellschaftliche und politische Dimension. Der Rat als politische Obrigkeit wurde von Zwingli unmittelbar für die Durchsetzung von Gottes Willen in Anspruch genommen. Bezeichnend für die starke Rolle des Rates in der Zürcher Reformation erscheint die 1525 erfolgte Einrichtung des Konsistoriums als eines städtischen Ehegerichts, das dann auch die Sittenzucht an sich zog, die Zwingli eigentlich kirchlich hatte organisieren wollen. Im Ergebnis entstand in Zürich ein Staatskirchentum, in dem weltliche Obrigkeit und kirchliche Organisation eng verbunden waren.

2.8.3 Die Ausbreitung der Reformation in der Schweiz

Von Zürich aus strahlte die reformatorische Bewegung bald in benachbarte Gebiete wie Basel, Bern und St. Gallen aus, auch in »Gemeine Herrschaften« (von mehreren »Orten« der Eidgenossenschaft gemeinsam verwaltete Untertanengebiete) wie im Aargau. Widerstand dagegen formierte sich vor allem in der Innerschweiz. 1524 schlossen sich die drei Urkantone Uri, Schwyz und Unterwalden mit Luzern und Zug zum antireformatorischen Bündnis der »Fünf Orte« zusammen. Gemeinsam mit dem Generalvikar des Konstanzer Bischofs fassten sie den Plan, Zwingli auf Grund des Wormser Edikts als Anhänger Luthers ächten zu lassen. 1526 fand auf Betreiben der Fünf Orte am Rande der Tagsatzung (Delegiertenversammlung) der Eidgenossenschaft in Baden im Aargau eine Disputation statt, bei der Johann Eck, der alte Gegner Luthers, die altgläubige Seite vertrat. Zürich und Zwingli lehnten eine Beteiligung ab, so dass die evangelische Delegation von dem Basler Reformator Johannes Oekolampad geführt wurde. Das Ergebnis war vorhersehbar. Die Mehrheit der Orte verurteilte die Zürcher Reformation und beschloss, Zwingli als Ketzer zu verfolgen. Doch nicht nur Zürich, sondern auch Basel, Bern und Schaffhausen stimmten gegen den Beschluss, so dass die Badener Disputation zur konfessionellen Spaltung der Eidgenossenschaft führte.

In den folgenden Jahren gingen außer Zürich vier weitere Orte zur Reformation über: Den Anfang machte 1527 St. Gallen, wo Zwinglis Freund Joachim Vadian Bürgermeister war. Einen entscheidenden

Durchbruch bedeutete die Einführung der Reformation in Bern aufgrund der prominent besetzten Berner Disputation 1528. Im folgenden Jahr bekannten sich auch Basel und Schaffhausen förmlich zur Reformation. In Erwartung einer militärischen Konfrontation schloss sich Zürich mit der evangelischen Reichsstadt Konstanz zum »Christlichen Burgrecht« zusammen; im Gegenzug verbündeten sich die Fünf Orte mit dem Kaiserbruder Ferdinand, dem Erzherzog von Österreich, zur »Christlichen Vereinigung«. Wirklich kam es 1529 zu einem ersten Religionskrieg. Nachdem im Kanton Schwyz ein Zürcher Prediger hingerichtet worden war, riet Zwingli dem Rat zum Angriff auf die innerschweizerischen Orte. Bei Kappel am Albis im Süden des Kantons Zürich trafen die Heere aufeinander, doch aufgrund erfolgreicher Vermittlungsbemühungen endete dieser Erste Kappeler Krieg ohne ernste Kampfhandlungen mit dem *Ersten Kappeler Landfrieden* und einer Versöhnungsmahlzeit, der »Kappeler Milchsuppe«.

Die konfessionellen Gegensätze bestanden fort. 1531 forderten Zwingli und Leo Jud angesichts der anhaltenden Repressionen der Fünf Orte gegen reformatorische Bestrebungen abermals einen Angriffskrieg. Zürich war dazu bereit, doch Bern wollte nur ein Lebensmittelembargo verhängen. Überraschend begannen nun die Fünf Orte ihrerseits den Waffengang. Auf dem Schlachtfeld bei Kappel wurde das Zürcher Aufgebot, in dem auch Zwingli und zahlreiche weitere Geistliche kämpften, von den überlegenen Innerschweizern besiegt. Zwingli wurde ergriffen und getötet, sein Leichnam verbrannt und die Asche verstreut – ein »böser Tod«, der dazu führte, dass sich in Zürich kein eigentliches Zwingli-Gedenken entwickelte. Der *Zweite Kappeler Landfriede*, der den Zweiten Kappeler Krieg beendete, schrieb im Interesse der Wahrung der politischen Einheit die konfessionelle Spaltung der Eidgenossenschaft fest, ähnlich wie später im Reich der Augsburger Religionsfriede von 1555: Jeder souveräne Ort sollte frei seine Konfession wählen dürfen. Allerdings wurden die Gemeinen Herrschaften mehrheitlich rekatholisiert, und die Evangelischen mussten das Christliche Burgrecht auflösen.

Durch Zwinglis frühen Tod wurde die Ausbreitung der Reformation in der Schweiz gestoppt. Dass die Zürcher Reformation nicht in eine ernstere Krise geriet, war Heinrich Bullinger (gest. 1575) zu verdanken. Der Priestersohn aus Bremgarten im Aargau hatte sich als Student in Köln der Reformation zugewandt und war in seinem Heimatort evangelischer Prediger gewesen, bis dieser infolge des Zweiten Kappeler Landfriedens rekatholisiert wurde. Eine aufsehenerregende Gastpredigt im Zürcher Großmünster trug ihm die Wahl zum Nachfolger Zwinglis ein. Fast ein halbes Jahrhundert wirkte er als Antistes (Vorsteher) der Zürcher Kirche. 1536 verfasste Bullinger gemeinsam mit Oswald Myconius, Leo Jud und anderen im Kontext von Einigungsbestrebungen mit den Lutheranern das erste gemeinsame Glaubensbekenntnis der reformierten Schweizer Orte, das »Erste Helvetische Bekenntnis« (»Confessio Helvetica Prior«). 1549 handelte er mit Calvin den »Consensus Tigurinus« über das Abendmahlsverständnis aus, durch den es zum Zusammenschluss zwischen der Genfer und der deutschschweizerischen Reformation kam. Das von Bullinger verfasste »Zweite Helvetische Bekenntnis« (»Confessio Helvetica Posterior«) von 1566 wurde nicht nur von den reformierten Orten der Schweiz, sondern auch von anderen reformierten Kirchen Europas angenommen und ist nach dem Heidelberger Katechismus bis heute die wichtigste reformierte Bekenntnisschrift.

2.8.4 Zwinglis Theologie

Zwingli hat eine eigenständige Ausprägung reformatorischer Theologie entwickelt.[48] Die wichtigsten Quellen dafür sind seine 67 Schlussreden (nebst »Auslegen und Gründe der Schlussreden«, 1523) und sein lateinischer »Commentarius de vera et falsa religione« (»Kommentar über die wahre und die falsche Religion«, 1525).

Zwinglis Theologie ist das Ergebnis intensiven Bibelstudiums, der Beschäftigung mit humanistischen Reformanliegen des Erasmus von Rotterdam, mit dem er 1523 brach, und mit reformatorischen Anliegen Luthers, dessen Schriften er seit 1518 verfolgte. Gegenüber dem von der *via moderna* geprägten Luther mit seiner Reserve gegenüber der Vernunft ist der aus der *via antiqua* und vom Humanismus herkommende Zwingli der rationalere Denker. Während Luther die Kondeszendenz Gottes ins Zentrum stellt, betont Zwingli Gottes Souveränität gegenüber der Welt und den Unterschied zwischen Gott und Mensch, zwischen Geist und Fleisch. Er lehnt daher die Vorstellung ab, dass Gott sich

---

48 Zum Folgenden vgl. v. a. Berndt Hamm, Zwinglis Reformation der Freiheit, Neukirchen-Vluyn 1988; William Peter Stephens, Zwingli. Eine Einführung in sein Denken, Zürich 1996.

an materielle, sakramentale Heilsmittel bindet. Tatsächlich wirkt Gott durch seinen Geist frei und unmittelbar am Menschen. Gerne zitiert Zwingli Johannes 6,63: »Der Geist ist's, der da lebendig macht; das Fleisch ist nichts nütze«. Insofern hat sein Denken einen spiritualistischen Grundzug.

Das zentrale Thema von Zwinglis reformatorischer Theologie ist nicht die Rechtfertigung des Sünders vor Gott, sondern die Unterscheidung zwischen *Gotteswort und Menschenwort*. Die Bibel als die von Gott inspirierte Offenbarungsurkunde ist einzige Norm und verbindliches Gesetz für Glauben und Leben der Christen. Was nicht ausdrücklich in der Bibel geboten ist, muss als verboten gelten (ein Grundsatz, der in der Schweizer Reformation, anders als in Wittenberg, u. a. zur Verbannung der Bilder und der Orgeln aus den Kirchen führte). Doch in seiner Souveränität bindet sich Gott nicht ausschließlich an das geschriebene Wort der Bibel, sondern wirkt auch durch seinen Geist unmittelbar innerlich im Herzen des Menschen, der so überhaupt erst das äußere Wort verstehen und glauben kann.

Mit Augustinus und Luther teilt Zwingli die Überzeugung, dass der natürliche Mensch infolge der *Erbsünde* unfähig zum Guten ist und nicht aus eigenen Kräften, sondern nur durch Gottes Gnade gerecht wird. Allerdings versteht Zwingli die Erbsünde nicht als völlige Verderbnis, sondern lediglich als Mangel oder Gebrechen (»bresten«) der menschlichen Natur. Objektiver Grund unserer *Erlösung* ist der für uns ein für alle Mal geschehene Sühnetod Christi am Kreuz, den wir uns in glaubender Erinnerung vergegenwärtigen; einer je neuen aktualen Zueignung von Christi Werk durch äußerliche Heilsmittel, wie sie Luther für essentiell hält, bedarf es nach Zwingli nicht.

Taufe und Abendmahl vermitteln nicht das Heil, sondern verweisen zurück auf den bereits geschehenen Heilsempfang durch das unmittelbare Wirken von Gottes Geist in der Seele: auf die innerliche Geisttaufe und das innerliche, geistliche Essen und Trinken von Leib und Blut Christi. In ihrem äußerlichen Vollzug sind Taufe und Abendmahl Bekenntnis- und Verpflichtungszeichen der Gläubigen, die damit bekennen, Gottes Gnade empfangen zu haben und sich verpflichten, ein Leben in Gemeinschaft mit Christus und nach dem Willen Gottes zu führen. Damit sind sie Bundeszeichen des neuen Bundes und stehen in typologischer Entsprechung zur Beschneidung und zum Passamahl im alten Bund. Deshalb dürfen, wie bei der Beschneidung, auch Kinder getauft werden, denn auch sie gehören zum Bund Gottes und zur Gemeinschaft der Gläubigen.

Bezeichnend für Zwinglis Theologie ist die starke Betonung der ethischen, namentlich der sozialethischen Dimension des Glaubens, die auch mit seiner humanistischen Prägung und den Partizipationsmöglichkeiten in der Zürcher Stadtrepublik zu tun hat. In seinen gesellschaftlichen Ordnungsvorstellungen ergibt sich daraus eine Verpflichtung der politischen Obrigkeit auf religiöse Zwecke, die dem mittelalterlichen Konzept der Gesellschaft als eines einheitlichen *corpus christianum* näher steht als Luthers in dieser Hinsicht modernere Zwei-Regimenten-Lehre.

2.9 Radikale Reformatoren

Aus der evangelischen Bewegung der 1520er Jahre ging neben den großen reformatorischen Kirchentümern auch ein breites Spektrum von Kräften hervor, die heute oft als radikalreformatorisch bezeichnet werden. Luther sprach pauschal von »Schwärmern« – ein polemischer Begriff, der heute nicht mehr verwendet wird. In der Forschung des 20. Jahrhunderts, die diesen Außenseitern verstärkte Aufmerksamkeit widmete, wurden die Sammelbezeichnungen »linker Flügel der Reformation« und »radikale Reformation« geprägt. Beide Termini sind problematisch und evozieren falsche Vorstellungen. Tatsächlich wird damit eine Anzahl sehr unterschiedlich geprägter Personen und Gruppen bezeichnet, deren wesentliche Gemeinsamkeit nur darin liegt, dass sie außerhalb der seit 1525 entstehenden Landeskirchen blieben und als Dissidenten verfolgt wurden. Näherhin lassen sich drei – in sich wiederum ungemein vielfältige – Spielarten solcher radikaler Reformatoren unterscheiden: Spiritualisten, Täufer und Antitrinitarier.

2.9.1 Spiritualisten

Spiritualisten betonen das unmittelbare Geistwirken Gottes in der Seele des Individuums und seine unmittelbare, übernatürliche Offenbarung im »inneren Wort«. Demgegenüber sind das äußere Wort der Bibel und der Predigt, der äußere Gottesdienst mit seinen Sakramenten und Riten und äußerliche kirchliche Vergemeinschaftungsformen und Institutionen nachrangig oder sogar entbehrlich. Das spiritualistische Geistprinzip steht insofern im Gegensatz nicht nur zum katholischen Traditionsprinzip, sondern auch zum reformatorischen Schriftprinzip. Natürliche Anknüpfungspunkte gibt es zur Mystik; der sogenannte mystische Spiritualismus der Frühen Neuzeit inspirierte sich an Tauler, der »Theologia Deutsch« und Thomas von Kempen. Gemeinschaftsbildende Kraft hatte der Spiritualismus nur begrenzt, mit seinem starken Individualismus und Subjektivismus brachte er vor allem Einzelgänger und lose Freundeskreise hervor.

Zwei bedeutende Spiritualisten sind uns bereits begegnet: *Thomas Müntzer*, der eine mystisch-spiritualistische Anschauung vom Heilsweg mit apokalyptischer Aktion verband (Kap. 2.5.4), und Luthers Universitätskollege *Andreas Karlstadt*, der Kopf der radikalisierten Wittenberger Stadtreformation im Winter 1521/22 (Kap. 2.5.2). Karlstadt distanzierte sich nach dem Zerwürfnis mit Luther ganz vom akademischen Betrieb – Gott offenbarte sich seiner Überzeugung nach gerade den Ungebildeten – und wandte sich einem mystischen Spiritualismus zu. Er identifizierte sich nun mit dem »gemeinen Mann«, zog sich auf seine Pfarrei in Orlamünde zurück, trieb Landwirtschaft und ließ sich von den Bauern »Bruder Andres« nennen. Die spiritualistische Deutung des Abendmahls, die er jetzt entwickelte, führte zu einem neuerlichen Zusammenstoß mit Luther (Kap. 2.10) und letztlich zu seiner Ausweisung aus Kursachsen. In Zürich fand er Zuflucht, ab 1534 lehrte er in Basel wieder an der Universität.

Sebastian Franck (gest. 1542) aus Donauwörth, der nach Niederlegung seines Pfarramts als freier Schriftsteller in Ulm und Basel lebte, zog aus der von ihm empfundenen moralischen Wirkungslosigkeit der Reformation die Folgerung, man müsse Gott außerhalb der Bibel, im inneren Wort und in der Geschichte, suchen. Die sichtbare Kirche sei zur Zeit der Apostel notwendig gewesen, heute sei die Kirche unsichtbar und mit keiner der streitenden Konfessionen identisch. Auch der schlesische Adelige und Laientheologe Kaspar von Schwenckfeld (gest. 1561) war durch den Eindruck der moralischen Unfruchtbarkeit der Reformation, in der er eine Folge der imputativen Rechtfertigungslehre sah, und durch mehrere Visionen zu spiritualistischen Überzeugungen gekommen und hatte eine eigene Abendmahlslehre entwickelt, die alles Gewicht auf den innerlichen, geistlichen Vorgang legte. Als fruchtbarer Schriftsteller und Briefeschreiber sammelte er lose Freundeskreise in Niederschlesien und Südwestdeutschland; auf sie geht die heute noch fünf Gemeinden umfassende »Schwenkfelder Church« in den USA zurück.

Als Spiritualist ist auch der Arzt und Naturphilosoph Paracelsus (eigentlich Theophrastus Bombastus von Hohenheim, gest. 1541) anzusprechen, der zahlreiche theologische Schriften verfasste und trotz anfänglicher Sympathien für die Reformation in kritischer Distanz zu allen Kirchen verharrte. Mit seiner aus dem antiken Hermetismus stammenden Überzeugung vom Menschen als einem dem Makrokosmos korrespondierenden Mikrokosmos und seiner besonderen Erlösungsvorstellung einer geist-leiblichen Transformation von irdischer Sterblichkeit zu himmlischer Unsterblichkeit hat er vor allem in der mystisch-spiritualistischen Unterströmung des späteren Luthertums (Kap. 4.7.3) anregend gewirkt.

2.9.2 Täufer

Als »Täufer« bezeichnet man alle Gruppen, die die Kindertaufe – und damit das volkskirchliche Gemeindemodell – ablehnten und stattdessen eine Gläubigentaufe praktizierten. Der zeitgenössische Ketzername »Wiedertäufer« wird heute nicht mehr verwendet; denn es ging ihnen nicht um eine zweite, sondern um die eine, schriftgemäße Taufe – vor allem aber um die dadurch ermöglichte sichtbare Darstellung der von der »Welt« abgesonderten Gemeinde der Heiligen. Damit kehrten sie sich vom bislang selbstverständlichen und auch vom Hauptstrom der Reformation festgehaltenen volkskirchlichen Prinzip der Einheit von Christengemeinde und Bürgergemeinde ab, was sie nicht nur religiös, sondern auch politisch zu Außenseitern machte. Ein kaiserliches Täufermandat, das auf dem Zweiten Speyerer Reichstag 1529 mit Zustimmung der Evangelischen zum Reichsgesetz gemacht wurde, sah für Täufer die Todesstrafe vor, und auch in evangelischen Territorien wurden sie verfolgt.

Die verschiedenen Richtungen des Täufertums haben sich weitgehend unabhängig voneinander entwickelt. Im Umkreis der Wittenberger Reformation hatten schon früh Radikale wie die Zwickauer Propheten, Thomas Müntzer und Andreas Karlstadt Kritik an der Kindertaufe geübt, dabei aber eher an eine generelle Verschiebung der Taufhandlung in das Alter der Mündigkeit gedacht als an eine individuelle Bekenntnistaufe einzelner Erwachsener. Von Müntzer beeinflusst war der gelehrte Nürnberger Schulmeister Hans Denck (gest. 1527), der spiritualistische und täuferische Ideen verband. Eine originelle Variante war das von Hans Hut (gest. 1527), einem 1525 aus der Schlacht von Frankenhausen entkommenen anderen Anhänger Müntzers, begründete *Hutsche Täufertum*. Hut erwartete das Endgericht nunmehr im Jahr 1527 und sah sich berufen, die Erwählten durch eine besondere Taufe hierfür zu »versiegeln«. Seine Nachfolger gaben die apokalyptische Erwartung preis. Zu ihnen gehörte der Tiroler Täuferführer Jakob Huter, der in Mähren die Gemeinschaft der Hutterer begründete, die später über die Ukraine in die USA und nach Kanada gelangten, wo sie noch heute ihre Bruderhöfe betreiben.

Deutlich wirkungsmächtiger wurde das *Schweizer Täufertum*, das in Zürich auf dem Boden der Reformation Zwinglis entstand. Einzelne Pfarrer von Landgemeinden und eine städtische Gruppe junger Radikaler um den humanistisch gebildeten Patrizier Konrad Grebel und den Priestersohn Felix Manz drängten gegenüber Zwingli auf ein rascheres Tempo kirchlicher Reformen und übten seit 1524 auch eine biblisch begründete Kritik an der Kindertaufe. Im Januar 1525 vollzog Grebel an dem ehemaligen Priester Jörg Blaurock die erste Wiedertaufe, und in dem nahegelegenen Dorf Zollikon bildete sich eine erste Täufergemeinde. Als diese vom Rat zerschlagen wurde, verbreiteten die Entkommenen ihre Auffassungen auf Missionsreisen durch die Schweiz und Süddeutschland. 1527 wurde in Zürich Felix Manz als erster Täufer durch Ertränken in der Limmat hingerichtet. Im selben Jahr formulierte eine Versammlung führender Täufer in Schleitheim bei Schaffhausen mit den zwölf »Schleitheimer Artikeln« das älteste Bekenntnis des Schweizer Täufertums, in dem neben der Gläubigentaufe eine strenge Bußzucht, die »Absonderung« von der Welt und die Ablehnung jeder Gewaltanwendung und des Schwörens zentrale Punkte waren. Neben der pazifistischen, auf Trennung von der Welt bedachten Hauptrichtung gab es auf dem Boden des Schweizer Täufertums allerdings auch Versuche einer wehrhaften, volkskirchlichen Kirchenbildung, so durch den ehemaligen Regensburger Domprediger Balthasar Hubmaier 1525 im Zusammenhang des Bauernkriegs in Waldshut und später nochmals im mährischen Nikolsburg.

Das *melchioritische Täufertum* geht auf den Kürschner *Melchior Hoffmann* (auch: Hoffman, gest. 1543) aus Schwäbisch Hall zurück, der als reformatorischer Laienprediger im Baltikum gewirkt, dann aber spiritualistische und apokalyptische Ideen entwickelt hatte; ähnlich wie Müntzer glaubte er, vor dem von ihm für 1533 erwarteten Weltende müsse das Strafgericht über die Gottlosen vollzogen werden. In Straßburg bildete Hoffmann eine eigene Gemeinde und taufte. Anschließend missionierte er drei Jahre lang in Ostfriesland und den Niederlanden. Im ominösen Jahr 1533 kehrte er nach Straßburg zurück, wo er die Errichtung des neuen Jerusalems erwartete, und wurde hier lebenslänglich eingekerkert. Doch 1534 gelang es radikalen niederländischen Melchioriten um den Bäcker Jan Matthijs und den Gastwirt Jan van Leiden, in der westfälischen Bischofsstadt Münster, in der soeben eine Stadtreformation im Gang war, ein theokratisches Täuferreich zu errichten. Münster wurde zum neuen Jerusalem deklariert, wo man den Anbruch des Reiches Gottes herbeiführen wollte, nach biblischem Vorbild wurden die Gütergemeinschaft und die Vielehe (Polygynie) eingeführt. Andersgläubige und Dissidenten wurden vertrieben oder hingerichtet. 1535 konnten die Truppen des Bischofs die Stadt nach einjähriger Belagerung einnehmen und dem Münsteraner Täuferreich ein Ende machen. Der »König« Jan van Leiden und zwei weitere Täuferführer wurden hingerichtet und ihre Leichen in Käfigen zur Schau gestellt. In den folgenden Jahren sammelte der ehemalige Priester Menno Simons (gest. 1561) in den Niederlanden die Reste des melchioritischen Täufertums in pazifistisch orientierten Gemeinden der Wiedergeborenen. Bis heute tragen die nach ihm benannten Mennoniten das Erbe des Täufertums der Reformationszeit weiter.

2.9.3 Antitrinitarier

Als Antitrinitarier werden heute Einzelne und Gruppen bezeichnet, die das altkirchliche Trinitätsdogma ablehnten – sei es infolge eines humanistischen Rationalismus, sei es im Sinne eines Biblizismus, der jede über den biblischen Wortlaut hinausgehende dogmatische Spekulation missbilligte. Die christologische Konsequenz war gewöhnlich die Bestreitung der Gottheit Christi und damit der traditionellen Soteriologie. Solche Ideen waren vor allem unter gelehrten Anhängern der evangelischen Bewegung Italiens geläufig. Der erste prominente Antitrinitarier war aber ein Spanier, Michael Servet. Seine bedeutendste Entfaltung erlebte der Antitrinitarismus im 16. und 17. Jahrhundert in Polen und Siebenbürgen.

Michael Servet (gest. 1553) lehnte, anders als die späteren Antitrinitarier, das Trinitätsdogma nicht deshalb ab, weil er in Christus nur einen bloßen Menschen sah, sondern, umgekehrt, weil es in seinen Augen die volle Göttlichkeit Christi nicht angemessen zum Ausdruck brachte; insofern stand er dem altkirchlichen Modalismus nahe. Servet publizierte seine Anschauungen anonym und blieb lange unerkannt, bis ihm in Vienne in Frankreich, wo er Leibarzt des Erzbischofs war, die Inquisition auf die Spur kam und ihn in Abwesenheit zum Tode verurteilte. Servet suchte Zuflucht in Genf, wo man ihn aber verhaftete und ihm auf Betreiben Calvins den Prozess machte. 1553 wurde er auch hier zum Tode verurteilt und öffentlich verbrannt. Prozess und Urteil entsprachen geltendem Recht, dennoch warf diese erste Ketzerverbrennung durch eine evangelische Obrigkeit einen Schatten auf Calvin und seine Genfer Reformation.

In Siebenbürgen wirkte der italienische Arzt Giorgio Biandrata an der Etablierung einer antitrinitarischen Kirche mit. Der bedeutendste Antitrinitarier war der italienische Jurist Fausto Sozzini (gest. 1604), der in Polen eine eigene Kirche der »Polnischen Brüder« (*Sozinianer*, mit einfachem »z« geschrieben) gründete. Sozzini hielt Jesus nicht für Gott, sondern für einen – wenn auch »göttlichen« – Menschen und sah in ihm im Wesentlichen das Vorbild und den Lehrer. Die traditionelle Versöhnungslehre lehnte er ab: Der Mensch, der auch nach dem Fall einen freien Willen hat, erlangt die Erlösung durch den Glaubensgehorsam gegenüber Christus in guten Werken. Der Sozinianismus florierte in Polen bis zur Mitte des 17. Jahrhunderts und strahlte nach Deutschland, den Niederlanden und England aus. Mit seiner rationalistisch vereinfachten Glaubenslehre gab er dem Deismus und Rationalismus der theologischen Aufklärung (Kap. 5.9.2, 5.12) wichtige Impulse. Bis heute bestehen vor allem in Rumänien, England und den USA »unitarische« Kirchen, die allerdings oft nicht mehr eindeutig christlich geprägt sind.

2.10 Der Erste Abendmahlsstreit (1524–1536)

Mit unserem Überblick über die Zürcher Reformation Zwinglis und über die radikalen Reformatoren sind wir der Chronologie bereits vorausgeeilt. Die Vielstimmigkeit der reformatorischen Bewegung und die

2.10 Der Erste Abendmahlsstreit

theologischen Differenzen im reformatorischen Lager, die in den vorangegangenen Kapiteln thematisiert wurden, kamen den Zeitgenossen nicht sofort zum Bewusstsein. Erst mit dem seit 1524 ausgetragenen Ersten Abendmahlsstreit brachen sie offen auf. Dabei ging es, in Verbindung mit dem Verständnis der Einsetzungsworte, um das Recht einer realistischen oder symbolischen Auffassung des Abendmahls, über das ähnlich schon Radbertus und Ratramnus sowie Lanfrank und Berengar gestritten hatten. Mit dem 4. Laterankonzil 1215 hatte sich die realistische Auffassung einer wirklichen Gegenwart (Realpräsenz) von Leib und Blut Christi in den Abendmahlselementen durchgesetzt, und auch Luther hielt im Grundsatz daran (wenn auch nicht an der Wandlungslehre) fest. Demgegenüber wollte Andreas Karlstadt im Herbst 1524 das Abendmahl nur noch als Gedächtnismahl gelten lassen und deutete die Einsetzungsworte »deiktisch« (von griech. *deiknymi*, »zeigen«): Jesus habe bei den Worten »Das ist mein Leib« auf seinen eigenen Körper gezeigt. Weitere Kreise zog ein Lehrbrief des niederländischen Humanisten Cornelius Honius (Cornelis Hoen). Der sogenannte Honius-Brief, der 1523/24 verschiedenen Reformatoren zugespielt wurde, propagierte eine symbolische oder »signifikative« Deutung der Einsetzungsworte: »Das ist (est) mein Leib« bedeute eigentlich »das ist ein Zeichen für (*significat*) meinen Leib«. Die Schweizer und oberdeutschen Reformatoren – Zwingli in Zürich, Oekolampad in Basel und Bucer in Straßburg – machten sich diese Deutung zu eigen, Zwingli entwickelte 1525 in seinem »Commentarius de vera et falsa religione« ein elaboriertes geistliches Abendmahlsverständnis. Daraufhin kam es zu ersten literarischen Scharmützeln von Johannes Bugenhagen und Johannes Brenz mit Zwingli und Oekolampad.

Luther selbst hatte sich zunächst nicht geäußert, auch der auf seinen Predigten beruhende »Sermon von dem Sakrament des Leibes und Blutes Christi« wurde im Herbst 1526 ohne sein Zutun gedruckt. Umso heftiger geriet der folgende literarische Schlagabtausch mit Zwingli, der auf Luthers »Sermon« mit einer »Amica exegesis« (»Freundschaftliche Auslegung«, 1527) antwortete. Es folgten Luthers »Dass diese Worte Christi ›Das ist mein Leib etc.‹, noch feststehen, wider die Schwarmgeister« (1527) und Zwinglis »Dass diese Worte Jesu Christi ›Das ist mein Leib ...‹ ewiglich den alten einzigen Sinn haben werden« (1527). Seine 1528 publizierte Doppelschrift »Vom Abendmahl Christi. Bekenntnis« wollte Luther als sein letztes Wort in der Streitsache verstanden wissen.

Für Luther war das Abendmahl ein Heilsmittel. Nach den wörtlich zu verstehenden Einsetzungsworten war Christus mit seinem Leib und Blut in Brot und Wein realpräsent. Dabei sei das est nicht im Sinne einer einfachen Identifikation zu verstehen. Vielmehr liege hier eine Synekdoche vor – die gleiche Redefigur, wie wenn man zu einem Beutel mit hundert Gulden sage: »Das sind hundert Gulden«. Dass sich Christus an materielle Elemente band, war für Luther, der von der Inkarnation her dachte, unanstößig. Mit einer christologischen Denkfigur begründete er gegen Zwinglis Einspruch die Möglichkeit, dass der menschliche Leib Christi, der am Kreuz gehangen hatte und zum Himmel gefahren war, in der Mahlfeier wirklich anwesend sein konnte: durch die innige Vereinigung von göttlicher und menschlicher Natur sei es beim erhöhten Christus zu einem Austausch von deren Eigenschaften (*communicatio idiomatum*) gekommen, so dass es auch im Mahl eine reale Gegenwart von Christi Leib geben könne – eine Vorstellung, die später von Johannes Brenz zur Lehre von der grundsätzlichen Ubiquität der menschlichen Natur Christi ausgebaut wurde. Wichtig war Luther die Gewissheit, dass im Mahl jeder ohne eigene Vorleistungen durch das mündliche Essen (bzw. Trinken, *manducatio oralis*) Leib und Blut Christi und damit im Glauben an das Verheißungswort der Einsetzung Vergebung der Sünde erhielt. Weil Christi Gegenwart allein an seiner Verheißung hänge, begegne ihm im Mahl aber auch der Verächter (*manducatio impiorum*), allerdings nach 1Kor 11,29 f. zum Gericht.

Für Zwingli war das Abendmahl demgegenüber eine Feier der christlichen Gemeinde und setzte den Empfang der Gnade, die Vergebung der Sünde und den Glauben bereits voraus. Gott war Geist und handelte geistlich am Menschen; wiederholt zitierte Zwingli Joh 6,63. Die Vorstellung, dass Gott sich an materielle Elemente binden sollte, erschien ihm unwürdig. Die Einsetzungsworte seien daher, wie andere Bibelstellen auch, tropisch, als uneigentliche Rede, zu verstehen. Überhaupt sei eine leibliche Gegenwart Christi im Mahl ausgeschlossen, da sein menschlicher Körper seit der Himmelfahrt und bis zum Jüngsten Tag im Himmel, zur Rechten Gottes sitze. Nur geistlich sei Christus bei der Feier des Mahls gegenwärtig, und nur geistlich, nicht mündlich, und nur von den Gläubigen, nicht von den Verächtern, werde er empfangen. Nicht der jetzt im Abendmahl gegessene, sondern der ehedem am Kreuz getötete Christus wirke unser Heil (»Christus non esus, sed caesus nobis est salutaris«)[49]. Das Abendmahl verstand Zwingli als

Gedächtnismahl der Gemeinde, die sich mit Brot und Wein symbolisch an das Leiden und Sterben Christi erinnerte, als Gemeinschaftsmahl, in dem die Gläubigen ihre Verbundenheit als Leib Christi feierten, und als Verpflichtungsmahl, in dem sie sich zu einem Leben nach Gottes Gesetz verbanden. Es war insofern die typologische Entsprechung zum Passamahl des Alten Bundes.

Der Abendmahlsstreit entzweite das reformatorische Lager. In der bedrohlichen Situation nach dem Zweiten Speyerer Reichstag (Kap. 2.11.3) war dies auch politisch riskant. Landgraf Philipp von Hessen, der ein breites Verteidigungsbündnis der Protestanten suchte, setzte auf eine direkte persönliche Aussprache und lud alle namhaften Reformatoren dazu ein. Anfang Oktober 1529 konferierten Luther und Melanchthon, Zwingli und Oekolampad, Bucer und andere beim Marburger Religionsgespräch.[50] Die Differenzen in der Abendmahlslehre erwiesen sich jedoch als unüberwindbar, die Spaltung zwischen lutherischer und Schweizer Reformation war besiegelt. Immerhin einigte man sich, die Kontroverse nicht weiter offen auszutragen, und tatsächlich hielt dieser Waffenstillstand bis zum Zweiten Abendmahlsstreit zwischen dem Hamburger Lutheraner Joachim Westphal und Calvin 1552–1557 (Kap. 3.2.2). Mehr noch: alle Beteiligten unterzeichneten sogar – zum ersten und einzigen Mal – ein gemeinsames gesamtprotestantisches Glaubensbekenntnis, die von Luther verfassten 15 Marburger Artikel, in denen die Glaubenseinheit betont wurde. Der Dissens im Abendmahl kam nur ganz am Schluss des 15. Artikels, der zunächst die Gemeinsamkeiten in diesem Punkt benannte, kurz zur Sprache.

Auch nach dem Marburger Religionsgespräch förderte Landgraf Philipp die Einigungsbemühungen weiter. Schließlich gelang Bucer zusammen mit Melanchthon ein Ausgleich zwischen den Wittenbergern und den Oberdeutschen. Nach der von ihnen ausgehandelten Wittenberger Konkordie von 1536 waren Leib und Blut Christi »mit Brot und Wein« wahrhaft gegenwärtig – nicht im Sinne einer räumlichen

---

49 Huldreich Zwinglis Sämtliche Werke, Bd. 3 (CR 90), Berlin 1914, 780.
50 Der deutsche Begriff »Religionsgespräch« ist wie sein lateinisches Pendant »Colloquium« ein *terminus technicus* und wird unabhängig von der Dauer der Veranstaltung nur im Singular gebraucht: »das Marburger Religionsgespräch«, »das Regensburger Religionsgespräch« (aber: »die Religionsgespräche von Marburg und Regensburg«).

Gegenwart, sondern einer *unio sacramentalis* mit den Abendmahlselementen während des Empfangs. Statt von einer *manducatio impiorum* war offener von der *manducatio indignorum* (worunter man auch sittlich Unwürdige verstehen konnte) die Rede. Eine Einbeziehung der Schweizer, die in diesem Zusammenhang die Confessio Helvetica Prior verfassten (Kap. 2.8.3), gelang nicht.

2.11 Reich und Reformation (1522–1532)

2.11.1 Reichsregiment und Fürstenbündnisse (1522–1526)

Mit dem Wormser Reichstag von 1521 hatte die Reformation die Ebene der Reichspolitik erreicht, und auch ihr weiteres Fortschreiten verdankte sie wesentlich der Unterstützung mächtiger Reichsfürsten. Vorerst einmal verzichteten die meisten Reichsstände mit Rücksicht auf Luthers Popularität auf die Vollstreckung des Wormser Edikts. Kaiser Karl V. hatte das Reich verlassen, um in Italien Krieg gegen König Franz I. von Frankreich zu führen – von 1521 bis 1556 kam es zu fünf solchen Kriegen, die, gemeinsam mit der Bedrohung durch das expandierende Osmanische Reich, der Reformation immer wieder Luft verschafften – und kehrte erst 1530 zurück; in der Zwischenzeit konnte er sich nicht um den Religionsstreit kümmern. In seiner Abwesenheit führte das neu gebildete, 1531 wieder aufgelöste 23-köpfige Reichsregiment in Nürnberg unter Karls Bruder Erzherzog Ferdinand die Regierung. Neben Ferdinand waren von den wichtigeren Reichsfürsten vor allem Herzog Georg von Sachsen, Kurfürst Joachim I. von Brandenburg und Herzog Wilhelm IV. von Bayern Gegner Luthers; Herzog Georg ließ 1523 im albertinischen Sachsen Luthers deutsches Neues Testament beschlagnahmen und 1527 durch seinen Hoftheologen Hieronymus Emser ein eigenes, altgläubig profiliertes deutsches Neues Testament herausgeben. Eindeutig auf Luthers Seite standen zunächst nur sein Landesherr, Kurfürst Friedrich der Weise von Sachsen (gest. 1525) – und ebenso seit 1525 dessen Bruder und Nachfolger Johann der Beständige (reg. 1525–1532) und später dessen Sohn Johann Friedrich der Großmütige (1532–1554) –, sowie seit 1524 der energische junge Landgraf Philipp von Hessen, auch er mit dem Beinamen »der Großmütige«.

2.11 REICH UND REFORMATION

Auf dem Nürnberger Reichstag 1522/23 verweigerten die Reichsstände trotz der Reformversprechen des neuen Papstes Hadrian VI. (1522–1523) – des letzten Nicht-Italieners auf dem Stuhl Petri für viereinhalb Jahrhunderte – die Durchführung des Wormser Edikts und forderten statt dessen ein allgemeines, freies Konzil auf deutschem Boden. Beim Nürnberger Reichstag 1524 erneuerten sie diese Forderung und vereinbarten sogar ein Nationalkonzil in Speyer, das aber vom Kaiser untersagt wurde. Unterdessen schritt die Polarisierung unter den Reichsständen voran: die altgläubigen Fürsten Süddeutschlands schlossen sich im Regensburger Bund, diejenigen Norddeutschlands im Dessauer Bund zusammen, Kursachsen, Hessen und weitere evangelisch gesinnte Fürsten bildeten ihrerseits den Torgauer Bund.

2.11.2 VOM ERSTEN ZUM ZWEITEN SPEYERER REICHSTAG (1526–1529)

Beim Ersten Reichstag zu Speyer 1526 unternahm Erzherzog Ferdinand abermals einen Versuch, doch noch die Durchsetzung des Wormser Edikts zu erreichen. Wieder scheiterte das Vorhaben. Unterstützer wie Gegner der Reformation erklärten dies angesichts der Stimmung im Volk für unmöglich und erneuerten stattdessen die alten Gravamina gegenüber Rom. Die Delegationen von Kursachsen und Hessen traten, in eine einheitliche Tracht mit dem Logo VDMIAE (für: »Verbum Domini Manet In Aeternum«, »das Wort des Herrn bleibt in Ewigkeit«, 1Petr 1,25a) am Ärmel oder Mantelaufschlag gekleidet, sogar als reformatorische Pressure Group auf. Nachdem sich Ferdinand auf Vorschläge für eine nationale Kirchenreform nicht einlassen wollte, fand man für den endgültigen Reichsabschied (Reichstagsbeschluss) eine Kompromissformel. Bis zur Entscheidung der Religionsfrage durch ein gesamtkirchliches Konzil sollten alle Reichsstände so verfahren, »wie ein jeder solches gegen Gott und Kaiserliche Majestät hoffet und vertraut zu verantworten«. Diese sogenannte Selbstverantwortungsformel sollte eigentlich kirchliche Neuerungen verhindern, wurde aber von den Evangelischen als Lizenz zur eigenmächtigen Durchführung von Reformen verstanden. Damit begann der Siegeszug der Reformation in Deutschland. Eine Reihe von Reichsständen, vorab Kursachsen und Hessen, führten in den folgenden Jahren obrigkeitliche Reformationen »von oben« durch (Kap. 2.12).

Dem Kaiser waren die Hände gebunden. In Italien kämpfte er abermals gegen Frankreich und – unbeschadet seiner religiösen Treue zur römischen Kirche – gegen den Papst. 1527 plünderten seine Truppen Rom (*Sacco di Roma*). Zugleich sah er sich im Südosten dem Vordringen der Türken unter Sultan Suleyman dem Prächtigen gegenüber, der 1526 in der Schlacht von Mohács Ungarn erobert hatte und dessen Truppen im Frühherbst 1529 sogar Wien belagern sollten. Für beide Kriegsschauplätze war der Kaiser dauerhaft auf die Unterstützung auch der evangelisch gesinnten Stände angewiesen.

Unterdessen verschärften sich im Reich im Gegeneinander der Fürstenbündnisse die Spannungen. 1528 wäre es bei den »Packschen Händeln« beinahe schon zum Religionskrieg gekommen, als Landgraf Philipp von Hessen aufgrund von Fehlinformationen von Otto von Pack, dem Kanzler Herzog Georgs von Sachsen, über eine angebliche antievangelische Verschwörung zu einem Präventivschlag rüstete.

Angesichts der territorialen Erfolge der Reformation gelang es Erzherzog Ferdinand 1529 auf dem Zweiten Reichstag zu Speyer, nun doch einen Beschluss zur Durchführung des Wormser Edikts und ein Verbot aller weiteren Neuerungen in Lehre und Gottesdienst der Kirche durchzusetzen. Damit sollte die Reformation zum Stillstand gebracht und die religiöse Einheit des Reichs bewahrt werden. Die bei der Abstimmung unterlegene evangelische Minderheit reichte noch am selben Tag eine förmliche »Protestation« ein, mit der sie erklärte, den Mehrheitsbeschluss aus Gewissensgründen nicht akzeptieren zu können. Die Speyerer Protestation war von den Herrschern von fünf weltlichen Fürstentümern – Kursachsen, Hessen, Brandenburg-Ansbach, Braunschweig-Lüneburg und Anhalt – unterschrieben, denen sich noch vierzehn Reichsstädte anschlossen, darunter Nürnberg, Reutlingen, Ulm und Straßburg. Bald sprach man von den »protestierenden Ständen« oder den »Protestanten«, so dass der Zweite Speyerer Reichstag als Geburtsstunde des Begriffs »Protestantismus« gelten kann. Eine rechtliche Schutzwirkung hatte die Protestation freilich nicht; trotz förmlicher Friedenszusicherungen bestand nun ernste Kriegsgefahr.

Versuche der Protestanten, ein militärisches Bündnis zustande zu bringen, misslangen. Das galt sowohl für die ambitionierten Pläne Philipps von Hessen, ein großes Bündnis unter Einbeziehung der Schweizer und anderer europäischer Mächte zu schließen – das Marburger Religionsgespräch (Kap. 2.10) sollte hierfür die Grundlage schaffen – wie für das kursächsische Projekt eines engeren Bündnisses allein der Lutheraner, ohne die Schweizer und die Oberdeutschen, für das die den Marburger Artikeln verwandten Schwabacher Artikel Luthers als Bekenntnisgrundlage dienen sollten. Nur die Belagerung Wiens durch die Türken verhinderte im Herbst 1529 Schlimmeres.

2.11.3 Der Augsburger Reichstag (1530)

Nach seinem Friedensschluss mit Papst Clemens VII. ließ sich Kaiser Karl V. Anfang 1530 in Bologna als letzter deutscher Kaiser vom Papst krönen, bevor er erstmals seit 1521 nach Deutschland zurückkehrte. In Augsburg wollte er Reichstag halten und dabei neben der Türkengefahr auch den Religionsstreit behandeln; seine Zusage, alle Meinungen anzuhören und einen gütlichen Vergleich anzustreben, weckte im Vorfeld unter den evangelischen Ständen falsche Hoffnungen. Tatsächlich war der Kaiser nicht bereit, vom Wormser Edikt abzurücken, und Johann Eck verbreitete in Augsburg 404 Artikel mit angeblichen Irrlehren der Evangelischen.

Luther, der als Geächteter nicht auf dem Reichstag erscheinen durfte, begleitete die kursächsische Delegation bis an die Landesgrenze, zur Veste Coburg, von wo aus er die Verhandlungen im 260 Kilometer entfernten Augsburg verfolgte. Die eigentliche theologische Führung der Protestanten oblag Philipp Melanchthon. Im Auftrag des sächsischen Kurfürsten stellte dieser unter Verwendung älterer Vorlagen wie der Schwabacher Artikel von 1529 und der Torgauer Artikel – ein Auftragsgutachten der kursächsischen Theologen zu den gottesdienstlichen Zeremonien von 1530 – das Augsburger Bekenntnis (Confessio Augustana, kurz: CA) zusammen, das schließlich auf Vorschlag Philipps von Hessen als gesamtprotestantisches Bekenntnis angenommen wurde. Unterzeichnet von Kursachsen, Hessen, Brandenburg-Ansbach, Braunschweig-Lüneburg, Anhalt, Nürnberg, Reutlingen und vier weiteren Reichsstädten, wurde es am 25. Juni 1530 vom kursächsischen Kanzler vor Kaiser und Reich auf Deutsch verlesen und anschließend in einer deutschen und einer leicht davon abweichenden lateinischen Fassung übergeben. – Aus dem Augsburger Bekenntnis:

»Artikel 4: Von der Rechtfertigung. – Weiter wird gelehrt, dass wir Vergebung der Sünde und Gerechtigkeit vor Gott nicht durch unser Verdienst, Werk und

Genugtuung erlangen können, sondern dass wir Vergebung der Sünde bekommen und vor Gott gerecht werden aus Gnade um Christi willen durch den Glauben, (nämlich) wenn wir glauben, dass Christus für uns gelitten hat und dass uns um seinetwillen die Sünde vergeben, Gerechtigkeit und ewiges Leben geschenkt wird. Denn diesen Glauben will Gott als Gerechtigkeit, (die) vor ihm (gilt), ansehen und zurechnen [...]
Artikel 5: Vom Predigtamt. – Um diesen Glauben zu erlangen, hat Gott das Predigtamt eingesetzt, das Evangelium und die Sakramente gegeben, durch die als Mittel er den Heiligen Geist gibt, der den Glauben, wo und wann er will, in denen, die das Evangelium hören, wirkt [...]
Artikel 7: Von der Kirche. – Es wird auch gelehrt, dass allezeit eine heilige, christliche Kirche sein und bleiben muss, die die Versammlung aller Gläubigen ist, bei denen das Evangelium rein gepredigt und die Sakramente laut dem Evangelium gereicht werden. Denn das ist genug zur wahren Einheit der christlichen Kirche [...] Und es ist nicht zur wahren Einheit der christlichen Kirche nötig, dass überall die gleichen, von den Menschen eingesetzten Zeremonien eingehalten werden [...]«[51]

Das Augsburger Bekenntnis ist bis heute das Grundbekenntnis des weltweiten Luthertums. Von seinen 28 Artikeln stellen die ersten 21 auf Grundlage der Schwabacher Artikel die evangelischen Glaubensüberzeugungen dar, während die Artikel 22–28 im Anschluss an die Torgauer Artikel die kontroversen Fragen der Kirchenzeremonien und des Mönchtums behandeln. Ausführungen zum Schriftprinzip, zum Papsttum oder zum Ablass fehlen, durchgehend wird die Übereinstimmung mit der Heiligen Schrift und der Alten Kirche betont. Das Bemühen um Verständigung ist unverkennbar. Luther erklärte sich gegenüber Kurfürst Johann dem Beständigen brieflich ganz einverstanden mit Melanchthons Text; er selber hätte »so sanft und leise nicht treten« können. Nicht einverstanden waren die Straßburger und weitere Oberdeutsche, die sich an dem lutherisch formulierten Abendmahlsartikel (CA X) stießen und die Confessio Augustana daher nicht unterzeichneten; erst später, von der Wittenberger Konkordie aus, konnten auch sie sich das Augsburger Bekenntnis zu eigen machen. Vorerst jedoch legten Straßburg, Konstanz, Lindau und Memmingen auf dem Augsburger Reichstag eine von den Straßburgern Martin Bucer und Wolfgang Capito verfasste eigene »Confessio Tetrapolitana« (Vier-Städte-Bekenntnis) vor. Auch Zwingli schickte ein eigenes Privatbekenntnis, die »Fidei ratio«

---

51   Leppin, Reformation (KTHGQ 3), 170 f.

(»Rechenschaft vom Glauben«), ein, das aber vom Kaiser nicht angenommen wurde. Die Hoffnungen, die die Protestanten in die Übergabe ihrer Bekenntnisse gesetzt hatten, wurden enttäuscht. Im kaiserlichen Auftrag erarbeiteten altgläubige Theologen unter Leitung von Johann Eck eine schriftliche Entgegnung, die »Confutatio Confessionis Augustanae« (»Widerlegung der CA«), nach deren Verlesung vor dem Reichstag der Kaiser das Augsburger Bekenntnis für widerlegt erklärte. Eine von Melanchthon in aller Eile aufgesetzte ausführliche Antwort, die »Apologie«, wurde nicht mehr zugelassen; sie hat nur innerprotestantisch als Teil der lutherischen Bekenntnisschriften Bedeutung erlangt. In gleicher Weise ließ Karl V. auch eine Widerlegung der Confessio Tetrapolitana ausarbeiten und verlesen. Der Augsburger Reichsabschied bekräftigte noch einmal das Wormser Edikt und verbot alle reformatorischen Neuerungen, nahm allerdings zugleich wieder die Forderung nach einem vom Papst einzuberufenden allgemeinen Konzil auf.

2.11.4 Schmalkaldischer Bund und Nürnberger Anstand (1531–1532)

Unter dem Eindruck des enttäuschenden Augsburger Reichstags gelang jetzt doch noch der Abschluss eines schlagkräftigen Militärbündnisses der Protestanten. Auch Luther, der bis 1530 aus prinzipiellen Gründen jeden Widerstand gegen den Kaiser abgelehnt hatte, war nun einverstanden, nachdem ihm die kursächsischen Juristen versichert hatten, dass der Kaiser nicht über den Fürsten stehe, sondern die Reichsgewalt mit ihnen zusammen ausübe. Im thüringischen Schmalkalden, einer hessischen Exklave in kursächsischem Gebiet, kam es Anfang 1531 zur Gründung des Schmalkaldischen Bundes. Die ersten Mitglieder waren der Kurfürst von Sachsen und der Landgraf von Hessen, die »Bundeshauptleute« wurden, sowie vier weitere Fürsten und zwei Reichsstädte. Im Fall eines Religionskriegs wollte man einander militärischen Beistand leisten, in den beim Reichskammergericht anhängigen Verfahren wegen Säkularisationen kirchlichen Eigentums wollte man sich miteinander abstimmen. Auf eine gemeinsame Bekenntnisgrundlage verzichtete man vorerst, um den Beitritt Straßburgs und der oberdeutschen Reichsstädte zu ermöglichen; dank der Wittenberger Konkordie konnte später die Confessio Augustana als gemeinsame Basis fungieren. Während der 1530er Jahre traten immer mehr evangelische Reichsstände bei, nur das traditionell kaisertreue Nürnberg hielt sich fern. Die von Hessen angestrebte Einbindung von Frankreich und England scheiterte am Widerstand Kursachsens.

Die Organisierung der Protestanten im Schmalkaldischen Bund trug zur Absicherung der Reformation bei. Doch brauchte Erzherzog Ferdinand, der 1531 zum römisch-deutschen König gewählt (und damit zum Nachfolger Kaiser Karls V. designiert) worden war, auch die Hilfe der Protestanten gegen die Türken. Im »Nürnberger Anstand« von 1532 vereinbarte man daher vertraglich einen vorläufigen Waffenstillstand (»Anstand«) und die Einstellung der Religionsprozesse beim Reichskammergericht. Damit war das Wormser Edikt faktisch suspendiert, und die Reformation konnte sich weiter verbreiten.

2.12 Die Ausbreitung der Reformation in den deutschen Territorien (1525-1544)

Nach dem Bauernkrieg traten an die Stelle der frühen Gemeindereformationen obrigkeitlich durchgeführte *Fürstenreformationen* (engl.: *magisterial reformations*). Bereits in der Adelsschrift hatte Luther angesichts des Versagens der Bischöfe die Fürsten zum Einschreiten aufgerufen, seit 1525 wies er dem Inhaber der politischen Herrschaft die Aufgabe eines »Notbischofs« zu, der die Pfarrer besolden, das Kirchengut verwalten und die Einheit der Kirche bewahren sollte. Wirklich ist die Durchsetzung der Reformation in Deutschland wesentlich den Landesfürsten zu verdanken. Eine Folge der Fürstenreformationen war die Etablierung des »landesherrlichen Kirchenregiments« (Kap. 4.1.3), bei dem die bischöflichen Rechte der Kirchenleitung vom Inhaber der politischen Herrschaft (dem Landesfürsten bzw. in Reichsstädten dem Magistrat) wahrgenommen wurden; es hatte im evangelischen Deutschland bis 1918 Bestand.

Nicht immer ist die Einführung der Reformation in einem Territorium präzise datierbar. Mitunter zog sich die Neugestaltung des Kirchenwesens über einen längeren Zeitraum hin. Als entscheidende Zäsur gilt in solchen Fällen die erste evangelische Abendmahlsfeier *sub utraque* (»in beiderlei Gestalt«), also mit Laienkelch. Den förmlichen rechtlichen Abschluss der Reformation markierte die Einführung einer

2.12 Die Ausbreitung der Reformation

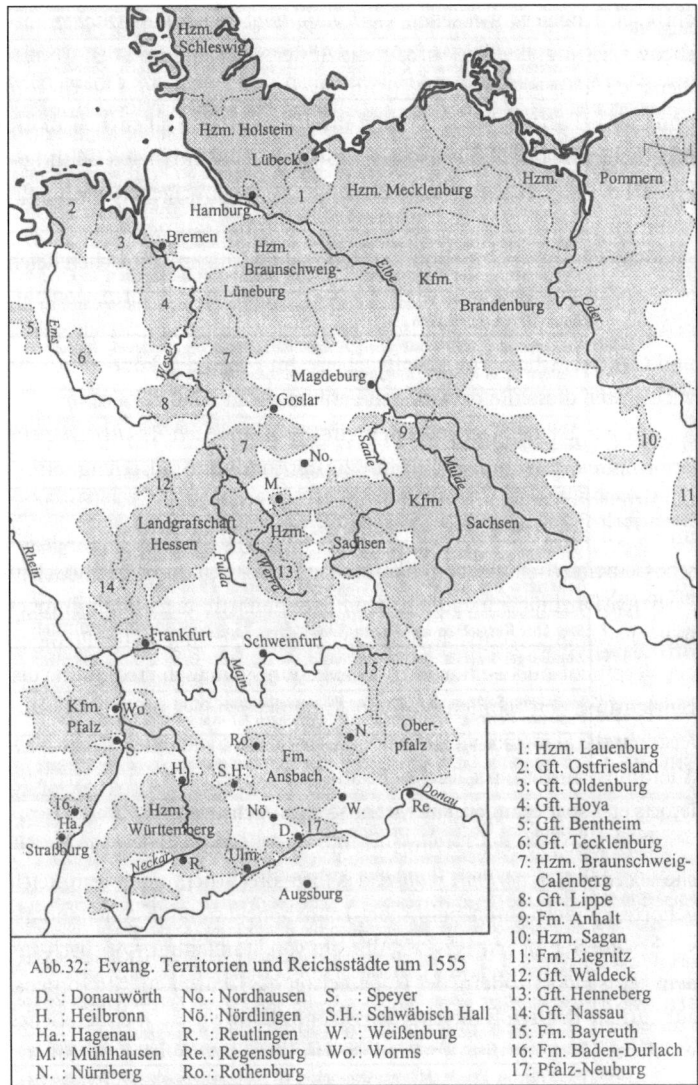

Abb.32: Evang. Territorien und Reichsstädte um 1555

D. : Donauwörth
H. : Heilbronn
Ha.: Hagenau
M. : Mühlhausen
N. : Nürnberg
No.: Nordhausen
Nö.: Nördlingen
R. : Reutlingen
Re.: Regensburg
Ro.: Rothenburg
S. : Speyer
S.H.: Schwäbisch Hall
W. : Weißenburg
Wo.: Worms

1: Hzm. Lauenburg
2: Gft. Ostfriesland
3: Gft. Oldenburg
4: Gft. Hoya
5: Gft. Bentheim
6: Gft. Tecklenburg
7: Hzm. Braunschweig-Calenberg
8: Gft. Lippe
9: Fm. Anhalt
10: Hzm. Sagan
11: Fm. Liegnitz
12: Gft. Waldeck
13: Gft. Henneberg
14: Gft. Nassau
15: Fm. Bayreuth
16: Fm. Baden-Durlach
17: Pfalz-Neuburg

Evangelische Territorien und Reichsstädte um 1555
Wolf-Dieter Hauschild, Lehrbuch der Kirchen- und Dogmengeschichte. Bd. 2: Reformation und Neuzeit, Gütersloh: Gütersloher Verlagshaus, ⁴2010, S. 102 (Abb. 32).

obrigkeitlichen evangelischen *Kirchenordnung* – einer schriftlichen Kirchenverfassung, die den Aufbau, die Ämter, die Lehre und den Gottesdienst der evangelischen Kirche im jeweiligen Territorium bestimmte und damit Festlegungen traf, die ihrer Natur nach eigentlich in die päpstliche und bischöfliche Regelungskompetenz und in den Geltungsbereich des kanonischen Rechts fielen, nun aber in eigener Machtvollkommenheit der Landesherrschaft vorgenommen wurden.[52]

Während des 16. Jahrhunderts wurde im Heiligen Römischen Reich in neunzehn größeren weltlichen Fürstentümern die Reformation eingeführt.[53] Dazu kamen gräfliche Territorien, zahlreiche Reichsstädte und ritterschaftliche Herrschaftsgebiete. Im Folgenden können nur die wichtigsten dieser Reformationen berücksichtigt werden.

Früher als die Flächenstaaten gingen die meisten *Reichsstädte* zur Reformation über. In mehr als fünfzig der rund fünfundsechzig reichsunmittelbaren, allein dem Kaiser unterstellten Reichsstädte bestanden im 16. Jahrhundert wenigstens zeitweise offiziell anerkannte evangelische Gemeinden.[54] Die republikanischen Strukturen und die politischen Partizipationsmöglichkeiten ließen hier schon früh machtvolle evangelische Bewegungen entstehen. Mit der Berufung evangelischer Prediger, der Verpflichtung der Pfarrer zur evangeliumsgemäßen Predigt und der Einrichtung von Schulen und von Armenkassen (»gemeinen Kästen«) leisteten die Stadträte vielerorts der kirchlichen Erneuerung Vorschub. Allerdings wurden mit Rücksicht auf den kaiserlichen Stadtherrn vielerorts erst spät evangelische Kirchenordnungen erlassen.

Das erste größere Territorium mit einer evangelischen Landeskirche war das *Herzogtum Preußen*, das formalrechtlich nicht zum Reich gehörte, sondern unter polnischer Lehnshoheit stand. Es entstand als solches überhaupt erst 1525, als Albrecht von Brandenburg-Ansbach aus dem Haus Hohenzollern, der Hochmeister des Deutschen Ritterordens, auf Luthers Rat den Deutschordensstaat in Ostpreußen in ein erbliches weltliches Herzogtum umwandelte und die Reformation einführte. 1544 gründete der nunmehrige Herzog Albrecht in seiner Hauptstadt die Universität Königsberg. 1618 fiel das Herzogtum an das ebenfalls von

---

52   Edition: Die Evangelischen Kirchenordnungen des 16. Jahrhunderts.
53   Wolgast, Die Einführung der Reformation, 21.
54   Moeller, Reichsstadt und Reformation, 39.

Hohenzollern regierte Kurfürstentum Brandenburg, dessen Herrscher seit 1701 den Titel eines »Königs in/von Preußen« führten.

Im Reich selbst verstanden Kursachsen und Hessen die – eigentlich anders gemeinte – Speyerer Selbstverantwortungsformel von 1526 als Erlaubnis zur Einführung der Reformation. Im *Kurfürstentum Sachsen* geschah dies 1527–1530 mit der »Kursächsischen Kirchen- und Schulvisitation«. Die Visitation, eigentlich eine bischöfliche Aufgabe, wurde hier von Kommissionen aus Theologen und fürstlichen Beamten durchgeführt, die von Ort zu Ort reisten und die Pfarrer examinierten, die organisatorischen und finanziellen Verhältnisse der Pfarreien, die Armenfürsorge und die (herkömmlich kirchlicher Aufsicht unterliegenden) Schulen prüften und mit konkreten Maßnahmen Missstände abstellten. In diesem Zusammenhang verfasste Luther 1529 seine beiden Katechismen: den Großen Katechismus für die Pfarrer, den Kleinen für die Hausväter, die damit daheim ihre Kinder und Dienstboten unterweisen sollten. Für die Neugestaltung des Gottesdienstes hatte Luther bereits 1526 die »Deutsche Messe« entworfen. Der 1528 von den Wittenberger Theologen und fürstlichen Juristen und Räten gemeinsam verfasste »Unterricht der Visitatoren« enthielt die theologischen Grundsätze der Visitation. Mit der Einsetzung von Superintendenten, der Einführung der Ordination, die seit 1535 regelmäßig von der Universität Wittenberg – auch für andere Landeskirchen – durchgeführt wurde und der Einrichtung des mit Juristen und Theologen besetzten Konsistoriums als Ehe- und Sittengericht 1542 erhielt die kursächsische Landeskirche ihre endgültige Gestalt.

In *Hessen* ließ Landgraf Philipp der Großmütige 1526 eine Versammlung von Landständen und Kirchenvertretern, die sogenannte Homberger Synode, über die Einführung der Reformation entscheiden. Die von einer Kommission unter Philipps Hofprediger Franz Lambert von Avignon, einem ehemaligen Franziskaner, daraufhin ausgearbeitete Homberger Kirchenordnung sah einen kongregationalistischen (»freikirchlichen«) reformatorischen Kirchenaufbau von unten, die Einsetzung von Nichttheologen als Kirchenältesten in den Gemeinden und regelmäßige Synoden vor. Nachdem sich Luther zugunsten praktischer Reformen im Einzelnen gegen den von der Homberger Ordnung vorgesehenen technokratischen Neuaufbau des Kirchenwesens ausgesprochen hatte, wurde stattdessen ab 1527 auch in Hessen eine volkskirchliche Reformation durch Visitationen verwirklicht, wobei manche Besonderheiten wie das Ältestenamt und die Synoden erhalten blieben. Als Reaktion auf das in Hessen stark vertretene Täufertum wurde 1539 auf Anregung Martin Bucers mit der Ziegenhainer (Kirchen-)Zuchtordnung in Hessen als der ersten evangelischen Landeskirche überhaupt die – erst im 18. Jahrhundert allgemein verbreitete – Konfirmation eingeführt. Mit der ersten erfolgreichen evangelischen Universitätsgründung in Marburg 1527 legte Philipp von Hessen ein Bekenntnis zur Verbindung von Reformation und Bildung ab.

Neben Kursachsen und Hessen führten nach dem Ersten Speyerer Reichstag einige weitere Territorien – vor allem Braunschweig-Lüneburg und Brandenburg-Ansbach – die Reformation ein. Eine weitere Welle landesfürstlicher Reformationen folgte in den 1530er Jahren. Mit *Württemberg* ging 1534 ein großer süddeutscher Flächenstaat zur Reformation über. Damals brachte Landgraf Philipp von Hessen den aus politischen Gründen vertriebenen, im Exil evangelisch gewordenen Herzog Ulrich von Württemberg mit militärischer Gewalt erfolgreich zurück in sein Land und an die Herrschaft. In der Spannung zwischen Wittenberger und oberdeutschen Einflüssen setzte sich in Württemberg schließlich das Luthertum durch. Der eigentliche Organisator der Landeskirche wurde der treue Luther-Anhänger Johannes Brenz aus Schwäbisch Hall.

1539 wurden schließlich auch das *Herzogtum Sachsen* und das *Kurfürstentum Brandenburg* evangelisch, nachdem die prominenten Luthergegner Herzog Georg und Kurfürst Joachim I. verstorben waren. Mit Brandenburg war nun auch ein zweites Kurfürstentum evangelisch. Mit der *Kurpfalz*, wo Kurfürst Friedrich III. seit 1544 die Reformation durchführte, kam schließlich sogar ein drittes hinzu – eine evangelische Mehrheit im Kurkolleg und damit ein evangelischer Kaiser schienen nicht mehr unmöglich. Doch nach dem Schmalkaldischen Krieg (Kap. 2.14.1) musste die Reformation in der Pfalz rückgängig gemacht werden, und erst Kurfürst Ottheinrich konnte 1556 erneut das evangelische Bekenntnis einführen.

2.13 Ausgleichsversuche und Eskalation (1536–1546)

2.13.1 Konzilsvorbereitungen

Luther hatte bereits 1518 an ein allgemeines Konzil appelliert, und auf den Reichstagen der 1520er Jahre hatten sich evangelische und altgläubige Stände die Konzilsforderung zu eigen gemacht; seit 1530 teilte sie auch der Kaiser. Papst Paul III. versprach, diese Hoffnung zu erfüllen. 1536 lud er zu einem Konzil ein, das ab 1537 in Mantua tagen sollte, und ließ seinen Nuntius bei den deutschen Protestanten für deren Teilnahme werben. Diese wollten darüber beim Bundestag in Schmalkalden Anfang 1537 beraten. Die anwesenden Theologen befürworteten eine Teilnahme. Im Auftrag des sächsischen Kurfürsten hatte Luther eigens ein neues Bekenntnis verfasst, die Schmalkaldischen Artikel, die das Gemeinsame, aber auch deutlich das Trennende im Verhältnis zur römischen Kirche benannten. Doch auf Melanchthons Betreiben, der im Abendmahlsartikel, der hinter die Wittenberger Konkordie zurückfiel, eine unnötige Provokation der Süddeutschen sah, wurden nicht sie, sondern die Confessio Augustana zur Verhandlungsgrundlage bestimmt; die Theologen unterschrieben Luthers Artikel, die später ebenfalls den Rang einer Bekenntnisschrift erhielten, nur privat. Die in der Augustana fehlenden Aussagen zum Papsttum lieferte Melanchthon mit seinem eigens verfassten »Tractatus de primatu et potestate papae« (»Traktat über Primat und Vollmacht des Papstes«) nach. Letztlich entschieden sich die protestantischen Fürsten gegen eine Konzilsteilnahme. Auch Frankreich und viele Bischöfe lehnten das Konzil ab, und überdies war erneut Krieg zwischen dem Kaiser und dem französischen König ausgebrochen. So sollte es noch bis 1545 dauern, bis Paul III. das lange erwartete Konzil, nun in Trient, eröffnen konnte.

2.13.2 Die Reichsreligionsgespräche

Angesichts der weiter angespannten außenpolitischen Lage verlängerte der Kaiser mit dem »Frankfurter Anstand« von 1539 den Nürnberger Anstand und weitete ihn sogar auf alle seither der Confessio Augustana beigetretenen Reichsstände aus. Im Gegenzug verpflichteten sich die Protestanten, keine neuen Mitglieder in den Schmalkaldischen Bund aufzunehmen. Anstelle des nicht zustande gekommenen Konzils stellte der Kaiser ein eigenes Religionsgespräch auf Reichsebene in Aussicht.

1540/41 wurden daraufhin wirklich drei Reichsreligionsgespräche durchgeführt. Verhandlungen von Theologen sollten auf nationaler Ebene einen religiösen Ausgleich herbeiführen und die sich anbahnende Kirchenspaltung vermeiden. Auf altgläubiger Seite kamen dabei von Erasmus von Rotterdam geprägte Vermittlungstheologen zum Einsatz, deren Position auch als »altkatholische Irenik (Friedenstheologie)« bezeichnet wird – so der im Dienst des Kölner Erzbischofs stehende spätere Kardinal Johann Gropper, der sich 1536 mit seinem »Enchiridion« (»Handbuch«) als Vertreter eines Reformkatholizismus profiliert hatte, der Naumburger Bischof Julius von Pflug und der zum Katholizismus zurückgekehrte ehemalige evangelische Pfarrer Georg Witzel, der die Kircheneinheit durch Rückgang auf die Väter der Alten Kirche wiederherstellen wollte. Auf evangelischer Seite waren vor allem Melanchthon (für Kursachsen) und Bucer (für Hessen) – auch sie vom Humanismus geprägt und gesprächsbereit – beteiligt.

Das erste Religionsgespräch fand 1540 im elsässischen *Hagenau* statt, blieb aber trotz vierwöchiger Dauer in Verfahrensfragen stecken. Immerhin konnten die Evangelischen durchsetzen, dass über die Confessio Augustana verhandelt werden sollte, doch ob »allein die Schrift« oder die Heilige Schrift »nach dem Verständnis der Kirche« als Norm gelten sollte, blieb strittig.

Erst beim *Wormser Religionsgespräch* im Spätherbst und Winter 1540/41 unter der Leitung des kaiserlichen Ministers Granvella gelang der Einstieg in die Sacharbeit. Melanchthon und Johann Eck verhandelten hier auf der Grundlage der Confessio Augustana, die Melanchthon im Blick auf die zwischenzeitlichen Entwicklungen (Wittenberger Konkordie, Beitritt Straßburgs und anderer oberdeutscher Städte zum Schmalkaldischen Bund) aktualisiert und verändert hatte – diese Fassung von 1540 wurde später »Confessio Augustana variata« genannt –, über die Erbsünde. Während sich die offiziellen Gespräche schwierig gestalteten, kamen die von Granvella parallel dazu angesetzten geheimen Verhandlungen einer kleinen Kommission, die aus Johannes Gropper, einem kaiserlichen Rat und den Straßburgern Martin Bucer und

Wolfgang Capito bestand, besser voran. Auf der Grundlage von Groppers »Enchiridion« erreichte man bei verschiedenen Themen, vor allem Sünde und Rechtfertigung, eine Annäherung. Die Ergebnisse wurden vorläufig im sogenannten »Wormser Buch« festgehalten, und Bucer und Philipp von Hessen stimmten zu, die weiteren Verhandlungen statt über die Confessio Augustana über dieses Dokument zu führen.

Dies geschah am Rande des nächsten Reichstags im *Regensburger Religionsgespräch* 1541. Hier beriet ein Theologenausschuss mit Eck, Gropper und Pflug sowie Melanchthon, Bucer und dem hessischen Theologen Pistorius über das leicht bearbeitete Wormser Buch. Schon nach wenigen Tagen fand man einen Kompromiss zur Rechtfertigungslehre, der tatsächlich eine wenig überzeugende Addition von imputativer Rechtfertigung durch den Glauben und effektiver Rechtfertigung durch die Liebe darstellte; weitere Annäherungen gelangen nicht. Die Ergebnisse wurden im »Regensburger Buch« zusammengefasst und dem Kaiser übergeben, aber in der Folge von altgläubigen wie protestantischen Theologen und Ständen und von der Kurie abgelehnt. Damit war der Versuch einer gütlichen inhaltlichen Aussprache gescheitert, die altgläubige erasmianische Vermittlungstheologie desavouiert. Eine gewaltsame Auseinandersetzung zwischen dem Kaiser und dem Schmalkaldischen Bund wurde immer wahrscheinlicher.

2.13.3 Militärische Eskalation

Zur Schwächung der Position der Protestanten trug auch die berüchtigte Doppelehe Landgraf Philipps von Hessen bei. Philipp war einst jung mit Christina von Sachsen, der Tochter Herzog Georgs, verheiratet worden. Fürstliche Ehen waren Mittel dynastischer Politik, keine romantischen Liebesbeziehungen. Wie viele seiner Standesgenossen auch hatte Philipp außereheliche Affären – aber als guter Protestant machte er sich ein Gewissen daraus und scheute sich, zum Abendmahl zu gehen. Beim Bibelstudium fand er schon früh einen möglichen Ausweg: eine Mehrehe, wie sie die Patriarchen des Alten Testaments geführt hatten. Als er sich in die Hofdame Margarethe von der Sale verliebte, die sich auf ein Abenteuer nicht einlassen wollte, kam Philipp auf diese Lösung zurück und es gelang ihm wirklich, durch Vermittlung von Martin Bucer von Luther und Melanchthon einen vertraulichen »Beichtrat« zu erhalten, wonach angesichts seiner Gewissensnot ausnahmsweise eine Doppelehe möglich sei, die aber wegen der Rechtsfolgen – reichsrechtlich stand auf Bigamie die Todesstrafe – geheim bleiben müsse. 1540 fand die Trauung Philipps mit Margarethe von der Sale im Beisein Bucers und Melanchthons statt, und fortan lebte der Landgraf mit zwei Frauen und zwei Familien. Geheimhalten ließ sich dies natürlich nicht, der Landgraf von Hessen als bester politischer Kopf der Reformation war nun für den Kaiser erpressbar und musste ihm 1541 in einem Geheimabkommen versprechen, dass der Schmalkaldische Bund sich nicht mit ausländischen Mächten zusammentun werde.

Man wird die Folgen der Doppelehe des Landgrafen allerdings auch nicht überschätzen dürfen. Tatsächlich trieben die Schmalkaldener durchaus noch aktive Machtpolitik. In der Braunschweiger Fehde 1542 marschierten die beiden Bundeshauptleute, Johann Friedrich von Sachsen und Philipp von Hessen, kurzerhand ins Herzogtum Braunschweig-Wolfenbüttel ein und nahmen Herzog Heinrich II. – Luther verfasste gegen ihn die Streitschrift »Wider Hans Worst« – gefangen, der die evangelischen Städte Braunschweig und Goslar, beide Mitglieder des Bundes, bedroht hatte. Dieser Angriffskrieg verstieß nicht nur gegen den allgemeinen Landfrieden, sondern war auch unter den evangelischen Fürsten sehr umstritten; der im albertinischen Sachsen neu an die Regierung gelangte evangelische Herzog Moritz blieb deswegen dem Schmalkaldischen Bund fern. Ebenfalls rechtswidrig war die Annexion der drei sächsischen geistlichen Fürstentümer Naumburg, Merseburg und Meißen durch Kurfürst Johann Friedrich und Herzog Moritz in den Jahren 1542–1544. In Naumburg und in Merseburg wurden mit Nikolaus von Amsdorf und Fürst Georg von Anhalt evangelische Bischöfe eingesetzt.

Doch schon mit dem Klevischen Krieg 1543 gewann der Kaiser militärisch die Oberhand. Als der evangelisch gesinnte Herzog Wilhelm V. von Jülich-Kleve-Berg mit Kaiser Karl V. in einen Erbstreit um das niederländische Herzogtum Geldern geriet, verweigerte ihm der Schmalkaldische Bund, wie von Philipp von Hessen insgeheim dem Kaiser versprochen, die Unterstützung. Karl erklärte Wilhelm den Krieg, eignete sich Geldern an und zwang Wilhelm, die reformatorischen Neuerungen in seinem Land rückgängig zu machen. Ebenso intervenierte der Kaiser ab 1543 im benachbarten Erzstift Köln, wo Erzbischof Hermann von Wied im Zusammenwirken mit Bucer und Melanchthon, die für ihn eine evangelische Kirchenordnung (»Kölnische Reformation«)

entworfen hatten, die Reformation einführen wollte. Ein demonstrativer Truppendurchmarsch, das Stillhalten der Schmalkaldener und der Widerstand des altgläubigen Domkapitels zwangen Hermann von Wied 1547 zum Rücktritt.

Ab dem Sommer 1545 hatte Karl V. auch außenpolitisch freie Hand und arbeitete nun zielstrebig auf eine gewaltsame Lösung des Religionsstreits im Reich hin. Das neuerliche Religionsgespräch, das im Hinblick auf das 1545 in Trient (Kap. 4.3) eröffnete Konzil Anfang 1546 in Regensburg abgehalten wurde, diente nur noch der Verschleierung der Kriegsvorbereitungen.

2.13.4 Luthers Alter und Tod

Unterdessen war am 18. Februar 1546 Luther gestorben – durch Zufall in seinem Geburtsort Eisleben, wo er einen Streit zwischen den Grafen von Mansfeld schlichtete. Sein Leichnam wurde nach Wittenberg überführt und in der Schlosskirche beigesetzt.

Bedeutende Dokumente der reifen reformatorischen Theologie Luthers sind der 1535 gedruckte Große Galaterkommentar und seine letzte Vorlesung, die große Genesis-Vorlesung der Jahre 1535 bis 1545. Auf den Fortgang der Reformation und die Politik der Evangelischen hatte Luther zuletzt immer weniger Einfluss, er litt an verschiedenen Krankheiten und war enttäuscht und verbittert. Viele Schriften des »alten Luther« zeichnen sich durch eine besondere Heftigkeit aus; ein derartiger »Grobianismus« war in der damaligen Zeit nicht ungewöhnlich, hatte bei Luther aber auch persönliche Ursachen.

Besonders anstößig sind für uns heute Luthers späte Judenschriften.[55] Doch auch schon Zeitgenossen wie Andreas Osiander distanzierten sich von seinen Urteilen. Dabei ist zu berücksichtigen, dass Luther in einer breiten Tradition des christlichen Antijudaismus stand, und dass sich auch etwa bei Erasmus von Rotterdam, Johann Eck oder Martin Bucer scharfe Urteile über die Juden finden. In seiner Schrift »Dass Jesus Christus ein geborener Jude sei« (1523) hatte Luther noch für eine freundliche Behandlung der Juden geworben, deren Bekehrung zum Evangelium er erhoffte. Seit Mitte der 1530er Jahre verhärtete sich seine

---

55 Zu Luther und den Juden insgesamt vgl. Kaufmann, Luthers Juden.

Haltung. Ein denunziatorisches Buch eines jüdischen Konvertiten zum Christentum brachte ihn zu der Überzeugung, dass die Juden notorisch Christus lästerten, und irrtümlich glaubte er, dass in Mähren Juden unter den dortigen Christen Proselyten machten. 1543 brach sich Luthers Erbitterung in drei scharfen Schriften Bahn, darunter »Von den Juden und ihren Lügen«, worin er die Zerstörung der Synagogen und die Verpflichtung der Juden zur Zwangsarbeit forderte, und »Vom Schem Hamphoras«. Nach Luthers Tod gerieten seine Judenschriften allerdings weithin in Vergessenheit, bis sie von den Nationalsozialisten propagandistisch wiederentdeckt wurden.

Luthers Beschäftigung mit dem Islam – er unterstützte u. a. den umstrittenen Druck einer lateinischen Übersetzung des Korans in Basel –, der anderen großen nichtchristlichen Religion in seinem Wahrnehmungskreis, stand unter dem Eindruck der bedrohlichen militärischen Expansion des Osmanischen Reichs. Luther bejahte das Recht und die Pflicht der Fürsten, ihre Untertanen mit Waffengewalt zu verteidigen, lehnte aber die Idee eines religiösen Kreuzzugs gegen die Türken ab: diese seien Gottes strafende »Zuchtrute« für die abgefallene Christenheit und ihr Vordringen ein Ruf zur Buße. Seit der Belagerung Wiens 1529 sah Luther die Türkengefahr im apokalyptischen Kontext; bald stellte man im Luthertum »den Türken« als den äußeren Antichrist neben den Papst als den inneren Antichrist.

Trotz seines zurückgehenden politischen Einflusses war Luther bis zuletzt die unbestrittene Autorität der Reformation in Deutschland geblieben. Sein Tod bedeutete einen schweren Verlust, sein scheinbar natürlicher Nachfolger Philipp Melanchthon sollte keine ungeteilte Anerkennung mehr finden. Luther wurde schon bald wie ein Heiliger verehrt, das Gedenken an ihn gezielt kultiviert. Jede Zeit schuf sich ihren eigenen Luther, für immer neue, andere Zwecke und Anliegen wurde er im Laufe der Jahrhunderte in Anspruch genommen: als Vorkämpfer von Vernunft und Gewissensfreiheit, als Gefühls- und Familienmensch, als deutscher Patriot und Kraftmensch, als Entdecker einer Gewissensreligion und vieles mehr.

2.14 Schmalkaldischer Krieg, Interim und Augsburger Religionsfriede

2.14.1 Der Schmalkaldische Krieg

Im Sommer 1546 brach der lange befürchtete Religionskrieg aus; nach dem Schmalkaldischen Bund nennt man ihn den Schmalkaldischen Krieg (1546/47). Kaiser Karl V. verhängte wegen der Braunschweiger Fehde die Reichsacht über Kurfürst Johann Friedrich von Sachsen und Landgraf Philipp von Hessen. Die ersten Kampfhandlungen fanden in Süddeutschland, im Donauraum statt. Doch mit Hilfe des – evangelischen – Herzogs Moritz von Sachsen, den er durch verschiedene Zusagen, darunter die Aussicht auf die sächsische Kurwürde, auf seine Seite gezogen hatte, konnte der Kaiser bald einen zweiten Kriegsschauplatz in Sachsen eröffnen. Bis Ende 1546 waren die Protestanten in Süddeutschland besiegt. Im Frühjahr 1547 erschien Karl V. persönlich mit überlegener Heeresmacht in Sachsen und besiegte Kurfürst Johann Friedrich in der Schlacht von Mühlberg an der Elbe. Philipp von Hessen kapitulierte wenig später. Die Rache des Siegers war hart: Johann Friedrich von Sachsen wurde zu lebenslanger Haft verurteilt und musste große Teile seines Landes, darunter Wittenberg mitsamt der daran hängenden Kurwürde an seinen Vetter Moritz, den »Judas von Meißen«, abtreten. Fortan stellte die albertinische Linie der Wettiner die sächsischen Kurfürsten, die Universität Wittenberg bekam einen neuen Landesherrn. Der Ernestiner Johann Friedrich war nun nur noch Herzog; neue Hauptstadt seines verkleinerten Fürstentums wurde Weimar. 1548 wurde in Jena eine neue ernestinische Landesuniversität gegründet, an der sich entschiedene Lutheraner sammelten, während Melanchthon in Wittenberg blieb. Auch Philipp von Hessen wurde gefangen genommen und unter demütigenden Umständen in den Niederlanden in Haft gehalten. Bis 1552 blieben beide Fürsten in Haft, beiden haben schon die Zeitgenossen wegen ihres Gleichmuts angesichts erlittenen Unrechts den Ehrentitel »der Großmütige« (*magnanimus*) beigelegt.

2.14.2 Das Augsburger Interim

Sozusagen noch in Waffen traten die Reichsstände 1547/48 im von kaiserlichen Truppen besetzten Augsburg zum sogenannten »Geharnischten Reichstag« zusammen. Da die Protestanten das vom Papst geleitete, 1545 in Trient eröffnete und 1547 nach Bologna in den Kirchenstaat verlegte Konzil nicht anerkannten, strebte der Kaiser für die Zeit bis zu einer allgemein akzeptierten Konzilsentscheidung eine Interimslösung durch ein Religionsgesetz an, das die Religionseinheit im Reich wiederherstellen sollte. Ein Ausschuss, dem als einziger evangelischer Theologe Johann Agricola (ehemals Schulrektor in Eisleben und inzwischen Hofprediger des Kurfürsten von Brandenburg, der das Vorhaben unterstützte) angehörte, erarbeitete das »Augsburger Interim«, das in 26 Artikeln Festlegungen für die kirchliche Lehre und Praxis enthielt. Reformkatholisch geprägt und an den Ergebnissen des Regensburger Religionsgesprächs orientiert, sah das Interim praktisch doch die fast vollständige Wiederherstellung der alten Kirchenlehre und der gottesdienstlichen Zeremonien – mithin die Rückgängigmachung der Reformation – vor und gestand den Protestanten nur den Fortbestand bereits geschlossener Priesterehen und das Abendmahl sub utraque zu. Da die altgläubigen Stände erklärten, nie von der wahren Religion abgewichen zu sein, wurde das Augsburger Interim 1548 schließlich als exklusiv für die Protestanten geltendes Sondergesetz verabschiedet.

In Süddeutschland gelang es dem Kaiser, das Interim weitgehend durchzusetzen. Namentlich in den evangelischen Reichsstädten verloren zahlreiche Pfarrer, die es ablehnten, ihr Amt; Martin Bucer musste aus Straßburg nach Cambridge fliehen, wo er Professor wurde und 1551 starb. Andere arrangierten sich mit den neuen Verhältnissen, was zu Spannungen und Konflikten führte. In Kursachsen versuchte der neue Kurfürst Moritz zu taktieren. Statt das Augsburger Interim anzunehmen, wollte er, von den Wittenberger Theologen unter Melanchthon unterstützt, eine eigene, entschärfte landesgesetzliche Regelung an dessen Stelle setzen. Dahinter stand der Gedanke, dass man in Äußerlichkeiten, bei denen es sich um »Adiaphora« – ethisch neutrale »Mitteldinge« – handele, nachgeben könne, solange die heilsnotwendigen Glaubenslehren nicht angetastet würden. Doch der Landtag nahm die von Räten und Theologen erarbeitete Gesetzesvorlage nicht an, nur ein kurzer Auszug daraus über die Feiertage und liturgischen Gewänder wurde in Kraft gesetzt.

Im Norden Deutschlands, wohin die militärische Macht des Kaisers nicht reichte, unterblieb die Durchführung des Interims öfter. In Hessen verweigerten sich ihm der die Regentschaft führende älteste Sohn des gefangenen Landgrafen und die Pfarrerschaft. Zu einem regelrechten Widerstandszentrum wurde die Reichsstadt Magdeburg. Von hier aus lancierte eine kleine Gruppe von Theologen um den Luther-Freund und vertriebenen Naumburger Bischof Nikolaus von Amsdorf und den aus Kroatien stammenden Luther- und Melanchthonschüler und ehemaligen Wittenberger Hebräisch-Professor Matthias Flacius (oft mit seinem Beinamen Illyricus genannt) eine groß angelegte literarische Propagandakampagne mit Streitschriften und Flugblättern gegen das Augsburger Interim. In diesem sogenannten Interimistischen Streit (1548-1549), in dem Magdeburg als »unseres Herrgotts Kanzlei« fungierte, arbeiteten die Theologen eine veritable lutherische Widerstandstheorie aus, die schlecht zum Klischee vom angeblich obrigkeitshörigen Luthertum passt. Doch der Zorn der Magdeburger richtete sich auch gegen den kursächsischen Sonderweg und die vermeintlich kompromisslerischen Wittenberger Theologen um Melanchthon. Flacius publizierte die bislang unbekannte Leipziger Landtagsvorlage, die er öffentlichkeitswirksam als das »Leipziger Interim« bezeichnete und für die er Melanchthon verantwortlich machte, dem er entgegenhielt, dass es im Bekenntnisfall keine Adiaphora geben könne: »nihil est adiaphoron in statu confessionis et scandali«. So wurde der Interimistische Streit mit den Altgläubigen vom Adiaphoristischen Streit (1548-1560) der Lutheraner untereinander flankiert. Zwischen den Magdeburgern, die sich als die »echten Lutheraner« (»Gnesiolutheraner«) und aufrechten Hüter von Luthers Vermächtnis verstanden und den Wittenberger »Philippisten« brach ein tiefer Gegensatz auf, der sich in langwierigen innerlutherischen Streitigkeiten (Kap. 4.6) fortsetzen sollte, auch noch nachdem Magdeburg, über das der Kaiser die Reichsacht verhängt hatte, sich Ende 1551 den Truppen von Moritz von Sachsen ergeben und die »Herrgottskanzlei« sich zerstreut hatte.

2.14.3 Fürstenkrieg und Augsburger Religionsfriede

Die gewaltsame Unterdrückung der Reformation war nicht von Dauer. Ebenso wenig wie andere Fürsten verfügte der Kaiser über ein stehendes Heer, mit dem er dauerhaft Druck ausüben konnte. Vor allem aber wuchs unter protestantischen wie altgläubigen Fürsten der Widerstand gegen den autokratischen Regierungsstil des Monarchen. Kurfürst

Moritz von Sachsen, nunmehr der wichtigste Reichsfürst, war enttäuscht über die Nichteinhaltung von politischen Versprechen Karls V. und dessen Weigerung, Philipp von Hessen, seinen Schwiegervater, freizulassen. So wechselte Moritz zum zweiten Mal die Seiten und organisierte ein Bündnis mit Landgraf Wilhelm von Hessen, dem Sohn Philipps, und einigen weiteren Fürsten, für das er sogar die Unterstützung des französischen Königs gewann, dem er im Gegenzug die Herrschaft über die zum Reich gehörigen lothringischen Bistümer Metz, Toul und Verdun versprach. Mit seinem gegen Magdeburg mobilisierten Söldnerheer und mit hessischen Truppen marschierte Moritz im sogenannten Fürstenkrieg 1552 nach Süden und besiegte rasch die kaisertreuen Städte. Karl V. konnte eben noch aus Innsbruck fliehen. Mit König Ferdinand handelten die Aufständischen im Passauer Vertrag (1552) einen Frieden aus, der faktisch auf die Aufhebung des Augsburger Interims und die Erneuerung der Duldung der Protestanten im Sinn des Frankfurter Anstands hinauslief. Johann Friedrich von Sachsen und Philipp von Hessen wurden freigelassen. Im Gegenzug ließen die Protestanten die Waffen ruhen und lösten das Bündnis mit Frankreich auf.

Auf dem Augsburger Reichstag von 1555 wurde dann, wie bereits in Passau vereinbart, eine dauerhafte Friedenslösung gefunden. Kaiser Karl V. war dazu nicht bereit und ließ sich von seinem Bruder Ferdinand vertreten; im folgenden Jahr dankte er ab und zog sich für seine letzten Lebensjahre in ein spanisches Kloster zurück. Der von König Ferdinand und den Reichsständen beschlossene Augsburger Religionsfriede sollte fast sieben Jahrzehnte Bestand haben. Während in Frankreich und den Niederlanden lange, blutige Religionskriege ausgetragen wurden, garantierte die politische Ruhigstellung des Konfessionskonflikts in Augsburg dem Reich Frieden. Dies wurde möglich, indem man die theologische Wahrheitsfrage suspendierte und eine rein rechtlich-politische Ordnung des Zusammenlebens errichtete. Mit dem Augsburger Religionsfrieden wurde erstmals – im Horizont vormodernen Denkens unerhört – das Ziel der religiösen Einheit des Reiches preisgegeben; indirekt entfiel damit auch die Grundlage für das alte sakrale Verständnis des Kaisers als Haupt der universalen Christenheit. Fortan gab es zwei reichsrechtlich anerkannte »Religionen« (in heutiger Terminologie: »Konfessionen«): die »alte Religion« und die »Augsburgische Konfession« (= das Luthertum). Zwar blieb die Beilegung der Religionsspaltung ausdrücklich das Ziel aller Beteiligten; doch bis dahin sollte zwischen Alt-

2.14 Schmalkaldischer Krieg, Interim, Augsburger Religionsfriede

gläubigen – wir verwenden den Begriff hier im Anschluss an den Sprachgebrauch des Augsburger Religionsfriedens; ihrem Selbstverständnis nach waren natürlich die Evangelischen die Anhänger des alten Glaubens Christi und der Apostel und die Parteigänger des Papstes illegitime Neuerer – und »Augsburgischen Konfessionsverwandten« Friede herrschen. Damit war faktisch das Wormser Edikt aufgehoben und das kirchliche Ketzerrecht suspendiert.

Die Freigabe der Augsburgischen Konfession bedeutete keine Religionsfreiheit. Nur die Landesherren durften sich zwischen den beiden Konfessionen entscheiden, und ihre Entscheidung bestimmte den Konfessionsstand des ganzen Territoriums und der Untertanen mit. Dieser sogenannte Religionsbann oder, aus protestantischer Perspektive, das Reformationsrecht (*ius reformandi*) wurde später von den Juristen auf die eingängige Formel *cuius regio eius religio* (»wessen das Land, dessen die Religion«) gebracht. Die religiöse Einheit, die auf Reichsebene nicht mehr bewahrt werden konnte, wurde also auf der Ebene der Einzelterritorien konserviert – galt doch vormodernem Denken die konfessionelle Homogenität des Untertanenverbandes als notwendige Voraussetzung für ein funktionierendes Gemeinwesen. Man kann insofern sagen, dass »hier für Deutschland das Mittelalter mit mittelalterlichen Mitteln liquidiert wurde«[56]. In einzelnen Territorien kam es auf Grund des landesherrlichen Religionsbanns infolge von dynastischen Wechselfällen und fürstlichen Konversionen gleich mehrfach zu Konfessionswechseln. Untertanen, die dem Konfessionswechsel ihres Landesherrn nicht folgen wollten, erhielten immerhin ein individuelles Recht auf Auswanderung (*ius emigrandi*) – das erste Individualgrundrecht der Reichsverfassung.

Ausnahmen vom Prinzip der konfessionellen Homogenität der Territorien galten nur für gemischtkonfessionelle Reichsstädte, wo beide Bekenntnisse zugelassen blieben, sowie für Städte und ritterschaftliche Herrschaften in geistlichen Fürstentümern, die beim evangelischen Glauben bleiben durften. Diese letztere Bestimmung wurde indessen nicht in den Augsburger Reichsabschied aufgenommen, sondern fand sich nur in einer separaten Erklärung König Ferdinands, der Declaratio Ferdinandea, von der nicht klar war, ob sie über seinen Tod hinaus Bestand haben würde.

---

56 Moeller, Das Zeitalter des Ausbaus und der Konsolidierung der Reformation, 362.

Das *ius reformandi* galt nicht für die geistlichen Fürsten. Der »geistliche Vorbehalt« (*reservatum ecclesiasticum*) sah vor, dass ein Bischof, der zum Protestantismus übertrat, zum Privatmann wurde und seine Herrschaftsrechte verlor. Dadurch wurden der Bestand der von den Ottonen begründeten Reichskirche und die katholische Mehrheit im Reichsfürstenrat gesichert.

Mit dem Augsburger Religionsfrieden war der Bestand der evangelischen Kirchen im Heiligen Römischen Reich reichsrechtlich anerkannt und abgesichert. Man kann ihn in diesem Sinne als einen Abschluss der Reformation in Deutschland bezeichnen. In territorialer Hinsicht ging die Reformation weiter: Legitimiert durch den Religionsfrieden, wurde in den folgenden Jahren und Jahrzehnten in einer Reihe weiterer weltlicher Territorien die Reformation eingeführt. Um 1570 erreichte der Protestantismus im Reich seine größte Verbreitung – schätzungsweise 70 % der Einwohner waren damals evangelisch –, bevor er durch die Gegenreformation in manchen Gebieten wieder zurückgedrängt wurde.

Der Augsburger Religionsfriede setzte bedeutende Modernisierungsimpulse frei, indem er das staatliche Zusammenleben nicht mehr auf die Einheit der Religion, sondern auf die universale Geltung des Rechts gründete. Auch wenn ein echter Pluralismus außerhalb der Vorstellungsmöglichkeiten der Zeit lag, ermöglichte der Augsburger Friede Schritte hin zu einer legalen religiösen Pluralisierung. Eine schwerwiegende Hypothek war allerdings die Beschränkung legitimen nichtkatholischen Christseins auf die Augsburgischen Konfessionsverwandten, d. h. die Lutheraner. Täufer und andere Außenseiter der Reformation blieben ausgeschlossen. Zwinglianer gab es im Reich zwar nicht, aber als wenige Jahre später das reformierte Bekenntnis Calvins hier Fuß fasste, war auch dessen Rechtsstellung prekär.

2.15 Weiterführende Literatur

Beutel, Albrecht (Hg.): Luther Handbuch, Tübingen ²2010.
Bräuer, Siegfried/Vogler, Günter: Thomas Müntzer. Neu Ordnung machen in der Welt. Eine Biographie, Gütersloh 2016.
Dingel, Irene: Reformation. Zentren – Akteure – Ereignisse, Göttingen 2016.
Jung, Martin H.: Reformation und Konfessionelles Zeitalter (1517–1648) (UTB 3628), Göttingen 2012, 9–190.

Kaufmann, Thomas: Erlöste und Verdammte. Eine Geschichte der Reformation, München 2016.

Kaufmann, Thomas: Geschichte der Reformation in Deutschland, Frankfurt a. M. 2016.

Kirchner, Hubert: Reformationsgeschichte von 1532 bis 1555/1556 (KGE II/6), Leipzig 1988.

Leppin, Volker: Die Reformation, Darmstadt 2013.

MacCulloch, Diarmaid: Die Reformation 1490-1700, München 2008.

Mau, Rudolf: Evangelische Bewegung und frühe Reformation (KGE II/5), Leipzig 2000.

Mörke, Olaf: Die Reformation. Voraussetzung und Durchsetzung (Enzyklopädie deutscher Geschichte 74), München 2005.

Opitz, Peter: Ulrich Zwingli. Prophet, Ketzer, Pionier des Protestantismus, Zürich 2015.

Rogge, Joachim: Der junge Luther 1483-1521. Der junge Zwingli 1484-1523 (KGE II/3+4), Leipzig [2]1985.

Scheible, Heinz: Melanchthon – Vermittler der Reformation. Eine Biographie, München 2016.

Schilling, Heinz: Martin Luther. Rebell in einer Zeit des Umbruchs, München [4]2016.

Seebaß, Gottfried: Geschichte des Christentums III. Spätmittelalter – Reformation – Konfessionalisierung (Theologische Wissenschaft 7), Stuttgart 2006, 93-339.

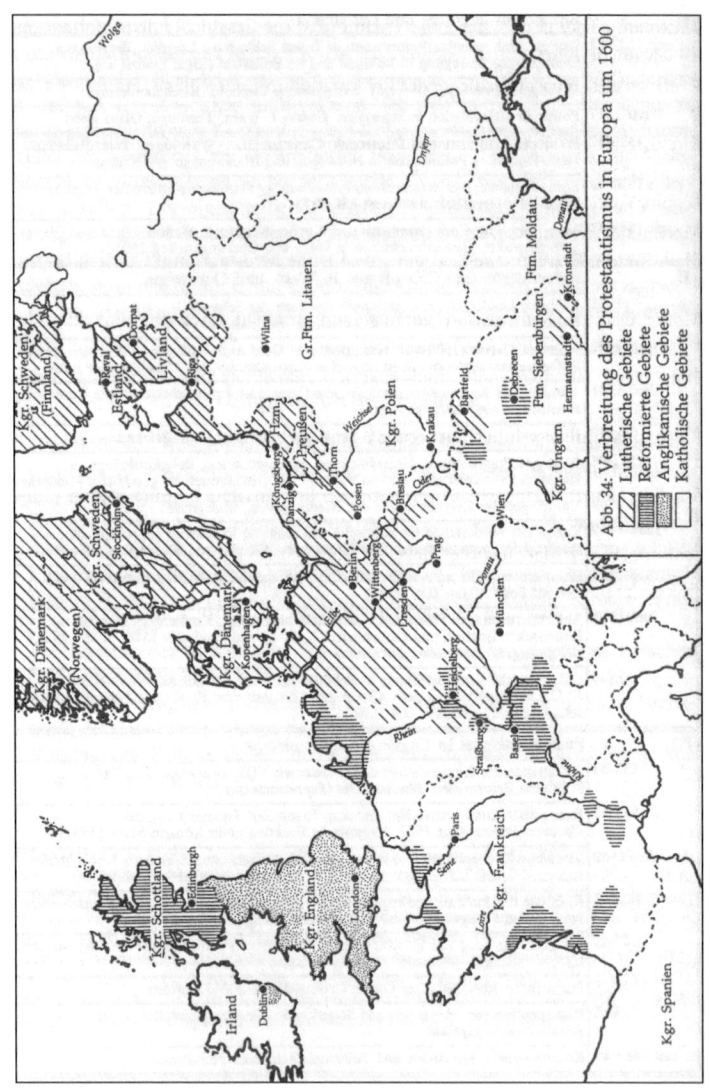

Verbreitung des Protestantismus in Europa um 1600
Wolf-Dieter Hauschild, Lehrbuch der Kirchen- und Dogmengeschichte. Bd. 2: Reformation und Neuzeit, Gütersloh: Gütersloher Verlagshaus, ⁴2010, S. 184 (Abb. 34).

3.
DIE REFORMATION IN WESTEUROPA (1520–1648)

3.1 ÜBERBLICK: EUROPÄISCHE REFORMATIONEN

Durch den Buchdruck verbreiteten sich die reformatorischen Ideen schon früh auch außerhalb des deutschen Sprachraums. In Ländern wie Italien, Frankreich, den Niederlanden und England bildeten sich zu Beginn der 1520er Jahre evangelische Bewegungen. Die Etablierung reformatorischer Kirchen gelang indessen – wenn überhaupt – vielfach erst spät.

Die bedeutendste und wirkungsmächtigste Reformation im außerdeutschen Sprachraum war die in den 1540er Jahren erfolgte Genfer Stadtreformation Calvins. Neben Wittenberg und Zürich wurde *Genf* zum großen dritten Zentrum der europäischen Reformation; die Wittenberger Universität (Leucorea) und die Genfer Akademie wurden Kaderschmieden für reformatorische Theologen in ganz Europa. Durch die Verbindung zwischen der Genfer Reformation Calvins und der Zürcher Reformation Zwinglis entstand das Reformiertentum (oft unpräzise als »Calvinismus« bezeichnet) als die zweite Hauptrichtung der Reformation neben dem Luthertum.

Die Reformationen in *Westeuropa* folgten dem Genfer Vorbild Calvins. In Frankreich wurde den sogenannten Hugenotten nach langen Kriegsjahren 1598 endlich staatliche Duldung gewährt. In den Niederlanden verband sich die Reformation mit dem Freiheitskampf gegen Spanien und führte in der neu gegründeten Republik der Vereinigten Niederlande zur Durchsetzung des Calvinismus, während im südlichen Landesteil zugleich mit der spanischen Herrschaft der kirchliche status quo wiederhergestellt wurde. Auch in Schottland war es der Kampf des Adels gegen die Königsmacht, der zur Begründung einer reformierten Staatskirche führte.

Einen Sonderfall bildete die englische Reformation – eine zentral gelenkte Königsreformation, in der die zunächst bloß aus dynastischen Motiven begründete Nationalkirche in mehreren Anläufen evangelisch ausgestaltet wurde. Der Anglikanismus mit seiner spannungsreichen Verbindung von bischöflicher Kirchenverfassung und konservativer Liturgie mit reformierter Theologie bildet einen eigenen, dritten Haupttyp des Protestantismus.

Die Reformation in *Nordeuropa* war im Gegensatz zu Westeuropa dem lutherischen Typ verpflichtet. Im 14. Jahrhundert hatten sich Dänemark, Norwegen und Schweden politisch in der Kalmarer Union unter der Herrschaft des dänischen Königs zusammengeschlossen. 1523 löste sich Schweden mit seinem neu gewählten König Gustav I. Wasa aus der Union. Auch hier wurde die Durchsetzung der politischen Unabhängigkeit durch eine Reformation flankiert, die von Gustav Wasa und dem Stockholmer Prediger Olaus Petri vorangetrieben wurde. Wie in England blieb auch hier die Bischofsverfassung erhalten. Erst 1571 wurde eine evangelische Kirchenordnung, erst 1593 die Confessio Augustana eingeführt. In Dänemark, das weiter politisch mit Norwegen verbunden blieb, wurde die Reformation 1537 von König Christian III. offiziell eingeführt, als Organisator der evangelischen Staatskirche wirkte Johannes Bugenhagen.

Die Reformationsgeschichte *Ostmitteleuropas* stellt sich rückblickend als Geschichte gescheiterter Reformationen dar. In Polen-Litauen konnte sich zunächst eine starke reformierte Kirche etablieren, die besonders beim Adel Rückhalt fand; der aus Polen stammende Reformator Johannes a Lasco wirkte unter anderem auch in London und Emden. Von der reformierten Kirche Polens spaltete sich die sozinianische Kirche ab (Kap. 2.9.3). In Böhmen und Mähren schlossen sich Teile der hussitischen (utraquistischen) Kirche der Wittenberger Reformation, die Böhmischen Brüder der Schweizer Reformation an. In Ungarn entstanden vor allem reformierte Gemeinden, unter den Deutschen in Siebenbürgen hielt durch Johannes Honterus in Kronstadt die lutherische Reformation Einzug. Daneben gab es hier Antitrinitarier sowie weiterhin Katholiken und Orthodoxe; im Schatten der osmanischen Herrschaft und angesichts der divergierenden Präferenzen der Stände wurde eine konfessionelle Koexistenz praktiziert. Die Gegenreformation des späten 16. und 17. Jahrhunderts hat diese evangelischen Kirchentümer Ostmitteleuropas bis auf geringe Reste zerschlagen.

In *Südeuropa* konnte sich die Reformation nicht durchsetzen. In Spanien führte im Gefolge der Reconquista, der 1492 abgeschlossenen Befreiung von der muslimischen Herrschaft, die berüchtigte spanische Inquisition – übrigens eine staatliche, keine kirchliche Behörde – ein strenges Regime, so dass sich hier keine evangelische Bewegung entfalten konnte. Dagegen bildeten sich in Italien reformatorische Kreise u. a. in Neapel, in Venedig und am Hof von Ferrara. Eine bedeutende Rolle spielte der neapolitanische Kreis um den Spanier Juan de Valdès, zu dem auch der später als reformierter Theologe in der Schweiz wirkende Petrus Martyr Vermigli und der General des Kapuzinerordens Bernardino Ochino, der ebenfalls später zum reformierten (und schließlich zum antitrinitarischen) Glauben übertrat, gehörten. Der sogenannte »Evangelismus« in Italien war stark humanistisch und spiritualistisch geprägt und brachte auch etliche Dissidenten, vor allem Antitrinitarier (u. a. Fausto Sozzini), hervor. Ab der Jahrhundertmitte wurden auch in Italien alle evangelischen Regungen unterdrückt. Die heutige evangelische Kirche Italiens geht auf die Reste der mittelalterlichen Waldenser zurück, die sich in der Abgeschiedenheit der Cottischen Alpen halten konnten und sich 1532 der Schweizer Reformation anschlossen.

Im Folgenden sollen wegen ihrer historischen Bedeutung außer der Genfer Reformation Calvins auch die im Wesentlichen ebenfalls von Calvin geprägten Reformationen in Westeuropa und ihre Nachwirkungen ausführlicher vorgestellt werden. Das gegenwärtige Kapitel könnte insofern auch »Calvin und der Calvinismus« heißen.

3.2 Johannes Calvin und die Reformation in Genf

3.2.1 Calvins Werdegang bis 1541

Johannes Calvin (frz. Jean Cauvin; 1509-1564) wurde 1509 in Noyon in der Picardie im Nordwesten Frankreichs geboren. Altersmäßig war er ein Reformator der zweiten Generation, im Zwiespalt zwischen Lutheranern und Zwinglianern versuchte er zu vermitteln. Sein eigentliches Betätigungsfeld fand er nicht in seiner französischen Heimat, sondern in Genf. Das Leben als Exulant hat seine Mentalität und Theologie geprägt; die von ihm entwickelte Kirchenverfassung bot sich besonders auch für Minderheitskirchen an.

Vom Vater zur geistlichen Laufbahn bestimmt, absolvierte Calvin ab 1523 ein fundiertes artistisches Studium am berühmten Collège

Montaigu in Paris, wo er auch mit der Bibel, den Kirchenvätern und scholastischer Theologie bekannt wurde. Er betrieb dann aber kein theologisches, sondern, dem geänderten Wunsch des Vaters entsprechend, ein juristisches Fachstudium in Orléans und Bourges. In dieser Zeit entdeckte er die humanistischen Wissenschaften für sich, las aber auch schon Schriften Luthers. Nach dem Abschluss des Jurastudiums und dem Tod des Vaters widmete er sich ab 1531 in Paris ganz dem humanistischen Studium. Hier stand Calvin mit einem evangelischen Kreis in Kontakt. Wohl 1533/34 erlebte er eine Bekehrung, die er selbst rückblickend als »subita conversio ad docilitatem« (»plötzliche Bekehrung zur Gelehrigkeit«) beschrieb, durch die Gott ihn vom Aberglauben des Papsttums befreit habe; möglicherweise handelte es sich nicht um ein punktuelles Ereignis, sondern um den Beginn eines längeren, prozesshaften Geschehens.

Im Winter 1533/34 war Calvin von der ersten Verfolgung Evangelischer in Frankreich betroffen. Den Anlass dafür bot die Antrittsrede des neu gewählten Rektors der Pariser Universität, des Medizinprofessors Nicolas Cop, der im evangelischen Sinn über die Seligpreisungen gesprochen hatte; vielleicht hatte Calvin dem mit ihm befreundeten Cop die Rede geschrieben. Cop und Calvin konnten sich der vom französischen König auf Betreiben der Pariser Theologieprofessoren verfügten Verfolgung nur durch die Flucht entziehen. Nach Aufenthalten in verschiedenen Orten Frankreichs hoffte Calvin, nach Paris zurückkehren zu können, nachdem König Franz I. mit Rücksicht auf die deutschen Protestanten, die für ihn im Konflikt mit dem Kaiser potentielle Bündnispartner waren, die Verfolgung beendet hatte. Doch mit der »Plakataffäre« im Oktober 1534 zerschlug sich diese Hoffnung. In einer konzertierten Aktion wurden in ein und derselben Nacht in mehreren französischen Städten und sogar an der Tür der königlichen Gemächer im Schloss von Amboise Plakate gegen die römische Messe angeschlagen. Der brüskierte und erschrockene König erneuerte und verschärfte die Verfolgung.

Calvin musste ins Ausland gehen und lebte 1535/36 in Basel, das eine Hochburg des Humanismus war. Hier betrieb er autodidaktisch weitere philologische (Hebräisch) und theologische Studien und lernte bedeutende Reformatoren kennen. Mit seiner ersten und bedeutendsten theologischen Schrift, die er in Basel schrieb, wurde der junge Exulant gleichsam über Nacht bekannt: Die »Christianae Religionis Institutio«

3.2 Johannes Calvin

(»Unterricht in der christlichen Religion«) war in ihrer ersten Fassung von 1536 eine Art Erwachsenenkatechismus, für den Calvin sich an den Katechismen Luthers, an Melanchthons »Loci communes« und Zwinglis »Commentarius de vera et falsa religione« orientiert hatte. Die 1539 gedruckte zweite Auflage der »Institutio« war dann stark verändert, dreimal so umfangreich und hatte den Charakter einer regelrechten Dogmatik. Auch später hat Calvin sein Hauptwerk immer wieder umgearbeitet und erweitert; die Ausgabe letzter Hand erschien 1559, im selben Jahr wie die von Melanchthons »Loci«. – Aus den beiden ersten Kapiteln der »Institutio«:

> »All unsere Weisheit, sofern sie wirklich den Namen Weisheit verdient und wahr und zuverlässig ist, umfasst im Grunde nur zweierlei: die Erkenntnis Gottes und unsere Selbsterkenntnis. Diese beiden aber hängen vielfältig zusammen, und darum ist es nun doch nicht so einfach zu sagen, welche denn an erster Stelle steht und die andere aus sich heraus bewirkt.«
> »Unter Erkenntnis Gottes verstehe ich nicht nur, dass wir wissen: Es ist ein Gott. Wir sollen uns auch an das halten, was uns von ihm zu wissen Not tut, was zu seiner Ehre dient, was uns zuträglich ist. Denn es kann von einem eigentlichen Erkennen Gottes keine Rede sein, wo Ehrfurcht und Frömmigkeit fehlen.«[57]

Im Frühsommer 1536 kam Calvin auf der Rückreise von einem Aufenthalt am Hof der evangelisch gesinnten Herzogin von Ferrara, einer Schwester des französischen Königs, erstmals nach Genf. Die Stadt gehörte nicht zur schweizerischen Eidgenossenschaft, sondern war Teil eines zum Heiligen Römischen Reich gehörenden Fürstbistums. Auf der Suche nach politischer Selbständigkeit zwischen dem bischöflichen Stadtherrn und den Begehrlichkeiten des Herzogs von Savoyen lavierend, suchte die Stadt die Anlehnung an das reformierte Bern und hatte kurz zuvor offiziell die Reformation eingeführt, die aber noch keineswegs gefestigt war. Der Reformator Genfs, der Franzose Guillaume Farel, konnte Calvin bewegen, zu bleiben und ihn bei der Konsolidierung der evangelischen Kirche zu unterstützen. Als Prediger an der Kirche St. Pierre, dem ehemaligen Dom, wurde der junge Gelehrte zum praktischen Reformator.

Calvins erste Genfer Wirkungsperiode dauerte nur von 1536 bis 1538. Bereits 1537 kam es zu einem ersten Konflikt mit dem Genfer Rat,

---

57 Zitiert nach Leppin, Reformation (KThGQ 3), 218 f.

als Farel und Calvin alle Bürger, die den neu eingeführten Eid auf das evangelische Bekenntnis verweigerten, vom Abendmahl ausschließen wollten. 1538 eskalierte der Streit, als der Rat eigenmächtig die Berner Liturgie einführte. Farel und Calvin protestierten, bestiegen zu Ostern 1538 trotz des daraufhin gegen sie verhängten Predigtverbots die Kanzel und verweigerten kurzerhand der gesamten Gemeinde das Abendmahl, woraufhin beide aus Genf ausgewiesen wurden. Farel ging nach Neuchâtel, Calvin kehrte vorerst nach Basel zurück.

Für Calvins pastorale und theologische Entwicklung von nicht zu unterschätzender Bedeutung war sein Aufenthalt in Straßburg 1538–1541, wo er durch die Vermittlung Martin Bucers (Kap. 2.7.2) Prediger der französischen Flüchtlingsgemeinde und Professor für Neues Testament am neu gegründeten Gymnasium wurde. Hier konnte Calvin wichtige Erfahrungen als Gemeindeleiter und Exeget sammeln. Für die Flüchtlingsgemeinde schuf er französische Liturgien und Psalmen und richtete nach Bucers Vorbild eine strenge Kirchenzucht ein. Auch die 1541 in Genf eingeführte Vier-Ämter-Verfassung (Kap. 3.2.2) lernte er damals bei Bucer kennen. Aus Calvins Vorlesungstätigkeit gingen ein großer Kommentar zum Römerbrief und weitere Paulus-Kommentare hervor. Auch die zweite Fassung der »Institutio« war eine Frucht der Straßburger Jahre. Durch Bucer kam Calvin auch verstärkt mit der Reformation im Reich in Kontakt, 1540/41 begleitete er ihn zu den Reichsreligionsgesprächen in Hagenau, Worms und Regensburg und unterzeichnete bei dieser Gelegenheit auch die Confessio Augustana variata. Mit Melanchthon wechselte er auch später noch Briefe, zu einem direkten Kontakt mit Luther kam es dagegen nicht. 1540 heiratete Calvin in Straßburg Idelette de Bure, die Witwe eines Täufers; ihre gemeinsamen Kinder starben kurz nach der Geburt.

Unterdessen drohte die junge Reformation in Genf zu scheitern. Im Auftrag von Papst Paul III. warb der Kardinal Jacopo Sadoleto in einem offenen Brief für die Rückkehr der Stadt zur römischen Kirche. Die alarmierten Berner konnten Calvin bewegen, seinerseits mit einem offenen Brief zu antworten. Seine fulminante »Responsio ad Sadoletum« machte Eindruck und ebnete einer Rückkehr nach Genf die Bahn. Möglich wurde diese, als die Farel nahestehende Ratspartei an die Macht kam. Nachdem man Calvin versprochen hatte, für ihn das neue übergeordnete Leitungsamt eines Präsidenten des Pfarrkapitels, der »Compagnie des Pasteurs«, zu schaffen, kehrte er 1541 auf Dauer nach Genf zurück.

3.2.2 Calvin in Genf 1541–1564

Zurück In Genf, machte sich Calvin zielstrebig an die Organisation des städtischen Kirchenwesens. Als erstes arbeitete er 1541 eine Kirchenordnung aus, die »Ordonnances ecclésiastiques«. Gegen Tendenzen im Rat, ein Staatskirchentum nach Berner Muster zu errichten, setzte Calvin auf ein gemeindekirchliches Modell, das die Autonomie der Kirche gegenüber der weltlichen Obrigkeit garantieren sollte. Dies erklärt, warum Calvins Genfer Kirchenverfassung später gerade von evangelischen Minderheitskirchen erfolgreich adaptiert werden konnte. Die »Ordonnances ecclésiastiques« zeigten deutlich den Einfluss Bucers, vor allem in ihrer Konzeption der vier kirchlichen Ämter nach Epheser 4,11. Während das Luthertum nur das eine Amt der Wortverkündigung kannte, gab es in Genf neben den »Hirten« (= Pastoren) – den Pfarrern der drei Pfarrgemeinden – außerdem »Lehrer«, die an den Schulen und später an der Genfer Akademie unterrichteten, »Älteste« – Gemeindeglieder, die die Lebensführung der Gläubigen überwachten – und »Diakone«, die mit der Armenfürsorge betraut waren. Für die Ausübung der Kirchenzucht war das aus Ältesten und Pastoren zusammengesetzte »Konsistorium« (consistoire) zuständig. Das oberste geistliche Leitungsgremium war das wöchentlich tagende Pfarrkapitel, dem die Aufsicht über die reine Lehre oblag.

Im Ergebnis konnte Calvin sein gemeindekirchliches Ideal nicht rein verwirklichen. Indem der Rat ein Mitwirkungsrecht bei der Bestellung der Ältesten erhielt, bekam er dauerhaft Einfluss auf die Handhabung der Kirchenzucht, der Calvin, auch darin Bucer folgend, zentrale Bedeutung zumaß. So konnte es in Genf auf Dauer zu jener exzessiven Praxis einer kombinierten kirchlichen Bußzucht und bürgerlichen Sittenzucht kommen, die man überpointiert als »Tyrannei der Tugend«[58] bezeichnet hat. Allerdings war Calvin nicht anders als Zwingli überzeugt, dass die christliche Obrigkeit verpflichtet war, den rechten Glauben durchzusetzen und die kirchlichen Interessen zu fördern – allein die von Luther in den 1520er Jahren vertretene Zwei-Regimenten-Lehre bildete von dieser Überzeugung eine Ausnahme.

Flankiert wurde die neue Kirchenordnung von einem neuen Katechismus und einer Gottesdienstordnung. Calvins Genfer Katechismus

---

58 Reinhardt, Tyrannei der Tugend.

erschien 1542 in französischer Sprache, 1545 in lateinischer Übersetzung. Er wurde von reformierten Kirchen in ganz Europa verwendet und in die Volkssprachen übersetzt; nur die Reformierten in Deutschland und den Niederlanden hielten sich statt dessen an den Heidelberger Katechismus von 1563 (Kap. 4.8.2). Ebenso diente auch die Genfer Gottesdienstordnung von 1542 andernorts als Vorbild. Sie sah einen schlichten Predigtgottesdienst vor, in dem keine neu gedichteten Gemeindelieder, sondern nur Psalmlieder gesungen werden sollten. Für diesen Zweck schuf Calvin den Genfer Psalter (Endgestalt 1562) mit französischen Psalmdichtungen von Clément Marot und Theodor Beza; die deutschen Reformierten benutzten später eine von Ambrosius Lobwasser angefertigte deutsche Übersetzung. Das Abendmahl wurde gegen Calvins Wunsch nach altem Herkommen nur viermal jährlich gefeiert. Wie in der Zürcher Reformation Zwinglis, so legte man auch in Genf Wert auf eine schlichte Gestaltung der Kirchenräume: Kruzifixe, Bilder und Orgeln wurden entfernt, die Altäre durch hölzerne Tische ersetzt.

Die ersten anderthalb Jahrzehnte von Calvins zweiter Genfer Wirkungsperiode waren von teils heftigen Auseinandersetzungen geprägt. Vor allem die Kirchenzucht gab Anlass zu Konflikten. Die Gegner dieser Praxis, von Calvin als »Libertiner« denunziert, sammelten sich um den Militärkommandanten Ami Perrin. 1548 konnten die Perrinisten die Ratsmehrheit erringen und machten Perrin zum Bürgermeister. Erst 1555 gewannen Calvins Anhänger die Mehrheit zurück, ein Putschversuch Perrins scheiterte. Gleichzeitig mit den Auseinandersetzungen um die Kirchenzucht gab es theologische Kontroversen über die von Calvin vertretene Prädestinationslehre. Der Gymnasialrektor Sebastian Castellio, ein italienischer Humanist, und der Arzt Jérôme Bolsec wurden wegen ihrer Kritik an Calvin schließlich aus der Stadt verwiesen. Dem spanischen Antitrinitarier Michael Servet ließ Calvin den Prozess machen, der mit seiner – von Castellio scharf kritisierten – öffentlichen Verbrennung endete (Kap. 2.9.3).

Folgenreich wurde der theologische Anschluss der Genfer Reformation an die zwinglianische Schweizer Reformation. Wieder erwies sich das Abendmahlsverständnis als der entscheidende Punkt. So wie Bucer ehedem die Verständigung zwischen Oberdeutschen und Wittenbergern herbeigeführt hatte, bemühte sich Calvin um eine Einigung zwischen Genf und Zürich. Als Ergebnis eines mehrjährigen Briefwechsels mit Heinrich Bullinger kam es 1549 zur Unterzeichnung des »Consensus Tigurinus«, dem auch die übrigen reformierten Orte der Schweiz beitraten. Calvin kam hier der Zürcher Auffassung deutlich entgegen. Trotzdem kann der Consensus als Kompromissdokument verstanden werden. Danach war das Abendmahl kein reines Bundeszeichen wie bei Zwingli, sondern eine wirkliche Selbstmitteilung des gegenwärtigen Christus. Diese erfolgte aber nicht durch den Empfang von Brot und Wein, sondern wurde durch den Heiligen Geist geschenkt. Der Consensus Tigurinus ermöglichte das Zusammenwachsen von Zürcher und Genfer Reformation zu einem einheitlichen reformierten Bekenntnis, das seinen sichtbaren Ausdruck in der Confessio Helvetica Posterior von 1566 (Kap. 2.8.3) fand.

Auf der anderen Seite verschärfte die Verbindung von Zwinglianismus und Calvinismus durch den Consensus Tigurinus die Distanz zwischen Calvin und dem Luthertum. Seit dem Jahr 1552 meldete sich der Hamburger Pastor Joachim Westphal mit eindringlichen Warnungen vor der reformierten Abendmahlslehre zu Wort. Der folgende mehrjährige Streitschriftenwechsel zwischen Westphal und Calvin, in den sich bald zahlreiche weitere Autoren einschalteten und der als der Zweite Abendmahlsstreit (1552-1557) bezeichnet wird, trug wesentlich zur Formierung des innerprotestantischen Konfessionsgegensatzes bei.

In Genf selbst kam es seit dem Wahlsieg der Calvin-Partei 1555 zu einer umfassenden politischen und kirchlichen Konsolidierung. Genf wurde zu einem »protestantischen Rom« und Vorbild für den gesamten reformierten Protestantismus. Eine wichtige Multiplikatorfunktion hatte die 1559 gegründete Genfer Akademie, an der bald Theologen aus ganz Europa ausgebildet wurden; sie spielte für das Reformiertentum eine ähnliche Rolle wie die Wittenberger Leucorea für die Lutheraner. 1564 starb Calvin nach langer Krankheit und wurde auf eigenen Wunsch in einem schlichten Grab ohne Grabstein beigesetzt.

Calvins Nachfolger in Genf wurde Theodor Beza (gest. 1605), wie er ein humanistisch gebildeter Jurist aus Frankreich. Beza hatte sich nach einer Pesterkrankung zum evangelischen Glauben bekehrt und war Griechischlehrer in Lausanne gewesen, bevor er Pfarrer und Rektor der neu gegründeten Akademie in Genf wurde, wo er sich als herausragender Exeget und Theologe einen Namen machte. Kurz vor Calvins Tod wurde er 1564 zum neuen Präsidenten des Pfarrkapitels gewählt.

3.2.3 Calvins Theologie

Calvins Theologie ist stark von Paulus und von Augustinus geprägt. Außerdem ist er sowohl von Luther – zugespitzt hat man ihn »Luthers größten Schüler« genannt[59] – als auch von Zwingli und nicht zuletzt von Bucer beeinflusst worden. Calvins Hauptwerk und die wichtigste Quelle für seine Theologie ist die »Institutio«. Gegenstand der Theologie ist demnach, wie Calvin in den oben zitierten Anfangskapiteln erklärt, die Gotteserkenntnis und die Selbsterkenntnis in ihrer unauflöslichen Bezogenheit aufeinander.

Wollte man so etwas wie einen theologischen Zentralgedanken Calvins benennen, so wäre es *Gottes Ehre und Majestät*. Der Mensch als Gottes Geschöpf muss seinem Schöpfer die schuldige Ehre erweisen. Gott zu ehren ist sogar wichtiger als die eigene Seligkeit. Das muss sich auch ganz praktisch in der christlichen Ethik erweisen. Gottes Ehre verlangt, dass die Gläubigen diese Welt nach seinem Willen gestalten.

In der *Christologie* führt die Betonung von Gottes Majestät dazu, dass Calvin nicht in gleicher Weise wie Luther von der Kondeszendenz Gottes in Christus sprechen kann. Gott geht auch in der Inkarnation nicht vollständig in die Endlichkeit der geschaffenen Welt ein.[60] Wo Luther in quasi-alexandrinischer Weise die unauflösliche Verbindung von menschlicher und göttlicher Natur in Christus betont, steht Calvin (wie vor ihm Zwingli) der antiochenischen Unterscheidungschristologie des Altertums näher: für ihn wirkt die göttliche Natur Christi – trinitätstheologisch gesprochen: der Sohn – selbst noch nach der Inkarnation auch außerhalb (*extra*) der Verbindung mit der menschlichen Natur – eine Vorstellung, die seit dem 17. Jahrhundert als das *extra Calvinisticum* bezeichnet wurde. Die traditionelle Unterscheidung der Lehren von der Person und vom Werk Christi hebt Calvin mit seiner biblisch grundierten Lehre vom dreifachen Amt (*triplex munus*) Christi als König, Priester und Prophet auf: Als König herrscht Christus im Geist über die Gläubigen und, allerdings auf verborgene Weise, auch schon

---

59 Nach Hanns Rückert war Calvin Luthers größter Schüler, »weil er das von ihm Übernommene am selbständigsten und einheitlichsten gestaltet« und »Luthers reformatorischen Ansatz am tiefsten verstanden und am treuesten gewahrt hat«: Rückert, Calvin, 167.

60 In der späteren reformierten Theologie auf die Formel *finitum non capax infiniti* (»das Endliche kann das Unendliche nicht fassen«) gebracht.

3.2 Johannes Calvin

über alle Menschen (Königsherrschaft Christi); als Priester versöhnt er die Sünder mit Gott; als Prophet offenbart er Gottes Willen.

Anders als etwa Melanchthon versteht Calvin die *Rechtfertigung* nicht bloß forensisch als imputative Gerechtsprechung, sondern effektiv als Wiedergeburt und Neuschöpfung zu einem neuen Leben der Heiligung und fortschreitenden Vervollkommnung. Dabei dienen den Gläubigen Gottes Gebote als Anweisung und Belehrung; dieser (von Luther abgelehnte) *dritte Brauch des Gesetzes* (*tertius usus legis*) ist für Calvin der wichtigste. Dem entspricht ein anderer Umgang mit der *Bibel*: Während Luther die Bibel Alten und Neuen Testaments in steter Beziehung auf das Evangelium von Christus als ihrer Mitte und in der ständigen kategorialen Unterscheidung von Gesetz und Evangelium liest, versteht Calvin die Bibel sehr viel stärker einheitlich und homogen; wo Luther von der Christusbotschaft her Sachkritik an einzelnen biblischen Büchern und Aussagen üben kann, gilt Calvin die ganze heilige Schrift (*tota scriptura*) als gültiges Wort Gottes.

Die spektakulärste Besonderheit der Theologie Calvins ist seine Lehre von der *doppelten Prädestination*. Streng zu Ende gedacht, muss ja jede konsequente Gnadentheologie, die die Seligkeit des Menschen allein auf Gottes Wirken, nicht auf menschliche Werke gründet, zwangsläufig auf eine Prädestinationsvorstellung hinauslaufen. Das war bei Augustinus der Fall, und auch Luther erkannte diese Konsequenz, zog es aber vor, sich an den Deus revelatus und dessen allgemeinen Heilswillen zu halten. Calvin, der studierte Jurist, war hier geradliniger. Wo Augustinus nur eine positive Prädestination zum Heil kennt, mit der Gott einige aus der Masse der seinem Zorn verfallenen Sünder errettet hat, nimmt Calvin im Anschluss an Römer 9,11-21 eine doppelte Prädestination (*gemina praedestinatio*) und einen doppelten Ratschluss an, mit dem Gott vor Grundlegung der Welt (Epheser 1,4) – also schon vor Adams Sündenfall (*lapsus*) und mithin »supralapsarisch« – die einen zur Seligkeit und die anderen ebenso aktiv zur Verdammnis vorherbestimmt hat. Für Calvin ist die Prädestinationsvorstellung ein starker Trost in Anfechtung, besagt sie doch klar, dass die Seligkeit der Erretteten auf dem unabänderlichen Ratschluss Gottes beruht. Allerdings konnte sie auch Zweifeln am eigenen Gnadenstand Vorschub leisten, und wirklich hat sie Späteren Anlass zur besorgten Suche nach Indizien dafür gegeben – nicht selten im Sinne eines theologisch problematischen *syllogismus practicus*, der aus dem sichtbaren Segen Gottes im irdischen Leben auf die Prädestination zum Heil schließen wollte. Bei Calvin selbst finden sich solche Gedanken noch nicht. Tatsächlich war die doppelte Prädestination für ihn keine zentrale Glaubenslehre; zu einer solchen wurde sie erst durch die Synode von Dordrecht 1618/19 (Kap. 3.4.3).

Der Soziologe und Ökonom *Max Weber* hat in seiner berühmten Studie »Die protestantische Ethik und der Geist des Kapitalismus« (1904)[61] den Calvinismus und insbesondere den calvinistisch geprägten englischen Puritanismus (Kap. 4.10) als historischen Wegbereiter des Kapitalismus identifiziert und dafür auf die besondere Rolle hingewiesen, die beruflicher Erfolg vor dem Hintergrund der Prädestinationslehre als Indiz für den Gnadenstand spielte. Zudem habe die calvinistische Ethik zu einer »innerweltlichen Askese« geführt, die das erwirtschaftete Geld nicht in den Konsum, sondern in Investitionskapital fließen ließ. Die bis heute viel diskutierte »Weber-These« hat manche Schwachpunkte und ist als umfassende Kapitalismustheorie unzureichend, hat aber hinsichtlich der konfessionellen Mentalitäten durchaus Richtiges erkannt.

In seiner *Ekklesiologie* unterscheidet Calvin wie Luther zwischen sichtbarer und unsichtbarer Kirche. Doch wo Luther letztlich vor allem zwei *notae ecclesiae* (Kennzeichen der Kirche) kennt, durch die die verborgene Kirche sichtbar wird – die Wortverkündigung und die Verwaltung der Sakramente –, da fügt Calvin die Kirchenzucht gemäß der Gemeinderegel von Mt 18,15–18 als unentbehrliche weitere *nota ecclesiae* hinzu. Nicht zufällig spielt in der von ihm entworfenen *Kirchenordnung* die Kirchenzucht (*disciplina*) eine zentrale Rolle; auch das hat mit seinem Eifer für die Ehre Gottes zu tun. Die Kirchenverfassung mit ihren vier Ämtern nach Eph 4,11 soll dem biblischen Vorbild entsprechen. Calvins gemeindekirchliches Modell wurde im späteren Calvinismus zum Grundtyp einer von unten aufgebauten presbyterial-synodalen Kirchenverfassung in prinzipieller Unabhängigkeit von der politischen Gewalt ausgebaut. Eine Ausnahme bildeten die reformierten Kirchen in Deutschland, die dem landesherrlichen Kirchenregiment unterstellt und wie die lutherischen Kirchen konsistorial verfasst waren.

---

61 Weber, Die protestantische Ethik und der Geist des Kapitalismus.

In der *Abendmahlslehre* suchte Calvin einen Mittelweg zwischen Luther und Zwingli. Wie Zwingli lehnt er die Vorstellung einer Realpräsenz von Leib und Blut Christi in den Elementen ab: Christi menschlicher Leib sitzt zur Rechten Gottes im Himmel und besitzt keine Ubiquität im Sinne Luthers. Dennoch ist Christus in der Abendmahlsfeier gegenwärtig. Das ist durchaus eine reale, wenn auch nicht leibliche Präsenz. Calvin begründet sie pneumatologisch: Durch den Heiligen Geist vergegenwärtigt sich Christus selbst (Spiritualpräsenz). Das Abendmahl ist nicht bloß eine Zeichenhandlung der Gemeinde, sondern in ihm findet eine wirkliche Begegnung mit dem erhöhten Christus statt, der sich den Gläubigen als geistliche Speise schenkt. Brot und Wein sind Realsymbole: so wie das leibliche Essen und Trinken von Brot und Wein den Gläubigen körperlich stärkt, so stärkt das geistliche Essen und Trinken (*manducatio spiritualis*) von Leib und Blut Christi seine Seele. Der Heidelberger Katechismus (1563) hat diesen Gedanken Calvins zur Vorstellung von zwei parallel stattfindenden Vorgängen (Sakramentsparallelismus) ausgebaut.

Die nachreformatorische Theologie hat den Unterschied zwischen lutherischer und calvinistischer Lehrbildung vor allem an dem *dreifachen innerprotestantischen Lehrunterschied* in Abendmahlslehre, Christologie und Prädestinationslehre festgemacht. Tatsächlich wirkten die theologischen Differenzen zwischen Lutheranern und Reformierten allen fundamentalen Gemeinsamkeiten zum Trotz bis ins 20. Jahrhundert, bis zur Leuenberger Konkordie von 1973 (Kap. 7.8.4), kirchentrennend, wobei allerdings neben der Dogmatik auch praktische konfessionskulturelle Besonderheiten eine nicht zu unterschätzende Rolle gespielt haben.

3.3 Die Reformation in Frankreich

3.3.1 Der französische Protestantismus bis zur Confessio Gallicana (1559)

In Frankreich verbreitete sich seit 1520 in den Städten reformatorisches Gedankengut. Dessen Anhänger, die sogenannten »Luthériens«, waren allerdings zunächst oft mehr vom reformorientierten französischen Bibelhumanismus als von Luther selbst beeinflusst. Hauptvertreter dieses Bibelhumanismus war Jacques Lefèvre d'Étaples (Jacobus Faber Stapulensis), der 1523 eine auf der Vulgata beruhende französische Übersetzung des Neuen Testaments und einige Jahre später auch des Alten Testaments veröffentlichte. Pierre-Robert Olivétan, ein Cousin Calvins, der 1535 die aus den Grundtexten ins Französische übersetzte Genfer Bibel – die eigentliche Bibel des frankophonen Protestantismus – schuf, war sein Schüler. Ein frühes Zentrum der humanistischen Reformer entstand in Meaux (vierzig Kilometer östlich von Paris) um Bischof Guillaume Briçonnet, der Lefèvre zu seinem Generalvikar (Verwaltungsleiter) machte und zu dessen Kreis auch Guillaume Farel gehörte.

Nachdem bereits 1525 Lefèvres Übersetzung des Neuen Testaments verboten worden war, kam es 1533/34 im Anschluss an die Pariser Rektoratsrede von Nicolas Cop zu einer ersten, von König Franz I. angeordneten Verfolgung von Evangelischen, die durch die Plakataffäre von 1534 neue Heftigkeit gewann (Kap. 3.2.1). Anders als im Reich oder in Zürich, wo die Reformation von den politischen Obrigkeiten betrieben und gefördert wurde, musste sich die evangelische Bewegung in Frankreich gegen die Obrigkeit behaupten. Ab 1541 konnte sich, mit tatkräftiger Unterstützung aus dem Genf Calvins, gleichwohl eine institutionalisierte evangelische Kirche bilden. Am Anfang standen informelle Untergrundgemeinden, die »églises plantées« (»gepflanzte Kirchen«, Setzlinge), deren Mitglieder ihren Glauben im Geheimen – »nikodemitisch« (d. h. wie Nikodemus bei Nacht, vgl. Johannes 3,1f.), wie Calvin diese von ihm abgelehnte Praxis nannte – lebten. Doch mancherorts, so in Meaux und 1555 auch in Paris, gingen aus diesen Untergrundgemeinden reguläre Kirchengemeinden, die »églises dressées« (»organisierte Kirchen«) hervor, die nach Genfer Vorbild mit Pastoren und Konsistorien ausgestattet waren und eine strenge Kirchenzucht praktizierten.

1559 konnte in Paris erstmals eine evangelische Nationalsynode mit Abgeordneten aus zwölf Gemeinden stattfinden. An Entwürfe Calvins anknüpfend, nahm die Synode die »Confessio Gallicana« als Glaubensbekenntnis und die »Discipline ecclésiastique« als Kirchenordnung an. Letztere übernahm das presbyteriale Genfer Modell, erweiterte dieses aber, dem Bedürfnis eines Flächenstaates entsprechend, um ein synodales Element: Während die Leitung der einzelnen Gemeinden wie in Genf dem Konsistorium aus Pfarrern und Ältesten oblag, bildeten je zehn bis zwölf Gemeinden eine »Klasse«, in der man sich mehrmals jährlich abstimmte. Auf den Ebenen darüber gab es sechzehn jährlich tagende Provinzialsynoden, und als oberstes Leitungsorgan die Nationalsynode.

Dabei waren alle Synoden paritätisch mit Pfarrern und mit Ältesten (Nichttheologen) besetzt.

Zu Beginn der 1560er Jahre fand der Protestantismus in Frankreich immer mehr Zulauf, auch unter Kaufleuten, Akademikern und Adeligen. Rund zehn Prozent der Franzosen waren damals evangelisch. Seit 1560 wurden sie als »Hugenotten« bezeichnet. Der Begriff wurde früher als Verballhornung des deutschen Wortes »Eidgenossen« (d. h. Schweizer) gedeutet, war aber vielleicht eher ein von dem König Hugo der Volkssage, der nachts in den Straßen von Tours spuken sollte und sich so als Patron lichtscheuer Zeitgenossen anbot, abgeleiteter Spottname. Politisch profitierten die Evangelischen von der Krise, in die der Tod König Heinrichs II. 1559 die Monarchie gestürzt hatte. Angesichts des für das Königtum gefährlichen Machtstrebens des Adels suchte die für ihren unmündigen Sohn regierende Königinwitwe Katharina von Medici die Verständigung mit den Hugenotten. 1561 berief sie eigens ein Religionsgespräch nach Poissy ein, bei dem Theodor Beza die evangelische Position vertrat. Eine Einigung kam aber nicht zustande.

3.3.2 Die Hugenottenkriege bis zum Edikt von Nantes (1562-1598)

Als 1562 der altgläubig gesinnte Herzog Franz von Lothringen aus der mächtigen Adelsfamilie Guise unter den Teilnehmern eines hugenottischen Untergrundgottesdienstes in Wassy ein Blutbad anrichtete, kam es zum Religionskrieg. Insgesamt zählt man in den Jahren 1562 bis 1598 acht Hugenottenkriege, bei denen es sich in Wahrheit um einen einzigen Großkonflikt mit kurzen Friedenszeiten dazwischen handelte. Auf altgläubiger Seite taten sich dabei die Guisen hervor: Franz von Lothringen und sein Bruder Karl, Erzbischof von Reims und Kardinal von Lothringen. Die Hugenotten sammelten sich um die Adelsfamilie Bourbon, die über das kleine Königreich Navarra in den Pyrenäen herrschte.

Katharina von Medici und ihr Sohn, König Karl IX., bekämpften die Hugenotten, mussten aber darauf bedacht sein, die Guisen nicht zu stark werden zu lassen. Überdies gab es eine einflussreiche Partei von sogenannten »Politikern« (*politiques*) an ihrem Hof, die dazu rieten, die religiöse Einheit zugunsten der staatlichen Einheit preiszugeben. Wirklich gelang 1570 in St. Germain ein Friedensschluss, mit dem den Hugenotten Gewissensfreiheit zugestanden wurde, ferner das Recht, an festgelegten Orten Gottesdienst zu feiern und die Verfügung über vier befestigte Orte, darunter die Hafenstadt La Rochelle. Zur Besiegelung des Friedens plante die Königsmutter Katharina von Medici, ihre Tochter Margarete von Valois mit dem Bourbonen König Heinrich von Navarra zu vermählen. Die Hochzeitsfeier fand 1572 in Paris unter starker Beteiligung des hugenottischen Adels statt. Doch vier Tage später kam es zu einem Attentat auf den Admiral Coligny, einen prominenten Anführer der Hugenotten. Binnen kurzem eskalierte die Situation. Soldaten und Bürger richteten unter den hugenottischen Festgästen ein Massaker an. Was als Geste der Versöhnung gedacht war, ging als »Pariser Bluthochzeit« oder, nach dem Tagesheiligen, als »Bartholomäusnacht« in die Geschichte ein. Auch in anderen Städten kam es zu Gewaltaktionen gegen die Evangelischen, die Gesamtzahl der Opfer betrug schätzungsweise an die 15.000. Die Aktion war wohl nicht von langer Hand geplant, und es ist nicht klar, wer dafür Verantwortung trug, die Königsfamilie oder die Guisen. Die Folge war jedenfalls ein Wiederaufflammen des Religionskriegs.

An der Spitze der Hugenotten stand nun Heinrich von Navarra, der nach der Bartholomäusnacht als Gefangener seiner Schwiegermutter zum Katholizismus konvertiert, nach einigen Jahren aber geflohen und zum protestantischen Glauben zurückgekehrt war. Als 1589 mit dem Tod von König Heinrich III. die Dynastie der Valois erlosch, fiel die Königswürde an Heinrich von Navarra. Um sich – als Heinrich IV. von Frankreich – krönen lassen und in Paris einziehen zu können, sah er sich schließlich zu einer erneuten Konversion zum Katholizismus gezwungen; sein angeblicher Ausspruch »Paris ist eine Messe wert« (»Paris vaut bien une messe«) ist aber wohl nicht historisch. Es dauerte gleichwohl noch bis 1598, bis der neue König seine Herrschaft im ganzen Land gefestigt hatte.

Mit dem Edikt von Nantes beendete Heinrich IV. 1598 die Hugenottenkriege und verschaffte den Evangelischen eine gesicherte Rechtsposition. Zwar blieb der Katholizismus Staatsreligion, doch erhielten die Anhänger der »angeblich reformierten Religion« (»Religion prétendue réformée«) Gewissensfreiheit, Niederlassungsfreiheit im ganzen Land sowie garantierten Zugang zu Bildungseinrichtungen und staatlichen Ämtern. Allen Adeligen war evangelischer Hausgottesdienst gestattet. Sonst durften die Hugenotten nur dort öffentlichen Gottesdienst feiern, wo dies 1597 der Fall gewesen war; dort durften sie auch Kirchen – zur Unterscheidung von den katholischen Sakralbauten »temples« (Tempel) genannt – errichten und Friedhöfe anlegen. Ausdrücklich verboten war ihnen die öffentliche Religionsausübung in Paris und in Bischofsstädten. In einem separaten Dokument wurden den Hugenotten rund einhundertfünfzig befestigte Sicherheitsplätze im Süden und Westen des Landes zugesprochen, deren Garnisonen vom König bezahlt wurden.

Das Edikt von Nantes verschaffte den Hugenotten für ein halbes Jahrhundert Rechtssicherheit. Auch wenn der reformierten Kirche eine weitere territoriale Ausbreitung faktisch unmöglich gemacht worden war, konnte sie sich konsolidieren. Insgesamt sieben reformierte Akademien dienten der Ausbildung des Pfarrernachwuchses, von denen die bedeutendsten die im lothringischen Sedan, im westfranzösischen Saumur und im südfranzösischen Montauban waren; während sich Sedan zu einer Hochburg der calvinistischen Orthodoxie entwickelte, wurden in Saumur in Exegese und Dogmatik (Prädestinationslehre) liberale Positionen vertreten.

Als problematisch sollte sich erweisen, dass es sich beim Edikt von Nantes, anders als beim Augsburger Religionsfrieden, nicht um einen Vertrag, sondern um ein einseitig widerrufbares königliches Gesetz handelte. Während Heinrich IV. eine konfessionelle Versöhnungspolitik betrieb, sahen sich die Hugenotten im 17. Jahrhundert zunehmenden Repressionen ausgesetzt, und 1685 hob der »Sonnenkönig« Ludwig XIV. mit dem Edikt von Fontainebleau das Edikt von Nantes auf. Zwischen 150.000 und 200.000 der schätzungsweise 900.000 Hugenotten verließen damals das Land, viele kehrten zur katholischen Kirche zurück. Rund 50.000 fanden in Deutschland eine neue Heimat, vorwiegend in reformierten Territorien wie Brandenburg-Preußen und Hessen-Kassel; die Exulanten bildeten dort noch anderthalb Jahrhunderte lang gesonderte Gemeinden mit französischer Gottesdienstsprache und eigener Kirchenordnung.

3.4 Die Reformation in den Niederlanden

3.4.1 Der Protestantismus in den Niederlanden bis zur Confessio Belgica (1561)

Auch in den Niederlanden, der Heimat des Erasmus von Rotterdam, konnten die reformatorischen Ideen auf einem humanistischen Substrat aufbauen; daneben hatte hier die besondere Frömmigkeit der

Devotio moderna als Wegbereiter gedient. Politisch unterstanden die Niederlande, zu denen damals noch das heutige Belgien und Teile Nordfrankreichs gehörten, dem Spanien der Habsburger, Kaiser Karl V. war in seiner Funktion als spanischer König auch hier Landesherr. Dementsprechend scharf wurden die ersten evangelischen Regungen unterdrückt. 1523 wurden in Brüssel zwei Ordensbrüder Luthers, die Augustinereremiten Hendrik Voes und Jan van Esschen, als Ketzer verbrannt; sie waren die beiden ersten Märtyrer der Reformation überhaupt. Luther hat auf sie ein bewegendes Gedenklied gedichtet (»Ein neues Lied wir heben an«). Zahlreiche evangelisch gesinnte Niederländer verließen damals ihre Heimat; unter anderem in London, Wesel und Frankfurt bildeten sie bedeutende Fremdengemeinden.

Die ersten größeren Erfolge errang die reformatorische Verkündigung in den Niederlanden in ihrer radikalen, täuferischen Spielart durch Melchior Hoffmann. Aus den Resten des Melchioritismus entstand nach der Katastrophe des Münsteraner Täuferreichs das friedliche Täufertum der Mennoniten (Kap. 2.9.2). Seit den 1540er Jahren verbreitete sich dann von Süden her durch französische Glaubensflüchtlinge der Calvinismus. Zunächst in der französischsprachigen Wallonie, dann auch in Flandern und den nördlichen Provinzen entstanden reformierte Gemeinden; in Antwerpen gab es auch Lutheraner. 1561 verfasste der Wallone Guy de Brès, der sich nach dem Studium in Genf in seiner Heimat als reformierter Gemeindegründer betätigt hatte, nach dem Vorbild der Confessio Gallicana eine eigene Bekenntnisschrift für die niederländischen Calvinisten, die »Confessio Belgica«.

3.4.2 Der Achtzigjährige Krieg (1568–1648)

Entscheidend für den Erfolg der Reformation in den Niederlanden war ihre Verbindung mit der politischen Opposition gegen die spanische Herrschaft; die Durchsetzung der Reformation ging mit der Erkämpfung der staatlichen Unabhängigkeit einher. 1566 konnten calvinistische Prediger unter dem Schutz des Adels, der gegen die scharfe Religionspolitik König Philipps II. protestierte, öffentliche Predigtkampagnen abhalten, in deren Folge es schließlich vielerorts zu Bilderstürmen kam. Der spanische König ließ diese Unruhen durch den Herzog von Alba blutig niederschlagen. Die Gewaltexzesse der spanischen Truppen führten zum Ausbruch des niederländischen Unabhängigkeitskrieges,

3.4 Die Reformation in den Niederlanden

der als der Achtzigjährige Krieg (1568–1648) in die Geschichte einging. Die Aufständischen, die sich selbst »Geusen« (»Bettler«, ursprünglich ein Schmähname) nannten, hatten zunehmend militärische Erfolge und konnten bis 1572 die Provinzen Holland und Zeeland erobern. Unterstützt wurden sie von Wilhelm von Oranien (gest. 1584), dem ehemaligen königlichen Statthalter von Holland, Zeeland und Utrecht, der nun von den Aufständischen zum Statthalter der beiden befreiten Provinzen ernannt wurde. Wilhelm entstammte dem lutherischen Herzogshaus Nassau-Dillenburg, war aber als Erbe des in Südfrankreich gelegenen Fürstentums Oranien (Orange) in Verbindung mit den Habsburgern gekommen und in Brüssel katholisch erzogen worden. 1573 trat er zum reformierten Glauben über, vertrat aber zeitlebens eine tolerante – Kritiker meinen: indifferente – religiöse Haltung.

Anfangs war der niederländische Freiheitskampf von Protestanten und Katholiken gemeinsam geführt worden. 1579 zerbrach ihre Einheit entlang den konfessionellen Trennlinien: während sich die überwiegend katholischen Provinzen im Süden zur Union von Arras sammelten und Frieden mit dem neuen spanischen Statthalter schlossen, vereinigten sich die sieben überwiegend protestantischen Provinzen im Norden in der Union von Utrecht. 1581 riefen sie die »Republik der Vereinigten Niederlande« aus und bestimmten Wilhelm von Oranien zu ihrem Statthalter. Die Erinnerung an ihn ist bis heute in der niederländischen Nationalfarbe Orange und in der Nationalhymne, dem »Wilhelmus«, lebendig geblieben. Als er 1584 einem Mordanschlag zum Opfer fiel, wurde sein Sohn Moritz von Oranien sein Nachfolger.

Im Ergebnis blieb der Süden der Niederlande unter der spanischen Herrschaft, die alle evangelischen Regungen systematisch unterdrückte. Die Vereinigten Niederlande konnten ihre Unabhängigkeit in schweren Kämpfen behaupten und wurden 1648 im Westfälischen Frieden offiziell zum souveränen Staat. Damit war die Zweiteilung der Niederlande besiegelt: in die katholischen »Spanischen Niederlande« im Süden – im Wesentlichen das heutige Belgien – und die protestantischen Vereinigten Niederlande im Norden. Rund einhunderttausend protestantische Glaubensflüchtlinge aus dem Süden fanden hier eine neue Heimat. Die Vereinigten Niederlande erlebten einen starken wirtschaftlichen Aufschwung und wurden zu einer bedeutenden Handelsmacht. Der wirtschaftlichen korrespondierte eine kulturelle Blüte. Mit Recht hat man das 17. Jahrhundert das »Goldene Zeitalter« der Niederlande genannt.

Schon kurz nach Beginn des Achtzigjährigen Krieges hatte 1571 in Emden – also im Exil – eine erste reformierte niederländische Nationalsynode stattgefunden und eine presbyterial-synodale Kirchenordnung beschlossen. Der erfolgreiche Freiheitskampf ermöglichte dann in den nördlichen Provinzen den Aufbau eines geordneten reformierten Kirchenwesens. Dabei konkurrierten verschiedene Konzeptionen miteinander. Während der Adel und die vermögenden Kaufleute ein konfessionell offenes Staatskirchentum anstrebten, neigte das Kleinbürgertum zu einem strikten Calvinismus und legte Wert auf die Eigenständigkeit der Kirche gegenüber dem Staat. Obwohl sie in der Minderheit waren, gelang es den strengen Calvinisten, ihre Vorstellungen in den Konsistorien und Synoden durchzusetzen. Der niederländische Protestantismus bildete ein klares calvinistisches Profil aus, die Pfarrer wurden auf die Confessio Belgica und den Heidelberger Katechismus verpflichtet. Mit der 1575 gegründeten Universität Leiden, der ältesten der Niederlande, und der Universität Franeker entstanden im Land eigene Ausbildungsstätten.

Der Calvinismus war in den Vereinigten Niederlanden fortan zwar nicht Staatsreligion, aber die dominierende, alleinig privilegierte Konfession. Der Katholizismus war verboten. Bald duldete man aber – nicht zuletzt aus Handelsinteressen – andere protestantische Gemeinschaften: einheimische Mennoniten, aus Flandern und Deutschland zugezogene Lutheraner und englische Dissenters. Diese alle blieben freilich von öffentlichen Ämtern ausgeschlossen und durften sich nur in schlichten Gebetsräumen versammeln. Auch vertriebene spanische und portugiesische Juden fanden in den Niederlanden Aufnahme.

3.4.3 Der Arminianismus und die Synode von Dordrecht

Die fortbestehenden Spannungen zwischen staatsnahen freisinnigen Reformierten und kirchlich gesinnten strengen Calvinisten brachen 1604 anlässlich eines Theologenstreits an der Universität Leiden offen auf. Der Theologieprofessor Jacobus Arminius, ein Befürworter religiöser Toleranz und einer Kooperation von Kirche und Staat, sprach den Menschen auch unter der Erbsünde einen freien Willen zum Guten zu und entwickelte die Vorstellung einer bedingten Prädestination, die nicht auf einer unableitbaren Entscheidung Gottes, sondern auf seinem Vorherwissen (Präszienz) vom Glauben oder Unglauben der Einzelnen

3.4 Die Reformation in den Niederlanden

beruhe. Gegen Arminius verfocht sein Leidener Kollege Franz Gomarus die strenge Lehre Calvins von der absoluten Prädestination. Beide fanden Anhänger. Die Arminianer verteidigten 1610 ihre Glaubensvorstellungen in einer »Remonstration« (»Gegenvorstellung«) in fünf Artikeln, die sie den Ständen von Holland und Friesland vorlegten, die Gomaristen antworteten darauf mit einer »Kontraremonstration«, wonach die beiden Parteien auch als »Remonstranten« bzw. »Kontraremonstranten« bezeichnet wurden.

Während die Remonstranten die Gunst des Adels und der Kaufleute hatten, standen die Kleinbürger und die Ständevertreter der meisten Provinzen hinter den Kontraremonstranten. Als sich auch der Statthalter Moritz von Oranien auf ihre Seite stellte, gewannen sie rasch die Oberhand. Die »Generalstaaten«, die niederländische Ständeversammlung, stimmten der von den Kontraremonstranten geforderten Einberufung einer Nationalsynode zu, die vom November 1618 bis zum Mai 1619 in Dordrecht in Südholland stattfand. Faktisch war sie mehr als eine bloße Nationalsynode, denn alle reformierten Kirchen Europas waren eingeladen worden, und wirklich nahmen achtundzwanzig Delegierte aus der Schweiz, Deutschland (Kurpfalz, Nassau-Dillenburg, Hessen-Kassel, Bremen), England und Schottland daran teil. Das wichtigste Thema war der Remonstrantenstreit. Die von der Synodenmehrheit verabschiedeten Canones (Lehrsätze) schrieben die strenge calvinistische Prädestinationslehre verbindlich fest, allerdings nicht in der supralapsarischen, sondern in einer infralapsarischen Lesart, wonach Gottes Entscheidung über Errettung oder Verwerfung der einzelnen Menschen erst nach dem Sündenfall erfolgt war. Die Remonstranten wurden von der Synode und aus der Kirchengemeinschaft ausgeschlossen und ihrer Ämter enthoben. Indem die Dordrechter Synode die Geltung der Confessio Belgica und des Heidelberger Katechismus als Bekenntnisgrundlage der niederländischen Kirche bekräftigte, legte sie diese dauerhaft auf die calvinistische Orthodoxie fest. Die ins Exil gezwungenen Remonstranten – erst nach dem Tod von Moritz von Oranien durften sie zurückkehren – organisierten sich demgegenüber als eine eigene Minderheitenkirche mit heute noch rund fünftausend Mitgliedern. Die Beschlüsse der Synode von Dordrecht markieren den Beginn der reformierten Orthodoxie (Kap. 4.9.1) und wurden auch von anderen reformierten Kirchen übernommen. Bei den deutschen Reformierten spielten sie keine prominente Rolle; die strikte Prädestinationslehre wurde hier kaum vertreten.

3.5 Die Reformation in England und Schottland

3.5.1 Die Reformation in England

In England nahm das Zusammenwirken von evangelischer Bewegung und politischen Interessen eine ganz eigene Form an. Unter dem Einfluss von Schriften Luthers und humanistischer Ideen bildeten sich früh Zirkel evangelisch gesinnter Geistlicher, so vor allem in Cambridge um den Theologieprofessor Thomas Cranmer. Der Priester William Tyndale, der später in den Niederlanden als Ketzer verbrannt wurde, übersetzte im Exil in Deutschland, das ihn auch nach Wittenberg führte, das Neue Testament ins Englische und ließ es in Worms drucken.

Der englische König *Heinrich VIII.* (gest. 1547) aus der jungen Tudor-Dynastie bekämpfte die evangelischen Bestrebungen in seinem Land und veröffentlichte 1521 sogar eine »Assertio Septem Sacramentorum« (»Bekräftigung der sieben Sakramente«) gegen Luthers Schrift von der babylonischen Gefangenschaft der Kirche, wofür er von Papst Leo X. den Titel »Defensor fidei« (»Verteidiger des Glaubens«; bis heute Bestandteil der englischen Königstitulatur) erhielt. Doch ein Jahrzehnt später kam es unverhofft zu einem Zweckbündnis zwischen dem König und den Evangelischen. Heinrich VIII. hatte mit seiner Frau Katharina von Aragón, einer Tante Kaiser Karls V., nur eine Tochter, Maria; ein dringend benötigter männlicher Thronfolger fehlte und war nicht mehr zu erwarten. Heinrich ersuchte daher beim Papst um die Annullierung seiner Ehe, um die Hofdame Anne Boleyn, mit der er ein Verhältnis hatte, zu heiraten. Der Papst verweigerte sich dem Ansuchen, doch der König fand bei zwei evangelisch gesinnten Beratern Gehör: dem leitenden Minister Thomas Cromwell und Thomas Cranmer, der inzwischen als Erzbischof von Canterbury Primas (leitender Bischof) von England geworden war. 1533 erreichten sie, dass das englische Parlament eigenmächtig die Scheidung aussprach, was vom Papst nicht akzeptiert wurde. Daraufhin kam es zur Trennung der englischen Kirche von Rom, die 1534 vom Parlament mit der Suprematsakte (Act of Supremacy) vollzogen wurde; fortan war der englische König »the only supreme head on earth of the Church of England«. Damit hatte Heinrich VIII. eine »anglikanische« (= englische) Nationalkirche konstituiert – nicht aus religiösen, sondern aus rein persönlich-dynastischen Motiven. Auf die Lösung vom Papst folgte in den nächsten Jahren die Säkularisation der englischen Klöster, deren Besitz der Krone und den Grundherren zufiel. Sonst war die englische Kirche zunächst in allen anderen Belangen »gut katholisch«. Es gab nur wenig Widerstand gegen die Suprematsakte, zwei Wortführer der Kritik, darunter der ehemalige Lordkanzler Thomas Morus (der Verfasser der »Utopia«), wurden hingerichtet. In der zweiten Hälfte der 1530er Jahre gelang es Cromwell und Cranmer, die Anglikanische Kirche kurzzeitig für reformatorisches Gedankengut und evangelisch gesinnte Bischöfe zu öffnen. Doch schon bald schob der König dieser Entwicklung einen Riegel vor; 1540 ließ er Thomas Cromwell hinrichten. Als Heinrich VIII. 1547 starb, war er zum sechsten Mal verheiratet. Zwei seiner Ehen waren geschieden worden, zwei seiner früheren Ehefrauen, darunter auch Anne Boleyn, hatte er hinrichten lassen. Trotzdem hinterließ er, vielleicht infolge einer Erkrankung an der Syphilis, nur drei überlebende Kinder: Maria, Elisabeth und Eduard.

Eduard VI. (reg. 1547-1553), der einzige Sohn Heinrichs VIII., war erst neun Jahre alt, als er König wurde. Seine Vormünder leiteten nun eine moderate reformatorische Umgestaltung der englischen Kirche ein. Dabei handelte es sich um eine Reformation »von oben«, die nur wenig Rückhalt im Volk hatte. In der Glaubenslehre war die Anglikanische Kirche fortan protestantisch, genauer: reformiert, geprägt; dabei machte sich zunächst der Einfluss Martin Bucers, der seit dem Interim in Cambridge lehrte, dann aber vor allem der Calvins bemerkbar. In der Verfassung – das Bischofsamt wurde beibehalten (Episkopalkirche) – und im Gottesdienst, für den 1549 mit dem Book of Common Prayer eine neue Agende geschaffen wurde, dominierten dagegen weiter die traditionellen Formen. Dieses Profil – die Verbindung protestantischer Lehre mit katholisierenden Formen – und der Anspruch, damit einen Mittelweg (*via media*) zwischen den Konfessionen zu realisieren, wurde charakteristisch für den Anglikanismus.

Als Eduard VI. nach sechs Jahren starb, kam seine Halbschwester *Maria Tudor* (reg. 1553-1558), die Tochter Katharinas von Aragón, auf den Thron. Streng altgläubig gesinnt und mit dem spanischen Thronfolger Philipp II. verheiratet, betrieb sie eine strikte Rekatholisierungspolitik, die ihr den Beinamen »Maria die Katholische« eintrug. Die Evangelischen nannten sie die »Bloody Mary«; denn während ihrer Herrschaft wurden rund dreihundert Todesurteile gegen Protestanten vollstreckt, und mehr als achthundert Evangelische mussten auf den Kontinent flüchten, wo diese »Marian Exiles« bedeutende Exilgemeinden (u. a. in Frankfurt am Main) gründeten. Zum Chronisten dieser Verfolgung wurde John Foxe, auch er ein Exulant, mit seinem populären »Book of Martyrs«. Der plötzliche Tod Marias im Jahr 1558 galt den Evangelischen als göttliche Fügung.

Zur eigentlichen Begründerin der Anglikanischen Kirche (offiziell: Church of England) wurde Königin *Elisabeth I.* (reg. 1558-1603), die Tochter von Anne Boleyn und letzte Königin aus dem Haus Tudor. In ihrer enorm langen Regierungszeit gelang ihr die politische und religiöse Konsolidierung Englands. Durch eine geschickte Politik konnte sie die konkurrierenden Thronansprüche Philipps II. von Spanien und der schottischen Königin Maria Stuart abweisen; mit der erfolgreichen Abwehr der spanischen Armada 1588 wurde England zur Seemacht. Das »elisabethanische Zeitalter« brachte auch eine kulturelle Blüte, für die exemplarisch der Name William Shakespeare stehen kann.

Es war eher politisches Kalkül als religiöse Überzeugung, dass Elisabeth konfessionell auf den Protestantismus setzte. Mit dem »Elizabethan Religious Settlement« von 1559 stellte sie die von Rom unabhängige englische Nationalkirche wieder her. Grundlage waren zwei vom Parlament verabschiedete Religionsgesetze: Mit der erneuerten, bis heute gültigen Suprematsakte (Act of Supremacy), auf die fortan alle Kirchen- und Staatsdiener vereidigt wurden, wurde die Königin zum »supreme governor« – also nicht mehr »head«: das Oberhaupt der Kirche ist Christus! – »of the Church of England« bestimmt; mit der Uniformitätsakte (Act of Uniformity) wurde das (leicht veränderte) Book of Common Prayer wieder eingeführt. Die 1563 entstandenen »Neununddreißig Artikel« sind die maßgebliche Zusammenfassung der anglikanischen Glaubenslehre.

Der Anspruch, eine *via media* zwischen den christlichen Konfessionen zu verkörpern, gestattete es der englischen Kirche, eine klare konfessionelle Entscheidung zu vermeiden und eine möglichst große Integrationswirkung zu entfalten. Erkauft war diese Strategie der Mitte durch Konflikte an den Rändern: einerseits wurden Katholiken in England scharf verfolgt, andererseits wurden Anhänger profilierter protestantischer Positionen als sogenannte »Puritaner« aus der Staatskirche herausgedrängt (Kap. 4.10).

3.5.2 Die Reformation in Schottland

Schottland war ein souveränes Königreich und wurde erst 1603 in Personalunion mit England verbunden. Unter dem Einfluss lutherischer Schriften bildete sich auch hier schon früh eine evangelische Bewegung, deren erster Märtyrer Patrick Hamilton wurde, der 1528 in St. Andrews auf dem Scheiterhaufen starb. Seit den 1540er Jahren wirkte sich auch hier der Einfluss Calvins aus. Zum eigentlichen Reformator Schottlands wurde John Knox (gest. 1572), der nach Verbüßung einer Galeerenstrafe in Frankreich und Predigttätigkeit in England vor der Verfolgung durch Maria Tudor nach Genf geflohen und dort Prediger der englischen Flüchtlingsgemeinde und ein überzeugter Anhänger Calvins geworden war.

Von Genf aus publizierte Knox 1558 eine scharfe Streitschrift gegen das »monströse Weiberregiment« der altgläubigen Herrscherinnen von England, Maria Tudor, und Schottland, Maria von Guise, die für ihre mit dem französischen König verheiratete Tochter Maria Stuart die Regentschaft führte: »The First Blast of the Trumpet Against the Monstrous Regiment of Women«. Im Jahr darauf kehrte Knox nach Schottland zurück, wo er bis zu seinem Tod als Prediger an der Kirche St. Giles in Edinburgh wirkte. Unter dem Einfluss seiner Predigten setzte der schottische Adel die Regentin Maria von Guise ab. Das neu einberufene Parlament beschloss 1560 die Errichtung einer vom Papst unabhängigen presbyterianischen Nationalkirche, der Church of Scotland (kurz »the Kirk« genannt), und nahm ein von Knox verfasstes calvinistisch geprägtes Glaubensbekenntnis, die »Confessio Scotica«, an. Ebenfalls noch 1560 gab sich die schottische Kirche auf ihrer ersten Nationalsynode mit dem »Book of Discipline« eine ebenfalls von Knox verfasste evangelische Kirchenordnung. Als die altgläubige Königin Maria Stuart, deren Ehemann inzwischen verstorben war, im Jahr darauf nach Schottland zurückkehrte, konnte sie die Reformation trotz aller Anstrengungen nicht mehr rückgängig machen. 1567 wurde sie durch einen Adelsaufstand abgesetzt und an ihre Großcousine Königin Elisabeth I. von England ausgeliefert, auf deren Thron sie Ansprüche erhoben hatte; 1587 wurde sie wegen Hochverrats enthauptet.

3.6 Weiterführende Literatur

Dingel, Irene: Reformation. Zentren – Akteure – Ereignisse, Göttingen 2016, 251–276.
MacCulloch, Diarmaid: Die Reformation 1490–1700, München 2008.
Pettegree, Andrew (Hg.): The Early Reformation in Europe, Cambridge 1992.
Rublack, Ulinka: Die Reformation in Europa, Frankfurt a. M. ²2006.
Selderhuis, Herman J.: Johannes Calvin. Mensch zwischen Zuversicht und Zweifel. Eine Biografie, Gütersloh 2009.
Selderhuis, Herman J. (Hg.): Calvin Handbuch, Tübingen 2008.

4.
KIRCHE UND THEOLOGIE IM KONFESSIONELLEN ZEITALTER (1555–1648)

4.1 ÜBERBLICK: DAS KONFESSIONELLE ZEITALTER

4.1.1 DAS KONFESSIONELLE ZEITALTER ALS EPOCHE

Die nachreformatorische Zeit bis zur Mitte des 17. Jahrhunderts wird traditionell als das »Konfessionelle Zeitalter« bezeichnet. Der Begriff geht auf den Systematischen Theologen und Religionsphilosophen *Ernst Troeltsch* (1865–1923) und seinen berühmten Protestantismus-Aufsatz von 1906 zurück.[62] Troeltsch ordnete das Konfessionelle Zeitalter hier zusammen mit der Reformation dem von ihm so genannten Altprotestantismus zu, der dem Mittelalter mit seiner kirchlichen Einheits- und Zwangskultur näher gestanden habe als der Welt der Moderne; erst im 18. Jahrhundert habe sich, von Spiritualismus, angelsächsischem Dissentertum und Aufklärung vorbereitet, der durch Individualismus, Subjektivismus, Gewissensfreiheit und Weltoffenheit bestimmte von Troeltsch so genannte Neuprotestantismus durchgesetzt.

Der von Troeltsch geprägte Begriff »Konfessionelles Zeitalter« verweist präzise auf das wichtigste Charakteristikum dieser Periode: die Formierung konkurrierender konfessioneller Kirchentümer und die weitgehende Durchdringung fast aller Lebensbereiche durch das konfessionelle Christentum – kurz: die überragende, für uns heute kaum mehr vorstellbare Bedeutung der Konfessionen.

Durch die Reformation war die Kircheneinheit im lateinischen Westen verlorengegangen. In ihrer Folge etablierten sich die vier großen »*Konfessionen*« (die Zeitgenossen sprachen von »Religionen«, doch der

---

62 Troeltsch, Die Bedeutung des Protestantismus für die Entstehung der modernen Welt, 29.

Das Licht ist auf den Leuchter gestellt
»'t Licht is op den kandelaer gestelt« Kupferstich eines anonymen Künstlers, Amsterdam, ca. 1640–1684 (Quelle: https://commons.wikimedia.org/wiki/File:Het_licht_is_op_de_kandelaar_gestelt_RP-P-OB-78.422.jpg).
Das Symbolbild entstand im Zusammenhang des ersten Reformationsjubiläums von 1617 in den calvinistischen Niederlanden. Es wurde während des 17. Jahrhunderts häufig nachgestochen und diente auch als Vorbild für Ölgemälde. Obwohl sich Lutheraner und Reformierte im Konfessionellen Zeitalter feindlich gegenüberstanden, beschwört das Bild die Einigkeit der Protestanten. Alle großen Reformatoren, in der Mitte Luther

4.1 Überblick: Das Konfessionelle Zeitalter 161

und Calvin mit ihren Mitarbeitern Melanchthon und Beza, um sie herum u. a. Bucer, Bullinger, Zwingli und Flacius, sind um einen Tisch mit dem wieder aufgerichteten Licht des Evangeliums versammelt. Auch die angeblichen »Vorreformatoren« Hus (vorne links) und Wyclif (vorne rechts) sitzen mit am Tisch. Mit dem Rücken zum Betrachter stehen die Feinde des Evangeliums, die das Licht ausblasen wollen – der Teufel selbst und die in seinem Dienst stehenden Vertreter der römischen Kirche: Kardinal, Papst und Mönch. Der Holzschnitt illustriert die verhärteten konfessionellen Fronten der Zeit ebenso wie die vor allem im Reformiertentum auch anzutreffenden irenischen Tendenzen.

Religionsbegriff hat seit der Aufklärung seine Bedeutung gewandelt) des römischen Katholizismus, des Luthertums, des Reformiertentums (Calvinismus) und des Anglikanismus. An die Stelle der religiösen Einheit trat eine faktische und sogar rechtlich sanktionierte Pluralität von Glaubensformen – von niemandem gewünscht, aber als Ergebnis der geschichtlichen Entwicklungen und Kräfteverhältnisse unhintergehbar, sozusagen eine Pluralität ohne Pluralismus.

Während der Anglikanismus auf England (und später auf die englischen Kolonien in Übersee) beschränkt blieb, trafen auf dem Kontinent und insbesondere im Heiligen Römischen Reich die drei anderen konfessionellen Kirchentümer unmittelbar aufeinander. Im Reich hatten sich in Folge der Reformation zunächst selbstständige lutherische Landeskirchen formiert. Reformierte Kirchen entstanden hier erst sekundär durch die Umgestaltung bestehender lutherischer Kirchen im Sinne einer »zweiten Reformation« – ein Vorgang, dessen rechtliche Zulässigkeit bis 1648 umstritten blieb. Auch die römische Kirche wurde nun zur Konfessionskirche umgebildet: Aus der mittelalterlichen Papstkirche entstand durch die vor allem vom Konzil von Trient angestoßenen Reformen die moderne römisch-katholische Kirche; »katholisch«, bisher ein Attribut der universalen Kirche des dritten Glaubensartikels, wurde nun faktisch zur Konfessionsbezeichnung.

Die konfessionellen Kirchentümer definierten und bewahrten ihre je besondere Identität nach innen und in der polemischen Abgrenzung gegeneinander mittels rechtlich verbindlicher Bekenntnisschriften und Lehrformulierungen, auf die Pfarrer, Lehrer, Professoren und Beamte sich eidlich oder unterschriftlich verpflichten mussten, und durch Katechismen, mit deren Hilfe die jeweilige konfessionelle Glaubens- und Sittenlehre den einzelnen Kirchengliedern vermittelt wurde.

Ungeachtet der in der Reformation – namentlich in der frühen politischen Ethik Luthers mit seiner Zwei-Regimenten-Lehre – auch angelegten säkularisierenden Tendenzen kam es im Konfessionellen Zeitalter zu einer bis dahin ungekannten Prägung und Durchdringung des gesamten politischen, gesellschaftlichen, kulturellen, wirtschaftlichen und privaten Lebens durch das konfessionell verfasste Christentum. Entscheidend dafür war die Verknüpfung der Etablierung der Konfessionskirchen mit der etwa gleichzeitigen Formierung der modernen Staaten. An die Stelle der von vielfältigen persönlichen Herrschafts- und Loyalitätsverhältnissen gestützten Personenverbandsstaaten des Mittel-

4.1 ÜBERBLICK: DAS KONFESSIONELLE ZEITALTER

alters traten nun moderne Flächenstaaten mit einem abgegrenzten Staatsgebiet und Staatsvolk, in dem die zuvor disparaten Herrschaftsrechte in der Hand des Landesfürsten vereint waren und von einer professionellen Bürokratie verwaltet wurden. Die Verzahnung von Konfessions- und Staatsbildung wird als *Konfessionalisierung* bezeichnet. Sie führte dazu, dass die uns vertraute kategoriale Trennung zwischen Politik und Religion auf diese Zeit praktisch nicht anwendbar ist: das Politische war immer religiös – und zwar im konfessionellen Sinne – und das Religiöse immer politisch. Die weltlichen Obrigkeiten bedienten sich der Konfessionskirchen, ihres Einflusses und ihrer Kommunikationsmittel zur Begründung und Durchsetzung ihrer Herrschaft und zur politischen, sozialen und moralischen Kontrolle und Disziplinierung der Untertanen, und umgekehrt nahmen die Konfessionskirchen die Autorität und die Machtmittel der Obrigkeit zur Durchsetzung ihrer religiösen Interessen in Anspruch. Doch auch abseits des unmittelbaren staatlichen Einflusses entfaltete das konfessionelle Christentum eine starke Prägekraft auf allen Ebenen. Im Ergebnis bildeten sich distinkte katholische, lutherische und reformierte Konfessionskulturen heraus.

Mit Blick auf das Heilige Römische Reich setzt man das Konfessionelle Zeitalter gewöhnlich *von 1555 bis 1648* an. Als Anfangsdatum dient der Augsburger Religionsfriede, mit dem erstmals eine konfessionelle Pluralität reichsrechtlich zugelassen wurde und den schon Leopold von Ranke als Abschluss des »Zeitalters der Reformation« im Reich (Kap. 2.1) angesehen hatte. Das Enddatum bildet der Westfälische Friede, mit dem nach dem Dreißigjährigen Krieg, der nicht nur, aber auch ein Religionskrieg war, der Augsburger Friede bekräftigt und fortentwickelt wurde. Die grundlegenden Vorgänge der Konfessionsbildung ebenso wie der Herausbildung der modernen Staaten reichen zeitlich allerdings deutlich weiter zurück. Wir setzen daher mit unserer Darstellung teilweise schon vor 1555 ein. Andererseits reichen Phänomene des Konfessionalismus auch über 1648 hinaus. Wie immer, so ist auch hier der Konstruktionscharakter des Epochenbegriffs im Blick zu behalten.

Die *Theologie* des Konfessionellen Zeitalters hat im Wesentlichen die Erträge des Reformationszeitalters verarbeitet und fortgeschrieben. Über die Konfessionsgrenzen hinweg blieb sie weithin dem Aristotelismus verpflichtet und damit überkonfessionell gesprächsfähig. Im Katholizismus etablierte sich eine auf Thomas von Aquin zurückgreifende »Barockscholastik«, Lutheraner und Reformierte entwickelten

4. Kirche und Theologie im Konfessionellen Zeitalter

eine Gestalt von Theologie, die als »(altprotestantische) Orthodoxie« bezeichnet wird und die »reine Lehre« unter Rückgriff auf die Bibel und die reformatorischen Bekenntnisse entfalten und bewahren wollte. Viele Theologen sahen ihre vornehmste Aufgabe in der Kontroverstheologie, also der polemischen Auseinandersetzung mit den Lehren der anderen Konfessionen. Dabei wurde der innerprotestantische Gegensatz zwischen Lutheranern und Reformierten nicht weniger scharf wahrgenommen und ausgetragen als der mit den Katholiken. Nur vereinzelt gab es konfessionelle Verständigungsbemühungen. Flankiert wurde die Ausarbeitung der neuen Schultheologien in allen Konfessionen durch neue *Frömmigkeitsbewegungen*, die im Wesentlichen durch die Rezeption und Fortschreibung von Traditionen der mittelalterlichen Mystik gespeist wurden.

Eine Konsequenz der Schärfung der konfessionellen Profile und der *Unduldsamkeit* gegenüber abweichenden Glaubensüberzeugungen und Lebensformen waren Phänomene wie die zwangsweise Konfessionsmigration – hier wäre etwa an die Auswanderung englischer Puritaner nach Nordamerika (Kap. 4.10.1) oder den Exodus der französischen Hugenotten (Kap. 3.3.2) zu denken – oder das Aufleben der Hexenverfolgungen (Kap. 1.7.2), die ihren Höhepunkt wohl nicht zufällig zwischen 1590 und 1630 erreichten.

Bei der Betrachtung der kirchen- und theologiegeschichtlichen Entwicklungen des Konfessionellen Zeitalters wie der nachfolgenden Periode von Pietismus und Aufklärung muss man sich bewusst sein, dass namentlich das »lange 17. Jahrhundert« (ca. 1580–1720) von zahlreichen äußeren Krisen bestimmt war. Die »Kleine Eiszeit« führte vor allem zwischen 1570 und 1630 und erneut zwischen 1675 und 1730 zu empfindlichen Kälteperioden, es kam zu einem erheblichen Rückgang der Bevölkerung und der landwirtschaftlichen und handwerklichen Produktion, der von sozialen Verwerfungen und Aufständen begleitet war. Zwischen den europäischen Mächten wurden zahlreiche bewaffnete Konflikte ausgetragen, die angesichts der Verquickung von Politik und Religion regelmäßig auch eine religiöse Komponente hatten – neben dem verheerenden Dreißigjährigen Krieg (Kap. 4.11) sind in kirchengeschichtlicher Perspektive vor allem der Achtzigjährige Krieg in den Niederlanden (Kap. 3.4.2) und der Englische Bürgerkrieg (Kap. 4.10.2) von Interesse. Zusammengenommen waren alle diese Krisenerfahrungen geeignet, alte religiöse Gewissheiten in Frage zu stellen und Theologie und Frömmigkeit zur Ausarbeitung neuer Antworten zu drängen, die den Keim zur Überwindung des Konfessionalismus bereits in sich trugen und im Zeitalter von Pietismus und Aufklärung zu einer tiefgreifenden Neukonfiguration des protestantischen Christentums führen sollten.

4.1.2 Konfessionsbildung, Konfessionalisierung, Konfessionskulturen

Die ältere Geschichtsschreibung nannte den hier betrachteten Zeitraum das »Zeitalter der Gegenreformation«. Dem lag die Vorstellung von einem Nacheinander von (lutherischer) Reformation und (altgläubiger) Gegenreformation im Sinne von Aktion und Reaktion (*challenge and response*) zugrunde. Unter Einbeziehung der späten calvinistischen Reformationen im Reich wurde daraus ein Dreiermodell von Reformation, Gegenreformation und »zweiter Reformation«.

Gegenüber derartigen antagonistischen Konzepten heben neuere Forschungsansätze im Bemühen um ein Gesamtverständnis des Zeitalters die Gemeinsamkeiten und die Parallelität der Entwicklungen in den verschiedenen Konfessionen hervor. In diesem Sinne entwickelte Ernst Walter Zeeden in der Mitte der 1950er Jahre sein Konzept der *Konfessionsbildung*.[63] Danach vollzogen sich in allen drei konfessionellen Lagern parallel gleichartige Prozesse, die zur Entstehung und Formierung von neuartigen Konfessionskirchen führten. Dabei entwickelte jeder dieser Konfessionskirchen ihr besonderes Dogma, ihre besondere Kirchenverfassung und ihre besondere religiöse Lebensform. Charakteristisch für die neuen Kirchentümer war die zentrale Rolle von Glaubensbekenntnissen (Konfessionen) für die Definition ihrer je spezifischen Identität. Mit dem Augenmerk auf die Bekenntnisbildung kann man den Beginn der Konfessionsbildungsprozesse mit den späteren 1520er Jahren und insbesondere mit der Confessio Augustana (1530) ansetzen.

Seit dem Ende der 1970er Jahre wurde Zeedens Konzept der Konfessionsbildung von Wolfgang Reinhard und Heinz Schilling zum umfassenderen Konzept der *Konfessionalisierung* ausgebaut.[64] Unter Konfessionalisierung verstanden sie einen nicht bloß innerkirchlichen Vorgang, sondern einen sozialgeschichtlichen Fundamentalprozess, der zu

---

63 Zeeden, Grundlagen und Wege der Konfessionsbildung.
64 Schilling, Die Konfessionalisierung im Reich.

einer tiefgreifenden Umformung des gesamten gesellschaftlichen und privaten Lebens führte. Charakteristisch dafür war die »Verzahnung« der Herausbildung der Konfessionskirchen mit der Entstehung des frühmodernen Staates, die sich durch die Zentralisierung und Rationalisierung von Herrschaft auszeichnete. Die Konfessionalisierung gestattete eine wirksame »Sozialdisziplinierung« der Menschen und trug zur von den politischen Obrigkeiten erstrebten Schaffung eines homogenen Untertanenverbandes bei. Auch hier handelte es sich um Vorgänge, die in allen drei großen Konfessionen gleichermaßen und parallel stattfanden. Die sachliche Parallelität schlägt sich in terminologischer Parallelität nieder: im Sinne der Konfessionalisierungsthese spricht man statt von »Reformation«, »zweiter Reformation« und »Gegenreformation« von »lutherischer«, »reformierter« und »katholischer Konfessionalisierung«.

Die Konfessionalisierungsthese (wegen der Komplexität des Konzepts auch »Konfessionalisierungsparadigma« genannt) hat sich für das Heilige Römische Reich im Wesentlichen bewährt, auch wenn sie hinsichtlich einzelner Territorien, besonderer historischer Konstellationen und bestimmter Segmente der gesellschaftlichen Wirklichkeit immer wieder an Grenzen stößt. Zu Recht wurde aber ihr »Etatismus« - die einseitige Konzentration auf den Staat - kritisiert. Die neuere Forschung hat gezeigt, dass es Konfessionalisierungsvorgänge nicht nur »von oben«, sondern auch »von unten«, auf allen gesellschaftlichen Ebenen und durch verschiedene Akteure, gab. Erst im Zusammenwirken der einen mit den anderen bildeten sich umfassende und teilweise bis heute nachwirkende *Konfessionskulturen*, in denen alle Lebensbereiche bis hinein in die alltäglichen Vollzüge eine charakteristische Prägung erhielten.[65]

4.1.3 Exkurs:
Das landesherrliche Kirchenregiment

Die Durchsetzung der Reformation im Reich war nur mit Hilfe der Territorialfürsten möglich gewesen. Eine direkte Folge davon war das landesherrliche Kirchenregiment, bei dem der Inhaber der politischen Herrschaftsgewalt in einem Territorium - der Landesfürst bzw. in Reichsstädten der Magistrat - den Summepiskopat über die evangeli-

---

65 Zum Konzept der »Konfessionskultur« vgl. Kaufmann, Lutherische Konfessionskultur in Deutschland.

sche Landeskirche innehatte (also die bischöflichen Rechte ausübte). Die reformatorische Theologie begünstigte mit ihrer Lehre vom allgemeinen Priestertum der Getauften diese Entwicklung, hatte sie aber keineswegs angestrebt; sie war nicht so sehr Ergebnis theologischer Programmatik als vielmehr politischer Pragmatik. Tatsächlich hatten bereits vor der Reformation viele Landesherren versucht, kirchliche Aufsichtsrechte an sich zu bringen, und auch später noch unternahmen auch altgläubige Fürsten wie die bayerischen Herzöge und die Erzherzöge von Österreich entsprechende Bestrebungen. Dennoch wurde das landesherrliche Kirchenregiment zum Charakteristikum der Verfassung der evangelischen Landeskirchen in Deutschland. Indirekt durch den Augsburger Religionsfrieden legitimiert, bestand es hier bis zum Ende der Fürstenherrschaft 1918.

Die Versuche einer theologischen oder juristischen Begründung des landesherrlichen Kirchenregiments folgten dessen historischer Entwicklung erst nach. Die Reformatoren wollten es nur als Provisorium gelten lassen. *Luther* verstand den Landesherrn als »Notbischof«, der die sich der Kirchenreform versagenden rechtmäßigen Bischöfe vertrat. *Melanchthon* sah im Fürsten das herausragende Kirchenglied und betonte sein Wächteramt über beide »Tafeln« des Dekalogs *(custodia utriusque tabulae)* – also auch über die von den Geboten der »ersten Tafel« normierte rechte Gottesverehrung – und seine Pflicht zur Fürsorge für die Kirche *(cura religionis).* Eine förmliche verfassungsrechtliche Begründung des landesherrlichen Kirchenregiments wurde erst nach dem Augsburger Religionsfrieden von evangelischen Juristen mit der Theorie des *Episkopalismus* erarbeitet. Danach waren die im Religionsfrieden für die evangelischen Territorien suspendierten kirchlichen Aufsichtsrechte der Bischöfe auf den jeweiligen Landesherrn als den *summus episcopus* übergegangen. Auf dieser Rechtsgrundlage beruhte die Ausgestaltung der evangelischen Kirchenverfassung im Konfessionellen Zeitalter. Nach dem Dreißigjährigen Krieg wurden neue, nunmehr säkulare Begründungsfiguren ausgearbeitet. In der zweiten Hälfte des 17. Jahrhunderts entwickelten die Juristen Samuel Pufendorf und Christian Thomasius die Konzeption des *Territorialismus*, wonach das Kirchenregiment ein natürlicher Bestandteil der absoluten Herrschaftsgewalt des Landesherrn sei. Gegen diese absolutistische Usurpation setzten im 18. Jahrhundert die Theologen Christoph Matthäus Pfaff und Johann Lorenz von Mosheim (Kap. 5.10.2) den von der Vertragstheorie der Aufklärung beeinflussten *Kollegialismus*, der die Kirche als Verein und das Kirchenregiment des Landesherrn als die diesem von den Kirchenmitgliedern stillschweigend übertragenen Vereinsrechte verstand. In Abgrenzung gegen den Territorialismus kam ferner die – erst im 19. Jahrhundert ganz durchgesetzte – Unterscheidung von »Kirchenhoheit« und »Kirchengewalt« auf. Danach hat der politische Souverän als solcher zunächst lediglich ein äußeres Aufsichtsrecht über die Kirche (Kirchenhoheit, *ius circa sacra*), nicht anders als über andere Vereinigungen auch. Davon zu unterscheiden ist die Kirchengewalt (*ius in sacra*), die er innerhalb der Kirche in Wahrnehmung seiner bischöflichen Rechte im Hinblick auf Glaubenslehre und Gottesdienst ausübt; dabei ist er an den sachverständigen Rat der Theologen gebunden. Auf Grund dieser Rechtsfigur entstanden im 19. Jahrhundert in einer Reihe von Landeskirchen schließlich eigene, gegenüber der allgemeinen staatlichen Verwaltung (Kultusministerium) selbstständige Kirchenbehörden (Konsistorien, Oberkirchenräte), die nach dem Ende des landesherrlichen Kirchenregiments zu kirchlichen Selbstverwaltungsorganen wurden. Im Gegensatz zur Kirchengewalt verblieb die Kirchenhoheit beim Staat, der nach wie vor ein allgemeines Aufsichtsrecht über alle Religionsgemeinschaften hat (Art. 140 Grundgesetz).

4.2 Die Katholische Reform in Italien und Spanien

Nach dem Gesagten wäre es eine Verkürzung, die Geschichte des Katholizismus im Konfessionellen Zeitalter in erster Linie im Hinblick auf den Vorgang der Gegenreformation, also die mehr oder wenige gewaltsame Zurückdrängung des Protestantismus, zu betrachten. Zur Kennzeichnung der positiven Erneuerungs- und Umbauleistungen des Katholizismus in dieser Zeit hat der katholische Kirchenhistoriker Hubert Jedin den Begriff der »katholischen Reform« eingeführt.[66] Das Begriffspaar »Katholische Reform und Gegenreformation« umschreibt mit seinen beiden Aspekten etwa das, was man im Sinne des Konfessionalisierungsparadigmas als »katholische Konfessionalisierung« bezeichnet.[67]

---

66 Jedin, Katholische Reformation [sic!] oder Gegenreformation.
67 Weiss, Katholische Reform und Gegenreformation.

4.2.1 Die Katholische Reform in Italien

In Italien gab es vor allem in den 1530er und 1540er Jahren eine veritable evangelische Bewegung, die von der römischen Inquisition unterdrückt wurde (Kap. 3.1). Doch auch innerhalb der Papstkirche traten Reformkräfte auf den Plan und führten unter anderem zur Entstehung einer Vielzahl neuer Bruderschaften von Laien und Klerikern. Vor allem zwei neue geistliche Gemeinschaften gaben wichtige Impulse. Die erste war der 1524 als Orden von Weltpriestern gestiftete und dem Anliegen der Klerusreform verpflichtete *Theatinerorden*. Seine Gründer waren der Priester Kajetan von Thiene und der Bischof der namengebenden mittelitalienischen Stadt Theate (heute: Chieti) Gian Pietro Carafa, der später Kardinal wurde und als Papst Paul IV. den Stuhl Petri bestieg. Vom späteren Wirken der Theatiner in München zeugt bis heute die Theatinerkirche am Odeonsplatz mit der Wittelsbacher-Gruft; auch in Prag und Wien haben sie ihre Spuren hinterlassen. Noch bedeutender war die zweite Neugründung: der *Kapuzinerorden*, ein franziskanischer Reformorden, der 1528 neben die erst kurz zuvor getrennten Ordenszweige der Franziskaner-Konventualen und -Observanten (Kap. 1.2.3) trat. Die nach ihrer auffälligen Tracht so genannten Kapuziner waren dem strengen franziskanischen Armutsideal verpflichtet und widmeten sich der Predigt und Seelsorge, der Krankenpflege und der Versorgung der Armen und gewannen großen Einfluss auf die einfachen Gläubigen. Der spektakuläre Übertritt ihres Ordensgenerals Bernardino Ochino zur Reformation 1542 bedeutete nur einen vorübergehenden Rückschlag. Gemeinsam mit den Jesuiten (Kap. 4.2.2) wurden die Kapuziner die wichtigsten Protagonisten der Gegenreformation. In Wien errichteten die Habsburger ihre Familiengrablege nicht zufällig im Kapuzinerkloster.

Vom Papsttum gingen zunächst nur zögerliche Reformimpulse aus. *Papst Paul III.* (Papst 1534–1549) war seinem Auftreten und Selbstverständnis nach eher Fürst als Bischof, fand sich jedoch bereit, 1536 das lange geforderte Konzil nach Mantua einzuberufen, was sich aber aus politischen Gründen nicht verwirklichen ließ (Kap. 2.13.1). Ebenfalls 1536 setzte er eine Reformkongregation aus neun Kardinälen unter Vorsitz von Gasparo Contarini ein, die im Jahr darauf ein Gutachten zu einer Kirchenreform vorlegte, das »Consilium de emendanda ecclesia« (»Ratschlag zur Verbesserung der Kirche«), das aber nur einige Vorschläge zur äußerlichen Kirchendisziplin (Ämtervergabe, Residenzpflicht der

Geistlichen usw.) enthielt und folgenlos blieb. Langfristig bedeutsam war die Approbation der neuen Orden der Kapuziner und der Jesuiten durch Paul III. sowie die 1542 unter seinem Pontifikat erfolgte Gründung der römischen Inquisition durch den inzwischen zum Kardinal erhobenen Gian Pietro Carafa. Nach dem Vorbild der (staatlichen) spanischen Inquisition wurde damit an der Kurie eine zentrale Behörde zur Bekämpfung von Protestanten und anderen Dissidenten geschaffen; die heutige päpstliche »Kongregation für die Glaubenslehre« ist ihre Nachfolgeinstitution. 1545 konnte Paul III. dann endlich in Trient das lange geplante und immer wieder verschobene Konzil eröffnen (Kap. 4.3).

4.2.2 Die Katholische Reform in Spanien

In Spanien hatte sich im Zuge der Reconquista das katholische Christentum als alleinige Religion durchgesetzt. Muslime und Juden wurden zur Taufe gezwungen oder vertrieben. Die im königlichen Auftrag agierende spanische Inquisition ging mit großer Härte gegen religiöse Abweichler und gegen verdächtige Konvertiten aus dem Islam (»Morisken«) und dem Judentum (»Marranen«) vor. Bereits vor der Reformation kam es in Spanien so zu einer religiösen Uniformierung und Disziplinierung, wie sie sonst erst mit der Konfessionalisierung erfolgte. Nicht zufällig wurde das Königreich eine Hochburg der Gegenreformation.

Andererseits gab es hier starke innerkirchliche Reformkräfte, die sich teils aus dem Humanismus, teils aus der Mystik speisten. Die humanistische Kirchenreform hatte ihren wichtigsten Förderer im Erzbischof von Toledo und Großinquisitor Spaniens, Kardinal Francisco Jiménez de Cisneros. Seiner Initiative war die Gründung der Universität Alcalá (lat. Complutum, dreißig Kilometer östlich von Madrid) im Jahr 1499 zu verdanken, wo der spanische Klerus eine humanistisch fundierte Ausbildung erhielt und wo eine bedeutende mehrsprachige Bibelausgabe, die »Complutensische Polyglotte«, erarbeitet wurde. Impulse für ein ernstes, verinnerlichtes Christentum gingen auch von der mystischen Bewegung der Alumbrados (»Erleuchtete«) aus, die sich trotz Verfolgung durch die Inquisition bis ins 17. Jahrhundert behaupten konnte.

Der bedeutendste Beitrag Spaniens zur katholischen Reform ist mit dem Namen des baskischen Adeligen Ignatius von Loyola (1491–1556) verbunden, des Gründers des Jesuitenordens. Ignatius hatte eine militärische Laufbahn eingeschlagen, sich aber nach einer schweren Verwun-

4.2 Die Katholische Reform in Italien und Spanien

dung im Kampf auf dem Krankenlager unter dem Einfluss frommer Lektüre für ein geistliches Leben entschieden. Im berühmten Kloster Montserrat legte er eine Lebensbeichte ab und widmete sich anschließend in einem Kloster in Manresa ein Jahr lang geistlichen Übungen, aus denen das Programm seiner späteren »Exerzitien« (s. u.) hervorging. Nach einer Pilgerfahrt ins Heilige Land vervollständigte Ignatius seine Schulbildung und studierte dann, von der Inquisition wiederholt als »Alumbrado« verdächtigt, in Alcalá, Salamanca und Paris. Die Anfänge des späteren Jesuitenordens fallen in die Pariser Studienzeit des Ignatius. 1534 legte er gemeinsam mit sechs Studienfreunden – darunter der später als Asienmissionar berühmt gewordene Franz Xaver und Diego Laínez, der nach Ignatius zweiter Ordensgeneral werden sollte – auf dem Montmartre ein Gelübde ab, mit dem sie sich zu Armut und Keuschheit und zur Mission im Heiligen Land verpflichteten. Nachdem sich die Palästinamission als unmöglich erwiesen hatte, übersiedelte Ignatius, inzwischen zum Priester geweiht, mit seinen Gefährten nach Rom, wo er die Gemeinschaft zu einem regelrechten Orden umgestaltete, der 1540 von Papst Paul III. anerkannt wurde. Der neue Orden nannte sich mit einem militärischen Terminus die *Compañía de Jesús* (Kompanie Jesu), auf Latein: *Societas Jesu* (Gesellschaft Jesu, kurz: SJ). Ignatius wurde ihr erster General und gab ihr ihre Satzungen (*Constitutiones*). Bis zu seinem Tod im Jahre 1556 leitete er von Rom aus die Geschicke des Ordens, 1622 wurde er heiliggesprochen.

Der Jesuitenorden war ein Priesterorden und streng hierarchisch und nach militärischen Vorbildern verfasst. Zusätzlich zu den klassischen Ordensgelübden Armut, Keuschheit und Gehorsam verpflichteten sich seine Mitglieder zum unbedingten Gehorsam – Ignatius sprach anschaulich von einem jeden eigenen Willen ausschließenden »Kadavergehorsam« – gegen den Papst. Ihre Lebensweise in Gemeinschaften ohne klösterliche Klausur und Ordenstracht erleichterte die aktive Tätigkeit in der Welt. Die Jesuiten widmeten sich vor allem der Predigt und der Volksmission sowie der Seelsorge und übernahmen bald auch Aufgaben im Bildungswesen. Als unmittelbar dem Papst unterstellte Elitetruppe wurden sie in Europa zum wichtigsten Träger der Gegenreformation, betätigten sich aber auch in der Außenmission in Südamerika und Asien. Als Berater und Beichtväter von Herrschern und Mächtigen gewannen sie großen Einfluss. – Aus der Regel der Gesellschaft Jesu (nach der päpstlichen Bestätigungsbulle von 1540):

4. Kirche und Theologie im Konfessionellen Zeitalter

»Jeder, der in unserer Gemeinschaft, die wir mit dem Namen Jesu auszeichnen wollen, unter dem Banner des Kreuzes Gott Kriegsdienste leisten und allein dem Herrn und dem römischen Papst als seinem Stellvertreter auf Erden dienen will, muss sich nach dem feierlichen Gelübde ewiger Keuschheit vor Augen halten, dass er Teil jener Gesellschaft ist, die dazu gegründet wurde, dass sie sich um den Fortschritt der Seelen in christlichem Leben und christlicher Lehre und um die Ausbreitung des Glaubens durch öffentliche Predigten und Dienst am Worte Gottes, geistliche Übungen und Werke der Liebe sowie vor allem durch christliche Unterweisung von Kindern und Ungebildeten und geistliche Tröstung der Gläubigen im Beichthören bemüht.«[68]

Charakteristisch für die Spiritualität der Jesuiten war die auf Ignatius selbst zurückgehende Kunst einer methodisch entwickelten Seelenführung, die im Anschluss an Traditionen der Mystik die Menschen zur Willenshingabe an Gott und die Kirche bewegen sollte. Für die im Orden gepflegten »Exerzitien«, mehrwöchige Frömmigkeitsübungen mit einer genau durchgeplanten Meditations- und Gebetspraxis unter Anleitung eines geistlichen Führers, hat Ignatius mit den 1548 erstmals gedruckten »Exercitia spiritualia« das maßgebliche Handbuch geschaffen.

Nicht überschätzt werden kann der Beitrag der Jesuiten zur höheren Bildung. Die vielerorts gegründeten Jesuitenkollegien (Gymnasien), die auch externe Schüler aufnahmen, erwarben sich binnen kurzem einen exzellenten Ruf. Hier wurde nach den Bestimmungen einer einheitlichen Schulordnung, der »Ratio studiorum«, eine humanistisch geprägte Bildung vermittelt, die Gelehrsamkeit und Charakterschulung verband. In der Theologie folgte man einem erneuerten Thomismus. Berühmt war das an den Kollegien gepflegte Jesuitentheater, das mit lateinischsprachigen Schultheateraufführungen eingängig die Lehren und die Weltsicht des römischen Katholizismus vermittelte. Bald gründeten die Jesuiten auch eigene Universitäten oder übernahmen den philosophischen und theologischen Unterricht bestehender Universitäten.

Der Orden verbreitete sich rasch. In Deutschland siedelte er sich zuerst in Köln, Ingolstadt und Wien an. Erster Provinzial und Organisator der deutschen Ordensprovinz wurde der Niederländer Petrus Canisius (gest. 1597), der sich durch seine geschickte kirchliche Aufbauarbeit,

---

68 Zitiert nach Leppin, Reformation (KThGQ 3), 25.

seine Predigten und seine drei vielfach aufgelegten lateinischen Katechismen den Ruf eines »zweiten Apostels Deutschlands« nach Bonifatius erwarb.

Der große Einfluss der Jesuiten in der katholischen Welt, ihre Autonomie und ihre exklusive Bindung an den Papst ließen nicht nur bei den Protestanten, sondern auch bei katholischen Laien und Weltklerikern Misstrauen aufkommen. Im späteren 18. Jahrhundert kam es in Portugal, Spanien und Frankreich zu Zwangsmaßnahmen und zu Ausweisungen von Jesuiten. 1773 gelang es den drei katholischen Mächten sogar, die päpstliche Aufhebung des Ordens zu erreichen (Kap. 5.13). Erst 1814 wurde der Jesuitenorden wieder zugelassen. 2013 wurde mit dem Argentinier José Mario Bergoglio erstmals ein Jesuit zum Papst (Franziskus) gewählt.

4.2.3 Katholische Weltmission

Mit der kolonialen Expansion Portugals und Spaniens nach dem Abschluss der Reconquista erschlossen sich dem römischen Katholizismus in großem Umfang überseeische Missionsgebiete. Bereits die Zeitgenossen sahen darin eine Kompensation für die in Europa an den Protestantismus verlorenen Gebiete. Die Mission in Südamerika und Asien machte die römisch-katholische Kirche zur »Weltkirche« und zur bis heute mit Abstand größten christlichen Konfession.

Die beiden katholischen Seemächte verfolgten unterschiedliche koloniale Strategien. Die Portugiesen stießen entlang der westafrikanischen Küste nach Süden vor und erreichten auf dem 1498 von Vasco da Gama entdeckten südlichen Seeweg nach Indien schließlich Japan. Dabei gründeten sie an den Küsten einzelne befestigte Stützpunkte und Handelsniederlassungen. Ihr wichtigstes Zentrum wurde Goa an der Westküste Indiens. Die Erwerbung und Erschließung größerer Kolonialgebiete war zunächst nicht angestrebt. Die spanische Expansion richtete sich dagegen nach Westen und folgte damit der von Kolumbus vorgegebenen Richtung, der Indien auf dem westlichen Seeweg erreichen wollte und 1492 – im selben Jahr, als mit der Eroberung von Granada die Reconquista zum Abschluss kam – in Amerika landete. In den folgenden Jahrzehnten betrieben spanische Eroberer um Hernán Cortés und Francisco Pizarro die gezielte Eroberung (Conquista) des Aztekenreichs in Mexiko bzw. des Inkareichs in Peru und errichteten dort zwei von der spanischen Krone abhängige Vizekönigreiche. Beide Seemächte ließen sich ihre Entdeckungen vom Papst bestätigen und grenzten 1494 mit dem Vertrag von Tordesillas ihre Einflusssphären im Atlantik gegeneinander ab – mit der kuriosen Folge, dass das erst kurz darauf entdeckte Brasilien in der portugiesischen Sphäre zu liegen kam und so als einziges lateinamerikanisches Land portugiesische Kolonie wurde.

Der kolonialen Inbesitznahme der überseeischen Gebiete folgte die Christianisierung, die zunächst allein in staatlicher Regie erfolgte, nachdem der Papst den Königen von Portugal und Spanien das Patronatsrecht – also das Recht, Pfarreien und Bistümer einzurichten – über die Kolonien verliehen hatte. In Mittel- und Südamerika betrieben die spanischen Conquistadoren anfangs eine gewaltsame Zwangsmission mit Massentaufen. Ihnen folgten Missionare aus dem Franziskaner- und Dominikanerorden, später auch Jesuiten, die in ihren Missionsmethoden nicht selten durchaus kultursensibel verfuhren. Vielfach konnten Elemente der indigenen Religionen unter dem Deckmantel des neu etablierten Katholizismus fortbestehen, und es bildete sich eine bis heute vitale synkretistische Religionskultur. Eine bedeutende Rolle bei der Inkulturation des katholischen Christentums spielten die Marienerscheinungen von Guadalupe im Norden von Mexiko-Stadt im Jahr 1531; das Gnadenbild »Unserer Lieben Frau von Guadalupe« ist heute das weltweit meistbesuchte Wallfahrtsziel.

Die teils den Bettelorden, teils dem Jesuitenorden angehörenden Missionare gerieten nicht selten in Konflikt mit den Interessen der Kolonialherrschaft. Im spanischen Kolonialreich protestierte der Dominikaner Bartolomé de las Casas, der erste Bischof von Chiapas in Mexiko, gegen die Unterdrückung der indigenen Bevölkerung und lehnte Zwangsbekehrungen ab. Sein Ordensbruder Francisco de Vitoria, Moraltheologe an der Universität von Salamanca, arbeitete Grundsätze eines Völkerrechts aus, das auch für die indigenen Völker der neuen Welt gelten sollte, und kritisierte die Gewaltmaßnahmen der Conquistadoren. Eine besondere Strategie verfolgten die Jesuiten, die die verstreut lebenden Indigenen in autonomen Siedlungen, sogenannten »Reduktionen«, ansiedelten, wo sie – unter christlichem Vorzeichen – ihre eigene Kultur pflegen konnten und vor Ausbeutung durch die Kolonialherrschaft geschützt waren; besonders bekannt wurde im 17. Jahrhundert der übertreibend so genannte »Jesuitenstaat« in Paraguay. Den in wachsender Zahl aus Afrika importierten Arbeitssklaven blieb eine vergleichbare kirchliche Fürsorge und Anerkennung ihrer Rechte dagegen lange verwehrt. In der portugiesischen Einflusssphäre war die Mission ebenfalls schon früh in die Regie der Jesuiten übergegangen. Seit 1542 missionierte der Spanier Franz Xaver (Francisco de Xavier, gest. 1552), einer der ersten Gefährten des Ignatius, in Südindien und in Japan und hatte auch schon Pläne für die spätere Mission in China entwickelt. Die jesuitischen Missionare verfolgten die Methode der »Akkomodation«, der weitgehenden kulturellen Anpassung des Christentums an die indigenen Völker. Der bedeutendste jesuitische Chinamissionar Matteo Ricci (gest. 1610) ging sogar so weit, den neu bekehrten Chinesen die weitere Praktizierung der konfuzianischen Riten einschließlich der Ahnenverehrung zu gestatten. Die franziskanischen und dominikanischen Missionare missbilligten diese Praxis, über die sich seit 1610 der sogenannte Ritenstreit entspann; nachdem die Päpste die Akkomodationsmethode zunächst gebilligt hatten, kam es 1704 schließlich zu einem päpstlichen Verbot der chinesischen Riten, das bis 1939 gültig blieb.

Seit dem 17. Jahrhundert schalteten sich die Päpste direkt in die Mission in Amerika, Afrika und Asien ein. 1622 schuf Gregor XV. zur Koordinierung der Missionsarbeit eine neue Zentralbehörde an der Kurie, die »Congregatio de propaganda fide« (»Kongregation für die Verbreitung des Glaubens«), kurz: »Propaganda«, die seit 1967 »Kongregation für die Evangelisierung der Völker« heißt. In der Folge kam es nicht selten zu Reibungen zwischen der päpstlichen »Propagandamission« und der von den Kolonialmächten betriebenen »Patronatsmission«.

4.3 Das Konzil von Trient (1545-1563) und die tridentinische Reform

4.3.1 Das Konzil

Es war im Wesentlichen Kaiser Karl V. - und dem im Jahr zuvor geschlossenen Frieden zwischen dem Kaiser und Frankreich - zu verdanken, dass 1545 endlich das lange geforderte Konzil eröffnet werden konnte. Tagungsort war das im Etschtal gelegene, zum Heiligen Römischen Reich gehörende Trient - insofern war der alten Forderung nach einem Konzil »auf deutschem Boden« formal Genüge getan -, es war aber kein »freies Konzil«, sondern Einberufung und Leitung des Konzils sowie die spätere förmliche Verkündung und Inkraftsetzung seiner Beschlüsse waren dem Papst vorbehalten, der sich in Trient durch Legaten vertreten ließ. Bedingt durch die politischen Umstände wurde das Konzil von Trient oder (Concilium) Tridentinum, wie es auf Latein genannt wird, zweimal für längere Zeit unterbrochen; seine drei Tagungsperioden verteilten sich auf die Jahre 1545 bis 1563. Teilnehmer waren Bischöfe und Ordensobere, die in den Generalkongregationen berieten und Beschlüsse fassten. Die eigentliche Sacharbeit leisteten die sie begleitenden theologischen Berater, unter denen die spanischen Dominikaner Melchior Cano und Domingo de Soto sowie die spanischen Jesuiten Diego Laínez und Alfonso Salmerón tonangebend waren; im Blick auf die von ihnen vertretene restaurative Linie hat man pointiert von einer »Hispanisierung des Katholizismus« gesprochen.

Die erste und bedeutendste Sitzungsperiode des Konzils fand von 1545 bis 1547 statt. Von den zunächst weniger als einhundert Konzilsvätern stammten die meisten aus Italien, Deutsche waren nicht darunter. Richtungweisend war der Beschluss, über die von Papst Paul III. für vordringlich erachteten dogmatischen Lehrfragen und Abgrenzungen vom Protestantismus und über die vom Kaiser geforderten praktischen Reformmaßnahmen parallel zu beraten. Wirklich gelang hier die Verabschiedung entscheidender Lehr- und Reformdekrete. 1547 verlegte der Papst das Konzil nach Bologna, in den Kirchenstaat; dabei mag auch der Wunsch eine Rolle gespielt haben, es dem durch den Sieg im Schmalkaldischen Krieg gewachsenen Einfluss Karls V. zu entziehen. Weitere Beschlüsse wurden dort nicht mehr gefasst, nach einem Protest des Kaisers wurde das Konzil unterbrochen.

Die zweite Sitzungsperiode fand von 1551 bis 1552 wieder in Trient statt, wo weitere Lehrdekrete zu den Sakramenten verabschiedet wurden. Diesmal waren auch deutsche Konzilsväter anwesend. Kaiser Karl V., der immer noch hoffte, das Konzil werde den Streit mit den Protestanten beilegen können – das Augsburger Religionsgesetz von 1548 sollte ja nur ein »Interim« sein (Kap. 2.14.2) –, setzte durch, dass auch die protestantischen Reichsstände Kurbrandenburg, Kursachsen, Württemberg und Straßburg Delegationen zum Konzil entsandten. Eigens für diesen Zweck wurden 1551 in Kursachsen von Philipp Melanchthon und in Württemberg von Johannes Brenz neue Bekenntnistexte, die »Confessio Saxonica« und die »Confessio Virtembergica«, ausgearbeitet. Die Protestanten erhielten freies Geleit und wurden vom Konzil angehört, das aber ihre Forderung nach einer ergebnisoffenen, nicht vom Papst präjudizierten Neuverhandlung der Lehrartikel zurückwies. Infolge des deutschen Fürstenkrieges wurde das Konzil 1552 abermals unterbrochen. Eine rasche Fortsetzung war nicht in Sicht. 1555 dankte Kaiser Karl V. ab. Seit demselben Jahr saß Gian Pietro Carafa als Paul IV. auf dem Stuhl Petri (1555-1559), der von seinem autokratischen Amtsverständnis her die Konzilsidee grundsätzlich ablehnte. Stattdessen trieb er in eigener Initiative die Gegenreformation voran. Bereits als Kardinal hatte er die römische Inquisition eingerichtet, als Papst förderte er die Jesuiten und ging massiv gegen die evangelischen Regungen in Italien vor. 1559 führte er den Index verbotener Bücher (*Index librorum prohibitorum*) ein, jenes berüchtigte, bis 1965 fortgeführte Verzeichnis von Büchern, deren Lektüre Katholiken bei Strafe der Exkommunikation untersagt war, und in dem sich neben den Schriften der Reformatoren auch die Werke des Erasmus von Rotterdam und sogar das von Carafa ehedem selbst mit verfasste »Consilium de emendanda ecclesia« fanden.

Erst unter Pauls Nachfolger Pius IV. (1559-1565) kam das Tridentinum in den Jahren 1562 bis 1563 mit der dritten, mit rund 200 Teilnehmern am besten besuchten Sitzungsperiode zum Abschluss. Trotz allgemeiner Ermüdungserscheinungen und schwerer Konflikte zwischen Episkopalisten, die die Position der Bischöfe gestärkt sehen wollten, und Papalisten, die den päpstlichen Primat betonten, konnten noch weitere Dekrete verabschiedet werden. Abschließend wurden alle seit 1545 gefassten Beschlüsse noch einmal bekräftigt und im Jahr darauf von Pius IV. in Kraft gesetzt.

4.3.2 Die Beschlüsse

Die Hoffnung, den Streit um die Reformation wie ehedem im Fall des Abendländischen Schismas durch ein Konzil als neutrale Schiedsinstanz beilegen zu können, erfüllte sich nicht. Das Tridentinum war kein freies, sondern ein päpstliches Konzil, und es diente von vornherein der Verwerfung des Protestantismus und der Profilierung eines gegenreformatorischen Katholizismus. Dogmatisch restaurativ, kam es dennoch mit seinen praktischen Beschlüssen dem verbreiteten Reformverlangen entgegen und veränderte das Erscheinungsbild der Papstkirche nachhaltig.

Mit den Lehrdekreten von Trient wurde die römisch-katholische Glaubenslehre verbindlich fixiert. Dabei wurde einerseits die lehramtliche Normierung des Ertrags der scholastischen Debatten des Mittelalters nachgeholt. Da, wo bislang divergente Lehrmeinungen nebeneinander Bestand gehabt hatten, wurden nun eindeutige lehramtliche Entscheidungen gefällt. Andererseits wurde in den durch die Anfragen der Reformation neu ins Zentrum gerückten Fragen wie der nach dem Stellenwert der Heiligen Schrift und der nach Sünde und Rechtfertigung die katholische Position verbindlich definiert. Letztlich war in der theologischen Arbeit des Konzils die Abgrenzung vom Protestantismus das leitende Anliegen. In den Lehrdekreten kam dies dadurch zum Ausdruck, dass der positiven Darlegung der geltenden katholischen Lehre jeweils ein sogenannter *Canon* zur Verwerfung (*anathema sit*) der protestantischen Anschauungen angehängt war.

So erklärte das Tridentinum gegen das protestantische Schriftprinzip Bibel und kirchliche Tradition zu gleichrangigen Lehrnormen. Gegen den Rückgriff auf die biblischen Ursprachen und gegen die Übersetzung der Bibel in die Volkssprachen erkannte es die lateinische Vulgata einschließlich der Apokryphen als »authentisch«, d. h. göttlich inspiriert an. Die Entscheidung über die richtige Auslegung der Bibel blieb dem kirchlichen Lehramt vorbehalten. Gegen die radikale reformatorische Sündenlehre wurde erklärt, dass die Erbsünde durch die Taufe beseitigt werde und lediglich eine selbst nicht sündhafte Neigung zur Sünde (*fomes peccati*, Sündenzunder) im Menschen verbleibe. Gegen die Tendenz zur Werkgerechtigkeit in der ockhamistischen Tradition (»facienti quod in se est deus non denegat gratiam«, Kap. 1.3.2) bekannte sich das Konzil zur thomistischen Gnadenlehre. Danach wird dem Menschen durch die Sakramente Gottes Gnade eingegossen, die ihn als *gratia habitualis* effektiv gerecht macht und ihn zur Erfüllung von Gottes Geboten und zu Werken der Liebe befähigt, die mit dem ewigen Leben belohnt werden (während nach reformatorischer Auffassung die Gerechtigkeit nie zum Besitz des in diesem Leben stets unter der Macht der Sünde stehenden Menschen wird und die guten Werke zur Rechtfertigung nichts beitragen). Eine Reihe von Lehrdekreten widmete sich den Sakramenten. Das Tridentinum bestätigte deren bereits 1439 beim Konzil von Florenz (Kap. 1.6.3) festgelegte Siebenzahl und stellte fest, dass sie allein durch den rechten Vollzug (*ex opere operato*) – also auch ohne den Glauben – wirksam seien; der Mensch dürfe ihnen nur keinen Widerstand entgegensetzen. Hinsichtlich des Abendmahls wurden die Transsubstantiations- und die Messopferlehre bekräftigt, aber dahingehend präzisiert, dass es sich beim Messopfer um eine unblutige Wiederholung des einmaligen Kreuzesopfers Christi handele; den Laien sollte weiterhin nicht der Kelch gereicht werden. Erstmals wurden nun auch lehramtliche Klärungen zum Ablass vorgenommen, dessen Praxis bestätigt, der Verkauf gegen Geld aber verboten wurde. Auch das priesterliche Weiheamt wurde gegen das protestantische Amtsverständnis festgeschrieben.

Mit den lehrmäßigen Klärungen gingen die praktischen Reformbeschlüsse einher. Die seit dem Spätmittelalter viel zitierte Programmformel von einer Kirchenreform »an Haupt und Gliedern« hatte auch auf eine Reform des Papsttums gezielt, und die Reformation hatte das Papstamt als solches massiv infrage gestellt. Bezeichnenderweise sparten die Reformdekrete des Tridentinums Amt und Amtsführung des Papstes aus. Umso bedeutender waren die Bestimmungen zur Reform des Bischofsamtes und des Klerus. Den Bischöfen wurde die sorgfältige geistliche Aufsicht über ihre Diözesen eingeschärft, sie hatten regelmäßig Visitationen der Gemeinden sowie Synoden des Diözesanklerus abzuhalten; durch die Einrichtung von Priesterseminaren sollten sie qualifizierten geistlichen Nachwuchs heranbilden. Bischöfe wie Priester wurden zur Predigt verpflichtet. Die Kumulation von Pfründen wurde verboten, eine Residenzpflicht am Amtsort eingeführt.

4.3.3 Die tridentinische Reform

Die vom Tridentinum grundgelegte Kirchenreform wurde in der Folgezeit von den Päpsten mit praktischen Maßnahmen durchgesetzt und von tatkräftigen Bischöfen und Priestern mit Leben erfüllt.

Pius IV. hatte 1564 die Konzilsbeschlüsse förmlich promulgiert und mit der »Professio fidei Tridentina« ein Glaubensbekenntnis als konfessionelle Lehrnorm verbindlich gemacht, das fortan von allen Geistlichen unterzeichnet werden musste. Sein Nachfolger *Pius V.* (Papst 1566–1572), ein frommer Dominikaner und ehemaliger Leiter der römischen Inquisition, reformierte erfolgreich die Kurie und schuf im Auftrag und Geist des Konzils normative Texte für Predigt und Katechese. Der »Catechismus Romanus« (1566) war vor allem für die Hand der Pfarrer und Katecheten gedacht und behandelte neben den drei klassischen Katechismusstücken (Apostolikum, Dekalog, Vaterunser) auch die sieben Sakramente. Das »Breviarium Romanum« von 1568 bot eine einheitliche Ordnung für die Stundengebete der Weltkleriker. Mit dem römischen Messbuch (»Missale Romanum«, 1570) wurde die bis zur Liturgiereform des Zweiten Vatikanischen Konzils maßgebliche Form der »tridentinischen« lateinischen Messe geschaffen; das »Rituale Romanum« mit Formularen für die Kasualien sollte 1614 folgen. Mit allen diesen Dokumenten wurde eine bisher nicht erreichte Vereinheitlichung und Zentralisierung und konfessionelle Normierung von Lehre und Gottesdienst der römisch-katholischen Kirche eingeleitet. Dennoch darf man sich den Katholizismus nach dem Tridentinum nicht zu monolithisch vorstellen. Auch in der Folgezeit bestanden verschiedene Ausprägungen katholischer Kirchlichkeit und Frömmigkeit nebeneinander. Die Vorstellung eines »tridentinischen« Einheitskatholizismus ist ein Konstrukt des 19. Jahrhunderts.

Die gestärkte Zentralstellung Roms wurde durch den nachfolgenden Papst *Gregor XIII.* (1572–1585) zusätzlich durch die Einrichtung von päpstlichen, von Jesuiten geleiteten Priesterseminaren ausgebaut, die bis heute als Kaderschmieden für den Führungsnachwuchs der katholischen Kirche dienen. Aus dem ehedem von Ignatius selbst gegründeten römischen Jesuitenkolleg ging 1584 das »Collegium Romanum« hervor, die heute so genannte Päpstliche Universität Gregoriana. Für in ihrer Heimat verfolgte katholische Priester aus England und Wales wurde das »Collegium Anglicanum« geschaffen, 1580 entstand aus der Vereinigung des bereits dreißig Jahre zuvor gegründeten »Collegium Germanicum« mit einem Seminar für ungarische Priester das »Collegium Germanicum et Hungaricum«. Bis heute bekannt ist Gregor XIII. jedoch vor allem durch den von ihm eingeführten Gregorianischen Kalender, dessen gegenüber dem antiken Julianischen Kalender verbesserte Schaltjahresregel die wirkliche Jahreslänge besser abbildete und verhinderte, dass der Ostertermin immer weiter in den Sommer wanderte. Mit der Einführung des neuen Kalenders 1582 wurden zehn Tage übersprungen. Da die Protestanten die Reform erst viel später übernahmen – im Reich erst im Jahr 1700, in England noch ein halbes Jahrhundert später – gab es fortan in Europa zwei konfessionsspezifische Kalenderrechnungen mit abweichenden Tagesdaten nebeneinander; im orthodoxen Osteuropa wurde der Gregorianische Kalender sogar erst im 20. Jahrhundert übernommen.

Maßgeblich für die praktische Umsetzung der tridentinischen Reformen in den Diözesen war das Engagement der jeweiligen Bischöfe.

Dementsprechend unterschiedlich stellte sich der Erfolg im Einzelnen dar; in einzelnen Diözesen nahm die Implementierung der Reformbeschlüsse noch mehrere Jahrzehnte in Anspruch. Der wohl prominenteste Repräsentant des neuen tridentinischen Bischofsideals und eifrigste Beförderer der Reform war *Carlo Borromeo* (Karl Borromäus, gest. 1584). Als sogenannter Kardinalnepot hatte er seinem Onkel Pius IV. bei der dritten Sitzungsperiode des Konzils zugearbeitet und war auch maßgeblich an der Ausarbeitung des Catechismus Romanus beteiligt gewesen. Seit 1566 widmete er sich ausschließlich seinem Amt als Erzbischof von Mailand, in dem er weitreichende Reformen vorantrieb. Mit der Einrichtung eines Priesterseminars in Pavia gelang ihm die Hebung der Bildung des Diözesanklerus. Durch eine unermüdliche persönliche Visitationstätigkeit bis in entlegene Alpentäler konnte er das katholische Kirchenwesen festigen und protestantische Einflüsse zurückdrängen. Bald nach seinem Tod wurde er heiliggesprochen, die barocke Karlskirche in Wien trägt seinen Namen.

Als herausragender Vertreter der tridentinischen Reform und Gegenreformation unter dem niederen Klerus sei der in Rom wirkende Priester *Filippo Neri* (gest. 1595) genannt. Neben anderen Gründungen sammelte er um sich eine Gemeinschaft von Weltpriestern und Laien, die sich abends zu Gebet, erbaulichen Lesungen und gelehrten Vorträgen in einem Gebetsraum (Oratorium) traf und schließlich 1575 vom Papst als »Kongregation vom Oratorium« anerkannt wurde. Die Frömmigkeit und Geistigkeit des Oratoriums strahlte weithin aus. Nicht zuletzt wurde hier das Studium der Kirchengeschichte gepflegt; auch der später zum Kardinal erhobene bedeutendste katholische Kirchenhistoriker der Frühen Neuzeit Caesar Baronius, dessen zwölfbändige »Annales ecclesiastici« (1588–1593) eine ambitionierte Gesamtdarstellung der Kirchengeschichte in Konkurrenz zu den lutherischen »Magdeburger Zenturien« (Kap. 4.6.1) boten, ging aus dem Oratorium hervor.

4.4 Die Gegenreformation im Heiligen Römischen Reich

In den Jahrzehnten nach dem Augsburger Religionsfrieden konnte sich der Protestantismus im Reich noch einmal weiter ausbreiten. Dies geschah teilweise ganz legal in Ausübung des landesherrlichen Reformationsrechts, so etwa gleich 1556 in den beiden Markgrafschaften Baden-Baden und Baden-Durlach sowie in der Kurpfalz. Dagegen wurden in Norddeutschland entgegen der Bestandsgarantie des Religionsfriedens eine Reihe geistlicher Fürstentümer – darunter Magdeburg, Osnabrück und Bremen – von benachbarten lutherischen Territorien annektiert oder mit evangelischen Administratoren besetzt. Die altgläubigen Reichsstände protestierten gegen diese Maßnahmen und wollten sie rückgängig machen, wozu es dann im Dreißigjährigen Krieg für kurze Zeit auch kam.

Doch auch innerhalb von altgläubigen – geistlichen wie weltlichen – Territorien gab es vielerorts Evangelische unter dem Adel und in der Stadtbevölkerung. In den geistlichen Fürstentümern waren sie durch die Declaratio Ferdinandea geschützt (Kap. 2.14.3), doch war unklar, ob diese auch über den Tod Kaiser Ferdinands I. im Jahr 1564 hinaus galt. In weltlichen Territorien unter altgläubiger Herrschaft gab es keinerlei rechtliche Garantien.

Schätzungen zufolge waren um 1570 etwa 70% der Menschen im Heiligen Römischen Reich evangelisch. Besondere Hoffnungen setzten die Evangelischen auf Erzherzog Maximilian, den Sohn Kaiser Ferdinands I., der selbst evangelische Neigungen pflegte, in denen er von seinem Hofprediger bestärkt wurde. Doch es gelang der Familie, ihn beim katholischen Glauben zu halten und zu einem förmlichen Treuegelöbnis zum Katholizismus zu bewegen, bevor er als *Maximilian II.* (reg. 1564–1576) Kaiser wurde. Maximilian förderte die Jesuiten, betrieb insgesamt aber eine vermittelnde Religionspolitik. In den habsburgischen Erblanden gewährte er dem evangelischen Adel in Ober- und Niederösterreich mit der Religionsassekuration von 1571 freie Religionsausübung, dasselbe tat im Jahr darauf sein Bruder Karl II. in Innerösterreich. Um 1590 waren schätzungsweise drei Viertel der Stadtbevölkerung und sechs Siebtel des Adels in Österreich evangelisch.

Die Päpste und die altgläubige Partei im Reich konnten sich mit diesen Entwicklungen nicht abfinden. Von den päpstlichen Nuntien ermahnt, betrieben katholische Fürsten gegenreformatorische Zwangsmaßnahmen gegen ihre evangelischen Untertanen in den Städten und unter dem landsässigen Adel. Flankiert wurden diese Maßnahmen von Predigt- und Missionskampagnen, für die die Jesuiten auf ihren Kollegien geeignete Geistliche heranbildeten. Zur Hochburg der Gegenreformation im Reich wurde das Herzogtum *Bayern*, wo 1563, im Jahr der

4.4 Die Gegenreformation im Heiligen Römischen Reich

Beendigung des Tridentinums, mit der Vertreibung evangelischer Adeliger, der Einrichtung eines »Geistlichen Rats« als herzoglicher Visitationsbehörde und der Vereidigung aller Kleriker auf das Tridentinum eine forcierte Rekatholisierung begann, die in der Regierungszeit Wilhelms V. »des Frommen« noch verschärft wurde. Im Hochstift *Würzburg* ging der tatkräftige Fürstbischof Julius Echter von Mespelbrunn (gest. 1617) gegen die Evangelischen vor; ähnliches geschah in einer Reihe weiterer geistlicher Fürstentümer. Unter Kaiser Rudolf II. (1576–1612), dem Sohn Maximilians II., endete auch die Toleranzpolitik in den *habsburgischen Landen*, und es kam mit Hilfe von Jesuiten und Kapuzinern zu einer planmäßigen und erfolgreichen Rekatholisierung. Der Versuch der Habsburger, die forcierte Gegenreformation auch in Böhmen zu betreiben, sollte zum Ausbruch des Dreißigjährigen Krieges führen.

Einen besonderen politischen Erfolg errangen der Kaiser und Bayern mit der Erhaltung des Katholizismus im Erzstift *Köln*. Bereits 1543 hatte Erzbischof Hermann von Wied vergeblich versucht, dort die Reformation einzuführen (Kap. 2.13.3). 1582 trat Erzbischof Gebhard Truchsess von Waldburg zum Protestantismus über, um seine Konkubine zu heiraten. Seinem Plan, das Erzstift zu säkularisieren und als weltlicher Administrator weiter zu regieren, begegnete das Domkapitel mit der Wahl des Freisinger Bischofs Ernst von Bayern, eines Bruders des regierenden Herzogs Wilhelms V., zum neuen Erzbischof. Der Kölnische Krieg (1583–1588) endete mit der Niederlage Gebhards, der wegen seiner Präferenzen für das reformierte Bekenntnis nur von der Kurpfalz unterstützt worden war.

Seit der Mitte des 17. Jahrhunderts kam es öfter zu *Konversionen* evangelischer Fürsten zum Katholizismus, oft im Blick auf vorteilhafte Verbindungen zum Kaiserhof. Besonderes Aufsehen erregte 1697 die Konversion des sächsischen Kurfürsten August des Starken, die ihm – dem politischen Führer der evangelischen Reichsstände – die Wahl zum polnischen König ermöglichte. Dynastische Zufälle führten dazu, dass seit 1685 auch die Kurpfalz und seit 1733 Württemberg von katholischen Fürsten regiert wurden. Wegen der nach dem Westfälischen Frieden veränderten Rechtslage kam es aber nicht mehr zu flächendeckenden Rekatholisierungen in diesen Territorien.

4.5 Theologie und Frömmigkeit im Katholizismus des Konfessionellen Zeitalters

4.5.1 Die katholische Barockscholastik

Die Theologie des nachreformatorischen Katholizismus, die man als Barockscholastik bezeichnet, knüpfte, wie der Name erkennen lässt, methodisch und inhaltlich an die Lehrbildungen des Mittelalters an, allerdings in einer charakteristischen Auswahl. Luther hatte sich vor allem an der Franziskanertheologie abgearbeitet, während seine wichtigsten Gegner Thomisten gewesen waren. Nun wurde der Thomismus, der im Mittelalter stets in Konkurrenz zu anderen theologischen Richtungen gestanden hatte, so etwas wie die offizielle Kirchenlehre des Katholizismus. Der erneuerte Thomismus wurde vor allem in Spanien von den Dominikanertheologen der Universität Salamanca betrieben. Gründer der Schule von Salamanca war Francisco de Vitoria, der uns bereits als Pionier des Völkerrechts begegnet ist (Kap. 4.2.3). Er machte anstelle der Sentenzen des Petrus Lombardus die »Summa theologica« des Thomas von Aquin zum maßgeblichen Lehrbuch für den akademischen Unterricht. Weitere prominente Vertreter dieser Schule waren Domingo de Soto, der Beichtvater Kaiser Karls V., und Melchior Cano, die beide am Tridentinum teilnahmen. In der Moraltheologie stützten sich die Dominikaner von Salamanca auf naturrechtliche Konzeptionen, auch zur Wirtschaftsethik leisteten sie wichtige Beiträge.

Nicht nur die Dominikaner, auch die Jesuiten legten in ihren Kollegien und Universitäten dem theologischen Unterricht durchweg die Werke des Aquinaten zugrunde. Dem Jesuitenorden gehörte auch der wohl bedeutendste katholische Theologe der nachtridentinischen Zeit an: Der Italiener Robert Bellarmin (gest. 1621) war Professor am Collegium Romanum, der Jesuitenhochschule in Rom, nahm aber zwischenzeitlich auch Leitungsaufgaben in seinem Orden wahr und wurde schließlich Kardinal. Bellarmin begründete die katholische Kontroverstheologie, in seinem Hauptwerk »Disputationes de controversiis christianae fidei« (»Erörterungen der Streitigkeiten über den christlichen Glauben«) setzte er sich eingehend mit den Glaubenslehren der Protestanten auseinander und provozierte damit zahlreiche Entgegnungen protestantischer Theologen. Zum Konflikt mit den Dominikanern kam es, als Bellarmin die Rechtfertigungslehre seines spanischen Ordensbruders Luis de Molina (gest. 1600) verteidigte, wonach der Wille des Menschen frei zum Guten sei; die göttliche Souveränität und Prädestination, die Molina als ein Vorauswissen um die Entscheidungen der Menschen verstehen wollte, werde dadurch nicht in Frage gestellt. Der Molinismus lief letztlich auf einen traditionellen Synergismus hinaus, wurde von den Dominikanern aber als pelagianisch verurteilt. Vermutlich wirkte Bellarmin auch am Häresieprozess gegen den pantheistischen Philosophen Giordano Bruno mit, einen ehemaligen Dominikaner, der zeitweise an der Universität Wittenberg gelehrt hatte und das Universum für ewig, unendlich und von einer unendlichen Zahl intelligenter Lebewesen bewohnt hielt; der Prozess endete im Jahr 1600 mit Brunos Verbrennung in Rom.

4.5.2 Die romanische Mystik

Parallel zur Erneuerung der Scholastik kam es zu einer neuen Blüte der Mystik. In der *spanischen Karmelitenmystik* verband sie sich mit monastischen Erneuerungsbestrebungen im Zuge der katholischen Reform. *Teresa von Ávila* (gest. 1582) war gegen den Willen ihres Vaters in den Karmel ihrer kastilischen Heimatstadt eingetreten und hatte dort nach langen Anfechtungen zu einem intensiven mystischen Leben mit häufigen Christusvisionen und Entrückungen gefunden. Der Wunsch nach einem konsequenten Leben der Innerlichkeit und des Gebets ließ sie zur Ordensreformerin werden: Insgesamt gründete sie siebzehn reformierte Karmelitinnenklöster, dazu kamen sechzehn reformierte Männerklöster, die Teresa zusammen mit dem eine Generation jüngeren Karmelitermönch Johannes vom Kreuz einrichtete. Die Konvente des Teresianischen Karmels, die eine strenge Regelobservanz pflegten, spalteten sich schließlich als eigene Gemeinschaften der »Unbeschuhten Karmelitinnen« bzw. »Unbeschuhten Karmeliten« (»Discalceaten«) vom Mutterorden ab; ein prominentes Mitglied in neuerer Zeit war die jüdischstämmige Philosophin Edith Stein (gest. 1942). In den letzten beiden Lebensjahrzehnten verfasste Teresa ihre viel gelesenen mystischen Schriften, darunter ihr Hauptwerk »Wohnungen der inneren Burg«. Darin empfahl sie das sogenannte innere Gebet als Weg zu Gott – ein Gebet, das keine vorgegebenen Regeln kennt, sondern nichts anderes ist als das zwanglose Gespräch und der vertraute Umgang mit Jesus. Auf dessen höchster Stufe kommt die Seele zur liebenden Vereinigung mit Gott – nicht durch eigene Aktivität, sondern durch völlige Passivität und Hingabe an Gottes Willen. Auch Johannes vom Kreuz war ein bedeutender Mystiker, bekannt wurde sein Gedicht »Die dunkle Nacht«.

Eine Verbindung von erneuerter Mystik und tridentinischer Reform finden wir bei dem aus savoyardischem Adel stammenden Weltpriester *Franz von Sales* (François de Sales, gest. 1622). Im südlichen Teil der Diözese Genf, deren Bischof seit der Reformation in Annecy saß, betrieb er in seiner Eigenschaft als Propst des Domkapitels eine erfolgreiche Rekatholisierungskampagne mit Predigten und Flugblättern. 1602 wurde er selbst Fürstbischof von Genf und setzte konsequent die tridentinischen Reformen um. Er entfaltete eine rege Visitationstätigkeit und war ein beliebter Volksprediger und Seelsorger, zu dessen Beichtkindern, mit denen er einen ausgedehnten seelsorglichen Briefwechsel führte, auch etliche vornehme Damen gehörten. Aus dieser Korrespondenz ging sein mystisches Hauptwerk hervor: die auch als »Philothea« – mit diesem Namen wird hier die fromme Seele angesprochen – bekannte »Anleitung zum frommen Leben«. Mit dieser und weiteren Erbauungsschriften propagierte Franz von Sales die Möglichkeit eines mystischen Heilswegs für Laien mitten im weltlichen Alltag und gab Anleitungen zur Selbstprüfung, zum Kampf gegen Laster und zur Einübung von Tugenden – eine weitere Stufe der Popularisierung der Mystik. Der Mitte des 19. Jahrhunderts von dem italienischen Priester Giovanni Bosco (»Don Bosco«) gegründete, in der Jugendarbeit tätige Salesianerorden, der heute zu den größten katholischen Männerorden zählt, erhielt seinen Namen in Erinnerung an Franz von Sales.

Im 17. Jahrhundert geriet die romanische Mystik in die Krise. In Aufnahme von Tendenzen der Karmelitenmystik entwickelten spanische, italienische und französische Mystikerinnen und Mystiker eine Frömmigkeitsauffassung, die nicht so sehr auf gute Werke und asketische Leistungen setzte als vielmehr auf die völlige Selbstentäußerung und passive Hingabe an Gott. Von ihren Gegnern wurde sie als gefährlicher *Quietismus* denunziert. Der wichtigste Vertreter dieser Richtung war der in Rom wirkende spanische Priester Miguel de Molinos (gest. 1696 – nicht zu verwechseln mit Luis de Molina, Kap. 4.5.1) mit seinem Frömmigkeitshandbuch »Guida spirituale« (»Geistlicher Wegweiser«), der von der Inquisition zum Widerruf gezwungen und zu lebenslanger

Klosterhaft verurteilt wurde. In der Folge des Prozesses gegen Molinos wurden auch in Frankreich Anhänger einer quietistischen Mystik von den kirchlichen Behörden verfolgt. Darunter waren die bekannte, auch im späteren deutschen Pietismus hochgeschätzte religiöse Schriftstellerin Madame Guyon und ihr Vertrauter, der Erzbischof von Cambrai François Fénelon. Der Streit um den Quietismus brachte die mystische Frömmigkeit in der katholischen Kirche insgesamt in Verruf; trotzdem lebte sie, wenn auch vor allem im Schutz monastischer Milieus, weiter.

4.5.3 Der Jansenismus

Während die katholische Barockscholastik im Wesentlichen vom Thomismus geprägt war, kam es in Gestalt des Jansenismus in Belgien und Frankreich zu einer Erneuerung der Gnadentheologie Augustins. Daraus ging eine veritable Frömmigkeitsbewegung unter Klerikern und Laien hervor, die auch von den Protestanten mit Interesse beobachtet wurde. Benannt wurde sie nach Cornelius Jansen, der Bischof von Ypern und Theologieprofessor an der Universität Löwen gewesen war. 1640, zwei Jahre nach seinem Tod, erschien sein Hauptwerk »Augustinus« im Druck, in dem er jede Mitwirkung des Menschen bei seiner Erlösung bestritt und diese allein von Gottes Gnade erwartete. Das Buch erregte den Unmut der Jesuiten, vor allem der Molinisten, die den freien Willen des Menschen betonten, und wurde bald vom Papst verurteilt. Trotzdem konnte sich der Jansenismus verbreiten, auch und gerade unter den katholischen Bischöfen in Frankreich, wo er sich mit den traditionellen nationalkirchlich-gallikanischen Bestrebungen (Kap. 1.6.3) verband. Zum wichtigsten Zentrum wurde das Zisterzienserinnen-Kloster Port Royal bei Versailles, zu dessen Umkreis auch zahlreiche prominente Gelehrte und Literaten wie der Mathematiker Blaise Pascal und der Dramatiker Jean Racine zählten. Seit dem Ende des 17. Jahrhunderts kam es zu einer verschärften Verfolgung des Jansenismus durch die kirchlichen Behörden und die französische Krone. Im Jahr 1713 verurteilte Papst Clemens XI. den Jansenismus auf Ersuchen des französischen Königs endgültig mit der Bulle »Unigenitus« (»Der eingeborene ...«).

4.6 Die innerlutherischen Lehrstreitigkeiten bis zum Konkordienbuch (1548–1580)

4.6.1 Die innerlutherischen Streitigkeiten

Das deutsche Luthertum geriet im Konfessionellen Zeitalter durch die Erfolge der Gegenreformation und durch den Übergang lutherischer Territorien zum Calvinismus unter doppelten äußeren Druck. Doch auch im Inneren war das Luthertum der zweiten Hälfte des 16. Jahrhunderts durch heftige Konflikte bestimmt. Nach Luthers Tod waren unter dem Eindruck des Schmalkaldischen Kriegs und des Augsburger Interims die bereits zuvor vorhandenen inneren Gegensätze krisenhaft aufgebrochen und hatten sich zunächst im *Adiaphoristischen Streit* entladen (Kap. 2.14.2). Dabei standen sich einerseits Philipp Melanchthon, der seit Luthers Tod die führende Persönlichkeit der – nunmehr albertinischen – Universität Wittenberg war und über die Reichsgrenzen hinaus großes Ansehen genoss, und seine als *Philippisten* bezeichneten Parteigänger und andererseits die *Gnesiolutheraner* (»echten Lutheraner«) um Nikolaus von Amsdorf, Matthias Flacius und die Magdeburger »Herrgottskanzlei« gegenüber, die sich als Wahrer der ursprünglichen theologischen Überzeugungen Luthers empfanden. Die damaligen Auseinandersetzungen wurden zum Auftakt einer Reihe weiterer Streitigkeiten in den folgenden Jahrzehnten. Dabei handelte es sich nicht um unnötiges Theologengezänk. Vielmehr hatte sich mit dem Fortfall der alles überragenden Autorität Luthers die akute Notwendigkeit ergeben, das Profil des konfessionellen Luthertums im Modus der Kontroverstheologie auszufechten.

Auf den Adiaphoristischen Streit als den Urkonflikt im deutschen Luthertum folgten bald weitere, vielfach miteinander verflochtene und in wechselnden personellen und institutionellen Konstellationen – auch der Gegensatz zwischen den Universitäten Wittenberg und Jena spielte dabei eine Rolle – ausgetragene Kontroversen. Dabei ging es bezeichnenderweise durchweg um Teilaspekte der Sünden-, Gnaden- und Rechtfertigungslehre. 1551 brach der Majoristische Streit aus, der nach dem Schüler Melanchthons und Mitarbeiter an der Leipziger Landtagsvorlage Georg Major benannt ist. Nikolaus von Amsdorf skandalisierte die an sich nicht zu beanstandende, ähnlich schon bei Luther

4.6 Die innerlutherischen Lehrstreitigkeiten

selbst zu findende Feststellung Majors, gute Werke seien – für den bereits Gerechtfertigten – zur Seligkeit notwendig und verstieg sich schließlich sogar zu der Behauptung, gute Werke seien zur Seligkeit schädlich.

Auch in den 1556 beginnenden *Antinomistischen Streit* war Major verwickelt. Bereits in den 1520er und in den 1530er Jahren hatte es »antinomistische« Auseinandersetzungen zwischen den Wittenbergern und dem Eislebener Pfarrer und späteren brandenburgischen Oberhofprediger Johannes Agricola über die Notwendigkeit der Gesetzespredigt gegeben (Kap. 2.12). Jetzt ging es um den *tertius usus legis*, wie ihn Major im Anschluss an Melanchthon lehrte, wofür er von dem Erfurter Pfarrer Andreas Poach angegriffen wurde. Ebenfalls 1556 entspann sich der *Synergistische Streit* um die Frage nach der Mitwirkung des menschlichen Willens bei der Bekehrung des Menschen. Eine solche Mitwirkung hatte der Leipziger Theologieprofessor Johann Pfeffinger angenommen und die These Melanchthons verteidigt, dass der Heilige Geist mit dem Menschen nicht so verfahre wie ein Bildhauer mit einem Holzblock oder einem Stein. Ebendies behaupteten nun aber Flacius und Amsdorf: der Mensch verhalte sich bei seiner Bekehrung »sicut truncus aut saxum«. Eine weitere Zuspitzung erfuhr diese Thematik 1560/61 im *Erbsündenstreit* zwischen Flacius, der damals Theologieprofessor und Superintendent in Jena war, und seinem Fakultätskollegen Victorin Strigel. Als Strigel in einer Disputation behauptete, dass der Mensch an seiner Bekehrung mitwirken könne und die Erbsünde, aristotelisch gesprochen, nicht zur Substanz des Menschen gehöre, sondern ein bloßes Akzidens sei, hielt Flacius dagegen, die Erbsünde sei durch den Fall zur *forma substantialis* des Menschen geworden. Diese Formel mochten nun auch die übrigen Gnesiolutheraner nicht mehr mittragen und trennten sich von Flacius, dem sie Manichäismus vorwarfen. Deshalb – und wegen seiner Vorbehalte gegen zu weitgehende landesfürstliche Eingriffe in die Kirchenleitung – verlor Flacius seine Ämter in Jena und führte fortan mit seiner großen Familie ein unstetes Wanderleben, verhasst und immer wieder vertrieben; angeblich trägt in der Abendmahlsszene auf dem Dessauer Epitaph Joachims von Anhalt Judas seine Züge. Bleibende Verdienste hat Flacius sich um die evangelische Kirchengeschichtsschreibung erworben: das Riesenwerk der von einem mehrköpfigen Redaktionsteam erarbeiteten, jahrhundertweise gegliederten »Magdeburger Zenturien« (14 Bände, 1559–1574), das erste umfassende Kirchengeschichtswerk seit Eusebius, ist von ihm angeregt worden. Sie haben das protestantische Geschichtsbild, wonach die Kirche nach der Zeit der Apostel schrittweise von ihrer göttlichen Bestimmung abgewichen und unter die Herrschaft des päpstlichen Antichrists geraten sei, maßgeblich bestimmt. Die komplementäre Vorstellung, dass das reformatorische Evangelium auch während des Verfalls der Kirche immer wieder von »Zeugen der Wahrheit« wie Jan Hus und anderen Vorläufern der Reformation verbreitet worden sei (Kap. 1.5), entfaltete Flacius in seinem »Catalogus testium veritatis«.

Eine Sonderstellung in den innerlutherischen Kontroversen nahm der seit 1550 schwelende *Osiandrische Streit* ein. Der frühere Nürnberger Reformator Andreas Osiander, seit dem Interim Theologieprofessor im preußischen Königsberg, vertrat ein mystisch gefärbtes effektives Rechtfertigungsverständnis, wonach der Sünder durch die Einwohnung der göttlichen Natur Christi in der Seele effektiv gerecht gemacht werde. Damit zog er die Gegnerschaft von Philippisten und Gnesiolutheranern gleichermaßen auf sich, konnte sich aber dank der Unterstützung Herzog Albrechts von Preußen behaupten. 1566 griff endlich der polnische König, der Lehnsherr Albrechts, ein und erzwang die Verurteilung des Osiandrismus.

4.6.2 Vom Wormser Religionsgespräch 1557 zum Konkordienwerk 1577/80

Die verhängnisvollen Folgen der innerlutherischen Streitigkeiten der 1550er Jahren zeigten sich auf dem *Wormser Religionsgespräch* von 1557. Kaiser Ferdinand I. hatte es einberufen, um die in der Präambel des Augsburger Religionsfriedens geforderte Einigung der beiden Konfessionsparteien vielleicht doch noch herbeizuführen. Von katholischer Seite nahmen unter anderen Johann Gropper und der Jesuitenprovinzial Petrus Canisius teil, von evangelischer Seite Melanchthon, Johannes Brenz und Matthias Flacius. Die Zerstrittenheit der Evangelischen verhinderte ein geschlossenes Auftreten, und die Katholiken stellten bald fest, dass unter den Anhängern des Augsburger Bekenntnisses ein Konsens über die Fragen von Erbsünde und Rechtfertigung offensichtlich nicht bestand. Das Religionsgespräch wurde abgebrochen.

Bestrebungen der alarmierten evangelischen Stände, den inneren Zwiespalt beizulegen, brachten keinen Erfolg. Auf dem Frankfurter

Fürstentag 1558 unterzeichneten zwar die wichtigsten evangelischen Fürsten den *Frankfurter Rezess*, eine von Melanchthon verfasste Einigungsformel, die die Confessio Augustana und deren Apologie als gemeinsame Lehrgrundlage bekräftigte. Doch Herzog Johann Friedrich II. von Sachsen(-Weimar), der Schutzherr der Gnesiolutheraner, verweigerte die Unterschrift und ließ stattdessen 1559 die Jenaer Theologen um Flacius das *Weimarer Konfutationsbuch* ausarbeiten, das neben anderen Irrlehren auch den Philippismus verwarf. Als problematisch erwies sich insbesondere die Frage, welche Fassung des Augsburger Bekenntnisses als rechtsgültige Bekenntnisnorm gelten sollte – die ursprüngliche, 1530 dem Kaiser überreichte Fassung oder die 1540 von Melanchthon für die Reichsreligionsgespräche hergestellte, u. a. im Abendmahlsartikel abgemilderte Version, die auch Calvin unterzeichnet hatte. Es war ganz im Sinne der Gnesiolutheraner, dass sich der *Naumburger Fürstentag* 1561 ausdrücklich zur »Confessio Augustana invariata« von 1530 bekannte – doch mit Rücksicht auf die Kurpfalz, die kurz darauf offen zum reformierten Bekenntnis übergehen sollte, wurde in Naumburg auch die »Confessio Augustana variata« als gültige Auslegung zugelassen, woraufhin Johann Friedrich von Sachsen die Versammlung unter Protest verließ.

Im Ringen um eine normative Bekenntnisgrundlage wurden jetzt in einzelnen Territorien mit der Sammlung verbindlicher Bekenntnistexte in sogenannten *Corpora Doctrinae* eigene Lehrnormen definiert. Weite Verbreitung fand das 1560 von Melanchthon zusammengestellte »Corpus Doctrinae Christianae«, das später auch als »Corpus Doctrinae Philippicum« bezeichnet wurde und neben den drei altkirchlichen Bekenntnissen ausschließlich Schriften Melanchthons, darunter die »Confessio Augustana«, die »Apologie«, die »Confessio Saxonica« von 1551 und die Loci Theologici, enthielt. In Kursachsen, Hessen, Brandenburg und einer Reihe weiterer Territorien wurde es offizielle Bekenntnisnorm. Demgegenüber führten eine Reihe norddeutscher Städte und Territorien eigene, antiphilippistische »Corpora Doctrinae« ein, die stärker auf Luther, insbesondere auf seine Katechismen und Schmalkaldischen Artikel, zurückgriffen. Melanchthon starb 1560, tief verletzt und zermürbt von der Zwietracht und den erlittenen Anfeindungen. Auf seinem »letzten Zettel« notierte er unter den Gründen, weshalb er den Tod nicht fürchten müsse: »du wirst befreit werden […] vom Wüten der Theologen (rabies theologorum)«.

4. Kirche und Theologie im Konfessionellen Zeitalter

Seit dem Ende der 1560er Jahre ergriffen die Herzöge von Württemberg und Braunschweig-Wolfenbüttel die Initiative zu Verhandlungen über eine innerlutherische Verständigung. Federführend waren der Tübinger Theologieprofessor und Universitätskanzler Jakob Andreae und der Braunschweiger Superintendent *Martin Chemnitz*, prominent wirkte aber auch der Rostocker Professor David Chyträus mit. Bis 1575 lag die Schwäbisch-Sächsische Konkordie vor, ein Ausgleichstext, der aber keine allgemeine Zustimmung fand. 1576 entstand mit der Maulbronner Formel ein weiterer Entwurf.

Erschwert wurde das Vorhaben dadurch, dass sich die Vormacht des Luthertums, das albertinische Kurfürstentum Sachsen unter Kurfürst August (nicht zu verwechseln mit August dem Starken anderthalb Jahrhunderte später!), zunächst nicht beteiligte. Die Wittenberger Theologen waren nicht nur entschiedene Philippisten – Melanchthons Erbe wurde hier von seinem Schwiegersohn, dem Medizinprofessor und kurfürstlichen Leibarzt Kaspar Peucer (Peucker) hochgehalten –, sie suchten auch die Annäherung an den Calvinismus, weswegen sie von ihren Gegnern als *Kryptocalvinisten* geschmäht wurden. Insbesondere ein von der Wittenberger theologischen Fakultät verantworteter, von dem Theologieprofessor Christoph Pezel unter Peucers Mitarbeit 1571 herausgegebener neuer Katechismus stieß auf heftige Kritik. Der arglose Kurfürst August wurde auf den kursächsischen Kryptocalvinismus erst 1574 aufmerksam, als in Leipzig eine offen calvinistische Abendmahlsschrift im Druck erschien. Umso schärfer schritt er nun ein. Peucer und andere führende Philippisten wurden inhaftiert. Das bedeutete noch nicht das definitive Ende des kursächsischen Kryptocalvinismus, der nach Augusts Tod in der zweiten Hälfte der 1580er Jahre noch einmal kurzzeitig auflebte, doch schloss sich August von Sachsen, von dem Leipziger Superintendenten und Theologieprofessor Nikolaus Selnecker beraten, nun den württembergisch-braunschweigischen Ausgleichsverhandlungen an.

August berief Jakob Andreae nach Sachsen, wo 1576 in Torgau eine Theologenkommission auf der Grundlage der älteren Vorarbeiten als Entwurf für eine Ausgleichsformel das »Torgauer Buch« (auch: »Torgisches Buch«) zusammenstellte, zu dem Voten zahlreicher lutherischer Theologen aus verschiedenen Territorien eingeholt wurden. Auf Grund dieser Rückmeldungen erstellten Andreae, Chemnitz und Selnecker 1577 in Kloster Berge bei Magdeburg die Endfassung, das »Bergische

Buch«. Der endgültige Konsenstext, die sogenannte *Konkordienformel* (*Formula Concordiae*, FC), bestand aus dem als »Solida Declaratio« (SD; »Gründliche Erklärung«) bezeichneten Text des Bergischen Buches, dem eine von Andreae erstellte Kurzfassung, die »Epitome« (»Auszug«), vorangestellt wurde. Ihrem Selbstverständnis nach wollte die Konkordienformel nicht mehr als ein verbindlicher Kommentar zur Confessio Augustana (invariata) sein. Inhaltlich handelte es sich um ein Kompromissdokument, das sich gegen Einseitigkeiten der philippistischen, aber auch der gnesiolutherischen Lehrbildung abgrenzte. Die Konkordienformel verstand die Rechtfertigung im Sinne Melanchthons streng forensisch und schloss jede Mitwirkung des freien Willens aus. Nach außen vollzog sie eine klare Grenzziehung gegenüber Katholizismus und Reformiertentum. Wichtig für die lutherische Bekenntnishermeneutik wurde die Unterscheidung zwischen der Heiligen Schrift als Urnorm (*norma normans*) und den Bekenntnisschriften als abgeleiteter Norm (*norma normata*).

1580 wurde die Konkordienformel als Teil des sogenannten *Konkordienbuchs* gedruckt, das fortan anstelle der verschiedenen Corpora Doctrinae als maßgebliche Sammlung der lutherischen Bekenntnisschriften fungierte. In ihm waren die drei altkirchlichen Bekenntnisse, die Confessio Augustana invariata und die Apologie, die Schmalkaldischen Artikel und Melanchthons Traktat über die Vollmacht des Papstes, Luthers Katechismen und eben die Konkordienformel enthalten. Damit lag nun ein einheitliches, abgeschlossenes Korpus von Bekenntnisschriften vor, das als dauerhaft verbindliche Lehrnorm lutherischen Christseins verstanden wurde. Anders als im Luthertum kam es im Reformiertentum zu keiner vergleichbaren Zusammenstellung und Kanonisierung von Bekenntnisschriften; diese galten und gelten dort als zeitgebundene, in einer je bestimmten Situation und für eine bestimmte Kirche getroffene Bekenntnisaussagen.

Zum 50. Jubiläum der Confessio Augustana wurde das Konkordienbuch bei einem Konvent der lutherischen Stände in Dresden übergeben und unterzeichnet. Damit war die Bekenntnisbildung im Luthertum abgeschlossen. Allerdings nahmen nur etwa zwei Drittel der lutherischen Reichsstände das Konkordienwerk an. Unter den Territorien, in denen die Konkordienformel nicht galt, waren solche wie die Landgrafschaft Hessen-Kassel, das Fürstentum Anhalt und die Grafschaft Lippe, die binnen zweier Jahrzehnte ohnehin zum Reformiertentum übergehen sollten. Aber auch die Landgrafschaft Hessen-Darmstadt und die Herzogtümer Pommern, Schleswig und Holstein sowie die Reichsstädte Nürnberg, Magdeburg, Straßburg und Frankfurt traten der Konkordienformel aus unterschiedlichen Gründen nicht bei; selbst Braunschweig-Wolfenbüttel unterzeichnete sie – aus politischen Gründen – nicht. Der konfessionellen Geschlossenheit des Luthertums insgesamt tat dies aber keinen Abbruch.

4.7 Theologie und Frömmigkeit im nachkonkordistischen Luthertum

4.7.1 Die lutherische Orthodoxie

Die besondere Gestalt der protestantischen – lutherischen wie reformierten – Theologie des Konfessionellen Zeitalters wird als *(alt-)protestantische Orthodoxie* bezeichnet. Als »orthodox«, d. h. der rechten Lehre verpflichtet, haben sich die Dogmatiker dieser Zeit selbst bezeichnet, die Charakterisierung als »altprotestantisch« geht auf Ernst Troeltsch zurück. Die Leistung der Orthodoxie bestand in der Sicherung und Fortentwicklung der theologischen Einsichten der Reformation und ihrem Ausbau zu in sich geschlossenen dogmatischen Systemen. Im Anschluss an Luther sah man die Hauptaufgabe der Theologie in der Bewahrung der »reinen Lehre«. Dementsprechend rational und lehrhaft gestaltete sich die Schultheologie der Zeit, die, nicht zuletzt in ihrem Rückgriff auf Aristoteles und der Strenge der Begriffsbildung, wieder quasi-scholastische Züge annahm. Grundlegend für die lutherische wie für die reformierte Orthodoxie war die Rückbindung an die jeweiligen konfessionellen Lehrnormen, auf deren Einhaltung sich Pfarrer und Lehrer, Professoren und Beamte verpflichten mussten. Dabei galt im nachkonkordistischen Luthertum die reformatorische Bekenntnisbildung als grundsätzlich abgeschlossen, während das Reformiertentum auch weiterhin neue Bekenntnisformeln hervorbrachte. Kehrseite des Strebens nach der Reinheit der Lehre war eine ausgeprägte konfessionelle Polemik; die Kontroverstheologie avancierte zur Königsdisziplin. In der Abgrenzung gegen das katholische Traditionsprinzip kam es in der protestantischen Orthodoxie zu einer Übersteigerung des evangelischen

4.7 Theologie und Frömmigkeit im Luthertum

Schriftprinzips hin zur Lehre von der Verbalinspiration der Heiligen Schrift, die nun nicht nur ihrem Inhalt, sondern auch dem Buchstaben nach, ja teilweise bis hin zur masoretischen Vokalisierung des hebräischen Alten Testaments, als von Gott diktiert galt.

In der älteren Forschung fiel die Beurteilung der protestantischen Orthodoxie sehr unterschiedlich aus. Lange hatte sie einen unverdient schlechten Ruf, galt als unbeweglich, lebensfern und lebendiger Frömmigkeit abträglich. Tatsächlich ist das ein Urteil, das von ihren späteren Gegnern, Pietisten und Aufklärern, verbreitet wurde und in dieser Einseitigkeit nicht zutrifft. Auch den orthodoxen Theologen war die Förderung der gelebten Frömmigkeit ein Anliegen, und dem Zeitalter der Orthodoxie gehören auch etwa die Dichtungen Paul Gerhardts und die Kompositionen von Heinrich Schütz und Johann Sebastian Bach an.

Für die *lutherische Orthodoxie* im Besonderen waren Melanchthons Loci communes, deren Ausgabe letzter Hand 1559 erschienen war, und die Konkordienformel von 1577 grundlegend. Die von Luther scharf verworfene aristotelische Metaphysik war bereits zu dessen Lebzeiten durch Melanchthon wieder als philosophisches Referenzsystem rehabilitiert worden und bildete auch die Basis der orthodoxen Lehrbildungen. Ihre wichtigsten Zentren hatte die lutherische Orthodoxie an den Universitäten in Wittenberg, wo die »cathedra Lutheri« (»der Lehrstuhl Luthers«) stand, und in Jena sowie in Tübingen und Gießen.

Es hat sich eingebürgert, eine lutherische Früh-, Hoch- und Spätorthodoxie zu unterscheiden. Die Theologen der *Frühorthodoxie*, die von ca. 1580 bis 1630 angesetzt werden kann, arbeiteten wie Melanchthon nach der Loci-Methode, indem sie den theologischen Stoff anhand von ausgewählten, meist der Bibel entnommenen Schlüsselbegriffen abhandelten. Aus dieser Periode ist vor allem der Wittenberger Professor *Leonhard Hütter* (Hutter, Hutterus, gest. 1616) zu nennen, dessen »Compendium locorum theologicorum« zum maßgebenden Lehrbuch für Schule und Universität wurde und in dieser Funktion schließlich Melanchthons »Loci« ablöste. In Jena lehrte *Johann Gerhard* (gest. 1637), der mit seinen umfangreichen »Loci theologici« der vielleicht bedeutendste orthodoxe Dogmatiker überhaupt war; von Johann Arndt (Kap. 4.7.2) und der neuen Frömmigkeitsbewegung beeinflusst, war er in seiner Theologie betont praktisch orientiert und verfasste auch Erbauungsschriften, darunter die viel gelesenen »Meditationes sacrae«. In die Zeit der Frühorthodoxie fällt auch der *Kenosis-Streit* zwischen den Gießener Theologen um Balthasar Mentzer, die lehrten, Christus habe sich während seines irdischen Lebens seiner göttlichen Eigenschaften wirklich entäußert (Kenosis) und nur von Fall zu Fall willentlich davon Gebrauch gemacht, und den Tübingern, die glaubten, Christus habe den Besitz seiner göttlichen Eigenschaften lediglich verborgen (Krypsis); in ihrem Schiedsspruch gaben die Wittenberger Theologen den Gießenern Recht.

Die Theologen der *Hochorthodoxie* (ca. 1630-1680) folgten nicht mehr der Loci-Methode, sondern der analytischen Methode, die, orientiert am Heilsweg des Menschen, den dogmatischen Lehrstoff systematisch von der Schöpfung bis zur Vollendung abhandelte. Besonders einflussreich waren die Wittenberger Professoren *Abraham Calov* mit seinem »Systema locorum theologicorum« und *Johann Andreas Quenstedt* mit seinem erfolgreichen Lehrbuch »Theologia didactico-polemica«. Bereits der *Spätorthodoxie* (ca. 1680-1730) gehört der in kirchlichen Ämtern in Pommern tätige *David Hollaz* mit seinem »Examen theologicum acroamaticum« (*acroamaticus* = zum Anhören«, »für Vorlesungen«) an.

Manchmal wird als eigene Unterkategorie lutherisch-orthodoxer Theologie eine sogenannte »Reformorthodoxie« angenommen, der dann Erbauungsschriftsteller wie Heinrich Müller und Christian Scriver (Kap. 4.7.2) zugeordnet werden. Tatsächlich war die Verbindung von Rechtgläubigkeit und persönlicher Frömmigkeit jedoch ein gemeinsames Anliegen aller orthodoxen Theologen.

Eine von der Wittenberger Orthodoxie abweichende Spielart lutherischer Theologie wurde an der braunschweigischen Landesuniversität in Helmstedt getrieben. In Braunschweig-Wolfenbüttel galt, wie erwähnt, die Konkordienformel nicht. Die *Helmstedter Theologie* war stark vom Späthumanismus und von Melanchthon geprägt und, anders als der Hauptstrom des orthodoxen Luthertums, auch um konfessionelle Verständigung bemüht. Ihr Hauptvertreter war *Georg Calixt* (gest. 1656), der als heilsnotwendig lediglich die im Apostolikum und in den kirchlichen Lehrentscheidungen der ersten fünf Jahrhunderte fixierten Glaubensinhalte ansah und auf der Grundlage dieses später so genannten »consensus quinquesaecularis« eine Einigung mit Katholiken und Reformierten für möglich hielt. 1645 nahm er mit diesem Programm am »Colloquium charitativum«, dem »liebreichen Religionsgespräch« zwischen Katholiken und Protestanten im polnischen Thorn, teil, wo er heftig mit Abraham Calov zusammenstieß; die in den folgenden Jahren zwischen ihnen ausgetragene Kontroverse wurde als der »Synkretistische Streit« bekannt. Calixt war auch der erste Theologe, der die Ethik getrennt von der Dogmatik behandelte.

4.7.2 Frömmigkeit im Luthertum

Um die Wende vom 16. zum 17. Jahrhundert kam es im Luthertum zu einer vermehrten Produktion von *Gebetsbüchern und Erbauungsschriften*. Die ältere These von Winfried Zeller, dass es sich dabei um die Reaktion auf eine »Frömmigkeitskrise« gehandelt habe, die durch das Auseinanderfallen von akademischer Theologie und gelebtem Christsein entstanden sei,[69] wird so heute nicht mehr vertreten. Bemerkenswert bleibt aber das mit der lutherischen Erbauungsliteratur dokumentierte Aufkommen einer neuen, subjektiv ausgerichteten Frömmigkeit, die massive Anleihen bei mystischen Autoren des Mittelalters machte. Im Licht dieses neuen Frömmigkeitsideals erschien die herkömmliche, vor allem sozialer Konvention entsprechende volkskirchliche Religiosität vielen defizitär; die neue Frömmigkeit ging daher nicht selten mit Rufen nach einer Kirchenreform einher.

Ein Hauptvertreter der neuen Gebetsliteratur war der Görlitzer Pfarrer *Martin Moller*, der von Bernhard von Clairvaux und Tauler geprägt war. *Valerius Herberger*, Pfarrer im polnischen Fraustadt (Wschowa), wirkte u. a. durch seine beiden »Herzpostillen«, Predigtsammlungen über die Evangelien- und Episteltexte. Bis heute bekannt ist *Philipp Nicolai* (gest. 1608), der Pfarrer in (Bad) Wildungen, Unna und Hamburg war und im Anschluss an eine Pestepidemie in Unna den »Freudenspiegel des ewigen Lebens« verfasste; darin findet sich auch das sogenannte »Königspaar der evangelischen Choräle«: »Wie schön leuchtet der Morgenstern« (EG 70) und »Wachet auf, ruft uns die Stimme« (EG 147). Nicolai propagierte hier eine an der Brautmystik orientierte Herzensfrömmigkeit, die sich in der Liebe und Gegenliebe zwischen Gott und Mensch verwirklicht.

Der Hauptvertreter der neuen lutherischen Frömmigkeit und die einflussreichste Gestalt des Luthertums seit der Reformation überhaupt war *Johann Arndt* (1555–1621). Nach Stationen als Pfarrer u. a. in Quedlinburg, Braunschweig und Eisleben war Arndt schließlich braun-

---

69 Zeller, Protestantische Frömmigkeit im 17. Jahrhundert, bes. 87–95.

schweig-lüneburgischer Generalsuperintendent (ranghöchster Geistlicher) in Celle. Sein Hauptwerk, die »Vier Bücher vom Wahren Christentum«, wurde zu einem häufig nachgedruckten und übersetzten Bestseller der evangelischen Erbauungsliteratur und wird bis heute gelesen. Auch sein »Paradiesgärtlein«, eine Sammlung von Gebeten für die persönliche Andacht, fand weite Verbreitung. Das »wahre« Christentum, das Arndt dem »Maulchristentum« vieler Zeitgenossen entgegenstellte, war durch den Vorrang des heiligen Lebens vor der reinen Lehre gekennzeichnet:

> »Was für ein großer und schändlicher Mißbrauch des heiligen Evangeliums in dieser letzten Welt sei, christlicher lieber Leser, bezeuget genugsam das gottlose, unbußfertige Leben derer, die sich Christi und seines Worts mit vollem Munde rühmen und doch ein ganz unchristliches Leben führen [...] Solch gottloses Wesen hat mir zu diesem Büchlein Ursach gegeben, damit die Einfältigen sehen möchten, worin das wahre Christentum stehe, nämlich in Erweisung des wahren, lebendigen, tätigen Glaubens, durch rechtschaffene Gottseligkeit [= Frömmigkeit], durch Früchte der Gerechtigkeit; wie wir darum nach Christi Namen gennenet sind, daß wir nicht allein an Christum glauben, sondern auch in Christo leben sollen und Christus in uns; wie die wahre Buße aus dem innersten Grunde des Herzens gehen müsse; wie Herz, Sinn und Mut müsse geändert werden, daß wir Christo und seinem heiligen Evangelio gleichförmig werden; wie wir durchs Wort Gottes müssen täglich erneuert werden zu neuen Kreaturen [...]. Summa: wie Adam in uns sterben und Christus in uns leben soll. Es ist nicht genug, Gottes Wort wissen, sondern man muß auch dasselbe in die lebendige tätige Übung bringen.«[70]

Nicht die imputative Zurechnung der fremden Gerechtigkeit Christi, sondern die wirkliche Umwandlung und Gerechtmachung des Sünders stand für Arndt im Zentrum des Christentums. Die Wiedergeburt, die von der orthodoxen Theologie mit der Taufe gleichgesetzt wurde, erhielt bei Arndt eine Schlüsselstellung: Sie war die Wiedergewinnung der verlorenen Gottebenbildlichkeit und der Beginn einer wirklichen Erneuerung des Menschen, und der Gläubige hatte durch beständigen Kampf gegen die Laster und Wachstum in der Liebe an diesem Erneuerungsprozess mitzuwirken. Entscheidend war die Wendung in die Innerlichkeit und zum inneren Wort Gottes in der Seele. Dafür griff Arndt in großem Umfang auf die mittelalterliche Mystik – vor allem auf Tauler, die Theologia Deutsch und die italienische Mystikerin Angela von Folig-

---

70 Arndt, Sechs Bücher vom wahren Christentum, 64.

4.7 THEOLOGIE UND FRÖMMIGKEIT IM LUTHERTUM

no zurück; er war aber auch stark von der Naturphilosophie des Paracelsus (Kap. 2.9.1) und von der Alchemie beeinflusst und Anhänger eines theosophischen Ideals. Obwohl Arndts religiöser Ansatz mit der Theologie Luthers eigentlich nicht vereinbar war, wurde er, auch dank der prominenten Fürsprache von Johann Gerhard, dessen Gemeindepfarrer Arndt in Quedlinburg gewesen war, im Luthertum weithin rezipiert – die kirchliche Lesart lautete, Arndt habe nur die Lehre ins Leben verwandeln wollen. Die Arndtsche Frömmigkeitsbewegung (auch: Arndtianismus) hat dem deutschen lutherischen Pietismus, der ab 1670 durch Philipp Jakob Spener (Kap. 5.4) seine institutionelle Gestalt erhielt, den Boden bereitet.

Zu den Bewunderern Arndts gehörte der württembergische Theologe *Johann Valentin Andreae* (gest. 1654), ein Enkel Jakob Andreaes. Als Tübinger Student verkehrte er in einem Freundeskreis nonkonformistischer Akademiker, aus dem unter wesentlicher Beteiligung Andreaes die drei berühmten Rosenkreuzer-Manifeste hervorgingen. Darin wandte sich eine fiktive, angeblich von einem gewissen »Christian Rosenkreuz« – Andreaes Familienwappen zeigte das Andreaskreuz mit vier Rosen – gegründete geheime Bruderschaft an die Öffentlichkeit, die alles religiöse und medizinisch-naturwissenschaftliche Wissen der Zeit pansophisch zusammenfassen und in den Dienst einer »Generalreformation« der ganzen Welt stellen wollte. Andreae distanzierte sich später von der Rosenkreuzeridee – im 18. Jahrhundert fanden sich, durch die Manifeste inspiriert, dann wirklich geheimbündlerische »Rosenkreuzer« zusammen –, doch verfolgte er während seiner kirchlichen Karriere als Pfarrer in Calw und Hofprediger in Stuttgart mit verschiedenen Schriften weiter Reformideen, so in seiner christlichen Gesellschaftsutopie »Christianopolis«. – Ähnlich ausgreifende Pläne einer christlich fundierten umfassenden Gesellschaftsreform wurden im 17. Jahrhundert auch sonst verfolgt, so etwa von dem heute praktisch nur noch als Pädagogen bekannten Bischof der aus dem Hussitismus hervorgegangenen Böhmischen Brüder-Unität *Johann Amos Comenius* (gest. 1670).

Die Abfassung von religiöser Andachts- und Erbauungsliteratur dauerte im Luthertum auch über Arndt hinaus fort. Autoren wie der Rostocker Professor und Superintendent *Heinrich Müller* und der Magdeburger Pfarrer *Christian Scriver* prägten mit ihren viel gelesenen Erbauungsschriften – vor allem dem »Himmlischen Liebeskuss« von Müller und dem »Seelen-Schatz« und »Gottholds zufälligen Andachten«

von Scriver – die lutherische Frömmigkeit. Eine bis heute andauernde Wirkung entfaltete *Paul Gerhardt* (1607–1676), der mit seinen eindrücklichen Liedern, von denen er viele als Pfarrer an St. Nikolai in Berlin gemeinsam mit seinem Kantor Johann Crüger schuf und die auch persönliche Leiderfahrungen verarbeiten, als bedeutendster Kirchenliederdichter des deutschsprachigen Protestantismus gilt (u. a. »Befiehl du deine Wege«, EG 361). Wegen seines Widerstands gegen die Kirchenunionsbestrebungen des Berliner Hofes (Kap. 4.9.2) entlassen, wirkte er zuletzt in Lübben im Spreewald.

4.7.3 Der mystische Spiritualismus

Trotz ihrer Anleihen bei der mittelalterlichen Mystik bewegte sich die Erbauungsliteratur im Wesentlichen auf dem Boden der Orthodoxie. Doch gab es im Luthertum auch eine heterodoxe spiritualistisch-mystische Unterströmung. Luther selbst war ursprünglich von der Mystik Taulers beeinflusst gewesen, hatte dann aber im Interesse der auf das »extra nos« des äußeren Wortes Gottes gegründeten Heilsgewissheit die mystische Theologie und Frömmigkeit preisgegeben und sich scharf gegen jeden Spiritualismus verwahrt. Auch die nachreformatorische Orthodoxie bekämpfte alle spiritualistischen Regungen. Die Distanz der Spiritualisten gegenüber den Formen äußerer Kirchlichkeit machte viele von ihnen von vornherein zu Einzelgängern abseits der sich bildenden Konfessionen. Anderen ermöglichte sie, unentdeckt innerhalb der verfassten Kirchen zu verbleiben.

Dies war der Fall bei *Valentin Weigel* (gest. 1588), der als lutherischer Pfarrer in Zschopau bei Chemnitz amtierte, insgeheim aber mystische und spiritualistische Anschauungen pflegte, mit denen er an Tauler und die Dominikanermystik ebenso wie an Andreas Karlstadt, Sebastian Franck und Kaspar von Schwenckfeld anknüpfte. Weigel vertrat das Ideal eines verinnerlichten Geistchristentums und kritisierte die äußerliche »Mauerkirche«. Seine zahlreichen Schriften wurden erst nach seinem Tod durch den Druck bekannt und entfalteten trotz ihrer Verurteilung durch die Orthodoxie im sogenannten Weigelianismus des 17. Jahrhunderts eine beachtliche, wenngleich vielfach untergründige Wirkung.

In der durch Franck, Schwenckfeld und Weigel bezeichneten Traditionslinie stand auch Jakob Böhme (gest. 1624), ein Schuhmachermeister aus Görlitz, den Hegel den »ersten deutschen Philosophen« nannte. Auf der Grundlage eigener mystischer Erfahrungen und autodidaktischer Studien verfasste er 1612 sein Erstlingswerk »Aurora oder die Morgenröte im Aufgang« und widmete sich schließlich, von der lutherischen Geistlichkeit zeitlebens angefeindet, vollzeitlich der Schriftstellerei und der Korrespondenz mit seinen Anhängern. Böhme verband eine mystische und spiritualistische religiöse Auffassung mit naturphilosophischer Spekulation in der Tradition des Paracelsismus und des Neuplatonismus zu einem eigentümlichen pansophischen System, das Natur und Geist, Vernunft und Glaube integrieren wollte und noch den Deutschen Idealismus stark beeinflusste. Vor allem sein dynamisches Verständnis Gottes wie der Natur, das durch den Gedanken des dialektischen Zusammenwirkens entgegengesetzter Prinzipien bestimmt war, wirkte bahnbrechend. Die Erlösung des Menschen verstand Böhme als effektive Wiederherstellung der verlorenen Gottebenbildlichkeit durch die Einwohnung Gottes in der Seele und die Vermählung mit der himmlischen Sophia, der personifizierten Weisheit Gottes. Mit diesen Gedanken haben Böhme und die »Böhmisten« eine starke Wirkung vor allem im radikalen Pietismus entfaltet; die Sophienmystik hat hier nicht selten zu einer Abwertung der menschlich-geschlechtlichen Ehe geführt. Auch in England fand Böhme Anhänger. Hier entstand im Umkreis der 1670 in London von der Mystikerin Jane Leade und dem anglikanischen Geistlichen John Pordage gegründeten »Philadelphian Society« die sogenannte philadelphische Idee, die ebenfalls stark auf den radikalen Pietismus in Deutschland zurückwirkte. Demnach befand man sich derzeit im fünften der in den sieben Sendschreiben der Johannes-Offenbarung präfigurierten sieben Zeitalter der Kirchengeschichte, dem von »Sardes«, in dem die Kirche im Ruf steht zu leben, in Wahrheit aber tot ist; im folgenden Zeitalter von »Philadelphia« sollte es über die Grenzen der Konfessionen hinweg zur Versammlung aller Frommen zur endzeitlichen Brautgemeinde des Lammes kommen.

Ein bekannter lutherischer, dann aber zum Katholizismus übergetretener Liebhaber Böhmes und der mittelalterlichen Mystik war der schlesische Arzt Johannes Scheffler (gest. 1677), besser bekannt unter seinem Literatennamen *Angelus Silesius*. In seinem Hauptwerk »Der Cherubinische Wandersmann« fasste er die mystischen Lehren in Sinnsprüchen zusammen; seine Lieder erfreuten sich im Halleschen Pietismus großer Beliebtheit.

4.8 Die Ausbreitung des Reformiertentums in Deutschland

4.8.1 Reformierte Konfessionsbildung vor und nach 1555

Zur Zeit des Augsburger Religionsfriedens gab es in den deutschen Kernlanden des Heiligen Römischen Reiches so gut wie keine Reformierten. Die ursprünglich von Zwingli und Bucer geprägten oberdeutschen Städte hatten sich, durch die Wittenberger Konkordie vermittelt, dem Luthertum angeschlossen. Die Lehren Calvins konnten vorerst nur punktuell in Metz, Trier und Aachen, am Niederrhein und vor allem in Ostfriesland Fuß fassen; daneben spielten die aus exilierten niederländischen, französischen und englischen Glaubensflüchtlingen bestehenden »Gemeinden unter dem Kreuz« eine nicht zu unterschätzende Rolle.

Die Grafschaft *Ostfriesland* war 1526 zum lutherischen Glauben übergegangen, hatte in den folgenden Jahren aber auch starke zwinglische und – durch Melchior Hoffmann – täuferische und schließlich calvinistische Einflüsse erlebt. Ein einheitliches Bekenntnis ließ sich nicht durchsetzen; der Osten der Grafschaft blieb überwiegend lutherisch, der Westen überwiegend calvinistisch geprägt. Zentrum des ostfriesischen Calvinismus wurde *Emden*, wo der polnische Adelige *Johannes a Lasco* (gest. 1560) in den 1540er Jahren als reformierter Superintendent amtierte und den Emder Katechismus einführte; auf Grund des Augsburger Interims abgesetzt, wurde er dann in London Leiter der reformierten Flüchtlingsgemeinde. Später wurde Emden zum Zufluchtsort reformierter Glaubensflüchtlinge aus den Niederlanden, die hier 1571 sogar ihre erste Nationalsynode abhielten.

Eine weitere wichtige reformierte Gemeinde bestand in Wesel im Herzogtum Kleve; hier siedelten sich zeitweilig reformierte Exulanten aus den Niederlanden und England an. Als Asylort für wallonische und flämische Reformierte fungierte auch die lutherische Reichsstadt *Frankfurt am Main*. Um die Mitte der 1550er Jahre entstanden, bestehen die französisch-reformierte und die deutsch-reformierte Gemeinde bis heute; während der Herrschaft von Maria Tudor gab es in Frankfurt daneben eine englische Flüchtlingsgemeinde.

In ganzen *Flächenstaaten* faßte das calvinistische oder reformierte Bekenntnis in Deutschland erst nach dem Augsburger Religionsfrieden

4.8 Die Ausbreitung des Reformiertentums in Deutschland

Fuß – und zwar durchweg nur dort, wo zuvor schon eine lutherische Reformation stattgefunden hatte. Man hat daher in der Forschung von einer »zweiten Reformation« gesprochen, auch wenn deren Protagonisten selbst den Begriff nicht gebrauchten und sich in Kontinuität zur lutherischen Reformation sahen, die sie fortzusetzen und zu vollenden beanspruchten. Für das innerprotestantische Verhältnis bedeutete dieser Weg der Etablierung des Reformiertentums im Reich eine schwere Belastung.

Die reformierte Konfessionsbildung vollzog sich durchweg unter fürstlicher Lenkung »von oben«. Dabei war meist die persönliche religiöse Überzeugung der Herrscher ausschlaggebend; der Calvinismus erschien vielen als konsequente, der Bibel und der Vernunft besser entsprechende Weiterführung der vermeintlich auf halbem Wege stehengebliebenen lutherischen Reformation. Andererseits kam die reformierte Betonung der Kirchen- und Sittenzucht landesherrlichen Disziplinierungsbestrebungen entgegen, und das reformierte Bekenntnis konnte auch außenpolitische Bündnisoptionen – vor allem im Blick auf die aufstrebenden Niederlande – eröffnen. Vielerorts hatte der Philippismus der Wendung zum Reformiertentum vorgearbeitet. Nicht zuletzt die konfessionelle Profilschärfung des Luthertums durch das Konkordienwerk ließ manche Philippisten, die diesen Weg nicht mitgehen wollten, ins reformierte Lager rücken. Einen nicht zu unterschätzenden Einfluss auf die reformierte Konfessionalisierung hatten insbesondere die nach 1574 aus Kursachsen vertriebenen »Kryptocalvinisten« um Kaspar Peucer und Christoph Pezel.

Unklar blieb, ob die von den Fürsten betriebene Veränderung des Konfessionsstandes hin zum Reformiertentum vom Reformationsrecht nach dem Augsburger Religionsfrieden gedeckt war. Formaljuristisch war das nur der Fall, wenn es sich auch bei den Reformierten um »Augsburgische Konfessionsverwandte« handelte, was diese denn auch für sich in Anspruch nahmen – allerdings unter Berufung auf die *Confessio Augusta variata* von 1540, während sich das Luthertum mit dem Konkordienwerk endgültig auf die Confessio Augustana invariata von 1530 als maßgebliche Bekenntnisnorm festlegte und den Reformierten die »Konfessionsverwandtschaft« bestritt. Die aus dieser brisanten Konstellation resultierende Unsicherheit blieb bis 1648 eine Grundkonstante für die Politik der deutschen Reformierten.

Seinem theologischen Profil nach war das deutsche Reformiertentum, das sich selbst ausdrücklich mit diesem Terminus bezeichnete, kein strenger »Calvinismus« nach Genfer Vorbild, sondern lässt sich eher als eine Synthese calvinistischer und philippistischer Anschauungen beschreiben. Vor allem spielte die strenge Dordrechter Prädestinationslehre (Kap. 3.4.3) in Deutschland gewöhnlich keine hervorgehobene Rolle. Nach außen hin fielen vor allem die Bild- und Schmucklosigkeit der Kirchenräume, die Ersetzung der Altäre durch hölzerne Abendmahlstische, die Verwendung von gewöhnlichem, während der Feier zu brechendem Brot beim Abendmahl sowie die Beschränkung auf Psalmengesang auf. Anders als die reformierten Kirchentümer Westeuropas waren die reformierten Kirchen im Reich nicht presbyterial-synodal verfasst, sondern unterstanden dem landesherrlichen Kirchenregiment und hatten wie die lutherischen Kirchen konsistoriale Leitungsinstitutionen.

4.8.2 Kurfürstentum Pfalz

Das erste große Territorium, in dem es zu einer reformierten Konfessionalisierung kam, war die Kurpfalz mit ihrer Hauptstadt Heidelberg. Ein erster Versuch zur Einführung der Reformation war nach dem Schmalkaldischen Krieg abgebrochen worden, und erst 1556 hatte Kurfürst Ottheinrich unter dem Schutz des Religionsfriedens sein Land dem Luthertum zugeführt (womit nun drei der vier weltlichen Kurfürsten evangelisch waren). Sein Nachfolger Friedrich III., genannt »der Fromme«, näherte sich aus persönlicher Überzeugung den Lehren Calvins. Nachdem es in Heidelberg zum Streit über das Abendmahl gekommen war, entließ er den lutherischen Generalsuperintendenten Tilemann Hesshus und berief mehrere reformierte Theologen an die Universität, darunter den Melanchthon-Schüler Zacharias Ursinus aus Breslau und den Calvin-Schüler Caspar Olevian aus Trier. Nach und nach wurden reformierte Gottesdienstformen und die reformierten Glaubenslehren eingeführt. Einen förmlichen Abschluss erreichte die reformierte Konfessionsbildung 1563 mit der Einführung einer neuen, reformierten Kirchenordnung und des berühmten »Heidelberger Katechismus«.

Der Heidelberger Katechismus wurde zur bedeutendsten Bekenntnisschrift der deutschen Reformierten. Auch in den Niederlanden wurde er 1619 von der Dordrechter Synode als Bekenntnisschrift angenommen. Der Text war nach Vorarbeiten von Zacharias Ursinus von einer Theologenkommission unter persönlicher Leitung von Kurfürst

4.8 Die Ausbreitung des Reformiertentums in Deutschland 205

Friedrich III. erarbeitet worden. Er stand dem Genfer Katechismus Calvins nahe, war aber durchaus eigenständig. In drei Teilen – »Von des Menschen Elend«, »Von des Menschen Erlösung« und »Von der Dankbarkeit« – wurde der dogmatische Stoff in 129 Fragen und Antworten in analytischer Anordnung dargeboten. Bekannt ist vor allem die Antwort auf die erste Frage:

»1. Frage: Was ist dein einziger Trost im Leben und im Sterben? Antwort: Dass ich mit Leib und Seele im Leben und im Sterben (Röm 14,8) nicht mein (1 Kor 6,19), sondern meines getreuen Heilands Jesu Christi eigen bin (1 Kor 3,23), der mit seinem teuren Blut (1 Petr 1,18 f.) für alle meine Sünden vollkommen bezahlt (1 Joh 1,7) und mich aus der Gewalt des Teufels erlöst (1 Joh 3,8) und so bewahrt hat (Joh 6,38 f.), dass ohne den Willen meines Vaters im Himmel kein Haar von meinem Haupt fallen (Mt 10,29-31; Lk 21,18 f.), ja, auch mir alles zur Seligkeit dienen muss (Röm 8,28). Darum versichert er mich auch durch seinen Heiligen Geist des ewigen Lebens (2 Kor 1,21 f.: Eph 1,13 f.; Röm 8,15 f.) und macht mich von Herzen willig und bereit, fortan ihm zu leben (Röm 8,14).«[71]

Die Prädestination kam nicht vor, stattdessen spielte der Gedanke der göttlichen Vorsehung (Providenz) eine große Rolle. Der Heidelberger Katechismus grenzte sich deutlich gegen das Luthertum ab, aber auch gegen den Katholizismus, vor allem mit der nachträglich eingefügten 80. Frage, die die katholische Messe eine »vermaledeite Abgötterei« nannte.

Der Versuch des Kaisers und streng lutherisch orientierter Fürsten, die Kurpfalz beim Augsburger Reichstag 1566 aus dem Religionsfrieden auszuschließen, scheiterte am Widerstand der evangelischen Mehrheit unter Kurfürst August von Sachsen. Friedrich der Fromme versicherte, kein Calvinist zu sein und der Confessio Augustana anzuhängen. Die kurzzeitige Rückkehr des Landes zum Luthertum unter Friedrichs Sohn Ludwig VI. blieb eine Episode. In den folgenden Jahrzehnten wurde die Kurpfalz mit der Universität Heidelberg zum wichtigsten Zentrum des Reformiertentums in Deutschland. Mehr noch: die reformierte Kurpfalz avancierte anstelle des lutherischen Kursachsen zur politischen Vormacht des deutschen Protestantismus insgesamt. Mit der Verheiratung des seit 1610 regierenden Kurfürsten Friedrichs V. von der Pfalz – dem später so genannten »Winterkönig« (Kap. 4.11.1.) – mit der englischen

---

71 Zitiert nach Leppin, Reformation (KThGQ 3), 222.

Königstochter Elisabeth fühlte sich die Kurpfalz sogar einer Konfrontation mit dem habsburgischen Kaiserhaus gewachsen.

4.8.3 Weitere reformierte Territorien

Auch in einer Reihe weiterer lutherischer Territorien kam es in der Folgezeit zu einer reformierten Konfessionalisierung. In der Grafschaft *Nassau-Dillenburg* wendete sich Graf Johann VI., ein Bruder des niederländischen Statthalters Wilhelm von Oranien, unter kurpfälzischem und niederländischem Einfluss, beraten von dem Heidelberger Reformator Caspar Olevian und dem vertriebenen Wittenberger »Kryptocalvinisten« Christoph Pezel, allmählich dem Reformiertentum zu. Mit dem Dillenburger Kirchenkonvent von 1582 und der Einführung des Heidelberger Katechismus war der Prozess abgeschlossen. Die 1584 mit Olevian als erstem Rektor gegründete »Hohe Schule« in Herborn – eigentlich eine Universität, die aber, wie alle anderen reformierten Neugründungen (z. B. in Burgsteinfurt und Bremen), kein kaiserliches Universitätsprivileg erhielt –, wurde zu einer der bedeutendsten reformierten Ausbildungsstätten in Deutschland. Hier wirkten neben anderen der Bibelübersetzer Johannes Piscator und der bedeutendste reformierte Staatsrechtler Johannes Althusius. Unter dem Einfluss von Nassau-Dillenburg gingen auch weitere nassauische Teilgrafschaften sowie die nahegelegenen Grafschaften Sayn, Wied, Solms, Hanau und Ysenburg-Büdingen zum reformierten Bekenntnis über.

In *Bremen* kam es im Gefolge des zweiten Abendmahlsstreits zwischen Joachim Westphal und Calvin (Kap. 3.2.2) mehrmals zu heftigen Auseinandersetzungen über das Verständnis des Abendmahls. 1581 berief der Rat Christoph Pezel nach Bremen, der einen selbst verfassten Katechismus und reformierte Gottesdienstformen einführte. 1595 erhielt die Stadt mit dem Consensus Bremensis eine eigene reformierte Bekenntnisschrift.

Das vom Philippismus geprägte Fürstentum *Anhalt* war der Konkordienformel nicht beigetreten. Seit Ende der 1580er Jahre wurde auch hier, gegen teilweise starke Widerstände – Johann Arndt gab aus Protest seine Pfarrstelle auf und verließ das Land –, das reformierte Bekenntnis eingeführt.

Konfliktreich verlief die reformierte Konfessionalisierung auch in der Landgrafschaft Hessen-Kassel. 1605 führte hier Landgraf Moritz »der

Gelehrte« das reformierte Bekenntnis – im offiziellen Sprachgebrauch sollte es nur um die Durchsetzung einzelner »Verbesserungspunkte« gehen – ein. Anders als im Rest der Landgrafschaft gelang dies im südlichen Landesteil um Marburg und Gießen, den Moritz erst im Jahr zuvor von seinem verstorbenen Onkel geerbt hatte, nicht; es kam darüber sogar zum Krieg mit der lutherischen Landgrafschaft Hessen-Darmstadt. Nur die Universität in Marburg wurde auf Dauer reformiert, in Gießen, das an Hessen-Darmstadt fiel, entstand eine lutherische Gegenuniversität.

Einen Sonderfall bildete das Kurfürstentum *Brandenburg*. Hier bekannte sich Kurfürst Johann Sigismund, der bereits einige Jahre zuvor in der Kurpfalz heimlich vom lutherischen zum reformierten Glauben übergetreten war, 1613 öffentlich zum Reformiertentum. Das ermöglichte ihm, im Jülich-Klevischen Erbfolgestreit mit Unterstützung der Niederlande die rheinisch-westfälischen Herrschaften Kleve, Mark und Ravensberg zu gewinnen (der konkurrierende Herzog von Pfalz-Neuburg, auch er ursprünglich Lutheraner, wurde zur gleichen Zeit katholisch und erhielt dafür Jülich und Berg). Johann Sigismund verzichtete in seiner »Confessio Sigismundi« (1614) in kluger Zurückhaltung darauf, auch seine Untertanen auf das reformierte Bekenntnis zu verpflichten. So blieb die Bevölkerung mehrheitlich – noch 1740 zu 90% – lutherisch, während die Kurfürsten und ihre Entourage reformiert waren (sogenannter Hofcalvinismus) – eine Konstellation, die die brandenburgischen (bzw. ab 1701 preußischen) Herrscher immer wieder zur Förderung innerprotestantischer Unionsbestrebungen motivierte.

4.9 Reformierte Orthodoxie und konfessionelle Irenik

4.9.1 Die reformierte Orthodoxie

Auch im Reformiertentum bildete sich eine eigene konfessionelle Spielart der protestantischen Orthodoxie heraus. Dabei diente als maßgebliches theologisches Referenzwerk Calvins »Institutio«, deren Ausgabe letzter Hand 1559, im selben Jahr wie die von Melanchthons »Loci«, erschienen war. Die Vertreter der reformierten Orthodoxie stützten sich methodisch mehrheitlich, wie die Lutheraner, auf Aristoteles. Daneben gab es aber auch Ramisten, die dem calvinistischen französischen Philosophen Petrus Ramus (gest. 1572) folgten, der in Anknüpfung an die antike Rhetorik eine »natürliche Logik« des gesunden Menschenverstandes – eigentlich eher eine besondere Art der Wissensorganisation und Didaktik – entwickelt hatte, die zur Einteilung und graphischen Schematisierung des Lehrstoffes verwendet werden konnte.

Auch für die reformierte Orthodoxie lässt sich eine dreiteilige Periodisierung durchführen. Die Phase der reformierten *Frühorthodoxie*, die von ca. 1560 bis 1618 angesetzt werden kann, ist dabei durch die Etablierung der großen reformierten Akademien und Universitäten in Genf, im niederländischen Leiden, im schottischen St. Andrews und in Deutschland in Heidelberg (sowie in Herborn und Marburg) bestimmt. Die einflussreichste Theologenpersönlichkeit dieser Zeit war Calvins Nachfolger *Theodor Beza* (gest. 1605) in Genf.

Die Zäsur, mit der man die bis ca. 1680 reichende reformierte *Hochorthodoxie* beginnen lässt, ist die Synode von Dordrecht (1618-1619, Kap. 3.4.4), die als niederländische Nationalsynode mit internationaler Beteiligung weit ausstrahlte und mit dem Bekenntnis zur Prädestinationslehre Calvins eine wichtige Weichenstellung vornahm. Wichtigster Repräsentant der Dordrechter Orthodoxie war *Gisbert Voetius* (sprich: »Fuzius«; gest. 1676), Theologieprofessor an der von ihm mit begründeten Universität in Utrecht und bekannt als der »niederländische Papst«. Zugleich gilt Voetius als ein Hauptvertreter der niederländischen Frömmigkeitsbewegung der »Nadere Reformatie« (Kap. 5.3.1). Um 1680 begann dann die Periode der reformierten *Spätorthodoxie*, die wie die lutherische Spätorthodoxie bis ins 18. Jahrhundert (ca. 1720) hineinreichte.

Einen Sondertypus der reformierten Orthodoxie bildete, hierin der Stellung der Helmstedter Theologie in der lutherischen Orthodoxie entsprechend, die *Föderaltheologie* (Bundestheologie). Dabei handelte es sich um eine nicht spekulativ-metaphyisch, sondern biblisch-heilsgeschichtlich konfigurierte, an den biblischen Bundesschlüssen (*foedera*) zwischen Gott und Mensch orientierte Theologie. Seit den 1530er Jahren hatten Heinrich Bullinger und dann auch Calvin bundestheologische Gedanken entwickelt, ihre volle Ausprägung erhielt die Föderaltheologie aber erst durch Johannes Coccejus (Koch, gest. 1669), der als Theologieprofessor in Franeker und Leiden lehrte. Die Föderaltheologie in diesem Sinne ging letztlich von einem allgemeinen Heilswillen Gottes aus, dessen Ausdruck der »Werkbund« war, den Gott mit Adam schloss, der aber infolge des Sündenfalls nicht zum Ziel kam. Gott habe den Werkbund daher über mehrere heilsgeschichtliche Zwischenstufen schließlich durch den von Christus errichteten Gnadenbund abgelöst. Durch die Vorstellung vom Vertragscharakter der Bundesschlüsse brachte die Föderaltheologie im Vergleich zur strikten Prädestinationslehre der Dordrechter Orthodoxie ein Moment der Verlässlichkeit in die Gottesbeziehung des Menschen und erleichterte damit die Gewinnung von Heilsgewissheit.

4.9.2 Konfessionelle Irenik und Unionsbestrebungen

Es hat im Konfessionellen Zeitalter und danach immer wieder Bestrebungen gegeben, die beiden aus der Reformation hervorgegangenen evangelischen Hauptkonfessionen einander anzunähern. Solche konfessionellen Ausgleichsbestrebungen im weitesten Sinne bezeichnet man als Irenik (»Friedenstheologie«); das konkrete Ziel konnte eine Konkordie, also die Erklärung der Übereinstimmung in den wesentlichen Glaubensgegenständen und die gegenseitige Anerkennung als Glaubensgeschwister, oder eine Union, also ein institutioneller kirchlicher Zusammenschluss sein. Evangelische Kirchenunionen wurden vor allem im frühen 19. Jahrhundert geschlossen.

In Deutschland gingen irenische Unternehmungen häufig von Reformierten aus, was bis zur offiziellen reichsrechtlichen Anerkennung des reformierten Bekenntnisses im Westfälischen Frieden von 1648 (Kap. 4.11.2) auch mit deren prekärer Rechtslage zusammenhing. Besonders hervorzuheben sind hier die »*pfälzische Irenik*« und die »*niederhessische Irenik*«. In der Kurpfalz wuchs mit der politischen Bedeutung des Territoriums auch das reformierte Selbstbewusstsein. Während man sich polemisch gegen den Katholizismus abgrenzte, suchte man die Lutheraner mit Werbeschriften auf friedlichem Wege von der Überlegenheit des reformierten Bekenntnisses zu überzeugen. Hauptvertreter dieser pfälzischen Irenik waren die Heidelberger Theologieprofessoren Franciscus Junius und David Pareus. Junius, ein Hugenotte aus Bourges, veröffentlichte 1593 unter dem Pseudonym »Franciscus Irenicus« sein »Eirenicum«, das für die Benennung der ganzen Literaturgattung Pate stand. Der aus Schlesien stammende Pareus warb in seinem »Irenicum« für eine gesamteuropäische reformiert-lutherische Synode zur Beilegung der Gegensätze. Auf lutherischer Seite fanden diese Vorstöße keine Zustimmung. Dasselbe gilt für die »*niederhessische Irenik*« in der Landgrafschaft Hessen-Kassel zu Beginn des 17. Jahrhunderts. In Kassel ließ sich gegen Ende seines Lebens auch der faszinierendste und umtriebigste Ireniker dieser Zeit nieder: der Schotte *John Durie* (Johann Duraeus, gest. 1680). Konfessionell weitherzig und ein echter Europäer, warb er auf mehreren Deutschlandreisen bei Fürsten, Politikern und Theologen für eine innerprotestantische Kirchenunion; dabei agierte er teils als Privatmann, teils im offiziellen Auftrag des schwedischen Königs Gustav Adolf und des englischen Lord Protectors Oliver Cromwell. Auch dank seiner Anregungen führten reformierte Fürsten noch nach dem Westfälischen Frieden die Unionsbestrebungen fort. Unter anderem in Kassel und in Berlin wurden Religionsgespräche gehalten. Die Lutheraner verhielten sich demgegenüber zumeist reserviert; Paul Gerhardt verlor nach dem Berliner Religionsgespräch 1662/63 wegen seiner Unnachgiebigkeit seine Pfarrstelle. Eine Ausnahme war Georg Calixt in Helmstedt mit seinem sogar Katholiken und Orthodoxe einschließenden Konzept des »consensus quinquesaecularis« (Kap. 4.7.1); weitere, bereits der Frühaufklärung angehörende, lutherische Unionsbefürworter waren der Universalgelehrte Gottfried Wilhelm Leibniz (Kap. 5.9.4) und der Tübinger Theologieprofessor Christoph Matthäus Pfaff (Kap. 5.10.2).

4.10 Der englische Protestantismus im Konfessionellen Zeitalter

4.10.1 Anglikanismus und Puritanismus bis 1642

Die aus dem Elizabethan Settlement von 1559 (Kap. 3.5.1) hervorgegangene anglikanische Staatskirche beanspruchte, in der Verbindung von Bischofsverfassung, traditionalistischen Gottesdienstformen und evangelisch-reformierter Lehrbildung einen konfessionellen Mittelweg (*via media*) zwischen Katholizismus und Protestantismus zu beschreiben. Die konsequent evangelisch-reformatorischen Kräfte, die sich anfangs

4.10 Der englische Protestantismus

an Luther, dann an Bucer und schließlich an Calvin orientierten, gaben sich damit nicht zufrieden und forderten weitergehende Reformen, vor allem die Zurückdrängung des königlichen Einflusses, die Ersetzung der Bischofsverfassung durch eine presbyterial-synodale Ordnung und die konsequente »Reinigung« der Kirche von unbiblischen Lehren und Zeremonien. Diese Richtung innerhalb der anglikanischen Staatkirche wurde von ihren Gegnern seit den 1560er Jahren herabsetzend als *Puritanismus* (von lat. *purus*, »rein«) bezeichnet – ein Begriff, der sich trotz seiner Unschärfe gehalten hat. Die »Puritaner« selbst, die positionell dem kontinentaleuropäischen Calvinismus nahestanden, nannten sich zumeist »Fromme« (*godly*) oder »Heilige« (*saints*). Neben den genannten kirchenpolitischen Zielen zeichneten sie sich durch einen besonderen, sittlich vertieften Glaubensernst und das Bemühen um eine christliche Durchdringung des gesamten privaten und gesellschaftlichen Lebens aus. Der Puritanismus erlebte seine Blütezeit im 17. Jahrhundert. Er erfasste nie die Mehrheit der englischen Protestanten, übte aber in England und darüber hinaus erheblichen religiösen und kulturellen Einfluss aus.

Als eigene Kirchenpartei formierten sich die Puritaner mit der *Vestiarian Controversy* (Gewänderstreit) der 1560er Jahre, als sich Kleriker dieser Richtung weigerten, im Gottesdienst das Chorhemd (*surplice*) zu tragen – viele von ihnen hatten unter Maria Tudor als Glaubensflüchtlinge auf dem Kontinent die schlichten reformierten Gottesdienstformen kennengelernt – und deshalb aus dem Amt entfernt wurden. 1576 wurde mit *Edmund Grindal* ein Puritaner in das höchste geistliche Leitungsamt als Erzbischof von Canterbury gewählt, aber bald kaltgestellt. Unter seinem Nachfolger John Whitgift begann die planmäßige Bekämpfung des Puritanismus. Alle anglikanischen Geistlichen mussten sich nun unterschriftlich zur königlichen Supremarie über die Kirche, zum Book of Common Prayer und den Neununddreißig Artikeln bekennen, mehr als dreihundert von ihnen verloren ihr Amt.

Als 1603 der schottische König Jakob VI., ein Sohn der Maria Stuart, in Personalunion als Jakob I. (reg. 1603–1625) zugleich König von England wurde, hofften die Puritaner, der calvinistisch erzogene Herrscher werde nun auch hier eine presbyterianische Kirchenverfassung einführen. Jakob lehnte das jedoch ab, da er die Bischofsverfassung als Stütze der Monarchie für unentbehrlich hielt (»no bishop, no king«). Obwohl seine zentralen kirchenpolitischen Forderungen unberücksichtigt blieben, erlebte der Puritanismus unter Jakobs Herrschaft in gesellschaftlich-kultureller Hinsicht ein »Goldenes Zeitalter«; mit seinen Bestrebungen nach Versittlichung des gesellschaftlichen Lebens auf der Grundlage der Zehn Gebote und nach Einführung einer strikten Sonntagsheiligung (»Puritan Sunday«) prägte er die Wertvorstellungen im Land nachhaltig.

Innerhalb des Puritanismus bildeten sich, abhängig von den unterschiedlichen Vorstellungen, wie die kirchlichen Reformziele zu erreichen wären, verschiedene Richtungen heraus, sogenannte *Denominationen* – der Konfessionsbegriff ist hier nicht anwendbar, da ein eigentlicher Bekenntnisunterschied nicht bestand. Als *Presbyterianer* bezeichnet man jene puritanisch gesinnten Mitglieder der Anglikanischen Kirche, die eine presbyterial-synodale Kirchenverfassung anstrebten. Die *Kongregationalisten* gingen einen Schritt weiter, indem sie, ohne die Verbindung zu ihren örtlichen Pfarrgemeinden aufzugeben, sich in autonomen Gemeinden wiedergeborener »Heiliger« zusammenfanden, für die sie keine übergeordnete synodale Verbandsstruktur erstrebten. Die *Independenten* oder »separatistischen Kongregationalisten« trennten sich dagegen ganz von der Staatskirche und mussten deshalb nicht selten ins Exil gehen. Die aus England emigrierte Separatistengemeinde um John Smith und Thomas Helwys übernahm 1609 in Amsterdam von den Mennoniten die Praxis der Erwachsenentaufe und begründete so den Baptismus, der heute über den angelsächsischen Raum hinaus eine der mitgliederstärksten Richtungen des freikirchlichen Protestantismus ist. Aus der Separatistengemeinde von Scrooby Manor in Mittelengland gingen die berühmten *Pilgrim Fathers* (»Pilgerväter«) hervor, die 1620 auf der Mayflower nach Neuengland segelten.

Unter König Jakobs Sohn und Nachfolger Karl I. (reg. 1625–1649) kam es zu scharfen Zwangsmaßnahmen gegen die Puritaner, die mehrere weitere Auswanderungswellen nach Nordamerika auslösten. Maßgebend hierfür war Erzbischof *William Laud* von Canterbury, der eine Doktrin zur Herrschaft brachte, die irreführend »englischer Arminianismus« genannt wird. Mit dem eigentlichen niederländischen Arminianismus hatte dieser »Laudianismus« nur die Ablehnung der strengen calvinistischen Prädestinationslehre und die Befürwortung obrigkeitlichen Einflusses auf die Kirche gemein; im Übrigen zeichnete er sich durch die Betonung der Bischofsverfassung, der priesterlichen Amtsgewalt der Kleriker und der wirksamen Gnadenvermittlung durch die Sakramente sowie die Hochschätzung der gottesdienstlichen Zeremonien aus. Unter Lauds Einfluss versuchte König Karl I. sogar – sozusagen in Umkehrung der einst seinem Vater von den Puritanern entgegengebrachten kirchenpolitischen Erwartungen –, auch im reformierten Schottland die anglikanische Bischofsverfassung und das anglikanische Book of Common Prayer einzuführen, was einen blutigen Aufstand auslöste, bei dem das englische Heer den Schotten unterlag.

4.10.2 Puritanische Revolution und anglikanische Restauration

Die gescheiterte Expedition nach Schottland verschärfte die bestehenden Spannungen zwischen Karl I. und dem Parlament und führte wesentlich mit zum Ausbruch des englischen Bürgerkriegs (1642–1649). Dabei stellte sich die puritanisch-presbyterianische Partei auf die Seite des Parlaments, während die anglikanisch-bischöfliche Partei den König unterstützte. 1643 verbündete sich das von einer puritanischen Mehrheit beherrschte Parlament mit den Schotten und ließ die Ratgeber des Königs, darunter Erzbischof Laud, gefangen nehmen und hinrichten. Zur Vorbereitung der von den Puritanern seit langem geforderten Kirchenreform berief das Parlament die Westminstersynode (»Westminster Assembly«) ein, die von 1643–1649 in London tagte. 1646 verabschiedete die Synode ein eigenes Glaubensbekenntnis, die »Westminster Confession of Faith«, im Jahr darauf einen großen und einen kleinen Katechismus (»Westminster Larger Catechism«, »Westminster Shorter Catechism«); bis heute bilden diese Dokumente die Bekenntnisgrundlage der presbyterianischen Kirchen in Schottland und den USA. Hinsichtlich der künftigen Kirchenverfassung waren die Synodalen uneins; neben der presbyterianischen Mehrheit gab es eine Minderheit von Independenten, die eine kongregationalistische Verfassung wünschten und Toleranz für die in dieser Zeit zahlreich entstehenden neuen religiösen Gemeinschaften forderten. Am bekanntesten von diesen wurde die in den 1650er Jahren von dem Handwerker George Fox gegründete endzeitliche Erweckungsbewegung der Quäker (»Zitterer«); im Zentrum ihres religiösen Lebens stand die unmittelbare Offenbarung Gottes in der Seele durch das innere Licht und ein besonderes Bewusstsein für die Würde jedes einzelnen Menschen.

Mit dem militärischen Sieg der Parlamentsarmee und der Hinrichtung König Karls I. im Januar 1649 fand der Bürgerkrieg ein Ende.

Anstelle der abgeschafften Monarchie wurde nun die Republik ausgerufen, das »Commonwealth of England« (1649–1660), das von dem verkleinerten Unterhaus (»Rumpfparlament«) geleitet wurde. Zum eigentlichen Herrscher wurde der puritanische Abgeordnete und Feldherr der Parlamentsarmee Oliver Cromwell, der 1653 das Rumpfparlament auflöste und bis zu seinem Tod 1658 als »Lord Protector« allein regierte und alle maßgeblichen Staatsämter mit Puritanern besetzte. Die anglikanische Staatskirche bestand unter dem Protektorat Cromwells fort, doch wurden nun alle Bischöfe und über zweitausend andere Geistliche entlassen und durch presbyterianische oder independente Prediger ersetzt. Im Gottesdienst benutzte man teils die alte Liturgie, teils das von der Westminstersynode empfohlene »Directory of Public Worship«. Neben der Staatskirche blühten zahlreiche separatistische Gemeinden und Sekten, sogenannte »Dissenters«, die seit 1653 volle Religionsfreiheit genossen.

Die »puritanische Revolution« blieb Episode. Nach Cromwells Tod kam es infolge von Konflikten zwischen Parlament und Armee 1660 zur Wiederherstellung der Monarchie. Neuer König wurde Karl II. (reg. 1660–1685) aus dem Hause Stuart, der Sohn des hingerichteten Karl I. Die politische wurde von einer religiösen Restauration begleitet. Ein Paket scharfer Religionsgesetze, der »Clarendon Code«, stellte die Bischofsverfassung wieder her und verfügte die Entlassung aller sogenannten »Nonconformists« aus der Staatskirche. Nicht nur Independente, Baptisten und Quäker, sondern auch die gemäßigten Presbyterianer wurden nun aus der Church of England hinausgedrängt.

1689 endete mit der »Glorious Revolution« die Herrschaft der mittlerweile zum Katholizismus übergetretenen Stuart-Dynastie. Der katholische letzte Stuart-König Jakob II. wurde auf Betreiben des Adels von seinem Schwiegersohn, dem reformierten niederländischen Statthalter Wilhelm III. von Oranien, und dessen Frau Maria gestürzt. Mit der »Toleranzakte« (»Act of Toleration«, 1689) gewährte das Parlament den evangelischen Dissenters (mit Ausnahme der antitrinitarischen Unitarier) freie Religionsausübung. Die Hoffnung der Presbyterianer auf Wiederaufnahme in die Staatskirche wurde aber nicht erfüllt, und auch von politischen Ämtern blieben die Dissenters ausgeschlossen.

Abgesehen von den kirchenpolitischen Forderungen zeichnete sich der Puritanismus vor allem durch seine Frömmigkeitspraxis aus, die auch nicht wenig auf den späteren kontinentaleuropäischen Pietismus eingewirkt hat. Die Puritaner, im Empfinden der Zeitgenossen »a hotter sort of Protestants«[72], fühlten sich zu einem heiligen Lebenswandel verpflichtet, dessen Einhaltung sie nicht selten in skrupulöser Gesetzlichkeit überwachten. Mit den Frommen verbunden, hielten sie sich vom weltlichen Leben der Unbekehrten fern. Dogmatische Sonderlehren vertraten die puritanischen Theologen – die bekanntesten von ihnen waren William Perkins in Cambridge und Richard Baxter in London – nicht. Vielmehr ging es ihnen als »Seelenärzten« um eine psychologische und ethische Vertiefung der reformatorischen Heilslehre zu einer verinnerlichten Gewissensreligion, wobei ihr besonderes Interesse der Erfahrung der Wiedergeburt galt. Die Puritaner hielten an der calvinistischen Prädestinationslehre fest. Dabei fand man Anzeichen für den eigenen Gnadenstand eher im Bemühen um Heiligung als im beruflichen Erfolg. Im Übrigen konnte man Zweifel an der Erwählung mit Hilfe der hier strikt auf den einzelnen Gläubigen (also nicht auf das Gottesvolk insgesamt) bezogenen vertragsförmigen Bundesvorstellung begegnen. Das besondere seelsorgerliche Interesse des Puritanismus fand in einer ausgedehnten Erbauungsliteratur Niederschlag. Die Schriften von Autoren wie Lewis Bayly, Richard Rogers und Daniel Dyke fanden in Übersetzungen auch in den Niederlanden und Deutschland viele Leser. Noch in der Spätzeit des Puritanismus entstanden wirkungsmächtige literarische Werke wie John Miltons episches Gedicht »Paradise Lost« über die Vertreibung Adams und Evas aus dem Garten Eden oder der Roman »The Pilgrim's Progress from This World to That Which Is to Come« (»Die Pilgerreise«) des Baptistenpredigers John Bunyan, eine allegorische Darstellung des Lebensweges des Christen, der zu einem Bestseller der Erbauungsliteratur wurde.

4.10.3 Der Puritanismus und die Neuengland-Kolonien

Nicht nur in seinem englischen Mutterland hat der Puritanismus bleibenden Einfluss auf Kultur und Mentalität gewonnen, sondern auch in den in den 1620er und 1630er Jahren gegründeten Kolonien in Neuengland im Nordosten der heutigen USA; die puritanischen Prägungen wirken bis heute in der amerikanischen Mentalität nach.

---

72 Collinson, The Elizabethan Puritan Movement, 27.

Es waren überwiegend aus England vertriebene Puritaner, auf die die frühe Besiedlung und Erschließung der Neuengland-Kolonien zurückgeht. 1620 gründeten die bereits erwähnten »Pilgrim Fathers« die *Plymouth Colony* im heutigen Massachusetts. Das gesellschaftliche und religiöse Zusammenleben von Puritanern und »Fremden« war hier durch den noch während der Überfahrt aufgesetzten Mayflower-Vertrag geregelt. 1621 feierten die Siedler von Plymouth zusammen mit ortsansässigen Ureinwohnern das erste Thanksgiving-Fest.

Die benachbarte *Massachusetts Bay Colony* entstand 1629 als Gründung der königlich approbierten privaten Massachusetts Bay Company. Besiedelt wurde sie vor allem von Puritanern, die unter Erzbischof Laud ihre Heimat verlassen hatten. Als erster Gouverneur amtierte der Puritaner John Winthrop, der in einer berühmten Predigt das Leitbild der »City upon a hill« (Matthäus 5,14) beschwor. Hauptorte der Kolonie waren das durch die Hexenprozesse von 1692 berüchtigte Salem und Boston. Die von der Verfassung vorgesehenen politischen Mitwirkungsrechte der Einwohner bahnten die Herausbildung demokratischer Strukturen in den späteren USA mit an.

1636 gründete der aus der Massachusetts Bay Colony verbannte separatistische Geistliche Roger Williams die *Rhode Island Plantation* mit ihrer Hauptstadt Providence, wo unter seiner Leitung die erste amerikanische Baptistengemeinde entstand. Die Verfassung von Rhode Island sah erstmals die Trennung von Kirche und Staat vor und gewährte volle Glaubens- und Religionsfreiheit.

Ein halbes Jahrhundert später kam es südlich von Neuengland abermals zu einer religiös motivierten Koloniegründung durch den Quäker William Penn. Die 1681 als »heiliges Experiment« entstandene Kolonie *Pennsylvania* gewährte vollständige Religionsfreiheit und zog neben Quäkern Täufer, radikale Pietisten und andere Dissidenten an; nicht zufällig erhielt ihre Hauptstadt den Namen »Philadelphia«. Auch in Deutschland warb Penn erfolgreich um Siedler.

4.11 Dreissigjähriger Krieg (1618–1648) und Westfälischer Friede (1648)

4.11.1 Der Dreissigjährige Krieg

Der Dreißigjährige Krieg (1618–1648) – eigentlich eine Reihe mehrerer bewaffneter Konflikte, die aber schon von den Zeitgenossen als Elemente eines einzigen Großkonflikts verstanden wurden – war eine der größten Katastrophen der deutschen Geschichte, in seinen Auswirkungen nur mit der Völkerwanderung und dem »Schwarzen Tod« des 14. Jahrhunderts oder den Weltkriegen des 20. Jahrhunderts vergleichbar. Entgegen einer verbreiteten Anschauung handelte es sich nicht eigentlich um einen Religionskrieg. Am Anfang stand der böhmische Ständekonflikt, später ging es um das Verhältnis zwischen kaiserlicher Zentralmacht und fürstlichen Standesinteressen im Reich sowie schließlich um den politischen Einfluss auswärtiger Mächte in Zentraleuropa. Doch infolge der Konfessionalisierung hatten alle diese Aspekte auch eine religiöse Dimension, es wurde auch für konfessionelle Interessen gekämpft, und alle Seiten beriefen sich auch auf religiöse Motive.

Während der zweiten Hälfte des 16. Jahrhunderts, als in Frankreich und den Niederlanden erbitterte Bürgerkriege ausgetragen wurden, hatte sich im Reich der Augsburger Religionsfriede bewährt. Erst ab den 1570er Jahren kam es unter einer neuen Generation von Fürsten und Politikern wieder zur Verschärfung der konfessionellen Gegensätze; der Beginn der Gegenreformation in Bayern und in den habsburgischen Landen war ein Symptom dafür. Als folgenreich erwies sich die rechtswidrige Rekatholisierung der gemischtkonfessionellen Reichsstadt *Donauwörth* durch den Herzog von Bayern im Jahr 1608, nachdem der Donauwörther Rat der katholischen Minderheit die Markusprozession verboten hatte und es zu Tumulten gekommen war. Eine politische Lösung des Konflikts auf dem Reichstag gelang nicht mehr, stattdessen formierten sich nun erneut konfessionelle Fürstenbündnisse. Die 1608 gegründete *Protestantische Union* wurde von dem aufstrebenden Kurfürsten Friedrich V. von der Pfalz geleitet – das traditionell kaisertreue Kursachsen hielt sich abseits –, an der Spitze der im Jahr darauf gegründeten *Katholischen Liga* stand Herzog Maximilian I. von Bayern. Allerdings agierten beide Bündnisse defensiv, und der Kriegsausbruch zehn Jahre später war keine unmittelbare Folge der Bündnisbildung.

Die erste der vier Phasen, in die der Dreißigjährige Krieg unterteilt wird, war der *Böhmisch-Pfälzische Krieg* (1618-1623). Böhmen war wie das Reich eine Wahlmonarchie mit mächtigen, damals überwiegend evangelischen Ständevertretern. Erst 1609 hatte der damalige Kaiser Rudolf II., der zugleich böhmischer König war, diesen in seinem »Majestätsbrief« Religionsfreiheit garantiert. 1617 wurde Erzherzog Ferdinand von Innerösterreich, der 1619 als Ferdinand II. auch zum Kaiser gewählt werden sollte, neuer böhmischer König und begann sogleich mit gegenreformatorischen Maßnahmen. Die Stände mussten um ihren politischen Einfluss und ihre Religionsrechte fürchten. Der Konflikt eskalierte 1618 mit dem berühmten Prager Fenstersturz, bei dem zwei kaiserliche Statthalter und ein Kanzleisekretär aus der Prager Burg gestürzt wurden – eine Symbolhandlung, die den ersten, hussitischen Prager Fenstersturz des Jahres 1419 (Kap. 1.5.2) zitierte. König Ferdinand wurde für abgesetzt erklärt, statt seiner ließ sich schließlich der reformierte Kurfürst und Schwiegersohn des englischen Königs und Direktor der Protestantischen Union Friedrich V. von der Pfalz in Verkennung seiner wirklichen Macht von den Ständen zum König von Böhmen wählen. Friedrich regierte nur ein Jahr, von Winter zu Winter, was ihm den Beinamen »der Winterkönig« eintrug. 1620 unterlag sein Heer am Weißen Berg bei Prag den Truppen Ferdinands, Spaniens und der Katholischen Liga. Friedrich musste in die Niederlande ins Exil gehen und seine Kurwürde und die Oberpfalz um die Reichsstadt Regensburg an seinen Verwandten – beide gehörten dem Haus Wittelsbach an – Maximilian I. von Bayern abtreten; die Rheinpfalz um Heidelberg wurde rekatholisiert. Auch in Böhmen wurde nun eine konsequente Gegenreformation durchgeführt, das Land war fortan habsburgisches Erbkönigtum.

Der böhmische Konflikt ging direkt in die zweite Phase, den *Dänisch-Niedersächsischen Krieg* (1623-1629) über. Die Truppen der Katholischen Liga hatten den Heeren der Union bis nach Norddeutschland nachgesetzt. Die Gelegenheit erschien günstig, nun die seit dem Passauer Vertrag von 1552 auf zweifelhafter Rechtsgrundlage säkularisierten geistlichen Fürstentümer Norddeutschlands – vor allem die Bistümer Bremen, Verden und Osnabrück – zu rekatholisieren. Der Kriegseintritt des lutherischen Königs Christian IV. von Dänemark, der in seiner Eigenschaft als Herzog von Holstein diese Territorien für sich selbst beanspruchte, vermochte dies nicht zu verhindern. Das Jahr 1629 sah

4.11 Dreissigjähriger Krieg und Westfälischer Friede

den Kaiser auf dem Höhepunkt seiner Macht. Mit dem »Restitutionsedikt« erzwang er die Rückgabe aller säkularisierten Bistümer. Doch es war ein Pyrrhussieg, denn der Machtgewinn des Kaisers brüskierte nicht nur protestantische, sondern auch katholische Reichsfürsten, die im Namen der »deutschen Libertät« gegen die »viehische spanische Servitut (Knechtschaft)« aufbegehrten.

Angesichts der Erfolge des Kaisers schien das Ende der Reformation in Deutschland bevorzustehen. Das gab König Gustav II. Adolf von Schweden (1632) einen Vorwand, im sogenannten *Schwedischen Krieg* (1630–1635) in das Geschehen einzugreifen, wobei es mindestens ebenso sehr um seine Großmachtinteressen im Ostseeraum ging. Nach außen hin trat der gläubige Lutheraner, der als »Löwe aus Mitternacht« apokalyptische Heilserwartungen auf sich zog, aber vor allem als Retter des deutschen Protestantismus auf, vor allem nach der furchtbaren, von der kaiserlichen Propaganda höhnisch als »Magdeburger Hochzeit« deklarierten Zerstörung Magdeburgs im Jahr 1631. Noch im selben Jahr errang Gustav Adolf bei Breitenfeld nahe Leipzig einen großen Sieg über das kaiserliche Heer und stieß bis weit nach Süddeutschland vor. Auch nach dem tragischen Tod des Königs auf dem Schlachtfeld von Lützen bei Leipzig im Jahr 1632 setzten die Schweden unter dem Reichskanzler Axel Oxenstierna den Krieg fort. 1634 erlitten die Schweden und die Unionstruppen in der Schlacht von Nördlingen eine schwere Niederlage. Im Jahr darauf schloss der Kaiser mit den protestantischen Reichsfürsten den Prager Frieden (1635); dabei wurde immerhin die Aussetzung des Restitutionsedikts vereinbart.

Doch der Kriegseintritt des katholischen Frankreichs an der Seite des lutherischen Schweden ließ den Krieg noch einmal für anderthalb Jahrzehnte, die seine blutigsten werden sollten, aufleben. Der *Französisch-Schwedische Krieg* (1635–1648) war im Wesentlichen ein europäischer Mächtekrieg auf deutschem Boden. Erst 1648 schwiegen die Waffen. Weite Teile des Reiches waren verwüstet, die Bevölkerungsverluste betrugen zwischen 30 % und 50 %, in einzelnen Regionen sogar bis zu 70%. Die Menschen waren sittlich verwildert, die Bildung eingebrochen, Traditionen abgerissen. Als Reaktion auf die Bemühung religiöser Begründungsfiguren durch die Kriegsparteien machte sich ein Überdruss gegenüber dem Konfessionalismus, ja teilweise gegenüber dem Christentum überhaupt bemerkbar.

4.11.2 Der Westfälische Friede

Nach fünfjährigen Verhandlungen konnte 1648 mit dem Westfälischen Frieden der nunmehr Dreißigjährige Krieg beendet werden. Die Verhandlungen mit dem katholischen Frankreich wurden in Münster, die mit dem lutherischen Schweden in Osnabrück geführt, ihre Ergebnisse in separaten Verträgen fixiert.

Schweden erhielt u. a. Vorpommern sowie die Stifter Bremen und Verden und konnte sich mit seinen neu gewonnenen Gebieten an den Mündungen von Elbe, Weser und Oder festsetzen. Frankreich wurden nun dauerhaft die lothringischen Bistümer Metz, Toul und Verdun zugesprochen, ferner Herrschaftsrechte im Elsass und zwei Brückenköpfe auf dem rechten Rheinufer. Die Unabhängigkeit der Eidgenossenschaft und der Vereinigten Niederlande wurde bestätigt. Innenpolitisch bedeutsam wurde die Gewährung der Landeshoheit an die rund dreihundert Reichsstände, die fortan untereinander und mit auswärtigen Mächten Bündnisse – freilich nicht gegen Kaiser und Reich – schließen durften und damit gegenüber der kaiserlichen Zentralgewalt gestärkt wurden. Im Übrigen wurde der territoriale Bestand des Jahres 1618 im Wesentlichen wiederhergestellt. Allerdings verblieben die pfälzische Kurwürde und die Oberpfalz dauerhaft bei Bayern. Zum Ausgleich erhielt die Pfalz eine neue, achte Kurwürde; sie konnte an ihre Führungsrolle im protestantischen Lager aber nicht mehr anknüpfen, wurde seit 1685 von der katholischen Linie Pfalz-Neuburg regiert und fiel 1777 an die bayerische Linie der Wittelsbacher.

Die religionspolitischen Bestimmungen des Westfälischen Friedens standen im Osnabrücker Teilvertrag (*Instrumentum Pacis Osnabrugense*). Dabei bekannte man sich grundsätzlich weiterhin zum Ziel der Wiedervereinigung der getrennten christlichen Konfessionen, fand aber tragfähige Regelungen für die rechtliche Ausgestaltung ihrer Koexistenz. Im Wesentlichen wurde der Augsburger Religionsfriede mit seinem Prinzip des landesherrlichen Reformationsrechts bestätigt – allerdings mit bedeutenden Präzisierungen und Einschränkungen. So galt der Religionsfriede fortan ausdrücklich auch für die Reformierten; indem der Vertragstext sie explizit zu den Augsburgischen Konfessionsverwandten zählte, konnte trotzdem formal die Bikonfessionalität des Reiches festgehalten werden. Alle anderen christlichen Glaubensbekenntnisse blieben weiterhin ausgeschlossen, auch wenn zunehmend einzelne Landesherren Dissidenten duldeten. Auf dem Reichstag sollte es in Religionsangelegenheiten keine Mehrheitsentscheidung mehr geben; vielmehr sollten in solchen Fällen im Sinne einer »itio in partes« (»Auseinandertreten«) Altgläubige und Protestanten je für sich abstimmen – eine Regelung, aus der schließlich zwei konfessionelle Körperschaften unter dem Dach des Reichstags hervorgingen: das Corpus Catholicorum der katholischen und das Corpus Evangelicorum der lutherischen und reformierten Reichsstände.

Für die Zukunft wurde das landesherrliche Reformationsrecht (Religionsbann) eingeschränkt, indem abgestufte Religionsrechte der Untertanen eingeführt wurden, die sich nach den rechtlichen Verhältnissen im »Normaljahr« 1624 – also nach dem Sieg des Kaisers im Böhmisch-Pfälzischen Krieg, aber vor seinen Eroberungen in Norddeutschland und dem Restitutionsedikt – richteten. Wer damals das Recht öffentlicher Religionsausübung mit öffentlichem Gottesdienst in Kirchengebäuden (*exercitium publicum religionis*) besessen hatte, sollte dies auch nach einem Konfessionswechsel des Landesherrn weiterhin genießen. Das Gleiche galt für das Recht, in Privathäusern nichtöffentliche Gemeindegottesdienste zu halten (*exercitium privatum religionis*). In jedem Fall hatten die einer der zugelassenen Hauptkonfessionen angehörigen Untertanen das Recht zur Hausandacht in den Familien (*devotio domestica*) und durften nicht zur Teilnahme am Gottesdienst der Landeskonfession gezwungen werden. Das Restitutionsedikt wurde aufgehoben, die umstrittenen Säkularisationen der norddeutschen geistlichen Fürstentümer ebenfalls nach dem Stand des Normaljahrs 1624 anerkannt. Für die sogenannten »paritätischen Reichsstädte« Augsburg, Biberach, Dinkelsbühl, Ravensburg und Kaufbeuren wurde eine genaue rechtliche Gleichstellung der Konfessionen festgelegt.

Papst Innozenz X. lehnte den Westfälischen Frieden ab. Nachdem bereits der päpstliche Gesandte die Unterzeichnung des Friedensvertrages verweigert hatte, verurteilte der Papst mit dem Schreiben »Zelo domus Dei« (»Aus Eifer um das Haus des Herrn«) die Duldung der protestantischen Häresie und die Schaffung der achten Kurwürde. Tatsächlich ging die Gegenreformation auch noch nach dem Westfälischen Frieden weiter. Großes Aufsehen erregte vor allem die Vertreibung von mehr als 20.000 evangelischen Salzburgern durch Fürsterzbischof Firmian im Jahr 1731. Doch auch die katholischen Reichsstände waren nicht an einer Fortsetzung des Krieges interessiert. Der Westfälische Friede wurde zur Grundlage einer in mancher Hinsicht schwerfälligen, aber stabilen und im Ganzen erfolgreichen Verfassungsordnung des Alten Reiches.

4.12 Weiterführende Literatur

Jung, Martin H.: Reformation und Konfessionelles Zeitalter (1517–1648) (UTB 3628), Göttingen 2012, 191–263.

Kirn, Hans-Martin: Geschichte des Christentums IV,1: Konfessionelles Zeitalter (Theologische Wissenschaft 8,1), Stuttgart 2018.

Klueting, Harm: Das Konfessionelle Zeitalter. Europa zwischen Mittelalter und Moderne, Darmstadt 2007.

Koch, Ernst: Das Konfessionelle Zeitalter – Katholizismus, Luthertum, Calvinismus (KGE II/8), Leipzig 2000.

Kohler, Alfred: Von der Reformation zum Westfälischen Frieden (Oldenbourg Grundriss der Geschichte 39), München 2011.

5.
Kirche und Theologie im Zeitalter von Pietismus und Aufklärung (1648–1789)

5.1 Überblick: Vom Alt- zum Neuprotestantismus

Die auf die Spätrenaissance folgende Periode der europäischen Kulturgeschichte wird mit einem aus der Kunstgeschichte stammenden Begriff das Barockzeitalter genannt. In der evangelischen Kirchengeschichte entspricht dem in etwa das Zeitalter von Pietismus und Aufklärung. Der Einfachheit halber kann man es von 1648 bis 1789 ansetzen, wobei der Westfälische Friede einerseits und die Französische Revolution andererseits als Epochendaten dienen.

Das Zeitalter von Pietismus und Aufklärung blickte auf die großen europäischen Religionskriege – in denen sich freilich stets mit den konfessionellen auch politische Motive verbunden hatten – zurück: die Hugenottenkriege in Frankreich (1562–1598), den Achtzigjährigen Krieg in den Niederlanden (1568–1648), den Dreißigjährigen Krieg in Deutschland (1618–1648) und den englischen Bürgerkrieg (1642–1649). Zusammen mit weiteren *Krisenphänomenen* im 17. Jahrhundert (Kap. 4.1.1) bewirkten sie eine Erschütterung alter Gewissheiten, gerade auch auf religiösem Gebiet, die nach neuen, überzeugenden Antworten verlangten.

War für das barocke *Lebensgefühl* zunächst das Schwanken zwischen überschäumender Daseinsbejahung und Lebensfreude einerseits und der Besessenheit von Vergänglichkeit und Tod andererseits charakteristisch, so machte sich der Einfluss der philosophischen Aufklärung zunehmend in einem Willen zu vernünftiger und planvoller Weltgestaltung bemerkbar. Es war die Ära des aufkommenden Machbarkeits- und Fortschrittsglaubens, rasanter wissenschaftlicher Innovationen und vielgeschäftiger Projektemacherei. Die streng geometrischen französischen Gärten und auf dem Reißbrett entworfene Planstädte wie die »Fächerstadt« Karlsruhe (gegründet 1715) atmen den Geist dieser Zeit.

5. Kirche und Theologie in Pietismus und Aufklärung

Auch das Christentum konnte sich der Zuwendung zur Welt und zur Praxis nicht entziehen. Politisch wird das Barockzeitalter gewöhnlich als Zeit des fürstlichen *Absolutismus* charakterisiert, in der die frühneuzeitlichen Tendenzen zur Herrschaftszentralisierung in die absolute Konzentration aller politischen Macht beim monarchischen Alleinherrscher mündeten. Das bekannteste Beispiel einer solchen absolutistischen Herrschaft ist das Frankreich König Ludwigs XIV. (reg. 1643-1715), des »Sonnenkönigs« (*Roi-Soleil*), das zum vielfach imitierten Kulturmodell für ganz Europa wurde. Inwieweit sich der Absolutismusbegriff auf andere Länder übertragen lässt, wird neuerdings hinterfragt. Für die Republik der Vereinigten Niederlande passt er offensichtlich nicht, aber auch in den Territorien des Heiligen Römischen Reiches verhinderten die Mitwirkungsrechte der Landstände – Vertreter der Kirche, der Ritterschaft und der Städte – vielfach eine absolutistische Herrschaftskonzentration. Beriefen sich die absoluten Monarchen ursprünglich auf die mit der Königskrönung Pippins des Jüngeren 751 etablierte religiöse Legitimationsfigur des Gottesgnadentums, so stützte sich der »aufgeklärte Absolutismus« des 18. Jahrhunderts stattdessen auf vernünftige Begründungsfiguren wie die Ableitung von Herrschaft aus dem Gesellschaftsvertrag (Kap. 5.9.3), die Staatsräson und das Gemeinwohl. Konterkariert wurde die fürstliche Herrschaft von einem starken Aufschwung des Bürgertums, das zunehmend wirtschaftliche Macht gewann und politische Macht forderte und in der Aufklärung und im Liberalismus seine Standesideologie fand. Mit der Französischen Revolution sollte dann das eigentliche Zeitalter des Bürgertums beginnen.

Geistes- und kulturgeschichtlich setzte sich die bereits im Spätmittelalter einsetzende Tendenz zur Individualisierung und Aufwertung des Subjekts beschleunigt fort, gerade auch auf religiösem Gebiet. Kirchengeschichtlich löste das Zeitalter von Pietismus und Aufklärung das Konfessionelle Zeitalter ab. Der Pietismus war die bedeutendste religiöse Erneuerungsbewegung im Protestantismus nach der Reformation. Angesichts der von seinen Anhängern empfundenen Defizite im kirchlichen Leben zielte er auf die Einübung einer persönlichen, im täglichen Leben praktisch bewährten Frömmigkeit der einzelnen Gläubigen. Die *theologische Aufklärung* dagegen suchte angesichts der Herausforderungen des aufgeklärten Denkens der Zeit eine rationale, auf vernünftiger Einsicht basierende und zu praktischer Moralität anleitende Gestalt evangelischen Christseins zu etablieren. Beide Bewegungen

5.1 Übeeblick: Vom Alt- zum Neuprotestantismus

liefen zeitlich im Wesentlichen parallel, auch wenn in Deutschland der Pietismus früher einsetzte.

Ein verbreitetes Vorurteil sieht Pietismus und theologische Aufklärung als einander diametral entgegengesetzte Kräfte an. Das trifft so nicht zu. Man muss nicht so weit gehen, den Pietismus als »eine religiöse Spielart der Frühaufklärung«[73] zu deklarieren. Doch in zentralen theologischen Grundanliegen gab es wichtige *Übereinstimmungen*, und auch in der Praxis finden sich im Denken einzelner Personen wie in kirchenpolitischen Fragen manche Übergänge und Gemeinsamkeiten. Emanuel Hirsch hat in seiner magistralen »Geschichte der neuern [sic!] evangelischen Theologie«[74] gezeigt, dass Pietismus und theologische Aufklärung beide auf je ihre Weise dem *subjektiven Wahrheitsbewusstsein* der Neuzeit Rechnung trugen und so die neuzeitliche Transformation des Christentums vorantrieben. In beiden Bewegungen wird deutlich, dass der moderne Mensch nicht »auf Kredit« glaubt, nicht auf die Autorität überkommener äußerer Normen hin, sondern auf Grund persönlicher, subjektiver Überzeugung. Gemeinsam haben Pietismus und theologische Aufklärung eine tiefgreifende Neukonfiguration des protestantischen Christentums eingeleitet, die den von Ernst Troeltsch so genannten »Neuprotestantismus« hervorgebracht hat (Kap. 4.1.1) und deren Nachwirkungen bis heute spürbar sind. Im Ergebnis hat das westliche Christentum in den letzten drei Jahrhunderten weitaus stärkere Veränderungen durchgemacht als in den siebzehn Jahrhunderten zuvor.

Über die gemeinsame Orientierung an der persönlichen, subjektiven Überzeugung des Einzelnen hinaus lassen sich noch zwei weitere bedeutende Gemeinsamkeiten von Pietismus und Aufklärung benennen. Wo die Orthodoxie primär auf theoretisch-lehrmäßige Rechtgläubigkeit Wert legte, ging es ihnen in erster Linie um die rechte Praxis des christlichen Lebens – nicht Orthodoxie also, sondern Orthopraxie. Die für uns selbstverständliche Überzeugung, dass Christsein primär eine Frage der Lebensführung sei, hat hier ihre Wurzeln. Damit war als weiteres Charakteristikum die Abkehr vom Lehrbetrieb der protestantischen Orthodoxie, vom Aristotelismus und der metaphysischen Speku-

---

73 Beutel, Kirchengeschichte im Zeitalter der Aufklärung, 93.
74 Hirsch, Geschichte der neuern [sic!] evangelischen Theologie.

lation verbunden, vor allem aber die *Abwendung von der Kontroverstheologie* (Polemik). Die konfessionellen Gegensätze verloren an Bedeutung, Pietisten und Aufklärer fanden sich regelmäßig über Konfessionsgrenzen hinweg jeweils mit Gleichgesinnten zusammen und unterhielten eigene, nicht selten europaweit ausgreifende Netzwerke.

Trotz der strukturellen Gemeinsamkeiten gingen beide Richtungen in der Wahrnehmung und Herstellung des subjektiven Wahrheitsbewusstseins praktisch sehr *unterschiedliche Wege*. Der Pietismus zielte auf eine spezifisch religiöse Gewissheit, die durch Einübung in die und Pflege der persönlichen, gelebten Frömmigkeit (*praxis pietatis*), teilweise auch durch eine erlebnishaft erfahrbare Bekehrung begründet wurde, die Aufklärung suchte eine rationale, vernünftige Begründung des Glaubens. Dem korrespondierte eine unterschiedliche Nähe zu den christlichen Traditionsbeständen. Im Ganzen hielt der Pietismus trotz neuer Akzentsetzungen und einzelner Sonderlehren am dogmatischen Bestand des reformatorisch-nachreformatorischen Christentums fest, wohingegen die Theologie der Aufklärung bei zentralen Themen wie den Lehren von der Offenbarung, der Sünde und der Erlösung teils tiefgreifende Umformungen vornahm.

Keine der beiden Richtungen konnte sich in den evangelischen Kirchentümern jemals ganz durchsetzen. Es gab dort nun nebeneinander Pietisten und Aufklärer, und auch die alte Orthodoxie verschwand nicht einfach, sondern bestand noch bis weit in die erste Hälfte des 18. Jahrhunderts fort. Damit begann der für uns heute selbstverständliche innerprotestantische *Pluralismus*.

Kupferstich von Johann Elias Baeck
Aus einem Druck von Johann Arndts »Wahrem Christentum« (Erfurt: Johann David Jungnicol, 1753, nach S. 230)
Auf der Rückseite ist eine Erläuterung abgedruckt: »Hier sind zwey Jungfern, da in der ersten ihrem Hertzen die Geschichte von der Geburt Christi abgebildet stehet, neben sich aber zwey Kinder, und unter sich ein Lamm stehend hat: Womit angedeutet wird, daß eine glaubige [!] Seele Christum in ihren [!] Hertzen geistlicher Weise gebieret, an Tugenden fruchtbar ist, und sanftmüthige und demüthige Lämmleins-Art an sich hat. In der andern Jungfer Hertzen ist abgebildet die Creutzigung Christi, unter sich habende Welt, Tod, Teufel und Hölle: Womit angedeutet wird, daß durch den gecreutzigten Christum, ins Hertz gefasset, eine glaubige [!] Seele alle geistliche Feinde überwinden könne.«

Johann Arndts »Wahres Christentum« (Kap. 4.7.2) hat den lutherischen Pietismus maßgeblich geprägt. Es wurde immer wieder nachgedruckt, um zusätzliche Texte erweitert und mit allegorischen Illustrationen versehen. Das abgebildete Titelkupfer des 2. Buches veranschaulicht das Ideal verinnerlichter Herzensfrömmigkeit, die sich in einem Leben christlicher Tugenden bewährt und den Sieg über die Welt davonträgt. Zugleich zitiert es mit dem (v. a. durch Meister Eckhart bekannten) Motiv der Gottesgeburt im Herzen die Tradition der mittelalterlichen Mystik und mit der Polarität der beiden die gläubige Seele repräsentierenden Frauengestalten die spekulative Denkwelt Jakob Böhmes.

5.2 Der Pietismus: Anliegen und Eigenart

Wie so häufig, handelte es sich auch bei dem Begriff »Pietismus« ursprünglich um eine despektierliche Fremdbezeichnung, etwa im Sinne von »Frömmelei« (von lat. *pius* = »fromm«). 1674 wurden in Frankfurt am Main die Anhänger Philipp Jakob Speners (Kap. 5.4) so genannt, Ende der 1680er Jahre die Mitglieder des Kreises um August Hermann Francke (Kap. 5.5) an der Universität Leipzig. Auch in diesem Falle machten sich die so Bezeichneten den ursprünglichen Spottnamen bald zu eigen. 1689 dichtete der Leipziger Rhetorik-Professor Joachim Feller:

»Es ist jetzt stadtbekannt der Nam' des Pietisten. / Was ist ein Pietist? Der Gottes Wort studiert
und nach demselben auch ein heilig Leben führt. / Das ist ja wohl getan, ja wohl von jedem Christen.«[75]

Bis in die zweite Hälfte des 19. Jahrhunderts haftete der Pietismusbegriff exklusiv an dem von Spener und Francke herkommenden lutherischen Pietismus und wurde nicht auf das Herrnhutertum oder den heute so genannten radikalen oder reformierten Pietismus angewendet. Erst der bedeutende liberale Theologe Albrecht Ritschl, der der von ihm ungeliebten Bewegung ein dreibändiges Standardwerk[76] widmete, machte aus dem historisch gewachsenen Namen einen systematischen Ordnungsbegriff zur Kennzeichnung eines bestimmten Typs christlicher Frömmigkeit und subsummierte darunter auch die anderen, nicht auf Spener zurückgehenden Richtungen.

Neuerdings gibt es Tendenzen, den Pietismus-Begriff noch weiter zu fassen. Konsens besteht dahingehend, die Vorgeschichte des von Spener begründeten lutherischen Pietismus bereits mit Johann Arndt und der Arndtschen Frömmigkeitsbewegung (Kap. 4.7.2) beginnen zu lassen, auch wenn ihr noch die charakteristische Sozialgestalt in Form von besonderen Erbauungsversammlungen fehlte; man spricht daher hier von lutherischem Pietismus im weiteren Sinne. Umstritten ist dagegen, ob es sachgemäß ist, außer dem deutschen Barockpietismus (und seinen schweizerischen und skandinavischen Seitenzweigen) auch den englischen Puritanismus (Kap. 4.10) und die niederländische »Nadere Refor-

---

75 Zitiert nach Brecht, Geschichte des Pietismus I, 4.
76 Ritschl, Geschichte des Pietismus.

matie« (Kap. 5.3.1) sowie spätere Formationen wie die Erweckungsbewegung (Kap. 6.3) und die Gemeinschaftsbewegung (Kap. 6.8.2) bis hin zum Evangelikalismus der Gegenwart zum Pietismus zu zählen, wie dies das vierbändige, im Auftrag der Pietismuskommission herausgegebene Handbuch[77] tut. In einem weiteren Kontext werden mitunter der katholische Jansenismus (Kap. 4.5.3) und der Chassidismus des osteuropäischen Judentums als dem protestantischen Pietismus vergleichbare Erscheinungen der Frömmigkeitsgeschichte angesehen; allerdings beruhen beide auf jeweils deutlich anderen Voraussetzungen.

Der Pietismus erlangte besonders im Luthertum große Bedeutung. Die wichtigsten Vertreter des lutherischen Pietismus, die zugleich für drei aufeinanderfolgende Generationen stehen, waren Philipp Jakob Spener, August Hermann Francke und Nikolaus Ludwig Graf Zinzendorf. Ein besonderes Profil entwickelte der lutherische Pietismus in Württemberg. Der reformierte Pietismus ist heute vor allem noch durch seine Liederdichter Joachim Neander und Gerhard Tersteegen bekannt. Neben dem kirchlichen Pietismus, der auf eine Erneuerung des Christentums innerhalb der verfassten Amtskirchen hinarbeitete, gab es praktisch von Anfang an einen sogenannten radikalen Pietismus, der sich durch religiöse Sonderlehren oder die separatistische Trennung von den für unreformierbar gehaltenen Landeskirchen auszeichnete.

Die herrschende Orthodoxie hat den Pietismus heftig bekämpft. Erst im späteren Verlauf des 18. Jahrhunderts kam es angesichts der gemeinsamen Herausforderung durch die Aufklärung zu einer Annäherung zwischen beiden Richtungen. Die kulturprägende Bedeutung des Pietismus in bestimmten Milieus und Regionen steht außer Frage. Das religiöse und theologische Urteil über ihn ist uneinheitlich ausgefallen. Aus neuerer Zeit sind als prominente Kritiker des Pietismus Albrecht Ritschl zu nennen, der ihn als ein rein privates, weltflüchtiges Christentum mit mystisch-asketischer Tendenz kritisierte, aber auch Ritschls Antipode Karl Barth, der im Pietismus einen Ausdruck selbstmächtiger menschengemachter »Religion« sah. Demgegenüber hat nicht zuletzt Emanuel Hirsch den Pietismus als bedeutenden Fortschrittsfaktor bei der neuzeitlichen, dem subjektiven Wahrheitsbewusstsein verpflichteten Transformation des Christlichen gewürdigt. Als Thema einer interdisziplinären, Theologie- und Kirchengeschichte mit Mentalitäts- und

---

77 Brecht, Geschichte des Pietismus.

Sozialgeschichte, Kunst-, Musik- und Literaturwissenschaft ins Gespräch bringenden Forschung erfreut sich der Pietismus seit mehreren Jahrzehnten großer Beliebtheit.

5.3 Der reformierte Pietismus in den Niederlanden und Deutschland

5.3.1 Der niederländische Pietismus

Wie das Beispiel des englischen Puritanismus (Kap. 4.10) zeigt, hatte der Calvinismus, anders als das Luthertum, von Hause aus eine Affinität zu den »pietistischen« Idealen der persönlichen Frömmigkeitspflege und der Lebensheiligung. Im Bereich des kontinentaleuropäischen Reformiertentums entstand zunächst in den Niederlanden eine pietistische Frömmigkeitsbewegung, deren Hauptstrom als *Nadere Reformatie* (sprich: »nádere reformázi«) – auf Deutsch: »nähere (d. h. ins Einzelne gehende) Reformation« – bezeichnet wird. Die reformierte Kirche der Niederlande war, obwohl nicht förmlich Staatsreligion, die dominierende, als einzige obrigkeitlich anerkannte Konfession. Mit der Dordrechter Synode gelang ihr eine folgenreiche Schärfung ihres theologischen Profils, doch zu einer tieferen Durchdringung von Kirche und Gesellschaft mit den religiösen Idealen des Calvinismus war es nicht gekommen. Vor diesem Hintergrund wurde der programmatische Ruf nach einer Fortführung und Vertiefung der Reformation und nach Verchristlichung des persönlichen und gesellschaftlichen Lebens laut. Dabei wurden neben einheimischen Ansätzen Einflüsse des englischen Puritanismus wirksam, die durch Übersetzungen puritanischer Erbauungsliteratur, aber auch durch persönliche Kontakte transportiert wurden.

So lernte der Niederländer *Willem Teellinck* (gest. 1629) während eines Aufenthalts in England den Puritanismus kennen und erlebte eine Bekehrung. Nach einem Theologiestudium in Leiden wurde er Pfarrer in Middelburg, der Hauptstadt der Provinz Zeeland. Dort tat er sich durch Bußpredigten und eine intensive Seelsorgetätigkeit nach puritanischem Vorbild hervor sowie durch die Propagierung einer praktischen, gefühlsbetonten Frömmigkeit und die Forderung der Sonntagsheiligung. Er übersetzte puritanische Literatur aus dem Englischen und verfasste auch selbst Erbauungsschriften. Etwa zur gleichen Zeit suchte der englische Theologe *William Ames* (gest. 1633) vor den zunehmenden Zwangsmaßnahmen gegen die Puritaner Zuflucht in den Niederlanden. Ames schloss sich den Kontraremonstranten an und nahm auf ihrer Seite als Beobachter an der Dordrechter Synode teil. Einige Jahre darauf wurde er Professor an der Universität Franeker in Friesland. Dort vermittelte er puritanische Theologie und Frömmigkeit an seine Studenten. Wie Ames, so fanden auch zahlreiche weitere Puritaner in den Niederlanden Aufnahme.

Zur weiteren Profilierung und Ausbreitung der Nadere Reformatie trug besonders ihre tatkräftige Förderung durch den Theologieprofessor *Gisbert Voetius* (gest. 1676; Kap. 4.9.1) in Utrecht bei. Voetius war einer der bedeutendsten Repräsentanten der reformierten Dordrechter Orthodoxie, legte aber großen Wert darauf, die Glaubenserkenntnis mit persönlicher innerlicher Glaubenserfahrung und einer strengen christlichen Glaubenspraxis zu verbinden. Theologie war für ihn keine spekulative, sondern eine praktische Wissenschaft, die zu Bekehrung und Glauben anzuleiten hatte. Nach puritanischem Vorbild propagierte er eine christliche Durchformung des gesamten Lebens der Gläubigen (einschließlich der Sonntagsheiligung), das in eine exakte (»präzise«) Übereinstimmung mit dem Willen Gottes gebracht werden sollte – ein Bestreben, das als *Präzisismus* bezeichnet wurde. Ein wichtiger Multiplikator wurde der Utrechter Pfarrer und Erbauungsschriftsteller *Jodocus van Lodenstein*, der die Ideen von Voetius mit starken mystischen und spiritualistischen Akzenten verband.

Mit *Jean de Labadie* (gest. 1675) entstand im reformierten Pietismus eine »radikale«, separatistische Richtung. Labadie, ein aus Südfrankreich stammender Priester und ehemaliger Jesuit, war nach einer Tätigkeit als Wanderprediger zur reformierten Kirche übergetreten und hatte als Pfarrer und Dozent an der reformierten Akademie im französischen Montauban und als Prediger in Genf gewirkt. 1666 wurde er Pfarrer der wallonischen Gemeinde im niederländischen Middelburg, seit Willem Teellinck einer Hochburg der Nadere Reformatie. Hier richtete er, gefördert u. a. von der angesehenen Universalgelehrten Anna Maria van Schurman aus Utrecht, besondere Versammlungen von Erweckten ein und praktizierte eine strenge Kirchenzucht. Sein Ziel war eine Reform der Kirche nach dem Vorbild des Urchristentums. Labadies Frömmigkeit, wie sie in seinem »Manuel de Piété« (»Handbuch der Frömmigkeit«) Niederschlag fand, war von der Mystik und von der chiliastischen

Erwartung eines künftigen Gottesreiches auf Erden geprägt. Als Labadie nach drei Jahren infolge verschiedener Konflikte abgesetzt wurde, bildete er mit seinen Anhängern in Middelburg eine eigene separatistische Gemeinde, die nach Stationen in Amsterdam, im westfälischen Herford und im damals dänischen Altona (bei Hamburg), wo Labadie starb, noch längere Zeit in Wieuwerd in Westfriesland fortbestand.

Ein weiterer Franzose, der das Erbe der Mystik an die reformierte Frömmigkeitsbewegung der Niederlande vermittelte, war *Pierre Poiret* (gest. 1719), der sein Pfarramt niedergelegt hatte und sich in Rijnsburg bei Leiden als Privatgelehrter vollzeitlich dem Projekt einer systematischen Edition und Neuerschließung mystischer Schriften widmete.

5.3.2 Der reformierte Pietismus in Deutschland

Wie das deutsche Reformiertentum des 17. Jahrhunderts insgesamt, so erhielt auch der reformierte Pietismus in Deutschland wesentliche Impulse aus den Niederlanden. Als sein Begründer kann *Theodor Undereyck* (gest. 1693) gelten, dessen Wirkungsorte Mülheim an der Ruhr und Bremen Zentren des reformierten Pietismus im Nordwesten Deutschlands wurden. Der aus Duisburg stammende Undereyck hatte in Utrecht bei Voetius studiert und im Kreis um Voetius und Lodenstein eine Bekehrung erlebt, war aber auch von Johannes Coccejus und dessen Föderaltheologie geprägt. Das christliche Leben verstand er als Freundschaft mit Gott, das Gottesverhältnis des Gläubigen deutete er im Sinne einer nach puritanischem Vorbild ins Individuelle gewendeten Bundesvorstellung. Seit 1660 war Undereyck Pfarrer in *Mülheim an der Ruhr*. In erwecklichen Predigten betonte er die Notwendigkeit der persönlichen Aneignung des Heils im Glauben und der Wiedergeburt und förderte die Entstehung häuslicher Erbauungsversammlungen. Ab 1670 verbreitete Undereyck als Pfarrer an St. Martini in *Bremen* in Predigt und Katechismusunterricht die pietistischen Ideale. Er selbst und seine Frau veranstalteten Konventikel. Trotz Spannungen mit der Bremer Geistlichkeit gelang es ihm, den reformierten Pietismus in der Hansestadt heimisch zu machen.

Zahlreiche führende Persönlichkeiten des reformierten Pietismus wurden während ihres Theologiestudiums an der Bremer Hohen Schule (Gymnasium illustre) von Undereyck geprägt. Das gilt auch für den aus Bremen selbst gebürtigen *Joachim Neander* (gest. 1680), der unter sei-

5.3 Der reformierte Pietismus

nem Einfluss eine Bekehrung erlebte. Seit 1674 war Neander Rektor der Lateinschule der reformierten Gemeinde in Düsseldorf; das im 19. Jahrhundert durch die Entdeckung der Überreste von Frühmenschen berühmt gewordene Neandertal wurde nach ihm benannt. Nach Konflikten um die Abhaltung von Erbauungsversammlungen kehrte er als Prediger in seine Heimatstadt Bremen zurück, starb aber kurz darauf im Alter von nur dreißig Jahren. Neander ist vor allem als bedeutender Liederdichter in Erinnerung geblieben. Die etwa sechzig von ihm verfassten und komponierten Lieder (»Einfältige Bundeslieder und Dankpsalmen«), darunter »Lobe den Herren, den mächtigen König der Ehren« (EG 317), fanden schließlich auch im reformierten Gottesdienst Verwendung, in dem anfangs nur Psalmvertonungen zugelassen waren.

Eine Generation jünger war *Friedrich Adolf Lampe* (gest. 1729), der nach seinem Studium in Bremen und Franeker als Pfarrer am Niederrhein und in Bremen und schließlich als Professor für Dogmatik an der Universität Utrecht wirkte. Lampe kann als der bedeutendste Theologe des reformierten Pietismus in Deutschland gelten. In Bremen hat er maßgeblich zur Verankerung des Pietismus innerhalb der Volkskirche beigetragen und sich separatistischen Tendenzen entgegengestellt. Neben verschiedenen akademischen Lehrbüchern verfasste der von der coccejanischen Föderaltheologie geprägte Lampe mehrere Schriften zur vertieften religiösen Belehrung der Gemeindeglieder, darunter die sechsbändige Laiendogmatik »Geheimnis des Gnadenbundes«.

Anders als in Bremen entwickelte sich in Mülheim und im benachbarten Bergischen Land der einst von Undereyck begründete Pietismus vor allem außerhalb der kirchlichen Strukturen. In Mülheim hielt der ehemalige Theologiestudent *Wilhelm Hoffmann* gegen den Widerstand der reformierten Provinzialsynode pietistische Erbauungsversammlungen; dort und in seinen Schriften propagierte er ein verinnerlichtes, von der romanischen Mystik inspiriertes Christentum. Seit 1727 trat in diesen Versammlungen neben Hoffmann der bedeutendste Vertreter des reformierten Pietismus in Deutschland überhaupt auf: *Gerhard Tersteegen* (1697–1769). Der in Moers geborene Tersteegen hatte das Gymnasium seiner Heimatstadt besucht, aber nicht studieren können; stattdessen machte er in Mülheim eine Kaufmannslehre, zog sich dann aber aufgrund eines religiösen Erweckungserlebnisses für fünf Jahre in eine quasi-monastische Abgeschiedenheit zurück, las erbauliche Literatur und betätigte sich in Heimarbeit als Bandwirker. 1724 erlangte er die

Heilsgewissheit und übereignete sich am Gründonnerstag in einer Verschreibung mit seinem eigenen Blut seinem »Heiland und Bräutigam« Jesus Christus. Damit begann die Phase seines öffentlichen Wirkens. Tersteegen vertrat eine quietistisch-mystisch bestimmte Religiosität. Ähnlich wie Pierre Poiret (Kap. 5.3.1) studierte, übersetzte und edierte er zahlreiche mystische Schriften, darunter viele aus der katholisch-romanischen Mystik, namentlich dem zeitgenössischen französischen Quietismus (Madame Guyon, Jean de Bernières-Louvigny) (Kap. 4.5.2). Die dreibändige Sammelbiographie »Auserlesene Lebensbeschreibungen heiliger Seelen«, in der Tersteegen Vorbilder eines mystisch-abgeschiedenen Lebens präsentierte – Biographien (und Autobiographien) wurden zu einer bevorzugten Literaturgattung des an der christlichen Lebensführung besonders interessierten Pietismus –, enthielt sogar ausschließlich Viten katholischer Frommer. Neben seiner schriftstellerischen Tätigkeit beteiligte sich Tersteegen an den Erbauungsversammlungen Hoffmanns, die er nach dessen Tod, durch ein Verbot der Regierung für ein Jahrzehnt unterbrochen, allein weiterführte, wirkte aber bald auch weit über Mülheim hinaus. Der reformierten Kirche stand er indifferent gegenüber, hielt sich von Gottesdienst und Abendmahl fern, begründete aber auch keine separatistischen Gemeinschaften; in seinen letzten Lebensjahren näherte er sich der verfassten Kirche wieder an. Als Laienprediger und Seelsorger betreute Tersteegen mit Besuchen und in Briefen die Frommen im Bergischen Land, am Niederrhein und bis weit in die Niederlande hinein; dabei betätigte er sich auch als Laienarzt. Als geistlicher Berater wirkte er am Aufbau der »Pilgerhütte Otterbeck«, einer Art evangelischer Kommunität in Heiligenhaus bei Velbert, mit. Eine zentrale Stellung in Tersteegens schriftstellerischem Werk nimmt seine geistliche Dichtung ein. Das häufig nachgedruckte »Geistliche Blumengärtlein« enthielt neben frommen Sinngedichten über einhundert geistliche Lieder, von denen seit dem 19. Jahrhundert etliche ihren Weg in die Kirchengesangbücher fanden; zehn stehen noch im Evangelischen Gesangbuch, darunter »Gott ist gegenwärtig« (EG 165). Neben Luther und Paul Gerhardt gilt Tersteegen als der bedeutendste Liederdichter des Protestantismus.

Anders als am Niederrhein und in Bremen fand der Pietismus in den übrigen reformierten Territorien Deutschlands – in Nassau, den wetterauischen Grafschaften, Hessen-Kassel und der Kurpfalz – sowie in der Schweiz erst deutlich später, ab dem Ende des 17. Jahrhunderts Eingang.

5.4 Philipp Jakob Spener und die Anfänge des lutherischen Pietismus in Deutschland

Sehr viel bedeutender als der reformierte war der lutherische Pietismus in Deutschland. Seine Wurzeln liegen in der um die Wende zum 17. Jahrhundert entstandenen, an Traditionen der mittelalterlichen Mystik anknüpfenden lutherischen Frömmigkeitsbewegung mit ihrer ausgedehnten Erbauungs- und Gebetsliteratur (Kap. 4.7.2). Daneben hat auch die in Übersetzungen verbreitete puritanische Erbauungsliteratur im Luthertum ihre Wirkungen entfaltet. Gewöhnlich lässt man den lutherischen Pietismus in einem weiteren Sinne mit Johann Arndt und der Arndtschen Frömmigkeitsbewegung beginnen. In einem engeren Sinne, als eine in bestimmten Sozialformen (Erbauungsversammlungen, Konventikeln) fassbare Bewegung, begann der lutherische Pietismus mit Philipp Jakob Spener, der mit seinen Ideen und Schriften zum angesehensten Theologen des nachreformatorischen Luthertums wurde.

5.4.1 Philipp Jakob Spener: Leben und Werk

Philipp Jakob Spener (1635–1705) wurde als Pfarrerssohn in Rappoltsweiler (heute: Ribeauvillé) im damals noch zum Heiligen Römischen Reich gehörenden Elsass geboren. Bereits als Kind las er neben der Bibel Arndts »Wahres Christentum« und puritanische Erbauungsbücher. In seinem Theologiestudium in Straßburg wurde er im Geist der lutherischen Orthodoxie ausgebildet. Bei einer Studienreise lernte er in Genf Jean de Labadie kennen, für die Reformbedürftigkeit der lutherischen Kirche sensibilisierte ihn der Rostocker Theologe Theophil Großgebauer mit seinem Buch »Wächterstimme aus dem verwüsteten Zion«. Zurück in Straßburg, strebte Spener eine Universitätslaufbahn an und erwarb neben seiner Tätigkeit als sogenannter Freiprediger am Straßburger Münster den dafür qualifizierenden theologischen Doktorgrad.

Zweifellos hätte Spener eine Karriere als Universitätsprofessor gemacht, hätte ihn nicht überraschend ein Ruf nach *Frankfurt am Main* erreicht, wo er 1661, erst 31-jährig, das kirchliche Leitungsamt des »Seniors des Predigerministeriums« (Vorsitzender der Pfarrerschaft) der kleinen lutherischen Landeskirche der Reichsstadt übernahm. Daneben versah er die Stelle des ersten Pfarrers an der Barfüßerkirche, an deren Platz heute die durch die Deutsche Revolution von 1848 berühmte Paulskirche steht. Zwanzig Jahre lang, von 1666 bis 1686, wirkte Spener in Frankfurt. Als mitreißender Prediger hatte er regelmäßig um die tausend Hörer, die er im Sinne Arndts zur Buße und zu einem verinnerlichten und im Leben bewährten Christentum aufrief. Daneben widmete er sich besonders dem Katechismusunterricht für Kinder und verfasste eine wichtige Erklärung zu Luthers Kleinem Katechismus, auch sorgte er für den Druck verschiedener Erbauungsschriften. Den Frankfurter Magistrat konnte er zur Gründung eines »Armen-, Waisen- und Arbeitshauses« als einer städtischen Sozialeinrichtung bewegen.

Die bedeutendste Errungenschaft der Frankfurter Wirkungsperiode Speners war die Entstehung des Frankfurter *Collegium pietatis*, einer pietistischen Erbauungsversammlung. Im Anschluss an eine Predigt Speners über die falsche Gerechtigkeit der Pharisäer hatte sich um den Juristen Johann Jakob Schütz und den Theologiestudenten Johann Anton Dieffenbach ein kleiner Kreis von Männern gesammelt, die ein bewusst christliches Leben führen wollten und sich mit diesem Wunsch an Spener wandten. Dieser richtete daraufhin im Sommer 1670 regelmäßige Versammlungen in seinem Pfarrhaus ein, die, abweichend von der ursprünglichen Idee eines geschlossenen geistlichen Freundeskreises, von allen Interessierten zusätzlich zu den üblichen Gottesdiensten – bis dahin den einzigen kirchlichen Veranstaltungen überhaupt – besucht werden konnten. In den Versammlungen, die zweimal wöchentlich stattfanden und von Gesang und Gebet gerahmt waren, las Spener einen Abschnitt aus einem Erbauungsbuch, seit dem Winter 1674/75 dann aus der Bibel, und fasste das Gelesene kurz zusammen, woraufhin sich alle Anwesenden im freien Gespräch über das Gehörte austauschten. Bis 1675 war die Teilnehmerzahl auf um die fünfzig angewachsen, darunter auch Frauen, die aber in einem Nebenraum sitzen mussten und kein Rederecht hatten. Erst 1682 gestattete der Stadtrat Spener, die Treffen in die Barfüßerkirche zu verlegen.

Das Frankfurter Collegium pietatis sollte zum Modell für die typischen Erbauungs- oder Gemeinschaftsstunden – lateinisch: Konventikel (»Zusammenkünfte«; Einzahl: das Konventikel) – des lutherischen Pietismus werden. In seiner veränderten Gestalt als gemeinschaftliche Bibelbesprechung sah Spener in dem Collegium eine Erneuerung der urchristlichen Gemeindeversammlungen von 1 Korinther 14 und eine wichtige Ausdrucksform des schon von Luther propagierten allgemeinen Priestertums. Damit konnte das Collegium pietatis als eine »ecclesiola in ecclesia« (»ein Kirchlein in der Kirche«) fungieren und zur Keimzelle einer Erneuerung der ganzen evangelischen Kirche von innen heraus werden.

Der pietistische Aufbruch in Frankfurt hatte bald Ausstrahlungen über die Grenzen der Reichsstadt hinaus. Dazu trug die deutschsprachige Programmschrift für eine umfassende Kirchenreform bei, die Spener 1675 – bezeichnenderweise zunächst als Vorwort zu einer Sammlung von Predigten Johann Arndts, später auch separat – unter dem Titel »*Pia Desideria*, oder Herzliches Verlangen nach gottgefälliger Besserung der wahren evangelischen Kirche« veröffentlichte. Da die lutherische Kirche zwar die Lehre rein bewahrt habe, das Leben aller Stände in ihr aber verderbt sei, machte Spener in den »Pia Desideria« sechs Vorschläge für eine praktische, sich im Rahmen der landeskirchlichen Strukturen haltende Reform. Der erste und wichtigste war, »das Wort Gottes reichlicher unter uns zu bringen«. Tatsächlich hat im Luthertum erst der Pietismus entschieden die Bibel anstelle des Katechismus ins Zentrum der persönlichen Frömmigkeit gestellt. Dazu sollte neben häuslicher und öffentlicher Bibellektüre vor allem das freie Bibelgespräch in Konventikeln (*collegia pietatis*) beitragen. Zweitens wollte Spener das allgemeine Priestertum aller Gläubigen in der Gestaltung des geistlichen Lebens in den Häusern und in der Unterstützung der Pfarrer durch die Gläubigen verwirklicht sehen. Er schärfte drittens ein, dass es beim Christsein in erster Linie nicht um theoretisches Wissen, sondern um das Tun der Liebe gehe, und warb viertens für einen liebevollen Umgang mit Irrenden unter Verzicht auf konfessionelle Polemik. Der fünfte und ausführlichste Reformvorschlag galt dem Theologiestudium, das nicht zu bloßer wissenschaftlicher Gelehrsamkeit anleiten, sondern mit Blick auf die Förderung der persönlichen Frömmigkeit der angehenden Pfarrer und ihre Zurüstung für die praktische Amtsführung betrieben werden sollte. Ebenso sollten sechstens die Predigten nicht mehr als rhetorische Kunstreden gestaltet werden, sondern der Gemeinde grundlegende Glaubensartikel gut fasslich und mit Bezug auf das christliche Leben vermitteln. – Aus den »Pia Desideria«:

»3. sollte auch (was ich zu anderer reiflichem Nachdenken setze) vielleicht nicht undienlich sein, wo wir wiederum die alte apostolische Art der Kirchen-

> versammlungen in den Gang brächten, indem neben unsern gewöhnlichen Predigten auch andere Versammlungen gehalten würden auf die Art, wie Paulus 1. Kor. 14 dieselbe beschreibt, wo nicht einer allein auftrete zu lehren (welches zu andermalen bleibet), sondern auch andere, welche mit Gaben und Erkenntnis begnadet sind, jedoch ohne Unordnung und Zanken, mit dazu reden und ihre gottseligen [= frommen] Gedanken über die vorgelegte Materie vortragen, die übrigen aber darüber richten möchten [...].
> Neben dem würde unser oftewähnter D. Lutherus noch ein anderes, zwar [= wahrhaftig] mit dem vorigen genau vereinbartes [= übereinstimmendes] Mittel vorschlagen [...], die Aufrichtung und fleißige Übung des geistlichen Priestertums [...] Daß nämlich jeglicher Christ nicht nur selbst sich und was an ihm ist, Gebet, Danksagung, gute Werke, Almosen etc. zu opfern, sondern in dem Wort des Herrn emsig zu studieren, andere, absonderlich seine Hausgenossen, nach der Gnade, die ihm gegeben ist, zu lehren, zu strafen [= tadeln], zu ermahnen, zu bekehren, zu erbauen, ihr Leben zu beobachten, für alle zu beten und für ihre Seligkeit nach Möglichkeit zu sorgen gehalten sei.«[78]

Bemerkenswert ist, dass Spener seine Reformforderungen mit einer konkreten *Hoffnung besserer Zeiten* verband. Die noch nicht erfüllten biblischen Verheißungen eines »größeren Falls des päpstlichen Rom« und der Bekehrung der Juden nach Römer 11 mussten seiner Überzeugung nach noch vor dem Jüngsten Tag, innerhalb der irdischen Geschichte, Wirklichkeit werden. Damit nahm Spener, hierin Johann Jakob Schütz folgend, eine seit Augustinus und so auch im Luthertum zugunsten der Naherwartung der Parusie eigentlich streng verpönte chiliastische Zukunftserwartung auf und öffnete einen so bisher nicht vorhandenen, zur Aktion ermutigenden Zukunftshorizont – eine epochale Innovation mit immensen Folgen.

Die »Pia Desideria« fanden ein vielfach zustimmendes literarisches Echo, doch kam es vorerst nur vereinzelt zur Gründung pietistischer Konventikel. Gegen die Kritik orthodoxer Theologen wie Abraham Calov in Wittenberg konnte sich Spener erfolgreich verteidigen. Erst um 1690 brachen in Hamburg und in Leipzig große Auseinandersetzungen über den Pietismus auf.

Ein bitterer Rückschlag für Spener war die noch im selben Jahr 1675 erfolgte Spaltung des Frankfurter Pietismus in eine kirchliche und eine radikale Richtung. Neben Speners Collegium pietatis bildeten sich

---

78 Zitiert nach Schmidt/Jannasch, Das Zeitalter des Pietismus, 26-29 (Worterläuterungen von WFS).

unabhängige, seiner Kontrolle entzogene Konventikel. Auch der einflussreiche Johann Jakob Schütz und weitere Gründungsmitglieder des Collegium pietatis zogen sich zurück und hielten sich fortan zur separatistischen Gruppe der *Saalhofpietisten* (Kap. 5.8.1). Der Separatismus brachte den gesamten Frankfurter Pietismus, der nach Speners Weggang im Jahr 1686 erlosch, in Misskredit. An seinen weiteren Wirkungsstationen in Dresden und Berlin hat Spener selbst keine Collegia pietatis mehr begründet, auch wenn er weiter für die pietistische Kirchenreform warb.

In *Dresden* wirkte Spener von 1686 bis 1691 als Oberhofprediger und Kirchenrat bei Kurfürst Johann Georg III. von Sachsen, dem als Direktor des Corpus Evangelicorum nominell wichtigsten evangelischen Reichsfürsten. Spener predigte bei Hof und erteilte auch wieder selbst Katechismusunterricht. Für seine Reformideen fand er, obwohl gerade in diesen Jahren in Leipzig eine pietistische Bewegung entstand, in der sächsischen Pfarrerschaft nur wenige Gleichgesinnte. Schlimmer noch: Bald kam es zum Bruch mit dem Kurfürsten, nachdem Spener diesem einen beichtväterlichen Mahnbrief geschrieben hatte. Die Dresdener Jahre blieben ein unglückliches Intermezzo.

Von 1691 bis zu seinem Tod 1705 war Spener in *Berlin* Propst an St. Nikolai und brandenburgischer Konsistorialrat. Das Kurfürstentum Brandenburg war mittlerweile zur eigentlichen Führungsmacht der Protestanten im Reich avanciert und stand am Beginn eines rasanten Aufstiegs zu reichs- und europapolitischem Einfluss. Symbolisch zeigte sich dieser in der Annahme der preußischen Königswürde durch Kurfürst Friedrich III. (= König Friedrich I.) im Jahr 1701 (Preußen, der inzwischen von Brandenburg regierte ehemalige Deutschordensstaat, gehörte nicht zum Reich, in dem es ja nur einen König, den Kaiser, geben konnte). Spener gelang es rasch, das Wohlwollen mehrerer leitender Minister zu gewinnen, mit deren Unterstützung er die Ausbreitung des Pietismus in der brandenburgisch-preußischen Landeskirche vorantreiben und Anhänger pietistischer Reformideen in wichtige kirchliche Ämter bringen konnte. Als in Halle an der Saale eine neue Universität eingerichtet wurde, besetzte man die Professuren der theologischen und teilweise auch der philosophischen Fakultät auf Speners Empfehlung mit Pietisten. Unter Speners Schüler August Hermann Francke wurde Halle zu einem weit ausstrahlenden Zentrum des lutherischen Pietismus (Kap. 5.5).

Wie schon in Frankfurt, so wurde Spener auch in Berlin mit weitergehenden Reformforderungen im eigenen Lager konfrontiert. Im *Berliner Beichtstuhlstreit* (1696–1698) kritisierte Johann Caspar Schade, Speners Diakonus (zweiter Pfarrer) an St. Nikolai, die im Luthertum als Voraussetzung der Abendmahlsteilnahme verpflichtende Einzelbeichte, die unter den herrschenden volkskirchlichen Verhältnissen eine notwendig zur Verdammnis führende Farce geworden sei. Schade wurde schließlich strafversetzt, die Beichtpflicht aber vom Kurfürsten aufgehoben.

5.4.2 Die Ausbreitung des Spenerschen Pietismus in Deutschland

Von Frankfurt aus strahlte der Pietismus schon früh in die benachbarte Landgrafschaft *Hessen-Darmstadt* aus. Der Versuch des Hofpredigers Johann Winckler, 1675 in Darmstadt ein Collegium pietatis einzurichten, führte noch zu seiner Absetzung. Doch ab 1678 verschaffte die regierende Landgrafenwitwe Elisabeth Dorothea, eine Korrespondentin Speners, dessen Anhängern einflussreiche Positionen in ihrer Landeskirche. Abraham Hinckelmann wurde neuer Oberhofprediger in Darmstadt, an der Landesuniversität in Gießen wurden gegen erhebliche Widerstände der orthodoxen Theologen Johann Heinrich May und weitere Pietisten als Professoren eingesetzt. Auf diese Weise wurde Gießen noch vor Halle für viereinhalb Jahrzehnte eine pietistische Kaderschmiede; trotzdem konnte der Pietismus zu keiner Zeit die gesamte Pfarrerschaft des Landes erfassen.

Auch die frommen Grafenhöfe in der nördlich von Frankfurt gelegenen *Wetterau*, an denen Spener ein gerne gesehener Gast war, öffneten sich früh dem Pietismus. Die – reichspolitisch wenig einflussreichen – Grafen von Solms, Ysenburg, Hanau-Münzenberg, Sayn-Wittgenstein und Leiningen-Westerburg besetzten ihre kleinen Landeskirchen konsequent mit Anhängern Speners und verschafften dem Pietismus so eine weitere institutionelle Basis.

Ein weiteres Zentrum des Spenerschen Pietismus entstand in *Hamburg*, wo zeitweise drei der fünf Hauptpastoren Pietisten waren: die beiden ehemaligen Darmstädter Hofprediger Johann Winckler und Abraham Hinckelmann sowie Speners Schwager Johann Heinrich Horb. Bald kam es zu heftigen Auseinandersetzungen mit der orthodoxen Geistlichkeit. Anlässe boten die Entstehung separatistischer Konventikel und die Forderung der Pietisten, die Opernaufführungen an dem neu gegründeten ersten deutschen Opernhaus am Gänsemarkt als moralisch fragwürdigen Zeitvertreib zu verbieten. Am Ende konnte sich der Pietismus in Hamburg halten, doch seine orthodoxen Gegner behielten die Oberhand.

5.5 August Hermann Francke und der Hallesche Pietismus

5.5.1 Franckes Werdegang und Wirken als Professor und Pfarrer in Halle

August Hermann Francke (1663-1727) war die bedeutendste Persönlichkeit der zweiten Generation des lutherischen Pietismus. Gebürtig aus Lübeck, wuchs er in Gotha auf, wo sein Vater bis zu seinem frühen Tod als Hofrat im Dienst Herzog Ernsts des Frommen stand. Wie Spener, so las auch der junge Francke bereits als Kind Arndt und puritanische Erbauungsliteratur. Ein Stipendium ermöglichte ihm ein philologisches und theologisches Studium in Erfurt, Kiel und Leipzig. In Leipzig erwarb er den philosophischen Magistergrad, der ihm eine eigene Lehrtätigkeit ermöglichte. Gemeinsam mit Paul Anton, einem anderen jungen Magister, gründete er ein wissenschaftlich-exegetisches »Collegium philobiblicum«; die biblische Exegese stand im orthodoxen Theologiestudium sonst weithin im Schatten der Dogmatik und besonders der Kontroverstheologie.

Durch die Bekanntschaft mit Spener näherte sich Francke dem Pietismus an. 1687 erlebte er während eines Studienaufenthalts in Lüneburg eine Lebenswende. Die Vorbereitung einer Predigt über den ungläubigen Thomas stürzte ihn in tiefe Anfechtungen: Francke fand, dass er den wahren, lebendigen Glauben, den er seinen Hörern predigen wollte, selbst nicht besaß. Auch die Wahrheit der Bibel und sogar die Existenz Gottes wurden ihm nun zweifelhaft. Erst nach tagelangen Kämpfen löste sich die Krise durch einen plötzlichen Durchbruch zur Glaubensgewissheit:

>»Da erhörte mich der Herr, der lebendige Gott, von seinem heiligen Thron, da ich noch auf meinen Knien lag. So groß war seine Vaterliebe, daß er mir nicht nach und nach solchen Zweifel und Unruhe des Herzens wieder wegnehmen

wollte, daran mir wohl hätte genügen können, sondern damit ich desto mehr überzeugt würde und meiner verirrten Vernunft ein Zaum angelegt würde, gegen seine Kraft und Treue nichts einzuwenden, so erhörte er mich plötzlich. Denn wie man eine Hand umwendet, so war all mein Zweifel hinweg; ich war versichert in meinem Herzen der Gnade Gottes in Christo Jesu; ich konnte Gott nicht allein Gott sondern meinen Vater nennen, alle Traurigkeit und Unruhe des Herzens wurde auf einmal weggenommen, hingegen wurde ich wie mit einem Strom der Freude plötzlich überschüttet, daß ich aus vollem Mut Gott lobte und pries, der mir solche große Gnade erzeigt hatte.«[79]

Diese Erfahrung, die Francke selbst gemacht hatte – ein ernster *Bußkampf*, gefolgt von einer durchbruchshaften *Bekehrung* –, galt im späteren Halleschen Pietismus als konstitutiver Bestandteil jedes wahrhaft christlichen Lebens. Dabei ist wichtig, dass es sich bei der »Bekehrung« in diesem Sinne nicht um einen Willensentschluss zum frommen Leben handelt, sondern um eine ereignishafte subjektive Erfahrung religiöser Gewissheit; allein sie, nicht die äußere Autorität der Bibel oder der Kirche, kann den christlichen Glauben begründen – ein eminent moderner Gedanke. Zugleich bedeutete das Verständnis der Anfechtung, die der lutherischen Tradition als notwendiger Teil des Glaubenslebens galt, als Ausdruck eines durch die Bekehrung zu überwindenden »Bußkampfs« eine deutliche Akzentverschiebung. Theologisch deutete Francke die Bekehrung als notwendige Wiederholung und Erneuerung der verlorengegangenen Wiedergeburt in der Taufe. Die Kehrseite der Halleschen Bekehrungsfrömmigkeit war ein ausgeprägter Sündenernst und die scharfe Unterscheidung zwischen »Kindern Gottes« und »Kindern der Welt«, die auch in einer rigorosen, vom Ideal konsequenter, zu immer größerer Vollkommenheit fortschreitender Lebensheiligung bestimmten Ethik Niederschlag fand; »weltliche« Vergnügungen wie Spiel, Tanz, die Lektüre von Romanen oder der Besuch von Theateraufführungen standen den Frommen nicht an.

Zurück in Leipzig, gab Francke seinen bislang wissenschaftlich ausgerichteten biblischen Vorlesungen eine erbauliche Wendung. Mit den Lehrvorträgen und Erbauungsversammlungen, die er zusammen mit gleichgesinnten jungen Magistern hielt und die eine bis ins Stadtbürgertum ausstrahlende Erweckung auslösten, erregte er den Unmut der orthodoxen Theologen. Nach heftigen Streitigkeiten musste Francke

---

79 Zitiert nach Greschat, Vom Konfessionalismus zur Moderne (KThGQ 4), 67.

Leipzig verlassen. Auch in Erfurt, wo er eine Pfarrstelle und eine Dozentur an der Universität übernahm, kam es zum Konflikt mit den Orthodoxen. Erst in Halle, wohin ihn Spener 1692 empfahl, fand Francke das geeignete Umfeld. Francke versah hier zwei Ämter gleichzeitig, ein akademisches als Professor an der Universität und ein kirchliches als Pfarrer. In dieser Doppelfunktion schuf er eine besondere, weit ausstrahlende Gestalt des lutherischen Pietismus, den Halleschen (in älterer Literatur auch: »hallischen«) Pietismus.

An der gerade im Aufbau begriffenen, erst 1694 offiziell eröffneten *Universität* war Francke zunächst an der philosophischen Fakultät Professor für Griechisch und orientalische Sprachen, 1698 erhielt er eine theologische Professur. Von Berlin aus hatte Spener dafür gesorgt, dass die theologische Fakultät ausschließlich mit pietistischen Professoren besetzt wurde. Neben Francke lehrten hier Joachim Justus Breithaupt und Franckes Studienfreund Paul Anton, später auch Joachim Lange. Gemeinsam verwirklichten sie die von Spener angeregte Reform des Theologiestudiums. Dogmatik und Kontroverstheologie verloren ihre Spitzenstellung, dafür erfuhren die biblische Exegese und die praktische Ausbildung für das Predigtamt eine starke Aufwertung; neben die wissenschaftliche Qualifikation trat die Anleitung der künftigen Pfarrer zu persönlicher Frömmigkeit. Damit war die Fakultät in Halle die modernste ihrer Zeit und hatte Zulauf von Studenten aus ganz Deutschland, die später das pietistische Frömmigkeitsideal in ihren Gemeinden verbreiteten. Die pietistische Prägung der Universität blieb mehrere Jahrzehnte, bis über Franckes Tod hinaus erhalten. 1723 gelang es den pietistischen Theologen, den Aufklärungsphilosophen Christian Wolff aus Halle zu vertreiben (Kap. 5.9.4). Als Wolff 1740 aus seinem Marburger Exil nach Halle zurückkehrte, war die dortige Universität von einer pietistischen schon zu einer Hochburg der Aufklärung geworden – und als solche weiterhin die führende deutsche Universität. Nicht zufällig haben heute sowohl das Interdisziplinäre Zentrum für Pietismusforschung als auch das Interdisziplinäre Zentrum zur Erforschung der Europäischen Aufklärung ihren Sitz in Halle.

Neben seiner Lehrtätigkeit an der Universität war Francke Pfarrer in Glaucha, einer unmittelbar vor der Stadtmauer von Halle gelegenen Vorstadt. In einer Zeit, da es nur Ansätze eines kirchlichen und kommunalen Fürsorgewesens gab, baute Francke hier innerhalb von zwei Jahrzehnten ein riesiges sozialdiakonisches Werk auf, die sogenannten

Glauchaer Anstalten, die bis heute, mittlerweile unter dem Namen »Franckesche Stiftungen«, am historischen Ort fortbestehen. Francke stellte damit sein Organisationstalent und seine Tatkraft als typisch barocker »Projekte-Macher« unter Beweis, vor allem aber gab er der praktischen, auf die Bewährung des Glaubens in einem christlichen Leben gerichteten Tendenz des Pietismus Ausdruck. Am Anfang des Unternehmens stand 1695 die Einrichtung einer Armenschule in Franckes Pfarrhaus – eine spontane Aktion, ausgelöst durch einen größeren Geldbetrag von 4 Talern und 16 Groschen, den Francke unverhofft in einer Sammelbüchse fand. Trotz prekärer Finanzlage hatte der Schulbetrieb Bestand und wuchs rasch. Bald stellte Francke die Schule auf einen Internatsbetrieb um, wofür ein eigenes Haus angemietet wurde. Um die große Zahl von Waisenkindern in Glaucha versorgen und beschulen zu können, gründete er 1698 ein Waisenhaus und ließ dafür ein repräsentatives Gebäude – das heutige Hauptgebäude der Franckeschen Stiftungen – errichten. Weitere Schulen vervollständigten das Bildungsangebot: eine Gelehrtenschule, die auf das Universitätsstudium vorbereitete, ein Pädagogium für die Söhne von Adeligen und Beamten und eine Mädchenschule. Für die Finanzierung der Arbeit wichtig wurde das umfassende Privileg, mit dem der brandenburgische Kurfürst die Anstalten von Abgaben befreite. In der wirkungsmächtigen, mehrfach fortgesetzten Werbeschrift »Die Fußstapfen des noch lebenden Gottes« beschrieb Francke anschaulich den Beginn und den Fortgang der Arbeit.

Am Halleschen Waisenhaus und in den Schulen wurde eine neuartige und sehr erfolgreiche pietistische *Pädagogik* betrieben, die Francke selbst konzipiert hatte und in einer eigenen Lehrerbildungsanstalt den angehenden Erziehern vermittelte. Das Erziehungsziel bestand in der Verbindung von »wahrer Gottseligkeit« und »christlicher Klugheit«, d. h. von Frömmigkeit und praktischer Tüchtigkeit. Die Kinder sollten zu Wahrheitsliebe, Gehorsam und Fleiß angeleitet werden. Das vielzitierte Ideal der »Brechung des natürlichen Eigenwillens« richtete sich nicht gegen die Selbstständigkeit und Individualität der Kinder, sondern gegen das sündhafte Selbstgeltenwollen des nicht wiedergeborenen Menschen gegenüber Gott. Charakteristisch war die strenge Disziplinierung der Schüler und Schülerinnen, die nie ohne sinnvolle Beschäftigung bleiben sollten; Spielen und Nichtstun waren verpönt. Besonderen Wert legte Francke auf die praktische, auf Nützlichkeit für den Nächsten und die Gesellschaft angelegte Ausbildung; ein Novum war der in

Halle betriebene Realienunterricht, für den unter anderem Exponate der auch mit exotischen Sammlungsstücken von Missionaren ausgestatteten »Kunst- und Naturalienkammer« verwendet wurden.

Allmählich entstand so unter Franckes Leitung, der 1714 auf die Pfarrstelle an St. Ulrich in Halle versetzt wurde, eine regelrechte Schulstadt mit Schul- und Wohngebäuden, mit Werkstätten und Gärten sowie erfolgreichen Wirtschaftsbetrieben. Der Waisenhausverlag, die Druckerei und die Buchhandlung produzierten und vertrieben in großem Umfang christliche Literatur und Berichte über die Arbeit der Anstalten, die Waisenhausapotheke versorgte Bedürftige kostenlos mit Medikamenten, betrieb aber auch einen lukrativen Versandhandel. Einen Durchbruch in der Produktion und Verbreitung preiswerter Bibeln bedeutete die Gründung der ersten Bibelgesellschaft überhaupt. Die 1710 entstandene und nach ihrem Mitgründer, dem preußischen Adeligen Carl Hildebrand von Canstein, benannte *Cansteinsche Bibelanstalt* ermöglichte mit einer großen Anfangsinvestition den kostengünstigen Nachdruck immer neuer Exemplare vom stehenden Satz (während sonst der Satz nach dem Druck immer wieder aufgelöst wurde). Letztlich sollte Halle mit seinen Bildungseinrichtungen Ausgangspunkt und Kaderschmiede einer umfassenden Gesellschaftsreform aus dem christlichen Glauben heraus, einer »Generalreform« der ganzen Welt werden. Der Kirchenhistoriker Martin Schmidt hat das dahinterstehende Programm, das Francke 1704 in seinem »Großen Aufsatz« entwickelte, auf die Formel »Weltverwandlung durch Menschenverwandlung«[80] gebracht: die in Halle ausgebildeten pietistisch frommen Wiedergeborenen sollten die Welt zum Besseren verändern.

5.5.2 Weltweite Ausstrahlungen des Halleschen Pietismus

Weltweit wie die Ambitionen waren die *Netzwerke* Franckes und seiner Mitarbeiter. Sie unterhielten Verbindungen in die Niederlande und ins Baltikum sowie in das Russland Zar Peters des Großen. Enge Kontakte bestanden nach England. Bald schickten englische Familien ihre Söhne zur Erziehung nach Halle, und auch in London entstand eine deutsche

---

80 Schmidt, Der Pietismus als theologische Erscheinung, 69.

Schule. In Nordamerika stand der puritanische Pfarrer Cotton Mather, der der amerikanischen Erweckungsbewegung wichtige Impulse geben sollte, mit Francke in Verbindung; der aus Halle ausgesandte Pfarrer Heinrich Melchior Mühlenberg sammelte und betreute die deutschen Lutheraner in Pennsylvania.

»Halle« stand auch am Anfang der protestantischen *Weltmission*. Während die katholische Kirche im Zuge der kolonialen Expansion Spaniens und Portugals eine ausgedehnte Missionstätigkeit entfaltet hatte, gab es von protestantischer Seite bis dahin kaum nennenswerte missionarische Aktivitäten – zu nennen wären hier allenfalls die reformierte Genfer Brasilienmission (1555–1558) und die Mission des lutherischen Adeligen Justinian von Welz im südamerikanischen Suriname (1661–1668). 1706 wurden von Halle aus erstmals Missionare nach Südindien ausgesandt, die in der dänischen Kolonie Tranquebar an der Malabarküste unter den einheimischen Tamilen arbeiteten. Organisiert war diese Arbeit als Dreiecksgeschäft: Die politische Verantwortung lag beim dänischen Hof in Kopenhagen, Halle stellte das Personal, die Finanzierung erfolgte über die 1698 gegründete Society for Promoting Christian Knowledge (SPCK) in London, eine bis heute bestehende anglikanische Missionsgesellschaft. Den beiden ersten Missionaren, den in Halle ausgebildeten Theologen Bartholomäus Ziegenbalg und Heinrich Plütschau, folgten weitere. In weitgehender Unabhängigkeit vom dänischen Gouverneur bekehrten sie Tamilen zum Christentum und schulten einheimische Hilfskräfte, errichteten aber auch Kinderheime und Schulen. Dabei verfuhren die Hallenser durchaus kultursensibel. Ziegenbalg lernte nicht nur Tamilisch, er entwickelte auch eine tamilische Schrift und übersetzte die Bibel und Luthers Kleinen Katechismus ins Tamilische; die Bücher wurden in Halle in der Waisenhausdruckerei hergestellt. Mit den Berichten und Exponaten, die sie in die Heimat schickten, trugen die Missionare zur Erweiterung des Horizonts des deutschen Publikums bei. Die Dänisch-Hallesche Mission, deren Umfang freilich überschaubar blieb, bestand bis zum Verkauf der Kolonie Tranquebar an England im Jahr 1845.

Bei alledem war Franckes Stellung in Halle nie unangefochten. Immer wieder gab es Konflikte mit der orthodox geprägten Geistlichkeit der Stadt, und auch der angesehene Dresdener Superintendent Valentin Ernst Löscher positionierte sich gegen den Halleschen Pietismus. Doch es gelang Francke, sich den Rückhalt der preußischen Regierung zu sichern. König Friedrich I. machte ihn zu seinem Berater in sozialen und kirchlichen Angelegenheiten, und auch dessen Sohn und Nachfolger Friedrich Wilhelm I., der »Soldatenkönig«, ließ sich nach anfänglicher Skepsis für »Halle« einnehmen und wurde ein »Pietist auf dem Königsthron«. Das Studium in Halle wurde für die Feldprediger des damals stark ausgebauten preußischen Heeres, die später auch die besten Gemeindepfarrstellen erhielten, obligatorisch. Das von den in Halle ausgebildeten Geistlichen vermittelte pietistische Ethos trug wesentlich zur Formierung der berühmten »preußischen Tugenden« Pflichtbewusstsein, Fleiß, Gewissenhaftigkeit, Bescheidenheit und Sparsamkeit bei. *Preußentum und Pietismus* haben sich in ihrem jeweiligen Aufstieg gegenseitig unterstützt.[81] Auch wenn sich die weltweite Generalreform am Ende nicht verwirklichen ließ, so hat der Hallesche Pietismus zumindest die preußische Kirche und Gesellschaft nachhaltig geprägt.

Als Francke 1727 starb, wurde sein Schwiegersohn und langjähriger Mitarbeiter *Johann Anastasius Freylinghausen* (gest. 1739) sein Nachfolger als Direktor des Waisenhauses (mitsamt der angeschlossenen Einrichtungen). Das von ihm herausgegebene Freylinghausensche Gesangbuch wurde mit seinen anderthalbtausend Liedern zum wichtigsten Gesangbuch des Pietismus. Viele Lieder waren auf populäre weltliche Melodien, oft im Dreivierteltakt, zu singen und erregten auch deshalb das Missfallen der Orthodoxen. Nach Freylinghausens Tod ging die Leitung des Waisenhauses an Franckes Sohn Gotthilf August Francke über.

Aus einem Lied von Christian Friedrich Richter im Freylinghausenschen Gesangbuch:

»1. Es glänzet der Christen inwendiges Leben / ob gleich sie von aussen die sonne verbrannt / was ihnen der König des himmels gegeben / ist keinem als ihnen nur selber bekannt. Was niemand verspüret / was niemand berühret / hat ihre erleuchtete sinnen gezieret / und sie zu der göttlichen würde geführet.
2. Sie scheinen von außen die schlechtesten [= schlichtesten, einfachsten] leute / ein schau=spiel der Engel / ein eckel der Welt / und innerlich sind sie die lieblichsten Bräute / der Zierrath / die Krone / die JESU gefällt; das Wunder der zeiten / die hier sich bereiten / den König / der unter den lilien weidet / zu küssen / in güldenen stücken gekleidet. [...]

---

81 Klaus Deppermann, Der Hallesche Pietismus und der preußische Staat und Friedrich III. (I.), Göttingen 1961; Carl Hinrichs, Preußentum und Pietismus, Göttingen 1971.

8. O JEsu! verborgenes Leben der seelen / du heimliche zierde der inneren welt / gib / daß wir die heimlichen wege erwählen / wenn gleich uns die larve des creutzes verstellt. Hier übel genennet / und wenig erkennet / hier heimlich mit Christo im Vater gelebet / dort öffentlich mit ihm im Himmel geschwebet.«[82]

Als wichtigster Schüler August Hermann Franckes kann Johann Jakob Rambach (gest. 1735) gelten, der 1727 in Halle die theologische Professur seines verstorbenen Lehrers übernahm. Einige Jahre später wurde er als letzter bedeutender pietistischer Theologe Professor und Superintendent in Gießen. Neben Bibelkommentaren und Predigtsammlungen hinterließ er mehrere hundert Lieder (u. a. »Ich bin getauft auf deinen Namen«, EG 200) und geistliche Gedichte.

5.6 Nikolaus Ludwig von Zinzendorf und die Herrnhuter Brüdergemeine

5.6.1 Zinzendorf und die Gründung Herrnhuts

Hauptvertreter der dritten Generation und zugleich eine der eigenwilligsten Gestalten des lutherischen Pietismus war Nikolaus Ludwig von Zinzendorf. Als Adeliger gehörte er einem anderen sozialen Milieu an als die übrigen pietistischen Theologen. Als ebenso charismatische wie exzentrische Persönlichkeit wirkte er auf seine Zeitgenossen stark polarisierend: von den einfachen Gemeindegliedern wurde er in kindlicher Liebe als »Papa« verehrt, der Rationalist Johann Christian Edelmann dagegen nannte ihn »den allerlächerlichsten geistlichen Don Quixot, den jemals die Sonne beschienen«[83]. Die von Zinzendorf begründete Herrnhuter Brüdergemeine, die trotz ihrer Verbindung zur lutherischen Landeskirche einen überkonfessionellen Charakter hatte, konstituierte sich schließlich als eigene Kirche – es handelt sich, abgesehen von der kleinen, aus dem radikalen Pietismus hervorgegangenen Church of the Brethren (Kap. 5.8.2), um die einzige dauerhafte Kirchenbildung des Pietismus.

---

82 Bunners, Lieder des Pietismus, 51 f. – Der Dichter verwendet brautmystische Topoi im Anschluss an das biblische Hohelied.
83 Zitiert nach Schneider, Nikolaus Ludwig von Zinzendorf, 347.

5.6 Nikolaus Ludwig von Zinzendorf

Nikolaus Ludwig Graf von Zinzendorf und Pottendorf (1700–1760) entstammte einer alten, ursprünglich in Österreich ansässigen, wegen ihres evangelischen Glaubens nach Sachsen übergesiedelten Adelsfamilie[84]. Er wurde in Dresden geboren, wo sein Vater, der kurz darauf starb, als Minister am Hof Kurfürst Augusts des Starken (der zugleich König von Polen und dafür zum Katholizismus konvertiert war) diente. Die Familie war pietistisch geprägt, der Vater mit Spener seit dessen Dresdener Amtszeit befreundet. Nachdem sich Zinzendorfs Mutter nach dem Tod ihres Ehemannes wieder verheiratet hatte, wuchs der kleine »Lutz« bei seiner Großmutter, der für ihre universale Bildung berühmten frommen Baronin Henriette Katharina von Gersdorf, auf Schloss Großhennersdorf bei Zittau in der Oberlausitz auf. Die Großmutter, die mit Spener und Francke in Kontakt stand, und ihre pietistische Hausgemeinde prägten die Religiosität des Enkels, der von klein auf einen freundschaftlich-vertrauten Umgang mit dem »Heiland« Jesus pflegte; eine Bekehrung im Halleschen Sinn erlebte er nicht. Auch seine ausgeprägte Neigung, über die Konfessionsgrenzen hinweg die Gemeinschaft der Frommen zu suchen, verdankte er der Großmutter.

Zehnjährig wurde Zinzendorf nach Halle gegeben, wo er das Pädagogium besuchte und als prominentester Zögling an Franckes Tisch speiste. Die Zeit dort war prägend für ihn – vor allem die Berichte aus der Mission machten ihm großen Eindruck –, auch wenn er sich später zunehmend von den Grundideen des Halleschen Pietismus distanzieren sollte. Bereits hier gründete er mit einem Mitschüler eine erste religiöse Sozietät, den »Senfkornorden«, der in seinem späteren Leben weitere Gründungen folgen sollten. Gerne hätte Zinzendorf in Halle Theologie studiert, doch sein Vormund, ein Onkel, bestimmte ihn zu dem seinem Stand gemäßen Jura-Studium in Wittenberg. Freilich suchte Zinzendorf auch dort den Kontakt zu den – orthodoxen – Theologieprofessoren; seine jugendliche Hoffnung, eine Aussöhnung zwischen Wittenberger Orthodoxie und Halleschem Pietismus herbeiführen zu können, blieb aber unerfüllt.

---

84 Der mitunter in der Literatur genannte Titel »Reichsgraf« bedeutet keinen höheren Rang gegenüber der Grafenwürde im Allgemeinen; er besagt im Gegenteil nur, dass es sich nicht um den Angehörigen eines fürstlichen (d.h. zum Hochadel zählenden) Grafenhauses mit eigener Landesherrschaft handelte.

Nach dem Abschluss des juristischen Studiums unternahm Zinzendorf die in Adelskreisen übliche Bildungsreise (»Kavalierstour«), die ihn in die Niederlande und nach Paris führte. Mehr als die vornehmen Gesellschaften prägten ihn auch hier religiöse Erfahrungen. Er befreundete sich mit dem den Jansenisten zugeneigten katholischen Pariser Erzbischof Kardinal de Noailles, machte nähere Bekanntschaft mit Calvinisten und Mennoniten, lernte aber auch die westeuropäische Aufklärung kennen. Anschließend trat er im heimischen Dresden ein Amt als Hof- und Justizrat an. Die unbesoldete Tätigkeit füllte ihn nicht aus, und so veranstaltete Zinzendorf in seiner Wohnung fromme Konventikel. Besonders beeindruckte ihn die philadelphische (Kap. 4.7.3) Schlossgemeinde am Hof der frommen Grafen von Reuß-Ebersdorf in Südthüringen. 1722 heiratete Zinzendorf in die Familie ein: Mit seiner klugen und energischen Frau *Erdmuthe Dorothea von Reuß-Ebersdorf* vereinbarte er, dass sie eine »Streiterehe« führen wollten, die zuvörderst dem Einsatz für den Heiland gewidmet sein sollte.

Auf dem Gut *Berthelsdorf* in der Oberlausitz, das er seiner Großmutter Gersdorf abkaufte, richtete sich Zinzendorf mit seiner Frau häuslich ein. Als Kirchenpatron besetzte er die vakante Pfarrstelle des zugehörigen Dorfes mit dem Pietisten Johann Andreas Rothe, von dem noch ein Lied im Evangelischen Gesangbuch steht (»Ich habe nun den Grund gefunden«, EG 354). Im selben Jahr 1722 erklärte sich Zinzendorf bereit, evangelische Glaubensflüchtlinge aus dem nahe gelegenen Mähren, deutschstämmige Angehörige der aus der hussitischen Bewegung hervorgegangenen Mährischen Brüder-Unität (Unitas Fratrum; Kap. 1.5.2), auf seinem Gut aufzunehmen. Bald traf die erste Gruppe unter der Führung des Zimmermanns und Laienpredigers Christian David ein. Zinzendorfs Verwalter entschied, für sie eine eigene Siedlung am Fuß des nahen Hutberges zu errichten. Die Kolonie erhielt den sprechenden Namen *Herrnhut* und wuchs innerhalb der ersten fünf Jahre auf rund dreihundert Einwohner an, überwiegend Handwerker, von denen die Hälfte aus Mähren stammte, die übrigen waren Pietisten und religiöse Dissidenten anderer Herkunft. Separatistische Bestrebungen einiger Kolonisten führten zu schweren inneren Auseinandersetzungen unter den Bewohnern Herrnhuts selbst sowie mit dem zuständigen Pfarrer Rothe in Berthelsdorf. Zinzendorf ließ sich daraufhin von seinem Dresdener Amt beurlauben, um sich persönlich der Befriedung der Kolonie zu widmen. Als Grundherr erließ er besondere Statuten für Herrnhut, in

5.6 Nikolaus Ludwig von Zinzendorf

denen einerseits das äußerliche kommunale Zusammenleben geregelt, andererseits aber die Verfassung für ein besonderes christliches Gemeinschaftsleben entworfen wurde. Eine eindrucksvolle gemeinsame Abendmahlsfeier in der Berthelsdorfer Kirche besiegelte im Sommer 1727 die Aussöhnung und gilt als eigentliches Gründungsdatum der Herrnhuter Brüdergemeine. Formal blieb sie anfangs eine Filialgemeinde der lutherischen Pfarrgemeinde Berthelsdorf, wo die Kolonisten den Sonntagsgottesdienst besuchten und das Abendmahl feierten. Gleichwohl entwickelte die Brüdergemeine von Beginn an eigene Strukturen und Leitungsämter, besondere Gottesdienstformen und ein eigenständiges Frömmigkeitsprofil; Zinzendorf selbst leitete sie als »Vorsteher«. Der Name »Brüdergemeine« (ohne »d« geschrieben) oder »Brüder-Unität« bezog sich auf die mährische Heimatkirche der ersten Siedler zurück; im englischen Sprachraum kennt man die Herrnhuter als »Moravians« (»Mähren«). Die Ortsgemeinde in Herrnhut wurde zum Prototyp für weitere Kolonien und zum Zentrum eines neuen, ebenfalls weltweit ausstrahlenden Typs des Pietismus, dem Herrnhutertum.

5.6.2 Zinzendorfs Theologie und die Eigenart der Brüdergemeine

Das Herrnhutertum ist ganz wesentlich durch die besondere Theologie und die Auffassungen Zinzendorfs geprägt, der zeit seines Lebens die maßgebliche Leitungspersönlichkeit der Brüdergemeine blieb, dabei aber ungeachtet seines Standes von gleich zu gleich mit den Gemeindegliedern verkehrte. Um seine Funktion als Gemeindeleiter rechtlich abzusichern, unterzog sich der Graf 1734 im damals unter schwedischer Herrschaft stehenden Stralsund beim dortigen Superintendenten inkognito einem Rechtgläubigkeitsexamen und ließ sich im selben Jahr von der theologischen Fakultät in Tübingen zum Predigtdienst ordinieren (ein Theologiestudium war damals noch nicht zwingend Voraussetzung dafür).

Das wichtigste Kennzeichen von Zinzendorfs Theologie war sein ausgeprägter *Christozentrismus*. Ausgehend von seiner von Kindheit an gepflegten persönlichen Jesusfrömmigkeit, die die emotional erfahrene vertraute Freundschaft mit dem Heiland in den Mittelpunkt stellte, wurde ihm der dreieinige Gott exklusiv in der Person Jesu fassbar (»ohne Jesus wäre ich Atheist«). Seit etwa 1730 wandte sich der Graf zunehmend vom Sündenernst und vom Heiligungsstreben des Halleschen Pietismus ab, an deren Stelle er eine fröhliche Erlösungsgewissheit setzte. Das ihm persönlich fremde Konzept von Bußkampf und Bekehrung – den Hallensern galt er als »Unbekehrter« – lehnte er ab, hatte doch Christus selbst den Bußkampf schon im Garten Gethsemane durchgefochten, und konnte der Gläubige im Aufblicken auf den gekreuzigten Christus jederzeit und immer wieder neu eine »Minutenbekehrung« erfahren. Durch die Konfrontation mit dem radikalen Pietisten Johann Konrad Dippel (Kap. 5.8.2), der die klassische Satisfaktionslehre bestritt, wurde Zinzendorf dazu bewegt, zur Theologie und *Rechtfertigungslehre Luthers* zurückzukehren. Die Betonung der Heilsbedeutung des Sühnopfers Jesu führte ihn aber noch darüber hinaus, hin zu einer braut- und passionsmystisch konturierten *Blut- und Wundentheologie*. – Aus Zinzendorfs Schrift »Von des Heilandes Ältesten- und Richteramt« (1747):

> »Da sehet ihr die Notwendigkeit, meine Geschwister, daß man mit dem Heilande nicht nur so was anfängt und nicht nur Miene macht, als wenn man sich ganz zu ihm begeben wollte, und große Schritte auf ihn zu nimmt: sondern daß man sich nicht eher auf sein Bett mit Ruhe niederlegen kann und einem nicht eher ein Bissen Brot schmeckt, sonderlich wenn man in der Gemeine wohnt, bis man weiß, man gehört unter die Einwohner seiner Seite [= die Seitenwunde von Johannes 19,34], und die Täubchen aus dem Felsloch [Hoheslied 2,14], aus des Brunnen Gruft, daraus die selige Menschenseele gegraben wurde, da der Heiland verschied.«[85]

So sehr Zinzendorf sich selbst als Lutheraner fühlte, so fremd war ihm konfessionelle Enge. In der Brüder-Unität sollten die verschiedenen evangelischen Konfessionen – die lutherische, die reformierte und die »mährische« – gleichberechtigt nebeneinanderstehen. Seit den 1740er Jahren verstand Zinzendorf im Sinne seiner sogenannten *Tropenlehre* die Konfessionen als unterschiedliche Erziehungsweisen (*tropoi paideias*) der göttlichen Pädagogik für unterschiedliche Menschen. Doch auch sonst suchte er im Sinne des philadelphischen Ideals über Konfessionsgrenzen hinaus die Gemeinschaft der Frommen und scheute auch nicht den Kontakt zu radikalen Separatisten.

Ebenfalls den 1740er Jahren gehören eigentümliche theologische Sonderbildungen an wie Zinzendorfs Gleichsetzung der Trinität mit einer Familie, wobei zu Vater und Sohn der Heilige Geist als Mutter trat,

---

85 Zitiert nach Greschat, Vom Konfessionalismus zur Moderne (KThGQ 4), 92.

sowie seine *Ehereligion*, wonach in der Ehe Mann und Frau Christus bzw. die Gemeinde verkörperten und im ehelichen Geschlechtsverkehr in geradezu sakramentaler Weise die mystische Vereinigung beider vergegenwärtigten.

In der Leitung der Gemeinde in Herrnhut standen Zinzendorf »Älteste«, »Helfer« und zahlreiche andere Amtsträger beiderlei Geschlechts – es gab für Männer und für Frauen parallele eigene *Ämterstrukturen* – zur Seite, die nach biblischem Vorbild (Apg 1,25f.) aus der Zahl der Gemeindeglieder durchs Los bestimmt wurden. Wenig später wurde zusätzlich das Bischofsamt eingeführt, da man für die auch von Herrnhut aus betriebene Mission Personen mit dem Recht, Geistliche zu ordinieren, benötigte. Dazu wandte man sich an den reformierten Berliner Hofprediger Daniel Ernst Jablonski, der selbst Bischof der alten Brüder-Unität war und 1735 dem Zimmermann David Nitschmann, 1737 aber auch Zinzendorf selbst nach dessen Ausweisung aus Sachsen (Kap. 5.6.3) die Bischofsweihe erteilte. De jure bedeutete dies die Eingliederung der Brüdergemeine in die Amtssukzession der Brüder-Unität und ihre Loslösung von der lutherischen Kirche, auch wenn das Bischofsamt bei den Herrnhutern kein Leitungsamt war und ist. Bezeichnend für den Christozentrismus Zinzendorfs erscheint die Tatsache, dass auf einer Londoner Synode 1741, als der überforderte »Generalälteste« Leonhard Dober zurückgetreten und ein Nachfolger nicht zu finden war, Jesus selbst zum neuen Generalältesten der Brüder-Unität gewählt wurde.

Charakteristisch für Herrnhut war das ausgeprägte *Gemeinschaftsleben*. In der Anfangszeit schlossen sich die Bewohner zu verbindlichen geistlichen Freundeskreisen, sogenannten »Banden«, zusammen. Später traten an deren Stelle die sogenannten »Chöre« (Singular: »das Chor«), denen die Gemeindeglieder aufgrund von Geschlecht, Alter und Familienstand angehörten und die jeweils ihre eigenen Versammlungen hatten. Die unverheirateten jungen Männer und jungen Frauen sowie die Witwen wohnten auch in je besonderen Chorhäusern zusammen; da die Gemeindeglieder auch einheitliche Kleidung trugen, sprachen die orthodoxen Gegner von einem »neuen Mönchtum«.

Die *Versammlungen* der Gemeinde, in denen der Heiland unsichtbar gegenwärtig gedacht wurde, fanden in einem mit langen, weiß gestrichenen Bänken ausgestatteten schmucklosen Betsaal (»Gemeinsaal«) statt. Zu den neuen, von Zinzendorf eingeführten gottesdienstlichen Formen gehörte die abendliche Singstunde, in der sich ausgewählte Liedstrophen zu einer Art von Liedpredigt ergänzten, die sogenannten Liebesmahle (heute mit Tee und Rosinenbrötchen), die Fußwaschung (nach Johannes 13,12–17) am Gründonnerstag und die Ostermorgenfeier auf dem schlicht gestalteten »Gottesacker« (Friedhof). Überhaupt verdankt sich das reiche liturgische Leben, das die Herrnhuter bis heute pflegen, im Wesentlichen dem schöpferischen Genius Zinzendorfs. Der Graf dichtete während der Gemeindeversammlungen spontan vielstrophige Lieder; von seinen rund zweitausend Dichtungen haben etliche auch in das gemeineevangelische Liedgut Eingang gefunden (z. B. »Herz und Herz vereint zusammen«, EG 251; »Jesu geh voran auf der Lebensbahn«, EG 391).

Eigentümlich war der biblisch inspirierte Gebrauch des *Loses*, womit man wichtige Entscheidungen dem Willen Gottes anheimstellte; dabei gab es neben »Ja« und »Nein« auch ein drittes, unentschiedenes Los. Ebenso erfreute sich die auch sonst im Pietismus übliche Verwendung der Bibel als Orakel mittels des »Däumelns«, also des absichtslosen Aufschlagens mit dem Daumen, großer Beliebtheit. Seit 1728 wurde für jeden Tag ein Bibelwort oder ein Liedvers als sogenannte »Losung« – das Wort bedeutet so viel wie »militärische Parole«, ausgelost wurden sie erst später – ausgegeben. Seit 1731 wurden diese Losungen jahrgangsweise im Voraus gedruckt; heute sind die Herrnhuter Losungen, in rund fünfzig Sprachen übersetzt, das weltweit verbreitetste Andachtsbuch. Die beliebten Herrnhuter Sterne für die Adventszeit kamen erst im 19. Jahrhundert auf.

5.6.3 Von Herrnhut in die Welt

Von dem kleinen Herrnhut gingen bald Ausstrahlungen nach Europa und in die ganze Welt aus. Zinzendorf selbst knüpfte auf Reisen vielfältige Kontakte mit erweckten Kreisen in Deutschland, den Niederlanden und der Schweiz. Seit 1727 wurden im Rahmen der später so genannten *Diasporaarbeit* reisende »Boten« ausgesandt, die zunächst in der Oberlausitz, später in ganz Deutschland und im europäischen Ausland die Frommen in geistlichen Freundeskreisen sammelten. Der von Zinzendorf persönlich unternommene Versuch, auch die radikalen Pietisten in Berleburg und die Inspirierten in der Wetterau (Kap. 5.8.2) einzubinden, scheiterte. Dafür kam es ab Mitte der 1730er Jahren in den Niederlanden und in England zur Gründung erster Zweiggemeinden. Zu den Mitgliedern der Gemeinde in London, wo Zinzendorf längere Zeit wohnte, gehörten zeitweilig die Brüder John und Charles Wesley, die Begründer des Methodismus (Kap. 6.3.1).

1731 lernte Zinzendorf bei einer Reise an den dänischen Königshof in Kopenhagen zum Christentum bekehrte Inuit (»Eskimos«) und einen bekehrten afrikanischen Sklaven aus der Karibik kennen und wurde dadurch zu eigenen *weltmissionarischen Unternehmungen* angeregt.

1732 wurden der Töpfer Leonhard Dober und der Wagner David Nitschmann, ein Onkel des gleichnamigen späteren Bischofs, als erste Missionare nach Saint Thomas in der Karibik ausgesandt, wo sie unter den aus Afrika verschleppten Sklaven arbeiteten. Rasch wurden weitere Missionsgebiete erschlossen. In Grönland missionierten Herrnhuter unter den Inuit, im nordamerikanischen Georgia, wo sie die Kolonien Bethlehem und Nazareth errichteten, unter europäischen Siedlern und indigenen Völkern (»Indianern«), ebenso in den niederländischen Kolonialgebieten im südamerikanischen Suriname und in Südafrika. Anders als im Fall der Dänisch-Halleschen Mission waren die Herrnhuter Missionare keine Theologen, sondern Handwerker. Ihre Arbeit folgte dem Prinzip der »Erstlingsbekehrung«: es ging nicht um die Missionierung ganzer Völker, sondern um die Gewinnung Einzelner, die dann in die weitere Arbeit eintreten konnten. Zinzendorf selbst nahm großen Anteil an der Mission und unternahm selbst Reisen in die Karibik und nach Nordamerika. Nach der Anzahl der ausgesandten Missionare und der Missionsfelder erwies sich die Herrnhuter Mission als weitaus erfolgreicher als die Dänisch-Hallesche Mission. Die Brüdergemeine ist heute weltweit vertreten, besonders in Tansania ist sie verbreitet.

Doch auch in Europa breiteten sich die Herrnhuter weiter aus. Dazu trug nicht zuletzt die zeitweilige *Ausweisung Zinzendorfs aus Kursachsen* bei. Die Brüdergemeine hatte sich mit ihrem besonderen Profil immer stärker aus der lutherischen Landeskirche herausentwickelt und erlebte heftige Anfeindungen durch die Orthodoxie, aber auch durch den Halleschen Pietismus. Zwar tolerierte die kursächsische Regierung am Ende die Gemeinde in Herrnhut, Zinzendorf aber wurde 1736 des Landes verwiesen. Das Zentrum der Brüder-Unität befand sich fortan immer dort, wo sich Zinzendorf mit samt der ihn begleitenden »Pilgergemeine« gerade aufhielt. Zum wichtigsten Stützpunkt wurde die nördlich von Frankfurt gelegene *Wetterau*, genauer die Lande der frommen und religiös duldsamen Grafen von Ysenburg. Hier diente zunächst die verfallene Ronneburg bei Büdingen als Hauptquartier, dann das nahegelegene Jagdschloss Marienborn. Auf dem Herrnhaag bei Büdingen errichteten die Brüder eine neue Kolonie, die bald größer war als Herrnhut.

Die »Wetterauer Gemeinperiode« dauerte von 1736 bis 1750. Überschattet war sie von schwärmerischen religiösen Exzessen auf dem Herrnhaag, wo in Zinzendorfs Abwesenheit sein kaum 20-jähriger Sohn Christian Renatus, genannt »Christel«, als Ältester der ledigen Brüder die Leitung hatte. In Weiterführung von Gedanken des Vaters wurde hier in den Jahren 1743 bis 1750 eine verspielte, von kindlicher Fröhlichkeit und distanzloser Vertraulichkeit vor allem der jungen Gemeindeglieder geprägte Frömmigkeit und eine selbst für barockes Empfinden überbordende bildhaft-plastische Brautmystik einerseits, Blut- und Wundenmystik andererseits gepflegt. Sprachlich dominierten die Diminutive: man nannte einander »Bräutel« und »Schätzel«, und selbst die als religiöses Liebesobjekt verselbstständigte Seitenwunde Christi wurde zum »Seitenhöhlchen« verniedlicht. Der ausgeprägte Kult um das »Seitenhöhlchen«, dessen »Geburtstag« man am Karfreitag feierte und in dem die Gläubigen als »Kreuzluftvögelein« »nisten« sollten, wurde von phantastischen liturgischen und sozialen Inszenierungen begleitet und bildete mit seiner zunehmenden Erotisierung für die ledigen jungen Brüder ein sublimiertes Surrogat der Ehereligion. Die Vorgänge machten Skandal. Zinzendorf selbst, der ihnen von London aus mit einem Strafbrief ein Ende bereitete, sprach von einer *Sichtungszeit*, also einer satanischen Versuchung (vgl. Lukas 22,31), alle Aufzeichnungen wurden später systematisch vernichtet.

Mit einem Regierungswechsel in der Grafschaft Ysenburg-Büdingen und der Ausweisung der Herrnhuter endete 1750 die Wetterauer Gemeinperiode. Bereits 1747 war Zinzendorfs Verbannung aus Sachsen aufgehoben worden, die Herrnhuter wurden nun förmlich als Augsburgische Konfessionsverwandte anerkannt. Zinzendorf selbst lebte zunächst weiter überwiegend in London, erst 1755 kehrte er nach Berthelsdorf zurück. Von seiner Ehefrau hatte er sich entfremdet, die Eheleute lebten getrennt. Erdmuthe Dorothea starb 1756. Ein Jahr später verheiratete Zinzendorf sich mit seiner langjährigen engsten Vertrauten und Mitarbeiterin *Anna Nitschmann*, der Tochter des ersten Brüdermissionars, die er schon länger für sich als Gefährtin ausersehen hatte. 1760 starb der Graf und wurde auf dem »Gottesacker« von Herrnhut bestattet. Da der einzige Sohn Christian Renatus schon vor dem Vater verstorben war, trat *August Gottlieb Spangenberg* (gest. 1792) die Nachfolge Zinzendorfs an. Er war studierter Theologie und in Halle Inspektor des Waisenhauses gewesen, bevor er sich der Brüdergemeine angeschlossen hatte, für die er mehrere Missionsreisen unternahm und in der er das Bischofsamt versah. Mit Recht gilt er als zweiter Stifter der Brüder-Unität. Er betrieb erfolgreich die dringend erforderliche organisatorische und wirtschaftliche Konsolidierung und lenkte die Herrnhuter auch theologisch wieder in konventionellere Bahnen, wovon sein Hauptwerk, die »Idea fidei fratrum«, zeugt.

Auf die Dauer ließ sich der innerkirchliche Standort nicht halten. Die Brüder-Unität entwickelte sich zu einer selbstständigen, wenngleich den evangelischen Landeskirchen eng verbundenen, heute mit der EKD assoziierten Freikirche. Neben eigentlichen Kolonien (»Ortsgemeinen«) wie in Herrnhut selbst, Niesky in der Oberlausitz, Neudietendorf in Thüringen, Neuwied am Rhein, im niederländischen Zeist oder im dänischen Christiansfeld unterhielt die Brüdergemeine mit ihrer Diasporaarbeit, die in den jährlichen Herrnhuter Predigerkonferenzen ein Forum bekam, ein weitverzweigtes Netzwerk von Freundeskreisen und Zweiggemeinden. Diese Herrnhuter Diasporaarbeit bildete neben dem württembergischen Pietismus (Kap. 5.7) das wichtigste Bindeglied zwischen dem Barockpietismus und dem Neupietismus der Erweckung.

5.7 Der württembergische Pietismus

In Württemberg erlangte der Pietismus schon früh Heimatrecht innerhalb der lutherischen Landeskirche, auch wenn er hier ebenso wenig wie andernorts Alleingeltung erlangte. Während die Tübinger Theologieprofessoren der Orthodoxie verpflichtet blieben, gab es in der württembergischen Kirchenleitung einflussreiche Anhänger Speners wie den Generalsuperintendenten Johann Andreas Hochstetter und den Hofprediger und Konsistorialrat Johann Reinhard Hedinger. Für die Verbreitung des Pietismus im Land folgenreich wurde das in Deutschland einzigartige Pietistenreskript von 1743, mit dem die pietistischen Konventikel kirchenrechtlich förmlich anerkannt wurden. Anders als in anderen Regionen, wo der Barockpietismus schließlich dem Einfluss der Aufklärung erlag, bevor die Erweckungsbewegung unter veränderten Vorzeichen einen neuen Aufbruch der Frömmigkeit bewirkte, bestand der Altpietismus in Württemberg bruchlos fort.

Die großen »Schwabenväter« Johann Albrecht Bengel und Friedrich Christoph Oetinger haben dem württembergischen Pietismus sein besonderes Profil gegeben. *Johann Albrecht Bengel* (gest. 1752) wirkte fast drei Jahrzehnte als Präzeptor (Lehrer) in dem in der Reformation säkularisierten und zu einer Schule umgewandelten Kloster Denkendorf bei Esslingen. Erst in seinem letzten Lebensjahrzehnt stieg er als Prälat von Herbrechtingen, dann von Alpirsbach in höhere Ämter auf. Bengel war ein bedeutender Bibeltheologe und gehörte zu den Pionieren der neutestamentlichen Textkritik. Gerade weil er von der absoluten Autorität der Bibel als dem inspirierten Wort Gottes ausging, war es ihm um einen verlässlichen Text des Neuen Testaments zu tun – verlässlicher als der damals gebräuchliche, der Ausgabe des Erasmus von Rotterdam folgende Textus receptus. Bengel veranstaltete eine eigene Ausgabe des griechischen Neuen Testaments, in der er in einem textkritischen Apparat seine durch systematische Sichtung und Bewertung verschiedener Lesarten gewonnenen Entscheidungen dokumentierte. Den Ertrag seiner exegetischen Arbeiten am Neuen Testament fasste Bengel in seinem »Gnomon Novi Testamenti« – das griechische *gnômôn* bezeichnet eigentlich den Zeiger der Sonnenuhr – zusammen. Dabei war ihm wichtig, die Bibel nicht, wie in der Orthodoxie vielfach üblich, nur als Steinbruch für einzelne Belegstellen (*dicta probantia*) zu dogmatischen Sätzen zu benutzen, sondern sie als ein Ganzes wahrzunehmen (*scriptura tota*) und ihren Gesamtsinn zu ermitteln. Vermeintliche Widersprüche in der Bibel suchte er harmonisierend aufzulösen, etwa durch die Annahme von zwei Mitteilungen des Vaterunsers oder zwei Tempelreinigungen. Besonderen Einfluss übte Bengel mit seinen apokalyptischen Spekulationen aus. Aus der heils- und kirchengeschichtlich gedeuteten Johannesoffenbarung errechnete er den Anbruch des Millenniums – genauer gesagt des ersten Millenniums, dem noch ein zweites, von der Parusie Christi eingeleitetes Millennium folgen sollte – für den 18. Juni 1836 und begründete damit eine anhaltende eschatologische Erwartung, die noch die Auswanderung vieler Württemberger nach Südrussland im Krisenjahr 1817 motivierte. Durch seine mehr als dreihundert Schüler hat Bengel den schwäbischen Pietismus nachhaltig geprägt. Zu ihnen gehörte *Philipp Friedrich Hiller*, der sich, krankheitshalber an der Wahrnehmung seines Pfarramts gehindert, mit seinen zahllosen Lieddichtungen (u. a. »Jesus Christus herrscht als König«, EG 123) den Ruf eines »schwäbischen Paul Gerhardt« erwarb.

Der bedeutendste Schüler Bengels, der zugleich durch seine besondere Prägung eine eigene, von der Bengels unterschiedene Richtung in den schwäbischen Pietismus brachte, war *Friedrich Christoph Oetinger* (gest. 1782). Über sein Leben und Denken sind wir durch seine Autobiographie »Genealogie der reellen Gedanken eines Gottesgelehrten« unterrichtet. Oetinger hatte eine Bekehrung erlebt und Theologie studiert, hatte aber Vorbehalte, in den Dienst der Landeskirche zu treten; stattdessen suchte er die Verbindung mit der Brüdergemeine und besuchte zweimal Herrnhut. Erst als 36-Jähriger trat er in Hirsau bei Calw ein Pfarramt an und war dann an verschiedenen Orten Pfarrer und Spezialsuperintendent (= Dekan), bevor er Prälat in Murrhardt wurde. Neben der Bibeltheologie und Apokalyptik Bengels war Oetinger von der Naturphilosophie Jakob Böhmes (Kap. 4.7.3) beeinflusst, die ihn in seinem Streben nach einer pansophischen Zusammenfassung der göttlichen Offenbarung in Bibel, Natur und Geschichte in einer umfassenden »philosophia sacra« oder »emblematischen Theologie« inspirierte. In diesem Zusammenhang betrieb er auch kabbalistische und alchemistische Studien. Besonders beeindruckten ihn die Visionen des schwedischen »Geistersehers« Emanuel Swedenborg über das Geisterreich der Verstorbenen und deren Verbindungen zu den Lebenden. Oetingers literarisches Hauptwerk, die »Theologia ex idea vitae deducta«, entfaltete eine monistische Pansophie, in der Gotteslehre, Anthropologie, Sünden- und Gnadenlehre, Ekklesiologie und Eschatologie von der Zentralidee der Erfassung aller Wirklichkeit als »Leben« zusammengehalten wurden. In seinem Spätwerk, dem »Biblischen und emblematischen Wörterbuch«, findet sich der vielzitierte Satz, mit dem Oetinger gegen eine spiritualisierende Theologie das Ernstnehmen der vollen Wirklichkeit von Mensch und Schöpfung unter Einschluss der Leiblichkeit – die er auch Gott selbst zuschrieb – einforderte: »Leiblichkeit ist das Ende [= Ziel] der Werke Gottes«[86]. Zeitlebens umstritten, hat Oetinger unter den Schülern Bengels dennoch manche Anhänger gefunden, und vor allem auf

---

86 Oetinger, Biblisches und emblematisches Wörterbuch I, 223.

die Weimarer Klassik und den Deutschen Idealismus hat er stark gewirkt. Ein Schüler Oetingers war *Philipp Matthäus Hahn* (gest. 1790), der sich neben seinem Pfarramt als theologischer Autor, aber auch als erfindungsreicher Konstrukteur feinmechanischer Apparaturen wie Rechenmaschinen und astronomischen Uhren betätigte. Die bis heute in Württemberg bestehende Hahnsche Gemeinschaft, deren Anfänge schon im späten 18. Jahrhundert liegen, geht dagegen auf den Bauern und Metzger *Michael Hahn* (gest. 1819) zurück. Von der Lektüre Böhmes und mystischer Literatur inspiriert und durch mehrere mystisch-visionäre Erlebnisse, darunter eine ganze sieben Wochen andauernde »Zentralschau«, erweckt, begann er, eigenmächtig Erbauungsversammlungen zu halten, was ihn in Konflikt mit den Behörden brachte. Schließlich konnte er unter dem Schutz der frommen Herzoginwitwe auf dem Gut Sindlingen bei Herrenberg eine eigene Gemeinschaft begründen. In seinen Schriften, die bis heute von den »Hahnschen« gelesen werden, entfaltete er eine eigenartige, an Böhme erinnernde Theosophie und eine rigoristische Ethik, die die Empfehlung der Ehelosigkeit einschloss.

5.8 Der radikale Pietismus

Neben dem kirchlichen Pietismus gab es praktisch von Anfang an einen sogenannten radikalen Pietismus. Wie »radikale Reformation« (Kap. 2.9), so ist auch »radikaler Pietismus« ein problematischer, konzeptionell unscharfer Sammelbegriff. Man bezeichnet damit einzelne Personen und Gruppen, die sich entweder durch heterodoxe Sonderlehren oder durch separatistische Absonderung von den Landeskirchen oder beides vom Hauptstrom des kirchlichen Pietismus unterschieden.

Traditionsgeschichtlich stand der radikale Pietismus in der Wirkungsgeschichte des mystischen Spiritualismus. Zu den von radikalen Pietisten vertretenen Sonderlehren gehörten vor allem besondere Endzeitvorstellungen sowie von der eigentümlichen Sophienmystik und Naturphilosophie Jakob Böhmes inspirierte Anschauungen. Verbreitet war die apokalyptische Naherwartung des Tausendjährigen Reiches. Im symbolträchtigen Jahrhundertjahr 1700 kam es in radikalpietistischen Hochburgen wie in Berleburg und im hessischen Laubach im Vogelsberg zu endzeitlichen Unruhen. Auch die Hochschätzung visionärer und ekstatischer Phänomene, wie sie sich im prophetischen Auftreten von »begeisterten Mägden« in Mittel- und Norddeutschland seit 1691 oder der Entstehung der »Wahren Inspirationsgemeinden« (Kap. 5.8.2) zeigte, gehört in diesen eschatologischen Kontext.

Beeinflusst von der Kirchenkritik des mystischen Spiritualismus, galten den radikalen Pietisten die evangelischen Landeskirchen gewöhnlich nicht mehr als Verkörperung der Kirche Christi, sondern als die apokalyptische Hure Babylon (Offenbarung 17) – ein Verdikt, das Luther einst über die römische Papstkirche gefällt hatte. Die Konsequenz war dann häufig der Gang in die Separation, in biblischer Metaphorik der Auszug aus »Babel« oder aus »Ägypten«. Praktisch bedeutete das die Verweigerung der Teilnahme am Gottesdienst und insbesondere der Abendmahlsfeier der landeskirchlichen Gemeinden und die Bildung eigener, abgesonderter Gemeinschaften. Die Kehrseite der Abwendung von den Landeskirchen war regelmäßig die Zuwendung zum philadelphischen Ideal der endzeitlichen Sammlung der Frommen über die Konfessionsgrenzen hinweg; viele deutsche radikale Pietisten traten der philadephischen Sozietät von Jane Leade (Kap. 4.7.3) bei. Gewöhnlich bildeten die radikalen Pietisten eher lose Freundeskreise und informelle Gruppen; die einzige dauerhafte Kirchenbildung gelang bei den Schwarzenauer Neutäufern (Kap. 5.8.2).

5.8.1 Der radikale Pietismus im Luthertum

In Frankfurt, dem Ursprungsort des lutherischen Pietismus, wurde der vermögende Rechtsanwalt *Johann Jakob Schütz*, der engste Freund Speners und Verfasser des Chorals »Sei Lob und Ehr dem höchsten Gut« (EG 326), zum prominentesten Kopf der Separatisten. Einst hatte er durch die mystischen Schriften Johann Taulers eine Erweckung erlebt. Im Frankfurter Collegium pietatis war er neben Spener die eigentliche Führungspersönlichkeit, radikalisierte sich dann aber im Kontakt mit Anhängern Labadies und anderen religiösen Dissidenten. Seit 1676 nahm er nicht mehr am Abendmahl teil, besuchte schließlich auch nicht mehr die Gottesdienste der Landeskirche, sondern hielt sich zu dem Kreis der *Saalhofpietisten*, der nach seinem Versammlungsort, der im Saalhof am Mainufer gelegenen Wohnung der Witwe Juliana Baur von Eyseneck, so genannt wurde. 1682 kam es zum offenen Bruch zwischen Schütz und Spener. Zu der von den Saalhofpietisten zeitweilig erwogenen Auswanderung in die amerikanische Quäkerkolonie Pennsylvania kam es nicht, da der Frankfurter Rat die Gruppe duldete. Im Saalhof bei Juliana Baur von Eyseneck hatte auch die visionär begabte Adelige *Johanna Eleonora von Merlau* (gest. 1724), eine Korrespondentin von Spener und Schütz, nach ihrer Übersiedelung nach Frankfurt Wohnung genommen und war zu einem führenden Mitglied des dortigen Kreises geworden. Hier lernte sie den in Lübeck aufgewachsenen Theologiestudenten *Johann Wilhelm Petersen* (gest. 1727) kennen und vermählte sich mit ihm. Die standesungleiche Ehe – nicht selten unter Pietisten, die sich um Standesschranken nicht scherten – wurde von Spener eingesegnet. Schon in jungen Jahren wurde Petersen Superintendent in Lüneburg, verlor aber sein Amt, weil er sich für eine radikalpietistische Visionärin einsetzte. Fortan widmeten sich Johann Wilhelm und Johanna Eleonora Petersen, die als bedeutendste Autorin des radikalen Pietismus gilt, von vermögenden Gönnern unterstützt, ganz der literarischen Tätigkeit. Beide verfassten zahlreiche theologische Schriften, darunter auch Autobiographien, und verbreiteten ihre besonderen chiliastisch-apokalyptischen Auffassungen über das Tausendjährige Reich und die Allversöhnung (Apokatastasis).

Der wohl bedeutendste Vertreter des radikalen Pietismus war der Theologe *Gottfried Arnold* (1666–1714). Durch Kontakte mit Spener war er für den Pietismus gewonnen worden und hatte eine Bekehrung erlebt. Als Hauslehrer in Quedlinburg schloss er sich einem separatistischen Konventikel an und wandte sich mystisch-spiritualistischen Ideen zu, in deren Konsequenz er auf den Weg ins Pfarramt und, als Anhänger der Sophienmystik Böhmes, auf eine Ehe verzichtete. Stattdessen betätigte er sich als religiöser Schriftsteller und Herausgeber mystischer Literatur. Sein Gedicht »Babels Grablied« gehört zu den eindrucksvollsten Zeugnissen radikalpietistischer Kirchenkritik:

»1. Der Wächter Rath / Den Gott bestellet hat / Spricht die Sentenz [= das Urteil] schon über Babels wunden / Es sey kein Artzt noch Kraut vor sie gefunden / So gar verzweiffelt sey der Schad / Den Babel hat. [...]
5. Seht ihr noch nicht / Daß ihr gar nichts außricht / Ihr / die ihr sie so gerne woltet heilen? Wollt ihr in dem Pest=Hause noch verweilen? Seht / daß euch ja der Patiente nicht / Den Halß noch bricht. [...]
16. Nennt fein das Kind Mit Namen / wie ihrs findt / Und schmieret nicht ein Pflaster auf den Schaden / Das euch selbst zum Gerichte möcht gerathen. / Geht auß! schreyt an das höllische Gesind / Wo ihr es findt! [....]«[87]

5.8 Der radikale Pietismus

Ein von ihm verfasstes Buch über das idealisierte und zum Vorbild für die Gegenwart erhobene Urchristentum (»Die erste Liebe der Gemeinden Jesu Christi«) trug Arnold eine Geschichtsprofessur an der Universität Gießen ein, die er, von der Weltlichkeit des akademischen Lebens abgestoßen, schon nach einem Semester wieder niederlegte. Bekannt wurde Arnold vor allem durch sein kirchenhistorisches Hauptwerk, die voluminöse »Unparteiische Kirchen- und Ketzerhistorie« (1699/1700), die durch ihre radikale Kirchenkritik Anstoß erregte. Arnold fokussierte sich hier auf die frommen Individuen; jede Institutionalisierung des Christentums in festen äußeren Formen galt ihm, gut spiritualistisch, als Abfall vom wahren Christentum, weshalb er es ausdrücklich ablehnte, den Standpunkt einer bestimmten (Konfessions-)»Partei« einzunehmen. Gegenüber der Idealzeit des Urchristentums erschien die gesamte spätere Kirchengeschichte – mit Ausnahme der Frühzeit der Reformation, die aber eine Episode blieb – als eine einzige Verfallsgeschichte. Arnold hat mit seinem Geschichtswerk dem deutschen Bildungsbürgertum – auch der junge Goethe gehörte zu seinen Lesern – eine kritische Distanz zum kirchlich verfassten Christentum vermittelt. 1701 kehrte sich Arnold vom separatistischen Pietismus ab, ohne indessen seine radikalen Überzeugungen preiszugeben. Er heiratete und trat in den Kirchendienst ein; Spener holte ihn nach Preußen, wo er zuletzt Superintendent in Perleberg war.

5.8.2 Der radikale Pietismus in den wittgensteinischen Grafschaften und der Wetterau

Verschiedentlich ließen es duldsame Landesherren zu, dass bestimmte Kleinterritorien oder Orte zu Zentren des radikalen Pietismus wurden. Das galt etwa für die Grafschaft Ysenburg-Büdingen, wo auch die Herrnhuter Aufnahme fanden, oder für das der dänischen Krone gehörende Altona bei Hamburg (heute Stadtteil), aber auch für die zweigeteilte reformierte Grafschaft *Sayn-Wittgenstein* mit ihren Hauptorten (Bad) Berleburg und (Bad) Laasphe. In Berleburg kam es bereits zu Ostern 1700 zu einem kurzzeitigen, bald von der Obrigkeit unterdrückten ekstatischen Aufbruch, der als Aufrichtung eines neuen, »melchise-

---

87 Albrecht-Birkner, Pietismus. Eine Anthologie, 25 f.

dekischen Priestertums« begangen wurde und zur Gründung einer endzeitlichen philadelphischen Gemeinde führte.

Wenig später fand der Wanderprediger *Ernst-Christoph Hochmann von Hochenau*, der, von Johann Wilhelm Petersen beeinflusst, zur Errichtung eines endzeitlichen Geistchristentums aufrief, nach langen Jahren fortgesetzter Verfolgung und Vertreibung in dem Dorf Schwarzenau an der Eder Zuflucht, wo er eine Hausgemeinde gründete. Binnen weniger Jahre wurde Schwarzenau eine Hochburg der Separatisten. 1708 entstand hier unter Anhängern Hochmanns die einzige dauerhafte Gemeinschaftsbildung des radikalen Separatismus in Gestalt der *Schwarzenauer Neutäufer*, die die Erwachsenentaufe praktizierten und einige Jahre später nach Nordamerika übersiedelten, wo ihre »Church of the Brethren« bis heute besteht. In der Mitte der 1720er Jahre lebte auch in Berleburg der radikale Pietismus wieder auf; hier entstand mit finanzieller Unterstützung des Grafen die »Berleburger Bibel«, eine Neuübersetzung mit allegorisierenden radikalpietistischen Kommentaren.

1730 reiste *Zinzendorf* ins Wittgensteinische und unternahm den – vergeblichen – Versuch, die dortigen Frommen zu einer einheitlichen Gemeinde zusammenschließen. Dabei begegnete er dem Arzt und Theologen Johann Konrad Dippel (gest. 1734), der nach einem äußerst bewegten Leben, das ihn u. a. nach Berlin und nach Dänemark geführt hatte, hier seine letzten Jahre verbrachte. In seinen zahlreichen Streitschriften war er als scharfer Kritiker der verfassten Kirchen und der orthodoxen Theologie aufgetreten. Mit seiner Bestreitung der Rede vom Zorn Gottes, seiner Verwerfung der Satisfaktionslehre zugunsten der Vorbildhaftigkeit von Lehre und Leben Jesu und der Ablehnung der imputativen Rechtfertigung zugunsten eines Heiligungsstrebens leitete er schon zu aufklärerischen Anschauungen über.

Neben den wittgensteinischen Grafschaften war die Wetterau eine Hochburg des radikalen Pietismus. Hier erlebten seit 1711 die *Wahren Inspirationsgemeinden* eine kurze Blüte. Die durch das Auftreten ekstatischer Propheten geprägte Inspirationsbewegung war ursprünglich unter den Kamisarden, den verfolgten und ihrer Prediger beraubten Hugenotten in den französischen Cevennen, entstanden und über London nach Deutschland gekommen. In ihren von den Anhängern protokollierten »Aussprachen« riefen die Propheten der Inspirierten, unter denen der weitgereiste württembergische Sattlergeselle Johann Friedrich Rock hervorragte, angesichts der nahen Endzeit zur Buße auf.

5.8.3 Radikalpietistische Sozietäten

Eine der eigentümlichsten Gemeinschaftsbildungen des radikalen Pietismus war die von der Adeligen Eva von Buttlar 1702 im hessischen Allendorf gegründete »Christliche und Philadelphische Sozietät«, besser bekannt als die »Buttlarsche Rotte«. Die Gründerin Eva von Buttlar bildete als die »himmlische Sophia« zusammen mit zwei Studenten, deren einer als »Gottvater« und der andere als »göttlicher Sohn« firmierte, die »himmlische Trinität« ab. Als Heilsweg für die männlichen Mitglieder wurde das geschlechtliche »Eingehen« in den als »Teich Bethesda« bezeichneten Schoß der »Mutter Eva« praktiziert, das, Vorstellungen Böhmes vergröbernd, als Vermählung mit der göttlichen Sophia verstanden wurde; die weiblichen Mitglieder wurden durch Quetschung des Uterus unfruchtbar gemacht. Nach weiteren Stationen im Wittgensteinischen und in Lügde bei Bad Pyrmont zerfiel die überall von den Obrigkeiten verfolgte Gruppe.

Weniger spektakulär war die »Ronsdorfer Sekte«, eine philadelphische Sozietät um den Kaufmann Elias Eller und seine als »Zionsmutter« verehrte prophetisch begabte Magd und spätere zweite Ehefrau Anna vom Büchel in (Wuppertal-)Elberfeld. Die »Ellerianer«, denen zeitweilig der Großvater Schleiermachers als Prediger diente, gründeten, von der katholischen Obrigkeit geduldet, auf dem nahegelegenen Gut Ronsdorf eine eigene Siedlung, aus der der heutige Wuppertaler Ortsteil hervorging.

5.9 Die philosophische Aufklärung in Europa

Der Pietismus ging, wiewohl von der allgemeinen geistigen und sozialen Entwicklung der Zeit beeinflusst, unmittelbar aus dem evangelischen Christentum und seinen inneren Bewegungen selbst hervor. Im Unterschied dazu kamen die Impulse für die Entstehung der theologischen Aufklärung aus der zeitgenössischen Philosophie. Die philosophische Aufklärung positionierte sich zwar nur in einzelnen ihrer Strömungen explizit kirchenfeindlich oder sogar atheistisch, doch mit der Emanzipation der Vernunft gegenüber dem Kirchenglauben stellte sie für das theologische Denken und die überlieferten Lehrbestände eine

Allegorie der Toleranz
Radierung von Daniel Chodowiecki, 1791; aus: Göttinger Taschenkalender 1792
Die von dem berühmten Berliner Kupferstecher Daniel Chodowiecki, der auch Werke von Lessing, Goethe und Lavater illustrierte, geschaffene Radierung zeigt die römische Göttin der Weisheit Minerva als allegorische Verkörperung der Vernunft. Das von ihr ausstrahlende Licht der aufgeklärten Denkungsart erleuchtet Angehörige aller Völker und Religionen gleichermaßen, darunter Protestanten, Katholiken, Juden und Muslime, und versammelt sie unter dem Schutz der Göttin zum ernsten, friedlichen Gedankenaustausch. Der Kupferstich illustriert das aufklärerische Anliegen der religiösen Toleranz und der Rückführung aller Religionen auf ihren gemeinsamen vernunftgemäßen Kern.

massive Herausforderung dar. Dies war gerade auch deshalb der Fall, weil die christliche Theologie von alters her die Vernunftgemäßheit der Glaubensinhalte betont und eine vernünftige Explikation derselben angestrebt hatte. Die Scholastik hatte die Philosophie sogar geradezu zur Dienstmagd der Theologie (ancilla theologiae) erklärt. Die neuzeitliche Philosophie verwahrte sich gegen eine solche Vereinnahmung. Sie hatte sich als neue Leitwissenschaft etabliert, zu der sich nun umgekehrt die Theologie verhalten musste.

Die Reaktionen von Kirche und Theologie reichten von kategorischer Abwehr über vorsichtige Öffnung und Vermittlung bis hin zur produktiven Verarbeitung der neuen Anregungen in Gestalt von regelrechten Aufklärungstheologien, die eine mehr oder weniger weit reichende Umbildung der überlieferten Lehrbestände betrieben. Die so entstandene, in sich vielgestaltige Aufklärungstheologie wurde lange pauschal als Inbegriff von Verlust und Verarmung geringgeschätzt. Erst seit der zweiten Hälfte des 20. Jahrhunderts wird sie, nicht zuletzt dank Emanuel Hirsch, als anerkennenswerte Transformationsleistung und notwendige Reaktion auf das veränderte Welt- und Selbstbewusstsein der Menschen gewürdigt.

5.9.1 Die Frühaufklärung

Am Anfang der Aufklärungsphilosophie stand der Franzose René Descartes (gest. 1650), ein studierter Jurist, der sich als Söldner im Dreißigjährigen Krieg verdingte, bevor er als philosophischer Schriftsteller in den Niederlanden ansässig wurde. Auf der Suche nach unbezweifelbarer Gewissheit unternahm er nicht weniger als einen völligen Neuaufbau des philosophischen Wissens auf der Grundlage der reinen Vernunft. Damit wurde er zum Begründer des neuzeitlichen Rationalismus; seine Philosophie, der Cartesianismus, machte Schule. Ihre Grundlinien hat Descartes in seinen Hauptwerken »Discours de la méthode« (»Abhandlung über die Methode«, nämlich des richtigen Gebrauchs der Vernunft) und »Meditationes de prima philosophia« (»Betrachtungen über die erste Philosophie'«, also über die Metaphysik) entwickelt.

Descartes' Ausgangspunkt ist der radikale methodische Zweifel. Tatsächlich kann das denkende Subjekt alles in Zweifel ziehen – nur nicht seine eigene Existenz als denkendes Subjekt. Das besagt die berühmte Formel *cogito ergo sum* (»ich denke, also bin ich«). Von diesem

Ausgangspunkt her will Descartes alle weitere Erkenntnis allein durch die selbstexplikative Betätigung der Vernunft gewinnen, will allein aus dem Denken Gewissheiten über die außerhalb des Denkens gelegenen Gegenstände ableiten. Die Grundfigur dieser Denkbemühung ist der berühmte cartesische Dualismus, auch bekannt als Subjekt-Objekt-Spaltung, zwischen dem denkenden Subjekt (*res cogitans*) und der von diesem unterschiedenen ausgedehnten Körperwelt (*res extensa*) – vereinfacht gesagt: zwischen Geist und Materie –, die er als zwei verschiedene »Substanzen« (selbstständig Seiende) versteht. Wirklich meint Descartes, aus der Idee Gottes im menschlichen Denken seine wirkliche Existenz beweisen zu können – Immanuel Kant wollte hier eine Parallele zu Anselm von Canterbury, so wie er ihn verstand, erkennen –, analog auch die Unsterblichkeit der Seele.

Ein Rationalist war auch der niederländische Philosoph *Baruch de Spinoza* (gest. 1677) in Den Haag, ein Nachfahre portugiesisch-jüdischer Einwanderer, der wegen seiner radikalen Auffassungen aus der jüdischen Gemeinde ausgeschlossen wurde. Im ersten Teil seines anonym gedruckten »Tractatus theologico-politicus« – der zweite Teil enthielt seine politische Philosophie – übte er im Namen der Vernunft, die er als einzige Norm des Denkens und Handelns gelten ließ, scharfe Kritik am Christentum und Judentum, ja allen Offenbarungsreligionen überhaupt. Seine Metaphysik entwickelte er in seinem Hauptwerk »Ethica, ordine geometrico demonstrata«, dessen strenge rationale Methode durch die Geometrie Euklids inspiriert war. Dem cartesischen Dualismus setzte Spinoza einen Monismus entgegen. Demnach gibt es überhaupt nur eine einzige, ewige, unendliche Substanz. Geist und Materie sind nur unterschiedliche Modi oder Attribute dieser einen Substanz, die Spinoza mit Gott oder der Natur (*deus sive natura*) gleichsetzt. In dieser Auffassung von der ontologischen Einheit alles Wirklichen ist der Unterschied zwischen Gott und Welt im Sinne eines Pantheismus aufgehoben. Damit hat Spinoza die Vorstellung eines personalen Gottes, der dem Menschen und der Welt gegenübersteht, verabschiedet.

Der Rationalismus von Descartes und Spinoza machte die kritische Vernunft zur einzigen Erkenntnisquelle. Beide gingen davon aus, dass die Vernunft unabhängig von und vor jeder konkreten Erfahrung angeborene Ideen enthielt, die sich mit logischen Verfahren von mathematischer Präzision explizieren ließen und so Grundlage von unbezweifelbaren, erfahrungsunabhängigen Vernunftwahrheiten werden konnten. Auch religiöse Gewissheiten waren allein auf diesem Wege, nicht aus der biblischen Offenbarung, zu erlangen. Die Lehren des Christentums wie die anderer Religionen hatten sich an den Inhalten der so gewonnenen vernünftigen, »natürlichen« Religion zu messen. Als Kern der natürlich-vernünftigen aufklärerischen Religionsauffassung sollte sich bald die immer wieder beschworene Trias *Gott – Tugend – Unsterblichkeit* herauskristallisieren: es gibt einen Gott; der Mensch ist zu moralischem Handeln verpflichtet; der Mensch hat eine unsterbliche Seele, und es gibt eine jenseitige Vergeltung.

5.9.2 Die britische Aufklärung

Ein Rationalist war auch der frühaufklärerische englische Religionsphilosoph *Edward Herbert of Cherbury* (gest. 1648). Im Hinblick auf die Religion unterschied er fünf allen Menschen angeborene Grundwahrheiten (*veritates catholicae*), die auf die uns schon bekannten Prinzipien der Existenz Gottes, der Verpflichtung zum tugendhaften Handeln und der jenseitigen Vergeltung nach dem Tod hinausliefen. Herbert hat damit der natürlich-vernünftigen Religionsauffassung des sogenannten englischen *Deismus* den Weg bereitet. Der Begriff ist im Unterschied zum »Theismus« gebildet und bezeichnet eine Gottesvorstellung, wonach Gott zwar die Welt erschaffen habe, seither aber nicht mehr in sie eingreife – im mechanistischen Denken der Zeit erscheint er als der große Uhrmacher (*master clockmaker*), als Urheber eines dann selbsttätig laufenden Apparats. Von eigentlich religiöser Bedeutung ist allein die Funktion Gottes als Garant der moralischen Weltordnung. Mit dieser Art von natürlicher Theologie ging bei den Deisten – sie selbst bezeichneten sich als »Free-Thinkers« – eine grundsätzliche Kritik der christlichen Überlieferung einher, die als Ergebnis eines groß angelegten Priesterbetrugs, eines fiktionalen Konstrukts zur Sicherung der Machtstellung des Klerus, denunziert wurde.

Nicht eigentlich dem Deismus zuzurechnen, aber Vertreter einer ähnlichen Konzeption natürlicher Theologie war *John Toland*, der in seinem Buch »Christianity Not Mysterious« (1696) alles Übernatürliche, mit der menschlichen Vernunft nicht zu Erfassende aus dem Christentum ausschied und insbesondere die biblischen Weissagungen und Wunderberichte ebenso wie die Auferstehungsberichte verwarf. *Mat-*

thew Tindal führte in seinem gern als »Bibel des Deismus« apostrophierten Werk »Christianity as Old as the Creation« (1730) das Christentum in seinem Kern auf die bereits mit der Schöpfung begründete natürliche Religion zurück. In England selbst blieb der Deismus angesichts heftiger kirchlicher und staatlicher Gegenwehr in seiner Ausstrahlung begrenzt, er wirkte aber durch Übersetzungen deistischer Literatur stark in die spätere französische und deutsche Aufklärung hinein. Die theologische Aufklärung innerhalb der anglikanischen Kirche wurde dagegen stärker von den Ideen der »Cambridger Platoniker«, einer losen Gruppe von Philosophen im Umkreis der Universität Cambridge, geprägt; seit dem späten 17. Jahrhundert war die Richtung des aufgeklärten, toleranten *Latitudinarismus* im Anglikanismus tonangebend.

Im Unterschied zu dem Rationalismus von Descartes, Spinoza und Herbert vertraten die führenden Köpfe der späteren britischen Aufklärung einen erkenntnistheoretischen *Empirismus*, der die Existenz angeborener Ideen leugnete und alle Erkenntnis aus der Sinneswahrnehmung ableitete – eine Position, die für die etablierte christliche Religion keine geringere Herausforderung darstellte. Mustergültig ausformuliert findet sich diese Position bei dem englischen Philosophen John Locke (gest. 1704), der mit »An Essay Concerning Human Understanding« das Hauptwerk des modernen Empirismus schrieb. Demnach ist das Bewusstsein des Menschen bei seiner Geburt eine unbeschriebene Tafel (*tabula rasa*) und wird erst allmählich durch die sinnliche Wahrnehmung der Außenwelt gefüllt. Dabei obliegt es der Vernunft, die durch Sinneseindrücke und geistige Regungen erzeugten einfachen Vorstellungen zu komplexen Vorstellungen zu verknüpfen. Auch bei Locke ist die Vernunft, obwohl nicht wie bei den Rationalisten einziger Erkenntnisgrund, kritische Instanz. Allerdings galten ihm das Christentum und die Bibel durchaus für vernunftgemäß. In seinem Buch »The Reasonableness of Christianity« hielt er sogar an der Verbalinspiration der Bibel und an der Historizität der Wundergeschichten fest. Die Offenbarung könne, so seine wichtige Unterscheidung, zwar nicht widervernünftig, wohl aber übervernünftig sein; allein die über die Bibel hinausgehenden Lehren von Trinität, Christologie und Satisfaktion lehnte er ab. Ein Manifest religiöser Toleranz schuf Locke mit seinem »Letter Concerning Toleration«. Weitere prominente Vertreter eines aufgeklärten Empirismus waren der Ire George Berkeley und der Schotte David Hume.

5.9.3 Die französische Aufklärung

Die französische Aufklärung erreichte im 18. Jahrhundert mit Voltaire, Rousseau und den Enzyklopädisten ihre größte Breitenwirkung und verband sich mit den politischen Emanzipationsbestrebungen des Bürgertums, die in die Französische Revolution mündeten. Noch dem 17. Jahrhundert gehörte der reformierte (hugenottische) Denker *Pierre Bayle* (gest. 1706) an, der Philosophieprofessor an der reformierten Akademie im lothringischen Sedan und nach deren zwangsweiser Schließung am Gymnasium in Rotterdam war. Bekannt wurde er vor allem durch das von ihm verfasste Lexikon, das »Dictionnaire historique et critique«, dessen Titel den uns geläufigen Methodenbegriff »historisch-kritisch« inspiriert hat. Die Zusammenstellung und Aufbereitung des gesamten Wissens der Zeit für ein breites Publikum in Form von Lexika und Enzyklopädien war ein Lieblingsprojekt der Aufklärer. Was Bayles Werk besonders machte, war, dass er divergierende Forschungsmeinungen ausführlich nebeneinander referierte. Zahlreiche Artikel waren Personen der Bibel und der Christentumsgeschichte gewidmet. Im französischen Original sowie dann auch in englischer und deutscher Übersetzung verbreitet, wurde das »Dictionnaire« zu einer der maßgeblichen aufklärerischen Enzyklopädien.

Für die spätere französische Aufklärung ist eine ausgesprochen scharfe religions- und kirchenkritische Ausrichtung charakteristisch. Das gilt auch und besonders für deren überragenden Vertreter *Voltaire* (eigentlich François-Marie Arouet, gest. 1778), der zeitweilig am Hof des aufgeklärten preußischen Königs Friedrichs II. des Großen, des »Philosophen von Sanssouci«, lebte. Auf einer Reise nach England machte sich Voltaire die religionsphilosophischen Anschauungen und den Gottesbegriff des Deismus zu eigen. Die (katholische) Kirche kritisierte er harsch – die berühmte Aufforderung »écrasez l'infâme« (»radiert das/die Abscheuliche aus«), die er gerne als ein *ceterum censeo* unter seine Briefe setzte, schloss auch sie ein. Hatte der deutsche Aufklärer Leibniz Gott gegen die Kritik an seiner Allmacht und Güte verteidigt und seine Schöpfung als »beste aller möglichen Welten« in Schutz genommen (Kap. 5.9.4), so bot das berühmte Erdbeben von Lissabon am Allerheiligentag 1755, das, von einem Tsunami und einem Stadtbrand begleitet, mehrere zehntausend Todesopfer forderte, Voltaire den Anlass, diese optimistische Weltsicht in seinem Roman »Candide, ou l'optimisme« ad absurdum zu führen. In ganz Europa erschütterte das Erdbeben von Lissabon buchstäblich die alten Gewissheiten und ließ die Theodizeefrage in neuer Schärfe aufbrechen.

Das »Leuchtturmprojekt« der französischen Aufklärung mit dem Ziel der Sammlung, kritischen Sichtung und Popularisierung sämtlichen Wissens war die großangelegte *Enyclopédie*, die in den Jahren 1751 bis 1780 im Umfang von 36 Bänden erschien. Als Herausgeber fungierten der Literat Denis Diderot und der Mathematiker Jean Baptiste d'Alembert; sie und die rund einhundertfünfzig Autoren wurden als »die Enzyklopädisten« bezeichnet. Diderot und die »Encyclopédie« begnügten sich nicht mit der deistischen Religionskritik, sondern schritten zu einem konsequenten materialistischen Atheismus fort. Als eigentlicher Begründer des neuzeitlichen Materialismus kann der Arzt und Schriftsteller Julien Offray de La Mettrie gelten, der in seinem Buch »L'homme machine« (1748) ein mechanistisches Menschenbild entwickelte, wonach die Seele lediglich das Produkt komplexer körperlicher Prozesse sei. Programmatisch entfaltet wurde die materialistische Weltanschauung von dem aus der Pfalz stammenden Baron d'Holbach in seinem »Système de la nature« (1770).

Eine Sonderstellung unter den französischen Aufklärern nimmt *Jean-Jacques Rousseau* (gest. 1778), der (selbst katholische) Abkömmling einer in Genf ansässigen Hugenottenfamilie, ein. Denn er teilte zwar das aufklärungstypische optimistische Menschenbild, das den Menschen als wesenhaft gut ansah, nicht aber den sonst für die Aufklärer charakteristischen Fortschrittsoptimismus. Die Geschichte der Menschheit verstand er nicht als unabschließbaren Prozess kontinuierlichen zivilisatorischen Fortschritts, sondern als Verlustgeschichte: Privatbesitz, Staat und Kultur hatten den idealen Naturzustand von Mensch und Gesellschaft korrumpiert. Gerne wird Rousseaus Zivilisationskritik in dem Imperativ »zurück zur Natur« verdichtet. Tatsächlich ging es ihm nicht um eine – als solche unmögliche – Rückkehr zum Urzustand, sondern um eine vernunftgemäße Gestaltung der Gesellschaft. Die Grundlage der staatlichen Ordnung sah Rousseau, ausgehend vom Gedanken der Volkssouveränität, im »Gesellschaftsvertrag« (*contrat social*), mit dem die souveränen Individuen in freier Entscheidung zugunsten der gemeinsamen Ordnung auf ihre natürlichen Freiheitsrechte verzichtet hätten. Für die Geschichte der Pädagogik wurde Rousseaus Bildungsroman »Emile« bahnbrechend, in dem er das Ideal einer »natürlichen

Erziehung« mit freier Entfaltung der natürlichen Anlagen des Kindes abseits zivilisatorischer Beschränkungen propagierte (seine beiden eigenen unehelichen Kinder ließ er im Waisenhaus aufwachsen).

5.9.4 Die deutsche Aufklärung

Im Vergleich zur französischen stellte sich die deutsche Aufklärung im Ganzen deutlich weniger religions- und kirchenkritisch dar und ging, ähnlich wie Locke, stärker von einer Harmonie von Vernunft und Offenbarung aus. Das zeigt sich vor allem beim bedeutendsten deutschen Frühaufklärer, dem als Hofrat in Hannover tätigen Universalgelehrten *Gottfried Wilhelm Leibniz* (1646–1716). Mit seiner Erkenntnislehre vermittelte er zwischen Rationalismus und Empirismus: Er unterschied zwischen logisch notwendigen Vernunftwahrheiten, die selbstexplikativ aus der Vernunft allein abgeleitet werden konnten – ein Beispiel hierfür ist der Satz vom Widerspruch (»ein Satz kann nicht zugleich wahr und falsch sein«) –, und durch Erfahrung zu gewinnenden kontingenten (d. h. nicht notwendigen) Tatsachenwahrheiten. In ähnlicher Weise vermittelte Leibniz in der Metaphysik mit seiner Monadenlehre zwischen cartesischem Dualismus und spinozistischem Monismus, indem er annahm, dass die gesamte körperliche Wirklichkeit aus Monaden, einer Art von Gott erschaffener immaterieller geistiger Elementarteilchen bestehe, die dauernder Veränderung unterliegen; untereinander in einer »prästabilierten Harmonie« stehend, spiegele jede für sich das gesamte Universum wider. In seiner Religionsanschauung sah Leibniz, ähnlich wie Locke, keinen generellen Gegensatz zwischen Vernunft und Offenbarung, solange vermeintliche Offenbarungswahrheiten nicht geradezu widervernünftig waren, was im Hinblick auf die augustinisch-reformatorische Sünden- und Gnadenlehre in seinen Augen allerdings der Fall war. Das berühmte Theodizeeproblem der Vereinbarkeit von Gottes Allmacht und Güte angesichts des Leidens in der Welt löste er in seinem berühmten »Essai de Théodicée« – Leibniz hat darin diesen Begriff überhaupt erst geprägt – mit der optimistischen Feststellung, die vorfindliche Welt sei »die beste aller möglichen Welten« und das darin vorfindliche Übel schlechterdings notwendig; Voltaire hat dieser Anschauung später, wie erwähnt, heftig widersprochen. Kirchenpolitisch war Leibniz gemeinsam mit dem lutherischen Theologen und Abt des säkularisierten Klosters Loccum Gerhard Wolter Molanus, einem

Calixt-Schüler, in letztlich erfolglosen Verhandlungen mit den katholischen Bischöfen Bossuet und Rojas über die Möglichkeit einer »Reunion« von Katholiken und Protestanten engagiert. Auch die Gespräche, die im Auftrag der Höfe in Hannover und Berlin zwischen Leibniz und dem Berliner Hofprediger Jablonski über eine Union zwischen Lutheranern und Reformierten geführt wurden, blieben ohne Ergebnis.

Christian Wolff (gest. 1754), Philosophieprofessor an der Universität Halle, führte die Ansätze von Leibniz weiter und baute sie zu einem schulmäßigen System aus. Sein bekanntestes Werk trug den Titel »Vernünftige Gedanken von Gott, der Welt und der Seele des Menschen, auch allen Dingen überhaupt«. Charakteristisch für den Wolffianismus war die sogenannte Demonstrationsmethode, die darauf ausging, mit mathematischer Exaktheit ein System logisch miteinander verknüpfter Begriffe zu schaffen; viele von Wolffs Begriffsprägungen werden bis heute benutzt. Wolffs Schüler haben seiner Philosophie und Methode in Deutschland zu breiter Wirkung verholfen, die Leibniz-Wolffsche Schulphilosophie wurde auch in der protestantischen Theologie rezipiert. Wolffs persönliches Geschick erscheint paradigmatisch für den geistesgeschichtlichen Wandel der Zeit: Nachdem er als Prorektor in seiner »Rede über die praktische Philosophie der Chinesen« anhand des Konfuzianismus die Möglichkeit einer hochstehenden Ethik auch unabhängig vom Christentum bewiesen hatte, erwirkten Francke und die anderen Pietisten in Halle 1723 beim preußischen König einen Landesverweis. Wolff, der Zuflucht an der Universität Marburg fand, konnte erst nach dem Regierungsantritt des aufgeklärten Monarchen Friedrichs des Großen im Jahr 1740 nach Halle zurückkehren – an eine Universität, die inzwischen ein Zentrum der Aufklärung geworden war.

Der bedeutendste Vertreter der deutschen Aufklärung war der Königsberger Philosophieprofessor *Immanuel Kant* (1724–1804). Aus seiner Abhandlung »Was ist Aufklärung?« stammt die folgende, viel zitierte Definition:

»Aufklärung ist der Ausgang des Menschen aus seiner selbst verschuldeten Unmündigkeit. Unmündigkeit ist das Unvermögen, sich seines Verstandes ohne Leitung eines anderen zu bedienen. Selbstverschuldet ist diese Unmündigkeit, wenn die Ursache derselben nicht am Mangel des Verstandes, sondern der Entschließung und des Muthes liegt, sich seiner ohne Leitung eines anderen zu bedienen. Sapere aude! Habe Muth, dich deines eigenen Verstandes zu bedienen! ist also der Wahlspruch der Aufklärung.«[88]

5.9 Die philosophische Aufklärung in Europa

Zugleich wies Kant aber auch auf die Grenzen der Vernunft hin und leitete mit seinem Werk über die Aufklärung hinweg schon zum Deutschen Idealismus über. Seine Transzendentalphilosophie, die nach den Bedingungen der Erkenntnis fragt, entfaltete er in den drei Kritiken: der bahnbrechenden »Kritik der reinen Vernunft« (1781), die der Erkenntnistheorie und der Metaphysik gewidmet war, der »Kritik der praktischen Vernunft« zur Ethik und der »Kritik der Urteilskraft« zur Ästhetik. Kant selbst verstand seine Erkenntnislehre als eine »Revolution der Denkart«, als eine geradezu kopernikanische Wende. Danach sind wir schlechterdings nicht in der Lage, die Außenwelt als solche, »das Ding an sich« zu erkennen. Immer wirken nämlich beim Erkennen die sinnliche »Anschauung« und der »Verstand« zusammen, der die Sinneswahrnehmungen mit Hilfe apriorischer Vorstellungen von Raum, Zeit und Kausalität strukturiert, bevor sie von der Vernunft zusammengefasst werden. Die Konsequenzen daraus sind weitgehend. Wenn die Kausalität ein Schema unseres Verstandes ist, von dem wir nicht wissen können, ob sie auch in Wirklichkeit existiert, dann lässt sich darauf keine Metaphysik gründen; die klassischen kosmologischen Gottesbeweise, die mit Kausalitätsketten operieren (auch der physikotheologische Gottesbeweis, Kap. 5.10), sind damit hinfällig, ebenso der ontologische Gottesbeweis nach Anselm von Canterbury und Descartes, der aus dem Begriff Gottes auf seine Existenz schließt. Weil sie die Grenzen der Erfahrung überschreiten, sind die metaphysischen Fragen nach Gott, der Seele und der Welt den Erkenntnismöglichkeiten der reinen Vernunft entzogen. Die Wahrheiten der Metaphysik und der Religion können nicht Gegenstand der reinen Vernunft und des Wissens, sondern allein des Glaubens sein – das ist gemeint, wenn Kant sagt, man müsse in der Metaphysik »das Wissen aufheben, um zum Glauben Platz zu haben«. Die Existenz Gottes und die Unsterblichkeit der Seele lässt Kant lediglich als Postulate der praktischen (= ethischen) Vernunft gelten, da ohne sie die im Gewissen des Menschen gründende Verpflichtung zur Sittlichkeit nicht funktionieren könnte: weil sittliches Handeln innerweltlich nicht zwangsläufig zur Glückseligkeit führt, muss man eine jenseitige Vergeltung annehmen. Nicht mehr die Religion begründet also bei Kant die Sittlichkeit, sondern umgekehrt die Sittlichkeit die Religion.

---

88 Hinske, Was ist Aufklärung, 452. Die Maxime *sapere aude* geht auf Horaz zurück.

Seine religionsphilosophischen Auffassungen hat Kant in seiner Religionsschrift (»Die Religion innerhalb der Grenzen der bloßen Vernunft«, 1793) dargelegt. Die kirchliche Sündenlehre versteht er hier als Hinweis auf das »radikale Böse« im Menschen, das durch eine (moralische) »Revolution der Denkungsart« überwunden werden müsse. Dementsprechend gilt ihm Christus nicht etwa im traditionellen Sinne als Versöhner, sondern, typisch für die Aufklärung, als Vorbild der vom Sittengesetz geforderten moralischen Gesinnung. Der geschichtliche Offenbarungsglaube ist überhaupt nur als Anleitung und Hinführung zur reinen moralischen Religion von Nutzen; Kant erwartet den »allmählichen Übergang des Kirchenglaubens zur Alleinherrschaft des reinen Religionsglaubens«.

5.10 Die theologische Frühaufklärung

Gleichviel, ob die aufklärerische Erkenntnislehre nur die angeborenen Inhalte der Vernunft oder nur die eigenen Sinneindrücke oder beide im Verein als Erkenntnisquelle gelten ließ – die übernatürliche biblische Offenbarung war damit grundsätzlich in Frage gestellt, und ihre Inhalte mussten sich am kritischen Maßstab der Vernunft messen lassen, die jetzt nicht mehr die von Gott erleuchtete Vernunft der mittelalterlichen Scholastik war, sondern zunehmend als autonome Instanz verstanden wurde. Auch dort, wo man nicht zu einem expliziten Atheismus weiterschritt, blieb in der Regel nur noch der harte Kern einer vernünftigen Religionsanschauung, der sich, schematisiert und vereinfacht, auf die erwähnte Trias »Gott – Tugend – Unsterblichkeit« bringen lässt. Das Konzept der christlichen Offenbarung, die Lehren von Sünde und Erlösung, die Vorstellung vom stellvertretenden Sühnetod Christi, der Wunderglaube, die herkömmliche Eschatologie und anderes fielen dahin. Eine Theologie, die sich nicht in fundamentaler Opposition auf ihre traditionellen Lehrbestände zurückziehen wollte, war gefordert, auf diese neuen, zwar vorwiegend von den gesellschaftlichen Eliten vertretenen, aber in ihrer Breitenwirkung nicht zu unterschätzenden Überzeugungen neue Antworten zu finden. Besonders im deutschsprachigen Protestantismus bildete sich eine vielgestaltige Aufklärungstheologie aus. Anfangs verfolgte diese das eher konservative Programm einer vernunftgemäßen Begründung und Verteidigung der christlichen Offenba-

5.10 Die theologische Frühaufklärung

rungswahrheiten, spätere Denker unternahmen den Versuch einer tiefergehenden Neuformulierung der christlichen Glaubensinhalte nach dem Maßstab der Vernunft. Die in der älteren Forschung vorgenommene schematische Einteilung der deutschen Aufklärungstheologie in »Übergangstheologie«, »Neologie« und »Rationalismus« wird der Vielfalt der Phänomene dabei nur begrenzt gerecht und darf vor allem nicht im Sinne eines strikten zeitlichen Nacheinanders verstanden werden. Auch die etwas veränderte Gliederung der hier folgenden Darstellung hat lediglich Hilfscharakter.

Charakteristisch für die *theologische Frühaufklärung* ist das grundsätzliche Festhalten an einer Harmonie von Vernunft und Offenbarung bei gleichzeitiger Bemühung um vernunftgemäße Begründung der Glaubenswahrheiten. Zur theologischen Frühaufklärung rechnen wir die *Physikotheologie*, die sogenannte Übergangstheologie und den theologischen Wolffianismus. Als Physikotheologie wird eine Literaturgattung bezeichnet, die die Betrachtung der Natur für die religiöse Gotteserkenntnis und Frömmigkeit nutzbar machen will. Aus der Funktionalität, Schönheit und Ordnung der unbelebten und belebten Natur schließen die Physikotheologen auf die Existenz und die Eigenschaften Gottes (physikotheologischer Gottesbeweis). Es handelt sich also um eine natürliche, von der biblischen Offenbarung unabhängige, Theologie, deren Aussagebereich freilich eng begrenzt bleibt. Die physikotheologische Literatur blühte von der Mitte des 17. Jahrhunderts bis weit ins 18. Jahrhundert hinein in ganz Europa und brachte zahlreiche Spezialstudien hervor wie die Astro-, Bronto-, Litho-, Hydro-, Pyro-, Ichthyo-, oder Insectotheologie, die sich der Betrachtung der Gestirne, des Gewitters, der Gewässer, des Feuers, der Fische bzw. der Insekten widmeten. Der bekannteste Vertreter in Deutschland war der Hamburger Jurist und Ratsherr *Barthold Hinrich Brockes* (gesprochen: »Brooks«, gest. 1747) mit seiner vielbändigen Gedichtsammlung »Irdisches Vergnügen in Gott«. Mit dem Erdbeben von Lissabon verlor schließlich auch die Physikotheologie ihre Plausibilität. – B. H. Brockes, »Gartengedanken«:

> »Glänzt Garten, Flur und Feld in solchem Schmuck und Schein, / Wie herrlich muß ihr Quell, wie schön der Schöpfer sein!
> Es zeiget jede Blum, es zeiget jedes Kraut / Den wunderbaren Gott dem, der sie recht beschaut.
> Dies schöne Weltbuchsblatt, so hier vor Augen lieget, / Liest der zu Gottes Ruhm, der sich daran vergnüget.

Im wunderschönen Weltgebäude/Sucht Gott sein Lob, oh Lieb, allein in unsrer Freude.«[89]

Der Verlegenheitsbegriff *Übergangstheologie* bezeichnet eine Entwicklungsstufe protestantischer Theologie, die grundsätzlich noch an den orthodoxen Lehrbildungen festhält, andererseits aber eklektisch Einflüsse des Pietismus wie der Aufklärung aufnimmt und so das orthodoxe Substrat um- und weiterbildet. Auch die Übergangstheologen gehen im Allgemeinen noch von einer Harmonie zwischen Vernunft und Offenbarung aus. Das zunehmende Bewusstsein für das historische Gewordensein der Glaubenslehren führt im Einzelnen aber schon zu vorsichtiger Kritik an überlieferten Lehrbeständen, die konfessionellen Unterscheidungslehren werden irenisch relativiert. Zu den Vertretern der Übergangstheologie gehören der Jenaer Theologieprofessor *Johann Franz Buddeus* (gest. 1729), der seine Dogmatik erstmals mit einer Darlegung der natürlichen Religion begann, und sein Schüler und Schwiegersohn *Johann Georg Walch* (gest. 1775), auch er Professor in Jena, der die bekannte 24-bändige deutschsprachige Lutherausgabe veranstaltete, die im 19. Jahrhundert von den Lutheranern der amerikanischen Missouri-Synode nachgedruckt wurde. Der Tübinger Theologieprofessor und Universitätskanzler *Christoph Matthäus Pfaff* (gest. 1760) unterschied zwischen fundamentalen, d. h. heilsnotwendig zu wissenden, und nicht-fundamentalen Glaubensartikeln und hielt auf Grundlage der ersteren eine Union zwischen Lutheranern und Reformierten für möglich. Der Helmstedter Theologieprofessor und spätere Kanzler der im Geist der Aufklärung neu gegründeten Universität Göttingen *Johann Lorenz von Mosheim* (gest. 1755) wurde mit seiner neuen »pragmatischen Methode« zum »Vater der modernen Kirchengeschichtsschreibung«; dabei trieb er Kirchengeschichte nicht mehr in theologisch-heilsgeschichtlicher Perspektive, sondern als Rekonstruktion innerweltlicher Kausalzusammenhänge. Pfaff und Mosheim ist auch der neue, von Rousseaus Modell des Gesellschaftsvertrags inspirierte kollegialistische Kirchenbegriff (Kap. 4.1.3) zu verdanken. In der Schweiz standen die reformierten Theologen der *vernünftigen Orthodoxie* wie Jean-Alphonse Turrettini in Genf der deutschen Übergangstheologie nahe.

---

89   Brockes, Irdisches Vergnügen in Gott, 14.

Von der Übergangstheologie zu unterscheiden ist der *theologische Wolffianismus*, der sich durch die Aufnahme der Leibniz-Wolffschen Schulphilosophie mit ihrer strengen Methodik auszeichnet. Der wichtigste Repräsentant dieser Richtung war der Hallenser Theologieprofessor *Sigmund Jakob Baumgarten* (gest. 1757), der sich, bei Francke im pietistischen Geist erzogen, später der Philosophie Christian Wolffs zugewandt hatte. In seiner Dogmatik versuchte er, die traditionellen orthodoxen Glaubenslehren im Sinne der Demonstrationsmethode mit rationalen, logisch abgesicherten Beweisführungen zu behaupten. Mit Baumgartens Schüler Johann Salomo Semler (Kap. 5.11) wurde die ehedem vom Pietismus geprägte Universität Halle dann endgültig ein Zentrum der Aufklärung.

5.11 Die Neologie

Die Neologie war die bedeutendste Formation der Aufklärungstheologie in Deutschland. Der Name war ursprünglich eine pejorative Fremdbezeichnung, der diese Form der Theologie als illegitime Neuerung denunzieren sollte, wird heute aber als neutraler Forschungsbegriff verwendet. Man kann die Vertreter der Neologie nach ihrem beruflichen Wirkungskreis zwei verschiedenen Richtungen zuordnen: der von kirchenleitenden Persönlichkeiten repräsentierten kirchlich-praktischen Richtung und der von Universitätstheologen getragenen akademischen Richtung. Bemerkenswerterweise war erstere die radikalere, letztere die gemäßigtere. Die Neologen gaben die orthodoxe Schuldogmatik preis und brachten gegenüber der christlichen Überlieferung konsequent die kritische Vernunft zur Geltung. Praktisch äußerte sich dies in der Einführung der historischen Kritik in die theologische Arbeit. In der Exegese begann die historisch-kritische Arbeit am Text der Bibel, die nicht mehr als verbal inspiriert und als unmittelbare Urkunde göttlicher Offenbarung galt. Die überkommenen Dogmen und Glaubenslehren wurden am Maßstab der Vernunft kritisch gesichtet, und selbst zentrale Lehrstücke wie die Sünden-, Gnaden- und Versöhnungslehre wurden verabschiedet oder umgebaut. Die Neologen standen für eine freie und konsequent subjektive Religiosität, für die sie durch neuartige kategoriale Fundamentalunterscheidungen Freiräume schufen: auf Johann Salomo Semler (Kap. 5.11.2) geht die – allerdings schon bei Calixt angelegte – Unterscheidung von Religion (im Sinne praktischer religiöser Vollzüge) und Theologie (im Sinne wissenschaftlicher Reflexion über Religion) sowie die Unterscheidung von öffentlicher (allgemein verbindlichen Normen unterliegender, kirchlich verfasster) Religion und privater Religion (im Sinne der subjektiven persönlichen Glaubensüberzeugungen) zurück. Am Anfang des Zeitalters der Neologie stand das Erscheinen gleich zweier sehr erfolgreicher Bücher im selben Jahr 1748: »Verteidigter Glaube der Christen« von August Friedrich Sack und »Die Bestimmung des Menschen« von Johann Joachim Spalding« (zu beiden Kap. 5.11.1).

5.11.1 Die kirchlich-praktische Richtung der Neologie

In der Regierungszeit des aufgeklärten Königs Friedrichs II. des Großen (reg. 1740–1786) wurde das 1750 gegründete preußische Oberkonsistorium in Berlin, das höchste Leitungsorgan der lutherischen Landeskirche, dem auch einer der reformierten Hofprediger angehörte, zu einer Hochburg der Neologie. Die Position des reformierten Oberkonsistorialrats hatte der Hof- und Domprediger *August Friedrich Wilhelm Sack* (gest. 1768) inne, der als der »Nestor der Neologie« gilt. Seine 1748 veröffentlichte Schrift »Verteidigter Glaube der Christen« nahm das Christentum gegen rationalistische Kritik in Schutz und betonte die Notwendigkeit, die Vernunfterkenntnis durch die Offenbarung zu ergänzen. Andererseits sprach Sack sich gegen jeden Dogmenzwang für religiöse Toleranz und Gewissensfreiheit aus und verwarf auch selbst die Lehre von der Erbsünde.

Der wohl bedeutendste Neologe war der Lutheraner *Johann Joachim Spalding* (1714–1804), der als Propst an St. Nikolai – dem Amt, das einst Spener bekleidet hatte – auch zugleich Oberkonsistorialrat war. Bekannt geworden war er durch seine ebenfalls 1748 erschienene kleine Schrift »Die Bestimmung des Menschen«, die zum meistgelesenen theologischen Buch des Jahrhunderts werden sollte. Darin beantwortete er die Frage nach dem Sinn des Lebens unter Absehung von der christlichen Offenbarung allein aus der Betrachtung der menschlichen Natur, der die Verpflichtung zur Sittlichkeit eingestiftet sei; als deren Ursprung identifizierte Spalding Gott, und als notwendige Voraussetzung eine jenseitige Vergeltung:

5.11 Die Neologie

»Mein Wehrt und meine Glückseligkeit soll nun darin bestehen, daß die oberherrschaftlichen Aussprüche der Wahrheit, unbetäubt durch den Tumult der Leidenschaften und der eigennützigen Begierden, allein meine Handlungen leiten; daß die reine Empfindung dessen, was sich schickt, meine eigentliche höchste Verbindlichkeit ausmache, und daß ich also überhaupt in einem jeden Augenblicke meines Lebens das seyn möge, wozu meine Natur und die allgemeine Natur der Dinge mich bestimmen. [...] ich thue das, was ich thun soll; ich bin das, was ich seyn soll. Dieß allein ist eine unerschöpfliche Quelle der Gleichmüthigkeit und des Friedens, der in seiner Stille mehr wehrt ist, als alles Getöse sinnlicher Belustigungen. [...] und was ich dann auch sonst in der Welt immer seyn mag, so bin ich doch innerlich glücklich, weil ich rechtschaffen bin.«[90]

Von Spaldings weiteren Schriften ist vor allem seine homiletische Programmschrift »Über die Nutzbarkeit des Predigtamtes und dessen Beförderung« zu nennen, die die Aufgabe der Predigt nicht in der Unterrichtung über »theoretische Glaubenslehren«, sondern in der moralischen Erziehung des Menschen sah. Diese moralisch-pädagogische Ausrichtung und das damit einhergehende Selbstverständnis der Pfarrer als »Religions-Lehrer« wurde für die Aufklärungspredigt charakteristisch; im Übrigen kam es im Zeichen der theologischen Aufklärung weithin auch zu einem Abbau überlieferter liturgischer Formen und zur entsprechenden Umdichtung traditioneller Kirchenlieder. Neben Sack und Spalding war der Berliner Oberkonsistorialrat *Wilhelm Abraham Teller* ein bekannter Neologe.

Außerhalb Preußens war der Braunschweiger Hofprediger *Johann Friedrich Wilhelm Jerusalem* (gest. 1789) ein Hauptvertreter der Neologie. Als Abt des säkularisierten Zisterzienserklosters Riddagshausen bei Braunschweig förderte er die Predigerausbildung an dem dort seit 1690 bestehenden ältesten protestantischen Predigerseminar, einer Kaderschmiede für die Pfarrer-Elite des Herzogtums Braunschweig-Wolfenbüttel (erst seit dem 20. Jahrhundert gehört der Besuch eines Predigerseminars zum Ausbildungsgang für alle angehenden Pfarrer und Pfarrerinnen). Auch Jerusalem vertrat eine moralische Auffassung des Christentums – die dem Menschen angeschaffene Gottebenbildlichkeit liege in seiner Sittlichkeit –, auch er verwarf die Erbsündenlehre. Das traurige Schicksal von Jerusalems Sohn Karl Wilhelm, der sich aus unerfüllter

---

90 Spalding, Die Bestimmung des Menschen, 13 f.

Liebe das Leben nahm, verarbeitete der mit diesem befreundete Goethe in dem zahlreiche Nachahmertaten auslösenden Roman »Die Leiden des jungen Werthers«.

5.11.2 Die akademische Richtung der Neologie

Von den Universitäten waren namentlich Halle und die Neugründung Göttingen (1737) Hochburgen der Aufklärung, doch gab es auch etwa in Jena, Leipzig und Frankfurt an der Oder Vertreter der Neologie. Bezeichnenderweise widmeten sie sich oft weniger der eigentlichen Dogmatik als exegetischen und historischen Fragestellungen. So legte *Johann August Ernesti* in Leipzig mit seiner »Institutio Interpretis Novi Testamenti« (»Lehrbuch für den Ausleger des Neuen Testaments«) eine biblische Hermeneutik vor, wonach die Auslegung der Bibel denselben philologischen Grundsätzen und Methoden zu folgen habe wie die Auslegung jeder anderen literarischen Urkunde. Gegenüber der Dogmatik habe die Exegese eine kritische Funktion wahrzunehmen und nicht nur Belegstellen für vorgefasste Lehrmeinungen zu liefern. Pioniere der historisch-kritischen Bibelauslegung waren auch *Johann Jakob Griesbach* in Jena mit seinen Forschungen zur neutestamentlichen Textkritik und den (von ihm erstmals so genannten) synoptischen Evangelien sowie der ebenfalls in Jena lehrende Begründer der biblischen Einleitungswissenschaft *Johann Gottfried Eichhorn*.

An der Universität Halle war der Baumgarten-Schüler *Johann Salomo Semler* (1725–1791) der überragende Vertreter der akademischen Neologie. Seine umfangreiche »Abhandlung von freier Untersuchung des Kanon« wurde bahnbrechend für die historisch-kritische Exegese. Vor allem unterschied Semler grundlegend zwischen Gottes Wort und der Bibel. Die Bibel war nicht verbalinspiriert, sondern enthielt Fehler und Widersprüche und musste einer historischen Kritik unterworfen werden. Die traditionellen Zuschreibungen biblischer Bücher wie des 2. Petrusbriefs und der Offenbarung an Petrus bzw. Johannes seien unzutreffend, der religiöse Wert der einzelnen Bücher unterschiedlich – dem Hohenlied als einer profanen erotischen Dichtung sprach Semler einen solchen Wert etwa rundheraus ab. Überhaupt sei der biblische Kanon nicht feststehend, sondern historisch gewachsen. Wie viele spätere Aufklärer vertrat Semler eine Akkomodationstheorie, wonach Jesus und die Apostel sich in ihrer Botschaft dem Fassungsvermögen ihrer

Zeitgenossen angepasst hätten; der historischen Kritik fiel damit die hermeneutische Aufgabe zu, aus der zeitbedingten Einkleidung der Bibel den zeitlosen Kern des Christentums herauszuschälen. In seinem zweiten Hauptwerk, dem »Versuch einer freieren theologischen Lehrart«, begründete Semler die erwähnten Fundamentalunterscheidungen zwischen *Religion und Theologie* sowie zwischen *öffentlicher und privater Religion*. Dabei erkannte er die Berechtigung der Normierung der Lehre der verfassten Kirche durch Dogmen und Bekenntnisschriften an, die aber die Freiheit der Privatreligion nicht beeinträchtigen dürfe:

> »Alle Lehrartikel, deren Inhalt eine Religionspartei jetzt bestimmt und festsetzt und bei ihren Lehrern und Mitgliedern öffentlich gemeinschaftlich darauf hält, haben durchaus nur einen äußerlichen Endzweck; auf den die größere Gesellschaft freilich bei den versammelten Gliedern halten kann, weil jede äußerliche, durch Vertrag errichtete Religionsform der Maßstab sein kann, wonach die Gesellschaft ihre Lehrer und Mitglieder beurteilt, ob sie dem Vertrage noch entsprechen. Über die innere Religion aber kann die [Religions-] Gesellschaft nichts verordnen; sie gehört in die unsichtbare, moralische Welt, nicht in die bürgerliche.«[91]

5.11.3 Das Woellnersche Religionsedikt

Seit 1786 regierte in Preußen König Friedrich Wilhelm II. Sein konservativer Justizminister, der Theologe Johann Christoph Woellner, versuchte im Jahr 1788, mit Hilfe eines restriktiven Religionsedikts den Einfluss der Neologie in der preußischen Landeskirche zurückzudrängen. Das *Woellnersche Religionsedikt* verpflichtete die Pfarrer, unbeschadet ihrer persönlichen Gewissensfreiheit, auf die geltenden Bekenntnisschriften und liturgischen Ordnungen. Flankiert wurde es von weiteren Maßnahmen wie der Einführung eines einheitlichen Landeskatechismus und eines einheitlichen Dogmatik-Lehrbuchs für den akademischen Unterricht. Die Pfarramtskandidaten sollten sich auf ihre Rechtgläubigkeit hin prüfen lassen, die Zensur theologischer Bücher wurde erneuert. Die Mitglieder des Berliner Oberkonsistoriums protestierten heftig, aber erfolglos, Spalding legte sein Amt nieder. Dagegen konnte Semler im Sinne seiner Unterscheidung zwischen privater und öffentlicher Religion das Edikt akzeptieren. Tatsächlich blieb es in der Praxis weithin

---

91 Zitiert nach Greschat, Vom Konfessionalismus zur Moderne (KThGQ 4), 131 f.

wirkungslos, nach dem Tod König Friedrich Wilhelms II. im Jahr 1797 wurde es gar nicht mehr angewendet. Der Einfluss der Aufklärungstheologie war nicht mehr einzudämmen, wenngleich sie ebenso wenig wie der Pietismus die Alleinherrschaft zu erringen vermochte.

Es wäre indessen falsch, das Woellnersche Religionsedikt auf seinen anti-aufklärerischen Impetus zu reduzieren. Tatsächlich bildete es einen Meilenstein auf dem Weg zur religiösen *Toleranz*, indem es neben den drei besonders privilegierten Konfessionen der Lutheraner, Reformierten und Katholiken auch den Anhängern aller anderen Religionsgemeinschaften Gewissensfreiheit und private Religionsausübung zugestand. Das 1794 in Kraft getretene *Allgemeine Preußische Landrecht* setzte diese Linie fort, indem es vollständige Glaubens- und Gewissensfreiheit garantierte und im Rahmen der religiösen Vereinsfreiheit die Bildung sogenannter »Religionsgesellschaften« freigab; als einen – faktisch auf die drei Hauptkonfessionen beschränkten – Sonderfall schuf es die Rechtsform der öffentlich-rechtlich besonders privilegierten »Kirchengesellschaften«, denen die volkspädagogische Aufgabe zukam, die Menschen zu Gottesfurcht, Staatstreue und sittlich-sozialem Verhalten anzuleiten.

5.12 Theologischer Rationalismus und Supranaturalismus

5.12.1 Der ältere Rationalismus

Der *theologische Rationalismus* hat die Umbildung der protestantischen Theologie am weitesten vorangetrieben. Vom englischen Deismus und vom Wolffianismus beeinflusst, verabschiedete er sich weitgehend vom traditionellen Offenbarungsbegriff und betrieb stattdessen eine von der Akkomodationstheorie geleitete biblische Hermeneutik, die die biblische Botschaft auf ihren vernünftigen Kern zurückführen wollte. Jesus erschien hier vollends nur noch als Vorbild und Lehrer gelebter Sittlichkeit. Seine bedeutendste Ausformung erhielt der theologische Rationalismus seit den 1780er Jahren unter dem Einfluss der Transzendentalphilosophie Kants, doch gab es auch zuvor schon rationalistische Ansätze.

Unter ihren frühesten Vertretern finden sich bezeichnenderweise Grenzgänger zwischen dem radikalen Pietismus und der Aufklärung

5.12 Theologischer Rationalismus und Supranaturalismus

wie *Johann Konrad Dippel* (Kap. 5.8.2) und *Johann Christian Edelmann* (gest. 1767), der zeitweilig in Berleburg lebte, wo er Mitarbeiter der »Berleburger Bibel« war und Kontakte zu den Schwarzenauer Neutäufern pflegte, aber auch einer der ersten Anhänger Spinozas in Deutschland wurde.

Ein vom Pietismus nicht berührter Jenaer Studienfreund Edelmanns war *Johann Lorenz Schmidt* (gest. 1749), der als Hauslehrer bei den Grafen von Löwenstein im fränkischen Wertheim eine eigene, rationalistische Bibelübersetzung anfertigte. Von der »Wertheimer Bibel« erschien nur der erste Teil mit dem Pentateuch im Druck. Mit der Art seiner Übersetzung – so wurde aus dem über den Wassern schwebenden Geist Gottes von Genesis 1,2 hier »ein starker Wind« – und mit seinen Anmerkungen versuchte Schmidt, alle übernatürlichen oder wunderhaften Elemente aus dem Bibeltext auszuscheiden und die üblichen prophetischen Deutungen alttestamentlicher Stellen wie des sogenannten Protevangeliums von Genesis 3,15 auf Christus abzuweisen. Die Wertheimer Bibel machte Skandal und wurde verboten, Schmidt musste nach Altona fliehen.

Der bedeutendste Vertreter des älteren Rationalismus war der Theologe und Philologe *Hermann Samuel Reimarus* (gest. 1768), Professor für orientalische Sprachen am Hamburger Gymnasium. Sein brisantestes Werk, die in dreißigjähriger Arbeit verfasste »Apologie oder Schutzschrift für die vernünftigen Verehrer Gottes« blieb zu seinen Lebzeiten unveröffentlicht. Reimarus stellte sich hier, ganz in den Bahnen des englischen Deismus, auf den Standpunkt einer rein natürlichen Religion und übte eine scharfe Religions- und Bibelkritik. Jesus war in seinen Augen der Verkünder einer rein vernünftigen und moralischen Religion gewesen. Nach seinem Tod hätten die Jünger seine einfache Botschaft verfälscht. Die Auferstehungsbotschaft sei ein geschickt inszenierter Jüngerbetrug, die Überhöhung Jesu zum Gottessohn und die in der Bibel berichteten Wunder und Prophezeiungen spätere Erfindungen. Auch am unmoralischen Handeln der Protagonisten in etlichen biblischen Geschichten nahm Reimarus Anstoß.

Reimarus über die Widersprüche zwischen den Ostererzählungen der vier Evangelien:

»Zeugen, die bei ihrer Aussage in den wichtigsten Umständen so sehr variieren, würden in keinen weltlichen Händeln, wenn es auch nur bloß auf ein wenig Geld einer Person ankäme, als gültig und rechtsbeständig erkannt werden, so daß der Richter sich auf Ihre Erzählung sicher gründen und den Spruch darauf bauen könnte. Wie kann man denn begehren, daß, auf die Aussage von solchen vier variierenden Zeugen, die ganze Welt, das ganze menschliche Geschlecht zu allen Zeiten und aller Orten ihre Religion, Glauben und Hoffnung zur Seligkeit gründen soll?«[92]

Nach Reimarus' Tod übergaben dessen Kinder das Manuskript der »Apologie« an Lessing, der von 1774 bis 1778 ohne Nennung des Verfassers sieben Auszüge daraus publizierte, die er als angebliche Funde aus der von ihm betreuten Bibliothek in Wolfenbüttel deklarierte (»Fragmente des Wolfenbüttelschen Ungenannten«). Die Publikation provozierte den sogenannten *Fragmentenstreit*, eine öffentlich ausgetragene Streitschriftendebatte, in der der orthodoxe Hamburger Hauptpastor Johann Melchior Goeze als wichtigster Opponent Lessings auftrat, der bald selbst als Autor der Wolfenbütteler Fragmente verdächtigt wurde. Erst ein halbes Jahrhundert nach Reimarus' Tod bestätigte die Familie dessen Verfasserschaft.

Karl Friedrich Bahrdt (gest. 1792) hat sich durch seinen bewegten Lebensgang das Epitheton des »enfant terrible« der deutschen Aufklärung erworben. Als 25-jähriger erhielt er eine Theologieprofessur in Leipzig, die er wegen einer Vaterschaftsklage verlor; wegen seiner zunehmend radikaleren aufklärerischen Positionierung verlor er auch nachfolgende Anstellungen an den Universitäten in Erfurt und Gießen und ließ sich schließlich als Privatdozent und freier Schriftsteller in Halle nieder. Nachdem er durch das Woellnersche Religionsedikt die Lehrmöglichkeit an der Universität verloren hatte, trennte er sich von seiner Ehefrau und eröffnete mit einer Dienstmagd eine Gastwirtschaft. Als Verfasser einer Satire auf das Religionsedikt inhaftiert, starb Bahrdt im Gefängnis.

5.12.2 Gotthold Ephraim Lessing

Gotthold Ephraim Lessing (1729-1781) ist heute vor allem als Dichter und Dramatiker bekannt, war aber, obwohl er sich selbst als »Liebhaber der Theologie und nicht Theolog«[93] verstand, auch ein bedeutender Ver-

---

92 Zitiert nach Greschat, a. a. O., 116.
93 Lessing, Werke VIII, 130.

5.12 Theologischer Rationalismus und Supranaturalismus

treter der theologischen Aufklärung. Seine Anschauungen haben ein so eigenes Gepräge, dass man ihn nicht einfach dem theologischen Rationalismus subsummieren kann; ihn an dieser Stelle zu behandeln, bietet sich aber wegen seiner Verbindung zu Reimarus an. Nach Wirkungsstationen in Berlin und Hamburg war Lessing in seinem letzten Lebensjahrzehnt Bibliothekar der berühmten (Herzog-August-)Bibliothek in Wolfenbüttel – eine Aufgabe, die vor ihm nebenamtlich schon Leibniz versehen hatte. Hier gab er ab 1774 die Reimarus-Fragmente heraus, hier verfasste er, durch den Fragmentenstreit veranlasst, auch seine bedeutendsten Schriften zur Religion.

Zu diesen zählt die Abhandlung »Über den Beweis des Geistes und der Kraft« (1777). Der Titel war 1. Korinther 2,4 entnommen. Demnach konnte die Wahrheit des Christentums nur durch seine unmittelbare, das Gemüt ergreifende Kraft verbürgt werden, nicht hingegen durch die Bibel als historische Urkunde. In Aufnahme der alten Leibnizschen Unterscheidung konstatierte Lessing einen »garstig breiten Graben« zwischen Vernunft- und Tatsachenwahrheiten: »Zufällige Geschichtswahrheiten können der Beweis von notwendigen Vernunftwahrheiten nie werden.«[94] Jede Überbrückung war damit ausgeschlossen, die biblisch-hermeneutischen Vermittlungsversuche der Neologie verachtete Lessing als Flickwerk.

Auch für Lessing bestand der Zweck der Religion in der Erziehung zur Sittlichkeit. Die berühmte Ringparabel aus dem Drama »Nathan der Weise« (1779) – die Publikation theologischer Schriften war Lessing im Fragmentenstreit verboten worden – bringt dies deutlich zum Ausdruck: so, wie sich der echte Ring durch seine Wirkung, seinen Träger beliebt zu machen, erweist, so erweist sich jede Religion – gleichgültig ob Christentum, Judentum oder Islam – als wahr, die sich in praktischer Humanität und Moralität bewährt. Daraus ergibt sich von selbst die Forderung religiöser Toleranz. Mit der Figur des Nathan setzte Lessing dem mit ihm befreundeten jüdischen Philosophen Moses Mendelssohn (gest. 1786) ein Denkmal. Mendelssohn gilt als Begründer der jüdischen Aufklärung, der sogenannten Haskalah, und schuf auch eine deutsche Übersetzung des Pentateuchs und der Psalmen; sein Enkel, der protestantisch getaufte Komponist Felix Mendelssohn Bartholdy, hat den weithin vergessenen Johann Sebastian Bach wieder bekannt gemacht.

---

94 Ebd., 12.

Die biblische Offenbarung verstand Lessing als ein Mittel göttlicher Pädagogik (»Die Erziehung des Menschengeschlechts«, 1780). Sie gab den Menschen schneller und leichter, was ohnehin in ihnen angelegt war und was sie auch selbstständig hätten finden können: die wahre Religion der Liebe und der Vernunft, in der das Gute um seiner selbst willen getan wird. Wie Schulbücher beiseitegelegt werden, sobald sie ihren Zweck erfüllt haben, wurde einst das Alte Testament durch das Neue ersetzt; nun stehe nach dem Zeitalter des Vaters und des Sohnes das Zeitalter des Heiligen Geistes vor dem Anbruch – Lessing griff hier die trinitarische Geschichtsspekulation Joachims von Fiore (gest. 1202) auf –, in dem auch das Neue Testament zugunsten der reinen Geistreligion obsolet werde.

In einer Schrift aus dem Fragmentenstreit hat Lessing das aufklärerische Pathos der unaufhörlichen Suche nach der Wahrheit unnachahmlich in Worte gefasst:

> »Nicht die Wahrheit, in deren Besitz irgend ein Mensch ist, oder zu sein vermeinet, sondern die aufrichtige Mühe, die er angewandt hat, hinter die Wahrheit zu kommen, macht den Wert des Menschen. Denn nicht durch den Besitz, sondern durch die Nachforschung der Wahrheit erweitern sich seine Kräfte [...]. Wenn Gott in seiner Rechten alle Wahrheit, und in seiner Linken den einzigen immer regen Trieb nach Wahrheit, obschon mit dem Zusatze, mich immer und ewig zu irren, verschlossen hielte, und spräche zu mir: wähle! Ich fiele ihm mit Demut in seine Linke, und sagte: Vater, gib! Die reine Wahrheit ist ja doch nur für dich allein!«[95]

5.12.3 Der nachkantische Rationalismus und Supranaturalismus

Unter dem Eindruck der Transzendentalphilosophie Kants gewann der theologische Rationalismus eine neue, in besonderer Weise profilierte Gestalt. Da die reine, erkennende Vernunft nach Kant keine metaphysischen Aussagen machen kann, kann auch die Theologie nicht mit metaphysischen Begriffen operieren. Es bleibt ihr nur, die vernunftgemäße natürliche Religion mit den Begriffen der praktischen Vernunft, also im Horizont der Ethik, zu erfassen. Damit wurde das Christentum vollends

---

95 A. a. O., 32 f.

5.12 Theologischer Rationalismus und Supranaturalismus

auf eine ethisch und praktisch ausgerichtete natürlich-vernünftige Religion reduziert, jede übernatürliche Offenbarung konsequent verworfen. Hauptvertreter dieses bis weit ins 19. Jahrhundert hineinwirkenden *Spätrationalismus* war der Heidelberger Theologieprofessor *Heinrich Eberhard Gottlob Paulus* (gest. 1851), der führende Neutestamentler seiner Zeit. In seinem Bestreben, mittels historischer Kritik unter den biblischen Erzählungen die ursprüngliche, rein vernünftige, sittliche Religion Jesu freizulegen, bemühte er sich um eine konsequente naturalistische oder psychologische Erklärung aller übernatürlichen Elemente der biblischen Überlieferung. In seinem Evangelienkommentar bestritt er nicht die Tatsächlichkeit der von Jesus berichteten Wunder, wohl aber deren übernatürlichen Charakter. So war der Bericht von Jesu Seewandel das Ergebnis einer Fehlübersetzung – in Wahrheit war Jesus »am« Meer gegangen –, bei der Hochzeit von Kana hatte Jesus selbst unbemerkt Wein mitgebracht, bei der Speisung die Reichen überzeugt, ihre mitgebrachten Lebensmittel mit den Armen zu teilen. Jesu Auferstehung war das Erwachen aus einem Scheintod. Dementsprechend sah H. E. G. Paulus auch die Messianität Jesu nicht in dessen Wundern, sondern in dessen besonderer Gottesbeziehung begründet.

Der an der Universität Halle lehrende *August Ludwig Wegscheider* (gest. 1849) schuf mit seinem »Unterricht in der Dogmatik« das maßgebliche Lehrbuch des Spätrationalismus. Wichtigster Vertreter des nachkantischen Rationalismus in einem kirchenleitenden Amt war *Karl Gottlieb Bretschneider* (gest. 1848), Generalsuperintendent des Herzogtums Sachsen-Gotha. Zu seinen bleibenden Verdiensten gehört die Begründung des »Corpus Reformatorum«, der bis heute maßgeblichen vielbändigen Gesamtausgabe der Schriften Melanchthons, Calvins und Zwinglis.

Wie der Spätrationalismus verdankte sich der *Supranaturalismus* im engeren Sinne – in einem weiteren Sinne wäre die gesamte ältere Christentumsgeschichte als supranaturalistisch zu bezeichnen – der Rezeption Kants. Allerdings zog er aus dessen Transzendentalphilosophie Konsequenzen, die dem Rationalismus – und der eigentlichen Intention Kants! – gerade entgegengesetzt waren. Wenn die reine Vernunft keine metaphysischen Aussagen machen konnte, dann war nach dieser Lesart das Übernatürliche dem Zugriff rationaler Kritik grundsätzlich entzogen und mit den Mitteln der Vernunft unangreifbar. Aus der Einsicht in die Grenzen der reinen Vernunft leiteten die Supranaturalisten also gerade die Vernünftigkeit des Glaubens an eine übernatürliche Offenbarung ab. Bekanntere Vertreter dieses Supranaturalismus waren der Dresdener Oberhofprediger *Franz Volkmar Reinhard* (gest. 1812) und der Tübinger Theologieprofessor *Gottlob Christian Storr* (gest. 1805), der Begründer der älteren Tübinger Schule (im Unterschied zu der bekannteren jüngeren Tübinger Schule Ferdinand Christian Baurs, Kap. 6.5.2). In seiner exegetischen Arbeit versuchte Storr, hierin ein genauer Antipode seines jüngeren Heidelberger Kollegen Paulus, die göttliche Inspiration und Autorität der Bibel und die Göttlichkeit Jesu anhand der von ihm berichteten Wunder historisch zu beweisen.

5.13 Die katholische Aufklärung

Auch die katholische Kirche und Theologie konnte sich dem Einfluss des aufgeklärten Denkens nicht entziehen. Die *katholische Aufklärung* war im Vergleich zum protestantischen Bereich allerdings weniger tiefgreifend und setzte im Reich auch erst eine Generation später ein.

In der katholischen Theologie kam es zwar nicht zur Preisgabe des Offenbarungsglaubens, doch auch hier versuchte man nun, die überlieferten Glaubenslehren mithilfe rationaler Argumentation als vernunftgemäß zu erweisen. Die stärksten Wirkungen entfaltete die katholische Aufklärung jedoch in der kirchlichen Praxis. Hier erfuhr die Predigt als Mittel der Volkserziehung eine neue Wertschätzung. Zugleich war man bestrebt, die liturgischen Formen zu vereinfachen und im Licht der Vernunft als abergläubisch empfundene Praktiken wie Prozessionen, Wallfahrten und Heiligenfeste abzuschaffen. Religion wurde am Maßstab ihrer gesellschaftlichen Nützlichkeit gemessen, im Bereich des Mönchtums erfreuten sich die weltzugewandten, in Schule und Krankenpflege engagierten Gemeinschaften höheren Ansehens als rein kontemplative Orden.

Zu den spektakulärsten Wirkungen der Aufklärung in der katholischen Kirche gehört die erzwungene *Auflösung des Jesuitenordens* durch Papst Clemens XIV. im Jahr 1773. Auf massives Drängen der katholischen Mächte Portugal, Frankreich und Spanien, in denen ein aufgeklärter Absolutismus herrschte, hob der Papst mit dem Breve »Dominus ac redemptor noster« (»Unser Herr und Erlöser«) die Gesellschaft Jesu auf,

5.13 Die katholische Aufklärung

die im Verdacht stand, als fünfte Kolonne des Papstes gegen die politischen Interessen der Staaten zu intrigieren; dabei spielten auch die Konflikte zwischen dem Orden und der staatlichen Obrigkeit in den überseeischen Kolonialgebieten eine Rolle. Die Jesuiten wirkten fortan als Weltpriester oder schlossen sich anderen monastischen Gemeinschaften an, einige fanden in Preußen und Russland Aufnahme. Das bislang von den Jesuiten dominierte katholische Bildungswesen wurde vielerorts umgestaltet und modernisiert. Im Zuge der Restauration nach dem Ende der napoleonischen Ära ließ Papst Pius VII. den Jesuitenorden 1814 wieder zu.

Im Heiligen Römischen Reich wurde die katholische Aufklärung im Wesentlichen von Angehörigen des Benediktinerordens und vom Episkopat der Reichskirche getragen. Die dem Adel entstammenden katholischen Bischöfe, die als geistliche Reichsfürsten zugleich politische Herrscher waren, standen dem Papsttum traditionell distanziert gegenüber und neigten zu liberalen religiösen Anschauungen. Unter dem Eindruck des aufgeklärten Denkens lebten in ihrem Kreis ältere episkopalistische Anschauungen wieder auf, die die kirchliche Leitungsgewalt der Bischöfe gegen päpstliche Eingriffe stärken wollten. Ihren kirchenpolitischen Ausdruck fand diese Richtung im sogenannten *Febronianismus*. Benannt war dieser nach »Febronius«, dem Verfasser der 1763 erschienenen Programmschrift »De statu ecclesiae et legitima potestate Romani Pontificis« (»Vom Zustand der Kirche und der rechtmäßigen Vollmacht des Papstes«). Hinter dem Pseudonym verbarg sich der Trierer Weihbischof *Nikolaus von Hontheim*. In seinem Buch erklärte er, dass die Leitung der Kirche den Bischöfen als den Nachfolgern der Apostel gemeinsam anvertraut sei. Der Papst habe keinen Primat, sondern nur einen Ehrenvorrang. Hontheim rief die deutschen Fürsten auf, die Rechte der Bischöfe gegen Rom zu verteidigen. Mit der Zurückdrängung des päpstlichen Einflusses werde dann auch, so seine – naive – Erwartung, die Wiedervereinigung von Katholiken und Protestanten in einer von Rom unabhängigen deutschen Nationalkirche möglich.

Die drei geistlichen Kurfürsten (die Erzbischöfe von Mainz, Köln und Trier) machten sich die Forderungen von Febronius in ihren »Koblenzer Gravamina« 1769 zu eigen. Als der Papst 1785 in München eine dritte Nuntiatur im Reich errichtete – zuvor hatte es nur zwei päpstliche Nuntien (Botschafter) mit Sitz in Wien und Köln gegeben –, protestierten sogar alle vier deutschen Erzbischöfe: In der *Emser Punkta-*

tion von 1786 forderten die drei rheinischen Erzbischöfe und der Erzbischof von Salzburg die Abschaffung aller Nuntiaturen und die Anerkennung der bischöflichen Jurisdiktionsgewalt. Mit dem Ende der Reichskirche im Jahr 1803 (Kap. 6.2.3) fielen die Unabhängigkeitsbestrebungen des deutschen Episkopats dahin; der deutsche Katholizismus lehnte sich fortan eng ans Papsttum an. Die Münchener Nuntiatur bestand bis zum Reichskonkordat von 1934; seitdem gibt es nur noch einen Apostolischen Nuntius in Deutschland.

Ebenfalls im Geist der katholischen Aufklärung kam es in Bayern und in Österreich zu Bestrebungen der Landesherren, katholische Staatskirchentümer ähnlich den evangelischen Landeskirchen zu errichten, wobei ihnen auch das Jesuitenverbot in die Karten spielte. Besonders weitgehend waren diese Unternehmungen in den österreichischen Erblanden. Hier kam es unter Kaiserin Maria Theresia (reg. 1740–1780) und ihrem Sohn und Mitregenten Kaiser Joseph II. (Mitregent 1765–1780, Alleinregierung 1780–1790) zu einer umfassenden Modernisierung und Zentralisierung des Staatswesens im Geist des aufgeklärten Absolutismus. Flankiert wurden diese Maßnahmen von Bestrebungen zur Schaffung einer von Rom unabhängigen Staatskirche, verbunden mit tiefgreifenden Reformen des kirchlichen Lebens. Dieses Programm, das Joseph II., unterstützt von seinem Kanzler Kaunitz, vor allem in den 1780er Jahren ins Werk setzte, wird als Josephinismus bezeichnet. So verfügte der Kaiser die Aufhebung und Säkularisation aller kontemplativen Klöster. Gezielte Reformmaßnahmen sollten der Hebung der Priesterbildung und der Verbesserung der Pfarrseelsorge dienen, der Seelsorgeklerus erhielt aus dem beschlagnahmten Klostervermögen eine staatliche Besoldung. Für die Gottesdienste wurde eine neue, vereinfachte Liturgie vorgeschrieben. Messen an Wochentagen wurden verboten, Heiligentage, Prozessionen und Wallfahrten eingeschränkt. Manche der besonders umstrittenen Reformen musste Joseph II. angesichts von Widerständen in der Bevölkerung schließlich wieder zurücknehmen, doch im Grundsatz hatte das von ihm errichtete Staatskirchentum bis zur Revolution von 1848 Bestand.

Ein bedeutender Teil der josephinischen Reformgesetzgebung war das *Toleranzpatent* von 1781. Damit wurde erstmals seit der Gegenreformation den Protestanten (ebenso wie den Orthodoxen) in den österreichischen Erblanden bürgerliche Gleichberechtigung und die Ausübung ihrer Religion gewährt; fortan hatten sie die Möglichkeit, eigene Kirchen, sogenannte Toleranzbethäuser, die weder Turm noch Glocken noch einen Zugang von der Straße her haben durften, zu errichten. Die volle Religionsfreiheit erhielten die Evangelischen in Österreich erst 1848, als Landeskirche organisieren konnten sie sich erst mit dem Protestantenpatent von 1861.

5.14 Kritik und Umformung der Aufklärung

Im letzten Drittel des 18. Jahrhunderts formierten sich Kräfte, die gegen die rationalistische Kritik des Offenbarungsglaubens neue Entwürfe christlichen Denkens und christlicher Frömmigkeit schufen. Im Werk der Protagonisten dieser Richtung verbanden sich in je besonderer Weise orthodoxe und spätpietistische mit aufgeklärten Anschauungen. Als aufgeklärte Kritiker der Aufklärung trugen sie zu deren Umformung und Fortentwicklung bei.

Das gilt etwa für den als »Magus des Nordens« (nach Matthäus 2,1) geschätzten philosophischen Schriftsteller *Johann Georg Hamann* (gest. 1788) in Königsberg, der in London über der Lektüre der Lutherbibel ein Erweckungserlebnis gehabt hatte. Nicht die Vernunft, sondern allein das göttliche Offenbarungswort führte ihm zufolge zum wahren Glauben. Gegen Kant zeigte er, den Gestus des Sokrates einnehmend, dass die Begrenztheit der Vernunft auch zu deren Selbstbegrenzung gegenüber der Offenbarung nötige. Ihre wahre Aufgabe sei es, der Selbstoffenbarung Gottes nachzudenken, der sich nicht allein in der Bibel, sondern auch wie ein Schriftsteller worthaft in den Büchern der Natur und der Geschichte geoffenbart habe. Die Einsicht in die sprachlich-worthafte Verfasstheit der Schöpfung führte Hamann zur Betonung der Bedeutung der Sprache für das menschliche Denken und Empfinden.

Mit Hamann befreundet war der ebenfalls aus Ostpreußen gebürtige *Johann Gottfried Herder* (1744–1803), der nach Stationen in Riga und Bückeburg Generalsuperintendent und Oberkonsistorialrat in Weimar wurde und neben Wieland, Goethe und Schiller zu den Häuptern der Weimarer Klassik zählt. Sein Interesse an Offenbarung und Geschichte führte ihn über die zeitweilig bewunderte Neologie hinaus. Herder entwarf das Gesamtszenario einer in natürlicher Entwicklung begriffenen Geschichte der Natur und der Menschheit, vor deren Hintergrund er die

– vom mit überzeitlichen Vernunftmaßstäben operierenden Rationalismus nivellierte – je eigene Individualität von Menschen, Völkern und Geschichtsperioden würdigen konnte. Die in Natur und Geschichte vernehmbare göttliche Offenbarung verstand er, ähnlich wie Lessing, als Erziehung zur Humanität. Wie Hamann, so widmete auch Herder der Sprache besondere Aufmerksamkeit.

Der Zürcher Pfarrer und Schriftsteller *Johann Caspar Lavater* (gest. 1801) verband in seinen viel gelesenen Schriften pietistische, aufklärerische und mystisch-theosophische Ideen zu einer eigentümlichen Religionsauffassung. Frömmigkeit galt ihm, entgegen dem Rationalismus, als eine wesentlich vom Gefühl bestimmte Erfahrung. In der menschlichen Seele sei schöpfungsbedingt eine Christusähnlichkeit angelegt, die es unter Anspannung der natürlichen Gaben zu entfalten gelte. Besondere Bedeutung maß er der Physiognomik bei: die Betrachtung der äußerlichen Erscheinung eines Menschen erlaube Rückschlüsse auf seine Seele und den Grad von deren Christusähnlichkeit.

Der Siegerländer *Johann Heinrich Jung-Stilling* (gest. 1817) – das später zum Zunamen gewordene Autoren-Pseudonym »Stilling« legte er sich nach Psalm 35,20 (»die Stillen im Lande«) zu – hatte sich vom Schneidergesellen und Dorfschullehrer zum Arzt und gesuchten Augenoperateur und schließlich zum Professor für Kameralistik (Volkswirtschaft) in Heidelberg und Marburg emporgearbeitet; zuletzt war er geistlicher Berater des Großherzogs von Baden. Im Studium hatte Jung-Stilling Goethe und Herder kennengelernt, mit Lavater war er befreundet. Vom reformierten Pietismus geprägt, öffnete er sich einer frommen Aufklärung, wurde dann aber unter dem Eindruck der Französischen Revolution zum scharfen Aufklärungskritiker. Mit seinen viel gelesenen erbaulichen Schriften – darunter dem allegorischen Roman »Das Heimweh« und seiner fünfbändigen Autobiographie – hat er der Erweckungsbewegung (Kap. 6.3) den Weg bereitet.

5.15 Weiterführende Literatur

Beutel, Albrecht: Kirchengeschichte im Zeitalter der Aufklärung. Ein Kompendium (UTB 3180), Göttingen 2009.
Brecht, Martin u. a. (Hg.): Geschichte des Pietismus, 4 Bde., Göttingen 1993–2004.
Gericke, Wolfgang: Theologie und Kirche im Zeitalter der Aufklärung (KGE III/2), Leipzig 1990.

Hirsch, Emanuel: Geschichte der neuern evangelischen Theologie, 5 Bde., Gütersloh ³1964.

Kirn, Hans-Martin/Ritter, Adolf Martin: Geschichte des Christentums IV,2: Pietismus und Aufklärung (Theologische Wissenschaft 8,2), Stuttgart 2019.

Schicketanz, Peter: Der Pietismus von 1675 bis 1800 (KGE III/1), Leipzig 2002.

Wallmann, Johannes: Der Pietismus (UTB 2598), Göttingen 2005.

Der letzte Zug war mir allerdings unangenehm; aber die Partie ist deßhalb noch nicht verloren. Ich habe noch einen sehr schönen
n petto!
Das wird auch der letzte sein, und dann sind Sie in wenigen Zügen matt — — wenigstens für Deutschland.

**Wilhelm Scholz (1824–1893), »Der Kampf zwischen Berlin und Rom«
Karikatur aus der Zeitschrift »Kladderadatsch«, 16. Mai 1875**

Das 19. Jahrhundert zeichnete sich durch eine komplexe Ausdifferenzierung der Beziehungen zwischen Staat und Kirchen aus. Versuchten die Vertreter der Staatsgewalt zunächst, durch Errichtung von Staatskirchentümern die Kirchen unter ihre Kontrolle zu bekommen, so übernahmen die modernen, vom Liberalismus geprägten Staaten schließlich als gesellschaftlich wichtig erachtete Funktionen der Kirchen wie die Aufsicht über Schule und Ehe in ihre eigene Regie und drängten die öffentlichen Gestaltungs- und Geltungsansprüche der Kirchen zurück. Exemplarisch für den Konflikt zwischen liberalem Staat und kirchlichem Anspruch kann der zwischen 1871 und 1878 in Preußen und im Deutschen Reich ausgetragene sog. Kulturkampf zwischen der Regierung Bismarck und der katholischen Kirche stehen.

Der Kulturkampf wird vom Karikaturisten als Schachpartie zwischen dem preußischen Ministerpräsidenten und Reichskanzler Otto von Bismarck (links) und Papst Pius IX. (rechts) dargestellt. Unter Bismarcks Figuren erkennt man die Germania mit Schwert und Schild, die Figur des preußischen Kultusministers Adalbert Falk („F") mit dem „Klostergesetz" von 1875 sowie weitere, durch Paragraphenzeichen symbolisierte Kulturkampfgesetze. Unter den Figuren des Papstes sind die Enzyklika „Quod numquam" (1875), die die Befolgung dieser Gesetze verbot, der „Syllabus errorum" (1864), ein Verzeichnis vom Papst verurteilter Irrtümer, und das Interdikt, die Kirchenstrafe des Verbots von Gottesdiensten in einer Region, zu erkennen, ferner der Vorsitzende der katholischen Zentrumspartei Ludwig Windthorst („W"). Die abgesetzten („internierten") Bischöfe sind nicht mehr im Spiel. Liebhaber des Schachspiels werden bemerkt haben, dass nicht nur die Könige fehlen, sondern auch das Brett falsch liegt (aus Sicht der Spieler muss das Feld rechts unten weiß sein).

6.
Kirche und Theologie im langen 19. Jahrhundert (1789–1918)

6.1 Überblick: Das lange 19. Jahrhundert – Eigenart und Voraussetzungen

Die Französische Revolution von 1789 gilt in der allgemeinen Geschichtswissenschaft wie in der Kirchengeschichte als eine Zäsur. Mit ihr ging die Frühe Neuzeit in die bis heute andauernde Späte *Neuzeit* (auch: Neuzeit im engeren Sinne, neueste Zeit) über. In Anlehnung an den westeuropäischen Sprachgebrauch spricht man in der Geistes- und Kulturgeschichte auch von der *Moderne* im Unterschied zur Vormoderne. Dabei ist das Epochendatum 1789 symbolisch zu verstehen. In Wahrheit haben wir es auch hier mit einer längeren Übergangsperiode zu tun. Der Historiker Reinhart Koselleck setzte diese auf Grund seiner Analyse der Veränderung der politischen Sprache von ca. 1750 bis ca. 1850 an und nannte sie die *Sattelzeit*[96] – ein Begriff, der das Bild eines Bergsattels oder der Sattelstelle einer mathematischen Funktion evoziert.

Innerhalb der bis heute andauernden Großperiode der Moderne lassen sich weitere Zäsuren identifizieren, die eine Untergliederung ermöglichen; auch dabei fallen allgemein- und kirchengeschichtliche Periodisierung im Wesentlichen zusammen. Die erste und wichtigste Binnenzäsur ist der Erste Weltkrieg (1914–1918), die zweite der Zusammenbruch der kommunistischen Herrschaft in Ost- und Ostmitteleuropa mitsamt dem Ende der weltpolitischen Blockbildung in den Jahren 1989/90. Wir können die Moderne daher in drei Perioden unterteilen. Die beiden ersten entsprechen jeweils etwa einem (überlangen bzw. verkürzten) Jahrhundert: das »lange 19. Jahrhundert« (1789–1918) und das »kurze 20. Jahrhundert« (1918–1989/90). Es schließt sich als dritte, noch unabgeschlossene Periode unsere Gegenwart an.

---

[96] Koselleck, Einleitung, XV.

Das *lange 19. Jahrhundert* reicht von der Französischen Revolution bis zum Ersten Weltkrieg. In kirchengeschichtlicher Perspektive bietet es sich an, als Epochendatum nach hinten das Jahr 1918 zu wählen, in dem zugleich mit der Monarchie das seit der Reformation bestehende landesherrliche Kirchenregiment im Protestantismus sein Ende fand. Am besten kann man es wohl als ein Zeitalter der Revolutionen charakterisieren: bedeutender Umwälzungen auf politischem, aber auch auf wirtschaftlichem, sozialem und geistig-kulturellem Gebiet. Vieles von dem, was für unsere Lebensweise und unser Lebensgefühl heute selbstverständlich erscheint, ist erst im 19. Jahrhundert unter teilweise heftigen Verwerfungen errungen worden.

6.1.1 Politische Revolutionen

Es waren zunächst die *politischen Revolutionen*, die dieser Periode Gepräge und Rhythmus gaben. Die Französische Revolution ab 1789 brachte entscheidende, für ganz Europa folgenreiche Weichenstellungen. Mit der Julirevolution von 1830 ging abermals von Frankreich eine neue Welle revolutionärer Erregung aus, die dann 1848/49 in weiten Teilen Europas, nicht nur in Frankreich selbst, sondern auch in Italien, Polen, Ungarn und Deutschland, wiederum Revolutionen auslöste. Mit der russischen Oktoberrevolution von 1917 und der deutschen Novemberrevolution von 1918 standen Revolutionen auch am Ende des langen 19. Jahrhunderts. Insofern auf die Revolutionen jeweils Phasen der Restauration folgten, stellt sich die geschichtliche Entwicklung zu einem guten Teil als Abfolge entgegengesetzter Pendelausschläge dar. Der politische Protest richtete sich zunächst gegen die alten monarchischen und ständischen Ordnungen, die den gewandelten wirtschaftlichen, sozialen und kulturellen Verhältnissen nicht mehr entsprachen. Vor allem das Bürgertum forderte nun die seiner gewachsenen wirtschaftlichen Macht und kulturellen Führungsrolle entsprechende politische Teilhabe ein. Im späteren 19. Jahrhundert erhob auch die neu entstandene Industriearbeiterschaft emanzipatorische und soziale Forderungen. Insgesamt kam es im 19. Jahrhundert zu einer breiten *Politisierung und Mobilisierung* aller Volksschichten. Überhaupt gehört die Mobilisierung breiter Volksmassen in allen Bereichen des gesellschaftlichen Lebens zu den charakteristischen Eigenarten dieser Zeit. Auf politischem Gebiet traten einander dabei als große Hauptrichtungen zunächst Liberalismus und

6.1 Überblick: Eigenart und Voraussetzungen

Konservatismus gegenüber. Der politische (und der damit einhergehende wirtschaftliche) *Liberalismus* strebte auf der Grundlage eines optimistischen Menschenbildes nach der Durchsetzung weitgehender Freiheitsrechte des Individuums und der Zurückdrängung staatlicher Eingriffe, der *Konservatismus* beharrte, von einem pessimistischen, die menschlichen Grenzen und Unvollkommenheiten betonenden Menschenbild aus, auf der Rechtmäßigkeit und Notwendigkeit der gewachsenen Ordnungen und deren Lenkungsfunktion. In der zweiten Hälfte des 19. Jahrhunderts trat daneben der von der Arbeiterbewegung getragene *Sozialismus*, das »ungezogene Kind des Liberalismus«[97].

Ein Produkt der Französischen Revolution war der Nationalismus, der im 19. Jahrhundert in allen europäischen Staaten zu einer Großmacht wurde. Dabei handelte es sich ursprünglich um eine mit dem bürgerlichen Liberalismus eng verbundene egalitäre Ideologie, die mit der Betonung der gemeinsamen Zugehörigkeit zu Volk und Nation Standesschranken relativierte. Freilich ging mit der integrierenden Wirkung nach innen eine scharfe Abgrenzung nach außen einher. In Deutschland gewann der Nationalismus besondere Brisanz durch seine Verbindung mit dem Ringen um die Wiedergewinnung der durch Napoleon verloren gegangenen staatlichen Einheit und durch seine religiöse Aufladung während der Befreiungskriege (Kap. 6.2.3). In dem kolonialistischen Imperialismus, der im späten 19. Jahrhundert seinen Höhepunkt erreichte (Kap. 6.8.4), verband sich nationalistisches Macht- und Geltungsstreben nicht selten mit rassistischen und sozialdarwinistischen Gedanken.

Die politische Geschichte Deutschlands im 19. Jahrhundert war äußerst bewegt. 1806 endete das Alte Reich und damit die staatliche Einheit Deutschlands, das 1815 nur als loser Staatenbund (»Deutscher Bund«) restituiert wurde. Die von der Märzrevolution 1848 erhoffte Wiedergewinnung der Einheit Deutschlands scheiterte. Erst 1871 gelang mit den Mitteln preußischer Machtstaatspolitik »von oben«, was den liberalen Revolutionären 1848/49 versagt geblieben war: die Wiederherstellung des Deutschen Reiches als eines – kleindeutschen, d. h. ohne Beteiligung Österreichs realisierten – Nationalstaats. Zu den Nachwirkungen der dadurch bewirkten Störung des europäischen Kräftegleichgewichts gehörte noch der Erste Weltkrieg, an dessen Ende das Kaiserreich abrupt zur Republik wurde.

---

97 Grane, Die Kirche im 19. Jahrhundert, 157.

6.1.2 Wirtschaftliche und soziale Umwälzungen

Nicht weniger revolutionär verlief die wirtschaftliche und soziale Entwicklung. Die *Industrielle Revolution* führte zunächst in England, später auch auf dem europäischen Kontinent – in Deutschland vollends erst in der zweiten Hälfte des 19. Jahrhunderts –, zu einem grundlegenden Strukturwandel der Wirtschaft. An die Stelle einer von spätfeudalistischen Strukturen geprägten Agrargesellschaft – um 1800 lebten noch mehr als sechzig Prozent der Deutschen von der Landwirtschaft – trat die arbeitsteilige Industriegesellschaft.

Der wirtschaftliche Strukturwandel wurde von erheblichen sozialen Problemen begleitet. Schon vor seinem Beginn kam es infolge starken Bevölkerungswachstums zu einer als »Pauperismus« bezeichneten vorindustriellen Verarmung der ländlichen Bevölkerung, die zur Landflucht und zum Wachstum der Städte führte, wo erst nach und nach die benötigten Industriearbeitsplätze entstanden. Von der Expansion der industriellen Wirtschaft profitierte in erster Linie das städtische Bürgertum, das zur führenden Gesellschaftsschicht wurde. Daneben entstand ein städtisches Proletariat: die neue Schicht der sozial entwurzelten städtischen Industriearbeiterschaft, die in prekären Verhältnissen lebte. Das Überangebot an Arbeitskräften ließ die Löhne niedrig bleiben. Die Arbeitszeiten waren überlang, Frauen und Kinder mussten mitverdienen. Mit der Herauslösung der Menschen aus den gewachsenen ständischen, nachbarschaftlichen und kirchlichen Strukturen ging ein Verlust an sozialer Absicherung einher, der nur allmählich von neuen Strukturen aufgefangen wurde. Vor allem die Kirchen taten sich schwer damit, die Arbeiterschaft zu erreichen. Die »soziale Frage« des 19. Jahrhunderts führte zu verschiedenen Lösungsversuchen, auch von christlich-kirchlicher Seite (Kap. 6.7), und trug maßgeblich zur Formierung der Arbeiterbewegung bei.

6.1.3 Geistige Umwälzungen

Im langen 19. Jahrhundert vollzogen sich auf geistigem Gebiet vor allem zwei große Umwälzungen, die der ersten und der zweiten Hälfte dieser Periode ein je eigenes Gepräge verliehen. Die *erste Jahrhunderthälfte* war bestimmt von neuen Strömungen, die sich im Gegensatz zum Rationalismus der Aufklärung gebildet hatten: in der Geistes- und Kul-

6.1 Überblick: Eigenart und Voraussetzungen 301

turgeschichte waren dies Klassik und Romantik, in der Philosophiegeschichte der Deutsche Idealismus.

Das Zentrum der *Klassik* war das Weimar von Herzogin Anna Amalia, ihre führenden Vertreter waren der Dichter Christoph Martin Wieland, der Generalsuperintendent Johann Gottfried Herder (Kap. 5.14), Johann Wolfgang (von) Goethe (1749–1832) und Friedrich (von) Schiller (1759–1805). Angesichts der Erfahrungen der in eine Schreckensherrschaft ausgearteten Französischen Revolution strebten die Klassiker nach Ausgleich und der Harmonie von Vernunft und Gefühl, Pflicht und Neigung; ihr an antiken Vorbildern orientiertes Kunstideal suchte die Übereinstimmung von Form und Inhalt.

Ein gesamteuropäisches Phänomen war die *Romantik*. Ihre deutschen Zentren lagen in Heidelberg und Jena. Gegen die aufklärerische Rationalität wandten sich die Romantiker dem Gefühl, der Poesie und dem Geheimnisvollen und Irrationalen zu. Ihr Bemühen war, die Welt zu »romantisieren«, sie zum Kunstwerk zu machen. Inspirierende Vorbilder suchte man nicht mehr in der klassischen Antike, sondern in der eigenen Volksliteratur und der eigenen Nationalgeschichte. Insbesondere das Mittelalter und seine kirchlich bestimmte Einheitskultur wurde hochgeschätzt, der Dichter Novalis (eigentlich Friedrich von Hardenberg) widmete ihr sein Manifest »Die Christenheit oder Europa« (1826). Nicht zufällig konvertierten etliche Romantiker zum Katholizismus, so auch Schleiermachers Freund Friedrich Schlegel.

In der Philosophie hatte bereits mit Kant, der die Rolle des erkennenden Subjekts und die Unmöglichkeit einer Erkenntnis des »Dings an sich« betonte (Kap. 5.9.4), der Übergang von der Aufklärung zum Idealismus begonnen. Die Frage nach der Erkenntnisfähigkeit der Vernunft und ihrem Verhältnis zum Absoluten wurde von den drei Hauptvertretern des *Deutschen Idealismus* weiter ausgearbeitet: Johann Gottlieb Fichte, Friedrich Wilhelm Schelling und Georg Wilhelm Friedrich Hegel. Ihr gemeinsames philosophisches Anliegen bestand in der Zurückführung aller Strukturen der Wirklichkeit auf Leistungen des Geistes.

Die stärkste Wirkung entfaltete *Georg Wilhelm Friedrich Hegel* (1770–1831), der in Berlin neben Schleiermacher – ihr Verhältnis war fachlich und menschlich schwierig – an der 1810 gegründeten Universität lehrte. Als letzter großer Universalphilosoph entwarf Hegel seine spekulative Philosophie als ein geschlossenes System, das alles Wissen überhaupt zusammenfasste. Entfaltet hat er dieses System in seinen

Hauptwerken »Phänomenologie des Geistes«, »Wissenschaft der Logik« und »Enzyklopädie der philosophischen Wissenschaften im Grundriss«. Hegel identifiziert das Absolute mit dem »Geist« (auch: »Weltgeist«), einer tätigen, sich selbst denkenden Substanz. Diesen Geist kann er auch mit Gott gleichsetzen, doch handelt es sich dabei nicht um den personalen, jenseitigen Gott der christlichen Tradition. Vielmehr stellt sich dieser Geist innerweltlich und geschichtlich dar. Der absolute Geist entäußert sich selbst und kommt in der Geschichte der Natur und der Menschheit prozessual zum Bewusstsein seiner selbst und zur Verwirklichung seiner Freiheit, wobei er nacheinander die Stufen des subjektiven, des objektiven und des absoluten Geistes erreicht: im Selbstbewusstsein des denkenden Individuums; in den objektiven Mächten von Familie, Gesellschaft und Staat; und zuletzt, als absoluter Geist, in Kunst, Religion und Philosophie. Letztendlich ist Hegel der Auffassung, dass die geschichtliche Entwicklung des Geistes im preußischen Staat und in seiner eigenen Philosophie ihr Ziel erreicht hat. Mit seiner Philosophie des Geistes hat Hegel dem schon von Herder und den Romantikern propagierten geschichtlichen Denken endgültig zum Durchbruch verholfen; der Entwicklungsgedanke sollte für das ganze 19. Jahrhundert zentral werden. Auch die von Hegel postulierte dialektische Struktur der Entwicklung im Dreischritt von These, Antithese und Synthese, der zufolge jede Idee als lebendige Einheit von einander Widersprechendem erscheint, hat eine breite Rezeption erfahren. Die christliche Theologie vernahm gerne, dass Hegel das Christentum für vernünftig und für ein notwendiges Durchgangsstadium der Bewusstwerdung des Weltgeistes erklärte. Allerdings war es für ihn eben nur dies: ein Durchgangsstadium, in dem der absolute Geist noch an Gefühl und Vorstellung gebunden war und die Wahrheit nur in symbolischer Darstellung erschien. Es bedurfte noch der begriffslogischen Transformation der biblisch-christlichen Vorstellungen, um zur höchsten, rein begrifflichen Darstellung der Wahrheit zu gelangen, die der Philosophie vorbehalten war.

Bald nach Hegels Tod spaltete sich seine Schule. Die *Rechts-Hegelianer*, konservative Staatsphilosophen, waren praktisch bedeutungslos, die aufmüpfigen *Links-Hegelianer*, die das Prinzip der ständigen dialektischen Veränderung auch gegenüber der von ihnen kritisierten politischen Gegenwart geltend machten, blieben akademische Außenseiter, wenngleich ihr Einfluss nicht zu unterschätzen ist. Hauptvertreter die-

6.1 Überblick: Eigenart und Voraussetzungen

ser Richtung war *Karl Marx* (1818-1883), der mit seiner Theorie des historischen Materialismus das Programm einer revolutionären Gesellschaftsentwicklung entwarf und daraus als Autor des 1848 gemeinsam mit Friedrich Engels verfassten »Kommunistischen Manifests« auch praktische Folgerungen zog. Die Links-Hegelianer zeichneten sich neben dem Materialismus auch durch eine fundamentale Religionskritik aus. *Ludwig Feuerbach* (gest. 1872) verstand im Sinne seiner Projektionstheorie die christliche Gottesanschauung als Verdichtung menschlicher Wünsche und Bedürfnisse, Marx denunzierte die Religion als Bestandteil der Unterdrückungsideologie der herrschenden Klassen zur Ruhigstellung der Unterdrückten, bildlich gesprochen als »Opium des Volkes«.

Eine ganz eigene Weiterbildung erfuhr Hegels Philosophie des absoluten Geistes durch den dänischen Schriftsteller *Sören Kierkegaard* (1813-1855). Für ihn war ein existentielles Verhältnis zu Gott nicht durch den Verstand, sondern durch das Wagnis des »Sprungs« in den Glauben, durch ein »Gleichzeitigwerden mit Christus« zu erreichen - Gedanken, die an den späteren Existentialismus des 20. Jahrhunderts erinnern und in der evangelischen Theologie bis weit ins 20. Jahrhundert hinein inspirierend gewirkt haben.

Spätestens *seit der Mitte des 19. Jahrhunderts* spielten die Romantik und der Idealismus keine Rolle mehr, es kam zur zweiten großen Umwälzung. Das Bürgertum wandte sich von der spekulativen Philosophie und der Metaphysik ab und einem vernünftig-empirischen *wissenschaftlichen Welterkennen* zu. In der *Philosophie* wurden nun Richtungen wie der sich auf die Interpretation empirischer Tatsachen beschränkende Positivismus des Franzosen Auguste Comte oder der auf den größtmöglichen Nutzen zielende ethische Utilitarismus der Engländer Jeremy Bentham und John Stuart Mill dominant, in Deutschland kehrte die Philosophie nach 1880 mit dem Neukantianismus von Hegel zu den Fragestellungen Kants zurück. Starke Wirkungen hatte der rasche Aufschwung der *Naturwissenschaften* und der Technik. Eine entscheidende Erschütterung alter Gewissheiten brachte die Evolutionstheorie von *Charles Darwin* (1809-1882), die nicht nur den Schöpfungsglauben und das Selbstverständnis des Menschen berührte, sondern vom sogenannten Sozialdarwinismus unter den Schlagworten »Kampf ums Dasein« und »Überleben des Stärkeren« auch auf menschliche Gesellschaften angewandt wurde.

Neben den Naturwissenschaften konnte sich die Geschichte als neue Leitwissenschaft etablieren. Der sogenannte *Historismus* betonte die Geschichtlichkeit aller Erscheinungen: Ideen und Institutionen waren nur in ihrer je individuellen geschichtlichen Gewordenheit zu begreifen, ewige Wahrheiten und absolute, überzeitliche Wertmaßstäbe gab es nicht. In der Theologie wurde durch den historistischen Relativismus das Verhältnis von Glaube und Geschichte zu einem drängenden Problem, dafür erlebte die historisch-kritische Exegese nun einen starken Aufschwung.

Gegen Ende des 19. Jahrhunderts gerieten die hochgespannten liberalen Ideale und die wissenschaftlich-zivilisatorische Hochstimmung in die *Krise*. Bezeichnend dafür waren die Kunst und Literatur des »Fin de Siècle« und die Sezessionsbewegung in der bildenden Kunst. In der Philosophie übte *Friedrich Nietzsche* (1844–1900) eine umfassende, scharfe Kulturkritik, forderte die »Umwertung aller Werte« und verwarf in diesem Zusammenhang auch das Christentum mit seiner vermeintlichen »Sklavenmoral«.

6.1.4 Konsequenzen für Christentum und Kirche

Die Umwälzungen auf den verschiedenen Gebieten stellten das Christentum und die Kirchen vor große Herausforderungen. Besonders im Verhältnis von *Kirche und Staat* kam es zu Neuerungen. In Deutschland endete mit dem Reichsdeputationshauptschluss von 1803 die katholische Reichskirche, was den deutschen Katholizismus zu erheblichen Anpassungsleistungen nötigte, mehr noch als in anderen europäischen Ländern. In weiten Teilen Europas, auch in katholischen Ländern, waren die Regierungen in der ersten Jahrhunderthälfte bestrebt, die christlichen Kirchen zu Staatskirchentümern zu machen, in denen politisch und gesellschaftlich zentrale kirchliche Funktionen wie die Schulaufsicht und die Eheschließung genauer staatlicher Aufsicht unterworfen wurden. In dem Maße, wie die Staaten im Verlauf des Jahrhunderts diese Kompetenzen gegen kirchliche Widerstände schließlich selbst übernahmen, gewährten sie den Kirchen wieder größere Selbstständigkeit. Nun konnten sich in den evangelischen Landeskirchen in Deutschland Selbstverwaltungsstrukturen bilden, die nach der Trennung von Kirche und Staat 1918 zur Grundlage für die Neugestaltung der Kirchenverfassungen wurden.

Insgesamt war das 19. Jahrhundert ein Zeitalter der *Säkularisierung*. Man versteht darunter den Bedeutungsverlust von Religion im öffentlichen Leben (im Unterschied zur Enteignung kirchlichen Besitzes, die »Säkularisation« genannt wird). Säkularisierung in diesem Sinne ist ein Fundamentalvorgang, der sich mehr oder minder ähnlich in den verschiedenen europäischen Gesellschaften der Moderne vollzogen hat und noch vollzieht. Damit soll nicht gesagt sein, dass die gesellschaftliche Entwicklung immer, überall und unter allen Umständen zum Säkularismus oder gar zum Verschwinden der Religion führen muss; tatsächlich gibt es auch Phänomene der Resakralisierung, und im weltweiten Maßstab erweist sich Religion in der Öffentlichkeit vielfach als durchaus vital. Doch unbestreitbar vollzog sich im 19. Jahrhundert eine massive Entfremdung sowohl der Bildungsschichten als auch der Arbeiter von Christentum und Kirche und eine Zurückdrängung des kirchlichen Einflusses aus dem staatlichen und gesellschaftlichen Leben. Im Gegenzug kam es zu einer verstärkten Profilbildung der Kirchen, die sich ihrerseits von der »Welt« abschlossen und so auf ihre Weise zur Säkularisierung beitrugen.

Auf die Herausforderungen durch den beschleunigten sozialen, wirtschaftlichen und geistigen Wandel antwortete das Christentum mit der Ausbildung von neuen *Frömmigkeitsformen*, wie sie vor allem die Erweckungsbewegung (Kap. 6.3) hervorbrachte, und neuen Organisationsformen in Gestalt eines *Vereinsprotestantismus* und *Vereinskatholizismus* (Kap. 6.3.2, 6.6.5), der sich unabhängig von den kirchlichen Institutionen in einer Vielzahl von privaten Vereinen, der bevorzugten Form bürgerlicher Geselligkeit, ausdifferenzierte. Als Reaktion auf die soziale Frage erschlossen sich die Kirchen neue Handlungsfelder auf dem Gebiet der inneren Mission und der *Diakonie*. Mit der zunehmenden Ausgestaltung von Strukturen der Selbstverwaltung gewannen die evangelischen Kirchen eine wachsende Unabhängigkeit vom Staat und seiner Verwaltung. Insgesamt kann man den christlichen Kirchen bescheinigen, sich angesichts der drängenden Herausforderungen der Zeit erstaunlich gut behauptet zu haben.

Die *protestantische Theologie* (Kap. 6.5), in der Deutschland damals weltweit führend war, stand im Zeichen der Entstehung eines modernen theologischen Denkens, das seinen Ausgangspunkt nicht mehr bei der Offenbarung, sondern beim religiösen Subjekt nahm. Die Subjektivitätstheologie Schleiermachers hat in der einen oder anderen Weise, in

Anknüpfung oder Ablehnung, das Denken des gesamten Jahrhunderts geprägt. Die Vielzahl theologischer Positionen lässt sich grob in eine liberale, eine vermittelnde und eine konservative Richtung einteilen. Ambivalent zeigt sich das Jahrhundert im Blick auf den *Konfessionalismus*. Einerseits gab es bedeutende Ansätze zu seiner endgültigen Überwindung, so vor allem in den protestantischen Kirchenunionen (Kap. 6.4.1). Andererseits kam es im konservativen Luthertum (Kap. 6.5.3) und in Gestalt des sogenannten Ultramontanismus auch im Katholizismus (Kap. 6.6.2) zu einer verschärften Rekonfessionalisierung; der Historiker Olaf Blaschke hat das 19. Jahrhundert und schließlich sogar den gesamten Zeitraum von 1800 bis 1970 (!) zugespitzt als ein »zweites Konfessionelles Zeitalter« bezeichnet.[98]

6.2 Von der Französischen Revolution zum Wiener Kongress

6.2.1 Die Französische Revolution und die Kirchen

Nicht zuletzt infolge der engen Verflechtung der katholischen Kirche mit dem Ancien Régime erhielt die Französische Revolution binnen weniger Jahre eine antikirchliche und schließlich antichristliche Stoßrichtung. Die äußeren Fakten sind bekannt. 1789 berief König Ludwig XVI. angesichts des drohenden Staatsbankrotts erstmals nach 175 Jahren wieder die Generalstände ein, die Vertretung von Erstem (Klerus), Zweitem (Adel) und Drittem Stand (Bürger und Bauern). Zur Revolution kam es, indem sich die Vertreter des Dritten Standes in Versailles eigenmächtig zur *Nationalversammlung* erklärten, der sich auch etliche Angehörige des Ersten Standes anschlossen, der hier vor allem von niederen Klerikern repräsentiert wurde. Mit dem Ballhausschwur vom 20. Juni 1789 verpflichtete sich die Nationalversammlung, eine Staatsverfassung zu erarbeiten. Dies war der eigentliche revolutionäre Akt; der Sturm auf die Bastille am 14. Juli, an den der französische Nationalfeiertag erinnert, hatte eher symbolischen Charakter. Nach amerikanischem Vorbild ver-

---

98 Blaschke, Das 19. Jahrhundert; Blaschke, Konfessionen im Konflikt.

abschiedete die Nationalversammlung im August 1789 die *Erklärung der Menschen- und Bürgerrechte*, 1791 verkündete sie die Kultfreiheit für Nichtkatholiken und die Gleichberechtigung der Juden. Damit konnten die französischen Protestanten erstmals seit 1685 wieder legal Gottesdienst feiern.

Durch eine Reihe von Maßnahmen schaltete die Nationalversammlung den institutionellen Einfluss der katholischen Kirche aus – anfangs noch nicht aus einer antichristlichen Motivation heraus, sondern als Konsequenz des liberalen Staats- und Gesellschaftsdenkens. Ende 1789 wurde der gesamte kirchliche Grundbesitz (10% der Fläche des Landes) verstaatlicht. Mit der *»Zivilkonstitution des Klerus«* vom 24. August 1790 wurde die französische Kirche faktisch in eine Staatskirche umgewandelt. Die Geistlichen waren fortan vom Staat besoldete Beamte, dafür mussten sie einen Treueid auf Nation und Verfassung leisten. Weisungen von auswärtigen Autoritäten – gemeint war der Papst – durften sie nicht befolgen. Die kirchlichen Strukturen wurden den staatlichen angepasst, die Grenzen der Diözesen (Bistümer) fielen nun mit denen der neu geschaffenen Départements, die der Pfarreien mit denen der politischen Gemeinden zusammen. Die Bischöfe sollten fortan in den Départements, die Pfarrer in den Gemeinden demokratisch vom Volk (unter Einschluss auch von Protestanten und Juden) gewählt werden. Papst Pius VII. (Papst 1800–1823) verhielt sich abwartend und schwieg fast ein halbes Jahr, bevor er die Zivilkonstitution (und die Erklärung der Menschenrechte) verurteilte. In der katholischen Kirche Frankreichs kam es unterdessen über die Zivilkonstitution zum Schisma. Nur wenige Bischöfe und nur etwa die Hälfte der Geistlichen – die sogenannten konstitutionellen Kleriker – legten den Eid auf die Nation ab, die übrigen verweigerten dies. Angesichts schwerer Verfolgungen emigrierten viele von ihnen ins Ausland, die in Frankreich Verbliebenen bildeten eine Untergrundkirche. 1792 hob die Nationalversammlung die Klöster auf, nachdem bereits 1789 die Ordensgelübde als mit den Menschenrechten unvereinbar verboten und etliche Abteien geschlossen worden waren. Ebenfalls 1792 wurde mit Einführung der Zivilstandsregister die staatliche Eheschließung (von der auch etliche konstitutionelle Priester Gebrauch machten) und die Möglichkeit der Ehescheidung eingeführt.

In dem 1792 aus der Nationalversammlung hervorgegangenen Nationalkonvent gaben zunehmend die radikalen Kräfte den Ton an. Anfang 1793 setzten sie die Hinrichtung König Ludwigs XVI. durch. In den Jahren 1793 bis 1794 errichtete der von den Jakobinern dominierte Wohlfahrtsausschuss unter Georges Danton und Maximilien de Robespierre die berüchtigte Schreckensherrschaft (*la grande terreur*), während der mehr als sechzehntausend Todesurteile, darunter auch viele gegen Priester, auf der Guillotine vollstreckt wurden. Spätestens jetzt zeigten sich die nicht wenigen Sympathisanten, die die Revolution in anderen europäischen Ländern anfangs gefunden hatte, ernüchtert. Die Jakobiner betrieben eine massiv antichristliche Politik, die als *Entchristianisierung* (*déchristianisation*) bezeichnet wird. Vielerorts wurden Kirchen geplündert und verwüstet, in Paris stürmten Revolutionäre die Kathedrale Notre Dame, erklärten sie zum »Tempel des höchsten Wesens« und schmolzen die Glocken zu Kanonenkugeln ein. 1793 wurde, rückwirkend ab 1792, der *republikanische Kalender* eingeführt, der bis 1805 in Kraft bleiben sollte. Hier waren sämtliche christlichen Bezüge getilgt: Die Jahre wurden nicht mehr ab Christi Geburt, sondern ab 1792 gezählt, der Monat wurde in drei Dekaden von zehn Tagen unterteilt, wobei jeweils der zehnte Tag arbeitsfrei war und im Sinne eines zivilreligiösen »Dekadenkults« in den zu »Tempeln der Vernunft« umgewidmeten Kirchen als »Fest der Vernunft« gefeiert werden sollte. Die christlichen Feste wurden durch Revolutionsfeste ersetzt. 1794 versuchte Robespierre, mit einer zentralen Feier auf dem Marsfeld in Paris einen deistischen »Kult des höchsten Wesens« zu etablieren. Diese Kunstreligion blieb ein blutleeres Konstrukt, zeigt aber deutlich den im Grunde selbst religiösen Charakter der Revolution. Nach Robespierres Sturz wurde der Kult des höchsten Wesens abgeschafft und die Religionsfreiheit wiederhergestellt – nicht aber die von der Zivilkonstitution geschaffene Staatskirche: Staat und Kirche waren nun getrennt, die Geistlichen erhielten keine staatliche Besoldung mehr.

6.2.2 Die Kirchenpolitik Napoleons

Eine grundlegende Wende der staatlichen Religionspolitik trat mit *Napoleon Bonaparte* (reg. 1799–1815) ein. Der aus Korsika stammende Revolutionsgeneral kam 1799 durch einen Staatsstreich als »Erster Konsul« an die Macht. 1804 nahm er selbstbewusst den Titel eines »Kaisers der Franzosen« an – eigentlich durfte es im Abendland neben den vielen Königen nur einen Kaiser geben, dessen Herrschaft dem Anspruch nach übernationalen Charakter hatte, und dies war der (deutsche) Kaiser des

Heiligen Römischen Reichs – und setzte sich in Notre Dame in Paris in Anwesenheit des eigens herbeizitierten Papstes selbst die Krone auf. Napoleon erklärte die Revolution, der er seinen Aufstieg verdankte, für beendet, modernisierte Staat und Verwaltung und erließ 1804 ein wegweisendes Zivilgesetzbuch, den »Code civil«, später nach ihm »Code Napoléon« genannt. Seine Außenpolitik war aggressiv und auf Expansion gerichtet. Fast ununterbrochen führte Napoleon Kriege und unterwarf fast ganz Europa von Spanien bis nach Russland. Der gescheiterte Russlandfeldzug von 1812 bedeutete die Peripetie, 1814 wurde Napoleon bei Paris geschlagen und in die Verbannung nach Elba geschickt. Im Jahr darauf zu einer »Herrschaft der hundert Tage« nach Frankreich zurückgekehrt, wurde er nach der Niederlage beim belgischen Waterloo bis zu seinem Lebensende auf die abgelegene Insel St. Helena im Südatlantik verbannt.

Im Bestreben, sich die Unterstützung der Katholiken zu sichern, bemühte Napoleon sich um eine Normalisierung der Beziehungen zwischen dem französischen Staat und der katholischen Kirche. Dabei stand ihm das fortdauernde Schisma zwischen konstitutionellem und romtreuem Klerus im Weg. So suchte Napoleon, ganz im Gegensatz zum traditionellen französischen Gallikanismus, die Verständigung mit Papst Pius VII. 1801 kam es zum Abschluss eines *Konkordats*, eines Staatskirchenvertrags zwischen dem Papst und Frankreich. Darin wurde die katholische Kirche zwar nicht, wie von der Kurie gewünscht, zur Staatskirche erklärt, aber als »Religion der großen Mehrheit der französischen Bürger« anerkannt. Der Papst erhielt das Recht, die Bistumsgrenzen in Frankreich neu festzulegen, also die Neuordnung von 1790 rückgängig zu machen. Alle amtierenden Bischöfe – konstitutionelle wie papsttreue – wurden zum Rücktritt aufgefordert, womit das Schisma beendet wurde. Statt ihrer sollten neue Bischöfe bestellt werden, wofür Napoleon das Nominationsrecht erhielt. Bischöfe und Priester sollten einen Treueid auf den Staat leisten, diesmal mit Billigung des Papstes. Im Gegenzug erhielt die Kirche in Frankreich innere Autonomie zugebilligt: so durften die Bischöfe die Pfarreien selbstständig neu einteilen und, mit staatlicher Zustimmung, Pfarrer berufen. Die ein Jahrzehnt zuvor vollzogene Säkularisation des Kirchenguts wurde vom Papst akzeptiert, dafür übernahm der französische Staat die Besoldung der Geistlichen. Auf Grund von Widerständen kirchenfeindlicher Kräfte gelang die Ratifizierung des Konkordats in Frankreich im Jahr 1802 nur zusammen mit einem Ausführungsgesetz, den »Organischen Artikeln«, das zusätzliche staatliche Aufsichtsrechte festschrieb. Nach einigen Jahren verschlechterte sich das Verhältnis Napoleons zum Heiligen Stuhl infolge seiner Italienpolitik und seiner kirchenrechtlich brisanten Wiederverheiratung. Napoleon annektierte den Kirchenstaat, setzte den Papst gefangen und kündigte das Konkordat auf, doch wurde die Stellung des französischen Katholizismus dadurch nicht dauerhaft beschädigt. Auch die anderen Religionen wollte Napoleon in den Dienst seines Kaiserreichs stellen. Zu diesem Zweck gewährte er im Code civil auch Reformierten, Lutheranern und Juden dauerhaft Religionsfreiheit.

6.2.3 Deutschland im napoleonischen Zeitalter

Schon im Ersten Koalitionskrieg (1792–1797), mit dem Österreich, Preußen, das Heilige Römische Reich und andere europäische Mächte die französische Königsdynastie der Bourbonen wieder an die Macht bringen wollten, konnten die französischen Revolutionstruppen die links des Rheins gelegenen Gebiete des Heiligen Römischen Reichs besetzen. Nach dem Zweiten Koalitionskrieg musste das Reich im Frieden von Lunéville 1801 das linke Rheinufer förmlich an Frankreich abtreten, das den Rhein nun als seine »natürliche Grenze« ansah. Die eroberten Territorien wurden politisch und kirchlich an Frankreich angeschlossen; auch hier erhielten nun die Protestanten Religionsfreiheit.

Von den Annexionen waren vor allem die drei geistlichen Kurfürstentümer Mainz, Köln und Trier betroffen, ferner Preußen (mit dem Herzogtum Kleve), Bayern (mit den Herzogtümern Jülich und Berg und der Rheinpfalz) und Österreich (mit den südlichen Niederlanden). Auf französische Anregung hin sollte das Reich die weltlichen Fürsten mit geistlichen Territorien im rechtsrheinischen Deutschland entschädigen. Die Einzelheiten arbeitete eine Deputation (= Ausschuss) des seit 1663 dauerhaft in Regensburg tagenden Reichstags aus; ihr Beschluss, der *»Reichsdeputationshauptschluss«* von 1803, wurde Reichsgesetz. Die Bestimmungen gingen weit über unmittelbare Entschädigungen für die Gebietsverluste am Rhein hinaus. Vor allem sahen sie eine umfassende Herrschafts- und Vermögenssäkularisation zu Lasten der katholischen Kirche vor. Im Vollzug der Herrschaftssäkularisation wurden sämtliche geistlichen Fürstentümer im Reich aufgelöst und weltlichen Territorien zugeschlagen. Damit hörte nach mehr als acht Jahrhunderten die von den Ottonen- und Salierkaisern begründete katholische Reichskirche auf zu bestehen. Die Bischöfe verloren ihre weltlichen Herrschaftsrechte und wurden auf ihre ursprüngliche kirchliche Funktion beschränkt. Einzige Ausnahme war der vormalige Mainzer Kurfürst-Erzbischof Karl Theodor von Dalberg (gest. 1817), ein Günstling Napoleons, der auf den Regensburger Bischofsstuhl versetzt wurde, ein neues weltliches Herrschaftsgebiet um Regensburg, Aschaffenburg und Wetzlar erhielt und auch die Kurwürde behalten durfte. Neben der Herrschaftssäkularisation wurde die Säkularisation des Vermögens der Dom- und Stiftskapitel und der Klöster verfügt, die nun auch in katholischen Territorien aufgehoben wurden. Das monastische Leben brach zusammen und konnte sich erst allmählich wieder etablieren. So einschneidend diese Maßnahmen waren, so wenig waren sie zeitgenössisch umstritten; tatsächlich hatte das überlebte Institut der geistlichen Fürstentümer in der Aufklärungszeit auch von katholischer Seite scharfe Kritik erfahren, und auch dem Papst war nicht daran gelegen, die von selbstbewussten und romkritischen adeligen Bischöfen getragene Reichskirche zu erhalten. Flankiert wurde die Säkularisation der geistlichen Fürstentümer von der sogenannten Mediatisierung kleiner weltlicher Fürstentümer und der meisten Reichsstädte, die nun ihre Reichsunmittelbarkeit (Immediatstandschaft), d.h. ihre politische Selbstständigkeit, verloren und benachbarten größeren Territorien zugeschlagen wurden. Durch den Reichsdeputationshauptschluss wurden aus dreihundert reichsunmittelbaren Territorien am Ende nur noch neununddreißig. Viele katholische Einwohner ehemaliger geistlicher Staaten kamen unter protestantische Landesherren, im Reichstag und auch im Kurfürstenrat gab es nun eine deutliche protestantische Mehrheit.

Das Alte Reich überlebte diese massive Veränderung seiner gewachsenen Verfassung nur um drei Jahre. 1806 schlossen sich unter dem Protektorat Napoleons sechzehn deutsche Mittelstaaten zum *Rheinbund* zusammen und erklärten ihren Austritt aus dem Heiligen Römischen Reich. Von Napoleon wurden sie dafür mit Standeserhöhungen belohnt: die Herzogtümer Bayern und Württemberg wurden zu Königreichen, die Markgrafschaft Baden und die Landgrafschaft Hessen-Darmstadt zu Großherzogtümern. Kaiser Franz II., der bereits 1804, im Jahr der französischen Kaiserkrönung Napoleons, zusätzlich die Würde eines Kaisers von Österreich angenommen hatte, legte daraufhin 1806 die römisch-deutsche Kaiserkrone nieder. Damit hörte das Alte Reich mehr als achteinhalb Jahrhunderte nach seiner Begründung durch Kaiser Otto I. im Jahr 962 auf zu bestehen. Es war ein letzter Nachhall der alten sakralen Reichsidee, dass daraufhin vereinzelt apokalyptische Ängste aufkamen – galt doch das Reich der Deutschen als Fortsetzung des römischen Kaiserreichs, das nach der klassischen Deutung der Prophetie von Daniel 7 das letzte der vier Weltreiche vor dem Jüngsten Tag sein sollte. Zwei Monate nach der Abdankung des Kaisers erlitt Preußen in der Schlacht bei Jena und Auerstedt eine vernichtende Niederlage gegen das Heer Napoleons.

Nicht nur im französisch besetzten linksrheinischen Deutschland und in den mit Napoleon verbündeten Rheinbund-Staaten bewirkten das Vorbild Frankreichs und die von dessen hegemonialer Stellung ausgehende Herausforderung einen politischen, rechtlichen und gesellschaftlichen Modernisierungsschub, sondern auch im besiegten Preußen. Die vom Freiherrn vom Stein, dem Fürsten Hardenberg und anderen betriebenen preußischen Reformen brachen überholte feudale Strukturen auf und führten zur Neugestaltung von Verwaltung und Militär ebenso wie des wirtschaftlichen und gesellschaftlichen Lebens. Mit dem Emanzipationsedikt von 1812 begann die rechtliche Gleichstellung der Juden. Auch in anderen deutschen Ländern setzte zu Beginn des 19. Jahrhunderts die Emanzipation der Juden ein, doch bis zu ihrer völligen Gleichberechtigung sollten noch mehrere Jahrzehnte vergehen. Im Lauf des 19. Jahrhunderts kam es in Deutschland zu einer weitgehenden kulturellen Assimilation der Juden, nicht selten konvertierten soziale Aufsteiger zum Christentum.

Zu den Auswirkungen der napoleonischen Ära auf Deutschland gehört nicht zuletzt die Verbindung von deutschem Nationalismus und religiösem Sendungsbewusstsein in den *Befreiungskriegen*. Der Nationalismus war selbst ein Exportartikel des revolutionären Frankreichs gewesen. Während sich das Alte Reich nicht als Nationalstaat verstanden hatte, rückte nach dessen Ende der Abwehrkampf gegen Napoleon zunehmend unter ein nationales Vorzeichen. Bereits 1808, zur Zeit der preußischen Reformen, versuchte der Philosoph Johann Gottlieb Fichte mit seinen »Reden an die deutsche Nation« ein deutsches Nationalbewusstsein und die Vorstellung von einer dem deutschen Volk von Gott anvertrauten besonderen Mission zu vermitteln. In den Befreiungskriegen der Jahre 1813/14, deren Höhepunkt die Völkerschlacht von Leipzig

(1813) war und in denen viele Freiwillige, vor allem Studenten, in sogenannten Freikorps kämpften, erreichte die nationale Begeisterung einen Höhepunkt. Besonders in Preußen verband sich das nationale Hochgefühl mit religiöser Begeisterung. Der Dichter Ernst Moritz Arndt erklärte den Befreiungskampf zum heiligen Krieg; viele Pfarrer, darunter auch Schleiermacher, der 1810 Professor an der neu gegründeten Berliner Universität geworden war, hielten aufrüttelnde Kriegspredigten. Die religiöse Überhöhung des deutschen Nationalismus sollte noch bis in den Ersten Weltkrieg fortwirken; sie war indessen keine deutsche Besonderheit, sondern fand sich unter anderen Vorzeichen auch sonst bei den europäischen Nationen.

6.2.4 Wiener Kongress und Restauration

Nach dem Ende der napoleonischen Herrschaft wurde auf dem *Wiener Kongress* 1814/15 die politische Neuordnung Europas ausgehandelt. Die führende Persönlichkeit war der österreichische Minister (später: Staatskanzler) Clemens Wenzel Fürst von Metternich. Das besiegte Frankreich konnte seine Anerkennung als gleichberechtigter Verhandlungspartner erreichen; es wurde in den Grenzen von 1792 als Königreich unter der Dynastie der Bourbonen wiederhergestellt. Auch der von Napoleon annektierte Kirchenstaat entstand neu. Besonders weitgehende Veränderungen erfuhr die Landkarte Deutschlands. Frankreich musste das linke Rheinufer zurückgeben, dessen größter Teil nun Preußen zugeschlagen wurde, das außerdem Teile Sachsens und das seit dem Westfälischen Frieden schwedische Vorpommern erhielt. Die Gegend um Mainz (»Rheinhessen«) fiel an das Großherzogtum Hessen-Darmstadt, die linksrheinische Pfalz kam wieder unter bayerische Herrschaft. Doch weder die Säkularisationen von 1803 noch die Auflösung des Heiligen Römischen Reiches wurden rückgängig gemacht. Stattdessen schlossen sich die verbliebenen fünfunddreißig Fürstentümer und vier Städte zum *Deutschen Bund* zusammen, einem losen Staatenbund unter dem Präsidium Österreichs. In der Deutschen Bundesakte wurde die rechtliche Gleichstellung (Parität) der christlichen Konfessionen festgeschrieben, wie sie in Preußen schon seit dem Allgemeinen Landrecht von 1794 galt und seither in einer Reihe weiterer Territorien eingeführt worden war. Dies war auch deshalb von Bedeutung, weil nach den Gebietsveränderungen der napoleonischen Zeit die meisten deutschen Territorien nun konfessionell gemischt waren. Im deutschen Protestantismus waren die Staatsgrenzen von jeher Kirchengrenzen gewesen, doch auch die katholischen Bistumsgrenzen wurden in den folgenden Jahren den neuen politischen Grenzen angeglichen. Bis heute spiegeln die Umrisse vieler evangelischer Landeskirchen und katholischer Diözesen die Grenzverläufe von 1815 wider.

Ein bemerkenswertes Projekt war die 1815 von Zar Alexander I. von Russland, Kaiser Franz I. von Österreich und König Friedrich Wilhelm III. von Preußen geschlossene *Heilige Allianz*. Zar Alexander I., der von der deutsch-baltischen Baronin Juliane von Krüdener, einer Anhängerin Jung-Stillings (Kap. 5.14), beeinflusst war, hatte die Allianz eigentlich als überkonfessionellen christlichen Bruderbund der europäischen Nationen entworfen. Metternich machte daraus ein Fürstenbündnis zur Stabilisierung der monarchischen Herrschaft gegen liberale und nationalistische Ideen auf patriarchalisch-christlicher Grundlage. In den folgenden Jahren traten ihr alle europäischen Staaten außer Großbritannien und dem Kirchenstaat bei.

Der durch den Wiener Kongress und die Gründung der Heiligen Allianz eingeleitete Restaurationskurs setzte sich in der Folgezeit unter der Ägide Metternichs fort; die Jahre von 1815 bis 1830 wurden ein Zeitalter der politischen und geistigen *Restauration*. Davon waren vor allem die Vertreter nationaler und liberaler Ideen betroffen. Diese wurden auch und vor allem von den Studenten propagiert; 1815 hatten sie sich in Jena in der sogenannten Urburschenschaft zusammengeschlossen, deren Farben Schwarz-Rot-Gold bald als deutsche Nationalfarben galten. Das 1817 von rund fünfhundert Studenten aus ganz Deutschland ausgerichtete Wartburgfest verband die Erinnerung an die Reformation von 1517 und die Völkerschlacht von 1813 mit revolutionären Demonstrationen wie der Verbrennung einer Perücke und eines Korporalsstocks als Insignien der alten Ordnung. Mit den Karlsbader Beschlüssen von 1819 setzten die Regierungen der deutschen Staaten eine systematische Verfolgung der von ihnen so genannten »Demagogen« ins Werk, mit dem Verbot der Burschenschaften, Überwachung der Universitäten und einer strikten Zensur.

6.3 Die Erweckungsbewegung

Seit dem 18. Jahrhundert formierte sich in Reaktion auf den theologischen Rationalismus und den politischen Liberalismus, die man für den Bedeutungsverlust des Christentums verantwortlich machte, im europäischen und nordamerikanischen Protestantismus eine neue Frömmigkeitsbewegung, die vor allem unter dem Eindruck der Französischen Revolution einen massiven Aufschwung erlebte. Unter dem Sammelbegriff der »Erweckungsbewegung« wird eine Vielzahl ähnlicher und untereinander vernetzter, aber im Einzelnen durchaus unterschiedlicher religiöser Aufbrüche zusammengefasst. Der aus Epheser 5,14 (»Wach auf, der du schläfst, und steh auf von den Toten, so wird dich Christus erleuchten«) entnommene Programmbegriff »Erweckung« (engl. *awakening* oder *revival*, frz. *réveil*) bezeichnet das Ziel, die Menschen aus religiöser Gleichgültigkeit und bloßem Namenschristentum aufzurütteln zu einem lebendigen, persönlichen Christusglauben. Die Erweckung schloss damit an den älteren Pietismus an und wird daher auch als »Neupietismus« qualifiziert, sie nahm aber auch Ideen des Idealismus und der Romantik auf. Grundlegend für die erweckliche Frömmigkeit war die Einsicht in die eigene Sündhaftigkeit und die Erfahrung der Errettung durch Christus, verbunden mit dem Willen zur Lebensheiligung und zum missionarischen und diakonischen Dienst am Nächsten. Stärker als im Pietismus, der das fromme Individuum ins Zentrum stellte, zielte die Erweckung auf die Gemeinschaft der Frommen und die Kirche. Politisch und kirchlich konservativ eingestellt, entwickelte die Erweckungsbewegung ein reges sozial-karitatives Engagement. Dieses entfaltete sich unabhängig von der kirchlichen Institution in einer Vielzahl privat betriebener Vereins- und Gesellschaftsgründungen. Typisch für die Erweckung war die starke überregionale und internationale Vernetzung der verschiedenen Initiativen. Regelmäßig wurden Kontakte über Konfessionsgrenzen hinweg gepflegt, erst später verbanden sich einzelne Zweige der Erweckung mit dem wieder erstarkenden Konfessionalismus.

6.3.1 Die Erweckung in Europa und in Nordamerika

Die angelsächsische Erweckungsbewegung in England und Nordamerika hatte bereits in der ersten Hälfte des 18. Jahrhunderts eingesetzt und zeichnete sich durch Eigentümlichkeiten wie die Entwicklung besonderer Formen der Massenevangelisation aus. Ihre Anhänger bezeichneten sich selbst als *Evangelicals* (»Evangelische«; daher im 20. Jahrhundert das deutsche Lehnwort »Evangelikale«). Am Anfang der englischen Erweckung stand der Methodismus, der vom älteren Puritanismus und vom Herrnhutertum geprägt war. Sein Begründer, der anglikanische Geistliche John Wesley (1703–1791), hatte die Herrnhuter während seiner Tätigkeit als Missionar in der nordamerikanischen Kolonie Georgia kennengelernt und sich nach seiner Rückkehr nach England der »Fetter Lane Society« in London angeschlossen, einer religiösen Gesellschaft, aus der die erste englische Gemeinde der Herrnhuter hervorgehen sollte. Hier erlebte er 1738 durch die Lektüre von Luthers Vorrede zum Römerbrief eine Bekehrung, die ihn den Glauben als Geschenk der göttlichen Gnade entdecken ließ. In der Verbindung von puritanischem Heiligungsstreben und lutherisch-herrnhutischer Gnadengewissheit entwickelte er sein eigenes theologisches Profil. Nach einer Deutschlandreise mit Besuchen bei Zinzendorf und in Halle begann Wesley in England eine ausgedehnte Missionstätigkeit. Dabei arbeitete er mit seinem jüngeren Bruder Charles Wesley, der nachmals auch als Liederdichter berühmt wurde, und seinem Freund George Whitefield (gesprochen: »Wittfield«) – beide waren wie er Geistliche der anglikanischen Kirche – zusammen. Die Arbeit begann 1739 in Bristol und dehnte sich bald in alle großen Industrieeviere des Landes aus, wo sie vor allem Bergleute und Arbeiter erreichte. Wesley und seine Mitarbeiter hielten Massenversammlungen, anfangs oft unter freiem Himmel, da viele Pfarrer ihre Kirchen nicht zur Verfügung stellten. In ihren Predigten riefen sie zu Buße und Bekehrung und zu ernster Lebensheiligung auf. Die Bekehrten fassten sie zu kleinen Gemeinschaften (*societies*) unter der Leitung von Laienpredigern zusammen. Die strenge, »methodisch« geregelte Frömmigkeitspraxis dieser Erweckten trug ihnen den Spottnamen »Methodisten« ein, der schließlich zur Selbstbezeichnung wurde. Von Anfang an verband sich der Methodismus mit sozialen Initiativen wie der Gründung von Darlehenskassen und Armenapotheken sowie dem Aufbau von Bildungsangeboten wie Schulen und Büchereien. Wesleys Wunsch, die Bewegung in der anglikanischen Kirche zu halten, ließ sich auf Dauer nicht erfüllen. Ab 1795 organisierten sich die Methodisten als Freikirche, doch haben ihre Frömmigkeit und ihr soziales Wirken auch die anglikanische Staatskirche beeinflusst. Dort entstand seit dem Ende des 18. Jahrhunderts die evangelikale Richtung der *Low Church*, die das Engagement der Laien und die individuelle Frömmigkeit in den Mittelpunkt stellte. Angehörige dieser Richtung wie der Parlamentarier William Wilberforce gehörten auch zu den treibenden Kräften der Bewegung zur Abschaffung der Sklaverei (*Abolitionist Movement*). 1807 wurde der Sklavenhandel in Großbritannien, 1808 in den Vereinigten Staaten von Amerika verboten. 1833 schaffte Großbritannien die Sklaverei ganz ab, in den USA geschah dies erst 1865.

Zur gleichen Zeit wie in England begann die Erweckung in *Nordamerika*. Man unterscheidet gewöhnlich drei große Wellen während des 18. und 19. Jahrhunderts. Das *First Great Awakening* der 1730er und 1740er Jahre wurde vor allem von dem kongregationalistischen Prediger Jonathan Edwards aus Northampton in Massachusetts und dem englischen Mitbegründer des Methodismus George Whitefield getragen. Von ca. 1790 bis 1840 kam es zu dem *Second Great Awakening*, das in den 1830er Jahren durch den beliebten Erweckungsprediger Charles G. Finney seinen Höhepunkt erreichte. Hier kamen erstmals neuartige Methoden der Massenevangelisation wie die »Camp Meetings« zum Einsatz, mehrtägige Zusammenkünfte mit evangelistischen Ansprachen, oft in abgelegenen Gegenden, während derer die Teilnehmer in Zelten oder Blockhütten wohnten. Das *Third Great Awakening* in der zweiten Hälfte des 19. Jahrhunderts erfasste vor allem die großen Städte. Zu besonderer Prominenz gelangte der Evangelist Dwight L. Moody, der auf seinen Predigtreisen von dem Sänger Ira Sankey begleitet wurde. Die erweckliche Frömmigkeit, aber auch die sozialen Impulse, die von den Great Awakenings ausgingen, haben den nordamerikanischen Protestantismus dauerhaft geprägt. Prominente Evangelisten wie Billy Graham haben diese Form der Verkündigung bis in die Gegenwart fortgesetzt.

In den reformierten Ländern Westeuropas hat die Erweckung häufig zur Entstehung von Freikirchen geführt. In *Schottland* wirkten die Brüder Robert und James Haldane als Erweckungsprediger und gründeten unabhängige Gemeinden. Die bedeutendste Persönlichkeit der schottischen Erweckung war Thomas Chalmers, der als Pfarrer in Glasgow ein neuartiges flächendeckendes System kirchlicher Armenfürsorge entwickelte und später als Theologieprofessor in Edinburgh Wortführer der schottischen Evangelikalen wurde. 1843 verließ er mit seinen Anhängern die Staatskirche und gründete die bis heute bestehende »Free

Church of Scotland«. Die Gründung der Evangelischen Allianz 1846 (Kap. 7.11.1) verdankte sich wesentlich seiner Initiative. Auch in *Genf* und der französischsprachigen Westschweiz kam es auf Anregung von Robert Haldane zu einer lebhaften Erweckung, aus der 1847 die von der Staatskirche getrennte »Église Évangélique Libre de Genève« hervorging. Der Genfer Réveil strahlte bis nach Frankreich und in die Niederlande aus. In *Frankreich* arbeitete u. a. der Pastor Adolphe Monod für die Erweckung, in den *Niederlanden* der Anwalt und Schriftsteller Isaac da Costa.

Demgegenüber hielt sich die Erweckung in den lutherischen Ländern Nordeuropas durchweg im Rahmen der Staatskirchen. Das war auch in *Norwegen* der Fall, wo der Bauernsohn Hans Nielsen Hauge als Wanderprediger und Schriftsteller die vor allem von Laien getragene Volksbewegung der »Haugianer« begründete. In *Dänemark* schuf der Pastor und volkspädagogische Schriftsteller Frederik Grundtvig durch die Verbindung von Erweckung, lutherischem Konfessionalismus und dänischem Kulturbewusstsein den bis heute nachwirkenden »Grundtvigianismus«.

6.3.2 Erweckung und Vereinsprotestantismus in Deutschland

In Deutschland setzte die Erweckung im ausgehenden 18. Jahrhundert ein und erreichte ihren Höhepunkt in den 1820er und 1830er Jahren. Hier konnte sie teilweise an das Erbe des älteren Pietismus anknüpfen, das in Württemberg und in Gestalt der Herrnhuter »Diasporaarbeit« lebendig war. Bedeutende Impulse kamen auch von den »aufgeklärten Kritikern der Aufklärung« wie Johann Georg Hamann, Johann Caspar Lavater oder Johann Heinrich Jung-Stilling (Kap. 5.14). Als wichtigste institutionelle Basis fungierte die *Deutsche Christentumsgesellschaft* (»Deutsche Gesellschaft von Freunden und Liebhabern christlicher Wahrheit und Gottseligkeit«) in Basel, die 1780 von dem Augsburger Senior (= leitenden Geistlichen) Johann August Urlsperger gegründet wurde und bis 2002 bestand. Zur Verteidigung des Christentums gegen die zersetzenden Wirkungen des Rationalismus verbreitete die Christentumsgesellschaft in großem Maßstab religiöse Schriften und unterhielt ein Netzwerk örtlicher Freundeskreise. Aus ihrem Umfeld gingen Tochtergründungen wie die Württembergische Bibelgesellschaft, die Basler Mission und die Pilgermission St. Chrischona hervor.

Wie der Barockpietismus, so brachte auch der Neupietismus der Erweckung seine eigenen Sozialformen hervor. Eine Sonderstellung nehmen dabei die freien Gemeinden und Freikirchen ein, die nicht nur in den reformierten Ländern Westeuropas, sondern auch in Deutschland – hier in Gestalt der Baptisten und der Freien Evangelischen Gemeinden (Kap. 6.3.4) – entstanden. Die große Mehrheit der Erweckten blieb jedoch den evangelischen Landeskirchen verbunden, organisierte ihre ausgedehnte volksmissionarische und sozial-karitative Arbeit aber außerhalb der kirchlichen Institution, die hierfür keine Freiräume bot, in nach bürgerlichem Recht verfassten Vereinen. Solche Vereine konnten schnell und flexibel agieren und nahmen gerade in den rasch wachsenden Städten Aufgaben wahr, die innerhalb der vergleichsweise unbeweglichen kirchlichen Strukturen nicht zu bewältigen waren. Nicht zuletzt handelte es sich um ein zeitgemäßes Angebot – war doch der Verein die typische Sozialform für Geselligkeit und gemeinschaftliches Engagement im 19. Jahrhundert, nicht nur im Bürgertum, sondern bald auch unter den Arbeitern. Mit ihren vielfältigen Vereinen zur inneren und äußeren Mission, zur Verbreitung von Bibeln und religiöser Literatur und zur sozialen Fürsorge hat die Erweckung wesentlich zur Entstehung eines *Vereinsprotestantismus* beigetragen.

Allerdings war der Vereinsprotestantismus des 19. Jahrhunderts nicht durchweg erwecklich geprägt. Vereinsmäßig organisiert war etwa auch die evangelische Diasporaarbeit zugunsten evangelischer Gemeinden in katholischen Gebieten Deutschlands und des Auslands, die von dem 1832 gegründeten und nach dem Retter des deutschen Protestantismus im Dreißigjährigen Krieg benannten Gustav-Adolf-Verein (heute: »Gustav-Adolf-Werk«) wahrgenommen wurde. Ein dezidiert liberales Profil hatte der 1865 gegründete »Deutsche Protestantenverein«, der eine Vermittlung von Protestantismus und Kultur erstrebte (Kap. 6.5.2).

6.3.3 Die Erweckung in Süddeutschland

In *Württemberg* konnte der Neupietismus direkt an den Altpietismus anknüpfen. Viele Fromme fühlten sich infolge der rationalistischen Umgestaltung von Gesangbuch und Liturgie in der Landeskirche nicht mehr heimisch, und angesichts schwerer Hungersnöte und der napoleonischen Kriege kam es im Verein mit apokalyptischen Erwartungen

1816/17 zu einer Auswanderungsbewegung nach Südrussland. Um dieser entgegenzuwirken, erwarb der Bürgermeister von Leonberg Gottlieb Wilhelm Hoffmann das Rittergut *Korntal* bei Stuttgart und gründete dort 1819 eine Kolonie, für die er besondere Privilegien des württembergischen Königs erhielt. Die Evangelische Brüdergemeinde Korntal ist bis heute kirchlich selbstständig, und bis zur Reichsgründung 1871 durften auch nur ihre Mitglieder am Ort wohnen; mittlerweile gibt es daneben eine landeskirchliche Gemeinde.

Der bedeutendste Prediger der württembergischen Erweckung war *Ludwig Hofacker* (gest. 1828), der als Vertreter seines erkrankten Vaters auf der Kanzel der Kirche St. Leonhard in Stuttgart zahlreiche Hörer anzog, bis er im Alter von gerade einmal dreißig Jahren starb. Seine gesammelten Predigten wurden und werden bis heute vielfach nachgedruckt und gelesen. Einen eigenen Akzent setzte *Johann Christoph Blumhardt* (gest. 1880), der als Pfarrer in Möttlingen bei Bad Liebenzell in der seelsorglichen Begleitung einer Frau aus seiner Gemeinde, die Zeichen dämonischer Besessenheit zeigte – ein Phänomen, das so gar nicht ins wissenschaftliche 19. Jahrhundert passte –, die Bedeutung des Gebets für die Kranken entdeckte. In dem eigens angekauften Kurhaus von (Bad) Boll bei Göppingen betrieb er eine ganzheitliche Seelsorge mit spektakulären Glaubensheilungen; sein Sohn Christoph Blumhardt wurde später ein bedeutender Vertreter des religiösen Sozialismus.

In *Baden* wurde die Erweckung durch den ehemaligen katholischen Priester *Aloys Henhöfer* eingeführt, der nach seiner Konversion evangelischer Pfarrer in Spöck bei Karlsruhe war. 1849 gründete er den »Evangelischen Verein für Innere Mission Augsburgischen Bekenntnisses« (»AB-Verein«).

In *Bayern* wurde Erlangen zu einem Zentrum der Erweckung. 1819 gründete hier der reformierte Prediger und Professor *Christian Krafft* einen »Bibelverein für Studenten und Professoren aller Fakultäten«. Die erweckliche Frömmigkeit des Bibelvereins wirkte auch in der Erlanger Erfahrungstheologie (Kap. 6.5.3) nach. Seit 1837 entstand im mittelfränkischen Neuendettelsau durch den Pfarrer Wilhelm Löhe und seine Gründungen – ein Diakonissenmutterhaus und eine Missionsgesellschaft – ein Zentrum eines erwecklich-hochkirchlichen Luthertums (Kap. 6.5.3).

Bemerkenswerterweise gab es im *Allgäu* auch eine *katholische Erweckung*. Die entscheidenden Impulse dazu hatte der Landshuter Theo-

6.3 Die Erweckungsbewegung

logieprofessor und spätere Bischof von Regensburg *Johann Michael Sailer* (gest. 1832) gegeben, der ein verinnerlichtes und konfessionell duldsames Christentum vertrat. Aus Sailers »Landshuter Kreis« ging der Priester *Martin Boos*, der Initiator der Allgäuer katholischen Erweckung, hervor. In seinen Predigten, die ihn mehrfach mit den kirchlichen Oberen in Konflikt brachten, verkündete er den »Christus in uns und für uns«. Zwei Priester aus seinem Umfeld, darunter Johann Evangelista Goßner (Kap. 6.3.4), traten schließlich zur evangelischen Kirche über.

6.3.4 Die Erweckung in Preussen und in Norddeutschland

In *Preußen* konnte die Erweckung vor allem in der Hauptstadt Berlin, in den westlichen Provinzen Rheinland und Westfalen sowie in Pommern Fuß fassen. Unter König Friedrich Wilhelm III. erfasste sie auch den Hof; insbesondere der Kronprinz, der spätere König Friedrich Wilhelm IV. (reg. 1840–1861), wurde von der Erweckung geprägt.

Wegbereiter der Erweckung in *Berlin* war *Johannes Jaenicke*, Pfarrer an der (im Zweiten Weltkrieg zerstörten) Bethlehemskirche, auf den die Gründung der Berliner Missionsgesellschaft und der Preußischen Hauptbibelgesellschaft zurückgeht. Zum Profil der Berliner Erweckung gehörten aber auch starke soziale Impulse. So gründete der schlesische Baron *Hans Ernst von Kottwitz* am Alexanderplatz die »Freiwillige Beschäftigungsanstalt« für arbeitslose Textil-Handwerker. Jaenickes Nachfolger an der Bethlehemskirche wurde der ehemalige katholische Priester *Johann Evangelista Goßner*, der aus der Allgäuer Erweckung kam und verschiedene diakonische und missionarische Einrichtungen gründete, darunter das evangelische Elisabeth-Krankenhaus. Der 1842 von Goßner ins Leben gerufene Missionsverein entsandte Handwerker-Missionare nach Australien und Indien; heute ist die »Gossner Mission« in Deutschland in der ökumenischen Arbeit und der Industriemission tätig und arbeitet mit Partnern in Indien, Nepal und Sambia zusammen.

In den preußischen Westprovinzen lag ein Schwerpunkt der Erweckung im *Wuppertal* in den – 1929 zur Stadt »Wuppertal« zusammengeschlossenen – Industriestädten Elberfeld und Barmen. Sie wurde hier von reformierten und lutherischen Fabrikanten und Kaufleuten unterstützt und führte zur Gründung von Missionsgesellschaften und Jünglingsvereinen. 1854 gründete der Kaufmann Hermann Heinrich Grafe die »Freie Evangelische Gemeinde Elberfeld-Barmen«, auf die der heutige »Bund Freier Evangelischer Gemeinden« zurückgeht. Weitere Hochburgen der Erweckung waren das *Siegerland*, wo vor allem Handwerker erreicht wurden, sowie das nördliche *Ostwestfalen* um Bielefeld, wo sich eine ländlich-bäuerliche Erweckungsbewegung entwickelte.

In *Hamburg* sah sich die Erweckung vor allem durch die sozialen Probleme des Pauperismus herausgefordert. 1825 gründete der lutherische Pastor *Johann Wilhelm Rautenberg* in der Vorstadt St. Georg eine »Sonntagsschule«, in der Kinder aus armen Familien am arbeitsfreien Sonntag eine elementare Schulbildung und religiöse Erziehung erhielten (seit der Mitte des 19. Jahrhunderts ging in Deutschland aus der Sonntagsschularbeit der evangelische Kindergottesdienst hervor). Die Idee stammte aus England, von dort hatte sie der Kaufmann *Johann Gerhard Oncken* mitgebracht, der sich in Hamburg der Verbreitung von Bibeln widmete und nun bei Rautenberg Sonntagsschullehrer wurde. Allmählich näherte sich Oncken dem Baptismus an, 1834 ließ er sich mit mehreren Gleichgesinnten von einem amerikanischen Baptistenprediger in der Elbe (wieder-)taufen und begründete damit die erste Baptistengemeinde auf dem europäischen Kontinent. Sein Nachfolger an Rautenbergs Sonntagsschule wurde der Theologe *Johann Hinrich Wichern* (1808–1881). 1833 gründete dieser in Hamburg-Horn eine sogenannte »Rettungsanstalt« für schwer erziehbare Kinder, das berühmte, nach seinem Vorbesitzer so genannte »Rauhe Haus« (»Ruges Haus«). Zu dem eigentlichen Erziehungsheim kamen bald Werkstätten und eine Druckerei. Seit 1839 bildete Wichern die Erzieher an einem eigenen »Gehilfeninstitut« selbst aus; mit diesen »Brüdern« Wicherns entstand das neue evangelische Diakonenamt. Über Hamburg hinaus wurde Wichern als Initiator der »Inneren Mission« bekannt (Kap. 6.7.2). Mit vielfältigen sozialen Initiativen trat auch die Hamburger Senatorentochter *Amalie Sieveking* (gest. 1859) hervor. Während der Cholera-Epidemie von 1831 gründete sie den »Weiblichen Verein für Armen- und Krankenpflege«.

Auch in *Bremen* entstand ein vielfältiges erweckliches Vereinswesen. Der Bremer Pfarrer *Gottfried Menken*, ein Urenkel von Friedrich Adolf Lampe (Kap. 5.3.2), war der vielleicht bedeutendste Erweckungsprediger Nordwestdeutschlands. Zu einer Erweckung unter den Bauern der *Lüneburger Heide* kam es durch den Pfarrer *Ludwig (Louis) Harms* in

Hermannsburg bei Celle. Das 1849 von ihm gegründete Missionsseminar wurde zur Zentrale der Hermannsburger Mission, die vor allem in Südafrika und Indien tätig wurde und bis heute besteht.

6.4 Die evangelischen Kirchen in Deutschland bis zur Reichsgründung 1871

6.4.1 Evangelische Kirchenunionen

Zu Beginn des 19. Jahrhunderts kam es in einer Reihe von deutschen Staaten zur Vereinigung von Lutheranern und Reformierten in unierten evangelischen Kirchen. Der über Jahrhunderte erbittert ausgetragene Gegensatz zwischen den beiden evangelischen Bekenntnissen hatte unter dem Einfluss der Aufklärung seine Bedeutung verloren, die Kontroverslehren galten den meisten Pfarrern und Gemeindegliedern als nicht mehr kirchentrennend. Die Union lag im Geist der Zeit.

Zu ersten örtlich begrenzten Unionen kam es im linksrheinischen Deutschland unter französischer Besatzung. Die dort geltende Religionsfreiheit ermöglichte auch in den ehemals katholischen Gebieten, namentlich in den ehemaligen Erzstiften Mainz, Köln und Trier, die Entstehung staatlich anerkannter evangelischer Gemeinden, die sich teilweise von vornherein als Unionsgemeinden konstituierten. Aber auch in ehemals evangelischen Gebieten schlossen sich lutherische und reformierte Gemeinden zusammen. Die erste dieser *Lokalunionen* wurde 1802 in Mainz geschlossen, weitere gab es u. a. in Koblenz und im pfälzischen Lambrecht.

Nach 1815 stellte sich das Thema der Union auch in den Flächenstaaten. Infolge der territorialen Neuordnung Deutschlands durch Reichsdeputationshauptschluss und Wiener Kongress waren die meisten Länder des Deutschen Bundes konfessionell gemischt, und es lag im Interesse der Regierungen, nicht zwei evangelische Landeskirchen organisieren zu müssen. Das Unionsverlangen in den Gemeinden und das staatliche Interesse an effektiver zentraler Kirchenorganisation trafen so zusammen; teils gingen die Initiativen zur Union »von oben«, teils »von unten« aus.

Einen entscheidenden Impuls gab das dreihundertjährige Reformationsjubiläum. Der preußische König Friedrich Wilhelm III. hatte schon früh den Wunsch geäußert, die Feierlichkeiten durch eine kirchliche Union zu krönen, und wirklich wurde in *Preußen* am Reformationstag 1817 mit einer Reihe von gemeinsamen Abendmahlsfeiern der – mühsame – Weg zur preußischen Union eingeschlagen (Kap. 6.4.2). Auch im Herzogtum *Nassau* (Hauptstadt: Wiesbaden) plante man aus Anlass des Jubiläums eine Union. Von einer gemeinsamen Synode lutherischer und reformierter Pfarrer in Idstein wurde sie förmlich beschlossen und vom Herzog bereits im August 1817 in Kraft gesetzt. Damit war die nassauische Union die erste Union in einem Flächenstaat und wurde noch vor der preußischen Union vollzogen.

In den folgenden Jahren kam es zu weiteren Unionen, so 1821 im Großherzogtum *Baden*, wo bereits 1807 durch Zusammenschluss der kirchlichen Leitungsgremien – des reformierten und des lutherischen Kirchenrats – eine Verwaltungsunion erfolgt war. Ebenfalls 1821 wurde die Union im Fürstentum *Waldeck* geschlossen, 1820 bzw. 1827 in den Herzogtümern *Anhalt-Bernburg* und *Anhalt-Dessau*. Einige Unionen betrafen nur einzelne Kirchengebiete größerer Landeskirchen, so 1818 die zu Bayern gehörende *Rheinpfalz* und die Hessen-Kasseler Provinz *Hanau* und 1822 die Hessen-Darmstädter Provinz *Rheinhessen* (um Mainz). Die innere Ausgestaltung der einzelnen Unionen war sehr unterschiedlich. Nur in Nassau, der Pfalz und Baden kam es zu wirklichen Konsensusunionen mit gemeinsamem Bekenntnis, Katechismus und Agende. Sonst handelte es sich um föderative Unionen, bei denen die alten Bekenntnisse unter dem Dach der gemeinsamen Unionskirche fortbestanden. In der Mehrheit der deutschen Länder gab es infolge der spezifischen konfessionellen Verhältnisse gar keine Union. Der Wunsch der Unionisten, aus zwei protestantischen Bekenntnissen eines zu machen, blieb daher unerfüllt. Stattdessen gab es nun sogar drei Bekenntnisse nebeneinander: Lutheraner, Reformierte und Unierte.

6.4.2 Union und Agendenstreit in Preussen

In Preußen regierte König Friedrich Wilhelm III. (reg. 1797–1840), ein nüchterner Herrscher mit bürgerlichem Habitus, kirchlich gesinnt und liturgisch interessiert. Schon früh fasste er den doppelten Plan einer grundlegenden Reform der Kirchenverfassung und einer kirchlichen Union. Die brandenburgisch-preußischen Herrscher waren ja von jeher an einer innerprotestantischen Annäherung interessiert (Kap. 4.8.3);

6.4 DIE EVANGELISCHEN KIRCHEN BIS ZUR REICHSGRÜNDUNG 1871

dazu kam als persönliches Motiv, dass der reformierte Friedrich Wilhelm mit seiner lutherischen Gemahlin, der populären Königin Luise, nicht zusammen Abendmahl feiern konnte.

Erste Schritte zu beiden Projekten unternahm im Zuge der preußischen Reformen der königliche Minister Freiherr vom Stein. 1808 führte er eine kirchliche Verwaltungsunion ein, bei der die drei bisherigen kirchlichen Oberbehörden (lutherisch, reformiert, französisch-reformiert) aufgehoben und ihre Zuständigkeiten auf die neu gebildete Abteilung »Kultus und Unterricht« im Innenministerium übertragen wurden. Im selben Jahr legte Schleiermacher im Auftrag Steins den Plan einer Kirchenverfassungsreform vor, der auf die Ablösung des königlichen Kirchenregiments durch eine presbyterial-synodale Selbstverwaltung hinauslief. In der preußischen Landeskirche fanden diese Ideen weithin Anklang, der König aber lehnte sie wegen ihrer Nähe zu den politischen Forderungen des Liberalismus ab und ließ das Projekt der Kirchenreform schließlich ganz fallen; wie die anderen Herrscher der Zeit favorisierte er ein staatskirchliches Modell mit einer engen staatlichen Aufsicht über die Kirche.

Dagegen hielt er an dem Unionsprojekt fest, das durch die religiöse Begeisterung der Befreiungskriege neue Nahrung erhalten hatte. Bereits im März 1817 regte Friedrich Wilhelm III. an, das Reformationsjubiläum mit einer Kirchenvereinigung zu feiern. Doch noch im August 1817, als die nassauische Union vollzogen wurde, waren in Preußen keine Vorbereitungen hierzu getroffen worden. Im September vereinigten sich in Hagen in der preußischen Provinz Westfalen mit Zustimmung des Königs die lutherische und die reformierte Synode der Grafschaft Mark. Für die landesweite Union drängte die Zeit, an die Einberufung einer Synode wie in Nassau war nicht mehr zu denken. Der *Unionsaufruf* Friedrich Wilhelms III. vom 27. September 1817 setzte daher auf Freiwilligkeit: Der König kündigte an, dass sich am Reformationstag die reformierte und die lutherische Hofgemeinde in Potsdam mit einer gemeinsamen Abendmahlsfeier vereinigen würden und forderte alle anderen Gemeinden auf, diesem Beispiel zu folgen:

> »Dieser heilsamen, schon so lange und auch jetzt wieder so laut gewünschten und so oft vergeblich versuchten Vereinigung, in welcher die reformierte Kirche nicht zu der lutherischen und diese nicht zu jener übergeht, sondern beide Eine neue belebte, evangelisch-christliche Kirche im Geiste ihres heiligen Stifters werden, steht kein in der Natur der Sache liegendes Hindernis mehr ent-

gegen, sobald beide Teile nur ernstlich und redlich in wahrhaft christlichem Sinne sie wollen, und von diesem erzeugt, würde sie würdig den Dank aussprechen, welchen wir der göttlichen Vorsehung für den unschätzbaren Segen der Reformation schuldig sind ...«[99]

Wirklich wurden am Reformationsfest 1817 an zahlreichen Orten solche gemeinsamen Abendmahlsgottesdienste gehalten, doch dauerhafte Zusammenschlüsse zu unierten Gemeinden kamen dadurch nur ausnahmsweise zustande.

Ganz im Sinne Schleiermachers glaubte der König, dass bei der Union die Abendmahlsgemeinschaft im Zentrum stehen müsse, während die Lehr- und Bekenntnisfragen letztlich irrelevant seien. Sein Ziel war daher keine Bekenntnisunion, sondern eine gottesdienstliche Union (Kultusunion, liturgische Union), die sich im gleichförmigen Gottesdienst der bekenntnisverschiedenen Gemeinden manifestierte. Zu diesem Zweck gab Friedrich Wilhelm III. 1822 eine neue einheitliche Agende (Gottesdienstordnung) heraus, die in allen evangelischen Kirchengemeinden Preußens verwendet werden sollte. Der liturgisch ambitionierte König – 1811 hatte er den bis heute gebräuchlichen schwarzen Talar für die evangelischen Pfarrer eingeführt – hatte die Agende in Anlehnung an die konservative reformatorische Brandenburgische Kirchenordnung von 1540 selbst entworfen. In den Gemeinden stieß das Vorhaben auf heftigen Widerstand. Viele, vor allem Reformierte, stießen sich am stark liturgischen Charakter der neuen Gottesdienstordnung. Vor allem aber brachte die Tatsache, dass der König für sich das Recht in Anspruch nahm, in eigener Machtvollkommenheit über den Gottesdienst zu bestimmen, die Befürworter kirchlicher Selbstverwaltung dagegen auf. Zu den schärfsten Kritikern gehörte Schleiermacher, so sehr er sonst die Union befürwortete. Der *preußische Agendenstreit* dauerte von 1822 bis 1834. Erst ab 1827 konnte in den acht Kirchenprovinzen die Einheitsagende sukzessive eingeführt werden, erhielt aber jeweils provinzialkirchliche Anhänge mit den alten gottesdienstlichen Formularen, die weiterhin verwendet werden durften. 1834 erklärte der König, die Union sei von der Annahme der Agende unabhängig, und auch die Autorität der Bekenntnisschriften werde durch die Union nicht beeinträchtigt. Die preußische Union blieb letztlich eine Konföderation getrennter Bekenntnisse. Jede Gemeinde behielt ihren eigenen Bekennt-

---

99 Zitiert nach Greschat, Vom Konfessionalismus zur Moderne (KThGQ 4), 183.

6.4 Die evangelischen Kirchen bis zur Reichsgründung 1871

nisstand (lutherisch, reformiert, uniert), die Pastoren wurden weiter auf die unterschiedlichen Bekenntnisse ordiniert, die unterschiedlichen liturgischen Traditionen blieben bestehen. Ihren äußeren Ausdruck fand die preußische Union im Wesentlichen in der Abendmahlsgemeinschaft und in der Verwaltung aller Gemeinden durch gemeinsame Konsistorien in den einzelnen Provinzen.

Ein bemerkenswertes Nebenergebnis des Agendenstreits war die Einführung einer besonderen Kirchenordnung für die beiden preußischen Westprovinzen. In langen Verhandlungen konnten die Evangelischen in der Rheinprovinz (Hauptstadt: Düsseldorf) und in der Provinz Westfalen (Hauptstadt: Münster) durchsetzen, dass die dort verwurzelten Traditionen einer presbyterial-synodalen Selbstverwaltung förmlich anerkannt wurden. Mit der *Rheinisch-Westfälischen Kirchenordnung* von 1835 erhielten die beiden Provinzen eine Sonderstellung in Preußen und wurden zum Vorbild für die weitere kirchliche Verfassungsentwicklung.

6.4.3 Der Neokonfessionalismus

Es erscheint bemerkenswert, dass die auf Überwindung des alten Konfessionalismus zielende Unionsbewegung zur selben Zeit vom Aufkommen eines neuen Konfessionalismus konterkariert wurde. Dieser war teils durch die Erweckung und ihre Rückbesinnung auf die Kirche, teils durch die Gegnerschaft zur preußischen Union und anderen Unionen motiviert. Im Verlauf des 19. Jahrhunderts führte der Neokonfessionalismus zu einer abermaligen Vertiefung der bereits überwunden geglaubten innerprotestantischen Differenzen; vor allem Lutheraner entdeckten jetzt ihre konfessionelle Identität neu. Insofern hat das zitierte Wort Olaf Blaschkes vom 19. Jahrhundert als einem »zweiten Konfessionellen Zeitalter« (Kap. 6.1.4) eine gewisse Berechtigung.

Nicht nur für die Unionen, auch für den neuen Konfessionalismus gab das Reformationsjubiläum von 1817 den Startschuss. Der Kieler Pfarrer *Claus Harms* (nicht verwandt mit Louis Harms, Kap. 6.3.4) veröffentlichte 1817 Luthers 95 Thesen zusammen mit 95 eigenen Thesen gegen theologischen Rationalismus und Unionismus und löste damit eine kontroverse öffentliche Debatte aus, die den Anlass zur Formierung des konfessionellen Neuluthertums gab. Folgenreich wurde die Tatsache, dass es vielfach zu einem Bündnis zwischen Erweckung und Konfessionalismus kam. Auch in der akademischen Theologie schlug sich der Konfessionalismus nieder (Kap. 6.5.3): im Luthertum bei den Erlanger Theologen, bei Wilhelm Löhe in Neuendettelsau und bei August Vilmar in Marburg, im Reformiertentum bei Ernst Wilhelm Hengstenberg in Berlin.

Der Protest der Lutheraner gegen die preußische Union führte schließlich sogar zur Entstehung einer lutherischen Freikirche. Als im schlesischen Breslau ausgerechnet im Gedenkjahr der Confessio Augustana 1830 die preußische Unionsagende eingeführt werden sollte, formierte sich dort heftiger Widerstand unter Leitung des Pfarrers und Professors Johann Gottfried Scheibel, der schließlich zur Abspaltung der *Altlutherischen Kirche* (offiziell: »Evangelisch-lutherische Kirche in Preußen«) führte, die sich trotz massiver Verfolgungen behaupten konnte. Auch andernorts bildeten sich lutherische Freikirchen; seit 1972 sind sie deutschlandweit in der »Selbstständigen Evangelisch-Lutherischen Kirche« (SELK) vereinigt.

6.4.4 Deutsche Revolution und preussischer Konservatismus

Unter dem Eindruck der französischen Februarrevolution von 1848 kam es 1848/49 auch in einer Reihe weiterer europäischer Staaten zu Revolutionen. Die im März 1848 begonnene *Deutsche Revolution* (auch: »Märzrevolution«) nahm ihren Ausgangspunkt im deutschen Südwesten, vor allem im traditionell liberalen Baden. Die Revolutionäre forderten die Schaffung liberaler Verfassungsstaaten mit garantierten bürgerlichen Freiheitsrechten und die Herstellung der nationalen staatlichen Einheit Deutschlands in Gestalt einer konstitutionellen Monarchie. Die Fürsten etlicher Mittelstaaten kamen den Forderungen entgegen und beriefen sogenannte Märzminister, in Österreich musste der verhasste Staatskanzler Metternich zurücktreten. Seit dem Mai 1848 tagte in der Frankfurter Paulskirche die aus 830 gewählten Abgeordneten bestehende Nationalversammlung. Im März 1849 verabschiedete sie eine »Verfassung des deutschen Reiches«, die von zahlreichen deutschen Ländern gebilligt wurde. Gegen das herrschende Staatskirchentum sah sie die Trennung von Kirche und Staat, die Herabstufung der Religionsgemeinschaften zu privaten Vereinen sowie die unbeschränkte Möglichkeit der Gründung neuer Religionsgemeinschaften vor. Das Projekt der

6.4 Die evangelischen Kirchen bis zur Reichsgründung 1871

Umwandlung des Deutschen Bundes in ein geeintes deutsches Kaiserreich misslang jedoch. Die sogenannte großdeutsche Lösung – ein Reich unter Führung des Kaisertums Österreich – schied aus, da Österreich sich nicht zugunsten des Eintritts in einen deutschen Nationalstaat von seinen nicht-deutschen Ländern (vor allem Ungarn) trennen wollte. Die sogenannte kleindeutsche Lösung – ein Reich ohne Österreich unter preußischer Führung – scheiterte, da der preußische König Friedrich Wilhelm IV. (reg. 1840–1861), der auf das Gottesgnadentum seiner Herrschaft Wert legte, keine Kaiserkrone aus der Hand des Volkes – »einen solchen imaginären Reif, aus Dreck und Letten (= Lehm) gebacken«[100] – tragen mochte. Damit hatte die Revolution ihr Ziel verfehlt, die Nationalversammlung löste sich auf, die Verfassung war gegenstandslos geworden. Die letzten revolutionären Herde in Baden, der Pfalz und Sachsen wurden mit Militärgewalt zerschlagen. Der politische Liberalismus war besiegt, der Konservatismus beherrschte die Restaurationsjahre nach 1849.

In *Preußen* hatte *Friedrich Wilhelm IV.* 1840 den Thron bestiegen. Er galt als »der Romantiker auf dem Thron«, war persönlich fromm und seit den 1820er Jahren der Erweckung verbunden. Anfangs hatte er gegenüber den Forderungen der Liberalen einige Zugeständnisse gemacht, hatte die Verständigung mit den aufbegehrenden preußischen Katholiken (Kap. 6.6.4) gesucht und auch die altlutherische Kirche anerkannt. Der unierten evangelischen Landeskirche stellte er eine Kirchenverfassung in Aussicht. Doch während ihm selbst die Einführung einer Ämterordnung nach altkirchlichem Vorbild und die Umwandlung der Superintendenturen in Bistümer vorschwebte, forderten viele Kirchenvertreter eine presbyterial-synodale Verfassung nach dem Vorbild der Rheinisch-Westfälischen Kirchenordnung. Diesen Weg wollte der König nicht mitgehen, die dahingehenden Beschlüsse einer Berliner Generalsynode von 1846 bestätigte er nicht. Das einzige Ergebnis war die Übertragung der bis dahin vom (inzwischen aus dem Innenministerium ausgegliederten) Kultusministerium wahrgenommenen Kirchenleitung auf eine neu geschaffene kirchliche Behörde, den Evangelischen Oberkirchenrat in Berlin.

---

100 Brief Friedrich Wilhelms IV. an Christian Frhr. von Bunsen, vom 13.12.1848, zitiert nach Krebs, Volk, Reich und Nation, 100.

In seiner Ablehnung einer synodalen Kirchenverfassung war sich der König mit konservativen kirchlichen Kreisen einig, die sich um *Ernst Wilhelm Hengstenberg*, Professor für Altes Testament in Berlin, und die 1827 von ihm gegründete »Evangelische Kirchenzeitung« sammelten. Hengstenberg, ein von der Erweckung geprägter Reformierter, hatte sich 1830 unter dem Eindruck der französischen Julirevolution konservativen Positionen zugewandt. Er lehnte eine liberale Kirchenverfassung ab und rückte jetzt auch von der Union ab. Stattdessen befürwortete er eine kirchliche Rekonfessionalisierung, er selbst wurde zum Hauptvertreter einer an der alten reformierten Lehrbildung orientierten Neoorthodoxie. Auch sonst kam es seit 1830 in weiten Teilen der Erweckungsbewegung zu einer Zuwendung zum politischen Konservatismus und zum Konfessionalismus.

Nach 1848 gewannen die konservativen Kräfte in der preußischen Kirche die Oberhand. Neben Hengstenberg waren dabei vor allem der Jurist Stahl und die Brüder Gerlach führend. *Friedrich Julius Stahl* (gest. 1861), Professor für Staats- und Kirchenrecht an der Berliner Universität, war vom Judentum zum Luthertum konvertiert und von der Erlanger Erweckung geprägt. 1848, im Jahr der Revolution, wurde er zum Mitbegründer der Konservativen Partei in Preußen und der konservativen »Neuen Preußischen Zeitung«, die nach dem Eisernen Kreuz auf der Titelseite die »Kreuzzeitung« genannt wurde. 1852 machte der König ihn zum Mitglied des Evangelischen Oberkirchenrats. Stahl propagierte das Ideal eines christlichen Staates. Die Monarchie begründete er religiös aus dem Christentum, die Revolution galt ihm als Ausdruck und Folge des Unglaubens. Bei der Gründung der Konservativen Partei und der Kreuzzeitung waren auch die Brüder *Leopold* und *Ernst Ludwig von Gerlach*, der eine General, der andere Richter, beteiligt. Zusammen mit weiteren Angehörigen der sogenannten Kreuzzeitungspartei gehörten sie der *»Kamarilla«* um König Friedrich Wilhelm IV. an, einer Art informeller Nebenregierung, die in der Restaurationsära von 1850 bis 1858 starken Einfluss in Staat und Kirche gewann. 1861 bestieg Friedrich Wilhelms Bruder und Nachfolger, König Wilhelm I. (reg. 1861–1888, seit 1871 zugleich Deutscher Kaiser), den preußischen Thron. Der christliche Staat war für ihn keine Option mehr; er rückte von der staatskirchlichen Linie seiner Vorgänger ab und öffnete größere Freiräume für eine kirchliche Selbstverwaltung.

6.4.5 Gesamtkirchliche Einungsbestrebungen

Parallel zu den Bestrebungen nach nationaler Einheit Deutschlands gab es seit der Jahrhundertmitte auch kirchliche Einungsbestrebungen. Dabei standen freie und kirchenamtliche Initiativen nebeneinander.

Einer freien Initiative verdankte sich der *Deutsche Evangelische Kirchentag*[101], der erstmals im September 1848 in der Schlosskirche in Wittenberg tagte. Unter dem Eindruck der Deutschen Revolution trafen sich hier führende Persönlichkeiten des deutschen Protestantismus, um gemeinsam über die Zukunft der evangelischen Kirchen und die Möglichkeit der Schaffung eines Kirchenbundes zu beraten. Wortführer waren der Bonner Jura-Professor August von Bethmann-Hollweg, Friedrich Julius Stahl und der Kirchenliedforscher Philipp Wackernagel. Zu den Teilnehmern gehörte auch Johann Hinrich Wichern, der mit seiner berühmten Stegreifrede den Startschuss zur Inneren Mission gab (Kap. 6.7.2). Bis 1872 versammelte sich der Deutsche Evangelische Kirchentag insgesamt sechzehnmal; im Kaiserreich traten andere Organe wie der 1890 gegründete Evangelisch-Soziale Kongress an seine Stelle als Gesprächsforum.

Kirchenamtlich verantwortet war die »Deutsche Evangelische Kirchenkonferenz«, die bereits 1846 auf Initiative Preußens und Württembergs mit Delegierten von sechsundzwanzig Kirchenregierungen in Berlin stattfand. Nachdem absehbar war, dass der Kirchentag nicht zur Bildung eines Kirchenbundes beitragen würde, wurde die Deutsche Evangelische Kirchenkonferenz 1852 mit einer neuerlichen Tagung in Eisenach als ständiges Koordinierungsgremium der deutschen Landeskirchen etabliert. Die zweijährlich tagende »Eisenacher Konferenz« widmete sich unter anderem der – zunächst ergebnislosen – Arbeit an einem gemeinsamen Gesangbuch und der Normierung des evangelischen Kirchenbaus, den das *Eisenacher Regulativ* von 1861 auf neugotische und

---

101 Der Name »Deutscher Evangelischer Kirchentag« bezeichnet drei verschiedene Institutionen in der Kirchengeschichte des 19. und 20. Jahrhunderts: (1) den Kirchentag der Jahre 1848-1872, ein Gesprächsforum evangelischer Honoratioren; (2) den »Deutschen Evangelischen Kirchentag« (1919-1930) zur Zeit der Weimarer Republik, der als Synode des »Deutschen Evangelischen Kirchenbundes« (also als Vorgängerinstitution der EKD-Synode) fungierte (Kap. 7.2.2), und (3) den 1949 begründeten »Deutschen Evangelischen Kirchentag« als protestantisches Laientreffen (Kap. 7.9.1).

neuromanische Bauformen festlegte. Die Reichsgründung 1871 verlieh der Arbeit zusätzlichen Schub. Die Eisenacher Konferenz veranstaltete eine Revision der Lutherbibel und schuf eine neue Perikopenordnung. 1903 erhielt sie auf Betreiben Preußens ein ständiges Exekutivorgan in Gestalt des »Deutschen Evangelischen Kirchenausschusses«. Zur Gründung eines förmlichen Kirchenbundes sollte es aber erst 1922 kommen.

6.5 Die evangelische Theologie im 19. Jahrhundert

6.5.1 Friedrich Schleiermacher

An den evangelisch-theologischen Fakultäten Deutschlands blieb bis etwa 1830 der Rationalismus dominierend. Auch die Erweckung vermochte daran nichts zu ändern. Der entscheidende Anstoß zur Überwindung der Aufklärungstheologie und zu einer vielfältigen Fortentwicklung der protestantischen Lehrbildung ging von dem Berliner Theologieprofessor Friedrich Schleiermacher aus, auf den sich direkt oder indirekt alle Theologen seines Jahrhunderts bezogen und der deshalb zu Recht als »Kirchenvater des 19. Jahrhunderts« bezeichnet wurde.[102]

Friedrich Daniel Ernst Schleiermacher (1768–1834) hatte familiäre Wurzeln im Pietismus, sein Vater war reformierter Feldprediger in der preußischen Armee und Mitglied der Herrnhuter Brüdergemeine. Auch der Sohn sollte Prediger der Brüdergemeine werden und wurde auf deren Seminaren in Niesky (Oberlausitz) und Barby (Sachsen-Anhalt) erzogen. Doch als er Zweifel an der Gottessohnschaft und am Sühnetod Christi bekam, trennte er sich von den Herrnhutern[103] und bezog die von der Aufklärung geprägte Universität Halle. Von 1796–1802 war Schleiermacher Krankenhausseelsorger an der Charité in Berlin und verkehrte in den Kreisen der Romantiker, vor allem im Salon der jüdischen Schriftstellerin Henriette Herz. Mit dem bedeutenden Romantiker

---

102 Vgl. den Buchtitel von Christian Lülmann, Schleiermacher, der Kirchenvater des 19. Jahrhunderts, Tübingen 1907.

103 1802 bezeichnete Schleiermacher sich als einen »Herrnhuter höherer Ordnung« (Aus Schleiermacher's Leben. In Briefen I, 295).

6.5 Die evangelische Theologie im 19. Jahrhundert

Friedrich Schlegel teilte er die Wohnung. Nach kurzen Tätigkeiten als Hofprediger im pommerschen Stolp und als Professor in Halle kehrte er 1807 nach Berlin zurück, wo er reformierter Prediger an der Dreifaltigkeitskirche und 1810 zusätzlich Theologieprofessor an der unter seiner Beteiligung neu gegründeten Universität – bis dahin hatte es in Preußen Universitäten nur in Frankfurt an der Oder, Königsberg und Halle gegeben – wurde. Schleiermacher war ein Befürworter der 1817 eingeleiteten Union zwischen Lutheranern und Reformierten, lehnte aber die vom König verordnete Einheitsagende ab; sein Eintreten für eine presbyterial-synodale Kirchenverfassung blieb zu seinen Lebzeiten ohne Erfolg.

Schleiermacher entwickelte seine von der Romantik geprägte Theologie in doppelter Abgrenzung von der konventionellen Offenbarungstheologie und ihrem Dogmatismus einerseits und von der Aufklärung und ihrem Moralismus andererseits. Stattdessen betrieb er eine an der religiösen Erfahrung des Menschen orientierte *Subjektivitätstheologie*. Nicht Gott, sondern das fromme Selbstbewusstsein war für ihn Gegenstand der Theologie. In drei Hauptwerken hat Schleiermacher seine Anschauungen entwickelt.

1799 erschien »*Über die Religion*. Reden an die Gebildeten unter ihren Verächtern«. Mit den fünf Reden wollte Schleiermacher dem kirchenfernen Bildungsbürgertum seiner Zeit die Bedeutung des Christentums demonstrieren. Dazu trug er in der 2. Rede eine Neubestimmung des Wesens der Religion vor: Diese sei weder Denken noch Handeln, weder Metaphysik noch Moral, sondern ein Drittes, Eigenes, das Schleiermacher »Anschauen und Gefühl« nannte. Sie sei weder in der Vernunft noch im Gewissen angesiedelt, sondern in einer »eigenen Provinz im Gemüt«. Ihrem Wesen nach sei sie »Anschauen des Universums«, also der Gesamtheit alles Seienden und Geschehenden, oder »Sinn und Geschmack fürs Unendliche«. In der 3. Rede entwarf Schleiermacher das Programm einer religiösen Bildung: jeder Mensch habe eine religiöse Anlage, die aber der Anregung und Entwicklung bedürfe. Die 5. Rede zeigte, dass Religion nie abstrakt (wie in der aufklärerischen Vernunftreligion) zu haben sei, sondern nur in Gestalt der konkreten und geschichtlichen »positiven« Religionen, unter denen das Christentum die höchste Stufe einnehme.

Die »*Kurze Darstellung des theologischen Studiums*« (1811, ²1830) entfaltete Schleiermachers Verständnis der Theologie als Wissenschaft.

Konsequent bezog er die Theologie auf die kirchliche Praxis; wie Medizin und Jurisprudenz sei sie keine »reine«, sondern eine »positive«, d. h. auf die Bewältigung einer praktischen Aufgabe ausgerichtete Wissenschaft. Diese Aufgabe nannte Schleiermacher die »Kirchenleitung«, womit vor allem die pfarramtliche Tätigkeit gemeint war, für deren Ausübung die Theologie die erforderlichen Kenntnisse und Fertigkeiten bereitstellte. Die Disziplinen der Theologie zerfielen in drei Gruppen: die »philosophische Theologie«, die die theoretisch-begrifflichen Grundlagen des Christentums erarbeitete; die »historische Theologie«, zu der die exegetischen Fächer, die Kirchengeschichte und die Dogmatik (als Beschreibung des gegenwärtigen, historisch gewordenen Zustands der Glaubenslehren) zählten; und die »praktische Theologie«, die nicht nur Sammlung von Erfahrungswissen, sondern eine veritable »Theorie der Praxis« sein sollte und als solche die »Krone der Theologie« darstellte.

Den Ertrag seiner Vorlesungen hat Schleiermacher in der *Glaubenslehre* (»Der christliche Glaube nach den Grundsätzen der evangelischen Kirche im Zusammenhang dargestellt«, 1821/22; erweitert 1830/31) zusammengefasst. Der Titel war bezeichnend. Es ging nicht um Dogmatik im Sinne der Entwicklung autoritativer Lehrsätze, sondern um eine Beschreibung religiöser Erfahrung: »Christliche Glaubenssätze sind Auffassungen der christlich-frommen Gemütszustände, in der Rede dargestellt.« Die allen Menschen eigene religiöse Primärerfahrung nannte Schleiermacher hier das »Gefühl der schlechthinnigen Abhängigkeit«; während wir sonst in allem Denken und Handeln zugleich in gewissem Maße frei und in gewissem Maße abhängig sind, erfahren wir uns Gott gegenüber als absolut abhängig. Im Zentrum des christlichen Glaubens steht Jesus Christus, der der »Sohn Gottes« und unser Erlöser ist. Er ist dies aber Schleiermacher zufolge nicht durch eine übernatürliche Geburt oder einen stellvertretenden Sühnetod, sondern durch die »stetige Kräftigkeit seines Gottesbewusstseins«. Indem der Mensch im Glauben mit Christus vereinigt werde, werde sein eigenes Selbstbewusstsein in das vollkommene Gottesbewusstsein Jesu mit hineingenommen.

6.5.2 Liberale Theologie

Die sogenannte liberale Theologie – der Terminus ist in dieser Form eine Prägung erst des 20. Jahrhunderts und nicht scharf definiert – hat sich vor allem am Problem der Verhältnisbestimmung von Glaube und Geschichte abgearbeitet. Dabei erhielt sie entscheidende Impulse durch den theologischen Linkshegelianismus.

Wie die philosophische Hegel-Schule, so entwickelte sich auch die sogenannte spekulative Theologie, die Hegels Denken theologisch adaptierte, in unterschiedliche Richtungen. Der theologische Rechtshegelianismus (z. B. Philipp Konrad Marheineke in Berlin) hielt grundsätzlich am orthodoxen Dogma fest und gehört zur konservativen Richtung evangelischer Theologie. Als sehr viel produktiver erwies sich der theologische Linkshegelianismus, der sein Zentrum an der Universität Tübingen hatte und am Anfang des theologischen Liberalismus stand. Der Tübinger Professor *Ferdinand Christian Baur* (1792–1860) wendete Hegels Geschichtsphilosophie und sein Entwicklungsdenken konsequent auf die christliche Lehrbildung (Theologie) und auf das Neue Testament an; beide waren ihm nicht mehr zeitlose Größen, sondern ganz und gar Ergebnis geschichtlicher Entwicklung. Im Sinne Hegels ging Baur davon aus, dass der göttliche Geist im Christentum mit seiner in Christus verkörperten Grundidee der Einheit von Göttlichem und Menschlichem zu sich selbst komme. Im Zuge dieses Zu-sich-selbst-Kommens des göttlichen Geistes habe sich die christliche Glaubenslehre in einem stetig fortschreitenden dialektischen Prozess sukzessiv entwickelt. Dabei erschien Baur die Reformation als entscheidender Wendepunkt – erst mit ihr hätten Individualität und Persönlichkeit, die eigentlichen Wesensmerkmale des Christentums, die ihnen zustehende Geltung zu erlangen begonnen. Baurs Konzeption der Theologiegeschichte lief so auf eine konsequente Historisierung des überlieferten Lehrbestandes hinaus. Auch in den Schriften des Neuen Testaments fand er Spuren einer dialektischen Entwicklung, die hier vom antithetischen Gegensatz zwischen dem gesetzesobservanten Judenchristentum des Herrenbruders Jakobus und dem gesetzesfreien Heidenchristentum des Paulus hin zur Synthese im Frühkatholizismus des 2. Jahrhunderts führte. Die einzelnen neutestamentlichen Schriften ordnete er im Sinne einer »Tendenzkritik« diesen verschiedenen Richtungen zu, womit er der historisch-kritischen Exegese entscheidende Impulse gab. Mit seinem Ansatz wurde Baur zum Begründer der »Tübinger Schule« (zur Unterscheidung von der älteren Tübinger Schule Storrs und der katholischen Tübinger Schule Dreys und Möhlers manchmal als »jüngere evangelische Tübinger Schule« bezeichnet).

Baurs bedeutendster Schüler war *David Friedrich Strauß* (1808–1874). Noch als Repetent (Studienassistent) am Tübinger Stift veröffentlichte er 1835/36 sein Hauptwerk »Das Leben Jesu, kritisch bearbeitet«, mit dem er die kritische Leben-Jesu-Forschung begründete. Es kann als wichtigstes theologisches Buch des 19. Jahrhunderts gelten. Danach muss man zwischen dem historischen Jesus von Nazareth, einem Lehrer der Liebe zu Gott und den Menschen, und dem Jesus der Evangelien unterscheiden. Die Evangelien sind keine glaubwürdigen historischen Urkunden des Lebens Jesu. Die in ihnen enthaltenen Erzählungen sind Ausdruck nicht von Tatsachen, sondern von Ideen – sie sind »Mythen«, gemeinschaftliche Dichtungen der ersten Christen, die sich dabei unbewusst von der alttestamentlichen Messiaserwartung leiten ließen. Das Buch löste eine heftige Kontroverse aus, die Strauß die akademische Laufbahn versperrte; er lebte fortan als Privatgelehrter. In seinem Buch »Die christliche Glaubenslehre« (1840/41) unternahm Strauß eine Destruktion der Dogmen durch den Nachweis ihrer historischen Entstehung und Bedingtheit. Zum Manifest der bürgerlichen Bildungsreligion des Kaiserreichs wurde seine Spätschrift »Der alte und der neue Glaube« (1872), in dem er eine nach-christliche weltliche Kulturreligion propagierte, die an die Stelle des Gottesdienstes den Besuch von Konzert und Museum setzte.

Die kritische Behandlung des Lebens Jesu bestimmte fortan die Agenda der liberalen Theologie. Eine Extremposition bezog *Bruno Bauer* in Berlin, der bestritt, dass Jesus von Nazareth je gelebt habe, und die ganze neutestamentliche Überlieferung für eine betrügerische Erfindung hielt. Der aus der Schweiz stammende Heidelberger Theologieprofessor *Daniel Schenkel* versuchte 1864 »Das Charakterbild Jesu« als des Stifters eines innerlichen Reiches der Gesinnungsänderung zu zeichnen und löste damit den mehrjährigen »Schenkel-Streit« aus. 1863 gründete Schenkel gemeinsam mit Richard Rothe (Kap. 6.5.4) und anderen liberal gesinnten Theologen den *Deutschen Protestantenverein*, der zur wichtigsten Organisation des sogenannten Kulturprotestantismus wurde. Satzungsgemäß erstrebte er eine Erneuerung des evangelischen Christentums »im Geist evangelischer Freiheit und im Einklang mit der ganzen Kulturentwicklung seiner Zeit«, um so das der Kirche entfremdete Bildungsbürgertum zurückzugewinnen. Nach dem Zweiten Weltkrieg ist der Protestantenverein im »Bund für Freies Christentum« aufgegangen.

Die liberale Theologie mit ihrem Augenmerk auf die Geschichtlichkeit des Glaubens hat gerade auf dem Gebiet der *Exegese* herausragende Leistungen hervorgebracht. Das 19. Jahrhundert ist geradezu als Blütezeit der historisch-kritischen Bibelauslegung anzusehen. Stellvertretend für viele namhafte Exegeten seien nur zwei genannt. Große Bedeutung für die alttestamentliche Wissenschaft hatten Julius Wellhausen (gest. 1918) in Göttingen, der Begründer der »Neueren Urkundenhypothese« zur Pentateuchkritik (»Jahwist«, »Elohist«, »Priesterschrift« und Deuteronomium als durchlaufende Quellenschriften), und die von ihm begründete Schule. In der neutestamentlichen Exegese dominierte zunächst die Baur-Schule. Aus späterer Zeit ist Heinrich Julius Holtzmann (gest. 1910) in Heidelberg und (dem damals wieder zum Deutschen Reich gehörenden) Straßburg zu nennen, der in der Synoptikerforschung der Zwei-Quellen-Theorie zum Durchbruch verhalf.

6.5.3 Konservative Theologie

Das Spektrum der konservativen Theologie reichte von den Ausläufern des alten, sich auf Kant berufenden Supranaturalismus (Kap. 5.12.3) über die Erweckungstheologie und die konfessionelle Theologie bis zur biblischen Theologie der zweiten Jahrhunderthälfte. Im Kaiserreich wurde die konservative Richtung auch als »positiv«, d. h. am gegebenen Bestand der biblischen Offenbarung festhaltend, bezeichnet (Kap. 6.8.1).

Bedeutende Vertreter einer konservativen Theologie kamen aus der *Erweckungsbewegung*. Hier sind vor allem August Neander und August Tholuck zu nennen. Beide verbanden konservatives Beharren auf den überlieferten Lehrinhalten mit einer an Schleiermacher geschulten Orientierung am frommen Subjekt. *August Neander* (eigentlich David Mendel, gest. 1850), ein Konvertit aus dem Judentum, war als Fakultätskollege Schleiermachers Professor für Kirchengeschichte in Berlin. Er betrieb die Kirchengeschichte mit erbaulichem Interesse als Geschichte des Reiches Gottes auf Erden und richtete seine Aufmerksamkeit dabei vor allem biographisch auf die frommen Individuen. Seine Theologie war »Pektoraltheologie« (»Herzenstheologie«), getreu der Maxime *pectus est quod facit theologum* (»das Herz macht den Theologen«). Neanders Schüler *August Tholuck* (gest. 1877), der Professor an der eigentlich rationalistisch geprägten Universität Halle wurde und als bedeutendster Vertreter der Erweckungstheologie gilt, rückte die traditionelle Lehre von Sünde und Versöhnung ins Zentrum seiner Theologie. Indem er die Erfahrung der eigenen Sündhaftigkeit zum Ausgangspunkt machte, ging aber auch er vom religiösen Selbstbewusstsein des Menschen aus. Die Erweckung trug durch ihre Wiederentdeckung der Kirche als Thema der Theologie mit zur Entstehung des Neokonfessionalismus bei und verband sich teilweise mit diesem. Vereinzelt gab es einen *reformierten Konfessionalismus*, dessen Hauptvertreter wir mit *Ernst Wilhelm Hengstenberg* (Kap. 6.4.4) schon kennengelernt haben. Doch es war vor allem das Luthertum, das eine eigenständige konfessionelle Theologie hervorbrachte, für die die Orientierung an den Bekenntnisschriften – nicht so sehr an Luther selbst – zentral war. Eine auf Amt und Sakrament ausgerichtete, hochkirchlich orientierte Spielart dieses *Neuluthertums* verkörperten Wilhelm Löhe und August Vilmar. *Wilhelm Löhe* (gest. 1872) war Pfarrer im mittelfränkischen Neuendettelsau, wo er eine Missionsgesellschaft zur Arbeit unter deutschen Auswanderern in Nordamerika und ein Diakonissenmutterhaus gründete. In den »Drei Büchern von der Kirche« (1845) entfaltete er eine steile Amtstheologie, wonach das Amt die Gemeinde begründe, nicht umgekehrt. Das landesherrliche Kirchenregiment mit seinen Eingriffen in innerkirchliche Belange lehnte er ab; nur das Geschick des Oberkonsistorialpräsidenten Harleß hielt Löhe in der bayerischen Landeskirche. Ein besonderes Anliegen Löhes war die Wiederherstellung einer hochkirchlichen, an altlutherischen Vorbildern orientierten Liturgie. In Hessen-Kassel, das seit 1803 Kurfürstentum war, setzte sich der Marburger Theologieprofessor *August Vilmar* für ein lutherisches Profil der konfessionell gemischten Landeskirche ein. In seinem Hauptwerk »Die Theologie der Thatsachen« (1856) entwickelte er eine hochkirchliche Auffassung der Kirche als Heilsanstalt und des geistlichen Amtes als einer göttlichen Stiftung.

Eine deutlich andere, originellere Ausprägung fand die konfessionell lutherische Theologie in der *Erlanger Erfahrungstheologie*. Von Schleiermacher herkommend, hielten die Erlanger grundsätzlich an der objektiven Geltung der in den Bekenntnisschriften niedergelegten Heilstatsachen fest, verbanden damit aber den Gedanken einer historischen Entwicklung von Lehre und Bekenntnis und die Bezugnahme auf die subjektive Erfahrung der Wiedergeburt. Hauptvertreter der Erlanger Schule war *Johann Christian Konrad (von) Hofmann* (gest. 1877), der zeitweilig auch liberaler Landtagsabgeordneter war. Hofmann machte

6.5 Die evangelische Theologie im 19. Jahrhundert

die individuelle Heilserfahrung zum Ausgangspunkt der Theologie, die nur dann sachgemäß betrieben werde, »wenn ich der Christ mir dem Theologen eigenster Stoff meiner Wissenschaft bin«[104]. Weitere Vertreter der Erlanger Erfahrungstheologie waren der Neutestamentler und spätere Präsident des bayerischen Oberkonsistoriums Adolf (von) Harleß und die Systematiker Gottfried Thomasius und Franz Hermann Reinhold (von) Frank.

In der zweiten Hälfte des 19. Jahrhunderts stellte sich eine konservative *Bibeltheologie* der historisch-kritisch arbeitenden liberalen Richtung entgegen. So wandte sich in Tübingen der Systematiker *Johann Tobias Beck* (gest. 1878), der in der Tradition Johann Albrecht Bengels (Kap. 5.7) stand, mit seiner biblischen Theologie gegen die spekulative Theologie der Baur-Schule. Sein Schüler *Adolf Schlatter* (gest. 1938) war Professor für Neues Testament und Systematische Theologie in Berlin, wo er eine eigens als Gegengewicht gegen den liberalen Kirchenhistoriker Adolf von Harnack geschaffene »Strafprofessur« innehatte, und in Tübingen. Er betonte die Notwendigkeit der Berücksichtigung des existentiellen »Lebensakts« des Glaubens für das Verstehen der biblischen Texte. Der Neutestamentler und Systematiker *Martin Kähler* (gest. 1912) in Halle erklärte in seinem Vortrag »Der sogenannte historische Jesus und der geschichtliche biblische Christus« (1892) gegen die liberale Leben-Jesu-Forschung, dass nicht der historische Jesus, sondern allein der lebendige, gepredigte Christus, wie er in den Evangelien als den »Urkunden der kirchengründenden Predigt« bezeugt sei, Grund des Glaubens sein könne; anders als für Strauß und viele Liberale, gehörten für Kähler historischer Jesus und gepredigter Christus aber eng zusammen.

6.5.4 Die Vermittlungstheologie

Der Terminus »Vermittlungstheologie« bezeichnet nicht eine unbestimmte Zwischenposition, sondern ein eigenes theologisches Programm, das den Ausgleich nicht nur zwischen Liberalen und Konservativen, sondern auch zwischen Christentum und moderner Kultur suchte. Vor allem in der Zeit von etwa 1830 bis 1860 war sie einflussreich. Als

---

[104] Hofmann, Der Schriftbeweis, 1106.

Zentralorgan der Vermittlungstheologie fungierten die 1828 gegründeten »Theologischen Studien und Kritiken«, die angesehenste theologische Zeitschrift des 19. Jahrhunderts. Zu den bekannteren Vertretern der Vermittlungstheologie gehörte der Bonner und Berliner Praktische Theologe *Karl Immanuel Nitzsch*, der zur Berliner Generalsynode von 1846 ein neues uniertes Einheitsbekenntnis für die preußische Landeskirche verfasste – von Spöttern in Anlehnung an das Symbolum Nicaenum von 325 als »Nitzschenum« bezeichnet –, dem aber die königliche Anerkennung versagt blieb. Auch *Julius Müller* in Halle, nach seinem Hauptwerk »Die christliche Lehre von der Sünde« als der »Sünden-Müller« bekannt, und *Isaak August Dorner* in Berlin gehörten dieser Richtung an.

Die bedeutendsten Köpfe der Vermittlungstheologie waren die Heidelberger Carl Ullmann und Richard Rothe. Der Theologieprofessor *Carl Ullmann* (gest. 1865), Initiator und erster Herausgeber der »Theologischen Studien und Kritiken«, wurde schließlich Prälat der badischen Landeskirche und widmete sich als solcher dem »positiven Ausbau der Union«. *Richard Rothe* (gest. 1867), Professor für Dogmatik und Praktische Theologie in Heidelberg und zwischenzeitlich in Bonn, war sicher der originellste Vermittlungstheologe und Wegbereiter dessen, was man später als »Kulturprotestantismus« bezeichnet hat. In seiner umfangreichen »Theologischen Ethik« (1845–1848) entwickelte er eine veritable theologische Kulturtheorie mit deutlichen Anklängen an Hegel. Danach vollzog sich in der Geschichte der Kirche ein sittlicher Vervollkommnungsprozess, der schließlich das gesamte öffentliche Leben christlich durchformte und am Ende zur Auflösung der Kirche im modernen, christlich fundierten Kulturstaat führen musste:

> »Denn die Idee des Reiches Gottes, die Idee der christlichen Gemeinschaft ist in ihrer vollendeten Wahrheit nicht die der Kirche, sondern die des christlichen, d. h. überhaupt des wahren und vollendeten Staats, in welche auch geschichtlich die Idee der christlichen Gemeinschaft aus ihrer anfänglichen Fassung unter der Form der Kirche nothwendig umschlägt.«[105]

Dabei oblag dem Protestantismus die Aufgabe, die Emanzipation des Christentums vom Kirchentum zu leisten. Mit seinen Ideen hat Rothe

---

105 Rothe, Die Anfänge der christlichen Kirche, 121 f.

auch wesentlich den von ihm mitbegründeten Deutschen Protestantenverein (Kap. 6.5.2) beeinflusst.

6.5.5 Evangelische Theologie im Kaiserreich

Im Kaiserreich ab 1871 setzten sich die älteren Strömungen der protestantischen Theologie fort, wobei die liberale Theologie zunehmend an Einfluss gewann. Dieser Richtung gehörte auch *Albrecht Ritschl* (1822–1889), die überragende Theologenpersönlichkeit des letzten Jahrhundertdrittels, an. Sein neuer Ansatz fasste kongenial die Tendenzen der Zeit zusammen und fand über die theologischen Parteigrenzen hinweg Zustimmung. Ritschl war Professor für Neues Testament in Bonn gewesen, dann aber Professor für Dogmatik und Kirchengeschichte in Göttingen geworden. Sein Hauptwerk behandelte mit deutlichem Anklang an Luther »Die christliche Lehre von der Rechtfertigung und Versöhnung« (1870–1875). Eine kompakte Zusammenfassung seiner Theologie bot der (im Titel an Calvin erinnernde) »Unterricht in der christlichen Religion« (1875). Ähnlich wie Richard Rothe und andere Vermittlungstheologen war Ritschl an der Verbindung von Christentum und moderner Kultur interessiert, und als man im 20. Jahrhundert anfing, abschätzig von »Kulturprotestantismus« zu sprechen, war es Ritschl, in dem man seinen Hauptvertreter sah. Den damals virulenten Herausforderungen durch Darwins Evolutionstheorie und andere naturwissenschaftlichen Entdeckungen entging er, indem er in den Bahnen des Neukantianismus eine klare kategoriale Unterscheidung zwischen religiöser und wissenschaftlicher Erkenntnis vollzog. Seine Auffassung des christlichen Glaubens war durch den Reich-Gottes-Gedanken und die daraus folgende Hervorhebung der ethischen Dimension des Christseins bestimmt. Wie eine Ellipse, so habe das Christentum nicht einen, sondern zwei Brennpunkte: die Versöhnung und das Reich Gottes. Die Rede vom Zorn Gottes lehnte Ritschl ab, für ihn war Gott ausschließlich Liebe. Versöhnung (Rechtfertigung, Sündenvergebung) verstand er als Aufhebung des menschlichen Schuldbewusstseins gegenüber Gott. Damit einher ging die Ausrichtung des menschlichen Willens auf den Willen Gottes, der zum sittlichen Handeln drängte. Dadurch trug der Mensch zum Bau des sittlich verstandenen Reiches Gottes bei, das als innergeschichtliches Ziel der Menschheitsentwicklung verstanden war. Ritschls Theologie entfaltete auch über kirchlich-theologische Kreise hinaus eine immense Wirkung. Seine Schüler, die »Ritschlianer«, sammelten sich um die von dem Marburger Professor Martin Rade herausgegebene Zeitschrift »Die christliche Welt«. Der originellste Ritschl-Schüler war der Marburger Dogmatiker *Wilhelm Herrmann* (gest. 1922), der Lehrer Barths und Bultmanns.

Von Ritschl beeinflusst war auch der liberale Theologie *Adolf (von) Harnack* (1851–1930), der einflussreichste Theologe des späten Kaiserreichs überhaupt. Harnack stammte aus dem Baltikum, wurde nach Stationen in Gießen und Marburg Professor für Kirchengeschichte in Berlin und versah dort zugleich die Ämter des Generaldirektors der Preußischen Staatsbibliothek und des Präsidenten der neu gegründeten Kaiser-Wilhelm-Gesellschaft (heute: Max-Planck-Gesellschaft), der Spitzenorganisation der außeruniversitären Forschung. Noch wirkungsmächtiger als Harnacks dreibändiges »Lehrbuch der Dogmengeschichte« wurden seine Berliner Vorlesungen über »Das Wesen des Christentums« (1900). Darin trieb er das liberale Programm der historischen Leben-Jesu-Forschung auf die Spitze. Er glaubte, in dem ursprünglichen »Evangelium Jesu« – der historisch zu rekonstruierenden Lehre des historischen Jesus von Nazareth – den zeitlos gültigen Wesenskern des Christentums erfassen zu können, den er in der Botschaft von Gott als Vater und vom unendlichen Wert der menschlichen Seele erkennen wollte. Gegenüber diesem »Evangelium Jesu« war das »Evangelium von Jesus«, die dogmatische Lehre über Person und Werk Christi, eine spätere Weiterbildung. Die Ausbildung der großen Dogmen der Trinitätslehre und Christologie galt Harnack als Ergebnis einer doktrinären Überfremdung der einfachen Botschaft Jesu, als Resultat einer unsachgemäßen »Hellenisierung des Christentums«. Dementsprechend plädierte er für einen dogmenfreien Protestantismus, und im Apostolikumsstreit von 1891/92 (Kap. 6.8.1) forderte er, den Gebrauch des apostolischen Glaubensbekenntnisses bis zu dessen Ersetzung durch eine zeitgemäße Neufassung freizustellen.

Im Zuge der Zuwendung zur Geschichte und des Aufschwungs der historisch-kritischen Exegese kam es um 1890 unter jungen Exegeten in Göttingen zur Entstehung der *Religionsgeschichtlichen Schule*. Ihre Angehörigen wollten die biblischen und frühchristlichen Texte konsequent im Horizont der altorientalischen und hellenistisch-römischen Religionsgeschichte verstehen. Den Auftakt machte 1892 der Neutestamentler *Johannes Weiß* (gest. 1914) mit seinem Buch »Die Predigt Jesu vom Reiche Gottes«, worin er – im genauen Gegensatz zum weltimmanenten ethischen Reich-Gottes-Konzept Ritschls – den eschatologischen Charakter der Reich-Gottes-Erwartung Jesu nachwies. Weitere prominente Vertreter dieser Richtung waren der Alttestamentler *Hermann Gunkel*, der als Begründer der Gattungskritik im Alten Testament gilt, und die Neutestamentler *Wilhelm Bousset* (»Kyrios Christos«), *Adolf Deißmann* (»Licht vom Osten«. Das Neue Testament und die neuentdeckten Texte der hellenistisch-römischen Welt«) und *William Wrede* (»Das Messiasgeheimnis in den Evangelien«). Der religionsvergleichende Ansatz war geeignet, die Einzigartigkeit der biblischen Texte zu relativieren. 1902 löste der Berliner Assyriologe Friedrich Delitzsch mit seiner These, das Judentum und das Alte Testament seien vollständig auf babylonische Einflüsse zurückzuführen, den *Babel-Bibel-Streit* aus, in dessen Folge zunehmend Kritik am religiösen Wert des Alten Testaments aufkam.

Auch der Systematiker und Religionsphilosoph *Ernst Troeltsch* (1865–1923) wird gewöhnlich zur sonst von Exegeten geprägten Religionsgeschichtlichen Schule gezählt. Als Grenzgänger zwischen den Fakultäten lehrte er zunächst Systematische Theologie in Bonn und Heidelberg und schließlich Philosophie in Berlin, politisch engagierte er sich in der liberalen Deutschen Demokratischen Partei (DDP). Zeitlebens arbeitete sich Troeltsch am Problem des Historismus ab, an der Gefahr, durch die konsequente historische Betrachtung schließlich alle Geltungsansprüche zu relativieren. Gegen Harnack hielt er daran fest, dass es unmöglich sei, aus der historischen Rekonstruktion der Botschaft Jesu ein zeitlos gültiges »Wesen des Christentums« abzuleiten. Überhaupt sei eine solche Wesensbestimmung mit rein historischen Mitteln nicht zu leisten. Sie sei vielmehr immer nur im Sinne einer eigenen historischen Neugestaltung des Christentums möglich: »Wesensbestimmung ist Wesensgestaltung«[106]. Für die Kirchengeschichte wichtig ist die Unterscheidung von Alt- und Neuprotestantismus, die Troeltsch in seinem Aufsatz über »Die Bedeutung des Protestantismus für die Entstehung der modernen Welt« vorgenommen hat (Kap. 4.1.1). In seinem religionssoziologischen Hauptwerk »Die Soziallehren der christlichen Kirchen und Gruppen« hat Troeltsch die Kirchengeschichte unter dem Gesichtspunkt der Unterscheidung der Sozialformen von »Kirche«,

---

106 Ernst Troeltsch, Was heißt »Wesen des Christentums«?, 431.

»Sekte« (Freikirche) und »Mystik« (individualistische Religiosität) dargestellt.

Ebenfalls in den Umkreis der Religionsgeschichtlichen Schule gehört der als »Urwalddoktor« und Friedensnobelpreisträger bekannte elsässische Theologe und Mediziner *Albert Schweitzer* (1875-1965). In seinem theologischen Hauptwerk »Von Reimarus zu Wrede« behandelte er, wie es der Titel der zweiten, stark erweiterten Auflage besagte, die »Geschichte der Leben-Jesu-Forschung«. Er demonstrierte hier die methodische Unmöglichkeit einer historischen Rekonstruktion der Gestalt Jesu, wie sie die liberale Leben-Jesu-Forschung versucht hatte. Was sich erkennen ließ, war immerhin, dass Jesus im Sinne der These der »konsequenten Eschatologie« von Johannes Weiß mit dem baldigen Weltende gerechnet hatte, das aber nicht eingetreten war. So blieb letztlich nur das Tun der Liebe in dieser Welt übrig. Schweitzer selbst hat diese Konsequenz rückhaltlos gezogen. Er gab seine theologische Laufbahn auf, studierte Medizin, baute in Lambarene im heutigen Gabun ein Lepra-Hospital und engagierte sich, geleitet vom Ethos einer »Ehrfurcht vor dem Leben«, gegen atomare Aufrüstung. 1930 meldete Schweitzer sich noch einmal mit einem theologischen Buch zu Wort; Zentrum der paulinischen Theologie war danach nicht die Rechtfertigungslehre, sondern »Die Mystik des Apostels Paulus«, wie sie in den Formeln vom Sein in Christus und vom Sein Christi in den Gläubigen zum Ausdruck kam.

6.5.6 DER ANGLIKANISMUS UND DIE OXFORD-BEWEGUNG

Der Anglikanismus des 19. Jahrhunderts war durch ein Nebeneinander von drei großen Richtungen gekennzeichnet. Infolge der Hinausdrängung des Puritanismus und der Dissenters (Kap. 4.10.2) hatte sich in der englischen Staatskirche im ausgehenden 17. Jahrhundert eine als »hochkirchlich« (*High Church*) bezeichnete, auf das bischöfliche und priesterliche Amt, die sakramentale Heilsvermittlung und die Liturgie fokussierte Ausrichtung durchgesetzt. Seit der ersten Hälfte des 18. Jahrhunderts konnte sich in der anglikanischen Kirche daneben die evangelikale Richtung der *Low Church* etablieren, die ihr Augenmerk mehr auf die Predigt, die Gemeinde und das individuelle Glaubensleben richtete (Kap. 6.3.1). Das von der Aufklärung bestimmte liberale, vorwiegend moralisch orientierte Christentum des sogenannten Latitudinarismus sammelte sich im weiteren Verlauf des 18. Jahrhunderts in der *Broad Church* (Kap. 5.9.2). Während die High Church Party ihre Anhänger namentlich im Adel und Großbürgertum hatte, sprach die Low Church Party überwiegend Kleinbürger und Handwerker und die Broad Church das liberale Bildungsbürgertum an.

Als Reaktion gegen liberale politische Bestrebungen zur Trennung von Kirche und Staat kam es um 1830 zu einer Sammlung und Profilierung der hochkirchlich gesinnten Kräfte im sogenannten High Church-Movement, das auch als *Oxford-Bewegung* bekannt wurde. Die wichtigsten Protagonisten waren Gelehrte der Universität Oxford, vor allem der Hebräisch-Professor Edward Bouverie Pusey, nach dem die Bewegung zeitweilig »Puseyismus« genannt wurde, der Geistliche und Dichter John Keble und der Theologe *John Henry Newman* (1801–1890). In einer Reihe von »zeitgemäßen Traktaten« (»Tracts for the Times«) warben sie für eine Erneuerung der anglikanischen Kirche aus der Lehre und Liturgie der Alten Kirche heraus. Die Orientierung an den Kirchenvätern brachte sie zum Verständnis der Kirche als sakramentaler Heilsanstalt, zur Betonung des priesterlichen Amtes in apostolischer Sukzession und zur Forderung nach Wiederherstellung der Messfeier und Wiedereinführung von Fasten und Einzelbeichte. Man hat die Oxford-Bewegung deshalb auch treffend als Anglo-Katholizismus bezeichnet. Wirklich konvertierte Newman schließlich zur römisch-katholischen Kirche, empfing die katholische Priesterweihe, schloss sich der Kongregation des Oratoriums (Kap. 4.3.3) an und gründete in Birmingham das erste Oratorium Englands. Mit seinen Vorträgen und Büchern wurde er ein wichtiger Unterstützer des Wiederaufbaus eines katholischen Kirchenwesens in England. 1879 wurde er zum Kardinal ernannt, 2010 seliggesprochen.

6.6 Katholische Kirche und Theologie im 19. Jahrhundert

Durch die Französische Revolution und ihre Folgewirkungen verlor die katholische Kirche in Frankreich und Deutschland den größten Teil ihrer Kirchengüter und ihren politischen Einfluss. Die Standort- und Verhältnisbestimmung von katholischer Kirche und modernen Staaten gestaltete sich häufig konfliktreich. Im Lauf des 19. Jahrhunderts setzte sich weithin ein restaurativer, auf das Papsttum zentrierter »Ultramontanismus« durch, durch den der Katholizismus bis weit ins 20. Jahrhundert hinein in eine Defensivposition gegenüber der politischen, gesellschaftlichen und geistigen Entwicklung geriet.

6.6.1 Die Neuorganisation der katholischen Kirche in Deutschland

In Deutschland war mit dem Reichsdeputationshauptschluss das seit dem 10. Jahrhundert bestehende Institut der Reichskirche, in dem die Inhaber bischöflicher Ämter zugleich weltliche Herrschaft über ein eigenes Territorium ausübten, zusammengebrochen. Das Verschwinden der geistlichen Fürstentümer ließ Deutschland insgesamt protestantischer werden. Es löste aber auch einen tiefgreifenden Transformationsprozess im deutschen Katholizismus aus. Die *Bischöfe* der Reichskirche waren durchweg Adelige gewesen, mit Macht und Einfluss in der Reichspolitik, liberal gesonnen, der katholischen Aufklärung zuneigend und gegenüber dem Papsttum relativ autonom. Nach 1803 war der deutsche Katholizismus materiell viel schlechter gestellt, die Bischöfe kamen nun oft aus dem Kleinbürgertum, verstanden sich mehr als Seelsorger denn als Kirchenfürsten; während sich die erste Generation nach 1803 überwiegend staatsnah positionierte, orientierten sich die späteren Bischöfe zunehmend an Rom und am Papsttum.

Vordringliche Aufgabe war die *institutionelle Neuorganisation*. Viele Bischofsstühle waren unbesetzt, die kirchliche Verwaltung war durch die neuen politischen Grenzen, die mit denen der Bistümer nicht übereinstimmten, erschwert. In Verhandlungen des Heiligen Stuhls mit einzelnen deutschen Ländern wurden neue Strukturen geschaffen. 1817 schloss das Königreich Bayern ein Konkordat mit dem Heiligen Stuhl, in dem der Katholizismus als Staatsreligion bestätigt und den Bischöfen weitgehende kirchliche Rechte garantiert wurden. In München-Freising und Bamberg wurden Erzbistümer eingerichtet, denen Passau, Regensburg und Augsburg bzw. Würzburg, Eichstätt und Speyer als untergeordnete Suffraganbistümer zugeordnet wurden. Die Staatsregierung erhielt das Recht, die Bischöfe zu nominieren.

Die evangelischen Königreiche Preußen und Hannover waren zum Abschluss förmlicher Konkordate im Rang von Staatsverträgen nicht bereit. Hier wählte man den Weg einer Festlegung der Bistumsorganisation durch päpstliche Zirkumskriptionsbullen (von lat. *circumscribere* = »die Grenzen beschreiben«), die dann von den Regierungen Rechtskraft verliehen bekamen. Dies geschah 1821 für Preußen (mit den Erzbistümern Köln im Westen und Posen-Gnesen im Osten) und 1824 für Hannover (mit den Bistümern Hildesheim und Osnabrück). Anders als in Bayern war das Recht der Bischofswahl hier den Domkapiteln (mit staatlichen Mitwirkungsrechten) vorbehalten. Schwierig gestalteten sich die Verhandlungen mit den südwestdeutschen Ländern. Bereits 1821 hob der Papst mit der Bulle »Provida sollersque« (»Die vorsorgende und eifrige [Sorgfalt] ...«) das Bistum Konstanz auf und richtete in Freiburg ein neues Erzbistum als Mittelpunkt der neuen »Oberrheinischen Kirchenprovinz« (mit Suffraganen in Fulda, Limburg, Mainz und Rottenburg) ein, doch erst ab 1827 konnten die Bischofsstühle besetzt werden.

Im Konkordat von 1817 sagte Bayern auch die Wiedererrichtung mehrerer Klöster zu. Auch sonst kam es im Lauf des 19. Jahrhunderts zu einer bemerkenswerten Wiederbelebung des durch die Klosteraufhebungen weithin erloschenen *Mönchtums*. Zentren für die Reorganisation des Benediktinerordens wurden die Abteien Solèsmes in Frankreich und in Deutschland Beuron (an der Donau) und Maria Laach (in der Eifel). Einen bedeutenden Aufschwung nahm der Jesuitenorden, der nach seinem Verbot 1773 im Jahr 1814 wieder zugelassen wurde und auch wieder die Leitung der päpstlichen Universität und der Priesterkollegien in Rom übernahm; 1857 wurde ihm die katholische Fakultät in Innsbruck übertragen. Neben den alten Orden entstanden etliche neue Orden und Kongregationen; vor allem tätige, in Unterricht und Krankenpflege engagierte Frauengemeinschaften bildeten sich in großer Zahl. Der im 18. Jahrhundert in Italien gegründete, volksmissionarisch tätige Redemptoristenorden verbreitete sich durch den Priester Clemens Maria Hofbauer in Wien nun auch nördlich der Alpen.

6.6.2 Der Ultramontanismus

Mit der Schwächung der politischen und materiellen Position des Katholizismus und der dadurch bedingten Schutzlosigkeit gegenüber den damals verbreiteten staatskirchlichen, auf eine enge obrigkeitliche Kontrolle angelegten Bestrebungen evangelischer wie katholischer Herrscher kam in ganz Europa und so auch in Deutschland in der katholischen Kirche die Bewegung des sogenannten Ultramontanismus auf. Gegen staatliche Eingriffe wie gegen Zumutungen des Zeitgeistes suchte man Rückhalt jenseits der Alpen (*ultra montes*), beim Papsttum. Erst jetzt, mit dem Ultramontanismus des 19. Jahrhunderts, entstand vollends die uns heute so selbstverständlich erscheinende zentrale Machtstellung des Papstes in der Römisch-Katholischen Kirche. Für Frankreich, dessen Katholizismus im Zeichen des Gallikanismus traditionell papstfern verfasst gewesen war, bedeutete dies ebenso wie für Deutschland, dessen Reichskirche trotz engerer Anbindung an Rom meist auf Distanz zum Papsttum bedacht gewesen war, eine beachtliche Kehrtwende.

Bis zur Mitte des 19. Jahrhunderts ging der Ultramontanismus von der kirchlichen Basis, von Priestern und Laien, aus. Vor allem der wiederbegründete Jesuitenorden setzte sich stark für eine ultramontane Orientierung ein. Massiv unterstützt wurden diese Bestrebungen von der aufblühenden katholischen Presse. Seit der Jahrhundertmitte – das europäische Revolutionsjahr 1848 bezeichnet auch hier eine Zäsur – betrieb dann auch die Kurie selbst aktiv die Förderung des Ultramontanismus.

Ein Manifest des Ultramontanismus schuf der französische Staatsmann und Schriftsteller *Joseph de Maistre* 1819 mit seinem Traktat »Du Pape« (»Über den Papst«). Darin propagierte er die absolute monarchische Souveränität und Unfehlbarkeit des Papstes:

> Die Kirche »muss, wie jede andere denkbare Gesellschaft, auf die eine oder andere Art regiert werden, sonst würde keine Vereinigung, kein Ganzes, keine Einheit mehr da sein. Diese Regierung nun ist ihrer Natur nach unfehlbar, das heißt unumschränkt; sonst würde sie nimmer regieren. [...] Ist die monarchische Form einmal festgestellt, so ist die Unfehlbarkeit nichts weiter als eine notwendige Folge der Suprematie, oder es ist vielmehr genau dieselbe Sache unter zwei verschiedenen Namen.«[107]

In Deutschland warb der Publizist und Historiker *Joseph (von) Görres* in München für den Ultramontanismus.

Seine Zielsetzung, den Katholizismus vor staatskirchlichen Zugriffen der Regierungen zu schützen, hätte den Ultramontanismus eigentlich in eine Interessengemeinschaft mit dem auf die Trennung von Staat und Kirche hinarbeitenden Liberalismus führen können. Dies war wirk-

---

107 De Maistre, Vom Papst, 194 f.

lich im katholischen Belgien der Fall, den ehemaligen habsburgischen Niederlanden, die 1815 an die calvinistisch geprägten nördlichen Niederlande angeschlossen worden waren und durch die Revolution von 1830 selbstständig wurden. Für eine Verbindung von Ultramontanismus und Liberalismus sprach sich auch der französische Priester *Félicité de Lammenais* aus. Doch letztlich positionierte sich der ultramontane Katholizismus klar anti-liberal. 1832 verurteilte Papst Gregor XVI. in der Enzyklika »Mirari vos« (»Ihr wundert euch«) den »Liberalismus und religiösen Indifferentismus«. Gegen die Vorstellungen des politischen Liberalismus verteidigte der Ultramontanismus mit dem sogenannten Legitimismus das göttliche Recht der monarchischen Herrschaft. Im Übrigen konnte das liberale Anliegen der Trennung von Kirche und Staat nicht nur im Sinne des Schutzes der Kirche vor dem Staat, sondern auch umgekehrt, im Sinne des Schutzes des Staates vor der Kirche, verstanden und offensiv gegen gesellschaftliche Gestaltungsansprüche der Kirche gewendet werden. In dieser Lesart hat es im sogenannten Kulturkampf den Katholizismus in heftige Konflikte mit dem liberalen Staat gestürzt (Kap. 6.8.3).

6.6.3 Katholische Theologie in Deutschland in der ersten Jahrhunderthälfte

In der ersten Hälfte des 19. Jahrhunderts erfuhr die katholische Theologie in Deutschland einen Aufschwung, und zeitweise sah es so aus, als könne sie zur fortgeschrittenen protestantischen Theologie aufschließen, bis der päpstlich verordnete »Antimodernismus« und Neuthomismus (Kap. 6.6.9) diese Hoffnungen zunichtemachte. Träger der Modernisierung waren die katholisch-theologischen Fakultäten der staatlichen Universitäten, nicht die von den Ultramontanen für die Priesterausbildung bevorzugten bischöflichen Priesterseminare.

Ausläufer der katholischen Aufklärung waren noch bis zur Jahrhundertmitte wirksam. Der Hauptvertreter der katholischen Spätaufklärung war *Ignaz Heinrich von Wessenberg* (gest. 1860), der das vakante Bistum Konstanz verwaltete. Als Befürworter einer romfreien deutschen Nationalkirche hatte er sich in Rom missliebig gemacht, und nicht zuletzt mit Blick auf seine Person wurde 1821 das Bistum Konstanz aufgelöst; eine Erhebung Wessenbergs zum Erzbischof von Freiburg verhinderte der Papst. Publizistisch setzte sich Wessenberg für eine Kirchenreform nach altkirchlichem Vorbild, eine verbesserte Priesterbildung und Seelsorge und eine stärkere Einbeziehung der Laien in den Gottesdienst ein. Unter dem Eindruck der französischen Julirevolution 1830 forderten radikale »Wessenbergianer« sogar die Aufhebung des Zölibats, die Einrichtung von Synoden und die Einführung der Volkssprache im Gottesdienst.

Kein Anhänger der katholischen Aufklärung und ihrer weitreichenden Reformforderungen, aber von der Vereinbarkeit von Vernunft und Offenbarung überzeugt war *Georg Hermes*, Professor in Münster und ab 1820 in Bonn. Unter Rückgriff auf Kant arbeitete er an einer wissenschaftlichen Plausibilisierung des Christentums. Anders als die Ultramontanen befürwortete er eine Zusammenarbeit von Kirche und Staat und unterhielt gute Beziehungen zum Kölner Erzbischof Graf Spiegel und zur preußischen Regierung. Hermes selbst war bereits verstorben, als Papst Gregor XVI. 1835 den »Hermesianismus« verbot und seine Schriften auf den Index der verbotenen Bücher setzte; 1836 untersagte der neue Kölner Erzbischof Droste-Vischering, den Affront gegen die preußische Kultusbürokratie in Kauf nehmend, den Bonner Theologiestudenten den Besuch der Vorlesungen von Hermes-Schülern. Auch die Schriften des ähnlich orientierten Wiener Philosophen *Anton Günther* und der ihm folgende »Güntherianismus« wurden verboten.

Seit 1819 bestand an der 1817 neu gegründeten katholisch-theologischen Fakultät der Universität Tübingen die später so genannte (katholische) *Tübinger Schule*. Ihr Gründer Johann Sebastian Drey zählte noch zur katholischen Aufklärung und war bereits an der kurzlebigen Vorgängerinstitution der Tübinger katholischen Fakultät, der katholischen Landesuniversität Ellwangen in Ostwürttemberg, Professor gewesen. Seine historisch-kritische Arbeit an der Bibel machte ihn verdächtig und verhinderte seine Ernennung zum ersten Bischof des neu gegründeten Bistums Rottenburg. Mitbegründer und der bedeutendste Kopf der Tübinger Schule war Dreys Schüler *Johann Adam Möhler*. Von der Romantik geprägt, entwickelte er eine geschichtlich-organische Auffassung der Kirche und ihrer Tradition. In seinem bahnbrechenden Hauptwerk, der »Symbolik« (1832), unternahm er den um Objektivität bemühten Versuch eines systematischen Vergleichs der Lehren von Katholizismus und Protestantismus auf Grund ihrer offiziellen Bekenntnisschriften (»Symbole«). Das 1957 gegründete katholische »Johann-Adam-Möhler-Institut für Ökumenik« in Paderborn trägt seinen Namen.

6.6.4 Der Kölner Kirchenstreit

Der Kölner Kirchenstreit der Jahre 1837–1842, auch als »Kölner Ereignis« oder »Kölner Wirren« bekannt, kann exemplarisch für den Zusammenstoß zwischen ultramontanem Katholizismus und staatskirchlicher Religionspolitik stehen. Schauplatz war die preußische Rheinprovinz, konkret ging es um die Handhabung konfessionsverschiedener Ehen (im damaligen Sprachgebrauch: »Mischehen«), wie sie im ursprünglich rein katholischen ehemaligen Kölner Stiftsgebiet nach dem Anschluss an Preußen 1815 häufiger vorkamen. Da es keine standesamtliche Eheschließung gab, mussten auch solche Ehen kirchlich geschlossen werden, was nach dem katholischen Kirchenrecht eigentlich unmöglich war; in jedem Fall setzte die Mitwirkung eines Priesters das Versprechen voraus, alle aus der Ehe hervorgehenden Kinder katholisch zu erziehen. Demgegenüber bestimmte das geltende preußische Recht, dass Kinder aus Mischehen stets in der Konfession des Vaters zu erziehen seien. 1834 gelang es der preußischen Regierung, mit dem liberalen Kölner Erzbischof Ferdinand August Graf Spiegel eine Übereinkunft zu treffen, nach der die Bischöfe diese Rechtslage stillschweigend tolerierten.

Zwei Jahre später wurde nach Spiegels Tod *Clemens August Droste zu Vischering* neuer Erzbischof von Köln. So wie Spiegel exemplarisch für den Typus der später despektierlich als »Staatsbischöfe« geschmähten Bischöfe der ersten Generation nach 1803 stand, verkörperte Droste-Vischering die zweite Generation der ultramontanen Bischöfe. Dass er den Konflikt mit der preußischen Regierung nicht scheute, bewies er sogleich im Streit um den Bonner Hermesianismus (Kap. 6.6.3). Auch in der Mischehenfrage zeigte er sich, anders als sein Vorgänger, unnachgiebig und beharrte auf der katholischen Erziehung aller Kinder aus solchen Ehen. Der Streit eskalierte, bis die Regierung 1837 Droste-Vischering verhaften ließ und ihn bis 1839 in Festungshaft hielt. Der Vorgang sorgte für Empörung. Klerus und katholische Laien stellten sich geschlossen gegen den preußischen Staat. Die katholische Presse in Frankreich und Belgien, aber auch in Deutschland solidarisierte sich mit dem inhaftierten Erzbischof; Joseph Görres setzte ihn in seiner Streitschrift »Athanasius« mit dem als Kämpfer für die orthodoxe Trinitätslehre mehrfach ins Exil geschickten alexandrinischen Bischof gleich. Erst nach dem Regierungsantritt Friedrich Wilhelms IV. gelang es, durch Verhandlungen mit der Kurie den Streit 1842 beizulegen. Der preußische Staat musste die katholische Haltung in der Mischehenfrage akzeptieren, er gewährte der katholischen Kirche größere Freiheiten und schuf im Kultusministerium 1844 eine eigene katholische Abteilung. Im Gegenzug kehrte Droste-Vischering nicht mehr nach Köln zurück, Verwalter des Erzbistums mit Nachfolgerecht wurde der Speyerer Bischof Johannes von Geissel.

6.6.5 Ultramontanismus und Deutschkatholizismus in den 1840er Jahren

Die erfolgreiche Selbstbehauptung im Kölner Kirchenstreit gab den Katholiken im Rheinland Auftrieb, der in den folgenden Jahren durch zwei Großereignisse noch gesteigert wurde: das Kölner Dombaufest von 1842 und die Trierer Heilig-Rock-Wallfahrt von 1844. Der Kölner Dom war, nachdem die Bauarbeiten im 16. Jahrhundert aus Geldmangel eingestellt worden waren, eine halbfertige Bauruine geblieben. Beim *Kölner Dombaufest 1842* legten als Zeichen des wiedergewonnenen Einvernehmens der preußische König und der Bistumsverwalter Geissel gemeinsam den Grundstein für den Fertigbau, der bis 1880 abgeschlossen werden konnte.

Noch größeres Echo fand die *Wallfahrt zum Heiligen Rock in Trier 1844*. Die Reliquie, der Legende nach das ungenähte Gewand Jesu nach Johannes 19,23f., war im 16. Jahrhundert Ziel von Wallfahrten gewesen, hatte seitdem aber keine bedeutende Rolle mehr gespielt. 1844 wurde sie zum Ziel einer vom katholischen Adel und Klerus geschickt als kirchliche Machtdemonstration inszenierten Massenwallfahrt, für die binnen fünfzig Tagen mehr als fünfhunderttausend Wallfahrer vor allem aus der Unterschicht mobilisiert und nach Trier transportiert wurden. In unregelmäßigen Abständen finden bis heute Wallfahrten zum Heiligen Rock statt, neuerdings auch unter ökumenischem Aspekt.

Flankiert wurden diese Großereignisse von einer Welle katholischer Vereinsgründungen in den 1840er Jahren. Dazu gehörten der nach Carlo Borromeo (Kap. 4.3.3) benannte, der katholischen Volksbildung und der Unterhaltung katholischer Büchereien gewidmete Borromäusverein, die später im Kolpingwerk aufgegangenen katholischen Gesellenvereine (Kap. 6.7.4), der Katholische Verein Deutschlands (Kap. 6.6.6) sowie der mit der katholischen Diaspora-Arbeit befasste Bonifatiusverein, das katholische Gegenstück zum Gustav-Adolf-Verein. Durch diese und weitere Gründungen entstand der für Deutschland typische *Vereinskatholizismus*, der bei manchen Ähnlichkeiten zum Vereinsprotestantismus insgesamt stärker an die kirchliche Institution gebunden war. Seit 1870 kam in Gestalt der Zentrumspartei auch eine eigene Organisation des politischen Katholizismus hinzu (Kap. 6.8.3). Gemeinsam mit der regen katholischen Presse trug der Vereinskatholizismus entscheidend zur Entstehung und Erhaltung eines geschlossenen katholischen Milieus bei, das in Deutschland bis zur Mitte des 20. Jahrhunderts Bestand hatte.

Gegen den herrschenden Ultramontanismus formierte sich in den 1840er Jahren im deutschen Katholizismus eine liberale Gegenbewegung, die sich vor allem durch den naiven Reliquien- und Wunderglauben der Trierer Wallfahrt herausgefordert sah. Der schlesische Priester Johannes Ronge, der wegen seiner scharfen Kirchenkritik bereits von seinem Amt suspendiert war, protestierte in einem offenen Brief an den Trierer Bischof Wilhelm Arnoldi gegen das Spektakel:

> »Denn wissen Sie nicht, – als Bischof müssen Sie es wissen, – daß der Stifter der christlichen Religion seinen Jüngern und Nachfolgern nicht seinen Rock, sondern seinen Geist hinterließ? Sein Rock, Bischof Arnoldi von Trier, gehört seinen Henkern!«[108]

1845 gründete Ronge die vom Papst unabhängige *Deutschkatholische Kirche*. Freiheit von der päpstlichen und bischöflichen Autorität, Schlichtheit der gottesdienstlichen Formen, eine rationalistische Auffassung der Bibel und der beiden einzigen Sakramente Taufe und Abendmahl und liberale politische Anschauungen zeichneten diese katholische Freikirche aus. Nach zwei Jahren hatte sie bereits sechzigtausend Mitglieder, darunter auch etliche Protestanten, doch in der Restaurationszeit nach 1849 sah sie sich zunehmend Repressalien ausgesetzt und verlor rasch an Bedeutung. 1859 ging sie gemeinsam mit den 1841 gegründeten rationalistisch-protestantischen »Lichtfreunden« in der sogenannten freireligiösen Bewegung auf.

---

108 Ronge, Urtheil eines katholischen Priesters, 668.

6.6.6 Katholische Kirche und Deutsche Revolution

Vor allem in Südwestdeutschland beteiligten sich viele katholische Geistliche – deutlich mehr als evangelische – an der revolutionären Bewegung der Jahre 1848/49. Sie erhofften sich von ihr die Befreiung der katholischen Kirche von staatskirchlichen Einmischungen der Regierungen, aber auch innerkirchliche Reformen. Auch unter den gewählten Abgeordneten der *Nationalversammlung* in der Frankfurter Paulskirche waren katholische Geistliche und sogar der Bischof von Breslau und spätere Kardinal Melchior von Diepenbrock. Unter seiner Führung sammelten sich die katholischen Abgeordneten fraktionsübergreifend im »Katholischen Club«. Zur gleichen Zeit scharte in der preußischen Nationalversammlung der inzwischen zum Kölner Erzbischof avancierte Johannes von Geissel die Vertreter des politischen Katholizismus um sich. Auch eine Reihe von Deutschkatholiken arbeitete in der Paulskirchenversammlung mit, darunter der dann in Wien hingerichtete Radikale Robert Blum.

Außerhalb der Nationalversammlung organisierte sich der politische Katholizismus in den »Pius-Vereinen für religiöse Freiheit«, die nach dem – damals noch als liberal geltenden – neuen Papst Pius IX. (Kap. 6.6.7) benannt waren. Der erste dieser Vereine wurde 1848 in Mainz gegründet, bald entstanden weitere. Als Lobbyorganisation bemühten sie sich, die kirchenpolitischen Anliegen des Katholizismus mit Petitionen in die Arbeit der Nationalversammlung einzubringen. Im Oktober 1848, einen Monat nach dem ersten Deutschen Evangelischen Kirchentag in Wittenberg, fand in Mainz als Generalversammlung aller Pius-Vereine der erste deutsche *Katholikentag* statt. Dabei wurde der *»Katholische Verein Deutschlands«* gegründet, der seitdem jährlich, dann zweijährlich weitere Katholikentage ausrichtete. 1962 ging aus dem »Katholischen Verein« das »Zentralkomitee der deutschen Katholiken« (ZdK) hervor (Kap. 7.11.4), das seitdem für die Ausrichtung der Katholikentage verantwortlich zeichnet.

Ebenfalls noch im selben Herbst, im November 1848, trat in Würzburg die erste gesamtdeutsche *Bischofskonferenz* unter Vorsitz des Kölner Erzbischofs Geissel zusammen und verabschiedete eine Denkschrift an die Regierungen der deutschen Länder mit Forderungen zur Gestaltung des Verhältnisses von Staat und Kirche. Zu regelmäßigen Treffen der deutschen Bischöfe sollte es aber erst ab 1867 im Rahmen der bis heute bestehenden Fuldaer Bischofskonferenz kommen; die bayerischen Bischöfe trafen sich – ab 1873 stattdessen, seit 1933 zusätzlich – in der Freisinger Bischofskonferenz. Bis heute bestimmt der nicht immer spannungsfreie Dualismus der beiden auf das Revolutionsjahr 1848 zurückgehenden Institutionen – der Laienorganisation des Zentralkomitees der deutschen Katholiken und der Fuldaer Bischofskonferenz – das Erscheinungsbild des Katholizismus in Deutschland.

6.6.7 Der Pontifikat von Papst Pius IX.

Pius IX. (Papst 1846–1878)[109] war der bedeutendste Papst des 19. Jahrhunderts, sein Pontifikat mit über zweiunddreißig Jahren der längste der gesamten Kirchengeschichte. Aus dem Provinzadel des Kirchenstaates stammend, war er nur wenig gebildet, aber persönlich charismatisch und gewinnend. Anfangs galt Pius IX. als Liberaler, doch spätestens unter dem Eindruck der Revolution in seiner Residenzstadt Rom 1849, die nur durch das militärische Eingreifen Frankreichs und Spaniens niedergeschlagen werden konnte, verfolgte er einen scharfen reaktionären Kurs. Pius förderte den Ultramontanismus und bekämpfte Liberalismus, Rationalismus und überhaupt alle modernen Geistesströmungen. 1864 verurteilte er in seiner Enzyklika »Quanta cura« (»Mit wie großer Sorge ...«) die Forderungen nach Religionsfreiheit und Trennung von Kirche und Staat. Im Anhang befand sich der »*Syllabus Errorum*« (»Verzeichnis von Irrtümern«), eine Zusammenstellung von achtzig als irrig verworfenen Sätzen über Vernunft und Glaube, die Kirche und ihre Rechte, die bürgerliche Gesellschaft, Liberalismus und Sozialismus, Moral und Ehe. Damit brüskierte Pius die liberalen Katholiken und legte die katholische Kirche auf einen bis weit ins 20. Jahrhundert fortgesetzten Konfrontationskurs mit den Geistesströmungen der Moderne fest.

Reaktionär, das heißt rückwärtsgewandt, zeigte sich Pius IX. auch in seinen sonstigen Lehrentscheidungen. 1854 verkündete er mit der Bulle »Ineffabilis Deus« (»Der unaussprechliche Gott«) das *Immaculata-Dogma*. Damit machte er die Vorstellung von der unbefleckten Emp-

---

109 Zu ihm: Wolf, Der Unfehlbare.

fängnis (*immaculata conceptio*) Mariens zur verbindlichen Glaubenslehre. Diese Vorstellung besagt, dass Maria aufgrund eines wunderhaften Eingreifens Gottes durch ihre Mutter Anna von ihrem Vater Joachim ohne die sonst mit der geschlechtlichen Zeugung immer verbundene Übertragung der Erbsünde empfangen wurde; das unterschied sie von allen anderen Menschen und qualifizierte sie, die Mutter des Erlösers zu werden. Dabei handelte es sich um eine umstrittene Lehrbildung aus dem Mittelalter, die von Duns Scotus und den Franziskanern verteidigt, von Thomas von Aquin und den Dominikanern aber abgelehnt worden war (Kap. 1.7.2). Im 19. Jahrhundert wurde sie im Zuge der damaligen Intensivierung der Marienfrömmigkeit wieder populär. Dennoch erscheint es bemerkenswert, dass Pius IX. mitten im Jahrhundert der Wissenschaft dieses für die moderne Rationalität schwer akzeptierbare Stück mittelalterlicher Mariologie dogmatisierte – übrigens aus eigener Machtvollkommenheit, ohne einen Konzilsbeschluss oder dergleichen.

Den Höhepunkt seines Pontifikats bildete das Erste Vatikanische Konzil der Jahre 1869/70 (Kap. 6.6.8), das Pius IX. auf dem Gipfel seiner kirchlichen Macht zeigte. Unmittelbar darauf folgte mit dem *Ende des Kirchenstaates* ein herber Schlag, der ihn seiner weltlichen Macht vollständig beraubte. Aus der Schenkung des Frankenkönigs Pippin vom Jahr 756 war im Lauf der Jahrhunderte ein ausgedehntes Territorium in Mittelitalien geworden, über das die Päpste die weltliche Herrschaft ausübten. Die nationale Einigungsbewegung des »Risorgimento« (»Wiederauferstehung«), die nach dem Ende der napoleonischen Ära einsetzte und 1861 zur Ausrufung des Königreichs Italien führte, beendete schließlich auch die Existenz des Kirchenstaates. Nur der Präsenz der seit 1849 hier stationierten französischen Schutztruppen war es zu verdanken gewesen, dass Rom und das umgebende Latium, anders als die übrigen Teile des Kirchenstaats, auch nach 1861 unter der Herrschaft des Papstes verblieben. Mit dem Ausbruch des Deutsch-Französischen Krieges 1870 wurden die französischen Truppen abgezogen, und Italien annektierte den Rest des Kirchenstaates und Rom, das zur italienischen Hauptstadt erklärt wurde. Das Papsttum musste sich mit dem Verlust seiner weltlichen Herrschaft abfinden. Erst mit den Lateranverträgen von 1929 kam es zur gegenseitigen rechtlichen Anerkennung des nunmehrigen Vatikanstaates und Italiens (Kap. 7.2.3).

Die Bedeutung des Pontifikates von Pius IX. kann kaum überschätzt werden. Durch ihn gelangte das ultramontane Kirchenmodell mit seiner Zentrierung auf den übermächtigen, mit universaler Jurisdiktionsgewalt ausgestatteten Papst, seinem Antimodernismus und seinen neuen, romanischen Frömmigkeitsformen (Kap. 6.6.9) zur Alleinherrschaft. Auch wenn Pius es geschickt verstand, den neuen ultramontanen Einheitskatholizismus als Ergebnis ungebrochener altehrwürdiger Traditionen hinzustellen, handelte es sich in Wahrheit um eine Neuerung. Der katholische Kirchenhistoriker Hubert Wolf hat pointiert von der »Erfindung des Katholizismus im 19. Jahrhundert«[110] gesprochen und darin ein Beispiel für das in der Geschichte gerade des 19. Jahrhunderts auch sonst bekannte Phänomen der »invention of tradition«[111] gesehen.

6.6.8 Das Erste Vatikanische Konzil und der Altkatholizismus

Die durch den Ultramontanismus befestigte innerkirchliche Machtposition des Papstes fand einen augenfälligen Ausdruck im *Ersten Vatikanischen Konzil* (1869/70). Pius IX. berief es anlässlich der 1.800-Jahr-Feier des Martyriums der Apostel Petrus und Paulus im Jahr 1867 ein. Es war das erste Konzil seit dem Tridentinum vor über zweihundert Jahren und sollte, wie schon der Syllabus Errorum, der Abwehr der Herausforderungen der Moderne dienen. Unter der Leitung des Papstes tagten über sechshundert Teilnehmer aus aller Welt im rechten Querschiff der Peterskirche. Nach der Annexion Roms durch italienische Truppen 1870 wurde das unterbrochene Konzil auf unbestimmte Zeit vertagt und nicht wieder aufgenommen. Von den zahlreichen vorbereiteten Dokumenten wurden nur zwei verabschiedet. Das eine, die Konstitution »Dei Filius« (1870), war dem Verhältnis von Glaube und Vernunft gewidmet und verurteilte Rationalismus und Materialismus. Sehr viel brisanter war die drei Monate danach beschlossene Konstitution »Pastor aeternus« (1870), in der es um die Stellung des Papstes ging. Schon früh hatte sich abgezeichnet, dass interessierte Kreise den Jurisdiktionsprimat und die Unfehlbarkeit (Infallibilität) des Papstes dogmatisiert sehen wollten. Der *Jurisdiktionsprimat* – die Stellung des Papstes als oberster Richter in Fragen des Glaubens und der kirchlichen Disziplin, der seinerseits von niemandem gerichtet werden kann – war von den Päpsten seit dem

---

110 Ebd., besonders 119-151.
111 Dazu Hobsbawm/Ranger, The Invention of Tradition.

Mittelalter beansprucht, aber nicht abschließend kirchenrechtlich definiert worden. Ebenfalls seit dem Mittelalter umstritten war die Frage, ob der Papst als Person – für die Kirche als ganze stand dies außer Frage – unfehlbar sei. Bereits im Vorfeld des Konzils gab es eine kontroverse Debatte über die päpstliche *Infallibilität*. Bald zeichnete sich ab, dass die ultramontanen Befürworter der Unfehlbarkeit unter den Konzilsvätern mit rund achtzig Prozent in der Mehrheit waren. Zur oppositionellen Minderheit zählten die meisten deutschen und österreichischen sowie eine Reihe von französischen und nordamerikanischen Bischöfen. Versuche, die päpstliche Entscheidungsvollmacht entsprechend den Bestimmungen des Tridentinums an die Lehrtradition der Kirche rückzubinden, scheiterten; Pius IX. soll dazu gesagt haben: »io, io sono la tradizione, io, io sono la Chiesa«[112] (»ich, ich bin die Tradition, ich, ich bin die Kirche«). Noch vor der Schlussabstimmung reiste die oppositionelle Minderheit unter Protest aus Rom ab. »Pastor aeternus« dogmatisierte den Jurisdiktionsprimat und die Unfehlbarkeit des Papstes. Diese sollte immer dann gelten, wenn der Papst Entscheidungen in Fragen der Lehre und der kirchlichen Sitte *ex cathedra* (»vom Bischofsstuhl aus«), also in offizieller Wahrnehmung seines obersten Lehramtes traf. Als solche Ex-cathedra-Entscheidungen gelten vor allem das Immaculata-Dogma von 1854 und das 1950 verkündete zweite Mariendogma von der leiblichen Aufnahme Marias in den Himmel (Kap. 7.11.1). Im Nachhinein nahmen auch die oppositionellen Bischöfe notgedrungen die Konstitution an. Nach außen freilich führten das Vaticanum und sein nach verbreitetem Empfinden aus der Zeit gefallenes Unfehlbarkeitsdogma zu einem ernsten Ansehensverlust der katholischen Kirche. – Aus der Konstitution »Pastor Aeternus«:

> »Wenn der römische Bischof in höchster Lehrgewalt (ex cathedra) spricht, das heißt, wenn er seines Amtes als Hirt und Lehrer aller Christen waltend in höchster, apostolischer Amtsgewalt endgültig entscheidet, eine Lehre über Glauben oder Sitten sei von der ganzen Kirche festzuhalten, so besitzt er auf Grund des göttlichen Beistandes, der ihm im heiligen Petrus verheißen ist, jene Unfehlbarkeit, mit der der göttliche Erlöser seine Kirche bei endgültigen Entscheidungen in Glaubens- und Sittenlehren ausgerüstet haben wollte. Diese endgültigen Entscheidungen des römischen Bischofs sind daher aus sich und nicht auf Grund der Zustimmung der Kirche unabänderlich.«[113]

---

112 Zitiert nach Croce, Una fonte importante, 276.

Vor allem in Deutschland, Österreich und der Schweiz gab es zahlreiche katholische Kritiker des Unfehlbarkeitsdogmas. Der prominenteste war *Ignaz von Döllinger*, Professor für Kirchengeschichte an der Universität München, der sich bereits im Frühjahr 1869 publizistisch gegen die Infallibilitätslehre ausgesprochen hatte und 1871 exkommuniziert wurde. Auch andere Gegner des Dogmas wurden gemaßregelt oder aus der Kirche ausgeschlossen und fanden sich schließlich in eigenen Gemeinden zusammen. Ab 1872/73 entstanden selbstständige »altkatholische« (in der Schweiz: »christkatholische«) Kirchen, die sich dem seit 1723 von Rom unabhängigen Erzbistum Utrecht anschlossen. Die bis heute bestehenden *altkatholischen Kirchen* erkennen den päpstlichen Primat nicht an. Sie werden von Bischöfen geleitet, ihre Priester sind nicht zum Zölibat verpflichtet, und auch Frauen steht inzwischen das Priesteramt offen. Sie unterhalten enge Beziehungen zur anglikanischen Kirche und zu den protestantischen Kirchen.

6.6.9 Katholische Theologie und Frömmigkeit in der zweiten Hälfte des 19. Jahrhunderts

In der katholischen Theologie hatten sich in Deutschland in der ersten Hälfte des 19. Jahrhunderts im Schutz der staatlichen Universitäten vielfach fortschrittliche Tendenzen geregt. Seit der Jahrhundertmitte schlug aber auch hier die ultramontane und antimoderne Reaktion durch. Nun kam eine restaurative *Neuscholastik* zur Herrschaft, die die kirchlichen Dogmen rational-philosophisch verteidigen wollte und sich dafür auf die Methoden und Fragestellungen der Scholastik des Mittelalters und der Barockzeit stützte. Augustinus, Bonaventura, Duns Scotus und der jesuitische Barockscholastiker Francisco Suárez wurden zu maßgeblichen Referenzautoren der aktuellen dogmatischen Arbeit, vor allem aber Thomas von Aquin. Indem Papst Leo XIII. Thomas 1879 zum katholischen »Normaltheologen« (d. h. normativen Theologen) erklärte und seine Theologie zur maßgeblichen Grundlage des akademischen Studiums machte, verhalf er dem *Neuthomismus* zum Sieg. Thomas erlangte damit am Ende des 19. Jahrhunderts eine Spitzenstellung, wie er sie im Mittelalter niemals innegehabt hatte. Gegenüber den Anfragen des modernen Geisteslebens war diese Theologie nicht sprachfähig.

---

113 Zitiert nach Greschat, Vom Konfessionalismus zur Moderne (KThGQ 4), 240.

Zu den maßgeblichen Förderern der Neuscholastik gehörten die Jesuiten, die mit dem Collegium Germanicum in Rom die wichtigste Kaderschmiede für den deutschen Katholizismus betrieben. Auch der sogenannte Mainzer Kreis um das dortige Priesterseminar gehört in diesen Kontext. Seit dem Ende des 19. Jahrhunderts machten sich aber auch Gegenkräfte bemerkbar. Gegen die ultramontane Selbstabschließung suchte ein neuer *Reformkatholizismus* den Anschluss an die Kultur, Philosophie und Wissenschaft der Moderne zu gewinnen. Ein prominenter Vertreter dieser Richtung war der französische Theologe und Historiker *Alfred Loisy* (gest. 1940), der sich der historisch-kritischen Exegese öffnete; sein viel zitierter (nicht kirchenkritisch gemeinter) Satz »Jesus predigte das Reich Gottes, aber gekommen ist die Kirche«[114] war ein Echo der konsequenten Eschatologie von Johannes Weiß (Kap. 6.5.5). In Italien gehörte der Kirchenhistoriker Ernesto Buonaiuti, in Deutschland der Würzburger Theologieprofessor Hermann Schell, Autor des Buches »Der Katholicismus als Princip des Fortschritts«, dem Reformkatholizismus an. Von ihren ultramontanen Gegnern wurden diese Theologen als »Modernisten«, ihre Auffassungen als »Modernismus« abqualifiziert. Der sogenannte Antimodernismusstreit zu Beginn des 20. Jahrhunderts (Kap. 6.6.10) endete mit der kirchlichen Maßregelung der Reformer.

Die katholische *Frömmigkeit* des 19. Jahrhunderts zeichnete sich durch die Verbreitung stark emotional geprägter, ursprünglich im romanischen Katholizismus beheimateter Frömmigkeitsformen aus; man kann geradezu von einer »Romanisierung der Frömmigkeit« sprechen. Nicht selten spielten Frauen dabei eine wichtige Rolle. Vor allem erreichte nun die *Marienfrömmigkeit* in ganz Europa einen neuen Höhepunkt. Der Zeitraum von der Mitte des 19. bis zur Mitte des 20. Jahrhunderts wurde zu einem veritablen »marianischen Zeitalter«. Formen marianischer Frömmigkeit wie das Rosenkranzgebet und die Maiandachten erfreuten sich, auch dank gezielter kirchlicher Förderung, großer Beliebtheit. Eine Fülle von Marienerscheinungen, zunächst vor allem in Frankreich, dann in Italien, war zu verzeichnen, von denen allerdings nur wenige kirchenamtliche Anerkennung fanden. Mit den großen Mariendogmen von 1854 (unbefleckte Empfängnis) und 1950

---

114 »Jésus annonçait le Royaume, et c'est l'Église qui est venue« (Loisy, L'Évangile et l'Église, 111).

6.6 KATHOLISCHE KIRCHE UND THEOLOGIE IM 19. JAHRHUNDERT   361

(leibliche Aufnahme Marias in den Himmel) wurden Vorstellungen der mittelalterlichen Mariologie von den Päpsten als geltende Kirchenlehre definiert. Bemerkenswert erscheint der enge Zusammenhang zwischen Marienerscheinungen und Dogmenbildung. Das Immaculata-Dogma war vorbereitet durch eine Marienvision der Ordensschwester Cathérine Labouré, der 1830 in ihrem Kloster in der Rue du Bac in Paris die »Maria Immaculata« erschien und ihr die »Wundertätige Medaille« offenbarte, ein Amulett, das der Verherrlichung der unbefleckt empfangenen Gottesmutter diente. Bis heute wurden mehr als eine Milliarde Exemplare davon vertrieben, und auch Pius IX. gehörte zu ihren Trägern. 1858, vier Jahre, nachdem er das Immaculata-Dogma verkündet hatte, offenbarte sich Maria im französischen Lourdes der Müllerstochter Bernadette Soubirous abermals ausdrücklich als »die unbefleckte Empfängnis«, was als göttliche Bestätigung des neuen Dogmas gewertet wurde und Lourdes zum bis heute wichtigsten katholischen Marienwallfahrtsort machte. Aus späterer Zeit wurden die Marienerscheinungen von Fátima in Portugal wichtig, bei denen die Jungfrau Maria 1917, während des Ersten Weltkriegs, Hirtenkindern drei geheime, inzwischen veröffentlichte Botschaften anvertraute.

Neben der Marienverehrung gewann im 19. Jh. die *Herz-Jesu-Frömmigkeit* besondere Popularität. Die Verehrung des blutenden Herzens Jesu hatte ihre Wurzeln im französischen Barockkatholizismus des 17. Jahrhunderts, in Visionen der Nonne Marguerite-Marie Alacoque. Nun lebte sie, aufgeladen mit antimodernistischem Empfinden, kräftig auf. 1856 stiftete Pius IX. das Hochfest des Heiligsten Herzens Jesu. Ein imposantes Monument der Herz-Jesu-Frömmigkeit ist die ab 1875 erbaute Basilika Sacré-Cœur auf dem Montmartre in Paris.

6.6.10 Papst Pius X. und der Antimodernismus

Der unmittelbare Nachfolger von Pius IX. war Leo XII. (Papst 1878–1903). Er war es, der Thomas von Aquin zur normativen Autorität der katholischen Theologie machte, und er förderte auch stark die Marienverehrung und das Rosenkranzgebet. Vor allem aber wurde Leo durch seine Sozialenzyklika »Rerum novarum« von 1891 (Kap. 6.7.4) als »Arbeiterpapst« bekannt.

1903 bestieg *Pius X.* den Stuhl Petri (Papst 1903–1914). 1954 heiliggesprochen, ist er der Namenspatron der reaktionären Priestervereinigung

»Piusbruderschaft«. Pius X. wird oft als konservativer Reformer charakterisiert. Wirklich hat er etwa die »Katholische Aktion« gefördert, eine Laienbewegung, die sich die Umgestaltung der Gesellschaft im Sinn der katholischen Soziallehre zum Ziel setzte und vor allem in Frankreich große Bedeutung erlangte. Auf der anderen Seite positionierte er sich, wie sein Vor-Vorgänger Pius IX., an dessen Haltung er mit seiner Namenswahl programmatisch anknüpfte, als entschiedener Gegner der Moderne, worin er sich durch die Entwicklung in Frankreich, wo 1905 mit dem Gesetz zur Trennung von Kirche und Staat ein strikter Laizismus eingeführt wurde, bestätigt sah. Vor allem war er durch den innerhalb wie außerhalb der katholischen Kirche grassierenden »Modernismus« alarmiert, den er 1907 mit der Enzyklika »Pascendi dominici gregis« (»Die Herde des Herrn zu weiden«) verurteilte. Darin zeichnete Pius das Schreckbild eines vielgestaltigen, aber letztlich zusammenhängenden häretischen Systems aus Agnostizismus, Entwicklungsdenken und Leugnung von Autoritäten. 1910 machte Pius X. für alle katholischen Kleriker und theologischen Examenskandidaten den *Antimodernisteneid* verbindlich, mit dem sie sich von allen vom Papst als Modernismus verurteilten Lehren distanzieren mussten; erst 1967 wurde dieser Eid von Papst Paul VI. abgeschafft.

6.7 Die Kirchen vor der sozialen Frage

6.7.1 Diakonische Initiativen im Kontext der Erweckungsbewegung

Die verfassten Kirchen mit ihren gewachsenen Strukturen zeigten sich gegenüber der sozialen Frage zunächst hilflos, sie reagierten erst spät auf den wirtschaftlichen und sozialen Strukturwandel, der ihnen tiefgreifende Anpassungen abverlangte. So waren es zunächst freie christliche Initiativen, die sich der sozialen Nöte annahmen.

Im Protestantismus war die erste Phase sozial-diakonischen Engagements durch die Erweckungsbewegung und den Vereinsprotestantismus bestimmt. Eine Vielzahl von lokalen Hilfsvereinen, Rettungshäusern und anderen Gründungen nahm sich unmittelbar der Nöte der Menschen an. Im Zusammenhang der Erweckung in Berlin (v. Kottwitz, Goßner) und Hamburg (Rautenberg, Wichern, Sieveking) haben wir

6.7 Die Kirchen vor der sozialen Frage

bereits die dortigen Projekte kennengelernt (Kap. 6.3.3). Exemplarisch seien hier noch zwei weitere Gründungen aus Thüringen und dem deutschen Südwesten genannt. In Weimar widmete sich der mit Goethe und Herder befreundete Schriftsteller *Johann Daniel Falk* (gest. 1826) nach den Befreiungskriegen in seiner Wohnung der Versorgung von Waisenkindern. 1821 gründete er den »Lutherhof«, ein Rettungshaus, das zum Vorbild für Wicherns »Rauhes Haus« wurde. Bekannt geblieben ist Falk vor allem durch das Weihnachtslied »O du fröhliche« (EG 44), das er für seine Waisenkinder dichtete. In Südbaden gründete der Lehrer *Christian Heinrich Zeller* (gest. 1860) im Jahr 1820 auf Schloss Beuggen eine Armenschullehreranstalt – ein Ausbildungsseminar für Lehrer an sogenannten Armenschulen – mit einem angeschlossenen Erziehungsheim in der Trägerschaft der Deutschen Christentumsgesellschaft im nahen Basel.

Eine der wichtigsten Innovationen im erwecklichen Protestantismus war die Entstehung der weiblichen Diakonie. Als ihr Begründer gilt *Theodor Fliedner* (1800–1864), Pfarrer der Diasporagemeinde *Kaiserswerth* bei Düsseldorf. In seiner Gemeinde unterstützte er Bedürftige und Arbeitslose, er sammelte Spenden und gründete eine Kleinkinderschule. Nach einer Englandreise, auf der er die Quäkerin und Gefängnisreformerin Elizabeth Fry kennenlernte, begann er eine Arbeit unter weiblichen Strafgefangenen und Haftentlassenen, an der sich auch seine Ehefrau Friederike Fliedner (gest. 1842) beteiligte. Fliedners bedeutendste Gründung war die 1836 eröffnete Kaiserswerther Diakonissenanstalt. Die »Bildungsanstalt für evangelische Pflegerinnen«, wie sie offiziell hieß, war eine Dienst-, Glaubens- und Lebensgemeinschaft von unverheirateten Frauen. Das Diakonissenmutterhaus fungierte quasi als Ersatz-Familie, in der Theodor Fliedner als Vorsteher und Friederike Fliedner als Oberin die Elternstelle vertraten. Die Diakonissen erhielten eine Ausbildung in Krankenpflege, und schon 1838 übernahmen Kaiserswerther Schwestern das Krankenhaus von (Wuppertal-)Elberfeld. Neben den »Krankendiakonissen« wurden später auch »Kinderdiakonissen« (Erzieherinnen), »Gemeindediakonissen« (Gemeindeschwestern) und »Lehrdiakonissen« (Volksschullehrerinnen) ausgebildet.

In den folgenden Jahren entstanden zahlreiche weitere Diakonissenmutterhäuser. Im nahe gelegenen *Düsseltal*, heute Stadtteil von Düsseldorf, betrieb Adalbert Graf von der Recke-Volmerstein schon länger in einem säkularisierten Kloster eine Rettungsanstalt für Waisenkinder. 1836 gründete er, etwa gleichzeitig mit Kaiserswerth, die Diakonissenanstalt Düsseltal. 1854 richtete Wilhelm Löhe (Kap. 6.5.3) in *Neuendettelsau* ein Diakonissenmutterhaus ein. Die Anstaltsdiakonie bot evangelischen Frauen ein attraktives neues Lebensmodell jenseits der bürgerlichen Ehe und Familie, sie ermöglichte ihnen eine selbstbestimmte religiöse Lebensform und eine gesellschaftlich akzeptierte Berufsausübung und fand bis ins 20. Jahrhundert hinein viel Zulauf. 1861 schlossen sich alle europäischen Mutterhäuser zur »*Kaiserswerther Generalkonferenz*« zusammen, die deutschen Häuser sind seit 1916 im »Kaiserswerther Verband« organisiert. Die Professionalisierung des Gesundheitswesens, die zunehmende Selbstverständlichkeit weiblicher Berufstätigkeit und die Öffnung des Zugangs zum Pfarramt für Frauen haben im 20. Jahrhundert zu einem dramatischen personellen Einbruch der Mutterhaus-Diakonie geführt.

Etwa gleichzeitig mit der weiblichen Diakonie entstand durch Johann Hinrich Wichern im Protestantismus auch ein *männliches Diakonenamt*. Aus dem 1839 am Rauhen Haus gegründeten »Gehilfeninstitut« und aus dem 1859 in Berlin eingerichteten »Johannesstift« gingen bis heute bestehende sozialdiakonische Brüderschaften hervor. Auch andernorts kam es zur Gründung von Diakonenhäusern.

6.7.2 Johann Hinrich Wichern und die Innere Mission

War die erste Phase des sozialen Engagements im Protestantismus durch örtliche Einzelinitiativen bestimmt, so begann mit der flächendeckenden Organisation der karitativen Arbeit unter dem Dach der »Inneren Mission« die zweite Phase. Ihr Initiator war der Gründer des Rauhen Hauses *Johann Hinrich Wichern* (1808–1881). Das Konzept dazu hat er im Revolutionsjahr 1848 auf dem Evangelischen Kirchentag in Wittenberg in seiner berühmten (unvorbereiteten) Stegreifrede vorgetragen und 1849 in der Denkschrift »Die Innere Mission der deutschen evangelischen Kirche« ausgearbeitet. Charakteristisch für Wicherns Modell der »Inneren Mission« war die Verbindung von zwei Grundanliegen. Zum einen sah er sich durch die zunehmende Entchristlichung und Entfremdung der Arbeiterschaft von der Kirche herausgefordert, zum anderen durch ihre soziale Not und Verarmung. Die Innere Mission sollte daher einem doppelten Ziel dienen, sollte »freie Liebesarbeit des heilserfüllten Volkes zur Verwirklichung der christlichen und sozialen Wiedergeburt des heillosen Volkes«[115] sein. Die »christliche Wiedergeburt« wollte Wichern durch eine neue Evangelisierung – eine veritable »innere Mission«, analog der »äußeren Mission« in den Heidenländern – im Sinne der Erweckung zu einem persönlichen Glauben erreichen. Die »soziale Wiedergeburt« war durch breit angelegte soziale Hilfsmaßnahmen zu bewerkstelligen. Dem atheistischen Marxismus wollte Wichern einen »christlichen Sozialismus« entgegensetzen.

Wicherns Konzept war dem Geist der Erweckungsbewegung verpflichtet und unterschied sich von den sozialen Initiativen der ersten Phase im Wesentlichen nur durch seinen Organisationsgrad; weitergehende politisch-soziale Reformvorstellungen verbanden sich damit nicht. An der praktischen Umsetzung waren aber nicht nur Erweckte beteiligt, sondern auch Angehörige anderer Richtungen des Protestantismus. Noch auf dem Wittenberger Kirchentag beschloss man die Gründung eines »*Central-Ausschusses für die Innere Mission* der deutschen evangelischen Kirche«, der sich Anfang 1849 konstituierte und unter dessen Dach bald ein engmaschiges Netz von Landes- und Ortsvereinen für Innere Mission entstand, die ihrerseits eine Vielzahl von Werken, Anstalten und Vereinen christlicher Sozialfürsorge betrieben. Die Vereine der Inneren Mission waren als freie Werke unter dem Dach der Landeskirchen organisiert. Aus ihnen sind die heutigen »Diakonischen Werke« hervorgegangen, die eine relative organisatorische Eigenständigkeit gegenüber den Kirchen gewahrt haben und in der »Diakonie Deutschland« zusammengeschlossen sind. Ihr Logo, das aus den Buchstaben I und M zusammengesetzte »Kronenkreuz«, erinnert noch an den Ursprung in der Inneren Mission. Wichern selbst fand seit den 1850er Jahren ein neues Betätigungsfeld in Preußen, wo er als Direktor des Mustergefängnisses Berlin-Moabit für den preußischen Staat die Reform des Gefängniswesens betrieb und zugleich Mitglied des Evangelischen Oberkirchenrats war.

Unter den zahlreichen bedeutenden Einrichtungen der Inneren Mission seien hier exemplarisch nur die bis heute bestehenden »von Bodelschwinghschen Stiftungen *Bethel*« in Bielefeld genannt. Sie gehen zurück auf den westfälischen Pfarrer Friedrich von Bodelschwingh d. Ä.

---

115 Wichern, Die preußischen Reichsstände und die Innere Mission, 86.

(gest. 1910), der 1872 die Leitung der kurz zuvor gegründeten und bald in »Bethel« umbenannten »Evangelischen Heil- und Pflegeanstalt für Epileptische« übernommen hatte. Bodelschwingh gründete das Diakonissenmutterhaus Sarepta und das Brüderhaus Nazareth und betrieb eine ausgedehnte Arbeit an psychisch Kranken, Obdachlosen und Bedürftigen. 1905 gründete er die »Theologische Schule Bethel« als biblisch orientierte Alternative zur Pfarrerausbildung an den liberalen staatlichen Fakultäten; 2007 ist sie in der Kirchlichen Hochschule Wuppertal-Bethel aufgegangen.

6.7.3 Politische Initiativen des sozialen Protestantismus

Die dritte Phase des sozialen Protestantismus in Deutschland ist durch die Verlagerung der Initiativen auf das politische Gebiet gekennzeichnet. Nicht mehr nur konkrete Hilfeleistung am Ort, sondern die Schaffung und Veränderung von sozialen Strukturen und politischen Rahmenbedingungen rückte nun in den Fokus. Nach der Reichsgründung 1871 entstanden eigene Gesprächskreise und politische Parteien, von denen aber keine eine vergleichbare Dominanz und einen vergleichbaren Einfluss erlangte wie im politischen Katholizismus die 1870 gegründete Zentrumspartei oder in der Arbeiterschaft die 1875 aus älteren Vorläuferorganisationen – dem Allgemeinen deutschen Arbeiterverein von Ferdinand Lassalle und der Sozialdemokratischen Arbeiterpartei von Wilhelm Liebknecht und August Bebel – zusammengeschlossene Sozialistische Arbeiterpartei Deutschlands (seit 1890: Sozialdemokratische Partei Deutschlands, SPD).

Dabei wurden im sozialen Protestantismus durchaus unterschiedliche Zielvorstellungen verfolgt. So strebte der anfangs in der Inneren Mission engagierte Publizist *Victor Aimé Huber* eine genossenschaftliche Selbstorganisation der Arbeiter an, während *Rudolf Todt*, Superintendent in Brandenburg an der Havel, einen Staatssozialismus mit weitgehenden sozialpolitischen Interventionen des Staates favorisierte. *Christoph Blumhardt* (1842–1919), Sohn des württembergischen Erweckungspastors Johann Christoph Blumhardt (Kap. 6.3.3) und dessen Nachfolger als Leiter des Seelsorgezentrums in Bad Boll, näherte sich dem Sozialismus an und wurde sogar Mitglied und schließlich Landtagsabgeordneter der SPD, was ihn angesichts der damals noch stark religionskritischen und antikirchlichen Orientierung der Partei sein Pfarramt kostete; mit seinen Ideen wurde er ein wichtiger Impulsgeber für den Religiösen Sozialismus (Kap. 7.3.1).

Die wichtigsten Repräsentanten des politischen Sozialprotestantismus waren Adolf Stoecker und Friedrich Naumann. *Adolf Stoecker* (1835–1909), Dom- und Hofprediger in Berlin, war der Inneren Mission verbunden und gründete 1877 die »Berliner Stadtmission« mit ihren zahlreichen diakonischen Arbeitszweigen. Konservativ-patriarchalisch gesinnt, wollte er die vom Sozialismus verführten Arbeiter für die Kirche zurückgewinnen und gründete hierfür 1878 eine eigene Partei, die »Christlich-Soziale (Arbeiter-)Partei« (CSP), die aber zwischen den liberalen und konservativen bürgerlichen Kräften einerseits und der Sozialdemokratie andererseits nicht zur Entfaltung kam. Bezeichnend für das Erstarken des Antisemitismus im Kaiserreich erscheint, dass Stoecker und die sich um ihn sammelnde »Berliner Bewegung« ihre Sozialkritik mit Kritik am Judentum verbanden, das Stoecker gleichermaßen im Kapitalismus wie im Sozialismus mit ihrer beiderseits materialistischen Grundorientierung am Werk sah. 1890 wurde er wegen seiner politischen Arbeit als Hofprediger entlassen. Im selben Jahr gründete er den »Evangelisch-sozialen Kongress«, einen einflussreichen Gesprächskreis, dem auch zahlreiche liberale Protestanten wie Friedrich Naumann und der Berliner Kirchenhistoriker Adolf von Harnack angehörten. Stoecker verließ schließlich den inzwischen von den Liberalen dominierten Evangelisch-sozialen Kongress und widmete sich schwerpunktmäßig der Arbeit in der Berliner Stadtmission.

Der Pfarrer *Friedrich Naumann* (1860–1919) war Mitarbeiter am Rauhen Haus in Hamburg und bei der Inneren Mission in Frankfurt am Main gewesen und hatte dem Christlich-Sozialen Kongress Stoeckers angehört. 1896 gründete er eine eigene Partei, schied aus dem Pfarramt aus und wurde Berufspolitiker. Naumanns »Nationalsozialer Verein« propagierte eine soziale und liberale Politik auf nationaler Grundlage, blieb aber bei den Wahlen erfolglos und löste sich bald wieder auf. Stattdessen zog er schließlich als Abgeordneter einer liberalen Partei in den Reichstag ein. Nach dem Ersten Weltkrieg wurde er der erste Vorsitzende der neu gegründeten linksliberalen Deutschen Demokratischen Partei (DDP), einer Vorgängerorganisation der heutigen FDP.

6.7.4 Sozialer Katholizismus und katholische Soziallehre

Die Reaktionen der katholischen Kirche in Deutschland auf die soziale Frage folgten einem ähnlichen Muster wie diejenigen des Protestantismus, beginnend mit konkreten einzelnen Hilfsleistungen und erst allmählichem Übergang zu einer aktiven politischen Sozialgestaltung. Lange blieben sozialromantische Positionen beherrschend, die das soziale Elend als Folge der Auflösung der idealisierten, von der Religion bestimmten vormodernen Gesellschaftsordnung ansahen. Nur langsam kam es zu einer grundsätzlichen Akzeptanz der liberalen Wirtschaftsordnung, deren Mängel man nun systemimmanent zu verbessern suchte. Erst spät setzten die deutschen Katholiken, die unter dem Eindruck des Kulturkampfs (Kap. 6.8.3) standen, auf das Mittel einer staatlichen Sozial- und Arbeitsgesetzgebung.

Die bedeutendsten Vertreter des sozialen Katholizismus in Deutschland waren der »Gesellenvater« Adolf Kolping und der »Arbeiterbischof« Wilhelm Emmanuel von Ketteler. Der aus Kerpen stammende Priester und spätere Kölner Domvikar *Adolf Kolping* (gest. 1865) gründete Gesellenvereine, die reisenden Handwerksgesellen in den Städten ein geschütztes soziales Umfeld boten. Das auf seine Gründungen zurückgehende Kolpingwerk ist heute eines der wichtigsten katholischen Sozialwerke. Durch Kolping, mit dem zusammen er in München studiert hatte, war auch der westfälische Adelige *Wilhelm Emmanuel von Ketteler* (gest. 1877) für die sozialen Belange sensibilisiert worden. Als Landpastor wurde er im Revolutionsjahr 1848 in die Paulskirchenversammlung gewählt, 1850 wurde er Bischof von Mainz. 1870 gehörte Ketteler zu den Gründern der katholischen Zentrumspartei. Als katholisches Gegenstück zur evangelischen Inneren Mission (und späteren Diakonie) wurde 1897 der *Deutsche Caritasverband* gegründet. Vereinsrechtlich organisiert und in Diözesanverbände gegliedert, fungiert die Caritas als zentraler Dachverband sozialkaritativer Organisationen im Raum der katholischen Kirche.

Bahnbrechend wurde die 1891 von Papst Leo XIII. erlassene Sozialenzyklika *»Rerum novarum«* (»Neuerungen«). Der Papst verzichtete hier auf die herkömmliche religiöse Qualifizierung der sozialen Frage als Folge des Unglaubens und argumentierte rein vernünftig-naturrechtlich, ohne Rekurs auf die Offenbarung. Im Zentrum stand die Forderung nach einem gerechten Arbeitslohn. Der Papst befürwortete eine staatliche Sozialpolitik zum Wohl der Arbeiter und erkannte die neu entstandenen katholischen Arbeitervereine an. Die Enzyklika gilt als Grundurkunde der *katholischen Soziallehre*, und spätere Päpste haben zu den Jubiläen von »Rerum novarum« weitere Sozialenzykliken veröffentlicht. Die Essenz der katholischen Soziallehre wird gerne in drei Schlagworte gefasst: Personalität (persönliche Verantwortung des Einzelnen) – Solidarität (Sozialpflichtigkeit von Eigentum) – Subsidiarität (eigenverantwortliche Problemlösung auf der unteren Ebene; erst wo diese misslingt, Eintreten der nächsthöheren Ebene).

6.8 Die deutschen Kirchen im Kaiserreich

6.8.1 Die evangelischen Kirchen und der Staat

Nach dem Deutsch-Französischen Krieg von 1870/71 wurde mit der Ausrufung des preußischen Königs Wilhelms I. (König 1861–1888, Kaiser 1871–1888) zum deutschen Kaiser im Spiegelsaal des Schlosses von Versailles das deutsche *Kaiserreich* begründet. Es war ein »kleindeutsches Reich« ohne Österreich, in dem Preußen die beherrschende Rolle spielte. Preußen war mit fast zwei Dritteln der Fläche des Reichsgebiets der bei weitem größte Bundesstaat, sein König zugleich deutscher Kaiser, der preußische Ministerpräsident Otto von Bismarck zugleich Reichskanzler. Konfessionell war das Reich infolge des Ausscheidens Österreichs durch eine deutliche, rund zwei Drittel der Bevölkerung umfassende protestantische Mehrheit geprägt. Der ehemalige Hofprediger Adolf Stoecker (Kap. 6.7.3) schrieb triumphierend in einem Privatbrief: »Das heilige evangelische Reich deutscher Nation vollendet sich [...] in dem Sinn erkennen wir die Spur Gottes von 1517–1871!«[116] Diese – in ihrer Zuspitzung nicht repräsentative – Erwartung erfüllte sich nicht. Zwar nahmen Kaiser Wilhelm I. und mehr noch sein Enkel Wilhelm II. (reg. 1888–1918) ihren kirchlichen Summepiskopat ernst, und insbesondere Wilhelm II. mischte sich häufig persönlich in kirchliche und theologische Angelegenheiten ein. Der repräsentative Neubau des Berliner Doms am Lustgarten, gegenüber vom königlichen Stadtschloss, in den

---

116 Zitiert nach Frank, Hofprediger Adolf Stoecker, 32 f.

Jahren 1894–1905 sollte ein protestantisches Gegenstück zur päpstlichen Peterskirche sein. Doch von einem »heiligen evangelischen Reich« konnte keine Rede sein. Unter Bismarck kam es zum Ausbau des liberalen Verfassungsstaates und zur planvollen Zurückdrängung des kirchlichen Einflusses auf das staatliche und gesellschaftliche Leben. Und nachdem 1873 durch Reichsgesetz die Möglichkeit des Kirchenaustritts geschaffen worden war, kam es zu Beginn des 20. Jahrhunderts zu einer signifikanten Austrittsbewegung.

Die Kehrseite der Zurückdrängung des kirchlichen Einflusses war, dass der liberale Staat den Kirchen größere Freiheiten in ihrem Binnenbereich gewährte als dies in den Staatskirchentümern der Restaurationszeit der Fall gewesen war. Im letzten Drittel des 19. Jahrhunderts kam es verbreitet zur weiteren Ausgestaltung von *Kirchenverfassungen* und zur lange vergeblich gewünschten Etablierung presbyterialsynodaler Selbstverwaltungsstrukturen. In Preußen erhielten durch die »Kirchengemeinde- und Synodalordnung« nunmehr alle acht altpreußischen Kirchenprovinzen solche Organe; 1876 wurde eine regelmäßige Generalsynode eingerichtet. Damit wurde die theoretische Unterscheidung zwischen dem landesherrlichen *ius circa sacra*, das beim Kultusministerium verblieb, und dem nun auf die Kirchen selbst übergehenden *ius in sacra* (Kap. 4.1.3) auch institutionell nachvollzogen.

Eine unmittelbare Folge der Einrichtung von Synoden war die Entstehung von *Kirchenparteien*. Dadurch kam es zu einer Polarisierung zwischen liberalen und konservativen Kräften. Die zentrale Organisation des theologischen Liberalismus war der schon 1863 von Carl Ullmann und Richard Rothe gegründete *Protestantenverein* (Kap. 6.5.2), der durch seine Zweigvereine und ein gut aufgestelltes Publikationswesen eine große Breitenwirkung entwickelte. Die theologisch konservativen und monarchistischen Kräfte sammelten sich dagegen in den 1870er Jahren um Adolf Stoecker und die übrigen preußischen Hofprediger in der sogenannten Hofpredigerpartei. 1875 formierte sich aus ihr die neue Kirchenpartei der *»Positiven Union«*. Während der Regierungszeit Wilhelms I. gewann sie erheblichen Einfluss auf die preußische Landeskirche. »Positiv«, was die Bezugnahme auf die »gesetzte« göttliche Offenbarung ausdrücken sollte, wurde zur Sammelbezeichnung für die Gegner des kirchlichen und politischen Liberalismus.

Der Gegensatz der kirchlichen Lager zeigte sich mehrfach in viel beachteten theologischen Auseinandersetzungen. Die wichtigste war der *Apostolikumsstreit*, der sich an zwei Vorträgen der Berliner Pfarrer Adolf Sydow und Emil Lisco aus dem Jahr 1872 entzündete, in denen sie die Jungfrauengeburt und die Höllenfahrt Christi, die im Apostolischen Glaubensbekenntnis erwähnt wurden, als Legenden verwarfen. Sydow wurde daraufhin zeitweise, Lisco auf Dauer seines Amtes enthoben. Der Streit flammte wieder auf, als 1891 der württembergische Pfarrer Christoph Schrempf den Gebrauch des Apostolikums bei einer Taufe verweigerte und deshalb entlassen wurde. Adolf von Harnack forderte daraufhin die Freistellung des Apostolikums und seine Ersetzung durch ein neues, zeitgemäßes Bekenntnis – ein Votum, das schließlich zur Schaffung der mit Adolf Schlatter (Kap. 6.5.3) besetzten »Strafprofessur« an der Berliner theologischen Fakultät führte. Weitere heftige Auseinandersetzungen wurden ab 1900 um Harnacks »Wesen des Christentums« sowie ab 1902 um »Babel« und »Bibel« ausgetragen (Kap. 6.5.5). Für Aufsehen sorgte auch der *»Fall Jatho«*, als 1911 das im Jahr zuvor neu erlassene preußische Lehrbeanstandungsgesetz erstmals gegen den Kölner Pfarrer Carl Jatho angewandt wurde, der sich zum sogenannten Monismus (Kap. 7.3.3) bekannte und deshalb in den Ruhestand versetzt wurde.

6.8.2 Gemeinschaftsbewegung und Pfingstbewegung

Im letzten Drittel des 19. Jahrhunderts entstand in Deutschland mit der *Gemeinschaftsbewegung* die bedeutendste und bis heute für das kirchliche Leben wichtige Erscheinungs- und Organisationsform neupietistischen Christentums innerhalb der evangelischen Landeskirchen. Die Gemeinschaftsbewegung führte einerseits das Erbe des Barockpietismus und der Erweckungsbewegung des ersten Jahrhundertdrittels fort, andererseits war sie stark von der anglo-amerikanischen Heiligungsbewegung geprägt, die seit 1874 Deutschland und die Schweiz erreichte. Diese propagierte das Ideal einer fortschreitenden Lebensheiligung bis hin zu einem möglichst sündenfreien Zustand christlicher Vollkommenheit; einer ihrer prominentesten Vertreter, der englische Laienprediger Robert Pearsall Smith, kam 1875 zu einer Vortragsreise nach Deutschland.

Typisch für die Gemeinschaftsbewegung war der Zusammenschluss der Gläubigen, die weiterhin Glieder ihrer landeskirchlichen Gemeinden blieben, in vereinsrechtlich organisierten örtlichen

»Gemeinschaften« zum Zweck gegenseitiger Erbauung und evangelistischer Tätigkeit, die von eigenen Predigern oder Gemeinschaftspflegern betreut wurden. Überregional organisierten sich diese landeskirchlichen Gemeinschaften in Gemeinschaftsverbänden. Daneben entstanden Organisationen wie der »Jugendbund für entschiedenes Christentum« (EC, 1894) und das zur christlichen Abstinenzbewegung zählende »Blaue Kreuz« (1877).

Die Bewegung hatte zahlreiche örtliche Kristallisationskerne und Gründerpersönlichkeiten, von denen nur die wichtigsten kurz genannt seien. Eduard Graf von Pückler gründete 1883 in Berlin den ersten deutschen »Christlichen Verein junger Männer« (CVJM) nach dem Vorbild der 1844 in London gegründeten »Young Men's Christian Association« (YMCA); 1895 wurde er erster Vorsitzender der neu gegründeten »Deutschen Christlichen Studentenvereinigung«. Eine wichtige Multiplikatorfunktion erfüllte der »Deutsche Evangelisationsverein«, der 1884 unter Mitwirkung von Theodor Christlieb, Professor für Praktische Theologie an der Universität Bonn, entstand, der auch sein erster Vorsitzender wurde. 1886 gründeten Christlieb und der Evangelist Elias Schrenk zusätzlich in Bonn die bald darauf nach (Wuppertal-)Barmen verlegte »Evangelistenschule Johanneum«. Schrenk, ein ehemaliger Afrikamissionar der Basler Mission und nun Angestellter des Deutschen Evangelisationsvereins, war der erste hauptamtliche Evangelist Deutschlands und führte Verkündigungskampagnen nach dem Vorbild von Dwight L. Moody (Kap. 6.3.1) durch. Auch Ernst Modersohn, Pfarrer in Mülheim an der Ruhr und Schwager der Malerin Paula Modersohn-Becker, ließ sich schließlich als hauptamtlicher Evangelist vom Pfarrdienst freistellen; 1913 wurde er Mitbegründer der »Pfarrergebetsbruderschaft« (heute: »Pfarrerinnen- und Pfarrer-Gebetsbund«). Frauen wie die Diakonissenoberin und religiöse Schriftstellerin Eva von Tiele-Winckler spielten in der Gemeinschaftsbewegung eine bedeutende Rolle.

Eine deutschlandweite Dachorganisation erhielt die Gemeinschaftsbewegung in Gestalt des *Gnadauer Verbandes*. Im Anschluss an die bereits 1888 in Gnadau bei Magdeburg abgehaltene »Gnadauer Pfingstkonferenz« wurde 1897 der »Deutsche Verband für Gemeinschaftspflege und Evangelisation« (heute: »Evangelischer Gnadauer Gemeinschaftsverband«, Sitz: Kassel) gegründet. Dem Gnadauer Verband gehören neben einzelnen Gemeinschaftsverbänden auch Diakoniewerke, Missionsgesellschaften und theologische Ausbildungsstätten an.

6.8 Die deutschen Kirchen im Kaiserreich

In eine schwere Krise wurde die deutsche Gemeinschaftsbewegung seit 1907 durch das Aufkommen der *Pfingstbewegung* gestürzt. Sie war benannt nach der konstitutiven Bedeutung, die ihre Anhänger dem Pfingstwunder der Ausgießung des Heiligen Geistes nach Apostelgeschichte 2 für die christliche Gemeinde zumaßen und betonte die Notwendigkeit einer von der Bekehrung unterschiedenen, über diese hinausgehenden »Geistestaufe«, mit der den Gläubigen Geistesgaben (Charismen) nach neutestamentlichem Vorbild – vor allem die ekstatische Zungenrede (Glossolalie), aber auch Prophetie oder Glaubensheilung – verliehen wurden. Die Bewegung entstand zu Beginn des 20. Jahrhunderts in den USA. Bahnbrechend wurde das »Azusa Street Revival« in Los Angeles in der »Azusa Street Mission« des schwarzen Predigers William J. Seymour in den Jahren 1906–1909. Die neue Frömmigkeit strahlte rasch aus und erreichte über Norwegen bereits 1907 Deutschland, wo sie zunächst durch spektakuläre Versammlungen in Kassel Aufsehen erregte. Ein Zentrum wurde Mülheim an der Ruhr, wo es wenige Jahre zuvor durch Pfarrer Ernst Modersohn und den Reiseevangelisten Jonathan Paul zu einer Erweckung gekommen war. Der stark von der Heiligungsbewegung geprägte Paul, der das Ideal eines sündlosen Lebens vertrat, wurde einer der wichtigsten Protagonisten der Pfingstbewegung in Deutschland; als sich 1913 die neu entstandenen selbständigen Pfingstgemeinden Deutschlands im »Mülheimer Verband« zusammenschlossen, wurde er dessen erster Vorsitzender. Die Führung des Gnadauer Verbandes unter seinem Präses Walter Michaelis distanzierte sich scharf, von tumultuarischen Begleiterscheinungen der frühen pfingstlerischen Versammlungen alarmiert, mit der *»Berliner Erklärung«* von 1909: »Die sogen. Pfingstbewegung ist nicht von oben, sondern von unten; sie hat viele Erscheinungen mit dem Spiritismus gemein. Es wirken in ihr Dämonen, welche, vom Satan mit List geleitet, Lüge und Wahrheit vermengen, um die Kinder Gottes zu verführen.«[117] Durch den Auszug der Pfingstler verlor der Gnadauer Verband rund ein Drittel seiner Mitglieder.

Die Pfingstbewegung ist heute weltweit die am stärksten wachsende christliche Richtung und findet vor allem in Südamerika, Afrika und Asien viele neue Anhänger. Die stark emotionale, erfahrungsbetonte Religiosität und die schlichte, ethisch überzeugende Frömmigkeit spre-

---

117 Zitiert nach Fleisch, Geschichte der Pfingstbewegung, 112.

chen auch Angehörige der Unterschichten und soziale Aufsteiger an. Die Wertschätzung von Charismen wie Zungenrede und Glaubensheilung hat teilweise auch in anderen Kirchengemeinschaften ein Echo gefunden. So gab es in den evangelischen Landeskirchen und in der katholischen Kirche seit den 1960er Jahren eine »charismatische Bewegung« oder »charismatische Erneuerung«, die inzwischen aber an Bedeutung verloren hat und teils in Freikirchen (z. B. Anskar-Kirche) ausgewandert ist.

6.8.3 Die katholische Kirche und der Kulturkampf

Der innere Ausbau des preußisch-deutschen Kaiserreichs und der Versuch einer Neubestimmung des Verhältnisses von Staat und Kirchen führte zu einem grundsätzlichen Konflikt mit dem ultramontan geprägten Katholizismus. Damit lebten alte Spannungen wieder auf, wie sie sich ehedem im Kölner Kirchenstreit (Kap. 6.6.4) entladen hatten. Der sogenannte »Kulturkampf« in Preußen und im Reich (1871–1887), in dem der Konflikt dramatisch eskalierte, überschattete die ersten beiden Jahrzehnte der Kaiserzeit. Aber auch in anderen deutschen Bundesstaaten wie im Großherzogtum Baden, im Königreich Bayern und im Großherzogtum Hessen(-Darmstadt) gab es in dieser Zeit analoge Auseinandersetzungen, ebenso in anderen, zumeist traditionell katholisch geprägten europäischen Ländern wie Italien, Spanien und Frankreich. Überall stand dahinter dieselbe Konstellation: Der ultramontan gestimmte politische Katholizismus betrieb die Durchsetzung der traditionellen Gestaltungsansprüche der katholischen Kirche in Politik und Gesellschaft, die Regierungen der modernen, liberal geprägten Staaten wollten dagegen im Sinne eines säkularen Politikverständnisses und einer stärkeren Trennung von Kirche und Staat die politische Einflussnahme des Katholizismus zurückdrängen. Die wichtigsten Konfliktfelder wurden dabei die – kirchliche oder standesamtliche? – Eheschließung und die – kirchliche oder staatliche? – Schulaufsicht.

Die Protagonisten im preußisch-deutschen Kulturkampf waren auf staatlicher Seite der Reichskanzler und preußische Ministerpräsident Otto von Bismarck (1815–1898) und das preußische Kultusministerium unter Adalbert Falk. Unterstützt wurde Bismarck, ein von der pommerschen Erweckung geprägter Konservativer, in seiner Kirchenpolitik von den Abgeordneten der Nationalliberalen; einer von ihnen, der bedeutende Mediziner Rudolf Virchow, war es, der den plakativen Begriff »Kulturkampf« prägte. Auf der Gegenseite agierte als zentrale Organisation des politischen Katholizismus die 1870 gegründete Zentrumspartei, die nach der ersten Reichstagswahl gleich die zweitstärkste Fraktion stellte. In der Weimarer Republik bildete sie später regelmäßig zusammen mit der SPD und der linksliberalen DDP die Regierung. Mit der Selbstauflösung im Jahr 1933 (Kap. 7.7.1) endete die Erfolgsgeschichte des Zentrums als katholischer Milieupartei; nach dem Zweiten Weltkrieg schlossen sich die führenden Vertreter der neu gegründeten überkonfessionellen christlichen Volkspartei CDU an.

Bismarck war kein prinzipieller Gegner des Katholizismus, hielt aber die Politik des Zentrums, das im Reichstag gleich in seinem ersten Antrag eine militärische Intervention in Italien zur Wiederherstellung des Kirchenstaates forderte und das zur Eindämmung des politischen Einflusses Preußens im Reich mit dessen politischen Gegnern paktierte, für gefährlich. Der Konflikt eskalierte, als katholische Kirchenvertreter verlangten, die wegen ihres Widerstands gegen das Unfehlbarkeitsdogma von 1870 von den Bischöfen exkommunizierten Theologieprofessoren, Religionslehrer und Militärgeistlichen aus dem staatlichen Beamtenverhältnis zu entlassen, was das preußische Kultusministerium ablehnte.

In den Jahren 1871–1875 unternahm Bismarck daraufhin den Versuch einer umfassenden gesetzlichen Neuregelung des Verhältnisses von Kirche – soweit sie sich nicht auf katholische Spezifika bezogen, betrafen die Bestimmungen auch die Protestanten – und Staat. Dabei galten manche dieser Kulturkampf-Gesetze für das Reich als Ganzes, manche nur für Preußen. 1871 wurde mit dem sogenannten Kanzelparagraphen ein Verbot politischer Agitation auf der Kanzel ins deutsche Strafgesetzbuch aufgenommen. 1872 wurde für Preußen die staatliche Schulaufsicht durchgesetzt, 1874 in Preußen und 1875 im Reich die obligatorische, vor dem Standesbeamten zu schließende Zivilehe und die Einrichtung von Zivilstandsregistern verfügt. Mit den sogenannten Maigesetzen des Jahres 1873 wurden für angehende katholische Geistliche das Studium an staatlichen Universitäten statt an kirchlichen Seminaren und ein »Kulturexamen« in deutscher Geschichte, Philosophie und Literatur verpflichtend gemacht und die kirchliche Disziplinargerichtsbarkeit eingeschränkt; der in Preußen schon seit der Jahrhundertmitte mögliche Kirchenaustritt wurde nun auch auf Reichsebene gesetzlich ermöglicht. 1872 wurde der Jesuitenorden im Reich verboten. Die katholischen Bischöfe und Priester und die von ihnen mobilisierten katholischen Laien setzten den staatlichen Maßnahmen heftigen Widerstand entgegen, der auch durch Geld- und Haftstrafen gegen Kleriker nicht eingedämmt werden konnte. Die Zentrumspartei erzielte im Gegenteil deutliche Stimmengewinne. 1874 verübte ein katholischer Handwerksgeselle sogar ein Attentat auf Bismarck. Papst Pius IX. brach die diplomatischen Beziehungen zu Preußen ab und erklärte 1875 in der Enzyklika »Quod numquam« (»Was [wir] niemals [erwartet hatten] ...) die staatlichen preußischen Kirchengesetze rundheraus für ungültig. Im Gegenzug machte Preußen mit dem sogenannten Brotkorbgesetz von 1875 die Auszahlung der Staatsleistungen an die katholischen Bistümer und Gemeinden davon abhängig, dass sich die Bischöfe und Pfarrer schriftlich verpflichteten, die staatlichen Gesetze zu befolgen.

Erst der Tod von Pius IX. 1878 machte eine Deeskalation möglich. Sein Nachfolger Leo XIII. und Kaiser Wilhelm I., der Bedenken gegen Bismarcks Konfrontationskurs hatte, suchten die Annäherung. 1880 wurde das Brotkorbgesetz aufgehoben, verschiedene »Milderungsgesetze« erweichten die strikten Maßnahmen. Mit den beiden »Friedensgesetzen« von 1886 und 1887 wurde der preußisch-deutsche Kulturkampf förmlich beendet. Viele Neuerungen wurden nun wieder abgeschafft. Allerdings blieb es auf Dauer bei der staatlichen Schulaufsicht und der Zivilehe, und auch der Kanzelparagraph blieb in Kraft.

Erst nach der Beilegung des Kulturkampfes konnten die deutschen Katholiken im neuen Staat allmählich heimisch werden. Auf protestantischer Seite entstand nicht zuletzt unter dem Eindruck der robusten Selbstbehauptung des ultramontanen Katholizismus im Kulturkampf 1886 der *»Evangelische Bund«*. Initiiert von dem Vermittlungstheologen Willibald Beyschlag, Professor für Praktische Theologie in Halle, hatte er sich die Vertretung der kirchlichen Interessen des Protestantismus zur Aufgabe gemacht und war am Ende des Kaiserreichs mit einer halben Million Mitgliedern der größte evangelische Verein; heute betreibt er unter anderem das Konfessionskundliche Institut in Bensheim an der Bergstraße.

6.8.4 Weltmission im Zeitalter des Kolonialismus

Mit der kolonialen Expansion Spaniens und Portugals um die Wende zum 16. Jahrhundert hatte die vor allem von den Orden getragene katholische Weltmission eingesetzt (Kap. 4.2.3). Eine protestantische Weltmission begann erst im 18. Jahrhundert mit der Dänisch-Halleschen und der Herrnhuter Mission (Kap. 5.5.2, 5.6.3). Seit etwa 1790 kam es, begünstigt durch die Ausweitung des europäischen Kolonialismus, zu einer starken Vermehrung protestantischer Missionsunternehmungen. Träger dieses neuen Typs protestantischer Weltmission waren besondere *Missionsgesellschaften*. Namentlich in England wurden im ausgehenden 18. Jahrhundert solche »Missionary Societies« gegründet, darunter die bedeutende, 1799 von evangelikalen Anglikanern ins Leben gerufene »Church Missionary Society«. Auch in Deutschland kam es in der ersten Hälfte des 19. Jahrhunderts, meist im Umkreis der Erweckungsbewegung, zur Gründung zahlreicher Missionsgesellschaften, darunter die Basler Mission, die Berliner Mission Johannes Jaenickes und die Rheinische Mission. Seit der Mitte des 19. Jahrhunderts entstanden auch konfessionell gebundene Missionsvereine wie die Hermannsburger Mission.

Bezeichnend für den deutschen Protestantismus war ein besonderes Interesse an kirchlich-missionarischer Arbeit im Nahen Osten, insbesondere im *Heiligen Land*. Nicht wenige deutsche Protestanten, viele davon aus Württemberg, ließen sich als Siedler in Palästina nieder. 1860 gründete der Chrischona-Missionar Johann Ludwig Schneller in Jerusalem das Syrische Waisenhaus. Johannes Lepsius, Vorstandsmitglied des Waisenhauses und Gründer der Deutschen Orientmission (1896), wurde vor allem durch sein Engagement für die von der osmanischen Herrschaft unterdrückten armenischen Christen bekannt. Ein bemerkenswertes, von der Erweckung inspiriertes Projekt war das von Großbritannien und dem Königreich Preußen gemeinsam errichtete evangelische Bistum in Jerusalem, dessen Bischöfe alternierend von den beiden Ländern gestellt werden sollten – auf preußischen Vorschlag amtierte hier Samuel Gobat. Es bestand in dieser Form von 1841 bis 1886 und wird seither als anglikanisches Bistum weitergeführt. Der preußische Vermögensanteil am Jerusalemer Bistum floss in die bis heute bestehende »Evangelische Jerusalemstiftung« ein. 1898 weihte Kaiser Wilhelm II. während seiner Palästinareise die von der Jerusalemstiftung unterhaltene Evangelische Erlöserkirche in der Altstadt von Jerusalem ein und ermöglichte durch eine Grundstücksschenkung die Errichtung der katholischen Dormitio-Abtei.

Im Zeitalter des *Hochimperialismus* (ca. 1870-1914) beschleunigte sich das Ausgreifen der europäischen Mächte insbesondere nach Afrika. Auch das deutsche Kaiserreich erwarb nun Kolonien in Afrika und in der Südsee. Mit dem verstärkten Kolonialismus erfuhr auch die Missionstätigkeit eine weitere Ausdehnung. Dabei arbeiteten die Missionen nun, anders als früher, vielfach eng mit den staatlichen Kolonialverwaltungen zusammen, wodurch es zu einer Politisierung der Mission kam. In Deutschland gehörte zu den Aufgaben des 1890 von Kaiser Wilhelm II. gegründeten Kolonialrats auch die Abstimmung mit den christlichen Missionen. 1896 wurde an der Universität Halle der erste Lehrstuhl für Missionswissenschaft errichtet und mit Gustav Warneck besetzt. Einen neuen, auf ausgedehnte Infrastrukturen und Spendenwerbung verzichtenden Typ unabhängiger Missionstätigkeit praktizierten sogenannte Glaubensmissionen wie die »China-Inland-Mission« des englischen Missionars James Hudson Taylor, aus der in Deutschland 1899 die »Liebenzeller Mission« hervorging.

Quantitativ war die protestantische Weltmission von englischen und amerikanischen Missionsgesellschaften dominiert. Zur Koordination der Arbeit wurden seit Mitte des 19. Jahrhunderts in England und den USA regelmäßig überkonfessionelle *Missionskonferenzen* abgehalten. Ein vergleichbares Gremium für die europäisch-festländischen Missionsgesellschaften schuf Friedrich Fabri, der Inspektor der Rheinischen Mission, mit der 1866 erstmals durchgeführten »Kontinentalen Missionskonferenz« in Bremen. 1910 fand in Edinburgh die erste (protestantische) *Weltmissionskonferenz* statt, an der rund eintausendzweihundert Delegierte vor allem aus dem anglo-amerikanischen Raum teilnahmen und die als Initialereignis der ökumenischen Bewegung gilt. Die »Botschaft« der Weltmissionskonferenz rief zu einer Intensivierung der Bemühungen auf den Missionsfeldern auf und war von einem ausgeprägten Kairos-Bewusstsein getragen:

> »Wir haben aus vielen Gebieten gehört von dem Erwachen großer Nationen, von der Öffnung lange verschlossener Türen und von Bewegungen, welche alle auf einmal der Kirche eine neue Welt vor Augen stellen, die für Christus gewonnen werden soll. Die nächsten zehn Jahre werden aller Wahrscheinlichkeit nach einen Wendepunkt in der Menschheitsgeschichte darstellen

und können von entscheidenderer Bedeutung als viele Jahrhunderte gewöhnlichen Zeitlaufs sein in der Bestimmung der geistlichen Entwicklung des Menschengeschlechts.«[118]

Der Erste Weltkrieg machte diese Erwartungen zunichte. Doch der 1921 gegründete »Internationale Missionsrat« nahm die Impulse von Edinburgh auf und brachte sie in die Ökumene ein (Kap. 7.12.2).

6.9 Die Kirchen im Ersten Weltkrieg

Der Erste Weltkrieg (1914-1918) war die »Urkatastrophe« des 20. Jahrhunderts«[119]. Es war ein Krieg von bislang ungekannten Dimensionen und ungekannter Zerstörungskraft, der insgesamt siebzehn Millionen Menschenleben kostete. Anders als im Fall des Zweiten Weltkriegs ist die Kriegsschuldfrage nicht einfach zu beantworten und in der Geschichtswissenschaft bis heute Gegenstand heftiger Debatten. Die politisch motivierte, auf Drängen Frankreichs in den Versailler Vertrag aufgenommene Feststellung der alleinigen Kriegsschuld Deutschlands und seiner Verbündeten wird der komplexen historischen Realität kaum gerecht. Gewiss hat die auf Risiko spielende deutsche Außenpolitik die Eskalation des durch die Ermordung des österreichischen Thronfolgers durch serbische Nationalisten ausgelösten Konflikts bewusst in Kauf genommen. Doch letztlich agierten alle Beteiligten in einem aufgeheizten, durch die verfestigten Mächtekonstellationen und die Mechanik der Bündnissysteme bestimmten politischen Klima. In seinen Memoiren schrieb der britische Premierminister David Lloyd George: »Die Nationen schlitterten über den Rand in den brodelnden Kessel des Krieges ohne jede Spur von Besorgnis oder Bestürzung [...] nicht eine von ihnen wollte Krieg; jedenfalls nicht in diesem Ausmaß.«[120]

Für die zaghaften Ansätze zu einer internationalen Zusammenarbeit der evangelischen Kirchen bedeutete der Krieg einen herben Rück-

---

118 Zitiert nach Greschat, Vom Konfessionalismus zur Moderne (KThGQ 4), 289 f.
119 Kennan, The Decline of Bismarck's European Order, 3: »the seminal catastrophe of this century«.
120 »The nations slithered over the brink into the boiling cauldron of war without any trace of apprehension or dismay. [...] not one of them wanted war; certainly not on this scale« (Lloyd George, War Memoirs, 32).

schlag. Es ist eine bittere Ironie der Geschichte, dass die Gründungsversammlung des »Weltbundes für Freundschaftsarbeit der Kirchen«, der sich dem Einsatz für den Frieden widmen wollte (Kap. 7.12.1), in Konstanz Anfang August 1914 wegen des Kriegsausbruchs vorzeitig beendet werden musste. Im Allgemeinen stellten sich die Kirchen aller Konfessionen und aller Länder bereitwillig in den Dienst der jeweiligen nationalen Sache. In ihren Kundgebungen und *Kriegspredigten* betrieben sie eine religiöse Überhöhung und Rechtfertigung der Kriegsziele und verherrlichten soldatischen Opfermut. Im deutschen Protestantismus wurden dabei die in den Befreiungskriegen aufgekommenen religiösnationalistischen Deutungsmuster fortgeführt.

Protestantische Theologen waren auch führend an den öffentlichen Erklärungen prominenter deutscher Intellektueller zur Unterstützung der deutschen Kriegsziele beteiligt. Unter den dreiundneunzig Unterzeichnern des *»Aufrufs an die Kulturwelt«* vom September 1914 waren neben anderen Adolf von Harnack, Wilhelm Herrmann, Adolf Schlatter und Friedrich Naumann. Der einflussreiche Berliner Systematiker Reinhold Seeberg initiierte 1915 eine ebenfalls von zahlreichen Prominenten unterzeichnete Petition (»Seeberg-Adresse«) an die Reichsregierung mit der Forderung umfangreicher territorialer Annexionen. Auch die deutschen Katholiken, die infolge des Kulturkampfs erst spät im Kaiserreich »angekommen« waren, trugen nun – ähnlich wie die Sozialdemokraten – ungeachtet ihrer internationalen Verbindungen mit umso größerer Begeisterung die nationalen Kriegsziele mit. Aber auch die Katholiken der anderen kriegführenden Nationen standen fast geschlossen hinter ihren Regierungen. Angesichts dessen waren die wiederholten Bemühungen von Papst *Benedikt XV.* (Papst 1914–1922), Friedensverhandlungen zu vermitteln, zum Scheitern verurteilt. Höhepunkt der päpstlichen Initiativen war die Friedensnote »Dès le début« (»Von Beginn an«) zum dritten Jahrestag des Kriegsbeginns 1917.

Spätestens mit dem Kriegseintritt der USA 1917 war der Ausgang vorhersehbar. Die enorme Zahl der Gefallenen und die Belastungen der Zivilbevölkerung – vor allem durch die Hungersnot im »Steckrübenwinter« 1916/17 und die 1918 ausgebrochene Pandemie der Spanischen Grippe – führten in Deutschland zu Ernüchterung und zum Wiederaufbrechen sozialer und politischer Spannungen, die von der anfänglichen Kriegsbegeisterung zugedeckt worden waren. Der deutsche Protestantismus blieb in seiner Mehrheit weiterhin monarchistisch und antiliberal gesinnt. Doch meldete sich daneben nun eine Minderheit mit der Forderung nach demokratischen Reformen im Inneren und einem sogenannten Verständigungsfrieden mit den Kriegsgegnern zu Wort; dazu gehörte neben Adolf von Harnack und Ernst Troeltsch auch der Kieler Praktische Theologe Otto Baumgarten.

Im Herbst 1918 wurde die militärische Lage der Mittelmächte unhaltbar. Als die Delegation der deutschen Reichregierung am 11. November den *Waffenstillstandsvertrag* unterzeichnete, war in der Heimat schon die Novemberrevolution ausgebrochen. Dieser Umstand gab bald der sogenannten Dolchstoßlegende Nahrung, wonach die Revolution in der Heimat dem angeblich unbesiegten deutschen Heer in den Rücken gefallen sei.

In *Russland* hatte bereits 1917 die Februarrevolution die Zarenherrschaft gestürzt und eine bürgerliche Übergangsregierung an die Macht gebracht. Doch noch im selben Jahr wurde diese durch eine abermalige Revolution beseitigt, die von den Bolschewiki betriebene sozialistische Oktoberrevolution. Die deutsche Regierung hatte eigens zu diesem Zweck den im Schweizer Exil lebenden Lenin nach Russland zurückgebracht, und wirklich schloss dieser sogleich einen Separatfrieden mit dem Deutschen Reich. 1918 wurde mit dem »Dekret der Volkskommissare über die Trennung der Kirche vom Staat« ein strikter Laizismus eingeführt. In der nach dem Ende des russischen Bürgerkriegs 1922 gegründeten »Union der Sozialistischen Sowjet-Republiken« (Sowjetunion, UdSSR) herrschte offiziell Religionsfreiheit, faktisch aber war der Atheismus Staatsdoktrin und die Kirchen, insbesondere die traditionell eng mit dem Zarenregime verbundene russisch-orthodoxe Kirche, wurden massiv bedrängt und unter Lenin und Stalin blutig verfolgt.

6.10 Weiterführende Literatur

Friedrich, Martin: Kirche im gesellschaftlichen Umbruch. Das 19. Jahrhundert (Zugänge zur Kirchengeschichte 8 = UTB 2789), Göttingen 2006.
Grane, Leif: Die Kirche im 19. Jahrhundert. Europäische Perspektiven (UTB 1524), Göttingen 1987.
Jung, Martin H.: Der Protestantismus in Deutschland von 1815 bis 1870 (KGE III/3), Leipzig 2000.
Ders.: Der Protestantismus in Deutschland von 1870 bis 1945 (KGE III/5), Leipzig 2002, 38–112.

Siegel der Deutschen Evangelischen Kirche
Zentralarchiv der Evangelischen Kirche der Pfalz, Speyer, Abt. 1.1. Nr. 607.

Nach dem Ende des landesherrlichen Kirchenregiments 1918/19 mussten die evangelischen Kirchen in Deutschland in wechselnden politischen Systemen immer neu ihren Standort in Staat und Gesellschaft finden. Besonders dramatische Formen nahm diese Standortbestimmung unter der nationalsozialistischen Herrschaft an. Anknüpfend an ältere Bestrebungen zur Einung der Landeskirchen, die bereits 1922 zur Gründung des Deutschen Evangelischen Kirchenbundes geführt hatten, erzwangen der nationalsozialistische Staat und die ihm nahestehenden »Deutschen Christen« 1933 die Zusammenfassung und Gleichschaltung der Landeskirchen in einer Reichskirche unter der Leitung eines lutherischen Reichsbischofs. Das Siegel der »Deutschen Evangelischen Kirche« zeigt neben dem Kreuz als zentralem Bildinhalt oben rechts die Lutherrose, die für die Bezugnahme auf den zum nationalen Heros stilisierten Reformator Martin Luther steht, und links unten das Hakenkreuz, das die Nähe der Reichskirche zum nationalsozialistischen Staat zum Ausdruck bringt. Die so versinnbildlichte Synthese von Kreuz und Hakenkreuz provozierte den Widerstand der »Bekennenden Kirche« und führte zum »Kirchenkampf« der Jahre 1933/34.

7.
Kirche und Theologie im kurzen 20. Jahrhundert (1918–1990)

7.1 Überblick: Das kurze 20. Jahrhundert und die kirchliche Zeitgeschichte

Die auf das »lange 19. Jahrhundert« folgende Geschichtsperiode, die wir hier von 1918 bis 1990 ansetzen, wird in der Geschichtswissenschaft das »*kurze 20. Jahrhundert*« genannt. Dabei kann das Epochenjahr für dessen Beginn unterschiedlich bestimmt werden. In der allgemeinen Geschichtswissenschaft wählt man häufig das Jahr 1914. Wirklich bildete im Blick auf die politische Geschichte der Erste Weltkrieg eher den Auftakt einer neuen als den Abschluss der alten Epoche. George F. Kennan nannte ihn die »Urkatastrophe« des 20. Jahrhunderts (Kap. 6.10), und Historiker wie Hans-Ulrich Wehler und Eric Hobsbawm haben in ihm den Auftakt eines »zweiten Dreißigjährigen Krieges« gesehen, der sich über die Konflikte der Zwischenkriegszeit hinweg bis zum Ende des Zweiten Weltkriegs fortsetzte.[121] Mitunter wird auch das Jahr 1917 als Epochenjahr genommen. Mit dem Kriegseintritt der USA und der russischen Oktoberrevolution betraten damals die beiden neuen Weltmächte USA und UdSSR die politische Bühne. Ihr Dualismus, die beiderseitige Blockbildung und der damit verbundene Ost-West-Konflikt wurde zur politischen Strukturkonstante der zweiten Jahrhunderthälfte. Die Errichtung der Sowjetherrschaft war zugleich der Auftakt für ein Jahrhundert der Ideologien und der Totalitarismen von links (Kommunismus) und rechts (Faschismus, Nationalsozialismus, Franquismus). Aus der Sicht der deutschen evangelischen Kirchengeschichte bietet sich dagegen das Jahr 1918 als Epochenjahr an. Mit dem Ende der Monarchie in Deutschland endete auch das in der Reformation etablierte landesherrliche Kirchenregiment, und die evangelischen Kirchen konnten und

---

121 Wehler, Deutsche Gesellschaftsgeschichte, XIX, 985.

mussten sich nun selbstständig organisieren. Als Enddatum für das kurze 20. Jahrhundert fungiert der politische Umbruch in Ost- und Ostmitteleuropa in den Jahren 1989/90, der zum Ende der kommunistischen Herrschaft und damit des Ost-West-Konflikts und zur Wiedervereinigung Deutschlands führte.

Vom Epochenbegriff des kurzen 20. Jahrhunderts, der mit festgelegten Grenzdaten operiert, ist der Begriff der *»Zeitgeschichte«* als einer Teildisziplin der Geschichtswissenschaft bzw. deren Gegenstandsbereich zu unterscheiden. Man versteht darunter die bis in unsere Gegenwart reichende jüngste Geschichtsperiode, für die es noch lebende Zeitzeugen gibt. Es gibt also nicht nur keine hintere Grenze, sondern auch die vordere Grenze ist definitionsgemäß dazu bestimmt, sich kontinuierlich zu verschieben. Gewöhnlich lässt man die Zeitgeschichte – wie das kurze 20. Jahrhundert – 1914 oder 1917 beginnen, doch neuerdings gibt es eine Tendenz, 1945 als Anfangsdatum zu nehmen. In der Kirchengeschichte spricht man seit den 1990er Jahren von *»Kirchlicher Zeitgeschichte«*. Diese hat sich neben der Alten Kirchengeschichte und der Reformationsgeschichte (und, in geringerem Maße, der Geschichte des Pietismus) zu einem weiteren Forschungsschwerpunkt entwickelt.

Dieses Kapitel behandelt im Wesentlichen die Christentumsgeschichte des kurzen 20. Jahrhunderts, bezieht aber in Ausblicken auch die wichtigsten *Entwicklungen seit 1990* mit ein. Für eine umfassende Darstellung der letzten drei Jahrzehnte ist die Zeit noch nicht reif. Erst im historischen Abstand lässt sich Wesentliches von Unwesentlichem scheiden, Wirkungsmächtiges von Episodischem und Ephemerem. Auch stehen wichtige archivalische Quellen aus dieser Zeit der Forschung noch nicht zur Verfügung.

Die Christentumsgeschichte des kurzen 20. Jahrhunderts zeichnet sich in Europa und Nordamerika durch eine massive Entchristlichung und *Säkularisierung* aus. In Ostmitteleuropa und Osteuropa wurde sie von der kommunistischen Herrschaft gezielt forciert und hat hier ein erhebliches Ausmaß erreicht. Im Westen wurde sie durch den in den 1960er Jahren einsetzenden Wertewandel beschleunigt. Insgesamt haben massenhafte Kirchenaustritte und ein breiter Traditionsabbruch die gesellschaftliche Stellung des Christentums nachhaltig verändert. Weltweit war das 20. Jahrhundert ein Zeitalter neuer *Christenverfolgungen*, die vor allem von kommunistischen Regimen betrieben wurden und mittlerweile vom erstarkenden Islamismus geschürt werden. Im

7.1 ÜBERBLICK: DIE KIRCHLICHE ZEITGESCHICHTE

Kontrast zur Entwicklung in Europa und Nordamerika stellt sich das Christentum in Südamerika und Afrika als vital und expansiv dar. Der Schwerpunkt der Christentumsgeschichte hat sich im Lauf des 20. Jahrhunderts von der nördlichen in die *südliche Hemisphäre* verlagert, wo sich heute die dynamischste christlich-kirchliche Entwicklung vollzieht.

Der weltweite Protestantismus hat im 20. Jahrhundert unter dem Eindruck der allgemeinen gesellschaftlichen und geistigen Entwicklung weitgehende innere *Modernisierungsprozesse* durchgemacht, die sich unter anderem in der Einführung der Frauenordination, der Liberalisierung der Lebensformen und der Öffnung gegenüber emanzipatorischen politischen Anliegen zeigen. In Deutschland haben die evangelischen Kirchen nach dem Ende des landesherrlichen Kirchenregiments in mehrfach wechselnden politischen Systemen immer neu ihr Verhältnis zur staatlichen Ordnung und zur Gesellschaft bestimmen müssen.

Auch für die *römisch-katholische Kirche* und das Papsttum war die Verhältnisbestimmung gegenüber den großen Ideologien des 20. Jahrhunderts eine vordringliche Aufgabe. Vor allem aber hat der Katholizismus nach seiner ultramodernen Selbstabschließung von der zeitgenössischen Kultur und Geistigkeit allmählich den Anschluss an die Zeittendenzen wiedergefunden. Das Zweite Vatikanische Konzil (1962–1965) hat die katholische Weltkirche dann auf einmal in die Moderne katapultiert und damit auch bis heute nachwirkende Modernisierungskrisen ausgelöst.

Nicht zuletzt war das 20. Jahrhundert ein Zeitalter der *Ökumene*. Die Ökumenische Bewegung, die 1948 zur Gründung des Ökumenischen Rates der Kirchen führte, hat das Selbstverständnis und Miteinander der christlichen Konfessionen und Denominationen dauerhaft verändert. Durch das Zweite Vatikanische Konzil kam es auch zu einer Annäherung zwischen Katholizismus und Protestantismus.

7.2 Die institutionelle Neuaufstellung der christlichen Kirchen in Deutschland

7.2.1 Novemberrevolution und Weimarer Reichsverfassung

Anfang November 1918 begann mit dem Kieler Matrosenaufstand die deutsche Novemberrevolution. Im ganzen Land bildeten sich Arbeiter- und Soldatenräte, der Kaiser und die Landesfürsten sahen sich zur Abdankung gezwungen. Der Reichskanzler Max von Baden übergab die Regierungsgewalt an den SPD-Vorsitzenden Friedrich Ebert (gest. 1925), der eine von der SPD und der 1917 davon abgespaltenen Unabhängigen Sozialdemokratischen Partei Deutschlands (USPD) getragene Regierung bildete. Gegen linksradikale Kräfte, die eine Räterepublik nach sowjetischem Vorbild anstrebten und sich im Spartakusbund um Karl Liebknecht und Rosa Luxemburg sammelten, der Ende 1918 in der Kommunistischen Partei Deutschlands (KPD) aufging, setzte Ebert auf eine parlamentarische Demokratie und ließ Aufstände auch mit Polizeigewalt niederschlagen. Anfang 1919 wurden Wahlen zur verfassunggebenden Deutschen Nationalversammlung durchgeführt, die, weitab vom unruhigen Berlin, in Weimar tagte. Die Weimarer Nationalversammlung wählte Friedrich Ebert zum ersten Reichspräsidenten, am 11. August 1919 verabschiedete sie die *Weimarer Reichsverfassung*. Nach dem Tagungsort der Nationalversammlung hat man das Deutsche Reich der Jahre 1919–1933 später die »Weimarer Republik« genannt.

Dass es zur Trennung von *Kirche und Staat* kommen würde, war ausgemacht. Es war dies eine alte Forderung nicht nur des politischen Liberalismus, sondern auch der Sozialdemokratie. Zeitweilig sah es so aus, als ob – wie 1905 in Frankreich und 1918 in Russland – auch in Deutschland ein strikter Laizismus eingeführt werden würde, der die Kirchen ganz aus dem öffentlichen Raum verdrängt und auf den Status privater Vereine reduziert hätte. Die Sozialdemokraten waren damals noch stark antikirchlich orientiert – Ebert selbst gehörte keiner Kirche an –, und im Land Preußen hatte der Kultusminister Adolph Hoffmann von der USPD bereits Maßnahmen in dieser Richtung angeordnet. Doch angesichts der instabilen politischen Lage scheute die SPD den Konflikt mit den Kirchen, und so setzte die Weimarer Reichsverfassung auf ein

7.2 Die institutionelle Neuaufstellung der Kirchen

Modell, das zwar die Trennung, aber auch eine Kooperation von Kirche und Staat vorsah und das in Deutschland bis heute praktiziert wird. Die Artikel 135 bis 141 der Weimarer Verfassung garantierten Glaubensfreiheit und die weltanschauliche Neutralität des Staates. Artikel 137 bestimmte: »Jede Religionsgesellschaft ordnet und verwaltet ihre Angelegenheiten selbständig innerhalb der Schranken des für alle geltenden Gesetzes.«[122] Doch die Kirchen behielten ihre Stellung als Körperschaften des öffentlichen Rechts, d. h. als öffentlich-rechtlich (nicht privatrechtlich) verfasste, mit Rechtssetzungshoheit ausgestattete juristische Personen, vergleichbar den Gebietskörperschaften – Reich, Länder und Gemeinden – oder auch den Anwaltskammern oder Allgemeinen Ortskrankenkassen. Die Kirchen erhielten das Recht, ihre Kirchensteuern durch die staatliche Finanzverwaltung einziehen zu lassen. Dagegen sollten die regelmäßigen staatlichen Zahlungen (Staatsleistungen), die die Kirchen als Entschädigung für die Säkularisationen ihres Vermögens erhielten, durch Einmalzahlungen abgelöst werden – ein wegen der damit verbundenen Kosten bis heute nicht erfüllter, aber nach wie vor gültiger Verfassungsauftrag. Die Kirchen erhielten das Recht zur Militär- und Gefängnisseelsorge. Artikel 149 der Weimarer Verfassung garantierte den Bestand des Religionsunterrichts als ordentliches Lehrfach an öffentlichen Schulen und der theologischen Fakultäten an den Universitäten. Durch Übernahme der einschlägigen Artikel der Weimarer Verfassung ins Grundgesetz von 1949 sind alle diese Bestimmungen im Wesentlichen bis heute gültig.

Gerne zitiert wird das Urteil des Kirchenrechtlers Ulrich Stutz, der das Weimarer Modell als »hinkende Trennung« von Kirche und Staat qualifizierte.[123] Tatsächlich handelt es sich durchaus um eine vollständige Trennung, nur eben nicht um einen Laizismus. Gerade die Kooperation mit den Religionsgemeinschaften, an die die Wert- und Sinnfragen gleichsam delegiert werden, stellt die religiöse Neutralität des Staates sicher, der nicht selbst wertsetzend tätig werden oder auf zivilreligiöse Begründungen zurückgreifen muss.

Der neue republikanisch-demokratische Staat wurde von den deutschen Katholiken von Anfang an mehrheitlich unterstützt, die Zen-

---

122 Zitiert nach: Greschat/Krumwiede, Das Zeitalter der Weltkriege und Revolutionen (KThGQ 5), 23.
123 Stutz, Das Studium des Kirchenrechts, 2.

trumspartei bildete gemeinsam mit der SPD und der linksliberalen Deutschen Demokratischen Partei (DDP) die sogenannte Weimarer Koalition, die die meisten Regierungen stellte. Im Protestantismus waren dagegen vor allem konservative und monarchistische, aber auch rechtsliberale Positionen verbreitet. Gegenüber dem weltanschaulich neutralen Staat war man mehrheitlich reserviert. Erst mit der Wahl des kirchennahen Konservativen Paul von Hindenburg zum Reichspräsidenten 1925 und dem Amtsantritt von Hermann Kapler als Präsident des Evangelischen Oberkirchenrates der preußischen Landeskirche und des Deutschen Evangelischen Kirchenausschusses (Kap. 7.2.2) im selben Jahr verbesserte sich das Verhältnis.

7.2.2 Institutioneller Neuaufbau der evangelischen Kirchen

Mit dem Ende der Monarchie in Deutschland und der Trennung von Kirche und Staat durch die Weimarer Reichsverfassung endete das landesherrliche Kirchenregiment, das den deutschen Protestantismus seit der Reformation geprägt hatte. Dem Verfassungsauftrag von Artikel 137 folgend, hatten sich die evangelischen Kirchen nun als selbstständige Körperschaften zu organisieren. Der Gestaltungsspielraum, der ihnen damit eröffnet wurde, hätte prinzipiell ein ganz neues Modell evangelischer Kirche möglich gemacht. Ein solches favorisierte die sogenannte *Volkskirchenbewegung*, die an die Stelle der auf das Pfarramt fokussierten, juristisch-anstaltlich verfassten Amtskirchen eine echte Volkskirche mit basisdemokratischen Strukturen setzen wollte. Teilweise verbanden sich damit Überlegungen, die Vielheit der selbstständigen Landeskirchen durch eine reichseinheitliche Kirche, womöglich auch unter Einbeziehung der evangelischen Freikirchen, zu ersetzen. Prominente Befürworter solcher Ideen waren der Marburger Theologieprofessor Martin Rade und der vom religiösen Sozialismus geprägte Neuwerkkreis um den Theologen Eberhard Arnold im hessischen Schlüchtern.

Im Ergebnis erfolgte die Neuorganisation der evangelischen *Landeskirchen* dann aber weithin in traditionellen Bahnen. Vor allem hielt man an der Gliederung in selbstständige Landeskirchen fest. Die Grenzen der sich neu konstituierenden Kirchen bildeten im Wesentlichen weiter die Grenzen der Bundesstaaten des Kaiserreichs ab. Eine Ausnahme bildete die »Thüringer Evangelische Kirche«, die 1920 parallel zur Bildung des Freistaats Thüringen aus sieben ehemals selbstständigen Fürstentümern durch Vereinigung der sieben Landeskirchen entstand. Auf dem Boden Preußens blieb der landeskirchliche Pluralismus erhalten, indem sich hier die unierte Kirche der altpreußischen Provinzen 1922 als »Evangelische Kirche der Altpreußischen Union« (APU) neu konstituierte – sie war die bei weitem größte evangelische Landeskirche in Deutschland –, während die selbstständig gebliebenen Landeskirchen der nach dem Deutschen Krieg 1866 annektierten neupreußischen Gebiete – Hannover, Schleswig-Holstein, Hessen-Kassel, Nassau und Frankfurt am Main – sich auch jetzt als eigenständige Kirchen organisierten. Insgesamt entstanden so achtundzwanzig evangelische Landeskirchen, die sich in den Jahren 1919-1925 jeweils eigene *Kirchenverfassungen* gaben. Auch deren Ausgestaltung knüpfte im Wesentlichen an die Organisationsmodelle des 19. Jahrhunderts an. Neu war, dass nun auch jene Kirchen, die ein solches Organ bislang nicht gehabt hatten, Kirchenparlamente in Gestalt von Landessynoden – mancherorts auch Landeskirchentag oder Landeskirchenversammlung genannt – erhielten. Daneben blieben als zentrale Verwaltungsbehörden die ehemaligen Konsistorien bestehen, die nun Landeskirchenamt oder Oberkirchenrat hießen. Zusätzlich richteten die meisten lutherischen und einige unierte Kirchen als geistliches Leitungsamt ein Bischofsamt ein (nachdem bis dahin, technisch gesehen, in den evangelischen Territorien der Landesherr die Stelle des Bischofs innegehabt hatte).

Zwar kam es nicht zur Bildung einer reichseinheitlichen evangelischen Kirche, doch die Landeskirchen vertieften ihre im Rahmen der Eisenacher Konferenz (Kap. 6.4.5) bewährte Kooperation weiter. Bereits 1903 hatte die Eisenacher Konferenz auf preußische Initiative mit dem »Deutschen Evangelischen Kirchenausschuss« ein ständiges Leitungsgremium erhalten. 1919 trat in Dresden erstmals der neue »Deutsche Evangelische Kirchentag«, eine Art gesamtdeutscher Synode, zusammen und vereinbarte die Bildung eines Kirchenbundes. Mit der Unterzeichnung des Bundesvertrags am Himmelfahrtstag 1922 in Wittenberg wurde der *»Deutsche Evangelische Kirchenbund«* (DEKB) gegründet, die Vorgängerinstitution der heutigen EKD. Seine Organe waren der »Deutsche Evangelische Kirchentag« als eine alle drei Jahre tagende Synode aus Geistlichen und Laien, der aus Beauftragten der Landeskirchen gebildete »Deutsche Evangelische Kirchenbundesrat« und der »Deutsche Evangelische Kirchenausschuss« als geschäftsführendes Leitungsorgan. Als Präsident des Kirchenausschusses fungierte vertragsgemäß in Personalunion der Präsident des Evangelischen Oberkirchenrates der Kirche der Altpreußischen Union.

7.2.3 Konkordate und Staatsverträge

Auf katholischer Seite oblag es dem Heiligen Stuhl, Organisation und Rechtsstellung der katholischen Kirche in den einzelnen Ländern durch *Konkordate* zu regeln. Bereits 1914 war unter Benedikt XV., dem Friedenspapst des Ersten Weltkriegs, ein Konkordat mit dem mehrheitlich orthodoxen Serbien zustande gekommen, durch das die serbischen Katholiken das Recht auf freie Religionsausübung erhielten. Dabei behielt der Papst sich selbst das Recht der Ernennung der Bischöfe vor. Damit deutete sich eine neue kirchenpolitische Linie Roms an. Auch das neue Gesetzbuch des katholischen Kirchenrechts, der »Codex Iuris Canonici«, den Benedikt XV. 1917 promulgierte und der die gewachsene mittelalterliche Rechtssammlung des »Corpus Iuris Canonici« ersetzte, sah eine exklusive Ernennung der Bischöfe allein durch den Papst vor. Damit war, ganz im Sinne der ultramontanen Machtkonzentration beim Papst, das hergebrachte Wahlrecht der Domkapitel aufgehoben, und auch bisherige Mitspracherechte der Regierungen wurden zu einem unverbindlichen Einspruchsrecht herabgestuft.

Unter Papst Pius XI. (Papst 1922–1939) wurden zwischen 1922 und 1933 Konkordate mit den nach dem Zerfall des Zarenreiches und der Habsburgermonarchie neu entstandenen Staaten Lettland, Polen, Rumänien, Litauen und Österreich geschlossen. In Gestalt der Lateranverträge von 1929 kam endlich auch ein Konkordat mit dem Königreich Italien, das bei den Verhandlungen durch Benito Mussolini vertreten wurde, zustande; mit der wechselseitigen Anerkennung Italiens durch den Heiligen Stuhl und des Vatikanstaats durch Italien wurde die seit 1870 ungeklärte »römische Frage« gelöst. Auch mit drei einzelnen Ländern des Deutschen Reiches wurden unter Pius XI. Konkordate geschlossen. Das Bayerische Konkordat von 1924 war als Musterkonkordat gedacht. Neben Bestimmungen zum Religionsunterricht, zu kirchlichen Schulen und zur Berufung der Theologieprofessoren sah es entsprechend den Bestimmungen des Codex Iuris Canonici die »freie« Bischofsernennung allein durch den Papst vor. Im Preußenkonkordat

7.2 Die institutionelle Neuaufstellung der Kirchen

von 1929, mit dem unter anderem in Berlin ein Bischofssitz neu eingerichtet und Paderborn und Breslau zu Erzbistümern erhoben wurden, konnte Rom das exklusive päpstliche Ernennungsrecht für die Bischöfe dagegen nicht durchsetzen. Hier durften weiter die Domkapitel wählen, allerdings nur aus einem vom Heiligen Stuhl zusammengestellten Dreiervorschlag, der sogenannten Terna; dazu erhielt die Staatsregierung mit der »politischen Klausel« ein Einspruchsrecht. Die gleiche Regelung wurde 1932 im Badischen Konkordat vereinbart. Auch mit dem Deutschen Reich als Ganzem führte der Heilige Stuhl seit 1919 Konkordatsverhandlungen, die aber aufgrund der häufigen Regierungswechsel nicht zum Ziel kamen; erst 1933, nach der Machtübernahme durch die Nationalsozialisten, kam das Reichskonkordat zustande (Kap. 7.7.1). Alle drei Länderkonkordate und das Reichskonkordat haben bis heute bindende Wirkung für die Rechtsnachfolger der Vertragspartner.

Aus Paritätsgründen schlossen die drei Länder Bayern, Preußen und Baden jeweils parallel zu den Konkordaten mit Rom auch *Kirchenverträge* mit ihren evangelischen Landeskirchen ab, die die beiderseitigen Rechtsbeziehungen regeln. Nach dem Zweiten Weltkrieg wurden in einer Reihe von westdeutschen Bundesländern weitere solche Kirchenverträge mit den evangelischen Kirchen geschlossen, nach der Wiedervereinigung Deutschlands zogen noch einmal weitere Länder nach.

Insgesamt wurde die *Trennung von Kirche und Staat* vielfach als tiefer Einschnitt wahrgenommen, und große Teile der evangelischen Kirchen wahrten ein nüchtern-distanziertes Verhältnis zum neuen, weltanschaulich neutralen Staat. Doch daneben gab es auch optimistische Einschätzungen der neuen Wirkungsmöglichkeiten der evangelischen Kirchen, die, von staatlicher Einflussnahme befreit, nun zu ihrer wahren Bestimmung als Kirche finden könnten. Otto Dibelius, Generalsuperintendent der Kurmark in Berlin, der nach dem Zweiten Weltkrieg EKD-Ratsvorsitzender werden sollte, rief in seinem 1926 veröffentlichten gleichnamigen Buch sogar »Das Jahrhundert der Kirche« aus:

> »Die evangelische Kirche steht am Anfang ihres Jahrhunderts. Nicht menschliches Planen, nicht menschliche Betriebsamkeit hat das zuwege gebracht. In den Wettern der Geschichte ging Gott seinen Weg. Er ließ werden, was nach seinem majestätischen Willen werden sollte. Er zog die deutsche evangelische Christenheit hinein in die große Bewegung, die über die ganze Erde dahingeht. Nun ist es an uns, diesen Willen Gottes zu bejahen. Es ist an uns, die

Gabe Gottes fest in die Hände zu nehmen. Es ist an uns, mit dem Pfunde zu arbeiten, das uns anvertraut ist. Ungeheure Möglichkeiten stehen vor uns! Ungeheure Aufgaben! Aber auch ungeheure Schwierigkeiten!«[124]

7.2.4 Christliche Wohlfahrtspflege, Jugend- und Frauenarbeit

Wichtige kirchliche Arbeitsfelder waren seit dem 19. Jahrhundert vom Verbandsprotestantismus und Verbandskatholizismus erschlossen und gepflegt worden. Auch nach 1919 blieben die sozialdiakonische Arbeit, aber auch die kirchliche Jugend- und Frauenarbeit weiterhin unabhängig von den verfassten Kirchen und ihren Institutionen in der Trägerschaft freier Verbände organisiert, von denen die meisten schon im Kaiserreich gegründet worden waren.

In Deutschland herrschte durch die drückenden Reparationslasten, die in den Jahren 1922 und 1923 explodierende Hyperinflation und die Weltwirtschaftskrise des Jahres 1929 verbreitet wirtschaftliche und soziale Not. Zur Lebenswirklichkeit der Weimarer Zeit gehörten nicht nur die Lebensfreude und Kulturblüte der »Goldenen Zwanziger Jahre«, sondern mehr noch Armut und Massenarbeitslosigkeit – 1932 standen zwölf Millionen Beschäftigten sechs Millionen Arbeitslose gegenüber. Den sozialen Nöten begegnete der Staat mit der endgültigen Etablierung und dem Ausbau des »dualen Systems« sozialer Sicherung, das in Grundzügen bereits auf die 1880er Jahre zurückgeht und sich bis heute bewährt hat. Dabei wird die amtliche Wohlfahrtspflege des Staates mit ihren Einrichtungen ergänzt durch die freie Wohlfahrtspflege nichtstaatlicher freier Träger wie dem Deutschen Roten Kreuz, der Arbeiterwohlfahrt und dem Paritätischen Wohlfahrtsverband. Auch die Spitzenorganisationen der christlichen Wohlfahrtspflege – die Innere Mission (später: Diakonie) und der Deutsche Caritasverband – mit ihren nachgeordneten Verbänden und Einrichtungen waren und sind in das duale System eingebunden und leisten hier einen erheblichen Teil der Arbeit. Wie bei den anderen freien Trägern werden auch bei den christlichen Wohlfahrtsverbänden die Kosten ganz überwiegend von der öffentlichen Hand getragen, da sie im Sinne des Subsidiaritätsprinzips Aufgaben übernehmen, die der Staat andernfalls in eigener Verantwortung

---

124 Dibelius, Das Jahrhundert der Kirche, 197.

7.2 Die institutionelle Neuaufstellung der Kirchen

organisieren müsste; diese Zahlungen sind nicht mit den (laut Weimarer Reichsverfassung abzulösenden) Staatsleistungen an die Kirchen, die Entschädigungen für Säkularisationen darstellen, zu verwechseln. Eine schwere Erschütterung und einen massiven Vertrauensverlust erfuhr die Innere Mission 1931 durch den Devaheim-Skandal, als die von ihr betriebene Bausparkasse »Devaheim« Konkurs machte und tausende Kleinanleger ihre Ersparnisse verloren.

Die christliche Jugendarbeit nach dem Ersten Weltkrieg orientierte sich am Vorbild der Bündischen Jugend, die Teil der im Kaiserreich entstandenen Jugendbewegung war und sich durch ein selbstbestimmtes freies Gemeinschaftsleben der Jugendlichen unter gleichaltrigen Leitern in Pfadfinder-, Wandervogel- und Jungenschaftsbünden auszeichnete. Die beiden evangelischen Dachorganisationen, das »Jungmännerwerk« (»Reichsverband der Evangelischen Jungmännerbünde Deutschlands«) und das »Jungmädchenwerk« (»Evangelischer Verband für die weibliche Jugend Deutschlands«) erreichten zusammen mit weiteren Verbänden schließlich über eine halbe Million Jugendliche. 1932 schlossen sich beide im Dachverband »Evangelische Jugend Deutschland« (EJD) zusammen; nur ein Jahr später wurden ihre Mitglieder zwangsweise in die Hitlerjugend überführt.

Auf katholischer Seite war der aus einem Schülerkreis hervorgegangene »Quickborn« bedeutend, dessen Hauptquartier Burg Rothenfels am Main und dessen prägender Kopf der dortige »Burgvater« Romano Guardini war, ein italienischer Religionsphilosoph und Theologe von Rang, der nach dem Zweiten Weltkrieg Professor in Tübingen und München wurde und die katholische Jugendbewegung mit Impulsen der damaligen liturgischen Bewegung in Verbindung brachte. Auch der ursprünglich von Jesuiten im Auftrag des Kölner Erzbischofs gegründete »Bund Neudeutschland« übernahm schließlich das »bündische« Gemeinschaftskonzept. Die im »Katholischen Jungmännerverband« zusammengeschlossenen Organisationen zählten am Ende rund vierhunderttausend Mitglieder, die 1933 ebenfalls in die Hitlerjugend eingegliedert wurden.

Im Unterschied zu den Jugendorganisationen konnten die christlichen Frauenverbände auch unter dem Nationalsozialismus ihre Selbstständigkeit verteidigen. Für die evangelische Frauenarbeit waren vor allem zwei Verbände von Bedeutung. Die »Evangelische Frauenhilfe« war ursprünglich als sozialdiakonischer Hilfsverein im Sinn der Inneren

Mission in Berlin gegründet worden und hatte sich zunächst in Preußen, dann deutschlandweit ausgebreitet. Sie arbeitete im engen Kontakt mit den örtlichen Gemeinden und unter der Leitung der Pfarrer und Pfarrfrauen. In der Weimarer Zeit wurde sie zur mitgliederstärksten Frauenorganisation überhaupt, 2008 ist sie im neuen Dachverband »Evangelische Frauen in Deutschland« aufgegangen. Während die Frauenhilfe politisch konservativ orientiert war, war der bis heute bestehende »Deutsch-Evangelische Frauenbund« aus der bürgerlichen Frauenbewegung hervorgegangen und emanzipatorischen Idealen verpflichtet. 1918 entstand mit der »Vereinigung der Evangelischen Frauenverbände Deutschlands« ein Dachverband. Dessen Vorsitz hatte seit 1923 die Religionspädagogin Magdalene von Tiling inne, die sich zugleich politisch für die Deutschnationale Volkspartei (DNVP) engagierte; im Zentrum ihrer Frauenpolitik stand nicht ein Egalitätsideal, sondern die Forderung nach Wertschätzung und Förderung der besonderen, von denen der Männer unterschiedenen Anlagen der Frauen.

Auf katholischer Seite führte der bis heute bestehende »Katholische Deutsche Frauenbund« – sozusagen als Gegenstück zum Deutsch-Evangelischen Frauenbund – das Erbe der bürgerlichen Frauenbewegung fort. Sein vielleicht prominentestes Mitglied war Elly Heuss-Knapp, nach dem Zweiten Weltkrieg Ehefrau des ersten Bundespräsidenten und Gründerin des Müttergenesungswerks. Der Hildegardis-Verein verhalf Frauen durch zinslose Darlehen zu einem Studium oder einer Berufsausbildung.

7.3 Theologie und Frömmigkeit in der Zwischenkriegszeit

7.3.1 Die Theologie in der Zwischenkriegszeit

Die protestantische Theologie der Zwischenkriegszeit in Deutschland zeichnete sich durch eine einzigartige Vielfalt und Dynamik aus. Die ältere liberale Theologie, wie sie etwa Adolf von Harnack repräsentierte, war noch immer eine Macht. Der schon in der Vorkriegszeit entstandene religiöse Sozialismus erlebte jetzt seine volle Entfaltung. Vor allem aber entstanden nun einflussreiche neue Richtungen, die teils unmittelbar zu regelrechten Schulbildungen wie der Lutherrenaissance, der Dialektischen Theologie und der Bultmann-Schule führten, teils eher langfristig befruchtend wirkten wie die Ansätze von Rudolf Otto und Paul Tillich. Die Ausstrahlungen dieser Theologie der klassischen Moderne reichten weit in die zweite Hälfte des 20. Jahrhunderts hinein.

a) Der eigentliche Begründer des *religiösen Sozialismus* war der württembergische Pfarrer und SPD-Landtagsabgeordnete *Christoph Blumhardt d. J.* (gest. 1919), der die Aufrichtung des Reiches Gottes durch praktische Weltveränderung erstrebte und im Bemühen um die Verbesserung der Lebensverhältnisse der Arbeiter die damals in kirchlichen Kreisen verpönte Verbindung mit dem Sozialismus suchte (Kap. 6.6.3). Zu einer organisierten Bewegung wurde der religiöse Sozialismus wenig später in der deutschsprachigen Schweiz durch die Pfarrer *Hermann Kutter* in Zürich und *Leonhard Ragaz* in Basel, die 1907 die »Religiös-Soziale Konferenz« ins Leben riefen; Ragaz trat auch der Sozialdemokratischen Partei der Schweiz bei. Nach dem Ersten Weltkrieg bildeten sich in Deutschland an verschiedenen Orten religiös-sozialistische Gruppen wie der »Bund sozialistischer Kirchenfreunde« in Berlin. Dessen Gründer, der Berliner Pfarrer *Günther Dehn*, brachte 1928 durch seinen Vortrag »Kirche und Völkerversöhnung«, in dem er die religiöse Verherrlichung des Soldatentodes verwarf, nationalistische Kreise gegen sich auf, die seine Berufung an die Universitäten Heidelberg und Halle verhinderten (»Fall Dehn«). Im hessischen Schlüchtern schuf der Theologe *Eberhard Arnold*, der nach dem Vorbild der Hutterer Bruderhöfe gründete, den Neuwerk-Kreis, der Ideale der Jugendbewegung mit dem religiösen Sozialismus verband. 1926 schlossen sich die verschiedenen Gruppen im »Bund der religiösen Sozialisten Deutschlands« unter dem Mannheimer Pfarrer Erwin Eckert zusammen.

b) Einen deutlichen Neuansatz in der evangelischen Theologie markieren die im Zusammenhang des Ersten Weltkriegs neu entstandenen Richtungen. 1917 erschien das in wenigen Jahren vielfach wiederaufgelegte Buch »Das Heilige« des Marburger Systematischen Theologen und Religionswissenschaftlers *Rudolf Otto* (gest. 1937). Otto führte darin jede Religion auf die Erfahrung des Göttlichen oder, wie er sagte, des »Numinosen«, zurück, die er in verschiedene Kategorien einordnete, deren wichtigste das schreckenerregende *mysterium tremendum* und das anziehende *fascinans* waren. Die begriffliche Erfassung und die sittliche Vertiefung, durch die aus dem »Numinosen« das »Heilige« wird, folgten dieser Primärerfahrung erst nach.

c) Rudolf Otto hatte seiner Analyse der religiösen Primärerfahrung wesentlich auch die Religiosität Luthers zugrunde gelegt. Hier setzte im selben Jahr 1917 ganz unabhängig auch der Berliner Kirchenhistoriker *Karl Holl* (gest. 1926) an, der in seinem Vortrag zum Reformationsjubiläum fragte: »Was verstand Luther unter Religion?«. Nachdem Luthers Theologie weithin in Vergessenheit geraten war, hatte als erster Albrecht Ritschl versucht, Luthers Rechtfertigungslehre – so wie er sie verstand – für die evangelische Theologie wieder fruchtbar zu machen. Holl setzte dieses Bemühen um Aktualisierung der reformatorischen Theologie fort. Ihm zufolge war Luthers »Religion« – der Begriff verrät Holls Herkunft aus der liberalen Theologie – als »Gewissensreligion« zu verstehen, als Konfrontation mit dem absoluten göttlichen Willen in der unabweisbaren Forderung des Gewissens. Mit seinen »Gesammelten Aufsätzen« zu Luther hat Holl zahlreiche weitere Kirchenhistoriker und Systematiker zur Beschäftigung mit Luther motiviert und die sogenannte *Lutherrenaissance* ausgelöst. 1918 gründete er gemeinsam mit dem Literaturnobelpreisträger Rudolf Eucken die »Luther-Gesellschaft«. Von der Lutherrenaissance und vom konfessionellen Luthertum des 19. Jahrhunderts gleichermaßen geprägt waren die Erlanger Theologen *Paul Althaus* und *Werner Elert*. Die Nähe einiger Vertreter der Lutherrenaissance (vor allem Emanuel Hirsch in Göttingen, zeitweilig auch Althaus und Elert) zum Nationalsozialismus brachte diese Richtung schließlich in Misskredit.

d) Der wohl einflussreichste protestantische Theologe des 20. Jahrhunderts war der Schweizer *Karl Barth* (1886–1968), der Begründer der sogenannten *Dialektischen Theologie*. Als Pfarrer der Arbeitergemeinde Safenwil im Aargau wandte er sich dem religiösen Sozialismus zu und trat der Sozialdemokratischen Partei bei. Die Not der Predigtarbeit und die Enttäuschung über die nationalistische Positionierung seiner theologischen Lehrer im Deutschland des Ersten Weltkriegs führten ihn zum Bruch mit der liberalen Theologie und zur Ausarbeitung einer von ihm so genannten »Theologie der Krise«, die inhaltlich als »Wort-Gottes-Theologie« zu charakterisieren ist. Ihr Gründungsdokument war Barths Kommentar »Der Römerbrief«, der 1919 und in überarbeiteter Fassung 1922 erschien und ihm – ohne Promotion und Habilitation – eine Universitätsprofessur in Münster und später in Bonn einbrachte. Barth verwarf vehement den liberalen Ansatz der Theologie beim Menschen und seiner Religiosität und forderte stattdessen einen Einsatz »von oben«, von der Offenbarung her. Die radikale Andersheit Gottes und der unendliche qualitative Unterschied zwischen Gott und Mensch, den Barth in den Bahnen Kierkegaards konstatierte, ließen Gott außerhalb seiner Selbstoffenbarung für den Menschen schlechterdings unerkennbar sein. Es konnte daher auch keinerlei Anknüpfungspunkte der Offenbarung beim Menschen, seiner Geschichte oder seiner Religion – zugespitzt formulierte Barth später: »Religion ist Unglaube« – geben. Die Offenbarung ereignete sich »senkrecht von oben«, Gott berührte die Welt in Christus nur in einem einzigen Punkt, so wie die Tangente den Kreis. Es war diese Betonung der maximalen Diastase von Gott und Mensch, die Barths Ansatz die nicht ganz glückliche Bezeichnung »Dialektische Theologie« eingetragen hat. Barth erteilte damit der liberalen Synthese von Christentum und Kultur, ja überhaupt jeder »Bindestrich-Theologie« (kontextuellen Theologie) die schärfstmögliche Absage. Auch das innerweltliche Reich-Gottes-Verständnis des religiösen Sozialismus gab er nun in seinem Tambacher Vortrag von 1919 preis.

Um Barth sammelte sich bald eine Gruppe von Gleichgesinnten, die fast durchweg wie er aus dem Pfarramt kamen und in theologische Professuren aufstiegen. Sein engster Weggefährte war *Eduard Thurneysen*, der während Barths Zeit in Safenwil Pfarrer einer Nachbargemeinde gewesen war und später Münsterpfarrer und Professor für Praktische Theologie in Basel wurde. *Emil Brunner* erhielt eine Professur für Systematische Theologie in Zürich, der deutsche Lutheraner *Friedrich Gogarten* in Jena und dann in Göttingen. Literarisches Zentralorgan der Barthianer war die von 1923 bis 1933 erschienene Zeitschrift »Zwischen den Zeiten«. 1933/34 brach die Gruppe auseinander, nachdem es zwischen Barth und Brunner, der aus apologetischem Interesse die Frage nach dem Anknüpfungspunkt der Offenbarung im Menschen wieder aufnahm, und zwischen Barth und Gogarten, der sich der Frage des Verhältnisses von Offenbarung und Geschichte zuwandte und schließlich ein positives Verständnis der Säkularisierung als notwendiger Folge der Offenbarung entwickelte, zu Zerwürfnissen gekommen war.

Von 1932 an bis zu seinem Tod arbeitete Barth an seinem Hauptwerk, der monumentalen, unvollendet gebliebenen *»Kirchlichen Dogmatik«*. Dabei trat an die Stelle des Distanzpathos und der Heraushebung des Offenbarungsereignisses der frühen, »dialektischen« Phase seiner Theologie die breite materialdogmatische Entfaltung der Offenbarungsinhalte. Dabei kam er auch zu überraschenden Pointen wie der

Verwerfung der Kindertaufe (da die Taufe ein Bekenntnisakt des Täuflings sein sollte). Bei der Abfassung der »Kirchlichen Dogmatik« stand Barth in enger Arbeitsgemeinschaft mit seiner Geliebten Charlotte von Kirschbaum, die dreieinhalb Jahrzehnte lang mit ihm und Barths Ehefrau Nelly in einer ménage à trois zusammenlebte und auch im Familiengrab der Eheleute bestattet wurde.

Im *Kirchenkampf* wurde Barth eine der Hauptfiguren der Bekennenden Kirche, er war der Hauptverfasser der Barmer Erklärung von 1934 (Kap. 7.5.2). 1935 wurde er aus politischen Gründen an der Universität Bonn entlassen und kehrte als Professor an die Universität seiner Heimatstadt Basel zurück. Mit ihrer strikten Verwerfung jeder kontextuellen »Anknüpfung« erwies sich die Dialektische Theologie in besonderem Maße resilient gegenüber den Ideen der »Deutschen Christen«, was ihr nach Kriegsende für zwei Jahrzehnte praktisch zur Alleinherrschaft in der evangelischen Theologie in Deutschland verhalf; mit einer gewissen Phasenverschiebung ist sie dann auch in Nordamerika rezipiert worden.

e) Ebenfalls Vertreter einer Wort-Gottes-Theologie, zeitweilig Weggefährte Barths und wie dieser in der Bekennenden Kirche engagiert, aber theologisch eigengeprägt, war *Rudolf Bultmann* (1884–1976), Professor für Neues Testament an der Universität Marburg. Wichtige Impulse verdankte er seiner Marburger Arbeitsgemeinschaft mit dem Philosophen Martin Heidegger und der Auseinandersetzung mit dessen Existenzialphilosophie. Bultmann leistete mit seiner »Geschichte der synoptischen Tradition«, seinem Kommentar zum Johannes-Evangelium und seiner »Theologie des Neuen Testaments« grundlegende Beiträge zur neutestamentlichen Wissenschaft. In seinem »Jesus«-Buch zeigte er, dass nicht der historische Jesus, von dem wir nichts wissen können, sondern allein das »Kerygma«, die kirchliche Christus-Verkündigung, Grundlage des Glaubens sein kann. Die größte Wirkung entfaltete Bultmann mit dem bereits 1941 gehaltenen, aber erst nach dem Zweiten Weltkrieg breit rezipierten Vortrag »Neues Testament und Mythologie«. Darin verwahrte er sich dagegen, das mythische, vom Geister-, Dämonen- und Wunderglauben geprägte Weltbild des Neuen Testaments dem modernen, naturwissenschaftlicher Weltanschauung verpflichteten Menschen aufzunötigen. Der Mythos dürfe nicht als Tatsachenschilderung verstanden, sondern müsse auf das darin ausgedrückte Existenzverständnis hin interpretiert werden – eine Aufgabe,

7.3 THEOLOGIE UND FRÖMMIGKEIT IN DER ZWISCHENKRIEGSZEIT

die Bultmann als »Entmythologisierung« oder, positiv gewendet, als »existentiale Interpretation« bezeichnete und mit der er über die bloße Mythenkritik, wie sie einst David Friedrich Strauß geübt hatte (Kap. 6.7.2), hinausging. Als entscheidendes Heilsereignis galt ihm die Christusbegegnung im Wort der Verkündigung (Kerygma), die den Menschen vor die Entscheidung stellt, aus dem ihm innerweltlich Verfügbaren oder im Glauben aus dem Unverfügbaren zu leben. Die Auferstehung Jesu als ein historisches Ereignis spielte für Bultmann keine Rolle, man hat seine Anschauung treffend als »Auferstehung ins Kerygma« charakterisiert. Bultmanns Entmythologisierungsprogramm hat in der Nachkriegszeit in Gemeinden und Kirchenleitungen zu heftigen Protesten geführt (Kap. 7.9.2).

f) Ein Antipode der Wort-Gottes-Theologie war Paul Tillich (1886–1965), der sich selbst »Auf der Grenze« – so der Titel seiner Autobiographie – insbesondere zwischen Philosophie und Theologie verortete. Als Anhänger des religiösen Sozialismus verlor er 1933 seine Professur für Philosophie und Soziologie in Frankfurt am Main und emigrierte in die USA, wo er Theologieprofessor am Union Theological Seminary in New York wurde; später lehrte er an der Harvard University und in Chicago. Tillichs Werke, darunter auch seine »Systematische Theologie«, erschienen zunächst auf Englisch und haben vor allem in den USA gewirkt, bevor sie in Deutschland rezipiert wurden. Seine Korrelationsmethode lief darauf hinaus, mit Hilfe philosophischer Analyse die Fragen der Zeit zu identifizieren und sie mit den Antworten der Theologie zu verbinden. Religion hatte es für Tillich mit dem *ultimate concern* zu tun – »dem, was uns unbedingt angeht« und über Sein oder Nichtsein entscheidet. Dabei galt ihm Gott, an augustinisch-neuplatonische Vorstellungen anknüpfend, als »Grund des Seins«. Den traditionellen Begriff der Sünde deutete Tillich auf die existentielle Entfremdung des Menschen von Gott, sich selbst und den Mitmenschen, die durch die Erscheinung des Neuen Seins in Christus überwunden werde.

g) Die *katholische Theologie* war durch die Bindung an das kirchliche Lehramt der Bischöfe und des Papstes und dessen Antimodernismus im Vergleich zum Protestantismus stark eingeschränkt. Eine historisch-kritische Bibelexegese war lange unmöglich, erst die Bibelenzyklika »Divino afflante Spiritu« (»Durch Eingebung des göttlichen Geistes«, 1943) von Papst Pius XII., die vom Postulat der historischen Irrtumslosigkeit der Bibel abrückte, eröffnete größere Spielräume. Bis zur Jahrhundertmitte fand die katholische Exegese in Frankreich und Deutschland den Anschluss an den Stand der protestantischen Forschung. In der Dogmatik herrschte der päpstlich verordnete Neuthomismus, doch besonders in der deutschen Universitätstheologie versuchte man trotzdem, in einen Dialog mit den Zeitproblemen einzutreten. Am weitesten ging die *Nouvelle Théologie* (»neue Theologie«) im Frankreich der 1930er bis 1950er Jahre, die das Gespräch mit der zeitgenössischen Philosophie, dem Marxismus und den nichtchristlichen Religionen suchte. Nach anfänglichen Konflikten mit dem kirchlichen Lehramt wurden ihre Anliegen vom Zweiten Vatikanischen Konzil (Kap. 7.11.2) aufgenommen. Die wichtigsten Vertreter der Nouvelle Théologie, der Dominikaner Yves Congar und die Jesuiten Jean Daniélou und Henri de Lubac, wirkten als theologische Berater am Konzil mit und wurden später zu Kardinälen erhoben.

7.3.2 Liturgische Bewegungen

In den 1920er und 1930er Jahren formierten sich in beiden großen Konfessionen unabhängig voneinander liturgische Bewegungen, die Anregungen der Jugendbewegung und der mit ihr verbundenen Singbewegung (Jugendmusikbewegung) aufnahmen.

Im Protestantismus hatte es bereits im 19. Jahrhundert Bemühungen gegeben, nach den liturgischen Verheerungen, die eine Vielzahl unkoordinierter rationalistischer Gottesdienstreformen angerichtet hatte, wieder zu einer überzeugenden evangelischen Gottesdienstordnung zu finden. Im Unterschied zu restaurativen, an der Vergangenheit orientierten Entwürfen wie der preußischen Unionsagende von 1822 (Kap. 6.4.2) hatte sich bereits die in den 1890er Jahren entstandene *ältere liturgische Bewegung* bemüht, Formen zu schaffen, die der Erfahrung und dem religiösen Empfinden des modernen Menschen entsprachen. Hauptvertreter dieser Richtung waren die Praktischen Theologen Friedrich Spitta und Julius Smend an der Kaiser-Wilhelm-Universität in Straßburg. Die *jüngere liturgische Bewegung* nach dem Ersten Weltkrieg setzte diese Bestrebungen fort. So entwarf etwa *Rudolf Otto* von seiner Analyse der religiösen Erfahrung her eigene liturgische Formulare. Die hochkirchliche Bewegung näherte sich in den gottesdienstlichen Formen, in der Hochschätzung des geistlichen Amtes und im Bemühen um Wiedergewinnung der Einzelbeichte, des Stundengebets und des kom-

7.3 Theologie und Frömmigkeit in der Zwischenkriegszeit

munitären Lebens katholischen Vorbildern an. Der evangelische Erzbischof von Uppsala und Pionier der ökumenischen Bewegung Nathan Söderblom (Kap. 7.12.2) prägte dafür das Schlagwort der »evangelischen Katholizität«[125]. Langjähriger Vorsitzender der 1918 gegründeten »Hochkirchlichen Vereinigung« war der Marburger Religionswissenschaftler Friedrich Heiler, ein ehemaliger Katholik.

Die *Berneuchener Bewegung*, benannt nach dem Rittergut Berneuchen in der preußischen Neumark (im heutigen Polen), verband die Impulse der kirchlichen Jugendbewegung mit der liturgischen Erneuerung. Zu ihrem Programm, wie es im »Berneuchener Buch« von 1926 niedergelegt war, gehörten die häufige Feier des Abendmahls in der Form der evangelischen Messe und das erneuerte Stundengebet. Führende Vertreter waren der Münsteraner Theologieprofessor und spätere Oldenburger Bischof Wilhelm Stählin und Karl Bernhard Ritter, Pfarrer an der Marburger Universitätskirche. 1931 gründeten sie in Marburg die bis heute bestehende »Michaelsbruderschaft«. Einen markanten eigenen Akzent setzte die 1933 in der ehemaligen Benediktinerabtei Alpirsbach im Schwarzwald gegründete »*Kirchliche Arbeit Alpirsbach*« mit der Entwicklung eines deutschsprachigen gregorianischen Choralgesangs.

Die liturgische Bewegung führte in mehreren Landeskirchen zur Gründung liturgischer Konferenzen. Nach dem Zweiten Weltkrieg entstanden große *Agendenwerke* für die lutherischen und die unierten Landeskirchen, mit denen die Feier des Kirchenjahrs sowie Taufe und Abendmahl wieder in den Blickpunkt des Gemeindegottesdienstes gerückt wurden; 1999 wurde mit dem »Evangelischen Gottesdienstbuch« eine gemeinsame Agende für alle EKD-Gliedkirchen geschaffen. Ab 1950 wurde mit dem »Evangelischen Kirchengesangbuch« (EKG) das erste gemeinsame *Liederbuch* eingeführt, das einen Stammteil mit regionalen Anhängen verband und ab 1993 durch das »Evangelische Gesangbuch« (EG) abgelöst wurde.

Im *Katholizismus*, wo die Liturgie bis zum Zweiten Vatikanischen Konzil in lateinischer Sprache gefeiert wurde, zielte die liturgische Bewegung darauf, einerseits deren würdige Begehung sicherzustellen und andererseits den Gläubigen eine verständnisvolle Partizipation am gottesdienstlichen Geschehen zu ermöglichen. Diesem Zweck diente

---

125 Söderblom, Evangelische Katholizität.

das von *Anselm Schott*, Pater in der Benediktinerabtei Beuron, 1884 erstmals herausgegebene »Messbuch der Heiligen Kirche« (»der Schott«), das den Gläubigen in der Messe das stille Mitbeten ermöglichte. Zum wichtigsten Zentrum der katholischen liturgischen Bewegung in Deutschland wurde die Benediktinerabtei *Maria Laach* in der Eifel unter ihrem Abt Ildefons Herwegen. Hier verband man die wissenschaftliche Erforschung der Liturgiegeschichte mit praktischen Neugestaltungen wie der 1921 eingeführten »Gemeinschaftsmesse«, die volkssprachliche Elemente enthielt und in der der Priester nicht mehr mit dem Rücken zur Gemeinde am Hochaltar zelebrierte, sondern der Gemeinde zugewandt an einem freistehenden Altar. Zum Laacher Kreis gehörten der dortige Pater Odo Casel, Herausgeber des »Jahrbuchs für Liturgiewissenschaft«, dessen »Mysterientheologie« auf eine Vergegenwärtigung des Glaubensgeheimnisses im liturgischen Vollzug zielte, und der aus der katholischen Jugendbewegung stammende Romano Guardini (Kap. 7.2.4). Zu einer grundlegenden Neugestaltung des katholischen Gottesdienstes mit dem Übergang zur Volkssprache kam es aber erst in den 1960er Jahren durch das Zweite Vatikanische Konzil.

7.3.3 Die christlichen Kirchen zwischen Atheismus und Neuheidentum

Seit Beginn des 20. Jahrhunderts gerieten die christlichen Kirchen zunehmend unter den Druck weltanschaulicher Konkurrenzangebote. Dabei sahen sich die Kirchen von zwei Seiten herausgefordert. Auf der einen Seite stand ein organisierter, kämpferischer *Atheismus*, der sich auf einen naturwissenschaftlich begründeten Materialismus berief und von verschiedenen Verbänden sogenannter Freidenker propagiert wurde. 1906 gründete der Jenaer Evolutionsbiologe Ernst Haeckel, der bedeutendste Multiplikator der Lehren Darwins in Deutschland, den Deutschen Monistenbund, der eine einheitliche (»monistische«), naturwissenschaftlich fundierte Weltanschauung vertrat und sich an ein bürgerlich-intellektuelles Publikum richtete. Auf die Arbeiterschaft zielte das marxistische Freidenkertum, das seit 1908 im »Zentral-Verband der Proletarischen Freidenker Deutschlands« organisiert war. Mit der Verbreitung der atheistischen Freidenkerverbände nahm auch die Feuerbestattung, die als bewusste Absage an den christlichen Auferstehungsglauben gemeint war, einen raschen Aufschwung.

7.3 Theologie und Frömmigkeit in der Zwischenkriegszeit 403

Auf der anderen Seite trat den christlichen Kirchen ein in der völkischen Bewegung verwurzeltes *Neuheidentum* entgegen. Die völkische Bewegung, die sich schon in der Kaiserzeit formiert hatte, erhob angesichts des Verlustes traditioneller sozialer Strukturen und Orientierungen das Volkstum zur vermeintlich naturgegebenen Grundlage für die Gestaltung menschlichen Zusammenlebens. Häufig verband sich damit ein Rassismus, der sich auf die zu einem »Sozialdarwinismus« umgedeutete Evolutionstheorie berief, wonach sich stärkere Menschenrassen – hier: die »nordische«, »germanische« oder »arische« Rasse – im »Kampf ums Dasein« gegen vermeintlich minderwertige Rassen durchsetzen müssten. Als minderwertig in diesem Sinne galt insbesondere das Judentum; der im Europa des 19. Jahrhunderts verbreitete, kulturell codierte Antisemitismus ging nun in einen Rassen-Antisemitismus über. Die Völkischen forderten eine der eigenen Volks- und Rasseneigenart entsprechende, von allen fremden Einflüssen bereinigte »arteigene« Gesellschaftsordnung und Kultur. Auch die Religion musste germanischem Volkstum und Volkscharakter angemessen sein. Eine kleine, aber lautstarke Minderheit der Völkischen wandte sich ganz vom Christentum ab und praktizierte ein künstlich wiederbelebtes altgermanisches Heidentum. Das Spektrum dieser sogenannten »deutschgläubigen« Bewegung war vielgestaltig. Als besonders langlebig erwies sich die 1913 gegründete »Germanische Glaubensgemeinschaft« des Kunstprofessors und Schriftstellers Ludwig Fahrenkrog. Die Richtung der sogenannten Ludendorffianer, die sich im »Bund für Deutsche Gotterkenntnis« von Mathilde Ludendorff, der Ehefrau des Weltkriegsgenerals und Hitler-Putschisten Erich Ludendorff, sammelten, besteht sogar bis in die Gegenwart. In der Zwischenkriegszeit am einflussreichsten war der Tübinger Religionswissenschaftler Jakob Wilhelm Hauer, ein ehemaliger Indienmissionar, der für seine 1933 gegründete »Deutsche Glaubensbewegung« im NS-Staat die Zulassung als Glaubensgemeinschaft erhoffte. Tatsächlich fanden deutschgläubige Ideen Anklang bei führenden Nationalsozialisten wie Heinrich Himmler, der die SS neuheidnische Rituale feiern ließ, und dem NS-Chefideologen Alfred Rosenberg, der in seinem Buch »Der Mythus des 20. Jahrhunderts« (1930) die Ersetzung des Christentums durch eine artgerechte Religion des Blutes forderte.

Die Mehrheit der Völkischen hielt indessen am Christentum fest, suchte dieses aber ausdrücklich als germanisch-deutscher Volkseigenart entsprechend zu erweisen und zu profilieren. Rückhalt fanden solche »*deutschchristlich*« genannten Bestrebungen auf dem rechten Flügel des Luthertums, wo Theologen wie die Erlanger Paul Althaus und Werner Elert eine neulutherische Theologie der Schöpfungsordnungen entwarfen, die in Volkstum und Rasse von Gott gesetzte Lebensnormen sah. Zur wichtigsten Begründungsfigur des »deutschen Christentums« wurde das Konzept des »Volksnomos«, das auf den Göttinger Orientalisten Paul de Lagarde zurückgeht und prominent von dem Hamburger Publizisten Wilhelm Stapel entwickelt wurde. Gegen die exklusive alttestamentlich-jüdische Erwählungs- und Gesetzesidee behauptete er, dass Gott jedem Volk ein besonderes eigenes Lebensgesetz gegeben habe, das auf je verschiedene Weise die Christusoffenbarung vorbereite; die Deutschen seien durch ihren Volksnomos zur Führerschaft über die anderen Völker bestimmt. Eine unter »deutschen Christen« beliebte Vorstellung besagte, dass Jesus kein Jude, sondern ein Arier aus Galiläa gewesen sei und eine heldische, germanischer Rasseneigenart entsprechende Religion gelehrt habe, die erst später von dem Rabbiner Paulus in jüdischem Geist entstellt worden sei.

Auch das Deutschchristentum war in einer Vielzahl unterschiedlicher Gruppen organisiert. Der 1921 gegründete »Bund für deutsche Kirche« wollte durch Befreiung der Kirche aus ihrer angeblichen jüdischen Umklammerung ein völkisch-germanisch geprägtes Christentum schaffen; 1925 schloss er sich mit anderen Gruppen zur »Deutschchristlichen Arbeitsgemeinschaft« zusammen. Schon im Umkreis der nationalsozialistischen Bewegung entstand 1928 in Thüringen die »*Kirchenbewegung Deutsche Christen*« (auch: »Thüringer DC«), ein Kreis nationalsozialistischer Pfarrer und Lehrer um Siegfried Leffler und Julius Leutheuser, der 1931 auch bei den Thüringer Kirchenwahlen antrat. Die Thüringer DC wollten eine überkonfessionelle christliche Reichskirche unter Einschluss der Katholiken schaffen. 1939 entstand in Eisenach das von Leffler und dem Neutestamentler Walter Grundmann geleitete »Institut zur Erforschung und Beseitigung des jüdischen Einflusses auf das deutsche kirchliche Leben« (»Entjudungsinstitut«), das unter anderem ein »entjudetes« Neues Testament herausgab.

Von der Thüringer »Kirchenbewegung Deutsche Christen« zu unterscheiden ist die etwas weniger radikale »*Glaubensbewegung Deutsche Christen*«, die gewöhnlich gemeint ist, wenn von »den« »Deutschen Christen« gesprochen wird. Sie wurde 1932 auf Initiative des NSDAP-

Fraktionsvorsitzenden im preußischen Landtag Wilhelm Kube in Berlin gegründet. Eigentlich hatte Kube eine Art evangelischen Arbeitskreis innerhalb der NSDAP einrichten wollen, dafür aber von Hitler keine Zustimmung bekommen. Die »Glaubensbewegung Deutsche Christen« war von den Parteigliederungen unabhängig und sollte als Kirchenpartei bei den Kirchenwahlen in allen deutschen Landeskirchen antreten. Erster »Reichsleiter« wurde der Berliner Pfarrer Joachim Hossenfelder, der die »Deutschen Christen« pointiert als »die SA Jesu Christi« bezeichnete. Zu ihrem Programm gehörte neben dem Bekenntnis zu »einem bejahenden, artgemäßen Christusglauben, wie er deutschem Luther-Geist und heldischer Frömmigkeit entspricht«, das Verbot der Judenmission und die Errichtung einer einheitlichen evangelischen Reichskirche.[126] Bei den Kirchenwahlen in der Kirche der Altpreußischen Union Ende 1932 konnten die »Deutschen Christen« ein Drittel der Sitze gewinnen.

7.4 Evangelische Kirche und Nationalsozialismus I: Der Kampf um die Reichskirche (1933/34)

7.4.1 Überblick: Der Nationalsozialismus und die Kirchen

Mit der Ernennung Hitlers zum Reichskanzler am 30. Januar 1933 begann die zwölfjährige Schreckenszeit der nationalsozialistischen Herrschaft. Der Ausbau des totalitären Staates schritt rasch voran. Durch das Ermächtigungsgesetz vom März 1933 ging unter Aufhebung der Gewaltenteilung die legislative Gewalt auf die Regierung über, im Sommer 1934 übernahm Hitler als »Führer und Reichskanzler« nach dem Tod von Reichspräsident Hindenburg auch dessen Vollmachten. Gesellschaftliche Institutionen und Verbände wurden mit wenigen Ausnahmen »gleichgeschaltet«, d. h. aufgelöst oder in die entsprechenden Parteiorganisationen der NSDAP eingegliedert. Allein die Kirchen konnten in Grenzen selbstständig agieren, sofern sie sich auf ihren reli-

---

126 Zitiert nach: Hermle/Thierfelder, Herausgefordert, 47 f.

giösen Kernbereich beschränkten.

Mit Rücksicht auf den noch immer großen Einfluss der Kirchen hielt Hitler bewusst Distanz zu »deutschgläubigen« Milieus. Das *Parteiprogramm der NSDAP* von 1920 blieb in seiner Positionierung gegenüber den Kirchen vage:

> »Wir fordern die Freiheit aller religiösen Bekenntnisse im Staat, soweit sie nicht dessen Bestand gefährden oder gegen das Sittlichkeits- und Moralgefühl der germanischen Rasse verstoßen. Die Partei als solche vertritt den Standpunkt eines positiven Christentums, ohne sich konfessionell an ein bestimmtes Bekenntnis zu binden.«[127]

Die kirchlichen Entscheidungsträger verhielten sich zunächst abwartend. Zwei Ereignisse im März 1933 erweckten dann aber bei vielen den Eindruck, dass die nationalsozialistische Regierung bürgerlicher sei als vermutet und den Kirchen aufgeschlossener gegenüberstehe als die auf weltanschauliche Neutralität verpflichteten Regierungen der Weimarer Republik. So gelang es Hitler, am 21. März, dem *»Tag von Potsdam«*, anlässlich der konstituierenden Sitzung des neu gewählten Reichstags mit dem berühmten Händedruck mit Reichspräsident von Hindenburg publikumswirksam ein vermeintliches Bündnis von Preußentum und Nationalsozialismus zu inszenieren, das vor allem im konservativen Protestantismus Eindruck machte. Zwei Tage später, in der Reichstagssitzung am 23. März – derselben, in der das Ermächtigungsgesetz beschlossen wurde –, hob Hitler in seiner *Regierungserklärung* die Rolle des Christentums als Fundament des sittlichen Lebens des deutschen Volkes hervor und bot den Kirchen eine vertrauensvolle Zusammenarbeit an. Protestantische wie katholische Kirchenleiter ließen daraufhin alle Vorbehalte fallen. Der Evangelische Oberkirchenrat in Berlin erklärte sich »freudig bereit zur Mitarbeit an der nationalen und sittlichen Erneuerung unseres Volkes«[128]. Der Vorsitzende der katholischen Fuldaer Bischofskonferenz, der Breslauer Erzbischof Adolf Kardinal Bertram, hob alle früheren Warnungen und Unvereinbarkeitsbeschlüsse gegenüber dem Nationalsozialismus auf.

Tatsächlich war Hitler an einer echten Kooperation mit den Kirchen nicht interessiert. Die *nationalsozialistische Kirchenpolitik* ver-

---

127 Artikel 24, zitiert nach: Hofer, Der Nationalsozialismus, 30.
128 Zitiert nach: Hermle/Thierfelder, Herausgefordert, 92.

folgte gegenüber den beiden großen Konfessionen unterschiedliche Strategien. Die evangelischen Kirchen wollte man mit Hilfe der »Deutschen Christen« unterwandern und durch den Zusammenschluss zu einer einheitlichen Reichskirche unter der Leitung eines Reichsbischofs gleichschalten (Kap. 7.4). Nachdem dieses Vorhaben Ende 1934 spektakulär gescheitert war, setzte man auf eine Ruhigstellung der evangelischen Kirchen durch einen 1935 neu installierten »Reichskirchenminister« (Kap. 7.6). Der katholischen Kirche in Deutschland gewährte die Reichsregierung mit dem 1933 abgeschlossenen Reichskonkordat Rechtsgarantien (die freilich nur zu bald verletzt werden sollten) und ließ sich diese mit der Entpolitisierung des Katholizismus bezahlen (Kap. 7.7). Während des Krieges herrschte in der Kirchenpolitik eine Art Burgfrieden; doch letztlich strebte man, wie die Regelungen im polnischen »Warthegau« (Kap. 7.6.6) beispielhaft erkennen lassen, die völlige Verdrängung der Kirchen aus der Öffentlichkeit an.

7.4.2 Auf dem Weg zur evangelischen Reichskirche

Die Auseinandersetzungen in den evangelischen Landeskirchen während der NS-Zeit wurden mit einem von Wilhelm Niemöller, dem Bruder Martin Niemöllers (Kap. 7.4.3) und Chronisten der Bekennenden Kirche, geprägten Begriff lange insgesamt als *»Kirchenkampf«* bezeichnet. Heute bezeichnet man mit diesem Terminus genauer nur die Konflikte der Jahre 1933 und 1934, die durch die Übernahme des sogenannten Arierparagraphen ins kirchliche Dienstrecht und die gewaltsame Eingliederung der Landeskirchen in die neu errichtete Reichskirche (zu beidem s. u.) ausgelöst wurden. Dabei muss klar sein, dass es sich nicht um einen »Kampf« der evangelischen Kirchen gegen den NS-Staat, seine Ideologie und sein Unrechtsregime handelte, sondern um einen innerkirchlichen Streit, um die Auseinandersetzung zwischen konkurrierenden kirchlichen Richtungen um die Gestaltung der Kirchenverfassung und des kirchlichen Lebens. Christlich motivierter politischer Widerstand gegen den Nationalsozialismus (Kap. 7.6.4) war eine Ausnahme.

Das Ziel der nationalsozialistischen Kirchenpolitik bestand, wie gesagt, darin, die evangelischen Kirchen mit Hilfe der »Glaubensbewegung Deutsche Christen« (DC) zu unterwandern. Als wichtigster kirchlicher Kontaktmann diente *Ludwig Müller*, Wehrkreispfarrer im ostpreußischen Königsberg und Mitgründer der dortigen DC, den Hitler

Ende April 1933 zu seinem Beauftragten für Kirchenfragen ernannte. Doch die DC sollten nicht nur die Leitungsgewalt in den einzelnen Landeskirchen erobern. Das Ziel war vielmehr, die achtundzwanzig selbstständigen Kirchen zu einer einheitlichen *Reichskirche* unter einem Reichsbischof zusammenzuschließen – sie also durch Zentralisierung und Durchsetzung des Führerprinzips »gleichzuschalten«. Auf den ersten Blick setzte dieses Vorhaben nur die im 19. Jahrhundert begonnenen kirchlichen Einigungsbestrebungen fort, die 1922 zur Gründung des Deutschen Evangelischen Kirchenbundes geführt hatten. Aus einem Kirchenbund eine Kirche zu machen, war indessen ein heikles Vorhaben. Denn einerseits ließ der Bekenntnisunterschied zwischen Lutheranern, Unierten und Reformierten keine Abendmahlsgemeinschaft unter allen Landeskirchen zu, und andererseits waren die Kirchenleitungen nicht geneigt, die gerade erst gewonnenen Freiheiten und Selbstregierungsrechte gleich wieder abzugeben.

Trotzdem beauftragte der Deutsche Evangelische Kirchenausschuss seinen Präsidenten, den Juristen Hermann Kapler, mit der Ausarbeitung eines Verfassungsentwurfs für eine Reichskirche. Kapler zog hierfür als theologische Berater einen Lutheraner und einen Reformierten hinzu: den Bischof der Evangelischen Kirche von Hannover August Marahrens sowie den Predigerseminardirektor Hermann Albert Hesse aus Wuppertal-Elberfeld. Auf Druck der DC wurde dieses sogenannte Drei-Männer-Kollegium schließlich noch um Ludwig Müller erweitert. Die Grundzüge der Kirchenverfassung wurden vom Kapler-Kollegium in Kloster Loccum abschließend beraten und am 27. Mai 1933 im »*Loccumer Manifest*« niedergelegt. Danach sollte aus dem Deutschen Evangelischen Kirchenbund eine regelrechte »Deutsche Evangelische Kirche« (DEK) werden, unter deren Dach die Landeskirchen aber rechtlich selbstständig und mit ihrem jeweiligen Bekenntnisstand fortbestehen sollten. Innerhalb der DEK sollten die verschiedenen Bekenntnisse gleichberechtigt vertreten sein. An der Spitze sollte ein lutherischer Reichsbischof stehen, unterstützt von einem »Geistlichen Ministerium« als Kirchenregierung, dem ein lutherischer, ein reformierter und ein unierter Theologe sowie ein Jurist angehören sollten. Als legislatives Organ war eine Reichssynode vorgesehen.

Bereits am Vortag der Verabschiedung des Loccumer Manifests hatte der Deutsche Evangelische Kirchenausschuss versucht, vollendete Tatsachen zu schaffen, indem er auf Betreiben der sogenannten Jungreformatorischen Bewegung (Kap. 7.4.3) *Friedrich (Fritz) von Bodelschwingh d. J.*, den Sohn und Nachfolger des gleichnamigen langjährigen Vorstehers der Bodelschwinghschen Anstalten in Bielefeld-Bethel, für das Amt des Reichsbischofs designierte. Hitler und die DC favorisierten hingegen Ludwig Müller und lancierten eine aggressive Kampagne gegen Bodelschwingh. Schließlich fanden sich drei lutherische Bischöfe – Theophil Wurm aus Württemberg, Heinrich Rendtorff aus Mecklenburg und Hans Meiser aus Bayern – bereit, über die Personalfrage noch einmal neu zu beraten, um eine Belastung des Verhältnisses zwischen Reichskirche und Staat zu vermeiden.

Noch bevor es dazu kam, überstürzten sich die Ereignisse in Preußen. Hermann Kapler, der nicht nur Präsident des Deutschen Evangelischen Kirchenausschusses, sondern auch Präsident des Evangelischen Oberkirchenrates der Evangelischen Kirche der Altpreußischen Union (APU) war, hatte nach Erreichen der Altersgrenze seinen Rücktritt von beiden Ämtern erklärt, und der Kirchensenat der APU hatte einen Nachfolger bestimmt, ohne das vom preußischen Kirchenvertrag von 1931 geforderte Einvernehmen mit der preußischen Staatsregierung herzustellen. Daraufhin intervenierte der preußische Kultusminister Bernhard Rust und setzte stattdessen den Leiter der Kirchenabteilung im Kultusministerium *August Jäger* als Staatskommissar für alle evangelischen Kirchen im Land Preußen – also nicht nur für die APU, sondern auch für die von dieser unabhängigen Landeskirchen der ehemaligen neupreußischen Gebiete – ein. Damit waren die Kirchenleitungen entmachtet, und Jäger begann sogleich mit tiefgreifenden personellen Umgestaltungen.

Friedrich von Bodelschwingh, selbst Pfarrer der APU, erklärte daraufhin und angesichts des fehlenden Rückhalts bei den lutherischen Bischöfen seinen Verzicht auf das Reichsbischofsamt. Kaplers Nachfolger als Präsident des Deutschen Evangelischen Kirchenausschusses wurde Ludwig Müller, unter dessen Ägide nun die endgültige *Reichskirchenverfassung* nach den Vorgaben des Loccumer Manifests erarbeitet und von den Vertretern der Landeskirchenregierungen einstimmig beschlossen wurde. Am 14. Juli wurde sie von der Reichsregierung als Reichsgesetz verkündet, und zugleich wurden Neuwahlen der Gremien für alle evangelischen Landeskirchen für den 23. Juli – also keine zwei Wochen danach! – ausgeschrieben. Am selben Tag wurde das Staatskommissariat August Jägers in den preußischen Kirchen für beendet erklärt.

Die *Kirchenwahlen* vom 23. Juli endeten mit einem Sieg der von Staat und Partei unterstützten »Deutschen Christen«, die meist zwischen 60 und 80% der Synodalen stellten. Nur in der APU-Provinz Westfalen und in Bayern hatten die DC keine Mehrheit in der Synode. In Westfalen blieb der bisherige Synodalpräses, der Pfarrer und konservative Politiker Karl Koch aus Bad Oeynhausen bei Bielefeld, im Amt; er sollte eine Schlüsselfigur der Bekennenden Kirche werden. In den meisten Landeskirchen wurden nach den Kirchenwahlen neue deutschchristliche Kirchenleitungen installiert – die Bekenntniskräfte sprachen von *»zerstörten Kirchen«*. Nur in drei lutherischen Landeskirchen konnten sich die alten Kirchenleitungen behaupten. Auch die Bischöfe dieser sogenannten *»intakten Kirchen«* sollten im Kirchenkampf eine Schlüsselrolle spielen: August Marahrens in Hannover, Theophil Wurm in Württemberg und Hans Meiser in Bayern. Am 27. September 1933 konstituierte sich in Wittenberg die neue »Deutsche Evangelische Kirche« (DEK). Die von den DC dominierte Nationalsynode trat hier zu ihrer ersten Sitzung zusammen, wählte erwartungsgemäß Ludwig Müller zum Reichsbischof und bestätigte die von ihm im Einvernehmen mit Hitler benannten Mitglieder der Reichskirchenregierung.

7.4.3 Jungreformatorische Bewegung und Pfarrernotbund

In dem Maß, in dem die DC ihren Machtanspruch in den evangelischen Kirchen geltend machten, formierten sich seit dem Frühjahr 1933 auch die Gegenkräfte. Besonders die Forderung der DC, den sogenannten *Arierparagraphen* ins kirchliche Dienstrecht zu übernehmen, stieß auf Widerstand. Der Arierparagraph war eine Bestimmung aus dem Anfang April 1933 erlassenen »Gesetz zur Wiederherstellung des Berufsbeamtentums«, die die Entlassung »nichtarischer« Beamter aus dem Staatsdienst vorsah; nach dem Willen der DC sollte sie analog auch auf Pfarrer und Kirchenbeamte angewendet werden.

Gegen dieses Bestreben wandte sich die im Mai 1933 gegründete *»Jungreformatorische Bewegung«*. Getragen wurde sie von nationalkonservativen Lutheranern, die von der Lutherrenaissance geprägt waren. Führende Persönlichkeiten waren Walter Künneth, der Leiter der »Apologetischen Centrale« der Inneren Mission in Berlin (Vorläufereinrichtung der heutigen »Evangelischen Zentralstelle für Weltanschauungsfragen«), der Generalsekretär der »Deutschen Christlichen Studentenvereinigung« Hanns Lilje und Martin Niemöller, Pfarrer in Berlin-Dahlem. Alle drei stiegen nach dem Krieg in bedeutende Positionen auf – Künneth als Professor in Erlangen, Lilje als hannoverscher Landesbischof und Niemöller als erster Kirchenpräsident der Evangelischen Kirche in Hessen und Nassau. Der Gründungsaufruf ihrer Bewegung verband »ein freudiges Ja zum neuen deutschen Staat« mit der klaren Absage an jede Ausschließung von »Nichtariern« aus der Kirche.[129] Es war das Verdienst der Jungreformatorischen, dass der Deutsche Evangelische Kirchenausschuss Friedrich von Bodelschwingh als Reichsbischof nominierte. Dessen Rückzug und der eigene Misserfolg bei den Kirchenwahlen bedeuteten das Ende der Bewegung.

Eine entscheidende Zuspitzung erfuhr der innerkirchliche Konflikt durch die Entwicklungen in der größten deutschen Landeskirche, der Kirche der Altpreußischen Union (APU). Deren erste Generalsynode nach den Kirchenwahlen fand vom 5.–6. September 1933 in Berlin statt und ging wegen der SA-Braunhemden vieler Synodaler als *»braune Synode«* in die Geschichte ein. Die Synode wählte eine rein deutschchristliche Kirchenleitung. Ludwig Müller, der designierte Reichsbischof, wurde als Nachfolger Kaplers Präsident des Evangelischen Oberkirchenrates – ein Amt, das verfassungsgemäß mit einem Juristen hätte besetzt werden müssen – und erhielt den Titel eines »Landesbischofs«. An die Stelle der bisherigen Gliederung der APU in acht Kirchenprovinzen unter der Leitung von Generalsuperintendenten traten nun zehn (Provinzial-)Bistümer; der DC-Reichsleiter Joachim Hossenfelder wurde Bischof von Brandenburg. Schließlich erließ die Synode ein neues Pfarrerdienstgesetz, in das die politische Zuverlässigkeitsklausel und der Arierparagraph aus dem staatlichen »Berufsbeamtengesetz« übernommen wurden, was die Entlassung aller politisch verdächtigen und »nichtarischen« Pfarrer und Kirchenbeamten ermöglichte.

Daraufhin rief Martin Niemöller zusammen mit weiteren ehemaligen Angehörigen der Jungreformatorischen Bewegung im September 1933 den *»Pfarrernotbund«* ins Leben, dem bis zum Januar 1934 mehr als siebentausend Pfarrer aus dem ganzen Reich – rund zwanzig Prozent der aktiven Pfarrerschaft – beitraten. Die Mitglieder unterzeichneten eine Verpflichtungserklärung, mit der sie die alleinige Autorität von

---

129 Hermle/Thierfelder, Herausgefordert, 110 f.

Bibel und Bekenntnis bekräftigten und die Einführung des Arierparagraphen als Verletzung des Bekenntnisstandes verurteilten. Deutlich schlagkräftiger als ehedem die Jungreformatorische Bewegung, wirkte der Pfarrernotbund entscheidend bei der Konstituierung der späteren Bekennenden Kirche mit.

7.4.4 Der Niedergang der »Deutschen Christen« und der Zerfall des Geistlichen Ministeriums

Nach dem Sieg in den Kirchenwahlen, der Eroberung der Kirchenleitungen der »zerstörten Kirchen« und der Einführung des Arierparagraphen in der APU und mehreren weiteren Landeskirchen standen die DC im September 1933 auf der Höhe ihres Einflusses. Doch trat nun nicht nur eine kraftvolle Gegenbewegung in Gestalt des Pfarrernotbunds auf den Plan. Die radikalen Kräfte innerhalb der deutschchristlichen Bewegung selbst desavouierten diese im Herbst 1933 nachhaltig. Am 13. November 1933 fand im Berliner Sportpalast – demselben Ort, wo 1943 Goebbels zum »totalen Krieg« aufrufen sollte – eine Kundgebung des Gaus Groß-Berlin der DC statt, auf der dessen Obmann Reinhold Krause scharfe Kritik am Alten Testament mit seiner »jüdischen Lohnmoral« und seinen »Viehhändler- und Zuhältergeschichten« sowie an der »Sündenbock- und Minderwertigkeitstheologie des Rabbiners Paulus« übte und stattdessen einen »heldischen« Jesus propagierte; alle »nichtarischen« Christen sollten aus den Kirchen ausgeschlossen werden. Die *»Sportpalastkundgebung«* öffnete vielen gutgläubigen Unterstützern der DC die Augen, es kam zu einer Welle von Austritten und zu einem verstärkten Zulauf zum Pfarrernotbund.

Vor allem kam es nun zur Bildung der sogenannten *»Bekenntnisfront«* (nicht zu verwechseln mit der erst 1934 konstituierten »Bekennenden Kirche«). Die Bischöfe der drei intakten Landeskirchen rückten von Reichsbischof Müller ab und suchten das Bündnis mit dem Pfarrernotbund. Gemeinsam forderten sie von Müller, den DC-Reichsleiter Hossenfelder aus der Reichskirchenregierung zu entlassen. Müller lehnte dies ab, fand aber bei Hitler, der sich nicht in die innerkirchlichen Konflikte hineinziehen lassen wollte, nicht die erhoffte Unterstützung. Am 29. November erklärte schließlich das gesamte Geistliche Ministerium der DEK seinen Rücktritt. Versuche Müllers, ein neues Geistliches Ministerium zu bilden, blieben erfolglos. Schließlich musste er Hossenfelder fallenlassen, der auch als DC-Reichsleiter zurücktrat. Als Notbehelf machte Müller den APU-Bischof von Köln-Aachen Heinrich Oberheid zu seinem »Chef des Stabes« und den studierten Juristen August Jäger zum »Rechtswalter« der DEK. Diese Maßnahmen konnten nichts daran ändern, dass eine den verfassungsmäßigen Vorgaben entsprechende Reichskirchenregierung nicht mehr bestand. Mehr noch: mit seiner eigenmächtigen Entscheidung, die Deutsche Evangelische Jugend in die Hitlerjugend einzugliedern (Kap. 7.6.5), kompromittierte sich Müller selbst im Dezember 1933 ernsthaft.

Die Bekenntniskräfte forderten jetzt auch den Rücktritt Müllers. Dank ihrer Kontakte zum kirchenverbundenen Reichspräsidenten Hindenburg konnten sie erreichen, dass Hitler am 25. Januar 1934 die drei Bischöfe der intakten Kirchen, den westfälischen Präses Koch und den Notbund-Vorsitzenden Martin Niemöller in der Reichskanzlei empfing. Der *Kanzlerempfang* nahm eine unerwartete Wendung, als Hermann Göring in seiner Funktion als preußischer Ministerpräsident das Protokoll eines abgehörten Telefonats vom selben Morgen präsentierte, in dem Niemöller über den Plan berichtet hatte, im Geheimen über Hindenburg auf Hitler einzuwirken. Die nicht eingeweihten Bischöfe waren frappiert und hatten den Tiraden des aufgebrachten Hitler nichts entgegenzusetzen, der ihnen drohte, die Staatsleistungen an die Kirchen zu streichen, wenn sie sich nicht mit Müller einigten. Nachdem Müller ein Einlenken signalisiert hatte, erklärten die drei Bischöfe zwei Tage später ihre Loyalität zum Reichsbischof. Niemöllers Ansehen war schwer beschädigt. Zahlreiche Pfarrer traten aus dem Notbund aus, er selbst wurde zeitweilig vom Pfarramt suspendiert. Die gerade erst geschlossene Bekenntnisfront war damit schon wieder zerfallen, und Müller konnte sich überraschend im Amt halten.

7.4.5 Reichskirchliche Gleichschaltungspolitik

In den folgenden Monaten betrieb Reichsbischof Müller, unterstützt von seinem »Rechtswalter« Jäger, die sogenannte *Eingliederung* der Landeskirchen in die Reichskirche. Dabei handelte es sich um das von der Verfassung der DEK so nicht gedeckte Projekt, die Gesetzgebungshoheit der Landeskirchen auf die Reichskirche zu übertragen und so die bislang selbstständigen Landeskirchen faktisch auf den Rang von Kirchenprovinzen einer Einheitskirche herabzustufen. Den Anfang machte die

APU, deren Landesbischof (Ludwig Müller) im März 1934 seine Befugnisse förmlich auf den Reichsbischof (Ludwig Müller) übertrug. Bis zum Oktober 1934 wurde – nicht selten mit massivem Druck auf die Landessynoden – mehr als ein Dutzend weiterer »zerstörter« Kirchen so in die Reichskirche eingegliedert.

Der Versuch Müllers und Jägers, durch offene Gewaltmaßnahmen auch die Eingliederung der drei intakten Kirchen zu erzwingen, brachte dann aber das gesamte Projekt zum Scheitern. In Hannover hatte Bischof Marahrens das Eingliederungsgesetz schon unterzeichnet, seine Unterschrift dann aber wieder zurückgezogen. Als er im Konflikt mit Jäger der hannoverschen Pfarrerschaft die Vertrauensfrage stellte, unterstützte ihn eine überwältigende Mehrheit von rund achtzig Prozent. Gegenüber den süddeutschen Bischöfen schlug Jäger eine noch härtere Gangart ein. Im September 1934 verfügte er »von oben« die Eingliederung der *württembergischen und bayerischen Kirche*. Die Bischöfe Wurm und Meiser wurden suspendiert und unter Hausarrest gestellt. Die Folge waren massive Proteste der Bevölkerung und Solidarisierungsaktionen der Pfarrerschaft; Wurm stellte ebenfalls mit überwältigendem Erfolg die Vertrauensfrage. Hitler, der die öffentliche Unruhe scheute, sah sich nun zum Eingreifen gezwungen, lud Wurm und Meiser zum Gespräch und veranlasste ihre Wiedereinsetzung. August Jäger musste von seinen Ämtern als Rechtswalter der DEK und als Leiter der Kirchenabteilung im preußischen Kultusministerium zurücktreten. Im November 1934 machte Müller schließlich alle Eingliederungen wieder rückgängig, selbst die APU wurde nun wieder aus der Reichskirche ausgegliedert. Damit war nicht nur das Scheitern des ambitionierten Reichskirchenprojekts, sondern auch das persönliche Scheitern Müllers besiegelt. Formal blieb der Reichsbischof bis 1945 im Amt – er starb wenige Monate nach Kriegsende –, doch spielte er, ohne innerkirchlichen Einfluss und ohne die Unterstützung Hitlers, praktisch keine Rolle mehr.

7.5 Evangelische Kirche und Nationalsozialismus II: Die Bekennende Kirche und die Bekenntnissynoden von Barmen, Dahlem und Augsburg (1934/35)

7.5.1 Auf dem Weg zur Bekennenden Kirche

Das Agieren der deutschchristlichen Kirchenleitungen, die Einführung des Arierparagraphen in etlichen Landeskirchen, der Zerfall des Geistlichen Ministeriums und die gewaltsame und rechtlich fragwürdige Eingliederungspolitik Müllers ließen bei der kirchlichen Opposition die Überzeugung wachsen, dass in der DEK kein rechtmäßiges Kirchenregiment mehr bestehe. Im Jahr 1934 konstituierten sich die Oppositionskräfte daher selbst als »*Bekennende Kirche*« (BK), die sich als einzig legitime Vertretung der evangelischen Kirche verstand und eigene Leitungsorgane ausbildete, die an die Stelle der »zerstörten« Institutionen der Reichskirche treten sollten.

Die ersten Anstöße dazu kamen aus der »zerstörten« APU. Hier formierte sich im Februar in Wuppertal-Barmen eine »Freie evangelische Synode im Rheinland«. Im März kam in Berlin-Dahlem in der Gemeinde Niemöllers die »Freie evangelische Synode in Berlin und Brandenburg« zusammen, in Westfalen konstituierte sich die Mehrheit der ordentlich gewählten Mitglieder der Provinzialsynode unter deren Präses Karl Koch als »Westfälische Bekenntnissynode«. Am 29. Mai 1934 tagte in Barmen dann erstmals eine Bekenntnissynode für die gesamte APU. Bis 1943 gab es in der APU insgesamt zwölf solcher Bekenntnissynoden. Auch in anderen »zerstörten Kirchen« entstanden *freie Synoden*.

Eine entscheidende Weichenstellung auf dem Weg zu einer förmlichen »Bekennenden Kirche« war die Verständigung mit den drei »intakten Kirchen«. Die Spaltung der Bekenntnisfront durch den Eklat beim Kanzlerempfang im Januar 1934 war ein herber Rückschlag gewesen, erwies sich aber als reparabel. Im April trafen sich in Nürnberg die Bischöfe Meiser und Wurm mit Vertretern des Pfarrernotbunds und der freien Synoden, um das gemeinsame Vorgehen gegen die reichskirchliche Eingliederungspolitik abzustimmen, und bildeten als Koordinierungsgremium den »Nürnberger Ausschuss« unter Leitung von Karl

Koch. Auch Niemöller wurde Mitglied, nachdem es zwischen ihm und Meiser zur Versöhnung gekommen war.

Als der Konflikt um die Eingliederung der württembergischen Kirche eskalierte, veranstaltete der Nürnberger Ausschuss eine machtvolle Demonstration in Gestalt des *Ulmer Bekenntnistages* vom 22. April 1934. Fünftausend Vertreter der kirchlichen Opposition aus dem gesamten Reich versammelten sich im württembergischen, an der Grenze zu Bayern gelegenen Ulm und wurden Zeugen der Verlesung der »Ulmer Erklärung«, in der die Bekenntniskräfte erstmals den Anspruch formulierten, die »rechtmäßige Evangelische Kirche Deutschlands« zu sein. Folgerichtig sprach der Nürnberger Ausschuss am 7. Mai Reichsbischof Müller das Misstrauen aus und erklärte sich selbst zur alleinigen Vertretung der »rechtmäßigen DEK«. Zur Legitimierung dieses Schritts sollte eine reichsweite Bekenntnissynode einberufen werden. Für deren Vorbereitung setzte der Nürnberger Ausschuss eine dreiköpfige Arbeitsgruppe ein, mit dem Reformierten Karl Barth und dem Lutheraner Hans Asmussen (gest. 1968) als Repräsentanten der Bekenntniskräfte in den »zerstörten Kirchen« und dem Münchener Oberkirchenrat Thomas Breit für die »intakten Kirchen«. Asmussen, der nach blutigen Zusammenstößen zwischen SA und Polizei in Altona bei Hamburg 1932 als Mitverfasser des »Altonaer Bekenntnisses« bekannt geworden und 1933 prompt zwangspensioniert worden war, sollte auch weiterhin in der BK eine wichtige Rolle spielen.

7.5.2 Die erste Reichsbekenntnissynode von Barmen

Vom 29.-31. Mai 1934 tagte in der Kirche von Barmen-Gemarke, wo unmittelbar zuvor die erste Bekenntnissynode der APU zusammengekommen war, die erste »Bekenntnissynode der DEK«. An der berühmten *»Barmer Synode«* nahmen einhundertneununddreißig Synodale aus achtzehn Landeskirchen teil – einerseits Delegierte der freien Synoden der »zerstörten Kirchen«, andererseits offizielle Vertreter der »intakten Kirchen«. Zu ihrem Präses wählten sie Karl Koch, der auch bei allen weiteren Reichsbekenntnissynoden den Vorsitz führen sollte. Als ständiges kirchenleitendes Gremium wurde aus dem Nürnberger Ausschuss nun der zwölfköpfige »Bruderrat der Bekenntnissynode der DEK« (kurz: *»Reichsbruderrat«*) gebildet. Auch in den einzelnen »zerstörten« Landeskirchen bildeten sich in der Folgezeit solche »Bruderräte« als kollegiale Leitungsgremien. Zur rechtlichen Absicherung dieser Schritte sollte die von der Barmer Synode beschlossene »Erklärung zur Rechtslage der Bekenntnissynode der DEK« dienen, in der die Rechtmäßigkeit des Kirchenregiments von Reichsbischof Müller bestritten und der Anspruch der Bekenntnissynode formuliert wurde, selbst rechtmäßiges Leitungsorgan der Deutschen Evangelischen Kirche zu sein. Sehr viel bekannter als die Erklärung zur Rechtslage wurde die von der Synode beschlossene »Theologische Erklärung zur gegenwärtigen Lage der DEK« (= »*Barmer Theologische Erklärung*«). Ihr Entwurf war von Barth, Asmussen und Breit bei Treffen in Frankfurt am Main und Leipzig vorbereitet worden. Die Barmer Theologische Erklärung bestand aus einer umfangreichen Präambel und sechs Thesen, die jeweils, von einem Bibelvers eingeleitet, zunächst die eigene Position und dann die Verwerfung von Irrtümern formulierten; inhaltlich war sie ganz von der Dialektischen Theologie Barths geprägt.[130] Dies zeigte sich deutlich in der ersten These:

> »Jesus Christus, wie er uns in der Heiligen Schrift bezeugt wird, ist das eine Wort Gottes, das wir zu hören, dem wir im Leben und im Sterben zu vertrauen und zu gehorchen haben. Wir verwerfen die falsche Lehre, als könne und müsse die Kirche als Quelle ihrer Verkündigung außer und neben diesem einen Worte Gottes auch noch andere Ereignisse und Mächte, Gestalten und Wahrheiten als Gottes Offenbarung anerkennen.«

Damit war jeder Versuch der Bezugnahme auf Volk und Rasse als vermeintliche normative Schöpfungsordnungen oder die Annahme einer heilsgeschichtlichen Bedeutung des Nationalsozialismus klar abgewiesen. Allein das Evangelium von Christus durfte Glaubens- und Handlungsnorm sein. Mehr noch: Alle Lebensbereiche, auch die weltliche Ordnung, standen ausnahmslos unter der Königsherrschaft Christi. Daher hieß es in der zweiten These:

> »Wir verwerfen die falsche Lehre, als gebe es Bereiche unseres Lebens, in denen wir nicht Jesus Christus, sondern anderen Herren zu eigen wären ...«

---

130 Der Text bei Hermle/Thierfelder, Herausgefordert, 206–209, die beiden folgenden Zitate a. a. O., 208.

Die Barmer Erklärung bot eine sichere theologische Grundlage für die Absage an die Vorstellungen und Forderungen der Deutschen Christen. Sie hat über den Kirchenkampf hinaus fortgewirkt. Eine Reihe von Gliedkirchen der EKD nimmt in ihren Grundordnungen oder Kirchenverfassungen auf die Barmer Erklärung Bezug, in einigen hat sie sogar Bekenntnisrang. Auch ökumenisch wurde sie rezipiert. Man wird sie aber in ihrer Festlegung auf die christozentrische Offenbarungstheologie Barths nicht als zeitlos gültiges Bekenntnis lesen dürfen. Auch in der BK selbst gab es Widerstände gegen die »Barmer Lehrgesetzlichkeit«. Tatsächlich setzt die These von Christus als dem einzigen Wort Gottes auch den theologischen Liberalismus und jede Art von kontextueller Theologie, ja selbst die Elementarunterscheidung der lutherischen Theologie zwischen Gesetz und Evangelium als den beiden Gestalten des Wortes Gottes ins Unrecht. Kritik kam damals vor allem aus dem konfessionellen Luthertum. Die größte Resonanz fand der aus einem Kreis fränkischer Pfarrer hervorgegangene, von Werner Elert verfasste *»Ansbacher Ratschlag«* (1934), der an der Unterscheidung von Gesetz und Evangelium und der Lehre von den Schöpfungsordnungen festhielt, um sich dann zur Anerkennung Hitlers als »frommer und getreuer Oberherr« und des NS-Staates als »gut Regiment« zu versteigen. Auch einzelne »Deutsche Christen« wie der Tübinger Neutestamentler Gerhard Kittel, Herausgeber des »Theologischen Wörterbuchs zum Neuen Testament«, kritisierten die Barmer Erklärung. Eine offizielle Reaktion der DC gab es nicht.

Technisch gesehen, war mit der Barmer Synode die »Bekennende Kirche« als Gegeninstitution zur deutschchristlichen Reichskirche Ludwig Müllers konstituiert, mit einer eigenen Reichssynode und dem Reichsbruderrat als eigener Kirchenleitung. Allerdings wäre es ein Irrtum zu glauben, die kirchliche Landschaft des deutschen Protestantismus sei allein von den beiden Richtungen der DC und BK bestimmt gewesen; tatsächlich gab es auch ein breites Mittelfeld von sogenannten »Neutralen«. Eine einheitliche Organisation in der Fläche hat die BK nicht ausgebildet. Eine bleibende strukturelle Hypothek war das spannungsreiche Miteinander von »intakten Kirchen«, die in ihrem Binnenbereich für die Wahrung und Verteidigung der bestehenden Strukturen gegen die Angriffe der DC kämpften, und den bruderrätlichen Kreisen der »zerstörten Kirchen«, deren Ziel die Ersetzung der hier bestehenden, von den DC dominierten Strukturen durch eigene bekenntniskirchliche

Parallelstrukturen war. Bereits auf der zweiten Reichsbekenntnissynode in Dahlem im Herbst 1934 machten sich diese Spannungen deutlich bemerkbar, 1936 führten sie schließlich zum Zerbrechen der BK.

7.5.3 Die zweite Reichsbekenntnissynode von Dahlem

Die Bekennende Kirche erhielt bald auch Unterstützung aus der Ökumene. Das war vor allem das Verdienst Dietrich Bonhoeffers (Kap. 7.6.4), der von 1933 bis 1935 Pfarrer der deutschen Auslandsgemeinde in London war und enge Kontakte zum anglikanischen Bischof von Chichester und Vorsitzenden der ökumenischen »Bewegung für Praktisches Christentum« (Kap. 7.12.2) George K. A. Bell pflegte. Mit dem Ausbau der ökumenischen Kontakte und der Eskalation des Konflikts zwischen dem Reichsbischof und den süddeutschen Kirchen wurde die Frage nach den praktischen kirchenpolitischen Konsequenzen der Entscheidungen von Barmen drängend. Früher als eigentlich geplant tagte am 19. und 20. Oktober 1934 in der Gemeinde Martin Niemöllers in Berlin-Dahlem die *zweite Reichsbekenntnissynode*. Dabei erwiesen sich die Zielvorstellungen der beiden BK-Flügel als sehr verschieden. Die Vertreter der »intakten Kirchen« forderten lediglich die Absetzung Ludwig Müllers und die Rückgängigmachung der inzwischen erfolgten »Eingliederungen«. Die Vertreter der freien Synoden und der Bruderräte sprachen sich dagegen dafür aus, den in Barmen formulierten Alleinvertretungsanspruch durch den konsequenten Aufbau einer Gegenkirche mit bekenntniskirchlichen Parallelinstitutionen auf allen Ebenen, von der DEK bis hinunter in die einzelnen Gemeinden, praktisch umzusetzen. Die Vertreter dieser Linie setzten sich durch. Die »Botschaft« der Dahlemer Synode wurde schließlich mit 52 gegen 20 Stimmen – mehr als die Hälfte der Synodalen war zu diesem Zeitpunkt bereits abgereist – angenommen. Darin rief die Synode das *»kirchliche Notrecht«* aus: Da sich die kirchenleitenden Personen von der Kirche Christi getrennt hätten, hätten Verfassung und Leitungsorgane der DEK rechtmäßig keinen Bestand mehr. Stattdessen sei die kirchenleitende Gewalt nun auf den Reichsbruderrat, dessen Mitgliederzahl von zwölf auf zweiundzwanzig erhöht wurde, und einen neu zu bildenden sechsköpfigen »Rat der DEK« als dessen geschäftsführenden Ausschuss übergegangen. Jede Zusammenarbeit mit deutschchristlichen Gremien wurde kategorisch untersagt.

In der BK fanden die Beschlüsse von Dahlem ein zwiespältiges Echo. Vor allem in den »intakten Kirchen« gab es Vorbehalte gegen den radikalen Schritt der Ausrufung und Anwendung des kirchlichen Notrechts. Demgegenüber drängten die sogenannten *»Dahlemiten«*, zu denen neben anderen Niemöller, Barth und Bonhoeffer zählten, auf eine rasche praktische Umsetzung der Beschlüsse. In der APU begann nun wirklich der Aufbau einer kirchlichen Parallel- und Gegenstruktur auf allen Ebenen des kirchlichen Lebens: in Konkurrenz zu den bestehenden Presbyterien, Kreis- und Provinzialsynoden und Leitungsgremien wurden nun vielerorts Bruderräte und freie Synoden geschaffen. Die BK etablierte hier sogar ein eigenes theologisches Ausbildungs-, Prüfungs- und Personalwesen. Vor allem sollten die angehenden BK-Pfarrer nicht mehr an den staatlichen Universitäten, sondern an bekenntniskirchlichen Einrichtungen studieren. Das Vorbild dafür bildete die 1905 gegründete Theologische Schule Bethel (Kap. 6.6.2), die wirklich zeitweise als Ausbildungsstätte der BK fungierte. Daneben entstand auf Initiative Niemöllers 1935 die »Kirchliche Hochschule für reformatorische Theologie« mit zwei Standorten, in Berlin-Dahlem unter Hans Asmussen und in Wuppertal-Elberfeld unter Karl Immer, die nach ihrem Verbot den Lehrbetrieb im Untergrund fortführte. Nach 1945 wurden die drei von den Nationalsozialisten geschlossenen Kirchlichen Hochschulen wiedereröffnet, weitere entstanden im fränkischen Neuendettelsau und in Hamburg. In gewollter Abgrenzung von den Universitäten pflegte man hier die Verbindung von akademischer Ausbildung, geistlicher Zurüstung und gemeinschaftlichem Leben. Heute bestehen nur noch die Kirchlichen Hochschulen Wuppertal-Bethel und Neuendettelsau. Die BK der APU unterhielt außerdem eine Reihe eigener Predigerseminare, deren bekanntestes das von Bonhoeffer geleitete in Finkenwalde bei Stettin im heutigen Polen war. Der Kurs der Dahlemiten war nicht ohne Risiko. Da die Bekenntniskräfte an vielen Orten gegenüber den DC und den sogenannten Neutralen in der Minderheit waren, stellte ihr Anspruch, allein die wahre Kirche zu sein, das volkskirchliche Prinzip in Frage und drohte auf die Bildung einer Freikirche hinauszulaufen. Der Staat duldete zunächst die Tätigkeit der bekenntniskirchlichen Notorgane; erst 1936 verbot Reichskirchenminister Hanns Kerrl der BK die Ausübung kirchenregimentlicher Befugnisse.

Einen Monat nach der Dahlemer Synode war das endgültige Scheitern Müllers und seiner Reichskirchenregierung besiegelt (s.o., Kap.

7.4.5). An sich bestand mit dem Reichsbruderrat bereits ein Notkirchenregiment. Doch die Mehrheit der Bekenntniskräfte hoffte, nun eine förmliche neue Reichskirchenregierung bilden zu können, die die innerkirchlichen Kontroversen befrieden und auch staatliche Anerkennung finden könnte. Nach langen Verhandlungen setzten die intakten Kirchen und die Bruderräte am 22. November 1934 schließlich eine »Vorläufige Kirchenleitung« ein, die exakt nach den Vorgaben der Reichskirchenverfassung gestaltet war. Als Vorsitzender – funktional dem Reichsbischof entsprechend – fungierte der hannoversche Landesbischof August Marahrens, ihm zur Seite standen mit Thomas Breit, Karl Koch und dem Barmer Pfarrer Paul Humburg ein lutherisches, ein uniertes und ein reformiertes Mitglied sowie ein Jurist als rechtskundiges Mitglied. Die Nominierung von Marahrens, der ein Kompromisskandidat gewesen war und vielen in der BK als zu regimetreu galt, sorgte für Konflikte; Asmussen, Barth und Niemöller traten aus Protest aus dem Reichsbruderrat aus. Obwohl Reichsbischof Müller formal noch im Amt war, wurde die »Vorläufige Kirchenleitung« von den staatlichen Stellen geduldet, doch die erhoffte offizielle Anerkennung als rechtmäßige Leitung der DEK blieb ihr versagt. Immerhin unterstellten sich ihr neben den »intakten Kirchen« und den Bruderräten der BK auch mehrere »zerstörte« Kirchen.

7.5.4 Die dritte Reichsbekenntnissynode von Augsburg

Noch mit zur Nachgeschichte von »Dahlem« gehörte die dritte Reichsbekenntnissynode, die Mitte 1935 in Augsburg stattfand. Angesichts der Uneinigkeit über die Anwendung des kirchlichen Notrechts und der Auseinandersetzungen um die Bildung der Vorläufigen Kirchenleitung erschien bereits Ende 1934 eine neuerliche Synode unumgänglich, doch aus Furcht vor einem Auseinanderbrechen der BK wurde sie wieder und wieder aufgeschoben, bis neue Ereignisse eintraten, die ein sofortiges Handeln erforderlich machten. Anfang März 1935 tagte, ebenfalls in Berlin-Dahlem, die Bekenntnissynode der APU und verabschiedete eine Kanzelerklärung gegen den neuheidnischen »Deutschglauben«, die auch als Angriff auf die NS-Ideologie verstanden werden konnte und zur Verlesung in den Gottesdiensten bestimmt war. Daraufhin ließen die Behörden an die achthundert Pfarrer und Vikare in Haft nehmen. Dieser Übergriff erforderte eine konzertierte Reaktion der Bekennenden Kirche. Nachdem ein Befriedungsausschuss erfolgreich zwischen dem Reichsbruderrat und der Vorläufigen Kirchenleitung vermittelt hatte und sich die im Protest ausgetretenen Mitglieder des Bruderrates zur Rückkehr bereiterklärt hatten, war der Weg frei für die *dritte Reichsbekenntnissynode*, die Anfang Juni in Augsburg tagte. Tatsächlich gelang es, die Differenzen innerhalb der Bekennenden Kirche vorerst beizulegen. Die Reichsbekenntnissynode, der Reichsbruderrat und die Vorläufige Kirchenleitung wurden allesamt als kirchenleitende Organe anerkannt, ihre Kompetenzen einvernehmlich abgegrenzt. In einem »Wort an die Obrigkeit« kritisierte die Synode die verhängten Rede- und Versammlungsverbote und stellte den Gehorsam gegenüber Staat und Führer unter die Verpflichtung zur Treue gegenüber Gottes Wort. Als Reaktion auf die Massenverhaftung preußischer Pfarrer und den dadurch hervorgerufenen pastoralen Notstand war darüber hinaus geplant gewesen, unter Berufung auf das allgemeine Priestertum der Gläubigen Kirchenvorsteher und Gemeindeglieder zum Dienst an Wort und Sakrament zu ermächtigen. Zu dieser weitgehenden Maßnahme kam es jedoch nicht, nachdem fast alle inhaftierten Pfarrer just am Vorabend der Synode auf freien Fuß gesetzt worden waren.

7.6 Evangelische Kirche und Nationalsozialismus III: Von 1935 bis 1945

7.6.1 Die Kirchenausschüsse und die Spaltung der Bekennenden Kirche

Das Scheitern des Reichskirchenprojekts führte zu einem Strategiewechsel in der NS-Kirchenpolitik. Die Gleichschaltung der evangelischen Kirchen sollte nunmehr von außen, mit staatskirchlichen Mitteln, erreicht werden. Das Prinzip der neuen Kirchenpolitik, wie sie Staatssekretär Wilhelm Stuckart in einer Denkschrift Anfang 1935 entwickelte, war eine »abwartende Neutralität des Staates mit verschärfter Aufsicht über die Kirche«[131]. Zur Wahrnehmung dieser Aufsicht wurde

---

131 Zitiert nach: Hermle/Thierfelder, Herausgefordert, 282.

7.6 EVANGELISCHE KIRCHE UND NATIONALSOZIALISMUS III

im Juli 1935 ein eigenes *Reichskirchenministerium* unter dem ehemaligen preußischen Justizminister Hanns Kerrl als Reichskirchenminister eingerichtet; dessen vordringliche Aufgabe bestand darin, Frieden und Einheit in den evangelischen Kirchen wiederherzustellen. Dabei setzte Kerrl bezeichnenderweise nicht auf das noch existierende Reichskirchenregiment unter Reichsbischof Müller. Vielmehr strebte er eine einvernehmliche Verständigung unter den streitenden Parteien an. Zu diesem Zweck setzte Kerrl im Oktober 1935 für die DEK einen Reichskirchenausschuss sowie für die APU einen Landeskirchenausschuss mit nachgeordneten Provinzialkirchenausschüssen ein. Der Reichskirchenausschuss richtete in den folgenden Monaten dann seinerseits weitere *Landeskirchenausschüsse* – in Sachsen, Kurhessen-Waldeck, Braunschweig, Schleswig-Holstein und Hannover – ein. In diesen Ausschüssen sollten Vertreter von DC, BK und »Neutralen« zusammenarbeiten; als interimistische Leitungsgremien sollten sie an die Stelle des Reichskirchenregiments bzw. der deutschchristlichen Leitungen der »zerstörten Kirchen« treten. Als Vorsitzenden für den achtköpfigen Reichskirchenausschuss konnte Minister Kerrl nach der Absage Friedrich von Bodelschwinghs den pensionierten westfälischen Generalsuperintendenten Wilhelm Zoellner gewinnen, der zur neutralen Mittelpartei gehörte.

Das Projekt der Kirchenausschüsse begegnete manchen Problemen. Während etliche Angehörige der BK dem Vorhaben aufgeschlossen gegenüberstanden, verweigerten die Dahlemiten und die Bruderräte, ganz im Sinne der Beschlüsse von Dahlem, kategorisch jede Mitarbeit. Andererseits wollten einzelne NSDAP-Gauleiter die faktische Entmachtung der DC-Kirchenleitungen nicht hinnehmen und blockierten in ihrem Einflussbereich die Einrichtung von Kirchenausschüssen, so etwa in den Landeskirchen von Thüringen und Mecklenburg; der Reichskirchenausschuss erkannte daraufhin die dortigen Bruderräte als rechtmäßige Kirchenleitungen an.

Nur vereinzelt konnten die Kirchenausschüsse die in sie gesetzten Erwartungen erfüllen. Im Ganzen erwies sich das Projekt als Misserfolg. Anfang 1937 endete die Ära der Kirchenausschüsse mit einem Eklat. Als Wilhelm Zoellner nach Lübeck reiste, wo kein eigener Landeskirchenausschuss zustande gekommen war, um im Streit zwischen Kirchenleitung und mehreren Bekenntnispfarrern zu vermitteln, wurde er dort auf Betreiben des Reichskirchenministeriums, nach dessen Auffassung

Zoellner seine Kompetenzen überschritten hatte, von der Gestapo gehindert zu predigen. Daraufhin erklärte der gesamte Reichskirchenausschuss seinen Rücktritt, und auch die Landeskirchenausschüsse stellten ihre Arbeit ein; nur in der Evangelischen Landeskirche von Kurhessen-Waldeck arbeitete der dortige Kirchenausschuss bis 1945 weiter. Innerhalb der Bekennenden Kirche führte die Frage der Mitwirkung in den Kirchenausschüssen zur Polarisierung und schließlich zum endgültigen Auseinanderbrechen. Die Vorläufige Kirchenleitung sprach sich, von den Dahlemer Beschlüssen abweichend, dafür aus, unter bestimmten Bedingungen zugunsten des Reichskirchenausschusses auf den vollen Ausbau einer eigenen BK-Kirchenleitung zu verzichten. Der Reichsbruderrat dagegen sperrte sich kategorisch gegen jegliche Zusammenarbeit mit den Ausschüssen. Auf der *vierten Reichsbekenntnissynode in Bad Oeynhausen* im Februar 1936 eskalierte der Konflikt. Die Synode lehnte mehrheitlich jede Zusammenarbeit mit den Ausschüssen ab und kritisierte die Linie der *Vorläufigen Kirchenleitung* unter August Marahrens, die daraufhin zurücktrat. Mit der Bildung einer neuen Vorläufigen Leitung der DEK beauftragte die Synode den Reichsbruderrat. Die zweite Vorläufige Kirchenleitung bestand ausschließlich aus Dahlemiten, den Vorsitz führte der Dahlemer Pfarrer Friedrich Müller; zusätzlich richtete der Bruderrat nun, wie schon in Dahlem beschlossen, einen »Rat der DEK« als seinen ständigen Arbeitsausschuss ein. Die zweite Vorläufige Kirchenleitung, die jede Mitarbeit in den Kirchenausschüssen strikt ablehnte, wurde nur noch von den bruderrätlichen Kreisen der BK anerkannt. Die Lutheraner innerhalb der BK – nicht nur die drei »intakten Kirchen«, sondern auch die Bruderräte der »zerstörten« Kirchen von Sachsen, Thüringen und Mecklenburg – schlossen sich daraufhin im »Rat der Evangelisch-Lutherischen Kirche Deutschlands« unter dem Vorsitz von Bischof Hans Meiser zusammen. Dieser sogenannte »Lutherrat« verstand sich als ein eigenes kirchliches Leitungsgremium für die lutherischen Kirchen und trat als solches in Konkurrenz zum Reichsbruderrat und zur zweiten Vorläufigen Kirchenleitung; nach Kriegsende ging aus ihm die »Vereinigte Evangelisch-Lutherische Kirche Deutschlands« (VELKD) hervor (Kap. 7.8.2). Die Reichsbekenntnissynode von Bad Oeynhausen blieb die letzte ihrer Art. Die von Anfang an bestehenden strukturellen Spannungen zwischen den beiden Flügeln der BK ließen sich nicht mehr überbrücken.

7.6.2 Die evangelischen Kirchen bis 1939

Der Rücktritt des Reichskirchenausschusses, der nach dem Willen von Minister Kerrl als interimistische Leitung der Deutschen Evangelischen Kirche hatte fungieren sollen, erforderte die Bildung eines neuen Leitungsorgans. Eine von dem hannoverschen Bischof Marahrens organisierte »*Kirchenführerkonferenz*« fand keine staatliche Anerkennung. Stattdessen ernannte Kerrl den Juristen *Friedrich Werner*, der den Deutschen Christen angehörte und im September 1933 Präses der »braunen Synode« der APU gewesen war, zum Leiter der Kirchenkanzlei der DEK und übertrug ihm förmlich die Führung der Reichskirche. Damit gab es nun vier konkurrierende Organe, die die Leitungsgewalt über die DEK beanspruchten; denn neben dem Leiter der Kirchenkanzlei Friedrich Werner und der Kirchenführerkonferenz von Marahrens standen seitens der Bekennenden Kirche die zweite Vorläufige Kirchenleitung und der Lutherrat.

Nachdem der Versuch eines einvernehmlichen innerkirchlichen Ausgleichs durch die Kirchenausschüsse gescheitert war, kam es nun zu gezielten *staatlichen Zwangsmaßnahmen* gegen die Bekennende Kirche. Bereits Anfang 1935 waren in den Provinzialkirchen der APU staatliche Finanzabteilungen eingerichtet worden, die alle Ein- und Ausgaben kontrollierten, um so den Zugriff der BK und ihrer Parallelstrukturen auf kirchliche Finanzmittel zu verhindern. 1937 wurden solche Finanzabteilungen auch in den anderen Landeskirchen etabliert. Für die hektographierten (d. h. im Abzugsverfahren vervielfältigten) internen Informationsbriefe der BK wurden nun die für Presseerzeugnisse geltenden Auflagen verpflichtend gemacht, wodurch dieses Kommunikationsmedium weithin ausgeschaltet wurde. Die Überwachung der BK durch Gestapo und SS wurde verschärft, ihre Wortführer wurden mit Rede- und Schreibverboten belegt. Immer häufiger kam es zu Verhaftungen von Pfarrern. Jetzt wurde auch Martin Niemöller inhaftiert und als »persönlicher Gefangener des Führers« (d. h. prominenter Sonderhäftling) zunächst im Konzentrationslager Sachsenhausen nördlich von Berlin, dann bis Kriegsende im Konzentrationslager Dachau bei München gefangen gehalten. Der ebenfalls 1937 verhaftete rheinische Pfarrer Paul Schneider, der als »Prediger von Buchenwald« bekannt wurde, wurde 1939 als erster evangelischer Pfarrer im dortigen Konzentrationslager ermordet. Die in weiten Teilen der NSDAP verbreitete antikirchliche Stimmung fand in einer Kirchenaustrittskampagne Ausdruck, in deren Folge in den Jahren 1937 bis 1939 immer mehr Menschen – im Jahr 1939 schließlich fast eine halbe Million – vor allem die evangelische Kirche verließen.

Der verschärfte Druck von außen führte nicht etwa zu größerer Geschlossenheit innerhalb der BK, sondern hatte weitere *internen Auseinandersetzungen* zur Folge – so etwa, als 1938 die Bruderräte der APU mehrheitlich dem von Friedrich Werner angeordneten Treueeid aller Pfarrer und Kirchenbeamten auf die Person Hitlers zustimmten. Zu heftigen Konflikten kam es auch im Zusammenhang der Sudetenkrise im Sommer 1938, die mit dem Münchener Abkommen und dem Anschluss des tschechischen Sudetenlandes an das Deutsche Reich vorläufig beigelegt wurde. Den Anlass dazu boten eine von der zweiten Vorläufigen Kirchenleitung herausgegebene Liturgie für einen »Bußgottesdienst anlässlich drohender Kriegsgefahr« und ein Brief Karl Barths an den Prager Theologieprofessor Josef Hromádka, in dem er militärischen Widerstand gegen einen deutschen Einmarsch als Einsatz für die Kirche Christi bezeichnete.

7.6.3 Die evangelische Kirche und die Juden

Fast unmittelbar nach dem Beginn der nationalsozialistischen Herrschaft begann die Entrechtung und Verfolgung der Juden, zu denen im Sinne der NS-Ideologie nicht nur die mehr als eine halbe Million »Glaubensjuden« – also Angehörige jüdischer Kultusgemeinden –, sondern auch rund einhundertachtzigtausend zumeist christlich getaufte »Rassejuden« gezählt wurden. Am Anfang standen Maßnahmen wie die Entlassung jüdischer Beamter nach dem Arierparagraphen des Berufsbeamtengesetzes im Frühjahr 1933 oder die Aberkennung des Wahlrechts und der Ausschluss von allen öffentlichen Ämtern auf Grund der Nürnberger Rassengesetze von 1935. Die Pogrome vom 9. November 1938 mit der Zerstörung zahlreicher Synagogen und der Einweisung von Juden in Konzentrationslager markierten den Übergang zur systematischen Verfolgung. Doch noch war nicht physische Vernichtung, sondern Vertreibung das Ziel der NS-Judenpolitik; noch 1940 entwickelten das Auswärtige Amt und das Reichssicherheitshauptamt der SS den Plan einer Aussiedlung aller europäischen Juden auf die Insel Madagaskar. Mit dem Krieg gegen die Sowjetunion, der als Rasse- und Weltanschauungskrieg geführt wurde, begann 1941 eine neue Phase. Zwar waren in Polen bereits seit 1939 Juden deportiert und ermordet worden, doch nun wurde konsequent und in großem Maßstab das zynisch so genannte Projekt einer »Endlösung der Judenfrage« betrieben. 1941/42 entstanden im Osten Auschwitz und die anderen großen »Vernichtungslager«, Anfang 1942 wurde auf der berüchtigten »Wannseekonferenz« der systematische, fabrikmäßige Mord der Shoa akribisch durchgeplant.

Mit den Auswirkungen der NS-Judenpolitik bekamen es die christlichen Kirchen unmittelbar nur insoweit zu tun, als diese die »*getauften Nichtarier*« betrafen. Diese hatten unter Diskriminierung zu leiden, waren aber, vor allem wenn sie mit »arischen« Partnern verheiratet oder nach der NS-Rassenideologie nur »Halb-« oder »Vierteljuden« waren, gewöhnlich nicht von Deportation oder Ermordung bedroht. Kritisch war die Lage »nichtarischer« Pfarrer und Kirchenbeamter, die durch die Übernahme des Arierparagraphen ins kirchliche Dienstrecht ihr Amt verloren. Der Streit um den Arierparagraphen hat die Bekenntniskräfte in den evangelischen Kirchen stark beschäftigt. Stellungnahmen zu den Maßnahmen gegen die »Glaubensjuden« waren deutlich seltener – sei es, weil man sich, auch unter dem Eindruck des tief verwurzelten christlichen Antijudaismus, für nicht zuständig hielt, sei es, weil man in der angespannten Situation des Kirchenkampfs eine Konfrontation mit dem NS-Staat scheute.

Gegen einen kirchlichen Arierparagraphen engagierte sich schon früh Dietrich Bonhoeffer. In seinem Vortrag »Die Kirche vor der Judenfrage« vom April 1933 wandte er sich gegen jede Diskriminierung getaufter Juden, forderte aber auch kirchliche Solidarität mit den »Glaubensjuden«; es könne notwendig werden, »nicht nur die Opfer unter dem Rad zu verbinden, sondern dem Rad selbst in die Speichen zu fallen«[132]. Im Sommer 1933 forderte der Bochumer Pfarrer Hans Ehrenberg, selbst ein getaufter Jude, mit seinen »72 Leitsätzen zur judenchristlichen Frage« die evangelischen Kirchen zum Widerstand gegen den Antisemitismus auf. Das *Betheler Bekenntnis* vom August 1933, das von einem Arbeitskreis um Bonhoeffer und den Erlanger Professor Hermann Sasse erarbeitet wurde, enthielt einen eigenen Abschnitt »Die Kirche und die Juden«, formuliert von dem Betheler Alttestamentler Wilhelm Vischer, der sich zur bleibenden Erwählung Israels, zur Gemeinschaft von Hei-

---

132 Hermle/Thierfelder, Herausgefordert, 155.

den- und Judenchristen sowie zur Pflicht zur – von den DC abgelehnten – Judenmission bekannte. Zu einer allgemeinen Rezeption des Betheler Bekenntnisses kam es nicht, auch nachdem der Text während des anschließenden Konsultationsprozesses verschiedentlich abgeschwächt wurde; der Abschnitt zum Judentum blieb dennoch ein wichtiges Signal.

Trotzdem kam es ab September 1933 in den »zerstörten« Landeskirchen mehrheitlich zur Einführung des Arierparagraphen. Einhundertfünfzehn Pfarrer und Kirchenbeamte verloren dadurch ihre Stellung, darunter Hans Ehrenberg, der nach England emigrierte. In der Evangelischen Landeskirche von Hessen-Kassel unterblieb die Einführung des Arierparagraphen, nachdem einige Synodale die Einholung von Gutachten verlangt hatten und die Abstimmung vertagt worden war. Die Gutachten wurden noch im September 1933 von den theologischen Fakultäten in Marburg und Erlangen angefertigt. Das *Marburger Gutachten*, zu dessen Autoren Rudolf Bultmann gehörte, erklärte den Arierparagraphen unter Berufung auf Galater 3,28 rundheraus für schrift- und bekenntniswidrig[133] Das *Erlanger Gutachten* von Paul Althaus und Werner Elert hielt es zwar für legitim, »Nichtarier« künftig nur in Ausnahmefällen zu kirchlichen Ämtern zuzulassen, sprach sich aber wenigstens gegen die generelle Entlassung bereits amtierender »nichtarischer« Pfarrer aus.[134] Zu einer Wiedervorlage in der nordhessischen Landessynode kam es nicht. Auch die eigentlich vorgesehene Annahme des Arierparagraphen durch die konstituierende Synode der Deutschen Evangelischen Kirche kam nicht zustande, nachdem kritische Stimmen aus dem Ausland lautgeworden waren und das um den Ruf des Reiches besorgte Außenministerium zu einer Intervention veranlasst hatten. Eine unmittelbare Reaktion auf den kirchlichen Arierparagraphen war die Gründung des Pfarrernotbunds.

In den folgenden Jahren gab es innerhalb des deutschen Protestantismus nur vereinzelte Initiativen zugunsten der Juden. 1935 warb die Berliner Studienrätin *Elisabeth Schmitz* mit einer Denkschrift »Zur Lage der deutschen Nichtarier« bei den Mitgliedern der BK für Unterstützung. Seit 1938 betrieb der Berliner Bekenntnispfarrer *Heinrich Grüber* (gest. 1975) mit Duldung der Behörden eine »Hilfsstelle für nichtarische

---

133 A. a. O., 160–163.
134 A. a. O., 164–167.

7.6 EVANGELISCHE KIRCHE UND NATIONALSOZIALISMUS III   429

Christen«, die diesen bei der Auswanderung behilflich war. Ende 1940 wurde Grüber verhaftet, das sogenannte »Büro Grüber« bald danach von der Gestapo geschlossen. Nach dem Krieg widmete sich Grüber mit der »Evangelischen Hilfsstelle für ehemals Rasseverfolgte« der Unterstützung von Überlebenden und Rückkehrern. Offizielle kirchliche Stellungnahmen gegen die Pogrome vom November 1938 gab es nicht. Nur wenige Geistliche protestierten öffentlich dagegen, so der evangelische Pfarrer *Helmut Gollwitzer* (gest. 1993), der nach dem Krieg Theologieprofessor und als Unterstützer der Studentenbewegung bekannt wurde, und der katholische Berliner Dompropst Bernhard Lichtenberg.

Seit 1939 drängten die DC auch auf die Ausgrenzung einfacher »nichtarischer« Gemeindeglieder aus den evangelischen Landeskirchen. Wirklich verfügte die Thüringer Landeskirche Ende 1941 den *Ausschluss der »getauften Nichtarier«* aus der Gottesdienstgemeinschaft, und die Kirchenkanzlei der DEK forderte auch die übrigen Kirchen auf, diesem Beispiel zu folgen. Dazu kam es angesichts heftiger Proteste, vor allem aus der württembergischen Kirche und von den Landesbruderräten, und der Kriegslage aber nicht mehr.

7.6.4 EVANGELISCHE KIRCHE UND WIDERSTAND

Kirchliche Opposition gegen die »Deutschen Christen« und die NS-Kirchenpolitik musste nicht zwangsläufig mit politischer Opposition zum NS-Staat einhergehen. Doch auch wo dies der Fall war, hielt sich die BK mit Kritik an Staat und Partei gewöhnlich zurück. Eine bemerkenswerte Ausnahme war die Denkschrift, die die zweite Vorläufige Kirchenleitung 1936 an Hitler richtete und in der die staatlichen Unrechtsmaßnahmen und die nationalsozialistische Weltanschauung deutlich kritisiert wurden; eine offizielle Reaktion darauf blieb aus, doch der Text wurde – gegen den Willen der Verfasser – durch die Auslandspresse bekannt.

Politischer Widerstand gegen das NS-Regime aus christlicher Überzeugung blieb die Sache Einzelner. Christlich motiviert war etwa das Engagement der Gruppe *»Weiße Rose«* um das Geschwisterpaar Hans und Sophie Scholl in München, deren Mitglieder nach Flugblattaktionen 1943 hingerichtet wurden. Auch im *»Kreisauer Kreis«*, einem heterogenen Zirkel von etwa zwanzig Personen, die seit 1940 programmatische Planungen für eine geistige und politische Erneuerung Deutschlands betrieben und mit Bischof Wurm in Stuttgart und dem katholischen Bischof von Berlin Konrad Graf Preysing in Verbindung standen, gab es einige kirchliche und kirchennahe Vertreter – so den im Außenministerium beschäftigten evangelischen Theologen Eugen Gerstenmaier, der nach dem Krieg für die CDU Bundestagspräsident wurde, den Provinzial der Oberdeutschen Provinz des Jesuitenordens Augustin Rösch und den Jesuitenpater Alfred Delp. Obwohl selbst nicht an Anschlagsplänen beteiligt, wurde der Kreis nach dem Attentat vom 20. Juli 1944 zerschlagen, mehrere Mitglieder, darunter Delp, wurden hingerichtet. Befremdlich bleibt das einsame Engagement des Ingenieurs Kurt Gerstein, der als Mitglied der BK mit Bedacht in die SS eintrat und in den Konzentrationslagern Belzec und Treblinka an Massentötungen beteiligt war, um darüber insgeheim Informationen ins Ausland weiterzugeben.

Der heute wohl prominenteste Vertreter eines christlich motivierten Widerstands ist *Dietrich Bonhoeffer* (1906–1945). Bonhoeffer hatte sich für eine akademische Laufbahn qualifiziert und während eines einjährigen Studienaufenthalts am Union Theological Seminary in New York die amerikanische Theologie und die Frömmigkeit der schwarzen Gemeinden kennengelernt. Als Jugendsekretär des »Weltbundes für Internationale Freundschaftsarbeit der Kirchen« (Kap. 6.10) arbeitete er in der Ökumene mit. Von 1933 bis 1935 kehrte er dem nationalsozialistischen Deutschland den Rücken, um als Auslandspfarrer die deutsche Gemeinde in London zu betreuen, nahm aber regen Anteil am Kampf der BK, zu deren dahlemitischem Flügel er sich hielt. 1935 übernahm er die Leitung des BK-Predigerseminars in Finkenwalde in Hinterpommern. Seit 1938 hatte er Kontakt zum militärischen Widerstand um Admiral Canaris, den Leiter des militärischen Auslandsgeheimdienstes, und den ehemaligen Generalstabschef der Wehrmacht Generaloberst Ludwig Beck. Seit 1940 arbeitete er selbst für den Wehrmachtsgeheimdienst, wodurch er den Nachstellungen der Gestapo zunächst entzogen war. Bonhoeffer war nicht am Attentat vom 20. Juli 1944 beteiligt, obwohl er den Tyrannenmord für gerechtfertigt hielt. Als »persönlicher Gefangener« Hitlers wurde er zunächst in Berlin, dann im KZ Buchenwald in Haft gehalten und 1945 einen Monat vor Kriegsende im KZ Flossenbürg hingerichtet. Nach dem Krieg hat Bonhoeffers Freund Eberhard Bethge seine Bücher – vor allem die in Finkenwalde entstandenen Arbeiten »Nachfolge« und »Gemeinsames Leben« und die Fragment gebliebene »Ethik« – bekannt gemacht. Die unter dem Titel »Widerstand und Ergebung« herausgegebenen Aufzeichnungen aus der Haft haben mit ihren Überlegungen zu einem »religionslosen Christentum«, das die Mündigkeit des Menschen ernst nimmt, die spätere »Gott-ist-tot-Theologie« (u. a. John A. T. Robinson, Dorothee Sölle) inspiriert.

7.6.5 Der Verbandprotestantismus im NS-Staat

Die NS-Kirchenpolitik wollte nicht nur die evangelischen Landeskirchen, sondern auch den unabhängig von diesen verfassten Verbandsprotestantismus »gleichschalten«. Im Fall der evangelischen *Jugendarbeit* gelang dies aufgrund einer eigenmächtigen Vereinbarung von Reichsbischof Müller mit dem Reichsjugendführer Baldur von Schirach im Dezember 1933, in deren Folge die »Evangelische Jugend Deutschlands« in die Hitlerjugend eingegliedert wurde. Im Fall der *Inneren Mission* ging das Kalkül des Reichsbischofs dagegen nicht auf. Im Herbst 1933 verfügte er die rechtliche Eingliederung des »Central-Ausschusses für die Innere Mission« in die Reichskirche und gliederte ihn neu in zwei von DC-Mitgliedern geleitete Abteilungen. Doch der amtierende Präsident des Ausschusses konnte seinen Rücktritt ein Jahr lang hinauszögern, und schließlich wurde der Kandidat der BK, der Bremer Diakonissenpfarrer Constantin Frick, zu seinem Nachfolger gewählt. Letztlich konnte sich die Innere Mission ihre Selbstständigkeit gegenüber der DEK bewahren.

Auch sonst blieb der *Verbandsprotestantismus* selbstständig. Mehrheitlich standen die evangelischen Verbände der Bekennenden Kirche nahe. Andere – darunter die Innere Mission, der Evangelische Bund und der Gustav-Adolf-Verein – einigten sich schließlich auf einen Mittelkurs zwischen den streitenden Parteien, um ein Auseinanderbrechen zu verhindern. In der evangelischen Frauenarbeit kam es dagegen zum Bruch zwischen der BK-nahen Mehrheit und der DC-nahen Minderheit.

Die *diakonische Arbeit* der Werke der Inneren Mission stand unter zunehmend schwereren Bedingungen. Die Abhängigkeit von Staatsleistungen ließ eine strikte »dahlemitische« Distanzierung von Staat, Parteidienststellen und zerstörten Kirchen nicht zu. Stattdessen galt es, durch einen pragmatischen und kompromissorientierten Kurs Freiräume für eine bestmögliche Fortführung der Arbeit zu erhalten. Dadurch kam es vielfach zu Verstrickungen in die Unrechtspolitik des Regimes. Auch mehrere Tausend Bewohner evangelischer Einrichtungen wurden

Opfer von Zwangssterilisierungen oder der zynisch so genannten »Euthanasie«-Aktionen zur Tötung Behinderter und psychisch Kranker, ohne dass die Anstaltsleitungen, denen im Weigerungsfall die Schließung der Einrichtungen angedroht wurde, einzuschreiten wagten. Während des Krieges, als zahlreiche Mitarbeiter zur Wehrmacht eingezogen waren, wurden zur Aufrechterhaltung des Betriebs auch in der Diakonie ausländische Zwangsarbeiter eingesetzt.

7.6.6 Die Kirchen im Zweiten Weltkrieg

Mit Beginn des Zweiten Weltkriegs kam es zu einer gewissen Lockerung der seit 1937 verstärkten staatlichen Zwangsmaßnahmen. Hitler persönlich untersagte ein weiteres Vorgehen gegen die Kirchen, da er während des Krieges Konflikte im Inneren vermeiden wollte. Dennoch herrschte kein durchweg verlässlicher »Burgfriede«.

Ein offenes Problem war nach wie vor die Leitung der Deutschen Evangelischen Kirche. Ein neuer Vorstoß von Reichskirchenminister Kerrl zu einer grundsätzlichen Neuordnung war 1938/39 gescheitert. Immerhin gelang es dem DEK-Leiter Friedrich Werner noch unmittelbar vor Kriegsbeginn, einen fünfköpfigen *»Geistlichen Vertrauensrat der DEK«* zu bilden, in dem Vertreter aller kirchlichen Richtungen – mit Ausnahme des bruderrätlichen Flügels der BK, der im Sinne der Dahlemer Beschlüsse solche Kooperationen grundsätzlich ablehnte – zusammenarbeiteten; die »intakten Kirchen« wurden darin von Landesbischof Marahrens vertreten. Der Geistliche Vertrauensrat zeigte sich loyal gegenüber dem Staat, setzte sich aber auch etwa für die Erhaltung des schulischen Religionsunterrichts ein.

In den Gemeinden machte sich bald das Fehlen der zum Kriegsdienst eingezogenen Pfarrer bemerkbar. Als Ausgleich wurden in den evangelischen Kirchen nun verstärkt *Frauen* im pastoralen Dienst eingesetzt. Erst seit Anfang des 20. Jahrhunderts durften Frauen überhaupt an deutschen Universitäten studieren, und erst 1919 konnte Eva Oehlke an der Universität Marburg als erste Frau ein theologisches Examen ablegen. Von 1926 bis 1932 hatten insgesamt elf Landeskirchen die Möglichkeit für die Anstellung von unverheirateten studierten Theologinnen als »Vikarinnen« oder »Pfarrhelferinnen« zum Einsatz in der Kinder- und Frauenarbeit geschaffen, doch das reguläre Pfarramt blieb ihnen verwehrt. 1934 habilitierte sich die Kirchenhistorikerin Hanna Jursch in

Jena als erste Frau für das universitäre Lehramt, nach dem Krieg erhielt sie als erste Frau einen theologischen Lehrstuhl. Die Personalnot im Krieg gab der Frage des Pfarramts von Frauen neue Dringlichkeit. Der Geistliche Vertrauensrat sprach sich für den »stellvertretenden Dienst« von Frauen aus, und auch die Bekennende Kirche praktizierte nun die Ordination von Frauen, ließ sie aber nur ausnahmsweise zur Leitung des Gemeindegottesdienstes zu. Auch nach dem Krieg wurden Frauen vorerst nur als »Vikarinnen« eingesetzt. Erst 1958 wurde in Lübeck Elisabeth Haseloff zur ersten evangelischen Pfarrerin ernannt. Bis Ende der 1960er Jahre ermöglichten fast alle Landeskirchen die Frauenordination; nur in Bayern dauerte es noch bis 1975, in der kleinen Landeskirche von Schaumburg-Lippe sogar bis 1991. Lange Zeit konnten nur unverheiratete Frauen ein Pfarramt versehen. Die volle dienstrechtliche Gleichstellung der Pfarrerinnen mit ihren männlichen Kollegen erfolgte erst in den 1970er Jahren.

Einen letzten Versuch, in der DEK ein echtes Kirchenregiment wiederherzustellen, unternahm der württembergische Landesbischof *Theophil Wurm* mit dem Ende 1941 von ihm ins Leben gerufenen »*Kirchlichen Einigungswerk*«. Dabei suchte er die Zusammenarbeit aller kirchlichen Kräfte mit Ausnahme der DC. Der zu Ostern 1943 veröffentlichte Aufruf »13 Sätze über Auftrag und Dienst der Kirche« wurde von sechsundachtzig Repräsentanten der BK und des Lutherrates, kirchlicher Werke und sogenannten Neutralen unterzeichnet. Zu praktischen Schritten wie der geplanten Bildung von Vertrauensausschüssen kam es zunächst nicht mehr, doch nach dem Krieg führte Wurms Initiative zur Gründung der Evangelischen Kirche in Deutschland (EKD; Kap. 7.8.2).

Wie die Zukunft der Kirchen in Deutschland nach dem von Hitler erhofften »Endsieg« ausgesehen hätte, lässt sich am Beispiel des *Warthegaus* (offiziell: »Reichsgau Wartheland«) im besetzten Polen erahnen, wo August Jäger, der ehemalige »Rechtswalter« von Reichsbischof Müller, als stellvertretender Reichsstatthalter die Kirchenpolitik verantwortete. Die Kirchen waren hier auf den Status von privatrechtlichen Vereinen ohne hauptamtliches Personal, ohne Geld- oder Immobilienvermögen, ohne die Möglichkeit diakonischer Arbeit oder überregionaler Kooperationen reduziert.

7.7 Die katholische Kirche und der Nationalsozialismus

7.7.1 Die katholische Kirche und das Reichskonkordat

Die katholische Kirche in Deutschland hat gegenüber dem NS-Staat und seiner Kirchenpolitik insgesamt eine höhere Resilienz gezeigt als die evangelische Kirche. Als Teil einer von Rom aus regierten Weltkirche und als streng hierarchisch verfasste Institution, in der Laien kaum Mitwirkungsmöglichkeiten besaßen, war sie weniger verwundbar, und sie konnte sich auf die im Ganzen noch recht stabilen, vom Verbandskatholizismus bestimmten katholischen Milieus stützen. Die katholischen Bischöfe standen dem Nationalsozialismus im Allgemeinen distanziert gegenüber. Doch die Avancen, die Hitler in seiner Regierungserklärung vom 23. März 1933 den Kirchen machte (Kap. 7.4.1), und seine Erklärung, freundschaftliche Beziehungen zum Heiligen Stuhl anzustreben, verfehlten auch bei den führenden Männern des deutschen Katholizismus ihre Wirkung nicht. Nur eine Woche später wurden mit einer förmlichen »Kundgebung der deutschen Bischöfe« alle bisherigen Warnungen und Unvereinbarkeitsbeschlüsse gegenüber dem Nationalsozialismus aufgehoben. Noch in der Reichstagssitzung vom 23. März hatte auch die katholische Zentrumspartei dem Ermächtigungsgesetz zugestimmt.

Nachdem die früheren Verhandlungen zwischen dem Heiligen Stuhl und dem Deutschen Reich über ein Reichskonkordat ergebnislos geblieben waren (Kap. 7.2.3), betrieb Hitler seit dem April 1933 forciert deren Wiederaufnahme. Damit verband sich die Absicht, mit rechtlichen Zugeständnissen die politische Neutralisierung des Katholizismus und seine Verdrängung aus dem politischen und öffentlichen Leben zu erkaufen; die Zentrumspartei sollte ausgeschaltet, der Verbandskatholizismus gleichgeschaltet werden. Die Konkordatsverhandlungen wurden für die Reichsregierung vom ehemaligen Reichskanzler und jetzigen Vizekanzler Franz von Papen, einem ehemaligen Zentrumspolitiker, geführt, für den Heiligen Stuhl vom Kardinalstaatssekretär (päpstlichen Regierungschef) Eugenio Pacelli; ferner wirkten der Freiburger Erzbischof Conrad Gröber und Prälat Ludwig Kaas, der Vorsitzende der Zentrumspartei, mit. Nach gerade einmal vier Monaten wurde das Konkordat am 20. Juli 1933 in Rom unterzeichnet.

Die Konkordatsbestimmungen garantierten der katholischen Kirche ihr Eigentum und ihre Rechte, den Bestand der katholisch-theologischen Fakultäten und der Militär- und Krankenhausseelsorge sowie den Bestand und die Möglichkeit der Neugründung von Bekenntnisschulen. Ausdrücklich wurden nun auch die katholischen Organisationen unter den Schutz des Staates gestellt, sie hatten sich aber auf rein religiöse und karitative Aufgaben zu beschränken. Der sogenannte Entpolitisierungsartikel (Artikel 32) verbot Geistlichen und Ordensleuten die Mitgliedschaft und Betätigung in politischen Parteien. Damit hatte Rom den politischen Katholizismus fallengelassen. Die Zentrumspartei und die katholischen Gewerkschaften lösten sich auf.

Schon ab dem Herbst 1933 kam es immer häufiger zu Verletzungen der Konkordatsgarantien durch den NS-Staat. Die Hoffnungen, die die deutschen Bischöfe auf die Vereinbarung gesetzt hatten, erwiesen sich als trügerisch. Seit 1936 arbeitete die Katholische Abteilung des Reichskirchenministeriums sogar auf eine förmliche Kündigung des Konkordats hin, wozu es aber – nicht zuletzt infolge des Kriegsausbruchs – nicht kam. Nach 1945 wurde höchstrichterlich seine Fortgeltung festgestellt. Bis heute ist es die Grundlage für die Rechtsbeziehungen zwischen der Bundesrepublik Deutschland und ihren Ländern und der katholischen Kirche.

7.7.2 Der deutsche Katholizismus bis 1939

Ungeachtet der Garantien des Reichskonkordats begannen Staat und Partei bald damit, die zahlreichen Organisationen des Verbandskatholizismus unter Druck zu setzen. Mitglieder der NSDAP durften nicht gleichzeitig katholischen Verbänden angehören, Mitglieder solcher Verbände konnten wegen politischer Unzuverlässigkeit nach dem Berufsbeamtengesetz aus dem Staatsdienst entlassen werden. Die katholischen Jugendorganisationen wurden aufgelöst oder in die Hitlerjugend überführt, die katholische Presse der Aufsicht des Reichspropagandaministeriums unterstellt. Seit 1935 wurde der katholische Religionsunterricht in den staatlichen Schulen zunehmend überwacht und eingeschränkt, katholische Geistliche durften in Volksschulen nicht mehr als Religionslehrer eingesetzt werden. 1939 wurden alle kirchlichen

Bekenntnisschulen zugunsten konfessionsneutraler »Gemeinschaftsschulen« abgeschafft. Alle diese Maßnahmen waren massive *Verstöße gegen das Konkordat,* doch Proteste der deutschen Bischöfe blieben wirkungslos.

Ebenfalls seit 1935 ging der NS-Staat mit manipulierten *Gerichtsverfahren* gegen katholische Priester und Ordensleute vor. Anklagepunkte waren regelmäßig sogenannte Devisenvergehen – bereits einfache Finanztransaktionen von Spendengeldern an ausländische kirchliche Werke oder Klöster wurden als Straftaten verfolgt – oder angebliche Sittlichkeitsdelikte, insbesondere praktizierte Homosexualität, die bei Männern ein Straftatbestand war. Begleitet wurden die Prozesse von einer reißerischen Berichterstattung der NS-Propaganda, die das Vertrauen der Menschen in katholische Geistliche zerstören wollte. Erst im Krieg entspannte sich die Situation etwas.

Trotz der staatlichen Repressionen standen die deutschen Katholiken mehrheitlich treu zu ihrer Kirche; Kirchenaustritte gab es hier – anders als bei den Protestanten – kaum. Die Bischöfe standen dem nationalsozialistischen Regime seit dem Herbst 1933 im Allgemeinen kritisch gegenüber. Der Freiburger Erzbischof Conrad Gröber, der die Nähe zum NS-Staat suchte und sogar Fördermitglied der SS wurde, war eine Ausnahme; später wandte auch er sich als Kritiker der »Euthanasie«-Aktion T4 gegen das Regime. Die *Fuldaer Bischofskonferenz* unter Vorsitz des Erzbischofs von Breslau Adolf Kardinal Bertram (gest. 1945) vermied, nicht zuletzt in Erinnerung an den Kulturkampf des Kaiserreichs, gleichwohl eine grundsätzliche Konfrontation mit der nationalsozialistischen Obrigkeit und setzte stattdessen auf eine »Eingabepolitik« – punktuelle Proteste der Bischofskonferenz oder des päpstlichen Nuntius in konkreten Einzelfällen. Die Befürworter eines scharfen öffentlichen Oppositionskurses konnten sich nicht durchsetzen. Zu ihnen gehörten der Berliner Bischof Konrad Graf von Preysing und der Bischof von Münster Clemens August Graf von Galen, der 1933 als erster deutscher Bischof nach der Regierungsübernahme der Nationalsozialisten ins Amt gekommen war und sich gleich als Regimekritiker zu erkennen gegeben hatte. Bekannt wurde Galen, der »Löwe von Münster«, 1941 durch seine Predigten gegen das »Euthanasie«-Programm; mit Rücksicht auf die Kriegslage blieb er unbehelligt.

7.7.3 Die Päpste und der Nationalsozialismus

Während der Zeit des Nationalsozialismus saßen zwei Päpste auf dem Stuhl Petri: Pius XI. und Pius XII. *Pius XI.*, mit bürgerlichem Namen Achille Ratti, war von 1922 bis zu seinem Tod zu Beginn des Jahres 1939 Papst. Unter den zahlreichen Konkordaten und Staatsverträgen, die unter seinem Pontifikat geschlossen wurden (Kap. 7.2.3), waren die Lateranverträge mit dem Königreich Italien (1929) und das Konkordat mit dem Deutschen Reich (1933) die bedeutendsten. Die politische Lage war schwierig und durch das Aufkommen totalitärer Regime in verschiedenen Staaten bestimmt: des Bolschewismus in der Sowjetunion, des Faschismus in Italien, des Nationalsozialismus in Deutschland und des Franquismus in Spanien. Die größte Gefahr schien Pius XI. vom sowjetischen Bolschewismus auszugehen; die blutigen Verfolgungen der orthodoxen Kirche und ihrer Geistlichen unter Lenin und Stalin alarmierten ihn. Gegenüber dem Nationalsozialismus hat er erst spät, dann aber unmissverständlich Kritik geübt. Zwar hatte schon im Frühjahr 1933, als es in Deutschland zum Boykott jüdischer Geschäfte kam, die zum Katholizismus konvertierte jüdische Philosophin *Edith Stein* (gest. 1942) den Papst zum Einschreiten aufgerufen.[135] Doch angesichts der scheinbaren Verständigungsbereitschaft Hitlers und der Konkordatsverhandlungen war es damals dazu nicht gekommen. Erst 1937 äußerte sich Pius XI. in der Enzyklika *»Mit brennender Sorge«* öffentlich gegen den Nationalsozialismus. Angesichts der offensichtlichen Verletzungen des Reichskonkordats und der staatlichen Zwangsmaßnahmen gegen die katholische Kirche hatten vier deutsche Bischöfe, darunter Preysing und Galen, ein Wort des Papstes erbeten. Die Enzyklika war außergewöhnlicher Weise auf Deutsch verfasst. Sie wurde in Deutschland unter großer Geheimhaltung gedruckt und im Palmsonntagsgottesdienst in allen katholischen Gemeinden verlesen. Der Papst kritisierte darin scharf Verstöße des NS-Staats gegen die Konkordatsgarantien sowie germanisches Neuheidentum und Rassenlehre. Die staatliche Reaktion war hart. Die Betreiber der Druckereien, die die Enzyklika vervielfältigt hatten, wurden verhaftet, Klöster und katholische Schulen

---

135 Edith Stein trat im Herbst 1933 in den Karmelitinnen-Orden ein und übersiedelte 1938 in die Niederlande. 1942 wurde sie von dort nach Auschwitz deportiert und ermordet.

geschlossen, die Sittlichkeitsprozesse gegen Priester ausgeweitet. Trotzdem plante Pius XI. noch eine weitere Enzyklika zur NS-Rassenideologie, die den Titel »Humani Generis Unitas« (»Die Einheit des Menschengeschlechts«) tragen sollte. Doch der Papst war bereits verstorben, als der Text fertig gestellt war. Sein Nachfolger verzichtete auf die Publikation, um nicht weitere Repressalien gegen die deutschen Katholiken zu provozieren, verwendete aber einzelne Abschnitte des Entwurfs in seiner Antrittsenzyklika.

Der neue Papst *Pius XII.*, eigentlich Eugenio Pacelli, amtierte von 1939 bis 1958. Von 1917 bis 1930 war er päpstlicher Nuntius (Gesandter) in Deutschland, danach als Kardinalstaatssekretär der engste Mitarbeiter von Pius XI. gewesen. Als Papst vermied Pius XII. eine öffentliche Verurteilung des NS-Regimes und seiner Unrechtstaten, auch nachdem er Kenntnis von den massenhaften Judendeportationen erhalten hatte. Von einer offenen Konfrontation versprach er sich keinen Nutzen. Im Gegenteil bestand die Gefahr von Racheaktionen – so wie in den Niederlanden, wo 1942 als Reaktion auf einen kritischen Hirtenbrief des Erzbischofs von Utrecht alle getauften Juden, darunter Edith Stein, deportiert und ermordet wurden. Dass Pius XII. keineswegs gleichgültig gegenüber dem Schicksal der Juden war, bewies er 1943 bei der sogenannten »Judenrazzia« in Rom, als alle jüdischen Einwohner deportiert werden sollten. Durch die vom Papst angeordneten Hilfsaktionen konnten etliche Hunderttausende jüdischer Menschen vor dem Tod bewahrt werden. Gleichwohl bleibt die Frage, ob eine klare öffentliche Stellungnahme nicht vielleicht doch mehr hätte bewirken können oder ob sie nicht sogar, ungeachtet möglicher Gefahren, ethisch unbedingt geboten gewesen wäre. Die Debatte darüber wurde erst nach Pius' Tod durch das 1963 uraufgeführte Theaterstück »Der Stellvertreter« des deutschen Dramatikers Rolf Hochhuth ausgelöst und dauert bis heute an.

7.8 Die Neuordnung der evangelischen Kirchen in Deutschland nach 1945

7.8.1 Die Landeskirchen

Der totale Zusammenbruch des Deutschen Reiches, die Kriegszerstörungen und akuten Versorgungsprobleme, die Not der vielen Millionen Heimatvertriebenen und die Herausforderungen des Wiederaufbaus stellten auch die Kirchen vor große Herausforderungen. Dabei genossen sie eine privilegierte Position; von den Besatzungsmächten wurden sie als Partner beim Neuaufbau eines demokratischen Deutschlands angesehen.

Zusätzlich zu allen anderen drängenden Aufgaben hatten die evangelischen Kirchen auch ihre eigenen inneren Verhältnisse zu klären. In den drei »*intakten*« Landeskirchen stand der Neuanfang nach 1945 im Zeichen der Kontinuität. In Württemberg und Bayern blieben die Bischöfe Wurm und Meiser im Amt. Nur in der hannoverschen Kirche musste August Marahrens, der als Vorsitzender der Kirchenführerkonferenz nach verbreitetem Empfinden dem NS-Regime zu nahe gestanden hatte, auf Drängen von Wurm und Meiser und der britischen Besatzungsmacht zurücktreten; sein Nachfolger wurde Hanns Lilje (Kap. 7.4.3).

Komplizierter lagen die Dinge in den »*zerstörten*« *Kirchen*. Hier mussten neue Kirchenleitungen gebildet und neue Kirchenverfassungen geschaffen werden. Das betraf vor allem die Kirche der Altpreußischen Union (APU). Parallel zur – 1947 förmlich verfügten – Auflösung des Staates Preußen konstituierten sich die ehemaligen Kirchenprovinzen der APU als selbstständige Landeskirchen; erster Bischof der Evangelischen Kirche in Berlin-Brandenburg wurde Otto Dibelius. 1953 schlossen sich die sieben Nachfolgekirchen der APU (Anhalt, Berlin-Brandenburg, Pommern, Kirchenprovinz Sachsen, Schlesische Oberlausitz, Rheinland, Westfalen) zur »Evangelischen Kirche der Union« (EKU) zusammen. Die 1933 erfolgte Zwangsvereinigung der Landeskirchen von Hessen-Darmstadt, Nassau und Frankfurt am Main wurde zunächst wieder rückgängig gemacht, doch 1947 traten die drei Kirchen erneut zur »Evangelischen Kirche in Hessen und Nassau« (EKHN) zusammen. Auch der 1934 vorgenommene Anschluss der Kirche von Waldeck an die Kurhessische Kirche bestand in der »Evangelischen Kirche von Kurhessen-Waldeck« fort. Die Hoffnung der bruderrätlichen Kreise

Die Gliedkirchen der Evangelischen Kirche in Deutschland (2012).

7.8 Die Neuordnung der evangelischen Kirchen nach 1945 441

der BK, beim Neuaufbau nach 1945 ihre kirchenpolitischen und personellen Vorstellungen durchsetzen zu können, erfüllte sich nur teilweise. Besonders weitgehend gelang dies in der EKHN, deren erster Kirchenpräsident Martin Niemöller wurde, und in der Evangelischen Kirche im Rheinland. Gegen nationalsozialistisch belastete Pfarrer und Mitarbeiter führten die Kirchen in eigener Verantwortung Disziplinarverfahren durch und verhängten disziplinarische Maßnahmen, die aber nur in wenigen Fällen zur dauerhaften Entlassung aus dem Dienst führten. Gegenüber den von den Besatzungsmächten sonst durchgeführten Spruchkammerverfahren zur »Entnazifizierung« verhielten sie sich reserviert.

7.8.2 Die Kirchenkonferenz von Treysa

Die dringend erforderliche Neuorganisation der Deutschen Evangelischen Kirche kam fast noch schneller voran als die der Landeskirchen. Das war nicht selbstverständlich, denn die Lagerbildung der Kirchenkampfzeit wirkte fort und äußerte sich in sehr unterschiedlichen Vorstellungen über die richtige Gestalt von Kirche. Treibende Kraft war der in Deutschland wie in der Ökumene gleichermaßen angesehene württembergische Landesbischof *Theophil Wurm*. Wurm hatte Ende 1941 das Kirchliche Einigungswerk ins Leben gerufen und sah nun die Möglichkeit, die begonnene Arbeit zum Erfolg zu führen. Was ihm vorschwebte, war die Wiederherstellung der rechtlich selbstständigen, bekenntnisgebundenen Landeskirchen und ihr Zusammenschluss zu einem Kirchenbund. Kurzerhand ergriff er selbst die Initiative und lud für Ende August 1945 die amtierenden Kirchenleitungen aller evangelischen Landeskirchen zu einer »Kirchenführerkonferenz« ins hessische Treysa (gesprochen: »Treisa«; heute Teil von Schwalmstadt) ein.

Der aus dem Konzentrationslager befreite Martin Niemöller und der *Reichsbruderrat* waren über Wurms Vorstoß verärgert. Anstelle der geplanten Konferenz der Kirchenleitungen strebten sie eine neue Bekenntnissynode und einen »von unten«, von den Gemeinden und Synoden ausgehenden Neuaufbau der evangelischen Kirche auf der Grundlage der Barmer Erklärung an. Tatsächlich wäre ein solches Vorgehen kaum allgemein akzeptiert worden, und es gelang Wurm, Niemöller zu überzeugen, davon abzurücken. Im Gegenzug lud er auch die Bruderräte der Landeskirchen zur gleichberechtigten Teilnahme an der nun als »Kirchenkonferenz« bezeichneten Versammlung in Treysa ein.

Ein noch einmal anderes Konzept vertraten Hans Meiser und der *Lutherrat*. Sie erstrebten die Bildung einer einheitlichen »Vereinigten Evangelisch-Lutherischen Kirche Deutschlands« auf der Grundlage des lutherischen Bekenntnisses, der sich, so ihr Kalkül, auch die lutherischen Gemeinden aus den unierten Kirchen anschließen würden. Neben dieser lutherischen Mehrheitskirche sollte es eine unierte und eine reformierte Kirche geben. Die Gründung der neuen lutherischen Kirche sollte in einer Sitzung des Lutherrates am Vortag der Kirchenkonferenz von Treysa erfolgen. Auch dies wusste Wurm zu verhindern.

Die *Kirchenkonferenz von Treysa* fand schließlich wie geplant vom 27. bis zum 31. August 1945 statt. Treysa war zentral gelegen, hatte einen Bahnanschluss und in den dortigen diakonischen Anstalten Hephata einen unzerstörten Versammlungssaal. Ganz im Sinne Wurms vereinbarte man die Errichtung einer »*Evangelischen Kirche in Deutschland*« (EKD) als Bund der siebenundzwanzig evangelischen Landeskirchen und verabschiedete eine »Vorläufige Ordnung der EKD«, die auch ein Bekenntnis zur Barmer Erklärung enthielt. Mit dem Auftrag zur Ausarbeitung einer endgültigen Ordnung wurde der neu gebildete zwölfköpfige »Rat der EKD« beauftragt, dessen Vorsitz Wurm übernahm; Niemöller wurde sein Stellvertreter. Die neu gegründete Kirchenkanzlei der EKD wurde von Hans Asmussen geleitet, ihr vorläufiger Sitz war in Schwäbisch Gmünd. Der ehemalige Reichsbruderrat blieb bestehen. Er nannte sich nun »Bruderrat der EKD«, sein Vorsitz lag ebenfalls bei Asmussen. Der Bruderrat vertrat den Standpunkt, dass das in Dahlem ausgerufene kirchliche Notrecht weiterhin gelte, übertrug aber provisorisch seine kirchenregimentlichen Befugnisse auf den Rat der EKD.

Von unmittelbarer praktischer Bedeutung war die ebenfalls in Treysa erfolgte Gründung des »*Evangelischen Hilfswerks*«. Angesichts der Verstrickungen der Inneren Mission in das NS-Unrecht war gerade auch den bruderrätlichen Kreisen daran gelegen, eine neue Hilfsorganisation in unmittelbarer kirchlicher Trägerschaft zu schaffen. Erster Vorsitzender wurde Eugen Gerstenmaier (Kap. 7.6.4). Das Evangelische Hilfswerk organisierte Sammlungen in Deutschland und verteilte Hilfssendungen aus dem Ausland, um Notleidende und Heimatvertriebene – nach dem Krieg mussten in Deutschland rund vierzehn Millionen Geflüchtete und Vertriebene untergebracht werden – zu unterstützen. Das angeschlossene »Evangelische Siedlungswerk« baute Wohnungen und Behelfskirchen. 1957 schlossen sich das Evangelische Hilfswerk und die Innere Mission zusammen, 1975 ging die neue »Innere Mission und Hilfswerk« im »Diakonischen Werk« der EKD auf.

7.8.3 »STUTTGARTER SCHULDBEKENNTNIS« UND »DARMSTÄDTER WORT«

Im Oktober 1945 reiste eine offizielle Delegation des im Aufbau begriffenen Ökumenischen Rates der Kirchen (Kap. 7.12.3) unter Leitung seines Generalsekretärs, des Niederländers Willem Adolf Visser 't Hooft, zu Konsultationen mit dem neu gebildeten Rat der EKD nach Stuttgart. Dabei gaben die Vertreter der Ökumene zu verstehen, dass sie als Grundlage für eine vertrauensvolle Zusammenarbeit eine förmliche Erklärung der deutschen Kirchenvertreter zum nationalsozialistischen Unrecht erwarteten. Daraufhin erarbeitete im Auftrag des Rates der EKD Otto Dibelius unter Mitwirkung von Hans Asmussen und Martin Niemöller eine Schulderklärung, die von allen Ratsmitgliedern unterzeichnet und der Delegation des ÖRK übergeben wurde. Ohne konkrete Einzelheiten zu benennen und in vorsichtigen Wendungen gestand der Rat der EKD damit eine Mitschuld ein, zeichnete aber zugleich das unzutreffende Bild einer grundsätzlich widerständigen Haltung der evangelischen Kirchen gegenüber dem Nationalsozialismus:

> »Durch uns ist unendliches Leid über viele Völker und Länder gebracht worden. [...] Wohl haben wir lange Jahre hindurch im Namen Jesu Christi gegen den Geist gekämpft, der im nationalsozialistischen Gewaltregiment seinen furchtbaren Ausdruck gefunden hat; aber wir klagen uns an, daß wir nicht mutiger bekannt, nicht treuer gebetet, nicht fröhlicher geglaubt und nicht brennender geliebt haben. Nun soll in unseren Kirchen ein neuer Anfang gemacht werden.«[136]

In der Öffentlichkeit wurde das *»Stuttgarter Schuldbekenntnis«* durch Berichte deutscher Zeitungen bekannt. Trotz seiner zurückhaltenden Formulierungen wurde es in Deutschland als vermeintliche Anerkennung einer Kollektivschuld aller Deutschen vielfach mit Empörung aufgenommen. Erst Ende November verschickte der Rat der EKD das Schuldbekenntnis an die Landeskirchen, von denen es sich lediglich vier förmlich zu eigen machten.

---

136 Zitiert nach Greschat/Krumwiede, Das Zeitalter der Weltkriege (KThGQ 5), 187.

Hatte schon das moderate Stuttgarter Schuldbekenntnis Skandal gemacht, so galt dies umso mehr für das deutlich weiter gehende und politisch einseitig positionierte *Darmstädter Wort* des Bruderrates der EKD von 1947. Erarbeitet von dem lutherischen Göttinger Theologieprofessor Hans Joachim Iwand und dem Reformierten Karl Barth, wurde es ohne vorherige Abstimmung mit dem Rat der EKD gedruckt und an alle evangelischen Gemeinden und Kirchenbehörden verschickt. Die Geschichte des deutschen Protestantismus wurde hier kurzerhand als Irrweg charakterisiert. Ursachen der »deutschen Katastrophe« seien Nationalismus, Antikommunismus und »das Bündnis der Kirche mit den das Alte und Herkömmliche konservierenden Mächten« gewesen; man hätte stattdessen vom Marxismus lernen müssen, »die Sache der Armen und Entrechteten [...] zur Sache der Christenheit zu machen«.[137] Nicht nur in der Öffentlichkeit, auch im Rat der EKD und selbst bei Mitgliedern des Bruderrates stieß die Erklärung auf Widerstand; vor allem Persönlichkeiten, die sich mit dem Marxismus in der sowjetischen Besatzungszone konfrontiert sahen, meldeten Kritik an. Neue Aktualität gewann das Darmstädter Wort zwei Jahrzehnte später, als es in Westdeutschland im Zuge der 1968er Studentenbewegung (Kap. 7.9.2) von den Evangelischen Studentengemeinden und in Ostdeutschland im Zusammenhang der programmatischen Standortbestimmung der »Kirche im Sozialismus« (Kap. 7.10.3) wiederentdeckt wurde.

So wie die Bekennende Kirche zum Massenmord an den europäischen Juden mehrheitlich geschwiegen hatte, so enthielten auch die Schulderklärungen von 1945 und 1947 keine kirchliche Stellungnahme zur Shoa. Erst 1950 holte die EKD-Synode dies mit ihrem »Wort zur Schuld an Israel« nach. Vielerorts bildeten sich »Gesellschaften für christlich-jüdische Zusammenarbeit«. Die Ergebnisse der theologischen Reflektion des Verhältnisses der Kirchen zum Judentum flossen in die EKD-Studie »Christen und Juden« von 1975 und in den Synodalbeschluss der Evangelischen Kirche im Rheinland von 1980 ein, der die bleibende Erwählung Israels feststellte. Praktische Friedensarbeit leistet die 1958 von dem ostdeutschen EKD-Ratsmitglied Lothar Kreyssig gegründete »Aktion Sühnezeichen«, die Einsätze junger Deutscher in Israel und den ehemaligen Feindländern organisiert.

---

137 Ebd., 195 f.

7.8.4 Die Kirchenkonferenz von Eisenach und die EKD

Ungeachtet der Beschlüsse von Treysa zur Bildung der EKD als Kirchenbund hielten Bischof Meiser und der Lutherrat am Plan einer Vereinigten Evangelisch-Lutherischen Kirche Deutschlands (VELKD) fest und arbeiteten einen Verfassungsentwurf dafür aus. Wurm und Niemöller trieben demgegenüber das Projekt der EKD weiter voran und beteiligten nun auch die Kirchenleitungen förmlich an der Verfassungsarbeit. Nach längeren Verhandlungen gelang es, beide Vorhaben miteinander zu vereinbaren. In der Verfassung der EKD wurde die ursprünglich vorgesehene grundlegende Rolle der Barmer Erklärung relativiert und auf die aus lutherischer Sicht noch bestehenden Hindernisse bei der Abendmahlsgemeinschaft der bekenntnisverschiedenen Kirchen verwiesen, im Gegenzug wurde die VELKD zu einem kirchlichen Zusammenschluss innerhalb – nicht neben – der EKD.

Die förmliche Gründung der *Evangelischen Kirche in Deutschland* erfolgte auf der *Kirchenkonferenz von Eisenach* vom 9.–13. Juli 1948. Obwohl der politische Weg in den Kalten Krieg und die deutsche Zweistaatlichkeit bereits absehbar war, hielt man bewusst am Tagungsort Eisenach und an der gesamtdeutschen Organisation der evangelischen Kirche fest. Die hier angenommene »Grundordnung der EKD« fixierte deren Selbstverständnis als Kirchenbund von selbstständigen, bekenntnisgebundenen Landeskirchen. Organe der EKD waren (und sind) der Rat, dessen Vorsitz 1949 von Wurm auf Otto Dibelius überging, die Synode und die Kirchenkonferenz. Die Kirchenkanzlei wurde 1949 nach Hannover verlegt und später in »Kirchenamt der EKD« umbenannt.

Mit der offiziellen Gründung der EKD erklärte der *Bruderrat der EKD* das kirchliche Notrecht für beendet und verzichtete endgültig zugunsten des Rates der EKD auf seinen Leitungsanspruch. Dennoch bestand der Bruderrat als Sprachrohr des ehemaligen linken Flügels der Bekennenden Kirche weiter fort. Unter dem Vorsitz Martin Niemöllers, der die Geschäftsstelle des Bruderrates in Darmstadt einrichtete, trat er immer wieder mit linksorientierten politischen Stellungnahmen hervor, so etwa zur Wiederbewaffnung der Bundesrepublik Deutschland (Kap. 7.9.1). Nachdem mehrere lutherische Landeskirchen ihre Zuschüsse sperrten, musste die Geschäftsstelle schließen. Ohne förmlich aufgelöst worden zu sein, verschwand der Bruderrat aus der Öffentlichkeit.

Eine langfristige Herausforderung für das Miteinander in der EKD war die Konfessionsverschiedenheit der Gliedkirchen. Ursprünglich gehörten ihr dreizehn lutherische, zwölf unierte und zwei reformierte Kirchen an. Die unterschiedlichen Bekenntnisse hatten zur Folge, dass anfangs noch nicht zwischen allen Gliedkirchen förmlich Abendmahlsgemeinschaft bestand. Ein von der EKD eingesetzter theologischer Ausschuss legte 1957 in Gestalt der »*Arnoldshainer Abendmahlsthesen*« ein Konsenspapier vor, das auf biblischer Grundlage die durch Wort und Glaube vermittelte persönliche Begegnung mit Christus im Abendmahl herausstellte, aber auf Grund von Widerständen aus den lutherischen Kirchen nicht offiziell ratifiziert wurde. Doch die Ergebnisse gingen in die innerprotestantischen Lehrgespräche ein, die im Auftrag der Kommission für Glauben und Kirchenverfassung des Ökumenischen Rates der Kirchen (Kap. 7.12.2) seit Mitte der 1950er Jahre im europäischen Rahmen geführt wurden. 1973 konnte in Leuenberg bei Basel die »Konkordie reformatorischer Kirchen in Europa« geschlossen werden, mit der die protestantischen Kirchen bei Anerkennung der fortbestehenden Lehrunterschiede die volle wechselseitige Kanzel- und Abendmahlsgemeinschaft erklärten:

> »Kirchengemeinschaft im Sinne dieser Konkordie bedeutet, dass Kirchen verschiedenen Bekenntnisstandes aufgrund der gewonnenen Übereinstimmung im Verständnis des Evangeliums einander Gemeinschaft an Wort und Sakrament gewähren und eine möglichst große Gemeinsamkeit im Zeugnis und Dienst an der Welt erstreben.«[138]

Die »*Leuenberger Konkordie*« wurde schließlich von einhundertfünf protestantischen Kirchen aus ganz Europa unterzeichnet, die die »Leuenberger Kirchengemeinschaft« – seit 2003 »Gemeinschaft Evangelischer Kirchen in Europa« (GEKE) – bilden. Bis 1982 traten auch alle Gliedkirchen der EKD der Konkordie bei. 1983 konnte die EKD-Synode in Worms daraufhin mit einer Änderung der Grundordnung auch für die EKD die volle Abendmahlsgemeinschaft feststellen.

Auch strukturell bildete sich die Konfessionsverschiedenheit der Gliedkirchen in der EKD ab. Bereits am Vortag der Kirchenkonferenz von Eisenach 1948 war am selben Ort die »*Vereinigte Evangelisch-Lutherische Kirche Deutschlands*« (VELKD) gegründet worden. Ihr schlossen

---

138 Zitiert nach Greschat/Krumwiede, Das Zeitalter der Weltkriege (KThGQ 5), 293.

7.8 Die Neuordnung der evangelischen Kirchen nach 1945

sich zehn der dreizehn lutherischen Kirchen an; heute sind es sieben der verbliebenen neun lutherischen Kirchen (Württemberg und Oldenburg haben Gaststatus). Anders als die EKD verstand sich die VELKD, die ebenfalls aus rechtlich selbstständigen, aber im gemeinsamen lutherischen Bekenntnis verbundenen Landeskirchen bestand, selbst als Kirche – mit eigener Kirchenleitung, der Bischofskonferenz unter Vorsitz eines »Leitenden Bischofs« und einer eigenen Generalsynode. Mit der *»Evangelischen Kirche der Union«* (EKU), dem Verbund der sieben aus der APU hervorgegangenen Kirchen, trat 1953 ein Zusammenschluss von unierten Kirchen neben die VELKD. 1967 schlossen sich sämtliche nicht der VELKD angehörigen Gliedkirchen der EKD, darunter auch die Kirchen der EKU, zur *»Arnoldshainer Konferenz«* zusammen, die ihren Namen nach dem Gründungsort, der Evangelischen Akademie Arnoldshain im Taunus, erhielt. Zwei Mitgliedskirchen der Arnoldshainer Konferenz, die Lippische Landeskirche und die Evangelisch-reformierte Kirche in Bayern und Nordwestdeutschland gehörten zugleich dem seit 1884 bestehenden *Reformierten Bund* an, der als Zusammenschluss von Kirchen, Gemeinden, Verbänden und Einzelpersonen einer anderen Organisationslogik folgte. Das Nebeneinander der konfessionellen Bünde – namentlich der lutherischen VELKD und der im Wesentlichen uniert geprägten Arnoldshainer Konferenz – bildete eine dauernde Konstante im Miteinander der EKD-Kirchen.

Es ist ein bemerkenswertes und im internationalen Vergleich einzigartiges Faktum, dass die EKD ungeachtet der staatlichen Teilung Deutschlands durch die getrennten Staatsgründungen des Jahres 1949 an der gesamtdeutschen Gemeinschaft festhielt. Noch weitere zwanzig Jahre lang wirkte sie als Klammer zwischen den beiden deutschen Staaten auf der Grenze der weltpolitischen Machtblöcke. Erst 1969 sahen sich die evangelischen Kirchen in der DDR gezwungen, sich selbstständig zu organisieren (Kap. 7.10.2).

7.9 Der Protestantismus in der Bundesrepublik Deutschland bis 1990

7.9.1 Westintegration und Wiederbewaffnung: Die Ära Adenauer

Schon frühzeitig waren in der Koalition der Siegermächte des Zweiten Weltkriegs unüberbrückbare Spannungen aufgebrochen. 1949 entstanden in den drei westlichen Besatzungszonen einerseits und der sowjetischen Besatzungszone andererseits zwei selbstständige deutsche Teilstaaten. Als Gründungsdatum der *Bundesrepublik Deutschland* gilt die Verkündung des Grundgesetzes am 23. Mai 1949. Der westdeutsche Staat war eine freiheitliche Demokratie mit marktwirtschaftlicher Ordnung nach westlichem Vorbild. Zum ersten Bundeskanzler (1949-1963) wurde der ehemalige Präsident des Parlamentarischen Rates, der CDU-Politiker *Konrad Adenauer*, gewählt.

Vor dem Krieg hatte Adenauer der katholischen Zentrumspartei angehört. Die 1945 gegründete *»Christlich-Demokratische Union Deutschlands«* (CDU) – und ihre bayerische Schwesterpartei CSU –, die zur bestimmenden politischen Kraft der jungen Bundesrepublik wurde, verkörperte einen neuen Typus von Partei. Sie stand für eine Politik auf der Grundlage christlicher Werte, war aber bewusst überkonfessionell ausgerichtet; ehemalige Zentrumsmitglieder arbeiteten hier mit Evangelischen aus den bürgerlichen Parteien der Weimarer Zeit zusammen. Waren bisher alle demokratischen Parteien in Deutschland Interessen- oder Milieuparteien gewesen, verstand sich die CDU/CSU von vorneherein als Volkspartei. Auch große Teile der evangelischen Kirchen und die Mehrheit ihrer Leitungspersönlichkeiten standen ihr damals nahe.

Die staatliche Ordnung und das Grundgesetz der Bundesrepublik Deutschland knüpften bewusst an die Weimarer Demokratie an. Das galt auch für das *Staatskirchenrecht*. Das Grundgesetz übernahm alle wesentlichen religionspolitischen Bestimmungen der Weimarer Verfassung und stellte das Modell einer grundsätzlichen Trennung von Kirche und Staat mit öffentlichen Wirkungsmöglichkeiten der Kirchen und einer partnerschaftlichen Zusammenarbeit zwischen Staat und Religionsgemeinschaften wieder her. Dazu schlossen nun auch jene Bundesländer, wo bisher keine entsprechenden Vereinbarungen existierten, Staatskirchenverträge mit den evangelischen Landeskirchen. Der Ein-

7.9 Der Protestantismus in der Bundesrepublik bis 1990

fluss der Kirchen auf das politische und gesellschaftliche Leben war bedeutend. Die Interessen der EKD wurden von einem ständigen Bevollmächtigten bei der Bundesregierung – von 1950 bis 1977 war dies Prälat Hermann Kunst – vertreten.

Bundeskanzler Adenauer bestimmte maßgeblich den politischen Kurs des jungen westdeutschen Staates. Angesichts der polarisierten weltpolitischen Lage – mit dem Koreakrieg der Jahre 1950–1953 hatte der Ost-West-Konflikt nochmals an Schärfe gewonnen – verfolgte er das Ziel, durch eine konsequente *Westintegration* rasch die staatliche Souveränität der Bundesrepublik zu erlangen; eine schnelle Wiedergewinnung der staatlichen Einheit Deutschlands erschien ihm nicht als realistische Option. Folgerichtig führte Adenauer die Bundesrepublik politisch an die Seite der USA, suchte erfolgreich den Ausgleich mit dem ehemaligen »Erbfeind« Frankreich, was langfristig zur europäischen Integration in Gestalt der Europäischen Union führen sollte, und die Versöhnung mit Israel. Gegen innere Widerstände betrieb er im Benehmen mit den Westmächten die *Wiederbewaffnung*. Mit der Gründung der Bundeswehr 1955 trat Westdeutschland der NATO bei. Wirklich gewann die Bundesrepublik daraufhin mit dem Deutschlandvertrag die – eingeschränkte – politische Souveränität. Das sogenannte Wirtschaftswunder der 1950er Jahre führte rasch zu Prosperität und kam auch der kirchlichen Arbeit zugute.

Adenauers Politik der Westintegration und der Wiederbewaffnung war innenpolitisch alles andere als unumstritten. Einerseits erfuhr sie große Zustimmung, und die CDU konnte die nächsten Bundestagswahlen klar gewinnen, 1957 sogar mit absoluter Mehrheit. Andererseits gab es, vor allem in der SPD, starke Vorbehalte gegen den Westkurs, der als Hindernis für eine Wiedervereinigung Deutschlands galt, sowie gegen die Wiederbewaffnung Deutschlands und gegen die in der zweiten Hälfte der 1950er Jahre erfolgende atomare Aufrüstung der NATO. Auch im Protestantismus kam es über diesen Fragen zu einer Polarisierung. Die führenden Persönlichkeiten der evangelischen Kirche unterstützten freilich mehrheitlich Adenauers Politik. 1957 schloss die – immer noch gesamtdeutsche – EKD mit der Bundesrepublik Deutschland den *Militärseelsorgevertrag*. Damit wurden analog den Bestimmungen des katholischen Reichskonkordats auch für die evangelische Militärseelsorge in der Bundeswehr verbindliche Strukturen geschaffen; die Militärseelsorger wurden vom Staat bezahlt, waren aber – anders als in anderen westlichen Armeen – nicht in die militärische Kommandostruktur eingebunden. Hermann Kunst wurde nebenamtlicher Militärbischof. Doch in den evangelischen Kirchen regte sich auch eine kleinere, aber lautstarke Opposition gegen die Politik der Westintegration und Wiederbewaffnung und gegen den Militärseelsorgevertrag. Damit nahm eine *Politisierung des deutschen Protestantismus* ihren Anfang, in der – ebenso wie in den Debatten um die Neuordnung der EKD – auch noch die Lagerbildungen der Kirchenkampfzeit nachwirkten. Dabei zeigte sich eine charakteristische Verbindung von theologischer und politischer Positionierung. Die konservative Mehrheit – oft Lutheraner – erklärte im Sinne der lutherischen Zwei-Reiche-Lehre politische Entscheidungen in der noch nicht erlösten Welt, in der Christen und Nichtchristen zusammenleben, für eine Frage der politischen Vernunft und lehnte eine Verpflichtung der Politik auf eine Reich-Gottes-Ethik ab. Die Kritiker dieses Kurses – oft Angehörige des ehemaligen bruderrätlichen Flügels der Bekennenden Kirche, die sich nun teilweise in »Kirchlichen Bruderschaften« organisierten – beanspruchten dagegen ein prophetisches Wächteramt der Kirche, die aufgrund der Christusoffenbarung die Welt besser verstehe als diese sich selbst, und wollten im Sinne der Königsherrschaft Christi die Welt nach dem Evangelium umgestalten. Kronzeuge dieser Richtung war Karl Barth, dessen Theologie in der Nachkriegszeit überragenden Einfluss gewann, der sich aber auch regelmäßig zu aktuellen Fragen der bundesdeutschen Politik äußerte und sich für eine Wiedervereinigung und politische Neutralisierung Deutschlands zwischen den Machtblöcken aussprach.

In Deutschland selbst wurde *Martin Niemöller*, Kirchenpräsident der Evangelischen Kirche in Hessen und Nassau und Vorsitzender des Bruderrates der EKD, zum wichtigsten Wortführer der kirchlichen Opposition gegen Westintegration und Wiederbewaffnung. Mit seinen oft im Alleingang betriebenen, wenig diplomatischen Interventionen wirkte er stark polarisierend. Der ehemalige Marineoffizier vertrat nun einen strikten Pazifismus und hielt Christentum und Militärdienst für unvereinbar. Er kritisierte den herrschenden Antikommunismus und unterhielt rege Verbindungen zu den kommunistischen Staaten Osteuropas; 1967 erhielt er den Lenin-Friedenspreis der UdSSR.

Einflussreich war auch der ebenfalls aus der Bekennenden Kirche stammende Jurist und Politiker *Gustav Heinemann*, Mitglied im Rat der

EKD und Präses der EKD-Synode. Im Protest gegen die Wiederbewaffnung schied er 1950 aus seinem Amt als Innenminister im Kabinett Adenauer aus, verließ die CDU und gründete die »Gesamtdeutsche Volkspartei«, die allerdings bei den Wahlen erfolglos blieb. 1957 traten Heinemann und etliche Gleichgesinnte in die SPD ein, und ein Jahrzehnt später wurde er der erste sozialdemokratische Bundespräsident. Nach seinem Vorbild näherten sich nun verstärkt politisch links positionierte Protestanten der SPD; seit Ende der 1950er Jahre kam es zu einer »schleichenden Sozialdemokratisierung«[139] der Pfarrerschaft. Umgekehrt beschleunigte sich dadurch die Öffnung der SPD zu den Kirchen und ihre Umwandlung zu einer Volkspartei, die im Godesberger Programm von 1959 mit der Absage an den Marxismus besiegelt wurde.

Insgesamt war Westdeutschland in den 1950er Jahren noch stark christlich geprägt. Die protestantische Frömmigkeit der Nachkriegszeit war in Fortsetzung von Tendenzen der Kirchenkampfzeit auf die Bibel zentriert. Das zeigte sich auch beim neu gegründeten »*Deutschen Evangelischen Kirchentag*« (DEKT), der auf eine Initiative des pommerschen Adeligen und Mitglieds des Bruderrates der EKD Reinold von Thadden-Trieglaff zurückging und erstmals 1949 in Hannover stattfand. In seiner ursprünglichen Gestalt war er ein Treffen evangelischer Gemeindeglieder zum Ziel der geistlichen Zurüstung und des Austauschs über Glaubensfragen vor den Herausforderungen der Moderne. Die Kirchentage fanden anfangs jährlich, später im Wechsel mit den Katholikentagen alle zwei Jahre statt. Bis zum Mauerbau gesamtdeutsch durchgeführt, waren sie ein machtvolles Zeichen für die grenzüberschreitende Gemeinsamkeit des deutschen Protestantismus. Biblisch und glaubenspraktisch orientiert war zunächst auch die Arbeit der *Evangelischen Studentengemeinden* (ESG), die nach dem Krieg die Arbeit der erwecklichen Deutschen Christlichen Studentenvereinigung fortführten. Ein Forum für die Begegnung und das Gespräch von Kirche, Kultur, Gesellschaft und Politik boten die nach dem Krieg in rascher Folge gegründeten *Evangelischen Akademien*. Schon 1945 entstand die erste im württembergischen Bad Boll, am Ende der 1950er Jahre gab es in ganz Deutschland bereits vierzehn solcher Einrichtungen. Seit 1951 richtete auch die katholische Kirche in Deutschland Akademien ein. Zeichen des gewachsenen weltpolitischen Verantwortungsbewusstseins war die

---

139 Kaiser, Der Protestantismus von 1918 bis 1989, 260.

Gründung der Hilfsaktion *»Brot für die Welt«* im Jahr 1959, die nicht nur Hilfe in akuten Notlagen leisten, sondern langfristig gerechte Strukturen für Benachteiligte schaffen wollte.

7.9.2 Gesellschaftspolitische Kontroversen: Die 1960er bis 1980er Jahre

Seit dem Ende der 1950er Jahre setzte in der westlichen Welt und auch in der Bundesrepublik Deutschland ein tiefgreifender *Wertewandel* ein. Die gesellschaftliche Entwicklung ging in Richtung einer radikalen Individualisierung und Demokratisierung und der Infragestellung von Autoritäten jeder Art; in Westdeutschland begann jetzt auch, nicht zuletzt durch die seit 1963 geführten Auschwitz-Prozesse, eine verstärkte öffentliche Aufarbeitung der nationalsozialistischen Vergangenheit. Eine spektakuläre Verdichtung erlebten die gesellschaftlichen Entwicklungen und politischen Neuorientierungen in den Massenprotesten der *Studentenbewegung*, die im Jahr 1968 – jenseits des »Eisernen Vorhangs« war es das Jahr des von der Sowjetunion brutal niedergeschlagenen »Prager Frühlings« – ihren Höhepunkt erreichten. Dabei waren die Motive und Schwerpunkte der Bewegung in den einzelnen Ländern unterschiedlich. In Westdeutschland verbanden sich Forderungen nach einer Demokratisierung der Universitäten mit politischem Protest gegen den Vietnamkrieg, der Bildung einer »außerparlamentarischen Opposition« (APO) gegen die seit 1966 auf Bundesebene regierende erste Große Koalition aus CDU/CSU und SPD und die von dieser eingebrachten Notstandsgesetze sowie weitere Anliegen. Ideologisch unterbaut wurden die Proteste mit einer neomarxistischen Ideologie, die auch Anleihen beim chinesischen Maoismus und bei den marxistischen Befreiungsbewegungen in Vietnam und Lateinamerika machte. Obwohl die revoltierenden Studierenden eine Minderheit waren, haben die von ihnen repräsentierten Ideale mittelfristig eine große Wirkung entfaltet. »1968« ist zu einer Chiffre für den Wertewandel der Nachkriegszeit geworden, und die zeithistorische Forschung setzt um 1970 eine sozial- und mentalitätsgeschichtliche Zäsur an.

Auf politischem Gebiet korrespondierte den neuen gesellschaftlichen Entwicklungen der Aufstieg der *Sozialdemokratischen Partei Deutschlands* (SPD). Mit dem Godesberger Programm zur Volkspartei geworden, trat sie 1966 in der Großen Koalition erstmals in die Bundesregierung ein und stellte seit 1969 in einer sozialliberalen (SPD-FDP-) Koalition mit Willy Brandt (reg. 1969-1974) den ersten sozialdemokratischen Bundeskanzler. Die charismatische Persönlichkeit Brandts und sein neuer Politikstil unter der Devise »Mehr Demokratie wagen« verbreiteten eine Aufbruchstimmung, die freilich bald von der Ölkrise und der wachsenden Arbeitslosigkeit gedämpft wurde. Durch die 68er-Bewegung wurde der außerparlamentarische Protest zu einem etablierten Mittel der politischen Auseinandersetzung. In den 1970er Jahren entstand ein buntes Spektrum von sogenannten *»neuen sozialen Bewegungen«*, deren Aktivisten – überwiegend Jugendliche aus der Mittelschicht – sich unterschiedlichen Zielen verschrieben: Frieden und Abrüstung, Entwicklungshilfe, Menschenrechte und Frauenemanzipation, Umweltschutz und Ächtung der Atomenergie. Aus dem Kontext dieser Bewegungen entstand 1980 die neue Partei der »Grünen«. Zu einem Massenphänomen wurde der politische Protest in den Jahren 1979 bis 1982 durch die westdeutsche *Friedensbewegung*, die sich gegen den sogenannten NATO-Doppelbeschluss richtete, wonach die Stationierung sowjetischer SS 20-Raketen im Falle des Scheiterns diplomatischer Verhandlungen durch eine Nachrüstung mit amerikanischen Pershing II-Raketen beantwortet werden sollte. Die Proteste konnten den Nachrüstungsbeschluss des Bundestages nicht verhindern, trugen aber mit zum Sturz des sozialdemokratischen Bundeskanzlers Helmut Schmidt (reg. 1974-1982) bei. Von 1982 bis 1998 regierte mit Helmut Kohl wieder ein christdemokratischer Kanzler.

Der gesellschaftliche Wertewandel, die Etablierung einer politischen Protestkultur und die verschiedenen gesellschaftspolitischen Kontroversen ergriffen auch den westdeutschen *Protestantismus*. Hier setzte sich die bereits in den 1950er Jahren sichtbar gewordene *Polarisierung* massiv fort. Einerseits kam es zu einer fortschreitenden, in der Kirchengeschichte beispiellosen Politisierung und zur Entstehung eines gesellschaftspolitisch engagierten, an linken Positionen orientierten Protestantismus, der Christentum im Wesentlichen als praktische Weltverantwortung begriff. War diese Richtung in den 1970er Jahren noch auf bestimmte innerkirchliche Milieus beschränkt, so wurde sie in den 1980er Jahren zum protestantischen Mainstream. Im Gegenzug sammelten sich politisch und theologisch konservative lutherische und evangelikale Kreise, die die Kirche auf ihren religiösen Verkündigungsauftrag beschränkt sehen wollten.

Ein Indiz für ein wachsendes gesellschaftspolitisches Bewusstsein waren die seit 1962 publizierten »*Denkschriften*« der EKD, die mit sorgfältiger Abwägung verschiedener Gesichtspunkte Entscheidungshilfen für aktuelle Fragen geben wollten und für das weitere Hereinwachsen der EKD in die bundesdeutsche Politik nach dem Mauerbau 1961 wichtig wurden. Die größte Bedeutung erlangte die 1965 publizierte Denkschrift »Die Lage der Vertriebenen und das Verhältnis des deutschen Volkes zu seinen östlichen Nachbarn«. Hier wurde das Unrecht der Vertreibung benannt, doch im Sinne des Primats der Friedenssicherung die Anerkennung der Oder-Neiße-Grenze und der Verzicht auf die ehemaligen deutschen Ostgebiete nahegelegt. Das bedeutete eine Absage an die bisherige bundesdeutsche Ostpolitik, und insbesondere die Vertriebenenverbände äußerten scharfe Kritik. Andererseits näherte sich die EKD damit der Position der SPD, und die »*Ost-Denkschrift*« nahm vorweg, was Willy Brandt mit seiner »neuen Ostpolitik« und den Ostverträgen der Jahre 1970–1973 verwirklichen sollte. Von den späteren EKD-Denkschriften fanden vor allem zwei von der EKD-Kammer für öffentliche Verantwortung unter Trutz Rendtorff erarbeitete Dokumente Beachtung: die Friedens-Denkschrift von 1981 und die Demokratie-Denkschrift von 1985 (»Evangelische Kirche und freiheitliche Demokratie«), in der sich die EKD programmatisch zur demokratischen Staatsform bekannte.

Auch wenn der unmittelbare Einfluss der *68er-Bewegung* auf die evangelischen Kirchen gering blieb, kam es doch zu wichtigen Resonanzphänomenen. Der bekannteste Wortführer der Proteste, der Berliner Soziologiestudent und Aktivist im Sozialistischen Deutschen Studentenbund (SDS) Rudi Dutschke, der 1968 von einem Attentäter schwer verletzt wurde, war selbst Protestant und in seiner Jugend in der DDR in der evangelischen Jungen Gemeinde für einen religiösen Sozialismus gewonnen worden. Andererseits machten sich auch die *Evangelischen Studentengemeinden* (ESG) von Anfang an die Anliegen der Revoltierenden zu eigen und entwickelten nun ein neues, dezidiert links-politisch ausgerichtetes Profil. Auch prominente Theologen wie Martin Niemöller und Helmut Gollwitzer solidarisierten sich mit den Protesten und setzten sich auch für inhaftierte Terroristen der aus der 68er-Bewegung hervorgegangenen Rote-Armee-Fraktion ein.

Flankiert wurde das praktische Engagement von der Entwicklung von Entwürfen einer *politischen Theologie*. Bahnbrechend hierfür wurde die 1964 erschienene »Theologie der Hoffnung« des später in Tübingen lehrenden Systematischen Theologen *Jürgen Moltmann*, die von Anregungen des neomarxistischen, der Studentenbewegung nahestehenden Philosophen Ernst Bloch (»Das Prinzip Hoffnung«) inspiriert war. Einen eigenen Typus einer gesellschaftskritischen politischen Theologie entwickelte *Dorothee Sölle*, die später am Union Theological Seminary in New York lehrte und die deutsche Hauptvertreterin einer die Mündigkeit und Verantwortlichkeit des Menschen betonenden »Theologie nach dem Tod Gottes« wurde, sich aber auch zunehmend einer feministischen Theologie zuwandte. Das von ihr begründete »Politische Nachtgebet«, das von 1968 bis 1972 in der Kölner Antoniterkirche stattfand, behandelte jedes Mal mit klar sozialistischer Orientierung ein konkretes Thema der Außen- oder Innenpolitik. Auch *Helmut Gollwitzer* gehörte als Theologieprofessor an der Freien Universität Berlin zu den prominenten Vertretern einer politischen Theologie.

Aus den älteren Ansätzen einer politischen Theologie gingen verschiedene Formen emanzipatorisch ausgerichteter sogenannter *kontextueller Theologien* hervor, deren wichtigste die Befreiungstheologie und die feministische Theologie sind. Interessanterweise stammen beide ursprünglich aus dem Katholizismus. Die *»Theologie der Befreiung«* entstand im Kontext der lateinamerikanischen katholischen Basisgemeinden (Kap. 7.11.2) und verband die christliche Erlösungsbotschaft mit der Forderung nach Befreiung aus politischer Unterdrückung und sozialer Ungerechtigkeit. Die im Zusammenhang mit der Bürgerrechtsbewegung in Nordamerika entstandene *feministische Theologie* zielte auf die Befreiung von Frauen aus patriarchalen gesellschaftlichen Strukturen. Pionierinnen dieser Richtung waren die katholischen Theologieprofessorinnen Mary Daly (»The Church and the Second Sex«, 1968) und Elisabeth Schüssler-Fiorenza, die als Exegetin in der Bibel nicht-patriarchale Strukturen entdecken wollte. Seit den 1980er Jahren wurden befreiungstheologische und feministisch-theologische Ansätze auch im deutschen Protestantismus rezipiert.

Zum breiten Durchbruch der gesellschaftspolitisch engagierten Richtung im westdeutschen Protestantismus kam es in den frühen 1980er Jahren durch die *Friedensbewegung* und den »Konziliaren Prozess«. An der großen Demonstration gegen die NATO-Nachrüstung im Bonner Hofgarten 1983 nahmen auch viele prominente Kirchenvertreter teil, darunter Martin Niemöller und der Erfurter Propst Heino Falcke.

Dieser gehörte auch zu den Wortführern der Idee eines allgemeinen christlichen Friedenskonzils, die ebenfalls 1983 zum Aufruf der Vollversammlung des Ökumenischen Rates der Kirchen in Vancouver zur Eröffnung eines »Konziliaren Prozesses für Gerechtigkeit, Frieden und Bewahrung der Schöpfung« führte. Die evangelischen Kirchen in beiden deutschen Staaten griffen diese Anregung sogleich auf, auf dem Düsseldorfer Kirchentag 1985 wurde sie von dem Physiker und Philosophen Carl Friedrich von Weizsäcker propagiert. In den Jahren 1988 und 1989 wurden in West- und in Ostdeutschland unter der Federführung der jeweiligen Arbeitsgemeinschaften Christlicher Kirchen (ACK) regionale Konferenzen in Königstein und Stuttgart bzw. in Dresden und Magdeburg durchgeführt. 1989 fand in Basel eine europäische, 1990 in Seoul eine Weltversammlung statt.

Als bedeutendstes Forum des gesellschaftspolitisch engagierten Protestantismus fungierten die *Evangelischen Kirchentage*. Nach dem Mauerbau von 1961 konnten sie nicht mehr gesamtdeutsch stattfinden und waren dadurch zunächst in eine Krise geraten. In der Folgezeit verschob sich der Fokus von Glaubensthemen zu politischen Anliegen, vor allem zu Friedens- und Umweltfragen. Der Stuttgarter Kirchentag von 1969 stand ganz im Zeichen der Studentenrevolte und des Vietnamkriegs. In Hamburg 1981 dominierte der Protest gegen den NATO-Doppelbeschluss, in Düsseldorf 1985 wurde der Konziliare Prozess angestoßen. Parallel zu dieser thematischen Neuorientierung wandelte sich der Kirchentag seit Ende der 1970er Jahre zu einem von Jugendlichen dominierten Massenereignis und einer eigenen Sonderform kirchlicher Öffentlichkeit. 2003 fand erstmals ein Ökumenischer Kirchentag statt.

Zu den grundlegenden Vorgängen der evangelischen Kirchengeschichte Westdeutschlands zählt neben der zunehmenden linksprogressiven Politisierung des Protestantismus die Organisation der *politisch und theologisch konservativen Gegenkräfte*, die, in der unmittelbaren Nachkriegszeit noch im Mainstream des bundesdeutschen Protestantismus, in den folgenden Jahrzehnten mehr und mehr in die Defensive gerieten. Dabei kam es zu Allianzen zwischen konservativen Lutheranern auf der einen und erweckten Kreisen auf der anderen Seite, für die sich seit den 1960er Jahren die aus dem Englischen entlehnte Sammelbezeichnung »Evangelikale« einbürgerte und die im Wesentlichen in den örtlichen Evangelischen Allianzen – Untergliederungen der 1846 in London gegründeten »Evangelischen Allianz« (Kap. 7.12.1) – organisiert sind.

7.9 Der Protestantismus in der Bundesrepublik bis 1990

Bereits in den 1950er Jahren war es über das Entmythologisierungsprogramm Rudolf Bultmanns zu heftigen Auseinandersetzungen in den Gemeinden gekommen, was angesichts der stark bibelzentrierten Frömmigkeit dieser Zeit nicht verwundert. Zentrum der Kritik wurde seit 1961 der sogenannte Bethel-Kreis um Hellmut Frey, Dozent für Altes Testament an der dortigen Kirchlichen Hochschule. Entscheidend verstärkt wurden die Vorbehalte gegen die »moderne Theologie« durch den Kölner Kirchentag von 1965, auf dem Dorothee Sölle ihre »Gott-ist-tot-Theologie« vorstellte. Daraufhin entstand 1966 aus dem Bethel-Kreis die *Bekenntnisbewegung »Kein anderes Evangelium«*, deren erste Großkundgebung mit zwanzigtausend Teilnehmern in der Dortmunder Westfalenhalle stattfand. Der Name knüpfte einerseits an das Pauluswort aus Galater 1,6-9 an und stellte sich andererseits in die Tradition der Bekennenden Kirche; Walter Künneth, ehedem Mitbegründer der Jungreformatorischen Bewegung und inzwischen Theologieprofessor in Erlangen, rief in Dortmund wirklich einen neuen Kirchenkampf aus. Inhaltlich positionierte sich die »Bekenntnisbewegung« gleichermaßen gegen den theologischen Liberalismus wie gegen die Politisierung der Kirche. Auch auf der Ebene der einzelnen Landeskirchen bildeten sich regionale »Bekenntnisbewegungen«. Konservative Lutheraner schlossen sich zu »Sammlungen um Bibel und Bekenntnis« zusammen. 1970 entstand mit der *»Konferenz Bekennender Gemeinschaften* in den evangelischen Kirchen Deutschlands« eine Dachorganisation verschiedener theologisch und politisch konservativer Gruppen in der EKD. Wichtigste Mitgliedsorganisation ist die »Bekenntnisbewegung Kein anderes Evangelium«; zeitweilig war auch der Gnadauer Gemeinschaftsverband Mitglied.

Im Raum des theologisch und politisch konservativen Protestantismus kam es in den folgenden Jahren zur Gründung verschiedener *Parallelstrukturen* zu den bestehenden Institutionen und Strukturen der Landeskirchen. Hier ist vor allem der »Gemeindetag unter dem Wort« zu nennen, der seit 1973 als Gegeninstitution zum Evangelischen Kirchentag fungiert. Als Alternative zu den theologischen Fakultäten der staatlichen Universitäten entstanden »bibeltreue« Ausbildungsstätten, so 1970 die Freie Evangelisch-Theologische Akademie (heute: Staatsunabhängige Theologische Hochschule, STH) in Basel und 1974 die Freie Theologische Akademie (heute: Freie Theologische Hochschule, FTH) in Gießen. Seit ca. 2010 werden in Deutschland derartige Ausbildungsstätten als nichtstaatliche Hochschulen akkreditiert. Mit der evangelischen

Nachrichtenagentur »idea« besteht seit 1972 eine Parallelinstitution zum Evangelischen Pressedienst (EPD). Ein evangelikal geprägtes Forum weltweiter Ökumene im Gegenüber zum Ökumenischen Rat der Kirchen bildet die im Anschluss an den »Internationalen Kongress für Weltevangelisation« 1974 in Lausanne entstandene »Lausanner Bewegung«.

7.9.3 Säkularisierung und EKD-Reform

Mochte es in den 1950er Jahren so scheinen, als ob es in Westdeutschland zu einem Wiedererstarken der Kirchlichkeit kommen könnte, so zeigte sich bald, dass diese Erwartung trog. Der Wertewandel der 1960er Jahre ging mit einem Ansehensverlust des Christentums einher, lockerte die Kirchenbindung und führte zu weitreichenden Traditionsabbrüchen. Gegen Ende der 1960er und zu Anfang der 1970er Jahre kam es zur zweiten großen *Kirchenaustrittswelle* nach 1937/38; der vorläufige Höhepunkt wurde 1974 erreicht. Krise oder Stabilität der Volkskirche wurde nun zum Thema innerkirchlicher Verständigungsprozesse und Reformdebatten. Seit 1972 gab die EKD wiederholt empirische Studien zur Kirchenmitgliedschaft in Auftrag. Neue Modelle wie die von Ernst Lange betriebene »Ladenkirche« am Brunsbütteler Damm in Berlin-Spandau versuchten ein niederschwelliges, an der Lebenswirklichkeit der Menschen orientiertes kirchliches Angebot zu schaffen.

Der Einflussverlust der christlichen Kirchen in der Öffentlichkeit blieb nicht folgenlos. 1974 verabschiedete der Bundesparteitag der FDP in Hamburg das Papier *»Freie Kirche im freien Staat«*, das eine radikale Trennung von Staat und Kirche einschließlich des Verlusts des Körperschaftsstatus der Kirchen und der Kündigung aller Staatskirchenverträge sowie die Einschränkung der kirchlichen Wohlfahrtspflege vorsah; in der Diskussion wurden teilweise scharfe antikirchliche Ressentiments laut. Die Vorschläge wurden nicht verwirklicht, da nicht nur die CDU/CSU, sondern auch der Koalitionspartner SPD ihnen nicht zustimmte. Doch das Kirchenpapier der FDP kann als früher Indikator einer mittlerweile verbreiteten politischen Stimmung gelten.

Auch in der *Evangelischen Kirche in Deutschland* (EKD) wurde damals eine Reformdiskussion geführt. Äußerer Anlass war das Ausscheiden der ostdeutschen Landeskirchen, die sich 1969 nach zwei Jahrzehnten unbeirrten Festhaltens an der gesamtdeutschen Gemeinschaft der

EKD schließlich doch selbstständig in einem eigenen Kirchenbund organisieren mussten (Kap. 7.10.2). Angesichts der zunehmenden Herausforderungen für die kirchliche Arbeit erschien eine stärkere Zentralisierung der Aufgaben und eine Stärkung der Kompetenzen der EKD – plakativ gesprochen: ihre Weiterentwicklung vom Kirchenbund zur »Bundeskirche« – wünschenswert. Nach mehrjährigen Vorarbeiten billigte 1974 die EKD-Synode in Berlin-Spandau den *Entwurf einer neuen Grundordnung*, mit der VELKD und EKU in die EKD-Struktur integriert und die volle Kirchengemeinschaft hergestellt werden sollten. Die Ablehnung der neuen Ordnung durch die württembergische Landessynode ließ das Projekt dann doch noch scheitern; die alte Grundordnung von 1948 blieb in Kraft.

Erst mit der Wiedervereinigung der EKD mit dem Bund der Evangelischen Kirchen in der DDR im Jahr 1991 (Kap. 7.10.4) kam dann ein neuer, bis in die Gegenwart reichender Reformprozess in Gang, der die Stärkung der EKD auf Kosten der konfessionellen Bünde zum Ziel hat. 2003 schlossen sich die Evangelische Kirche der Union (EKU) und die Arnoldshainer Konferenz zur *»Union Evangelischer Kirchen«* (UEK) zusammen, die alle nicht-lutherischen Gliedkirchen der EKD – und die lutherischen Kirchen von Württemberg und Oldenburg als Gastmitglieder – umfasst. Das erklärte Ziel der UEK war, sich zugunsten der EKD aufzulösen, wenn auch die VELKD als Zusammenschluss der lutherischen EKD-Kirchen – Württemberg und Oldenburg haben auch hier nur Gaststatus – diesen Schritt tun würde. Die VELKD lehnte auf Grund ihres konfessionellen Selbstverständnisses als Kirche eine Selbstauflösung ab. Dennoch kam 2005 ein Vertrag zwischen EKD, UEK und VELKD zustande, wonach im Sinne des sogenannten *Verbindungsmodells* die bislang selbstständigen Kirchenämter von UEK und VELKD in das Kirchenamt der EKD eingegliedert wurden und die EKD-Synode aus den Mitgliedern der Vollversammlung der UEK und der Generalsynode der VELKD konstituiert wurde. War die EKD bei ihrer Gründung 1948 als Kirchenbund verfasst, so versteht sie sich heute selbst als Kirche, freilich ohne einheitliches Bekenntnis. Die von der EKD-Synode in Bremen 2015 beschlossene *Änderung der Grundordnung* besagt, dass die EKD »als Gemeinschaft ihrer Gliedkirchen Kirche« ist.

Gehörten der EKD ursprünglich siebenundzwanzig Gliedkirchen an, so hat sich deren Zahl bis heute auf zwanzig verringert. Grund hierfür sind insgesamt vier *Kirchenfusionen*. Bereits 1977 vereinigten sich die vier norddeutschen Landeskirchen von Schleswig-Holstein, Hamburg, Lübeck und Eutin zur Nordelbischen Evangelisch-Lutherischen Kirche. Nach der Wiedervereinigung der EKD erfolgten in Ostdeutschland weitere Zusammenschlüsse. Im Jahr 2004 entstand aus der Evangelischen Kirche in Berlin-Brandenburg und der Evangelischen Kirche der Schlesischen Oberlausitz die Evangelische Kirche Berlin-Brandenburg-schlesische Oberlausitz (EKBO). 2009 vereinigten sich die unierte Evangelische Kirche der Kirchenprovinz Sachsen und die Evangelisch-Lutherische Landeskirche Thüringens zur unierten Evangelischen Kirche in Mitteldeutschland (EKM), die aber neben der Mitgliedschaft in der UEK auch der VELKD angehört. Dagegen versteht sich die 2012 gegründete Evangelisch-Lutherische Kirche in Norddeutschland (»Nordkirche«), die aus der Vereinigung der Nordelbischen Kirche mit der lutherischen Landeskirche Mecklenburgs und der formal – als ehemaliger Kirchenprovinz der APU – unierten Pommerschen Evangelischen Kirche hervorging, als lutherische Kirche. Die mit der fortschreitenden Säkularisierung wachsenden Herausforderungen für Organisation und Finanzierung der Kirchen dürften mittelfristig zu weiteren Fusionen führen.

7.10 Die evangelischen Kirchen in der DDR

Am 7. Oktober 1949, viereinhalb Monate nach der Bundesrepublik Deutschland, wurde auf dem Gebiet der sowjetischen Besatzungszone die »Deutsche Demokratische Republik« (DDR) gegründet. Dabei handelte es sich um eine kommunistische sogenannte Volksdemokratie, in der die Regierungsgewalt exklusiv bei der allein regierenden Staatspartei, der »Sozialistischen Einheitspartei Deutschlands« (SED) lag, die 1946 aus der von der sowjetischen Besatzungsmacht verfügten Zwangsvereinigung der SPD mit der KPD hervorgegangen war. Die übrigen Parteien waren als sogenannte »Blockparteien« mit der SED in einer »Nationalen Front« zusammengeschlossen und auf deren politische Linie festgelegt; eine parlamentarische Opposition gab es nicht. Eine Bodenreform und umfangreiche Verstaatlichungen von Produktionsmitteln ermöglichten den Aufbau einer zentralistisch gelenkten, wenig effektiven staatlichen Planwirtschaft. Der gesellschaftliche Einfluss der SED und der kommunistischen Ideologie wurde durch einen hohen gesellschaftlichen Kollektivierungs- und Organisierungsgrad sichergestellt, abweichende Meinungen und oppositionelles Verhalten wurden scharf überwacht und sanktioniert. Das Ministerium für Staatssicherheit (MfS; kurz: »Stasi«) verfügte zuletzt bei einer Einwohnerzahl von sechzehn Millionen DDR-Bürgern über rund neunzigtausend hauptamtliche und einhundertachtzigtausend inoffizielle Mitarbeiter. Angesichts der in den ersten Jahren massenhaften Abwanderung von DDR-Bürgern in den Westen wusste sich der SED-Staat schließlich nur noch mit dem Bau der Berliner Mauer und hoch gesicherten Grenzanlagen zu helfen; »Republikflucht« wurde zum Straftatbestand. Nach vier Jahrzehnten scheiterte der »real existierende Sozialismus« in der DDR schließlich am Freiheitsverlangen seiner Bürger, an der desolaten Finanz- und Wirtschaftslage und am Fortfall der außenpolitischen Unterstützung durch die selbst im Umbruch begriffene Sowjetunion.

7.10.1 Evangelische Kirchen und SED-Staat bis zum Mauerbau: Die 1950er Jahre

Das zentrale Thema der Christentumsgeschichte der DDR ist das Verhältnis zwischen Staat und Kirchen. Die Kirchen waren im SED-Staat die einzigen selbstständigen Institutionen überhaupt, denen aus außenpolitischen und insbesondere deutschlandpolitischen Rücksichten außergewöhnliche Freiräume gewährt wurden. Das machte sie zu einem potentiell widerständigen Element, und nicht zufällig sammelte sich in ihrem Schutz später die Friedens-, Umwelt- und Bürgerrechtsbewegung. Umso mehr waren die Behörden darauf bedacht, den gesellschaftlichen Einfluss der Kirchen zurückzudrängen und im eigenen Sinne auf sie einzuwirken. Eigentlich verwarf die marxistisch-leninistische Ideologie alle Religion überhaupt als Unterdrückungsinstrument der herrschenden Klassen. Mit der Aufrichtung des Kommunismus sollte die Religion von selbst verschwinden. Faktisch stellte sich die Kirchenpolitik des SED-Staats aber ambivalent dar und verband Phasen und Elemente der offenen und verdeckten Konfrontation auch mit solchen einer begrenzten taktischen Kooperation. Das Ergebnis der antikirchlichen Politik der DDR-Führung war gleichwohl eine rasante Entkirchlichung. Gehörten im Gründungsjahr 1949 noch zweiundneunzig Prozent der DDR-Bürger einer christlichen Kirche an, so waren es vier Jahrzehnte später nur noch vierzig Prozent.

Bereits die Kirchenpolitik der *sowjetischen Militäradministration* in Deutschland (SMAD) in den Jahren 1945 bis 1949 war zwiespältig. Einerseits pochte man auf eine strenge Trennung von Staat und Kirche, andererseits versuchte man die Kirchen als Teil der »progressiven bürgerlichen Kräfte« als Verbündete beim Aufbau einer sozialistischen Gesellschaft zu gewinnen. Dadurch erhielten diese hier eine günstigere Ausgangsposition als in anderen Ländern des sowjetischen Machtbereichs. Die erste Verfassung der DDR von 1949 orientierte sich in ihren kirchenpolitischen Bestimmungen an der Weimarer Reichsverfassung, garantierte die freie Religionsausübung und beließ den Religionsgemeinschaften den Status als Körperschaften des öffentlichen Rechts. Der Religionsunterricht war zwar nicht mehr ordentliches Lehrfach, durfte aber von den Religionsgemeinschaften in den Räumen der Schule erteilt werden. Auch die theologischen Fakultäten an den Universitäten blieben bestehen. Um den Pfarrernachwuchs der marxistischen Indoktrination zu entziehen, gründeten die Kirchen daneben freilich bald auch eigene Ausbildungsstätten wie das Berliner »Sprachenkonvikt«, das Theologische Seminar in Leipzig und das Katechetische Oberseminar in Naumburg.

Insgesamt lagen acht evangelische Landeskirchen auf dem Gebiet der DDR.[140] Alle gehörten der EKD an, die sich auch über die doppelte Staatsgründung 1949 hinaus als gesamtdeutsche Organisation verstand, und waren auch Mitglieder der VELKD bzw. der EKU. Daneben gab es seit 1945 die *»Kirchliche Ostkonferenz«* als Koordinierungsgremium der ostdeutschen Landeskirchen. Wie bei der Bundesregierung im Westen, so ließ der Rat der EKD auch bei der DDR-Regierung seine Interessen von einem eigenen Bevollmächtigten vertreten; als solcher fungierte der Berliner Propst Heinrich Grüber, der sich durch Hilfeleistungen für jüdische Opfer des NS-Regimes verdient gemacht hatte (Kap. 7.6.3). Eine besondere Rolle spielte die *Evangelische Kirche in Berlin-Brandenburg*, die, bedingt durch ihr West-Berliner Kirchengebiet, in allen vier Besatzungszonen zugleich lag und deren Bischof Otto Dibelius, ein CDU-Mitglied und entschiedener Gegner des SED-Staats, seit 1949 EKD-Ratsvorsitzender war.

---

140 Zwei davon, die »Pommersche Evangelische Kirche« (seit 1968: »Evangelische Landeskirche Greifswald«) und die »Evangelische Kirche von Schlesien« (seit 1968: »Evangelische Kirche des Görlitzer Kirchengebiets«), waren territorial stark reduzierte Nachfolgekirchen der ehemaligen APU-Provinzen Pommern und Schlesien.

7.10 Die evangelischen Kirchen in der DDR

Ungeachtet der verfassungsmäßigen Garantien kam es seit 1950 zunehmend zu staatlichen Zwangsmaßnahmen und offenen Repressionen gegen die Kirchen. Ihren Höhepunkt erreichten sie 1952 im Gefolge der 2. SED-Parteikonferenz, auf der Walter Ulbricht, Generalsekretär des Zentralkomitees der SED, zum »planmäßigen Aufbau des Sozialismus« und zur »Verschärfung des Klassenkampfes« aufrief. Die *antikirchlichen Maßnahmen* der staatlichen Organe wurden von den Betroffenen als ein »neuer Kirchenkampf« wahrgenommen. Die Staatsleistungen an die Kirchen wurden um ein Drittel gekürzt, die Kirchen einer umfassenden Beobachtung durch das Ministerium für Staatssicherheit unterworfen. Es kam zu Verhaftungen kirchlicher Mitarbeiter, zur Enteignung von kirchlichem Grundeigentum und zur Schließung oder Verstaatlichung von diakonischen Einrichtungen. Auch die evangelische Jugendarbeit (»Junge Gemeinde«) und die Studentengemeinden, die als Spionageorganisationen imperialistischer Mächte angeprangert wurden, sahen sich massiven Repressionen ausgesetzt.

Im Frühjahr 1953 kam es zu einem Kurswechsel in der staatlichen Kirchenpolitik. Die Anweisung dazu kam aus Moskau, wo nach dem Tod Stalins eine politische Entspannung eingetreten war. Angesichts der schwierigen wirtschaftlichen und gesellschaftlichen Lage in der DDR, die zum Volksaufstand des 20. Juli 1953 führen sollte, verordnete das Zentralkomitee der Kommunistischen Partei der Sowjetunion (KPdSU) der DDR-Führung einen *»neuen Kurs«*, der auch die Einstellung aller unmittelbaren Zwangsmaßnahmen gegen die Kirchen vorsah. Stattdessen sollte deren Einfluss durch »Aufklärungs- und Kulturarbeit« bekämpft werden. Wirklich stellte der SED-Staat daraufhin die offene Konfrontation ein. Ministerpräsident Otto Grotewohl empfing die Repräsentanten der Kirchlichen Ostkonferenz zu einem ersten Staat-Kirche-Gespräch – dem Gespräch von 1953 sollte 1958 ein weiteres folgen –, und im Abschlusskommuniqué sagten die Kirchenvertreter zu, im Gegenzug zur Einstellung der staatlichen Maßnahmen auf Einmischungen in politische und wirtschaftliche Angelegenheiten zu verzichten.

Doch schon Ende 1954 verschärfte die DDR-Regierung die Gangart erneut. Statt mit offenen Zwangsmaßnahmen ging man nun mit indirekten und verdeckten, aber nicht weniger wirksamen Repressionen gegen die Kirchen vor. Vor allem gelang es den staatlichen Organen, große Teile der Jugend dem kirchlichen Einfluss zu entziehen und im Sinne einer vermeintlich wissenschaftlich-aufgeklärten atheistischen

Erziehung zu indoktrinieren. Das geschah bereits im Schulunterricht und im Rahmen der SED-Jugendorganisation »Freie Deutsche Jugend« (FDJ), deren Mitgliedschaft man sich nur um den Preis erheblicher Nachteile entziehen konnte. 1954 wurde dann mit der staatlichen (wenngleich formal von einem selbstständigen »Zentralausschuss« ausgerichteten) »Jugendweihe« ein Konkurrenzangebot zur kirchlichen Konfirmation bzw. Firmung geschaffen. Dabei handelte es sich um einen an ältere freireligiöse und freidenkerische Vorbilder angelehnten Passageritus, mit dem die jungen Menschen nach einem einjährigen weltanschaulichen Unterricht feierlich in die sozialistische Gesellschaft aufgenommen wurden. Seit 1958 war die Teilnahme praktisch verpflichtend und Voraussetzung für den Besuch der Erweiterten Oberschule, die zur Hochschulreife führte. Beide großen Kirchen verboten ihren Mitgliedern anfangs die Teilnahme an der Jugendweihe; die evangelischen Kirchen verweigerten widrigenfalls die Konfirmation. Doch angesichts der stark steigenden Teilnehmerzahlen, die schließlich weit über neunzig Prozent des Jahrgangs lagen, ließ sich diese Position nicht durchhalten, wollte man nicht den völligen Zusammenbruch der Konfirmation riskieren. So wurden schließlich auch Teilnehmer der Jugendweihe konfirmiert, allerdings erst nach einer festgesetzten Wartezeit. Trotzdem kam es zu erheblichen Einbußen in der kirchlichen Jugendarbeit. Auch nach dem Ende der DDR wurde und wird die mittlerweile von privaten Vereinen organisierte und vage humanistisch orientierte Jugendweihe in Ostdeutschland nachgefragt.

Ein weiterer Schlag gegen die christliche Erziehungsarbeit war der sogenannte Lange-Erlass von 1958, mit dem der Minister für Volksbildung Fritz Lange den verfassungsmäßig garantierten kirchlichen Religionsunterricht in den Räumen staatlicher Schulen faktisch unmöglich machte. Als Ersatz boten die evangelischen Kirchengemeinden einen eigenen katechetischen Unterricht für Schulkinder im Vorkonfirmandenalter (d. h. bis zur sechsten Klasse) an. Diese sogenannte »Christenlehre« wurde außerhalb der Schulzeit in Kirchenräumen durch Pfarrer und Katecheten erteilt. Teilweise halten auch heute noch ostdeutsche Kirchengemeinden entsprechende Angebote vor. Mit der Jugendweihe und der Unterbindung des Religionsunterrichts gelang dem SED-Staat ein überaus wirkungsvoller Einbruch in das volkskirchliche System; die dadurch bewirkten Traditionsabbrüche führten bald zu stark zurückgehenden Mitgliederzahlen.

7.10 Die evangelischen Kirchen in der DDR

Eine weitere erhebliche Erschwerung der kirchlichen Arbeit bedeutete das Ende des staatlichen Kirchensteuereinzugs durch den »Benjamin-Erlass« (nach Justizministerin Hilde Benjamin) von 1956. Damit waren die ostdeutschen Landeskirchen darauf angewiesen, selbst aufwändig von ihren Mitgliedern ein »Kirchgeld« einzuziehen. Dass trotz der finanziellen Einschränkungen die volkskirchlichen Strukturen aufrecht erhalten werden konnten, war im Wesentlichen umfangreichen, vor der Öffentlichkeit geheim gehaltenen Finanztransfers aus den westlichen EKD-Kirchen zu verdanken; im Sinne eines Dreiecksgeschäfts finanzierte die EKD dringend benötigte Warenlieferungen an die DDR, die den Gegenwert in DDR-Mark an die ostdeutschen Kirchen auszahlte. Innerhalb des ostdeutschen Protestantismus wurde die bedrängte äußere Lage der evangelischen Kirchen aber nicht nur als Verlust und Bedrohung empfunden. Zunehmend kamen Stimmen auf, die die Situation als Chance empfanden. Zu ihnen gehörte der Cottbuser Generalsuperintendent Günter Jacob, der 1956 auf der EKD-Synode in Berlin-Spandau positiv vom »Ende des *konstantinischen Zeitalters*« in Deutschland sprach, das der Kirche in Freiheit von staatlicher Privilegierung die Besinnung auf ihren eigentlichen Auftrag ermögliche. 1958 rief Karl Barth in seinem offenen »Brief an einen Pfarrer in der DDR« dazu auf, auch den atheistischen Staat als von Gott eingesetzte Obrigkeit zu akzeptieren und ihm loyal zu begegnen. In bewusster Anknüpfung an die Erfahrungen der Bekennenden Kirche – das bruderrätliche Erbe war in den ostdeutschen Landeskirchen stark vertreten – und an die theologischen Ansätze Barths und Bonhoeffers bildete der Protestantismus in der DDR angesichts der neuen Herausforderungen sein besonderes Profil aus.

Staatlicherseits wurden die politisch-administrativen Zuständigkeiten für die Kirchen 1957 in einem neu gebildeten Staatssekretariat für Kirchenfragen beim Ministerrat der DDR zusammengefasst. Faktisch wichtiger war jedoch die parteiamtliche »Abteilung Kirchenfragen« beim Zentralkomitee der SED. Hier wurden alle offiziellen Kontakte der Kirchen mit staatlichen Stellen koordiniert. Dazu gehörten auch die förmlichen Staat-Kirche-Gespräche, die 1953, 1958 und 1978 geführt wurden und öffentlich Einvernehmen demonstrieren sollten, auf das die Kirchenvertreter später behaftet werden konnten. Eigentliches Ziel der staatlichen Kirchenpolitik war und blieb jedoch die Überwachung und Kontrolle der Kirchen. Dabei verfolgte man die doppelte Strategie der Differenzierung und der Unterwanderung. Die *Differenzierungsstrategie* unterschied innerhalb der Kirchen zwischen »progressiven« und »reaktionären Kräften«. Die »progressiven Kräfte«, die zur Kooperation mit dem Staat bereit waren, wurden gezielt gefördert und mit verschiedenen Vergünstigungen, etwa Reiseprivilegien, belohnt. Zu ihnen gehörten Organisationen wie der »Bund evangelischer Pfarrer«, der »Weißenseer Arbeitskreis« (»Kirchliche Bruderschaft in Berlin«) von linken, aus dem bruderrätlichen Flügel der BK stammenden Theologen oder die DDR-Sektion der Prager Christlichen Friedenskonferenz, aber auch prominente Einzelpersönlichkeiten aus Kirchenleitungen und Theologie, die zu bevorzugten Gesprächspartnern der staatlichen Stellen wurden. So führte Walter Ulbricht, der 1960 Staatsratsvorsitzender geworden war und bei seinem Amtsantritt die Vereinbarkeit von christlichen und »humanistischen« Zielen proklamiert hatte, 1961 bzw. 1964 sogenannte »programmatische Gespräche« mit dem emeritierten Leipziger Theologieprofessor und religiösen Sozialisten Emil Fuchs und dem thüringischen Landesbischof Moritz Mitzenheim. Beide waren Träger des Vaterländischen Verdienstordens in Gold; Mitzenheim propagierte als Bischof den innerkirchlich stark umstrittenen *»Thüringer Weg«* einer Annäherung der Kirche an den SED-Staat, womit er im Kollegium der Kirchenleitungen weitgehend isoliert dastand. Gegen die sogenannten »reaktionären Kräfte« gingen die staatlichen Organe demgegenüber mit massiven Repressionen und mit geheimdienstlichen Mitteln vor. Dazu gehörten neben der Ausforschung und Überwachung konspirative Maßnahmen der »Zersetzung«, die mit perfiden Mitteln der Verunsicherung und Rufschädigung auf die psychische Zerrüttung »feindlich-negativer« Personen zielten.

Die Differenzierungsstrategie wurde von einer gezielten geheimdienstlichen Überwachung und *Unterwanderung* der evangelischen Kirchen durch das Ministerium für Staatssicherheit, das eine eigene Abteilung »Kirchen und Religionsgemeinschaften« (Abteilung XX/4) unterhielt, und seine nachgeordneten Behörden flankiert. Das volle Ausmaß dieser Maßnahmen kam erst nach dem Ende der DDR ans Licht. Nach Schätzungen waren zwischen 1,5 und 2 Prozent der haupt- und ehrenamtlichen Beschäftigten der Kirchen als »Inoffizielle Mitarbeiter« (IM) für die Stasi tätig. Zu den prominentesten Fällen gehörten Ingo Braecklein, der in den 1970er Jahren als Nachfolger von Moritz Mitzenheim Thüringer Landesbischof war, und der Greifswalder Bischof Horst Gienke. Auch der Berliner Konsistorialpräsident und stellvertretende Vorsitzende des Bundes Evangelischer Kirchen in der DDR Manfred Stolpe, der nach der politischen Wende Ministerpräsident von Brandenburg wurde, wurde zwanzig Jahre lang von der Stasi als IM geführt.

Ein Dorn im Auge war der DDR-Führung, die auf die volle völkerrechtliche Anerkennung des ostdeutschen Teilstaates hinarbeitete, die Mitgliedschaft der ostdeutschen Landeskirchen in der gesamtdeutschen *EKD* unter dem Vorsitz des Berlin-Brandenburgischen Bischofs Otto Dibelius. Der Abschluss des *Militärseelsorgevertrages* zwischen der EKD und der Bundesrepublik Deutschland im Jahr 1957 bot einen willkommenen Anlass zu einem Frontalangriff. Die DDR-Regierung brach 1958 die Beziehungen zur EKD ab – damit endete die Bevollmächtigten-Tätigkeit von Heinrich Grüber – und startete eine Kampagne gegen den »NATO-Bischof« Dibelius, dem die Einreise in die DDR verboten wurde, wodurch er praktisch auf den Berliner Teil seines Kirchengebiets beschränkt wurde. Gegen die ostdeutschen EKD-Synodalen, die dem Vertrag zugestimmt hatten, wurden Sanktionen verhängt, es kam zu Verhaftungen kirchlicher Amtsträger. Nach einem neuerlichen Staat-Kirche-Gespräch 1958 distanzierten sich schließlich zahlreiche ostdeutsche Kirchenvertreter vom Militärseelsorgevertrag.

7.10.2 Vom Mauerbau bis zur Gründung des Kirchenbundes: Die 1960er Jahre

Der Bau der *Berliner Mauer* und der innerdeutschen Grenzanlagen im Jahr 1961 war nicht nur eine politische, sondern auch eine kirchengeschichtliche Zäsur. Unmittelbar betroffen war vor allem die Evangelische Kirche von Berlin-Brandenburg, deren Bischof Otto Dibelius nun auch der Besuch Ost-Berlins verweigert wurde. Mit der Wahrnehmung der bischöflichen Aufgaben im Osten wurde daraufhin der Ost-Berliner Präses *Kurt Scharf* betraut. Als im selben Jahr 1961 Dibelius nach zwei Amtsperioden turnusmäßig aus dem Amt des EKD-Ratsvorsitzenden ausschied, wählte die EKD-Synode Scharf zu seinem Nachfolger und setzte damit auch ein deutschlandpolitisches Signal. Die DDR-Führung bürgerte daraufhin Scharf nach West-Berlin aus, die kommissarische Leitung des Ostteils der Berlin-Brandenburgischen Kirche übernahm nun der bereits erwähnte Cottbuser Generalsuperintendent und Dibelius-Kritiker Günter Jacob. Mit der Pensionierung von Dibelius einige

Jahre später wurde Kurt Scharf dessen Nachfolger auch im (West-Berliner) Bischofsamt.

Auch sonst beeinträchtigte der Mauerbau zunehmend die gesamtdeutsche Arbeit der EKD. Der evangelische Kirchentag, der 1961 in Berlin stattfand, durfte schon keine Veranstaltungen im Ostteil der Stadt mehr anbieten. Fortan mussten in der DDR eigene Kirchentage stattfinden. Infolge der massiven Erschwerung des innerdeutschen Reiseverkehrs konnten auch keine gemeinsamen EKD-Synoden mehr abgehalten werden. Stattdessen tagten nun jeweils zeitgleich zwei separate Teilsynoden im Westen und im Osten. Im Gegenzug zur Zurückdrängung des Einflusses der EKD wuchs der gemeinsamen Vertretung der ostdeutschen Landeskirchen, der Kirchlichen Ostkonferenz, die seit 1962 als »*Konferenz der Evangelischen Kirchenleitungen in der DDR*« (KKL) firmierte, entscheidende Bedeutung zu. 1963 legte sie »*Zehn Artikel über Freiheit und Dienst der Kirche in der DDR*« vor, in denen sie sich, an der Barmer Erklärung orientiert, zur Bezeugung des Willens Gottes in allen Lebensbereichen bekannte und sich gegen den staatlich verordneten Atheismus und die Ideologisierung der Wissenschaft und für das in der DDR nicht existierende Recht auf Wehrdienstverweigerung aussprach. Die SED empfand die Artikel als Provokation und verhinderte ihren Druck. Der regimenahe »Weißenseer Arbeitskreis« linker Theologen stellte ihnen ein eigenes Papier »Von der Freiheit der Kirche zum Dienen« entgegen, das zur verantwortlichen Mitarbeit in der sozialistischen Gesellschaftsordnung aufrief.

1968 trat die neue, *zweite Verfassung* der DDR in Kraft, die diese nunmehr klar als sozialistischen Staat definierte und die Führungsrolle der SED festschrieb. Zugleich mit weiteren liberalen und demokratischen Grundsätzen der Verfassung von 1949 fielen auch deren staatskirchenrechtliche Bestimmungen komplett fort. Artikel 39 Absatz 2 der neuen Verfassung verpflichtete die Kirchen lediglich, ihre Angelegenheiten »in Übereinstimmung mit der Verfassung und den gesetzlichen Bestimmungen der DDR« zu regeln; Aussagen über kirchliche Rechte fehlten. Damit standen die Kirchen von nun an in einem rechtsfreien Raum und waren darauf angewiesen, ihre Handlungsspielräume immer neu in Gesprächen mit den staatlichen Stellen auszuhandeln. Auch eine über die DDR und die Geltung ihres Rechts hinausgehende Organisation der evangelischen Kirchen war nunmehr ausgeschlossen. Damit war die Mitgliedschaft der ostdeutschen Landeskirchen in der gesamtdeutschen EKD nicht mehr aufrecht zu erhalten. Der SED-Staat hatte sein Ziel erreicht, die DDR-Kirchen aus der EKD herauszubrechen.

1969 schlossen sich die acht ostdeutschen Landeskirchen zum »*Bund der Evangelischen Kirchen in der DDR*« (BEK) zusammen. Als Leitungsorgane fungierten die bereits bestehende Konferenz der Evangelischen Kirchenleitungen und die neu eingerichtete Bundessynode, die sich mit ihrer ersten Tagung in Potsdam-Hermannswerder konstituierte. Erster BEK-Vorsitzender wurde Albrecht Schönherr, der kommissarische Verwalter des Bischofsamtes im Ostbereich der Evangelischen Kirche in Berlin-Brandenburg. Er stand bis 1981 an der Spitze des BEK und hat dessen Positionierung gegenüber dem Staat entscheidend bestimmt. Die Bildung eines neuen überkirchlichen Zusammenschlusses hatte schon als solche nicht eigentlich im Interesse der staatlichen Organe gelegen. Als Provokation wurde die Tatsache empfunden, dass sich der BEK in Artikel 4 Absatz 4 seiner Grundordnung ausdrücklich zur »besonderen Gemeinschaft der ganzen evangelischen Christenheit in Deutschland« bekannte. Auch die EKD hielt an dieser »besonderen Gemeinschaft« fest, die sich in verschiedenen Formen der Zusammenarbeit und den erwähnten Finanztransfers bewährte. Erst 1971 erkannte der SED-Staat den BEK förmlich an.

Auch die *Evangelische Kirche in Berlin-Brandenburg* wurde 1972 förmlich geteilt – in den »Bereich West« unter Bischof Kurt Scharf und den »Bereich Ost« unter Bischof Albrecht Schönherr; 1991 wurden beide Bereiche wiedervereinigt. Bereits 1968 hatten sich die drei lutherischen Landeskirchen (Sachsen, Thüringen, Mecklenburg) zu einer eigenen »*Vereinigten Evangelisch-Lutherischen Kirche in der DDR*« (VELKDDR) zusammengeschlossen; 1991 traten die drei Kirchen wieder der VELKD bei. Als einziger gesamtdeutscher kirchlicher Zusammenschluss bestand die EKU, nur gegliedert in die »Bereiche« West und Ost, während der ganzen Zeit der deutschen Teilung fort. Ähnlich wie in der westdeutschen EKD gab es auch im BEK während der 1970er Jahre Bestrebungen in Richtung einer Weiterentwicklung des Kirchenbundes zu einer echten Kirche (»Kirchwerdung des Bundes«), die 1984 an der Ablehnung der Berlin-Brandenburgischen Landessynode scheiterten, aber noch 1988 zur Selbstauflösung der VELKDDR führten.

7.10.3 »Kirche im Sozialismus«: Die 1970er Jahre

1971 wurde Walter Ulbricht entmachtet und durch Erich Honecker als SED-Generalsekretär ersetzt. Honecker machte keine Abstriche am Machtanspruch der SED, bemühte sich aber um soziale Verbesserungen für die Menschen. Im Zuge der neuen Ostpolitik von Bundeskanzler Brandt und des Abschlusses des »Grundlagenvertrages« (1972) trat jetzt auch eine Entspannung zwischen beiden deutschen Staaten ein. Auch die DDR-Kirchen profitierten vom veränderten politischen Klima. In dieser Situation kam es zu einer programmatischen Neubestimmung des Verhältnisses der evangelischen Kirchen zum SED-Staat. Innerkirchlich gewann die Überzeugung an Einfluss, dass es nicht ausreiche, in Opposition zum Staat zu verharren und in der Hoffnung auf bessere Zeiten notdürftig zu »überwintern«. Vielmehr gehe es darum, offensiv am öffentlichen Auftrag von Kirche festzuhalten und aus der bewusst angenommenen und als Chance verstandenen Minderheitssituation heraus in der sozialistischen Gesellschaft der DDR gestaltend zu wirken. Auf den BEK-Synoden von 1970 und 1971 wurde das Wesen der evangelischen Kirche dementsprechend als »Zeugnis- und Dienstgemeinschaft« und – in Aufnahme einer Wendung Bonhoeffers – als »Kirche für andere« bestimmt. Die größte Wirkung entfaltete jedoch das Leitbild der *»Kirche im Sozialismus«*, das der BEK-Vorsitzende Albrecht Schönherr auf der Bundessynode in Eisenach 1971 propagierte:

> »Eine Zeugnis- und Dienstgemeinschaft von Kirchen in der DDR wird ihren Ort genau zu bedenken haben: In dieser so geprägten Gesellschaft, nicht neben ihr, nicht gegen sie. [...] Wir wollen nicht Kirche neben, nicht gegen, sondern Kirche im Sozialismus sein.«[141]

Die Formel »Kirche im Sozialismus« wurde 1973 von der BEK-Synode förmlich angenommen. Es blieb umstritten, ob sie als bloße Ortsbestimmung oder als Signal eines inhaltlichen Eingehens auf das politisch-ideologische Programm des SED-Staates zu verstehen war; gegen Ende der 1980er Jahre geriet sie als solches innerhalb des BEK in Misskredit. Von der DDR-Führung wurde die Formel positiv aufgenommen, und als Sprachregelung für die Gespräche zwischen Kirche und Staat hat

---

141 Schönherr, Bericht der Konferenz der Evangelischen Kirchenleitungen, 354.

sie dazu beigetragen, den Kirchen der DDR eine gewisse öffentliche Rolle zu sichern.

Tatsächlich bildete das Schlagwort »Kirche im Sozialismus« keineswegs die Stimmung im gesamten ostdeutschen Protestantismus ab. Das zeigte sich in dramatischer Weise am »Fall Brüsewitz«. Oskar Brüsewitz, Pfarrer der Evangelischen Kirche der Kirchenprovinz Sachsen, war in der Jugendarbeit engagiert und für unkonventionelle Aktionen bekannt. 1976 setzte er mit seiner öffentlichen Selbstverbrennung in Zeitz ein Fanal gegen staatliche Behinderungen der kirchlichen Kinder- und Jugendarbeit; er starb kurz darauf im Krankenhaus. Die Verzweiflungstat wurde zur schweren Belastung für das Verhältnis von Staat und Kirchen, die gemeinsam versuchten, eine Skandalisierung zu verhindern. Dennoch blieb der »Fall Brüsewitz« nicht ohne Folgen; gemeinsam mit der im selben Jahr erfolgten Ausbürgerung des kritischen Liedermachers Wolf Biermann aus der DDR trug er zur Entstehung einer kirchlichen und gesellschaftlichen Protestbewegung bei.

Trotzdem – oder nun erst recht – setzten Staat und Kirchen ihren Annäherungskurs fort. Seinen Höhepunkt erreichte er mit dem *Spitzengespräch* zwischen dem SED-Generalsekretär und neuen Staatsratsvorsitzenden Erich Honecker und dem Vorstand der Konferenz der Evangelischen Kirchenleitungen unter Bischof Albrecht Schönherr am *6. März 1978*. Für die staatliche Seite war dies eine willkommene Gelegenheit zur öffentlichkeitswirksamen Inszenierung der angeblichen harmonischen Zusammenarbeit mit den Kirchen. Für die Kirchenvertreter handelte es sich angesichts des Fehlens staatskirchenrechtlicher Garantien um die einzige Möglichkeit, rechtsverbindliche Zusagen für das Staat-Kirche-Verhältnis zu erlangen. So wurde nun etwa die zuvor untersagte Errichtung von Kirchen in Neubaugebieten gestattet, und es wurden kirchliche Sendungen im Staatsfernsehen zugelassen. Auch wenn der Ertrag überschaubar blieb – die wichtigen Fragen der Jugend- und Bildungsarbeit blieben ausgeklammert –, wurde der »Weg des 6. März« fortan von staatlicher wie kirchlicher Seite als erfolgreiche Handlungsoption beschworen. Ein weiterer Höhepunkt demonstrativ inszenierter Harmonie zwischen SED-Staat und Kirchen wurde das *Lutherjahr 1983*, in dem Erich Honecker persönlich den Vorsitz des staatlichen Lutherkomitees übernahm – früher war Luther in der offiziellen Erinnerungskultur der DDR verfemt gewesen und hatte im Schatten des als Sozialrevolutionär stilisierten Thomas Müntzer gestanden.

7.10.4 Friedensbewegung und politische Wende: Die 1980er Jahre

Schon früh spielte die Friedensthematik in den Kirchen der DDR eine wichtige Rolle. 1962, wenige Monate nach dem Mauerbau, hatte die DDR die allgemeine Wehrpflicht eingeführt. Anders als in der Bundesrepublik Deutschland gab es kein Recht auf Wehrdienstverweigerung. Die Kirchen setzten sich für Wehrpflichtige ein, die den Dienst an der Waffe ablehnten und forderten die Einrichtung eines zivilen Wehrersatzdienstes. Dazu kam es nicht. Immerhin schuf der Staat 1964 aus wehrpolitischen Gründen die Möglichkeit eines waffenlosen Dienstes in der Nationalen Volksarmee als »Bausoldat« – eine Option, die in der Praxis mit manchen Diskriminierungen verbunden war, aber so in keinem anderen sozialistischen Staat bestand. Als 1978 – kurz nach dem Staat-Kirche-Gespräch mit Honecker – in den Schulen ein obligatorischer *Wehrunterricht* für die 9. und 10. Klasse eingeführt wurde, erhoben die Kirchen abermals Protest.

Die Einführung des Wehrunterrichts und das atomare Wettrüsten der Machtblöcke seit Ende der 1970er Jahre führten zur Entstehung einer eigenen *kirchlichen Friedensbewegung*. Seit 1980 wurden jährlich im November zehntägige »Friedensdekaden« begangen. Zur Friedensdekade 1981 wurden massenhaft Aufnäher – für den Druck auf Stoff war keine staatliche Erlaubnis erforderlich – mit der Aufschrift »*Schwerter zu Pflugscharen*« (nach Micha 4,3) und dem Bild einer entsprechenden Bronzeplastik, die die Sowjetunion den Vereinten Nationen geschenkt hatte, verteilt. Die staatlichen Organe gingen hart gegen die kirchliche Friedensbewegung vor und bestraften die jugendlichen Träger des Abzeichens »Schwerter zu Pflugscharen« mit Nichtzulassung zum Abitur, Exmatrikulation und Strafversetzungen aus Betrieben. Doch auch der BEK distanzierte sich von der Aufnäheraktion, um die Beziehungen zu den staatlichen Stellen nicht zu belasten. Aus demselben Grund verweigerten die Kirchenleitungen auch anderen Initiativen die Unterstützung, so etwa dem »Berliner Appell« des Jugendpfarrers (und späteren letzten Verteidigungsministers der DDR) Rainer Eppelmann und des Dissidenten Robert Havemann, der unter dem Schlagwort »Frieden schaffen ohne Waffen« für eine gesamtdeutsche Friedensbewegung eintrat. Weitergehende Impulse für einen gesellschaftspolitischen Aufbruch setzte der gerade in der DDR einflussreiche »*Konziliare Prozess*«

7.10 Die evangelischen Kirchen in der DDR

(Kap. 7.9.2) frei. Als eine der ersten Regionalkonferenzen überhaupt fand in Federführung der ACK der DDR 1988/89 in Magdeburg und Dresden die »Ökumenische Versammlung für Frieden, Gerechtigkeit und Bewahrung der Schöpfung in der DDR« statt.

Seit Ende der 1970er Jahre bildeten sich im Raum der evangelischen Kirche unabhängige Friedens-, Umwelt- und Menschenrechtsgruppen. Diese *Basisgruppen* standen nicht durchweg in enger Verbindung zur christlichen Gemeinde, doch die evangelische Kirche bot ihnen eine Möglichkeit, sich in einem halbwegs geschützten Raum zu entfalten; sie nahm damit eine Katalysatorfunktion für die Entwicklung einer oppositionellen Bewegung wahr. Freilich war die Haltung der kirchlichen Akteure ambivalent: während manche Pfarrer und kirchlichen Mitarbeiter die Basisgruppen und ihre Aktionen unterstützten, gingen die Kirchenleitungen häufig auf Distanz, um das Einvernehmen mit dem Staat nicht zu gefährden.

In der zweiten Hälfte der 1980er Jahre wurde die politische, gesellschaftliche und wirtschaftliche Krise der DDR unübersehbar. Folgenreich war die Entfremdung der SED-Führung unter Erich Honecker von der Sowjetunion, wo der neue Generalsekretär der KPdSU Michail Gorbatschow seit 1986 seine Reformpolitik der »Perestroika« (»Umgestaltung«) betrieb. Die DDR verschloss sich hingegen allen Reformforderungen. Nachdem bereits seit mehreren Jahren die Zahl der Ausreiseanträge zugenommen hatte, kam es im Sommer 1989 über die geöffnete ungarische Grenze zu einer Massenflucht aus der DDR, die das Regime zunehmend unter Druck setzte. Aus dem Milieu der im kirchlichen Schutzraum operierenden Bürgerrechts-, Friedens- und Umweltgruppen bildeten sich ab dem September 1989 *Bürgerbewegungen* (»Neues Forum«, »Demokratie jetzt«, Demokratischer Aufbruch«), die im Gegensatz zur Ausreisebewegung auf Reformen im eigenen Land drängten. Auch der BEK rief dazu auf, in der DDR zu bleiben. Seit September 1989 fanden in Leipzig im Anschluss an die traditionellen montäglichen Friedensgebete in der Nikolaikirche die massenhaft besuchten *Montagsdemonstrationen* statt, die auch auf Berlin und andere Städte übergriffen. Hier sammelte und artikulierte sich eine breite zivilgesellschaftliche Protestbewegung, deren Dynamik bald über die speziellen Reformanliegen der Basisgruppen und Bürgerbewegungen hinwegging und in die Forderung nach der politischen Wiedervereinigung Deutschlands mündete. Der Rücktritt Erich Honeckers führte zu keiner Stabilisierung, am 9. November 1989 erzwang die Volksbewegung die Öffnung der Grenzen. Die Kirchen haben die Friedliche Revolution nicht herbeigeführt. Ihre Rolle beschränkte sich darauf, zeitweise den politischen Basisgruppen und Bürgerrechtsbewegungen Freiräume für ihr Wirken zu gewähren und zwischen den verschiedenen gesellschaftlichen Gruppen und staatlichen Organen vermittelnd tätig zu werden. Die »runden Tische« von Oppositionellen und reformbereiten Staatsvertretern, die vielerorts tagten, wurden nicht zufällig oft von Pfarrern moderiert. Bei der ersten freien Wahl zur Volkskammer im März 1990 siegte die CDU-nahe »Allianz für Deutschland«. Am 3. Oktober 1990 trat die DDR der Bundesrepublik Deutschland bei, nachdem mit dem »Zwei-plus-Vier-Vertrag« die völkerrechtlichen Voraussetzungen dafür geschaffen worden waren. Viele Vertreter der Bürgerbewegungen, aber auch der Kirchen fühlten sich durch die rasche *staatliche Wiedervereinigung* überrumpelt und um die Möglichkeit gebracht, Lösungen für einen verbesserten Sozialismus oder einen anderen eigenen politischen Weg für Ostdeutschland auszuarbeiten.

Auch die *kirchliche Wiedervereinigung* vollzog sich schnell. Schon im Januar 1990, ein Dreivierteljahr vor der Herstellung der staatlichen Einheit, vereinbarten Vertreter von EKD und BEK mit der »Loccumer Erklärung« die Aufnahme entsprechender Verhandlungen. Im Februar 1991 beschlossen die Synoden von EKD und BEK dann förmlich den Zusammenschluss, und im Juni 1991 konstituierte sich die wiedervereinigte EKD mit ihrer ersten erneut gesamtdeutschen Synode in Coburg. Auch hier fehlte es vor allem in Ostdeutschland, aber auch im Westen, nicht an kritischen Stimmen, die das Tempo des Vorgehens beanstandeten und monierten, dass die Lernerfahrungen der DDR-Kirchen aus ihrer Geschichte in und mit dem Sozialismus nicht übergangen werden dürften. Ein prominenter Wortführer dieser Richtung war der Erfurter Propst Heino Falcke, der auch zu den Initiatoren der gegen den Loccumer Beschluss gerichteten »Berliner Erklärung von Christen aus beiden deutschen Staaten« zählte. Vorbehalte gab es vor allem gegen die Übernahme des staatlichen Kirchensteuereinzugs, des schulischen Religionsunterrichts und des Militärseelsorgevertrags, weil damit eine zu große Staatsnähe der evangelischen Kirchen entstehe. Bald wurde allerdings klar, dass ohne Kirchensteuer eine kostendeckende Finanzierung der bislang aus EKD-Transfers bezuschussten kirchlichen Aufgaben im Osten nicht möglich sein würde. Auch die Möglichkeiten des dualen Systems der Wohlfahrtspflege wurden nun von den ostdeutschen Kirchen aktiv genutzt; die bislang praktisch auf die Fürsorge für geistig und körperlich Behinderte beschränkte Arbeit der Diakonie wurde massiv ausgeweitet. 1992 kam es – außer im Land Brandenburg, wo ein eigenes Schulfach LER (»Lebensgestaltung – Ethik – Religion«) geschaffen wurde – auch zur Wiedereinführung eines schulischen Religionsunterrichts nach Artikel 7 Absatz 3 des Grundgesetzes, der sich in seinen Zielsetzungen von der katechetisch orientierten »Christenlehre« unterschied und daher, anders als die Kritiker befürchtet hatten, keineswegs »Kirche in der Schule« sein wollte. 2004 übernahmen die ostdeutschen Landeskirchen nach einer längeren Erprobungs- und Übergangsphase schließlich auch den in der Praxis bewährten Militärseelsorgevertrag.

7.11 Die katholische Kirche in der zweiten Hälfte des 20. Jahrhunderts

7.11.1 Das Papsttum nach 1945

Bis 1958 saß der Pacelli-Papst Pius XII. auf dem Stuhl Petri. Durch seine charismatische Persönlichkeit und sein Geschick als Kirchenpolitiker erwarb er sich verbreitete Anerkennung, die erst nach seinem Tod durch die Debatten über sein Agieren gegenüber dem Nationalsozialismus überschattet wurde (Kap. 7.7.3). Von den zahlreichen Lehrentscheidungen, die Pius XII. in seinem zwanzigjährigen Pontifikat fällte, war das Marien-Dogma von 1950 – das zweite innerhalb von hundert Jahren nach dem Immaculata-Dogma von 1854 – am bedeutendsten: Mit der Konstitution »Munificentissimus Deus« (»Der höchst freigebige Gott«) dogmatisierte der Papst die in der Frömmigkeit und der kirchlichen Praxis – vor allem durch das am 15. August gefeierte Fest Mariä Himmelfahrt – schon seit dem Mittelalter verbreitete (Kap. 1.7.2), aber bislang nicht förmlich definierte Auffassung von der leiblichen Aufnahme (assumptio) Marias in den Himmel. Demnach hatte Gott Maria nach ihrem Tod mit Leib und Seele in den Himmel aufgenommen, sie so Christus gleichgestellt und an ihr die allen Gläubigen verheißene Vollendung schon vorweggenommen. Für das Assumptio-Dogma nahm Pius zum ersten (und bis heute einzigen Mal) ausdrücklich die auf dem

Ersten Vaticanum definierte päpstliche Unfehlbarkeit in Anspruch. Von protestantischer Seite wurde das neue Dogma als ökumenischer Affront empfunden.

Als Nachfolger von Pius XII. wurde überraschend der bereits 77-jährige Patriarch von Venedig Angelo Giuseppe Roncalli gewählt, der den Papstnamen *Johannes XXIII.*[142] wählte (Papst 1958-1963). Der Roncalli-Papst galt zunächst als Übergangskandidat, setzte aber bald starke eigene Akzente. Von einfacher Herkunft, gewann er durch seine Bescheidenheit und seinen Humor große Popularität. Die Wahl seines Papstnamens war als Absage an den Antimodernismus und Traditionalismus der Pius-Päpste zu verstehen. Sein Ziel war eine grundlegende Modernisierung der katholischen Kirche im Dialog mit dem Denken der Zeit, eine innere geistige und pastorale Erneuerung. Für diese Vision prägte Johannes XXIII. das programmatische Schlagwort des *aggiornamento* (von ital. *giorno* = »Tag«) - er wollte die römische Kirche »auf den Stand des Tages bringen«, wollte, mit einem von ihm selbst verwendeten Bild, ein Fenster aufstoßen und frische Luft hereinlassen. Zu diesem Zweck berief er das *Zweite Vatikanische Konzil* ein, das von 1962 bis 1965 tagte und den lange überfälligen Anschluss der katholischen Kirche an die Moderne vollzog.

Johannes XXIII. erlebte das Ende des Konzils nicht mehr mit, er starb vor Beginn der zweiten Sitzungsperiode. So wurde sein Nachfolger zum eigentlichen Papst des Konzils: der Erzbischof von Mailand Giovanni Battista Montini, der bereits bei der vorherigen Papstwahl als Favorit gegolten und sich auf dem Konzil durch wichtige Beiträge hervorgetan hatte. Als Papst nannte er sich Paul VI. (Papst 1963-1978). Paul VI. setzte den Reformkurs des Roncalli-Papstes fort, agierte aber im Ganzen zurückhaltender und mit mehr Rücksicht auf die traditionalistischen Kräfte. Es gelang ihm, das Konzil zum Abschluss zu bringen und die Umsetzung seiner Beschlüsse ins Werk zu setzen. Signalwirkung hatten die Niederlegung der Tiara, der dreifachen Papstkrone, im Jahr 1964 und die Abschaffung des Antimodernisteneides 1967. Paul VI. unternahm als

---

142 In der Endphase des Großen Abendländischen Schismas hatte es bereits einen Papst Johannes XXIII. gegeben (Kap. 1.6.2), der aber in der offiziellen römischen Zählung als Gegenpapst galt. Der letzte anerkannte Papst mit Namen Johannes war der machtbewusste avignonesische Papst Johannes XXII. (Kap. 1.2.3) gewesen. Weder dem einen noch dem anderen wollte der Roncalli-Papst Reverenz erweisen.

erster Papst der Neuzeit Auslandsreisen und nahm an den Problemen der »Dritten Welt« (der keinem der beiden großen Machtblöcke angehörenden Entwicklungsländer) Anteil. Für heftige innerkirchliche Auseinandersetzungen und scharfe Kritik von außen sorgte die salopp als »Pillenenzyklika« bezeichnete Enzyklika *»Humanae vitae«* (»[Die Weitergabe] des menschlichen Lebens«) von 1968. Mit Blick auf die kurz zuvor neu zugelassene »Antibabypille«, deren Gebrauch in den westlichen Gesellschaften bald sichtbare demographische Folgen (»Pillenknick«) zeitigte, verbot Paul VI. hier jede künstliche Empfängnisverhütung. Damit setzte er sich über die Mehrheitsmeinung einer Expertenkommission hinweg, die den Eheleuten die Gewissensentscheidung freigeben wollte.

7.11.2 Das Zweite Vatikanische Konzil

Das wichtigste Instrument für das von Papst Johannes XXIII. angestrebte *aggiornamento* war das Zweite Vatikanische Konzil. Zu seiner Vorbereitung wurden eine Reihe von *Vorbereitungskommissionen* eingesetzt, die Beschlussvorlagen für die Beratungen erstellten. Der besondere Rang, den der Papst den Beziehungen zu den nicht-katholischen christlichen Kirchen beimaß, wurde schon im Vorfeld daran deutlich, dass dieses Thema nicht einer derartigen Kommission, sondern dem 1960 eigens gegründeten *»Sekretariat für die Einheit der Christen«* übertragen wurde. Geleitet wurde es von dem deutschen Kurienkardinal Augustin Bea. 1961 nahmen erstmals fünf offizielle Beobachter der römisch-katholischen Kirche an der Vollversammlung des Ökumenischen Rates der Kirchen in Neu-Delhi teil. Umgekehrt wurden nicht-katholische Beobachter zum Konzil eingeladen. Nach dem Konzil wurde das Einheitssekretariat als ständige Behörde der Kurie verstetigt und mit der Pflege der Beziehungen Roms zu den orthodoxen und protestantischen Kirchen betraut; heute trägt es den Namen »Päpstlicher Rat zur Förderung der Einheit der Christen« (kurz: »Einheitsrat«).

Das *Konzil* fand von 1962 bis 1965 in Rom statt. Mit zweieinhalbtausend Konzilsvätern aus aller Welt, die von mehreren Tausend fachkundigen Theologen, sogenannten »Periti«, beraten wurden, war es das größte Konzil der Kirchengeschichte überhaupt. Tagungsort der Generalkongregationen war das Langhaus der Peterskirche (beim Ersten Vaticanum hatte noch ein Querhaus ausgereicht). Die eigentliche Sacharbeit wurde in zehn Kommissionen und ihren Unterkommissionen geleistet, die auch in den sogenannten Intersessionen zwischen den vier Sitzungsperioden weiterarbeiteten. Dabei stellte sich als das eigentliche Hauptthema bald die Ekklesiologie, die Frage nach einem sach- und zeitgemäßen Verständnis der Kirche, heraus. Die Kommissionen bereiteten die Entscheidungen vor, die in der Generalkongregation der Konzilsväter beraten und beschlossen wurden.

Insgesamt hat das Zweite Vaticanum sechzehn Dokumente unterschiedlichen Ranges beschlossen: vier »Konstitutionen« behandelten Lehrfragen, neun »Dekrete« disziplinäre Fragen, dazu kamen drei »Erklärungen«. Das wichtigste Konzilsdokument und die sachliche Mitte aller Beschlüsse bildete die »Dogmatische Konstitution über die Kirche«, nach ihren Anfangsworten »*Lumen gentium*« (»Das Licht der Völker«, 1964) genannt. Die Kirche wurde hier nicht in herkömmlicher Weise hierarchisch-institutionell verstanden, sondern sakramental und personal: als das Mysterium der Vereinigung der Menschen mit Gott und untereinander ist die Kirche das eigentliche Ursakrament, sie ist ihrem Wesen nach Leib Christi und Volk Gottes. In der Konsequenz dieses Verständnisses wertete das Konzil das Amt der Bischöfe auf, denen gemeinsam mit dem Papst die kollegiale Leitung der Kirche obliegen sollte; seit 1967 finden in Rom regelmäßig gesamtkirchliche Bischofssynoden statt. Andererseits wurde die Stellung der Laien gestärkt, die in der Folgezeit vermehrte innerkirchliche Mitwirkungsmöglichkeiten erhielten. Die Identifizierung der Kirche Christi mit der sichtbaren Institution der römisch-katholischen Kirche wurde festgehalten, auch wenn man sie so formulierte, dass die eine Kirche Christi in der römisch-katholischen Kirche »subsistiere«; dieser philosophische Terminus konnte als Abschwächung, aber auch als Präzisierung gelesen werden. Ergänzt wurde »Lumen gentium« durch die »Pastorale Konstitution über die Kirche in der Welt von heute« mit dem Titel »Gaudium et spes« (»Freude und Hoffnung«), die die Grundzüge katholischer Sozialethik entfaltete.

Von eminenter praktischer Bedeutung war die »Konstitution über die heilige Liturgie« »Sacrosanctum Concilium« (»Das Heilige Konzil«), mit der eine umfassende *Liturgiereform* ins Werk gesetzt wurde. Die neue Gottesdienstordnung zielte auf eine stärkere Beteiligung der Laien am liturgischen Geschehen. Dazu wurde die bisherige lateinische Gottesdienstsprache durch volkssprachliche Formulare ersetzt, die Predigt wurde nun verpflichtender Bestandteil jedes Gottesdienstes.

7.11 Die katholische Kirche in der 2. Hälfte des 20. Jh.s

Als ökumenischer Durchbruch wurde das *»Dekret über den Ökumenismus«* »Unitatis redintegratio« (»Wiederherstellung der Einheit«, 1964) empfunden. Hier bekannte sich das Konzil eindeutig zum ökumenischen Anliegen und würdigte die Angehörigen der früher verurteilten anderen christlichen Konfessionen als »getrennte Brüder«:

> »Denn wer an Christus glaubt und in der rechten Weise die Taufe empfangen hat, steht dadurch in einer gewissen, wenn auch nicht vollkommenen Gemeinschaft mit der katholischen Kirche. Da es zwischen ihnen und der katholischen Kirche sowohl in der Lehre und bisweilen auch in der Disziplin wie auch bezüglich der Struktur der Kirche Diskrepanzen verschiedener Art gibt, so stehen sicherlich nicht wenige Hindernisse der vollen kirchlichen Gemeinschaft entgegen, bisweilen recht schwerwiegende, um deren Überwindung die ökumenische Bewegung bemüht ist. Nichtsdestoweniger sind sie durch den Glauben in der Taufe gerechtfertigt und dem Leibe Christi eingegliedert, darum gebührt ihnen der Ehrenname der Christen, und mit Recht werden sie von den Söhnen der katholischen Kirche als Brüder anerkannt.«[143]

Der Gedanke einer »Hierarchie der Wahrheiten« öffnete Spielräume für die Auslotung von Übereinstimmungen in wesentlichen Fragen bei fortbestehenden Differenzen in weniger wichtigen Punkten. Freilich war und blieb das Ziel die Rückführung der getrennten Christen in die Gemeinschaft der Papstkirche, die allein im vollen Sinn als die Kirche Christi gelten könne; dieses Modell der Rückkehr-Ökumene steht zu dem im evangelischen Raum entwickelten Modell einer »versöhnten Verschiedenheit« (Kap. 7.12.3) in unaufhebbarem Gegensatz. Trotzdem setzte das Ökumenismusdekret in den folgenden Jahren beachtliche Energien frei. Dabei waren die praktischen ökumenischen Annäherungen auf der Ebene der Gemeinden und der Gläubigen – ökumenische Gottesdienste, Eheschließungen und Gesprächskreise – faktisch sogar wichtiger als die offiziellen Gespräche Roms mit Orthodoxen, Anglikanern und Protestanten. In der »Erklärung über das Verhältnis der Kirche zu den nichtchristlichen Religionen« »Nostra aetate« (»In unserer Zeit«) erkannte das Konzil auch in den nichtchristlichen Religionen Elemente der Wahrheit und würdigte das Judentum als die von Gott gestiftete Mutterreligion des Christentums. Mit der »Erklärung über die Religionsfreiheit« »Dignitatis humanae« (»Die Würde der menschlichen

---

143 Zitiert nach Greschat/Krumwiede, Das Zeitalter der Weltkriege (KThGQ 5), 255 f.

[Person]«) verwarf es jeden Religionszwang und bekannte sich zur Achtung der Gewissensfreiheit.

Die Beschlüsse des Zweiten Vaticanums waren im Unterschied zu den Dekreten der früheren Konzilien keine abschließenden lehramtlichen Definitionen, sondern eher Anstöße und Impulse zur innerkirchlichen Erneuerung mit betont pastoraler Tendenz. Sie wollten die Öffnung der Kirche zur Moderne ermöglichen, machten aber keine substantiellen Abstriche am hergebrachten Dogma. Im Bemühen um möglichst einvernehmliche Beschlüsse waren viele Texte mehrdeutig oder in sich widersprüchlich formuliert. Die unterschiedlichen Lesarten der Konzilsdokumente gaben den Anlass für bis heute andauernde Auseinandersetzungen zwischen Progressisten und Traditionalisten um die richtige Interpretation des Konzils.

Die Zeit des Konzils und die Jahre danach waren von einer fast euphorischen Aufbruchstimmung innerhalb des Katholizismus geprägt. Die Beteiligung der Laien, die Liturgiereform und die ökumenische Öffnung veränderten das Erscheinungsbild der katholischen Kirche nachhaltig. In Europa wurden synodale Formen wiederentdeckt. Von 1966 bis 1970 hielt die besonders progressive katholische Kirche der Niederlande eine sogenannte Pastoralsynode ab, nach deren Vorbild dann zu Beginn der 1970er Jahre auch in den beiden deutschen Staaten, der Schweiz und Österreich nationale *Synoden* durchgeführt wurden, die freilich Episode blieben und keine Fortsetzung fanden.

In Lateinamerika trafen die Erneuerungsimpulse des Konzils mit den politischen und sozialen emanzipatorischen Bestrebungen zusammen, die in den sogenannten Basisgemeinden gepflegt wurden. Dabei handelte es sich um unabhängige, stark vom Laienengagement getragene katholische Gemeinden von Landarbeitern und Tagelöhnern, die die Befreiungserzählungen der Bibel auf ihre eigene politische und soziale Situation hin lasen und Reformen verlangten. Teile der Geistlichkeit unterstützten die Anliegen der Basisgemeinden. Dom Hélder Câmara, Erzbischof von Recife in Brasilien, setzte sich, dem Leitbild einer »Kirche der Armen« verpflichtet, für Bodenreformen ein; beim Zweiten Vaticanum machte er sich zum Sprachrohr der Katholiken der »Dritten Welt«. 1968 nahm sich die Generalversammlung der lateinamerikanischen Bischöfe in Medellín in Kolumbien des Themas »Befreiung« an. In kreativer Weiterbildung der Impulse des Konzils im Sinne der in den Basisgemeinden entwickelten Lesart des Evangeliums entstand bald eine kontextuelle »*Theologie der Befreiung*«. Einer ihrer Hauptvertreter, der auch den Begriff mit seinem 1971 erschienen Buch »Teología de la Liberación« prägte, war der peruanische Theologieprofessor Gustavo Gutiérrez. Neben ihm sind vor allem der brasilianische Franziskaner Leonardo Boff und der nicaraguanische Priester und Politiker Ernesto Cardenal zu nennen. Die »Theologie der Befreiung« strahlte auch nach Südafrika und Asien aus. Im deutschen Katholizismus nahmen vor allem der Münsteraner Fundamentaltheologe Johann Baptist Metz und der Tübinger Praktische Theologe Norbert Greinacher in ihren politischen Theologien Anregungen der lateinamerikanischen Befreiungstheologie auf. Auch im Protestantismus wurde sie rezipiert. In Rom wurde die Befreiungstheologie wegen ihrer Nähe zum Marxismus teilweise kritisch betrachtet, Cardenal und Boff wurden schließlich vom Priesteramt suspendiert.

Das Konzil gab aber nicht nur Anlass zu Aufbruch und Optimismus. Auf manche katholischen Kreise wirkten die abrupten Veränderungen im Gottesdienst und im innerkirchlichen Gefüge, die als »Protestantisierung« empfunden wurden, verunsichernd. Angesichts des rapiden Wertewandels der 1960er und 1970er Jahre und mit Blick auf die revolutionären Ideen der Befreiungstheologie, die sich auch auf das Vaticanum berief, schien das Konzil wichtige Haltelinien preisgegeben zu haben. In bestimmten traditionalistischen Milieus begegnete und begegnet man dem Konzil und dem nachkonziliaren Katholizismus mit mehr oder weniger offenem Widerstand. Besondere Prominenz erlangte der ehemalige Erzbischof von Dakar im Senegal, *Marcel Lefebvre*, der 1970 die »Priester-Bruderschaft St. Pius X.« als Kaderschmiede für eine traditionalistische Geistlichkeit gründete und schließlich wegen eigenmächtiger Priester- und Bischofsweihen suspendiert und exkommuniziert wurde.

Die Auseinandersetzungen um die Interpretation des Konzils dauern bis in die Gegenwart an. Eine Fixierung und Vereindeutigung erfuhr die nachkonziliare Kirchenlehre auf Anregung der zum zwanzigjährigen Konzilsjubiläum 1985 versammelten Bischofssynode in Gestalt des 1992 veröffentlichten katholischen »*Weltkatechismus*« (»Katechismus der Katholischen Kirche«).

7.11.3 Das nachkonziliare Papsttum

Nach dem Tod des Montini-Papstes wurde 1978 der Patriarch von Venedig Albino Luciani zu seinem Nachfolger gewählt. Als erster Papst wählte er einen Doppelnamen, mit dem er sich in Kontinuität zu den beiden Konzilspäpsten stellte: *Johannes Paul I.* Nach einem nur 33-tägigen Pontifikat starb der neue Papst im Alter von fünfundsechzig Jahren, was Anlass zu (unbewiesenen) Spekulationen über seine Ermordung gab. Die erneute Papstwahl erwies sich als epochemachend. Erstmals seit dem 1523 verstorbenen Hadrian VI. wählten die Kardinäle wieder einen Nicht-Italiener und den ersten Polen überhaupt zum Papst. Karol Wojtyła, der zuvor Erzbischof von Krakau gewesen war und sich nun in Reverenz gegenüber seinem Vorgänger *Johannes Paul II.* (Papst 1978-2005) nannte, wurde zum bedeutendsten Papst der zweiten Jahrhunderthälfte. Sein Pontifikat war der zweitlängste der Kirchengeschichte nach Pius IX. Johannes Paul II. war theologisch konservativ und von der Marienfrömmigkeit seiner polnischen Heimat geprägt. Von Rom aus unterstützte er die von der unabhängigen Gewerkschaft Solidarność getragene Demokratiebewegung in Polen und trug entscheidend zum Sturz des kommunistischen Regimes bei; 1981 überlebte er ein wahrscheinlich vom sowjetischen Geheimdienst in Auftrag gegebenes Attentat. Durch seine gewinnende und volksnahe Art erwarb sich der vielsprachige Pontifex große Sympathien. Vor allem seine rege Reisetätigkeit mit über einhundert Auslandsreisen in alle Welt machte ihn populär. Enorm war die Zahl der von ihm vorgenommenen Kanonisierungen; mit 1.338 Seligsprechungen und 482 Heiligsprechungen erhob er doppelt so viele Menschen zur Ehre der Altäre wie alle Päpste der vorangegangenen vierhundert Jahre zusammen. Er selbst wurde unter Verkürzung der üblichen Fristen bereits 2014 heiliggesprochen, zusammen mit Johannes XXIII., dem Konzilspapst.

Auf Johannes Paul II. folgte mit Joseph Ratzinger, der sich *Benedikt XVI.* (Papst 2005–2013) nannte, der achte deutsche Papst der Kirchengeschichte. Ratzinger hatte als Peritus am Konzil teilgenommen, später war er Dogmatik-Professor, dann Erzbischof von München-Freising und schließlich Präfekt der römischen Glaubenskongregation geworden. Er verkörperte den Typus des persönlich liebenswürdigen, theologisch und kirchenpolitisch konservativen Intellektuellen. 2013 legte er aus Altersgründen als zweiter Papst der Kirchengeschichte überhaupt (nach Coelestin V. 1294) freiwillig sein Amt nieder. Mit dem Erzbischof von Buenos Aires Jorge Mario Bergoglio, der sich den Papstnamen *Franziskus* wählte, wurde 2013 der erste Nicht-Europäer und der erste Jesuit auf den Stuhl Petri gewählt.

7.11.4 Die katholische Kirche in der Bundesrepublik Deutschland

Anders als im Kaiserreich und im Deutschen Reich bis 1945 war das Verhältnis der beiden großen Konfessionen in der »alten« Bundesrepublik Deutschland fast genau ausgeglichen. Die 1945 wiederbegründete Zentrumspartei, ehemals Zentralorgan des politischen Katholizismus, erlangte keine Bedeutung mehr, stattdessen unterstützten die Amtsträger der katholischen Kirche geschlossen die neue überkonfessionelle christliche Volkspartei CDU/CSU. Gemäß dem Reichskonkordat, dessen Fortgeltung die katholische Kirche nachdrücklich beanspruchte, durften katholische Geistliche allerdings keiner politischen Partei angehören, doch wurde dies später stillschweigend hingenommen. Vergleichbare Konflikte um die Westintegration der Bundesrepublik Deutschland und die Wiederbewaffnung wie im Protestantismus gab es in der katholischen Kirche nicht.

An der Spitze der *Fuldaer Bischofskonferenz* stand seit dem Tod des Breslauer Erzbischofs Kardinal Bertram im Sommer 1945 der Kölner Erzbischof Josef Frings. Ende 1945 wurden er und die in der NS-Zeit bewährten Bischöfe von Berlin und Münster, Preysing und Galen, vom Papst zu Kardinälen erhoben, was wohl auch als politische Geste gegenüber dem besiegten Deutschland zu verstehen war. Gleich bei ihrer ersten Vollversammlung unter dem neuen Vorsitzenden Frings formulierten die deutschen Bischöfe 1945 einen gemeinsamen Hirtenbrief, der auch ein Schuldbekenntnis enthielt: zwar hätten viele Katholiken Widerstand geleistet, doch seien andere auch durch Gleichgültigkeit oder Mittäterschaft an den Verbrechen des Nationalsozialismus mitschuldig geworden. Als katholisches Gegenstück zu dem 1959 gegründeten evangelischen Hilfswerk »Brot für die Welt« richtete die Fuldaer Bischofskonferenz ebenfalls 1959 das bischöfliche Hilfswerk »Misereor« ein, das mit Spendenaktionen vor allem in der Fastenzeit Hilfsprojekte in Afrika, Asien und Lateinamerika fördert. 1961 entstand zusätzlich die »Bischöfliche Aktion Adveniat«, die vor allem in der Adventszeit für Projekte in Lateinamerika sammelt. 1965, als die Ost-Denkschrift der EKD erschien, kam es auch zu einer Annäherung zwischen den katholischen Bischöfen in Polen und Deutschland, die durch einen bemerkenswerten Brief des polnischen Episkopats an die deutschen Amtsbrüder eingeleitet wurde.

Neben die Fuldaer Bischofskonferenz trat als Laienorganisation das »*Zentralkomitee der Deutschen Katholiken*« (ZdK), das 1952 aus dem Katholischen Verein Deutschlands hervorging. Seit 1970 ist es Träger der zweijährlich gefeierten Deutschen Katholikentage. Der erste Katholikentag nach dem Krieg wurde 1948 in Mainz ausgerichtet, wo genau einhundert Jahre zuvor der erste Katholikentag überhaupt stattgefunden hatte (Kap. 6.5.6).

Die *katholische Theologie* in Deutschland nahm einen großen Aufschwung und gewann schließlich auf allen Gebieten den Anschluss an die Moderne. Wichtige Impulse, die nicht zuletzt im Zweiten Vatikanischen Konzil zur Wirkung kamen, gingen vor allem von dem Jesuiten *Karl Rahner* (1904-1984), Professor für Dogmatik an der Universität Innsbruck, aus, der eine »anthropologische Wende« in der katholischen Theologie einleitete und zusammen mit seinen Schülern eine überragende Wirkung erzielte.

Das Zweite Vaticanum führte auch im deutschen Katholizismus zu einer gewaltigen Aufbruchstimmung. Entsprechend dem Beschluss des Konzils, in allen Ländern nationale Bischofskonferenzen einzurichten, wurde die Fuldaer Bischofskonferenz, die bisher nur ein informelles Koordinierungsgremium gewesen war, 1966 als »*Deutsche Bischofskonferenz*« förmlich kirchenrechtlich institutionalisiert. In den einzelnen Diözesen wurden Priesterräte sowie Diözesanräte (Katholikenräte) als laikale *Mitbestimmungsgremien* eingerichtet, die auch Vertreter ins Zentralkomitee der Deutschen Katholiken entsenden. Auf Dekanats- und Gemeindeebene wurden analog Dekanats- und Pfarrgemeinderäte gebildet.

Das Selbstbewusstsein und die Eigenständigkeit der deutschen Bischöfe zeigte sich, als 1968 Papst Paul VI. mit der auch innerkirchlich umstrittenen Enzyklika »Humanae vitae« jede künstliche Empfängnisverhütung verbot (Kap. 7.11.1). Gegen die päpstliche Anweisung hielt die Deutsche Bischofskonferenz in ihrer »*Königsteiner Erklärung*« an der Freiheit der Gläubigen zu einer eigenen Gewissensentscheidung fest, ohne dass Rom dagegen intervenierte. Angeregt durch das Vorbild der niederländischen Pastoralsynode (Kap. 7.11.2), tagte von 1971 bis 1975 in Würzburg die von der Deutschen Bischofskonferenz eingesetzte »*Gemeinsame Synode* der Diözesen in der Bundesrepublik Deutschland«, der außer den Bischöfen gewählte Vertreter aus den einzelnen Diözesen sowie weitere, von der Bischofskonferenz, dem ZdK und den Ordensoberen bestimmte Mitglieder angehörten. In insgesamt acht mehrtägigen

Vollversammlungen wurden Beschlüsse über eine zeitgemäße Gestaltung des kirchlichen Lebens gefasst; weitergehende Wünsche nach der Diakonatsweihe von Frauen und der Zulassung der Laienpredigt wurden von Rom nicht gebilligt.

Mit der zunehmend konservativeren Auslegung der Konzilsbeschlüsse durch Rom kam es in den folgenden Jahren wiederholt zu Konflikten zwischen progressiven katholischen Theologen und dem kirchlichen Lehramt. 1979 entzog die Glaubenskongregation dem an der Universität Tübingen lehrenden Schweizer Theologen *Hans Küng*, der als Peritus am Zweiten Vaticanum teilgenommen hatte, die Lehrerlaubnis. 1991 verlor der Paderborner Theologe und Psychotherapeut *Eugen Drewermann* seine Lehr- und Predigterlaubnis. 1995 entstand in Österreich als eine Basisinitiative das sogenannte *»Kirchenvolks-Begehren«*, eine Unterschriftenaktion für eine Erneuerung der Kirche im Sinn des Konzils, die auch in Deutschland durchgeführt wurde; aus ihr ging die international tätige Bewegung »Wir sind Kirche« hervor.

7.11.5 Die katholische Kirche in der DDR

Der mitteldeutsche Raum, in dem 1949 die DDR entstand, war traditionell evangelisch geprägt, geschlossene katholische Gebiete gab es nur in den ehemals kurmainzischen Territorien auf dem Eichsfeld und in der Lausitz. Nach 1945 wuchs die Zahl der Katholiken stark durch den Zuzug von Vertriebenen aus Schlesien und dem Sudetenland. Dennoch blieben sie eine Minderheit; 1949, im Jahr der Staatsgründung, zählte die katholische Kirche in der DDR weniger als drei der damals noch über achtzehn Millionen Einwohner zu ihren Mitgliedern.

Anders als die Bundesrepublik Deutschland sah sich die DDR nicht durch das Reichskonkordat von 1933 gebunden. Durch die Grenzziehungen zu Polen (Oder-Neiße-Linie) und den westlichen Besatzungszonen waren die meisten *Diözesen* zerschnitten. Allein das Bistum Meißen lag ganz auf dem Staatsgebiet der DDR. Die neue deutsch-polnische Grenze durchschnitt das Erzbistum Breslau, zu dem die Gegend um Görlitz und Cottbus gehörte, und das Bistum Berlin, dessen östliche Teile abgetrennt wurden. Die übrigen Teile der DDR gehörten zu den westdeutschen Diözesen Osnabrück, Paderborn, Fulda und Würzburg. Zu einer Neufestlegung der Bistumsgrenzen kam es angesichts der ungeklärten deutschlandpolitischen Situation nicht. Die im Ausland ansässigen Bischöfe ließen ihre Jurisdiktion in den in der DDR gelegenen Bistumsteilen von eigens beauftragten Klerikern im Rang von Generalvikaren oder Weihbischöfen wahrnehmen. Im Kontext der Anerkennung der Oder-Neiße-Grenze und der Normalisierung der innerdeutschen Beziehungen durch die Ostpolitik von Bundeskanzler Brandt passte Papst Paul VI. 1972 die Diözesangrenzen im Osten an die Staatsgrenzen an und errichtete in Görlitz eine eigene »Apostolische Administratur«. 1973 erhob er die Ostteile der im Westen gelegenen Bistümer zu »bischöflichen Ämtern«. Der polnische Papst Johannes Paul II. verfolgte den Weg einer organisatorischen Verselbständigung der Jurisdiktionsbezirke in der DDR nicht weiter. Erst nach dem Ende der DDR nahm er eine umfassende kirchliche Neugliederung vor.

Während die EKD bis 1969 an ihrer gesamtdeutschen Zuständigkeit festhielt, bildete sich in der neu gegründeten DDR schon 1950 eine eigene regionale Bischofskonferenz, die »*Berliner Ordinarienkonferenz*«. Wie die Fuldaer Bischofskonferenz und die bayerische Freisinger Bischofskonferenz war sie zunächst lediglich ein informelles Beratungsgremium ohne kirchenrechtlichen Status. Mit dem Mauerbau 1961 wuchs die Bedeutung der Ordinarienkonferenz. Seit diesem Jahr stand an ihrer Spitze der (Ost-)Berliner Bischof und spätere Kardinal Alfred Bengsch. Nachdem eine Zusammenarbeit mit den im Westen ansässigen Hilfswerken Misereor und Adveniat nicht mehr möglich war, wurde 1968 das bischöfliche Hilfswerk »Not in der Welt« gegründet. 1976 wurde die Ordinarienkonferenz – auch auf Betreiben des Staates, der sich davon eine stärkere Abgrenzung zum Westen versprach – zur »Berliner Bischofskonferenz« aufgewertet. Bereits seit 1952 gab es in Erfurt ein eigenes Priesterseminar.

Wie die evangelischen Kirchen, so sah sich auch die katholische Kirche in der DDR offenen und verdeckten *Repressionen* ausgesetzt. Die Einführung der Jugendweihe und die Abschaffung des schulischen Religionsunterrichts sowie Zwangsmaßnahmen gegen die kirchliche Jugendarbeit trafen ebenso den Katholizismus, auch die sozialdiakonische Arbeit der Caritas wurde eingeschränkt. Gegenüber Versuchen staatlicher Einflussnahme erwies sich die katholische Kirche insgesamt als resilienter als die evangelischen Kirchen. Bengsch führte als langjähriger Vorsitzender der Berliner Ordinarien- bzw. Bischofskonferenz ein striktes Regiment. Einerseits vermied er im Sinne des Kurses politischer Abstinenz öffentliche kritische Stellungnahmen gegen den SED-Staat und unterband innerkirchliche Opposition, um kirchliche Handlungsspielräume offenzuhalten. Andererseits führte er für die Kontakte aller Kleriker und Kirchenmitarbeiter mit staatlichen Organen ein System der »reglementierten Gesprächsführung« ein, das eine konspirative Infiltration der katholischen Kirche erschwerte.

Die vom Zweiten Vatikanischen Konzil ausgelöste Aufbruchstimmung erreichte auch den DDR-Katholizismus. Im Bistum Meißen wurde 1969/70 eine Diözesansynode durchgeführt. Von 1973 bis 1975 fand in Dresden – zeitgleich mit der Würzburger Synode der westdeutschen Diözesen – eine Pastoralsynode der katholischen Kirche in der DDR statt. Von 1987 bis 1989 beteiligte sich die katholische Kirche an der »Ökumenischen Versammlung für Frieden, Gerechtigkeit und Bewahrung der Schöpfung in der DDR« (Kap. 7.10.4).

Mit der staatlichen Wiedervereinigung Deutschlands kam es 1990 auch zur Wiedervereinigung der Berliner Bischofskonferenz mit der Deutschen Bischofskonferenz. 1994 erfolgte die überfällige Neuordnung der ostdeutschen Bistumsorganisation durch Papst Johannes Paul II. Berlin wurde nun zum Erzbistum erhoben, neben dem Bistum Dresden-Meißen wurden in Magdeburg, Erfurt und Görlitz neue selbstständige Bistümer errichtet.

7.12 Christsein in der Ökumene

Zu den bemerkenswerten kirchengeschichtlichen Entwicklungen des 20. Jahrhunderts zählt die Formierung der ökumenischen Bewegung, die in ihrem Streben nach Überwindung der konfessionellen Spaltung des Christentums zuvor kaum vorstellbare Fortschritte erzielt hat.[144]

7.12.1 Die Anfänge der ökumenischen Bewegung im 19. und frühen 20. Jahrhundert

Die Anfänge der modernen ökumenischen Bewegung reichen bis ins 19. Jahrhundert zurück. Impulse der Erweckungsbewegung und des angel-

---

144 Zum Folgenden vgl. auch Ulrich H. J. Körtner, Ökumenische Kirchenkunde (Lehrwerk Evangelische Theologie 9), Leipzig 2018, 286–319.

sächsischen Evangelikalismus führten damals zur Entstehung der ersten überkonfessionellen Organisationen. Als älteste Institution dieser Art kann die 1846 in London gegründete »Evangelische Allianz« gelten. In ihr schlossen sich etwa neunhundert evangelikal geprägte Persönlichkeiten aus den meisten protestantischen Kirchen Europas und Nordamerikas sowie aus einzelnen Missionsländern zusammen. Ihr Ziel bestand darin, durch persönliche Begegnungen und gemeinsames Gebet Vorurteile auszuräumen und die Einheit im Glauben an Christus zu erfahren; eine organisatorische Vereinigung der getrennten Kirchen war nicht beabsichtigt. Die bis heute bestehende Weltweite Evangelische Allianz, die sich in regionale und nationale Evangelische Allianzen gliedert, fungiert als Dachorganisation der evangelikalen Bewegung. Jedes Jahr im Januar richtet sie die Allianzgebetswoche aus. Der Deutschen Evangelischen Allianz und ihren lokalen Arbeitskreisen gehören Gläubige aus evangelischen Landes- und Freikirchen an.

Eine weitere, aus der Erweckungsbewegung hervorgegangene Vorläuferorganisation der ökumenischen Bewegung war der *CVJM-Weltbund*. Die 1844 in London gegründete überkonfessionelle »Young Men's Christian Association« (YMCA) wurde Vorbild für zahlreiche weitere sogenannte Jünglingsvereine in Europa und Amerika. In Deutschland nannten sich diese Gründungen »Christlicher Verein junger Männer (heute: Menschen)« (CVJM). Bereits 1855 fand in Paris auf Anregung des Schweizer Geschäftsmanns Henri Dunant, der wenig später das Internationale Komitee vom Roten Kreuz gründete, die erste CVJM-Weltkonferenz statt. 1878 wurde der CVJM-Weltbund mit Sitz in Genf begründet.

Zu Beginn des 20. Jahrhunderts entstand aus Begegnungen zwischen englischen und deutschen Pfarrern, die angesichts der zunehmenden internationalen Spannungen im Vorfeld des Ersten Weltkriegs Christen aus verschiedenen Ländern zusammenbringen wollten, der *»Weltbund für Internationale Freundschaftsarbeit der Kirchen«* (Kap. 6.10) – auch er ein Zusammenschluss von Einzelpersonen, nicht von ganzen Kirchen. Die Gründungsversammlung 1914 war vom Kriegsausbruch überschattet, doch die Arbeit wurde bis 1948 fortgesetzt. In Deutschland waren der Berliner Pfarrer Friedrich Siegmund-Schultze und Dietrich Bonhoeffer wichtige Multiplikatoren. Mit der Gründung des Ökumenischen Rates der Kirchen löste sich der Weltbund auf.

7.12.2 Die drei Zweige der ökumenischen Bewegung im 20. Jahrhundert

Alle bisher genannten Organisationen waren Zusammenschlüsse von ökumenisch engagierten Einzelnen. Demgegenüber handelt es sich bei dem 1948 als zentrale Institution der weltweiten ökumenischen Bewegung gegründeten Ökumenischen Rat der Kirchen (ÖRK) um einen Zusammenschluss von ganzen Kirchen. Hervorgegangen ist er aus drei älteren Arbeitszweigen: dem Internationalen Missionsrat, der Bewegung für Praktisches Christentum und der Bewegung für Glauben und Kirchenverfassung.

Der *Internationale Missionsrat* (International Missionary Council, IMC) wurde 1921 gegründet. Mit ihm wurden die Impulse der ersten Weltmissionskonferenz in Edinburgh 1910 (Kap. 6.9.4) fortgeführt, die im angelsächsischen Raum bis heute als ein Initialereignis der ökumenischen Bewegung gilt. Erster Präsident des IMC wurde der amerikanische Laienprediger John Mott, der bereits Präsident der Konferenz in Edinburgh gewesen war; später übernahm er auch den Vorsitz des CVJM-Weltbundes. Als Pionier der Ökumene wurde er mit dem Friedensnobelpreis ausgezeichnet. In der Folgezeit richtete der IMC in unregelmäßigen Abständen weitere Weltmissionskonferenzen aus. 1961 ging er im ÖRK auf, dessen Kommission für Weltmission und Evangelisation seither für die Weltmissionskonferenzen verantwortlich zeichnet.

Die Erfahrungen des Ersten Weltkriegs führten 1920 auf politischer Ebene zur Gründung des Völkerbundes, der Vorgängerorganisation der Vereinten Nationen (UN). In Kirchenkreisen begannen zur selben Zeit Planungen für einen »Ökumenischen Rat der Kirchen« und für »Weltkirchenkonferenzen«, die ein vergleichbares Forum für die konfessions- und länderübergreifende kirchliche Zusammenarbeit sein sollten. Neben dem Weltbund für Internationale Freundschaftsarbeit der Kirchen war es vor allem der lutherische Erzbischof von Uppsala in Schweden *Nathan Söderblom* (1866-1931) – auch er erhielt später den Friedensnobelpreis –, der sich für dieses Projekt einsetzte.

1920 fand in Genf die Vorbereitungstagung für eine erste »Weltkonferenz für praktisches Christentum« statt. Dabei sollte der Fokus ganz auf der praktischen Zusammenarbeit der Kirchen liegen, Fragen der Glaubenslehre und der Kirchenverfassung sollten ausgeklammert werden. Die Konferenz selbst fand 1925 in Stockholm mit fast siebenhundert Delegierten der meisten protestantischen und orthodoxen Kirchen – die römisch-katholische Kirche beteiligte sich nicht – und ökumenischer Verbände statt. In ihrer Schlussbotschaft stellten sie fest, dass die Nachfolge Christi die Verpflichtung einschließe, das Evangelium auch auf dem Gebiet von Politik, Wirtschaft und Gesellschaft zur entscheidenden Macht zu machen – eine von der damaligen nordamerikanischen »Social-Gospel-Bewegung« geprägte Position, die im europäischen Luthertum nicht nur Zustimmung fand. Besonderen Eindruck hinterließen die gemeinsam gefeierten Gottesdienste. Begeisterte Beobachter sprachen vom »ersten ökumenisches Konzil der Neuzeit«. Aus der Stockholmer Weltkirchenkonferenz ging 1930 der »Ökumenische Rat für Praktisches Christentum« (Ecumenical Council of Life and Work) hervor. 1937 fand in Oxford die zweite Weltkonferenz für praktisches Christentum statt. Seit 1928 betrieb die *Bewegung für Praktisches Christentum* in Genf ein eigenes sozialwissenschaftliches Institut. 1948 ging sie als »Kommission für Praktisches Christentum« im ÖRK auf.

Dogmatische und kirchenrechtliche Fragen waren bei der Weltmissionskonferenz von 1910 und dann auch von der Bewegung für Praktisches Christentum bewusst ausgeklammert worden. Ihnen widmete sich die dritte Vorläuferorganisation des ÖRK, die B*ewegung für Glauben und Kirchenverfassung* (Faith and Order). Gegründet wurde sie schon 1910 in den USA auf Anregung von Charles Brent, einem Bischof der anglikanischen Episkopalkirche. Ziel war eine substantielle Verständigung und Annäherung der Konfessionen in der Glaubenslehre und den Auffassungen über Wesen und Verfassung von Kirche. 1920 veranstaltete die Bewegung in Genf im Anschluss an die Vorkonferenz von »Life and Work« eine eigene Vorbereitungskonferenz für die erste »Weltkonferenz für Glauben und Kirchenverfassung«, die 1927 im schweizerischen Lausanne stattfand. Auch hier fehlte die römisch-katholische Kirche; die unter staatlicher Verfolgung leidende russisch-orthodoxe Kirche war an der Teilnahme gehindert. Die Abschlussberichte der einzelnen Sektionen stellten ein großes Maß an lehrmäßigen Übereinstimmungen fest, die es gestatteten, von einem Fundamentalkonsens der Kirchen zu sprechen, konstatierten in einzelnen Punkten aber auch schwerwiegende Differenzen. Keine Einigkeit herrschte über das Ziel der ökumenischen Arbeit: während die Anglikaner eine »organische Union«, also eine institutionelle Kirchenvereinigung, anstrebten, schwebte den übrigen reformatorischen Kirchen eine Konkordie, also die Erklärung der Kirchengemeinschaft ohne institutionelle Union, vor. Die zweite Weltkonferenz für Glauben und Kirchenverfassung fand 1937, im selben Jahr wie die zweite Weltkonferenz für Praktisches Christentum, in Edinburgh statt. Seit 1948 wurde die Arbeit im Rahmen der »Kommission für Glauben und Kirchenverfassung« des ÖRK fortgesetzt. In diesem Zusammenhang fanden auch die Lehrgespräche statt, die 1973 zur Unterzeichnung der Leuenberger Konkordie führten, mit der die Kanzel- und Abendmahlsgemeinschaft unter den protestantischen Kirchen Europas hergestellt wurde (Kap. 7.8.4). Der vielleicht bedeutendste Ertrag der Arbeit von »Faith and Order« war die nach dem Tagungsort benannte *»Lima-Erklärung«* zu Taufe, Eucharistie und Amtsverständnis von 1982, die zwar keinen Konsens, aber doch eine »Konvergenz« zwischen den Kirchen feststellte, freilich auch auf Vorbehalte in den orthodoxen Kirchen und bei der römisch-katholischen Kirche stieß. Eine praktische Folge der hier erklärten Konvergenz war die Lima-Liturgie für gemeinsame Abendmahlsgottesdienste, die auch auf späteren Vollversammlungen des ÖRK und sonst in ökumenischen Kreisen verwendet wurde.

7.12.3 Der Ökumenische Rat der Kirchen

Von Anfang an bestanden enge Verbindungen zwischen den Bewegungen für Praktisches Christentum und für Glauben und Kirchenverfassung. Seit 1933 gab es Bestrebungen, beide zu einem *»Ökumenischen Rat der Kirchen«* zusammenzufassen. 1938 wurde in Utrecht die Vereinigung vollzogen und ein »Vorläufiger Ausschuss für den Ökumenischen Rat« gebildet, dessen Vorsitz der anglikanische Erzbischof von York William Temple übernahm. Als Generalsekretär fungierte der niederländische Sekretär des CVJM-Weltbundes Willem A. Visser 't Hooft (1900–1985), der zum wichtigsten Repräsentanten des Weltkirchenrates werden sollte. Zur förmlichen Konstituierung des ÖRK kam es, bedingt durch den Ausbruch des Zweiten Weltkriegs, jedoch erst 1948 mit seiner ersten Vollversammlung in *Amsterdam*. Gründungsmitglieder des Ökumenischen Rates der Kirchen (ÖRK; englisch: World Council of Churches, WCC) waren einhundertsiebenundvierzig evangelische und orthodoxe Kirchen. Heute gehören dem ÖRK mehr als dreihundertvierzig Kirchen in mehr als einhundert Ländern an, die mehr als ein Viertel der globalen Christenheit repräsentieren; es fehlen die römisch-katholische Kirche, die allein rund die Hälfte der weltweiten Christenheit ausmacht, im

ÖRK aber nur Beobachterstatus hat (seit 1961), und die meisten Pfingstkirchen. Die in Amsterdam beschlossene »*Basis*« (Basisformel) des ÖRK besagte: »Der Ökumenische Rat der Kirchen ist eine Gemeinschaft von Kirchen, die unseren Herrn Jesus Christus als Gott und Heiland anerkennen«.[145] Auf der ÖRK-Vollversammlung in Neu-Delhi 1961 wurde die Basis um die von den Protestanten gewünschte Erwähnung der Bibel und die von den Orthodoxen gewünschte Erwähnung der Trinität erweitert:

> »Der Ökumenische Rat der Kirchen ist eine Gemeinschaft von Kirchen, die den Herrn Jesus Christus gemäß der Heiligen Schrift als Gott und Heiland bekennen und darum gemeinsam zu erfüllen trachten, wozu sie berufen sind, zur Ehre Gottes, des Vaters, des Sohnes und des Heiligen Geistes«.[146]

Auch wenn die Zielvorstellungen der Mitgliedskirchen für die ökumenische Arbeit im Einzelnen differieren, arbeitet der ÖRK nicht auf eine institutionelle Kircheneinheit hin. Gerade im Protestantismus orientiert man sich vielmehr an einem Ideal, das der lutherische Ökumeniker Harding Meyer auf die Formel der »Einheit in versöhnter Verschiedenheit« brachte.[147] Oberstes Organ des ÖRK ist die alle sechs bis acht Jahre tagende Vollversammlung. Zwischen den Vollversammlungen obliegt die Leitung dem von sechs Präsidenten geleiteten Zentralausschuss. Die Geschäftsführung wird vom Generalsekretariat in Genf wahrgenommen. Parallel zur Konstituierung des ÖRK wurde 1948 in Deutschland die »*Arbeitsgemeinschaft Christlicher Kirchen*« (ACK) als nationaler Kirchenrat gegründet, die sich ihrerseits wieder in regionale und lokale Arbeitsgemeinschaften gliedert; seit 1974 gehört ihr auch die katholische Kirche an. Die 1959 gegründete »*Konferenz Europäischer Kirchen*« (KEK) diente unter den Bedingungen des Kalten Krieges als Forum für die kirchliche Zusammenarbeit in Europa. Auf globaler Ebene entstanden neben dem ÖRK als neue konfessionelle Zusammenschlüsse der *Lutherische Weltbund* (1947) und der *Reformierte Weltbund* (1970). Neben den formellen kirchlichen Zusammenschlüssen sind für die praktische ökumenische Arbeit zahlreiche Basisinitiativen in Gemeinden, Gesprächskreisen und freien Werken von nicht zu unterschätzender Bedeutung. Seit

---

145 Zitiert nach Greschat/Krumwiede, Das Zeitalter der Weltkriege (KThGQ 5), 204.
146 Ebd., 239 f.
147 Meyer, Versöhnte Verschiedenheit.

1927 wird jährlich der ökumenische *Weltgebetstag* der Frauen begangen. Unter jungen Menschen erfreuen sich die europäischen Jugendtreffen großer Beliebtheit, die jährlich von der ökumenischen Kommunität im französischen Taizé 1942 ausgerichtet werden, die 1942 von dem reformierten Schweizer Theologen Roger Schutz gegründet wurde.
Eine wichtige Wegmarke in der Arbeit des ÖRK bildete die bereits erwähnte dritte Vollversammlung in *Neu-Delhi 1961*. Hier wurde die Basisformel erweitert, was überhaupt erst den Beitritt zahlreicher orthodoxer Kirchen ermöglichte, und der Internationale Missionsrat in den ÖRK eingegliedert; erstmals nahmen auch Beobachter der römisch-katholischen Kirche teil. In den folgenden Jahren traten zunehmend politische Anliegen in den Fokus der Aufmerksamkeit. 1969 legte der ÖRK ein *Antirassismus-Programm* auf, das der Bekämpfung rassistischer Diskriminierung und insbesondere der Rassentrennung in Südafrika (»Apartheid«) dienen sollte und mit einem Sonderfonds verbunden war, aus dem auch politische Befreiungsbewegungen finanziert wurden. Die Tatsache, dass der ÖRK bewusst darauf verzichtete zu kontrollieren, dass die Mittel nicht für Waffenkäufe verwendet wurden, führte vor allem im westdeutschen Protestantismus zu heftiger Kritik. Seit 1972 war der jamaikanische Methodistenpastor Philip Potter Generalsekretär des ÖRK. In seiner Amtszeit wuchs der Einfluss der Kirchen der südlichen Hemisphäre, und das Thema der sozialen Gerechtigkeit und einer veränderten globalen politischen und Wirtschaftsordnung bestimmte zunehmend die Arbeit. Die sechste Vollversammlung des ÖRK in *Vancouver 1983* stand ganz im Zeichen aktueller ökologischer, ökonomischer und politischer Bedrohungen; hier wurde der »Konziliare Prozess für Gerechtigkeit, Frieden und Bewahrung der Schöpfung« initiiert (Kap. 7.9.2). Die vorerst letzte Vollversammlung fand 2013 in Busan in Südkorea statt. Belastet wird das Miteinander der Kirchen im ÖRK zunehmend durch Spannungen zwischen Protestanten und Orthodoxen, die sich aus den Fragen der Frauenordination und der unterschiedlichen theologischen Beurteilung der Homosexualität ergeben.

7.12.4 Protestantisch-katholische Einheitsbestrebungen

Im Kontext des Zweiten Vatikanischen Konzils hat sich auch die römisch-katholische Kirche für das ökumenische Anliegen geöffnet. Mit der Einrichtung des päpstlichen Einheitssekretariats und dem Ökumenismus-Dekret setzte man deutliche Signale. Seit 1961 entsendet die katholische Kirche Beobachter zu den Vollversammlungen des *Ökumenischen Rates der Kirchen*, seit 1965 unterhält sie mit ihm eine ständige Arbeitsgruppe und arbeitet in den Kommissionen für Glauben und Kirchenverfassung und für Weltmission und Evangelisation mit. Eine Vollmitgliedschaft im ÖRK lässt das kirchliche Selbstverständnis des römischen Katholizismus nicht zu. Ein großer Teil seines ökumenischen Engagements vollzieht sich im Medium bilateraler Begegnungen und Lehrgespräche. Letztes Ziel wird aus katholischer Perspektive indessen eine Rückkehr-Ökumene (d. h. Rückführung der »getrennten Brüder« in die Einheit der römisch-katholischen Kirche) sein müssen.

In Deutschland gab es bereits seit der unmittelbaren Nachkriegszeit bilaterale ökumenische Gespräche. Getragen wurden diese von dem sogenannten *Jaeger-Stählin-Kreis* katholischer und lutherischer Theologen, der 1946 von dem katholischen Erzbischof von Paderborn Lorenz Jaeger, dem Gründer des Paderborner Johann-Adam-Möhler-Instituts für Konfessionskunde, und dem lutherischen Bischof von Oldenburg Wilhelm Stählin gegründet wurde. Anfangs in zwei konfessionell getrennten Arbeitskreisen organisiert, schlossen sich die Mitglieder 1968 zu einem gemeinsamen »Ökumenischen Arbeitskreis evangelischer und katholischer Theologen« zusammen. Im Anschluss an den Deutschlandbesuch von Papst Johannes Paul II. im Jahr 1980 wurde der Ökumenische Arbeitskreis mit der Aufarbeitung der gegenseitigen Lehrverurteilungen der Reformationszeit beauftragt. Daraus ging die 1986 vorgelegte Studie *»Lehrverurteilungen – kirchentrennend?«*[148] hervor, in der wichtige Annäherungen hinsichtlich des Verständnisses der Rechtfertigung, der Sakramente und des kirchlichen Amtes festgestellt wurden. Die Studie wurde von der VELKD, der Arnoldshainer Konferenz und der Deutschen Bischofskonferenz förmlich angenommen. Seit 1974 arbeitet die katholische Kirche in Deutschland in der Arbeitsgemeinschaft Christlicher Kirchen (ACK) mit. 1976 gründeten die Deutsche Bischofskonferenz und die Kirchenleitung der VELKD eine bilaterale Arbeitsgruppe, die zwei Studiendokumente zu Kirchenbegriff und Kirchengemeinschaft vorlegte.

---

148 Lehrverurteilungen – kirchentrennend? Bd. 1: Rechtfertigung, Sakramente und Amt. Bis 1994 erschienen noch drei Folgebände mit Materialien und Diskussionsbeiträgen.

7.12 CHRISTSEIN IN DER ÖKUMENE

Ein symbolträchtiges, aber umstrittenes Ergebnis der katholisch-protestantischen Annäherung bildete die 1999 von einer Arbeitsgruppe von katholischer Kirche und Lutherischem Weltbund vorgelegte »*Gemeinsame Erklärung zur Rechtfertigungslehre*«.[149] Danach gebe es zwischen Katholiken und Lutheranern einen »Konsens in Grundwahrheiten der Rechtfertigungslehre«, der lediglich unterschiedlich entfaltet werde. In Deutschland wendeten sich zahlreiche evangelische Theologieprofessoren in einem öffentlichen Votum gegen die Erklärung: tatsächlich bestehe kein wirklicher Konsens, weder über den theologischen Rang der Rechtfertigungslehre noch über das *sola fide* der Rechtfertigung, und nicht zufällig führe die Erklärung weder zur vollen Anerkennung der lutherischen Kirchen und ihres Amtes durch Rom noch zur Abendmahlsgemeinschaft. Gleichwohl wurde die »Gemeinsame Erklärung« von den lutherischen Kirchenleitungen und Synoden mehrheitlich angenommen. Auf katholischer Seite gaben die Glaubenskongregation und der päpstliche Einheitsrat eine überraschend kritische Stellungnahme ab und erklärten vor allem die lutherische Formel *simul iustus et peccator* im Sinne ihres effektiven Rechtfertigungsverständnisses für unannehmbar. Daraufhin nahm die Arbeitsgruppe in einer »Gemeinsamen Öffentlichen Feststellung« einige Klärungen vor; auch dagegen protestierte wieder ein evangelisches Theologenvotum. Trotzdem wurde diese »Gemeinsame Feststellung« am Reformationstag 1999 in Augsburg von den Vertretern des Päpstlichen Einheitsrates und des Lutherischen Weltbundes unterzeichnet.

Die »Gemeinsame Erklärung zur Rechtfertigungslehre« war ein viel beachtetes Zeichen guten Willens. Das eigentliche ökumenische Kernproblem – die Frage nach der Kirche und dem kirchlichen Amt – wurde dadurch nicht gelöst. Das wurde kurz darauf mit der Erklärung der Glaubenskongregation »Dominus Iesus« vom Jahr 2000 deutlich, in der die protestantischen Kirchen ausdrücklich als »kirchliche Gemeinschaften« und »nicht Kirchen im eigentlichen Sinn« qualifiziert wurden.[150] Letztlich wiederholte die Erklärung nur die Position des Zweiten Vaticanums, doch angesichts des hochgespannten ökumenischen Optimismus wurde sie von den Protestanten als Affront verstanden. Inzwischen

---

149 Zum Folgenden Hauschildt, Gemeinsame Erklärung zur Rechtfertigungslehre.
150 Erklärung Dominus Iesus: Über die Einzigkeit und Heilsuniversalität Jesu Christi und der Kirche.

ist, allen erzielten praktischen Fortschritten zum Trotz, auch in der protestantisch-katholischen Ökumene eine gewisse Ernüchterung eingekehrt.

7.12.5 Exkurs:
Zur Geschichte der Ostkirchen in der Neuzeit

Es führt weit über das kirchengeschichtliche Grundwissen hinaus und ist auch für Fachleute kaum zu leisten, die neuere und neueste Christentumsgeschichte in ihrer gesamten konfessionellen Breite und globalen Erstreckung zu überblicken. Wir wollen hier abschließend lediglich noch einige Grundlinien der Geschichte der orthodoxen Kirchen betrachten. Dies muss außerhalb der chronologischen Ordnung in einem besonderen Exkurs geschehen, da die diesem Lehrbuch zugrunde gelegte Periodisierung der Kirchengeschichte so nur für die lateinische Christenheit des Westens anwendbar ist.

Seit 1054 bestand keine Kirchengemeinschaft mehr zwischen der lateinischen Kirche des Westens und dem Ökumenischen Patriarchat von Konstantinopel. Der Vierte Kreuzzug und die Errichtung des Lateinischen Kaiserreichs (1204–1261) bedeuteten eine schwere Belastung der Beziehungen. Dennoch wurden *Anstrengungen zur Beilegung des Schismas* unternommen, die auf byzantinischer Seite durch die Suche nach Verbündeten gegen das bedrohliche Vordringen der seldschukischen und osmanischen Türken nach Kleinasien motiviert waren. Beim Zweiten Konzil von Lyon 1274 wurde wirklich eine kirchliche Union von Ost- und Westkirche vereinbart, die sich aber in Byzanz als nicht durchsetzbar erwies. Einen erneuten Anlauf unternahm das päpstliche Konzil von Ferrara-Florenz in den Jahren 1438–1439 (Kap. 1.6.3). Diesmal wurde die Union in Konstantinopel wirklich verkündet, wurde aber, nicht zuletzt wegen der kurz darauf erfolgten Eroberung Konstantinopels, nicht wirksam. In späterer Zeit hat die römische Kirche mehrfach partielle Unionen mit Teilen einzelner orthodoxer Kirchen geschlossen. Die bedeutendste war die Union von Brest 1596, aus der die ukrainisch-katholische Kirche hervorging. Die Bildung solcher mit Rom unierter Ostkirchen wurde von der Orthodoxie als feindlicher Akt empfunden und belastet bis heute die kirchlichen Beziehungen. Zum Abschluss des Zweiten Vatikanischen Konzils 1965 hoben Papst Paul VI. und der Ökumenische Patriarch Athenagoras die gegenseitigen Exkommunikationen von 1054 auf, doch das Schisma blieb bestehen. Hauptkonfliktpunkt ist der päpstliche Primatsanspruch.

Für die orthodoxe Frömmigkeit wichtig wurde die mystisch-asketische Richtung des Hesychasmus, die im 14. Jahrhundert in den Klöstern auf dem heiligen Berg Athos in Griechenland aufkam. An ältere monastische Traditionen anknüpfend, suchte der Hesychasmus mit der Praxis des immerwährenden Jesusgebets (Herzensgebet) die Herzensruhe (griech. *hesychía*) und die mystische Schau des sogenannten Taborlichts (nach der Verklärungserzählung Matthäus 17,2) zu erreichen. Wichtigster Vertreter dieser Frömmigkeitsrichtung war der Athos-Mönch Gregorios Palamas (gest. 1359), der gegen starke Widerstände – unter anderem von dem aus Kalabrien stammenden Mönch Barlaam – die kirchliche Anerkennung des Hesychasmus erreichen konnte. Seit dem 18. Jahrhundert verbreitete sich abermals vom Athos aus ein sogenannter Neohesychasmus. Durch die »Philokalie« (»Liebe zum Guten«), eine Kompilation älterer hesychastischer Schriften, die unter dem Titel »Dobrotoljubie« auch ins Kirchenslawische übersetzt wurde, wurde das mystische Jesusgebet auch unter den orthodoxen Laien verbreitet.

Einen Einschnitt bedeutete die Eroberung *Konstantinopels* und die Zerschlagung des Byzantinischen Reiches durch den osmanischen Sultan Mehmed II. »den Eroberer« im Jahr 1453. Die Hagia Sophia, die Hauptkirche Konstantinopels, wurde zur Moschee gemacht. Die christlichen Einwohner wurden von der türkischen Herrschaft geduldet, waren aber gegenüber den Muslimen rechtlich benachteiligt. Als ein sogenanntes Millet, eine geschlossene Religionsgruppe mit gewissen Selbstverwaltungsrechten, wurden sie dem Ökumenischen Patriarchen von Konstantinopel unterstellt, der als »Ethnarch« der orthodoxen Christen nun im Auftrag des Sultans auch politisch-administrative Aufgaben wahrzunehmen hatte. Während der folgenden Jahrzehnte gelang den Osmanen auch die Eroberung der orthodoxen Balkanländer. Damit stand mit Ausnahme von Russland für mehr als vierhundert Jahre die gesamte Christenheit des Ostens unter muslimischer Herrschaft. Im Zuge der politischen Unabhängigkeitsbestrebungen der orthodoxen Slawen und Griechen vom Osmanischen Reich im 19. und 20. Jahrhundert kam es dann auch zur Herauslösung ihrer Kirchen aus der Jurisdiktion des Patriarchen von Konstantinopel. Als sogenannte »autokephale Kirchen« wurden sie rechtlich unabhängig und ihren eigenen Patriarchen oder Metropoliten unterstellt, erkennen aber weiter den Ehrenvorrang des Ökumenischen Patriarchen an. Nicht zufällig sind in Südosteuropa orthodoxer Glaube und Nationalismus häufig eine enge Verbindung eingegangen.

Mit dem Untergang des oströmisch-byzantinischen Reiches gewann *Russland* und seine orthodoxe Kirche erheblich an Bedeutung. Im Jahr 988 hatte Großfürst Wladimir die Taufe empfangen und sein Reich dem orthodoxen Christentum zugeführt. Schon 1448 erklärte sich die russisch-orthodoxe Kirche als Reaktion auf die Union von Ferrara-Florenz gegenüber Konstantinopel für unabhängig (autokephal). Nach dem Fall des Byzantinischen Reiches sah sich das christliche Russland in dessen Nachfolge; die russischen Großfürsten nahmen den Titel »Zar« (= Caesar, Kaiser) an, 1589 wurde in Moskau ein eigenes Patriarchat errichtet. Eine verbreitete Auffassung verstand Moskau als das »dritte Rom«, nach der Stadt am Tiber und nach Konstantinopel. Wie ehedem in Byzanz, so bestand auch in Russland eine enge Verbindung von Kirche und weltlicher Herrschaft; faktisch stand die russisch-orthodoxe Kirche bald ganz unter der Kontrolle der Zaren.

Im 17. Jahrhundert kam es als Reaktion auf eine vom Moskauer Patriarchen Nikon vorgenommene Liturgiereform zur Abspaltung der sogenannten *Altgläubigen* (Altritualisten), die sich trotz schwerer Verfolgung behaupten konnten. Im frühen 18. Jahrhundert führte der westlich orientierte Zar *Peter I. der Große* (gest. 1725) weitreichende kirchliche Reformen durch. 1721 schaffte er das Amt des Patriarchen ab und unterstellte die russische Kirche dem »Heiligen Synod«, einem kollegialen Leitungsorgan unter staatlicher Aufsicht. Für das praktische kirchliche Leben und die Volksfrömmigkeit wurde das *Starzentum* wichtig: Die Starzen (Singular: Starez = russ. »Alter«), angesehene Mönche und Seelenführer, wurden nun auch von einfachen Gläubigen als Seelsorger und Ratgeber in Anspruch genommen, viele Klöster wurden zu geistlichen Zentren und Multiplikatoren neohesychastischer Frömmigkeit.

Nach dem Ende der Zarenherrschaft wurde 1917 das Moskauer Patriarchat wiederhergestellt. Unmittelbar darauf begann in der kommunistischen *Sowjetunion* unter Lenin und Stalin eine Zeit brutaler Unterdrückung und Verfolgung der Kirche. Kirchlicher Besitz wurde enteignet, rund dreiundzwanzigtausend Bischöfe, Priester und Ordensleute wurden innerhalb weniger Jahre ermordet. Das kirchliche Leben kam für Jahrzehnte praktisch zum Erliegen. Gehörten um 1920 noch neunzig Prozent der Russen der orthodoxen Kirche an, waren es 1940 weniger als dreißig Prozent. Erst nach dem Zweiten Weltkrieg gewährte der kommunistische Staat der orthodoxen Kirche wieder begrenzte Entfaltungsmöglichkeiten, unterwarf sie aber weiterhin einer scharfen Überwachung und Kontrolle. Äußerer Druck und geheimdienstliche Infiltration ließen viele Kirchenvertreter betont staatsloyal und regimetreu auftreten. Nach dem Ende der Sowjetunion 1991 spielt die russischorthodoxe Kirche heute trotz der in der Vergangenheit forcierten Entkirchlichung wieder eine bedeutende öffentliche Rolle in Russland; ihre traditionelle Staatsnähe hat sie sich bewahrt.

Insgesamt gibt es heute vierzehn anerkannte autokephale *orthodoxe Kirchen der byzantinischen Tradition* mit schätzungsweise dreihundertfünfzig Millionen Mitgliedern. Davon entfallen allein einhundertfünfzig Millionen auf die russisch-orthodoxe als die mitgliederstärkste Kirche. Der Ökumenische Patriarch von Konstantinopel besitzt einen Ehrenvorrang unter den östlich-orthodoxen Kirchen. Mit den nichtchalcedonensischen Kirchen, die heute im Unterschied zu den »östlichorthodoxen« Kirchen oft als »orientalisch-orthodox« bezeichnet werden, besteht keine Kirchengemeinschaft. Seit dem 20. Jahrhundert arbeiten die östlich-orthodoxen Kirchen im Rahmen von sogenannten panorthodoxen Konferenzen und Konsultationen zusammen. 2016 fand in Heraklion auf Kreta nach jahrzehntelanger Vorbereitung ein »panorthodoxes Konzil« statt, das aber durch das Fernbleiben von vier Kirchen, darunter der russisch-orthodoxen, beeinträchtigt wurde.

Im *Protestantismus* gab es, bedingt durch die gemeinsame Gegnerschaft gegen die römische Papstkirche, schon früh ein besonderes Interesse an der Orthodoxie als der vermeintlich »reineren«, ursprünglicheren Form des Christentums. Bereits die Hussiten des 15. Jahrhunderts hatten aus diesen Gründen den Kontakt mit Konstantinopel gesucht. 1559 schickte Melanchthon dem Ökumenischen Patriarchen eine griechische Übersetzung des Augsburger Bekenntnisses zu, im späteren 16. Jahrhundert unterhielten die lutherischen Theologen der Universität Tübingen einen Briefwechsel mit Patriarch Jeremias II. Im 17. Jahrhundert pflegte der Patriarch Kyrillos I. Lukaris enge Kontakte mit protestantischen Theologen und näherte sich persönlich dem Calvinismus an. In der *Ökumenischen Bewegung* des 20. Jahrhunderts waren die Orthodoxen fast von Anfang an stark engagiert. Bahnbrechend wirkte die 1920 veröffentlichte Enzyklika des Patriarchats von Konstantinopel »An die

Kirchen Christi überall«, die auch an die nicht-orthodoxen Kirchen gerichtet war und zu einer gegenseitigen Annäherung nach dem Vorbild des Völkerbunds aufrief. Das Patriarchat von Konstantinopel gehörte dann 1948 auch zu den Gründungsmitgliedern des Ökumenischen Rates der Kirchen; die Mehrzahl der übrigen orthodoxen Kirchen trat 1961 auf der Vollversammlung in Neu-Delhi bei, nachdem sich der Rat zur trinitarischen Erweiterung seiner Basisformel (Kap. 7.12.3) entschlossen und klargestellt hatte, keine Welteinheitskirche herstellen zu wollen.

7.13 Weiterführende Literatur

Albrecht-Birkner, Veronika: Freiheit in Grenzen. Protestantismus in der DDR, Leipzig 2018.

Besier, Gerhard: Kirche, Politik und Gesellschaft im 20. Jahrhundert (Enzyklopädie deutscher Geschichte 56), München 2000.

Blaschke, Olaf: Die Kirchen und der Nationalsozialismus, Stuttgart 2014.

Ernesti, Jörg: Kleine Geschichte der Ökumene, Freiburg 2007.

Greschat, Martin: Der Protestantismus in der Bundesrepublik Deutschland (1945-2005) (KGE IV/2), Leipzig 2010.

Großbölting, Thomas: Der verlorene Himmel. Glaube in Deutschland seit 1945, Göttingen 2013.

Hermle, Siegfried/Oelke, Harry (Hg.): Kirchliche Zeitgeschichte—evangelisch. Bd. 1: Protestantismus und Weimarer Republik (1918-1932) (Christentum und Zeitgeschichte 5), Leipzig 2019.

Hermle, Siegfried/Oelke, Harry (Hg.): Kirchliche Zeitgeschichte—evangelisch. Bd. 2: Protestantismus und Nationalsozialismus (1933-1945) (Christentum und Zeitgeschichte 7), Leipzig 2020.

Jung, Martin H.: Der Protestantismus in Deutschland von 1870 bis 1945 (KGE III/5), Leipzig 2002, 113-212.

Lepp, Claudia/Nowak Kurt (Hg.): Evangelische Kirche im geteilten Deutschland (1945-1989/90), Göttingen 2001.

Mau, Rudolf: Der Protestantismus im Osten Deutschlands (1945-1990) (KGE IV/3), Leipzig 2005.

Maser, Peter: Die Kirchen in der DDR, Bonn 2000.

Nowak, Kurt: Evangelische Kirche und Weimarer Republik. Zum politischen Weg des deutschen Protestantismus zwischen 1918 und 1932, Weimar 1981.

Scholder, Klaus: Die Kirchen und das Dritte Reich. Bd. 1: Vorgeschichte und Zeit der Illusionen, Frankfurt a.M. u. a. 1977. – Bd. 2: Das Jahr der Ernüchterung, Frankfurt a.M. u. a. 1985. – Gerhard Besier, Die Kirchen und das Dritte Reich. Bd. 3: Spaltungen und Abwehrkämpfe 1934-1937, Berlin u. a. 2001.

Strohm, Christoph: Die Kirchen im Dritten Reich, München ²2017.

8.
Ein Wort zum Schluss

Kann man aus der Geschichte lernen? Sicher nicht in dem Sinne, dass sich aus historischen Präzedenzfällen konkrete Handlungsanweisungen für die Gegenwart ableiten ließen. Dazu sind das menschliche Handeln und die sozialen, politischen, wirtschaftlichen, kulturellen und religiösen Kontexte, in denen es sich vollzieht, viel zu komplex. Doch die historische Betrachtung führt immer wieder auch auf Konstanten, auf bestimmte, sich wiederholende Handlungs- und Entwicklungsoptionen und Ereignismuster, deren Kenntnis die Wahrnehmung und Beurteilung der Gegenwart erhellen und vertiefen kann. In diesem Sinne beschrieb der Schweizer Historiker Jacob Burckhardt den Nutzen der Historie in seinen »Weltgeschichtlichen Betrachtungen« (1905): »Wir wollen durch Erfahrung nicht sowohl klug (für ein andermal) als weise (für immer) werden«.[151]

Das gilt auch für die Kirchengeschichte. Nicht nur, dass sich die gegenwärtige Gestalt von Kirche und Christentum nur aus ihrem geschichtlichen Gewordensein verstehen und erklären lässt. In dem religiösen System »Christentum« sind bestimmte Strukturkonstanten angelegt, die im Zusammenspiel mit den sich wandelnden äußeren Faktoren die ganze Vielfalt von Glaubens-, Denk-, Handlungs- und Vergemeinschaftungsformen hervorbringen, von denen die bald zweitausendjährige Kirchengeschichte handelt und die das Christentum so wandlungsfähig machen. Auch hier zeigt sich, dass die Wechselwirkung von konstanten Grundbedingungen und kontingenten Zeitumständen nicht zu beliebigen Ergebnissen führt, sondern dass sich bestimme Muster und Entwicklungsoptionen wiederholen. Ein kirchengeschichtlich belehrter Blick wird Kirche und Christentum daher heute anders und realistischer wahrnehmen und einschätzen können.

Einer, der davon überzeugt war, dass man aus der Kirchengeschichte lernen könne, war Philipp Melanchthon. Ganz im Sinne des Huma-

---

151 Burckhardt, Weltgeschichtliche Betrachtungen, 7.

nismus erkannte er der Beschäftigung mit der Kirchengeschichte einen pädagogischen und moralischen Wert zu – präsentierte sie doch Exempel für rechtes, gottgefälliges Handeln ebenso wie für böses, unrechtes Handeln und für dessen jeweilige Belohnung oder Bestrafung durch Gott.[152] Über dieses sogenannte didaktisch-pragmatische Geschichtsverständnis ist die Zeit hinweggegangen, mit guten Gründen wird es heute nicht mehr vertreten. Doch ein anderer Gedanke Melanchthons kann uns auch heute noch zu denken geben. Danach zeugt die Kirchengeschichte von der besonderen Fürsorge und Leitung, mit der Gott über seine Kirche wacht.[153] Der aus Matthäus 28,20 abgeleitete Glaubenssatz, dass Christus seine Kirche nie verlässt, war ein Axiom der christlichen Dogmatik. Für Melanchthon war es mehr als dies: es war auch eine empirisch-historisch feststellbare Realität. Der moderne Gedanke einer historischen Entwicklung war Melanchthon noch fremd, und so beschrieb er die göttliche Erhaltung der Kirche im Muster eines kontinuierlichen Wechsels zwischen menschlichem Versagen und Niedergang der Kirche und ihrer Wiederherstellung durch von Gott gesandte Lehrer und Reformer; auch die Reformation des 16. Jahrhunderts zeichnete er als letzte Wiederherstellung der Kirche vor dem Weltende in dieses Schema ein.

Heute sind wir uns bewusst, welchen weiten Weg Christentum und Kirche durch die Jahrhunderte hindurch zurückgelegt haben. Das einfache Modell von Korruption und Wiederherstellung des idealen Urzustands ist für uns nicht mehr nachvollziehbar. Doch auch heute wird eine Betrachtung der Kirchengeschichte aus dem Blickwinkel des Glaubens zum gleichen Ergebnis kommen. In ihrer zweitausendjährigen Dauer hat sich die Mitseinsverheißung ihres Herrn bewährt. Christen dürfen mit dem Liederdichter bekennen: »Die Sach' ist dein, Herr Jesu Christ, die Sach', an der wir stehn. Und weil es deine Sache ist, kann sie nicht untergehn«.[154]

Für eine streng wissenschaftliche Betrachtung ist eine solche Glaubensaussage methodisch natürlich nicht nachvollziehbar. Doch auch sie wird den beachtlichen Erfolg und die beachtliche Beharrungskraft des Christentums feststellen müssen, das von einer kleinen religiösen Bewe-

---

152 Schäufele, Theologie und Historie, 135–138.
153 Fraenkel, Testimonia Patrum, 52–161.
154 EG Württemberg 593, Text: Samuel Preiswerk, 1829.

8. Ein Wort zum Schluss

gung in einer peripheren Region des römischen Weltreichs der Spätantike zur zahlenmäßig stärksten, global verbreiteten Weltreligion der Gegenwart geworden ist. Dabei war es gerade nicht die Konservierung oder stetige Wiederherstellung seiner ursprünglichen Gestalt, sondern im Gegenteil die große Wandlungsfähigkeit und die dadurch ermöglichten enormen Transformationsleistungen, die das Christentum so anpassungsfähig und erfolgreich gemacht haben.

Es ist unübersehbar, dass sich das Tempo des geschichtlichen Wandels insgesamt und so auch das Tempo kirchengeschichtlichen Wandels in den letzten zwei bis drei Jahrhunderten stark beschleunigt hat. Äußere und innere Gestalt des Christentums haben sich seit dem 18. Jahrhundert sehr viel stärker gewandelt als in allen Jahrhunderten zuvor zusammengenommen. Die Umformungsprozesse des Christentums in der Moderne sind noch nicht abgeschlossen, und sie setzen sich weiter und immer stärker beschleunigt fort.

In der zweiten Hälfte des 20. Jahrhunderts hat sich die Zukunftsforschung (Futurologie) als eine eigene Disziplin etabliert, die versucht, durch die Extrapolation vergangener und gegenwärtiger Entwicklungen prognostische Aussagen über künftige Verhältnisse zu machen. Das ist ein riskantes Unterfangen, das leicht zu Fehleinschätzungen führt. So sollen am Ende unseres Überblicks über die Kirchengeschichte auch keine Prognosen zur Zukunft des Christentums, sondern lediglich einige Beobachtungen zu gegenwärtigen Trends stehen.

Mehr denn je ist das Christentum heute nur als ein globales Phänomen zu verstehen. Die weltweite Verbreitung der christlichen Religion ist in der Neuzeit vor allem durch die europäische Expansion vorangetrieben worden. Auch wenn die gemeinsamen Grundlagen bis heute stark sind und die alten Prägungen fortdauern, hat sich weltweit eine Vielfalt von geographischen und kulturellen Ausgestaltungen, von eigenen »Christentümern«, entwickelt – ein weiterer Beweis für die Anpassungsfähigkeit der christlichen Religion. Die unterschiedlichen Christentümer stehen vielfach in gutem Einvernehmen untereinander, teilweise aber auch in Konkurrenz. Das Bemühen um ökumenische Zusammenarbeit wird weithin als entscheidende Zukunftsaufgabe der Christenheit wahrgenommen, auch wenn es sich in der Praxis immer wieder als mühevoll erweist.

In den westlichen Gesellschaften, also in Europa und Nordamerika, sind seit dem späteren 18. Jahrhundert Säkularisierungstendenzen am

8. Ein Wort zum Schluss

Werk, die gerade in den vergangenen Jahrzehnten eine merkliche Beschleunigung erfahren haben. Die jahrhundertelang selbstverständliche Identität von Christen- und Bürgergemeinde gehört der Vergangenheit an, massive Traditionsabbrüche haben zu einer fortschreitenden Entkirchlichung geführt. Das Christentum sieht sich in seinen alten Kerngebieten zunehmend mit der Präsenz nichtchristlicher Religionen konfrontiert. Es wird als eines von rivalisierenden Angeboten der Sinnstiftung und Weltdeutung wahrgenommen und muss sich auf dem Markt der Religionen und Weltanschauungen behaupten. Der kontinuierliche Rückgang der Zahl an Kirchenmitgliedern wird nicht ohne Auswirkungen auf die Organisationsgestalt von Kirche bleiben, die hergebrachten volkskirchlichen Strukturen werden neuen Modellen weichen müssen, der Unterschied zwischen Volks- und Freikirche wird sich relativieren. Innovative Lösungen sind gefragt.

Im globalen Maßstab ist das Christentum weiterhin eine wachsende Religion. Doch auch hier zeichnen sich massive Umformungen ab. Von den klassischen christlichen Hauptkonfessionen ist der römische Katholizismus immer noch mit Abstand die größte. Doch mit einer bemerkenswerten Dynamik gewinnen pfingstkirchlich (»pentekostal«) geprägte Denominationen und Bewegungen an Einfluss. In Lateinamerika, Afrika und Asien finden sie zahlreiche neue Anhänger und prägen das Erscheinungsbild des Christentums nachhaltig. Damit verbinden sich neue Impulse, aber auch Herausforderungen für die zwischenkirchlichen Kontakte und die Ökumene.

Die Herausforderungen, vor denen das Christentum im 21. Jahrhundert steht, sind nicht gering. Doch mit seiner über zwei Jahrtausende hinweg bewährten Anpassungs- und Wandlungsfähigkeit bringt es gute Voraussetzungen mit, auch künftig überzeugende Antworten zu finden. Zumindest dies kann man aus der Kirchengeschichte lernen.

Literatur

Albrecht-Birkner, Veronika: Freiheit in Grenzen. Protestantismus in der DDR, Leipzig 2018.
Dies.: Vom Apostelkonzil bis zum Montagsgebet. Kirchengeschichte im Überblick (Theologie für die Gemeinde 6,1), Leipzig 2014.
Dies. u. a. (Hg.): Pietismus. Eine Anthologie von Quellen des 17. und 18. Jahrhunderts, Leipzig 2017.
Althaus, Paul: Die Theologie Martin Luthers, Gütersloh [7]1994.
Andresen, Carl/Ritter Adolf Martin (Hg.): Handbuch der Dogmen- und Theologiegeschichte (UTB 8160). 3 Bde., Göttingen [2]1998.
Angenendt, Arnold: Geschichte der Religiosität im Mittelalter, Darmstadt [4]2009.
Arndt, Johann: Sechs Bücher vom wahren Christentum nebst dessen Paradies-Gärtlein, Bielefeld 1996.
Aus Schleiermacher's Leben. In Briefen. Bd. 1: Von Schleiermacher's Kindheit bis zu seiner Anstellung in Halle, October 1804, Berlin [2]1860.

Basse, Michael: Entmachtung und Selbstzerstörung des Papsttums (1302 bis 1414) (KGE II/1), Leipzig 2011.
Ders.: Von den Reformkonzilien bis zum Vorabend der Reformation (KGE II/2), Leipzig 2008.
Besier, Gerhard: Die Kirchen und das Dritte Reich. Bd. 3: Spaltungen und Abwehrkämpfe 1934–1937, Berlin u. a. 2001.
Ders.: Kirche, Politik und Gesellschaft im 20. Jahrhundert (EDG 56), München 2000.
Beutel, Albrecht: Kirchengeschichte im Zeitalter der Aufklärung. Ein Kompendium (UTB 3180), Göttingen 2009.
Ders. (Hg.): Luther Handbuch, Tübingen [2]2010.
Bizer, Ernst: Fides ex auditu. Eine Untersuchung der Entdeckung der Gerechtigkeit Gottes durch Martin Luther, Neukirchen-Vluyn [3]1966.
Blaschke, Olaf: Das 19. Jahrhundert: Ein Zweites Konfessionelles Zeitalter?, GeGe 26, 2000, 38–75.
Ders.: Die Kirchen und der Nationalsozialismus, Stuttgart 2014.
Ders.: Konfessionen im Konflikt. Deutschland zwischen 1800 und 1970: ein zweites konfessionelles Zeitalter, Göttingen 2002.
Blickle, Peter: Der Bauernkrieg. Die Revolution des Gemeinen Mannes, München [3]2006.
Bornkamm, Heinrich: Martin Bucer, der dritte deutsche Reformator, in: Ders.: Das Jahrhundert der Reformation. Gestalten und Kräfte, Göttingen 1961, 88–112.

Bräuer, Siegfried/Vogler, Günter: Thomas Müntzer. Neu Ordnung machen in der Welt. Eine Biographie, Gütersloh 2016.
Brecht, Martin u. a. (Hg.): Geschichte des Pietismus, 4 Bde., Göttingen 1993-2004.
Brockes, Barthold Hinrich: Irdisches Vergnügen in Gott. Gedichte, hg. von Adalbert Elschenbroich, Stuttgart 1963.
Bunners, Christian (Hg.): Lieder des Pietismus aus dem 17. und 18. Jahrhundert (KTP 6), Leipzig 2003.
Burckhardt, Jacob: Die Cultur der Renaissance in Italien. Ein Versuch (Jacob Burckhardt, Werke 4), München 2018.
Ders.: Weltgeschichtliche Betrachtungen, hg. von Albert Oeri/Emil Dürr (Jacob Burckhardt-Gesamtausgabe 7), Berlin 1929.

Collinson, Patrick: The Elizabethan Puritan Movement, Berkeley 1967.
Croce, Giuseppe M.: Una fonte importante per la storia del pontificato di Pio IX e del Concilio Vaticano I: i manoscritti inediti di Vincenzo Tizzani, AHP 23, 1985, 217-345.

De Maistre, Joseph: Vom Papst. Ausgewählte Texte, Berlin 2007.
Deppermann, Klaus: Der Hallesche Pietismus und der preußische Staat und Friedrich III. (I.), Göttingen 1961.
Dibelius, Otto: Das Jahrhundert der Kirche. Geschichte, Betrachtung, Umschau und Ziele, Berlin 1926.
Dickens, Arthur G.: The German Nation and Martin Luther, London [2]1976.
Dingel, Irene: Reformation. Zentren – Akteure – Ereignisse, Göttingen 2016.

Erklärung Dominus Iesus: Über die Einzigkeit und Heilsuniversalität Jesu Christi und der Kirche, hg. von der Kongregation für die Glaubenslehre, Stein am Rhein 2000.
Ernesti, Jörg: Kleine Geschichte der Ökumene, Freiburg 2007.
Die Evangelischen Kirchenordnungen des 16. Jahrhunderts, begründet von Emil Sehling, 24 Bde., Leipzig/Tübingen 1902-2017.

Flasch, Kurt: Meister Eckhart. Philosoph des Christentums, München [3]2012.
Fleisch, Paul: Geschichte der Pfingstbewegung in Deutschland von 1900 bis 1950, Marburg 1983.
Fraenkel, Peter: Testimonia Patrum. The Function of the Patristic Argument in the Theology of Philip Melanchthon, Genf 1961.
Frank, Walter: Hofprediger Adolf Stoecker und die christlich-soziale Bewegung, Berlin 1928.
Friedrich, Martin: Kirche im gesellschaftlichen Umbruch. Das 19. Jahrhundert (ZuKG 8 = UTB 2789), Göttingen 2006.
Fuchs, Walther Peter: Das Zeitalter der Reformation (HDtG 8), München [10]1999.

Gericke, Wolfgang: Theologie und Kirche im Zeitalter der Aufklärung (KGE III/2), Leipzig 1990.
Goertz, Hans-Jürgen: Pfaffenhass und groß Geschrei, München 1987.
Grane, Leif: Die Kirche im 19. Jahrhundert. Europäische Perspektiven (UTB 1524), Göttingen 1987.
Greschat, Martin: Der Protestantismus in der Bundesrepublik Deutschland (1945–2005) (KGE IV/2), Leipzig 2010.
Ders. (Hg.): Vom Konfessionalismus zur Moderne (KThGQ 4), Neukirchen-Vluyn 1997.
Ders./Krumwiede, Hans Walter (Hg.): Das Zeitalter der Weltkriege und Revolutionen (KThGQ 5), Neukirchen-Vluyn 1999.
Großbölting, Thomas: Der verlorene Himmel. Glaube in Deutschland seit 1945, Göttingen 2013.

Hamm, Berndt: Die Emergenz der Reformation, in: Berndt Hamm/Michael Welker: Die Reformation. Potentiale der Freiheit, Tübingen 2008, 1–27.
Ders.: Einheit und Vielfalt der Reformation – oder: Was die Reformation zur Reformation machte, in: Ders./Bernd Moeller/Dorothea Wendebourg: Reformationstheorien. Ein kirchenhistorischer Disput über Einheit und Vielfalt der Reformation, Göttingen 1995, 57–127.
Ders.: Frömmigkeitstheologie am Anfang des 16. Jahrhunderts. Studien zu Johannes von Paltz und seinem Umkreis (BHTh 65), Tübingen 1982.
Ders.: Normative Zentrierung im 15. und 16. Jahrhundert. Beobachtungen zu Religiosität, Theologie und Ikonologie, ZHF 26, 1999, 163–202.
Ders.: Reformation als normative Zentrierung von Religion und Gesellschaft, JBTh 7, 1992, 241–279.
Ders.: Von der spätmittelalterlichen reformatio zur Reformation. Der Prozess normativer Zentrierung von Religion und Gesellschaft in Deutschland, ARG 84, 1993, 7–82.
Ders.: Zwinglis Reformation der Freiheit, Neukirchen-Vluyn 1988.
Hasselhorn, Benjamin/Gutjahr, Mirko: Tatsache! Die Wahrheit über Luthers Thesenanschlag, Leipzig 2018.
Hauschild, Wolf-Dieter: Lehrbuch der Kirchen- und Dogmengeschichte. 2 Bde. Gütersloh [5]2016, [4]2005.
Hauschildt, Friedrich (Hg.): Die Gemeinsame Erklärung zur Rechtfertigungslehre. Dokumentation des Entstehungs- und Rezeptionsprozesses, Göttingen 2009.
Hermle, Siegfried/Oelke, Harry (Hg.): Kirchliche Zeitgeschichte_evangelisch. Bd. 1: Protestantismus und Weimarer Republik (1918–1932) (Christentum und Zeitgeschichte 5), Leipzig 2019.
Ders./Oelke, Harry (Hg.): Kirchliche Zeitgeschichte_evangelisch. Bd. 2: Protestantismus und Nationalsozialismus (1933–1945) (Christentum und Zeitgeschichte 7), Leipzig 2020.
Ders./Thierfelder, Jörg (Hg.): Herausgefordert. Dokumente zur Geschichte der Evangelischen Kirche in der Zeit des Nationalsozialismus, Stuttgart 2008.

Hinrichs, Carl: Preußentum und Pietismus, Göttingen 1971.
Hinske, Norbert (Hg.): Was ist Aufklärung? Beiträge aus der Berlinischen Monatsschrift, Darmstadt 1990.
Hirsch, Emanuel: Geschichte der neuern evangelischen Theologie, 5 Bde., Gütersloh ³1964.
Hobsbawm, Eric J./Ranger, Terence: The Invention of Tradition, Cambridge 1983.
Hölscher, Lucian: Geschichte der protestantischen Frömmigkeit in Deutschland, München 2005.
Hofer, Werner (Hg.): Der Nationalsozialismus. Dokumente 1933-1945, Frankfurt a. M. 1988.
Hoff, Gregor Maria/Körtner, Urich H. J. (Hg.): Arbeitsbuch Theologiegeschichte. Diskurse, Akteure, Wissensformen, 2 Bde., Stuttgart 2012-2013.
Hofmann, Johann Christian Konrad: Der Schriftbeweis. Ein theologischer Versuch, Bd. 1, Nördlingen 1852.
Huizinga, Johan: Herbst des Mittelalters. Studie über Lebens- und Gedankenformen des 14. und 15. Jahrhunderts in Frankreich und den Niederlanden, Paderborn 2018.

Jedin, Hubert: Katholische Reformation [sic!] oder Gegenreformation. Ein Versuch zur Klärung der Begriffe nebst einer Jubiläumsbetrachtung über das Trienter Konzil, Luzern 1946.
Ders./Latourette, Kenneth Scott/Martin Jochen (Bearb.): Atlas zur Kirchengeschichte. Die christlichen Kirchen in Geschichte und Gegenwart. Sonderausgabe, Freiburg u. a. 2004.
Jung, Martin H.: Der Protestantismus in Deutschland von 1815 bis 1870 (KGE III/3), Leipzig 2000.
Ders.: Der Protestantismus in Deutschland von 1870 bis 1945 (KGE III/5), Leipzig 2002.
Ders.: Kirchengeschichte (UTB 4021), Tübingen ²2017.
Ders.: Reformation und Konfessionelles Zeitalter (1517-1648) (UTB 3628), Göttingen 2012.

Kaiser, Jochen-Christoph: Der Protestantismus von 1918 bis 1989, in: Thomas Kaufmann u. a. (Hg.): Ökumenische Kirchengeschichte. Bd. 3: Von der Französischen Revolution bis 1989, Darmstadt 2007, 181-270.
Kaufmann, Thomas: Erlöste und Verdammte. Eine Geschichte der Reformation, München 2016.
Ders.: Geschichte der Reformation in Deutschland, Frankfurt a. M. 2016.
Ders.: Lutherische Konfessionskultur in Deutschland - eine historiographische Standortbestimmung, in: Ders.: Konfession und Kultur. Lutherischer Protestantismus in der zweiten Hälfte des Reformationsjahrhunderts (SuRNR 29), Tübingen 2006, 3-26.
Ders.: Luthers Juden, Stuttgart 2014.
Ders./Kottje, Raymund/Moeller, Bernd/Wolf, Hubert (Hg.): Ökumenische Kirchengeschichte. Neuausgabe. 3 Bde., Darmstadt 2006-2007.

Kennan, George F.: The Decline of Bismarck's European Order. Franco-Russian Relations, 1875–1890, Princeton 1979.
Kirchengeschichte in Einzeldarstellungen, 41 Bde., Leipzig 1978–2012 (Abk.: KGE).
Kirchen- und Theologiegeschichte in Quellen. Ein Arbeitsbuch, hg. von Heiko A. Oberman u. a., 6 Bde., Neukirchen-Vluyn 1997–2014 (Abk.: KThGQ).
Kirchner, Hubert: Reformationsgeschichte von 1532 bis 1555/1556 (KGE II/6), Leipzig 1988.
Kirn, Hans-Martin: Geschichte des Christentums IV,1: Konfessionelles Zeitalter (ThW 8,1), Stuttgart 2018.
Ders./Ritter, Adolf Martin: Geschichte des Christentums IV,2: Pietismus und Aufklärung (ThW 8,2), Stuttgart 2019.
Klassiker des Protestantismus, hg. von Christel Matthias Schröder, 8 Bde., Bremen 1962–1967 (CD-ROM Berlin 2008) (Abk.: KlProt).
Klueting, Harm: Das Konfessionelle Zeitalter. Europa zwischen Mittelalter und Moderne, Darmstadt 2007.
Koch, Ernst: Das Konfessionelle Zeitalter – Katholizismus, Luthertum, Calvinismus (KGE II/8), Leipzig 2000.
Köpf, Ulrich: Martin Luthers theologischer Lehrstuhl, in: Irene Dingel/Günther Wartenberg (Hg.): Die Theologische Fakultät Wittenberg 1502–1602, Leipzig 2002, 71–86.
Körtner, Ulrich H. J.: Ökumenische Kirchenkunde (LETh 9), Leipzig 2018.
Kohler, Alfred: Von der Reformation zum Westfälischen Frieden (Oldenbourg Grundriss der Geschichte 39), München 2011.
Koselleck, Reinhart: Einleitung, in: Otto Brunner/Werner Conze/Reinhart Koselleck (Hg.): Geschichtliche Grundbegriffe. Bd. 1, Stuttgart 1972, XIII–XXVII.
Krebs, Gilbert (Hg.): Volk, Reich und Nation 1806–1918. Texte zur Einheit Deutschlands in Staat, Wirtschaft und Gesellschaft, Asnières 1994.
Krumwiede, Hans-Walter (Hg.): Evangelische Kirche und Theologie in der Weimarer Republik (GKTG), Neukirchen-Vluyn 1990.

Le Goff, Jacques: Die Geburt des Fegefeuers, Stuttgart 1984
Lehrverurteilungen – kirchentrennend? Bd. 1: Rechtfertigung, Sakramente und Amt im Zeitalter der Reformation und heute, hg. von Karl Lehmann und Wolfhart Pannenberg, Freiburg 1986.
Lepp, Claudia/Nowak, Kurt (Hg.): Evangelische Kirche im geteilten Deutschland (1945–1989/90), Göttingen 2001.
Leppin, Volker: Die fremde Reformation. Luthers mystische Wurzeln, München ²2017.
Ders.: Die Reformation, Darmstadt 2013.
Ders.: Die Wittenberger Reformation und der Prozess der Transformation kultureller zu institutionellen Polaritäten (SSAW.PH 140/4), Stuttgart/Leipzig 2008.
Ders.: Geschichte des mittelalterlichen Christentums (NTG), Tübingen 2012.
Ders. (Hg.): Reformation (KThGQ 3), Neukirchen-Vluyn ²2012.

Lessing, Gotthold Ephraim: Werke, hg. von Herbert G. Göpfert, Bd. 8: Theologiekritische Schriften III, München 1979.
Lloyd George, David: War Memoirs, London 1933.
Loisy, Alfred: L'Évangile et l'Église, Paris 1902.
Lülmann, Christian: Schleiermacher, der Kirchenvater des 19. Jahrhunderts, Tübingen 1907.
Luther, Martin: Werke. Kritische Gesamtausgabe, 120 Bde., Weimar 1883–2009.

MacCulloch, Diarmaid: Die Reformation 1490–1700, München 2008.
Marcuse, Ludwig: Es ist alles immer viel komplizierter. Kleine Warnung zu Beginn der Reise-Saison, Die Zeit, 3.6.1960, Nr. 23.
Maser, Peter: Die Kirchen in der DDR, Bonn 2000.
Mau, Rudolf: Der Protestantismus im Osten Deutschlands (1945–1990) (KGE IV/3), Leipzig 2005.
Ders.: Evangelische Bewegung und frühe Reformation (KGE II/5), Leipzig 2000.
Mayeur, Jean-Marie u. a. (Hg.): Die Geschichte des Christentums. Religion – Politik – Kultur. 14 Bde., Freiburg u. a. 2003–2004.
Meister Eckehart: Deutsche Predigten und Traktate, hg. und übersetzt von Josef Quint, Hamburg [7]2007.
Meyer, Harding: »Versöhnte Verschiedenheit« – Korrekturen am Konzept der »konziliaren Gemeinschaft«, LM 14, 1975, 675–679.
Moeller, Bernd: Das Zeitalter des Ausbaus und der Konsolidierung der Reformation 1528–1555, in: Raymund Kottje/Bernd Moeller (Hg.): Ökumenische Kirchengeschichte. Bd. 2: Mittelalter und Reformation, Mainz/München 1988, 345–367.
Ders.: Die deutschen Humanisten und die Anfänge der Reformation, ZKG 70, 1959, 46–61.
Ders.: Frömmigkeit in Deutschland um 1500, ARG 5, 1965, 5–30.
Ders.: Geschichte des Christentums in Grundzügen (UTB S 905), Göttingen [10]2011.
Ders.: Reichsstadt und Reformation. Neue Ausgabe, hg. von Thomas Kaufmann, Tübingen 2011.
Ders.: Stadt und Buch. Bemerkungen zur Struktur der reformatorischen Bewegung in Deutschland, in: Wolfgang J. Mommsen (Hg.): Stadtbürgertum und Adel in der Reformation, Stuttgart 1979, 25–39.
Mörke, Olaf: Die Reformation. Voraussetzung und Durchsetzung (EDG 74), München 2005.

Nowak, Kurt: Evangelische Kirche und Weimarer Republik. Zum politischen Weg des deutschen Protestantismus zwischen 1918 und 1932, Weimar 1981.
Ders.: Geschichte des Christentums in Deutschland. Religion, Politik und Gesellschaft vom Ende der Aufklärung bis zur Mitte des 20. Jahrhunderts, München 1995.

Oetinger, Friedrich Christoph, Biblisches und emblematisches Wörterbuch, hg. von Gerhard Schäfer, 2 Bde. (TGP 7,3), Göttingen 1999.

Opitz, Peter: Ulrich Zwingli. Prophet, Ketzer, Pionier der Protestantismus, Zürich 2015.
Ott, Joachim (Hg.): Luthers Thesenanschlag – Faktum oder Fiktion, Leipzig 2008.
Pettegree, Andrew (Hg.): The Early Reformation in Europe, Cambridge 1992.
Putzger – Historischer Weltatlas, Berlin [104]2012.
Ranke, Leopold von: Deutsche Geschichte im Zeitalter der Reformation, 6 Bde., Berlin 1839–1847.
Reinhardt, Volker: Die Tyrannei der Tugend. Calvin und die Reformation in Genf, München 2009.
Ritschl, Albrecht: Geschichte des Pietismus, 3 Bde., Bonn 1880–1886.
Ritter, Adolf Martin/Lohse Bernhard/Leppin, Volker (Hg.): Mittelalter (KThGQ 2), Neukirchen-Vluyn [5]2001.
Rogge, Joachim: Der junge Luther 1483–1521. Der junge Zwingli 1484–1523 (KGE II/3+4), Leipzig [2]1985.
Ronge, Johannes: Urtheil eines katholischen Priesters über den heiligen Rock zu Trier, Sächsische Vaterlands-Blätter 4, 1844, 667 f.
Rothe, Richard: Die Anfänge der christlichen Kirche und ihrer Verfassung. 1. Buch 1–3, Wittenberg 1837.
Rublack, Ulinka: Die Reformation in Europa, Frankfurt a. M. [2]2006.
Rückert, Hanns: Calvin, in: Ders.: Vorträge und Aufsätze zur historischen Theologie, Tübingen 1972, 165–173.

Schäufele, Wolf-Friedrich: Auf dem Weg zu einer historischen Theorie der Moderne. Überlegungen zur Kirchengeschichte als Wissenschaft, in: Bernd Jaspert (Hg.): Kirchengeschichte als Wissenschaft, Münster 2013, 162–181
Ders.: Christentumsgeschichte als Transformationsgeschichte, in: Volker Leppin/ Stefan Michels (Hg.): Reformanda sive transformanda. Transformation als Deutungsmodell der Reformation (SMHR), Tübingen 2020 (im Druck).
Ders.: Christliche Mystik, Göttingen 2017.
Ders.: Die Selbsthistorisierung der Reformation mittels der Konzeption evangelischer Wahrheitszeugen, ZKG 128, 2017, 156–170.
Ders.: Kirchengeschichte und Historische Theologie. Versuch einer enzyklopädischen Verhältnisbestimmung, in: Friedemann Voigt (Hg.): Die Kreativität des Christentums (Troeltsch-Studien. NF). Berlin/New York, 2020 (im Druck).
Ders.: Theologie und Historie. Zur Interferenz zweier Wissensgebiete in Reformationszeit und Konfessionellem Zeitalter, in: Irene Dingel/Wolf-Friedrich Schäufele (Hg.), Kommunikation und Transfer im Christentum der Frühen Neuzeit (VIEG Beih. 74), Mainz 2008, 129–156.
Ders.: Theologische Kirchengeschichtsschreibung als Konstruktionsaufgabe. Ein Plädoyer, ThLZ 139, 2014, 831–850.
Scheible, Heinz: Melanchthon – Vermittler der Reformation. Eine Biographie, München 2016.

Schicketanz, Peter: Der Pietismus von 1675 bis 1800 (KGE III/1), Leipzig 2002.
Schilling, Heinz: Die Konfessionalisierung im Reich. Religiöser und gesellschaftlicher Wandel in Deutschland zwischen 1555 und 1620, HZ 246, 1988, 1-45.
Ders.: Martin Luther. Rebell in einer Zeit des Umbruchs, München [4]2016.
Schmidt, Bernward: Die Konzilien und der Papst. Von Pisa (1409) bis zum Zweiten Vatikanischen Konzil (1962-1965), Freiburg u. a. 2013.
Schmidt, Martin: Der Pietismus als theologische Erscheinung, Göttingen 1984.
Ders./Jannasch, Wilhelm (Hg.): Das Zeitalter des Pietismus (KlProt 6), Bremen 1965.
Schneider, Hans: Martin Luthers Reise nach Rom – neu datiert und neu gedeutet, in: Studien zur Wissenschafts- und zur Religionsgeschichte (AAWG.PH NF 10), Berlin 2011, 1-157.
Ders.: Nikolaus Ludwig von Zinzendorf, in: Martin Greschat (Hg.): Orthodoxie und Pietismus (GK 7), Stuttgart u. a. 1982, 347-372.
Schönherr, Albrecht: Bericht der KKL auf der BEK-Synodaltagung vom 2.-6. Juli 1971, in: KJ 98, 1971, 346-362.
Scholder, Klaus: Die Kirchen und das Dritte Reich. Bd. 1: Vorgeschichte und Zeit der Illusionen, Frankfurt a. M. u. a. 1977. – Bd. 2: Das Jahr der Ernüchterung, Frankfurt a. M. u. a. 1985.
Schwarz, Reinhard: Martin Luther – Lehrer der christlichen Religion, Tübingen [2]2016.
Seebaß, Gottfried: Geschichte des Christentums III. Spätmittelalter – Reformation – Konfessionalisierung (ThW 7), Stuttgart 2006.
Selderhuis, Herman J. (Hg.): Calvin Handbuch, Tübingen 2008.
Ders.: Johannes Calvin. Mensch zwischen Zuversicht und Zweifel. Eine Biografie, Gütersloh 2009.
Söderblom, Nathan: Evangelische Katholizität, hg. von Dietz Lange (Große Texte der Christenheit 9), Leipzig 2020.
Sommer, Wolfgang/Klahr, Detlef: Kirchengeschichtliches Repetitorium (UTB 1796), Göttingen [5]2012.
Spalding, Johann Joachim: Die Bestimmung des Menschen, hg. von Albrecht Beutel/Daniela Kirschkowski/Dennis Prause, Tübingen 2006.
Stephens, William Peter: Zwingli. Eine Einführung in sein Denken, Zürich 1996.
Strohm, Christoph: Die Kirchen im Dritten Reich, München [2]2017.
Stutz, Ulrich: Das Studium des Kirchenrechts an den deutschen Universitäten, Deutsche akademische Rundschau 6, 1924/25, Semesterfolge 12, 1-4.

Troeltsch, Ernst: Die Bedeutung des Protestantismus für die Entstehung der modernen Welt, HZ 97, 1906, 1-66.
Ders.: Was heißt »Wesen des Christentums«?, in: Ders.: Gesammelte Schriften. Bd. 2: Zur religiösen Lage, Religionsphilosophie und Ethik, Tübingen [2]1922, ND Darmstadt 2016, 386-451.

Ulrich, Jörg/Heil, Uta: Klausurenkurs Kirchengeschichte. 61 Entwürfe für das 1. Theologische Examen (UTB 2364), Göttingen 2002.

Wallmann, Johannes: Der Pietismus (UTB 2598), Göttingen 2005.
Ders.: Kirchengeschichte Deutschlands seit der Reformation (UTB 1355), Tübingen ⁷2012.
Weber, Max: Die protestantische Ethik und der Geist des Kapitalismus, hg. von Dirk Kaesler, München ³2010.
Wehler, Hans-Ulrich: Deutsche Gesellschaftsgeschichte. Bd. 4: Vom Beginn des ersten Weltkriegs bis zur Gründung der beiden deutschen Staaten 1914–1949, München 2003.
Weiss, Dieter J.: Katholische Reform und Gegenreformation. Ein Überblick, Darmstadt 2005.
Wichern, Johann Hinrich: Die preußischen Reichsstände und die Innere Mission (1847), in: Ders.: Ausgewählte Schriften, Bd. 1: Schriften zur sozialen Frage, hg. von Karl Janssen, Gütersloh 1956, 83–88.
Wohlfeil, Rainer: Positionen der Forschung. »Bauernkrieg« und »frühbürgerliche Revolution«, in: Peter Blickle (Hg.): Der deutsche Bauernkrieg von 1525 (WdF 460), Darmstadt 1985, 263–279.
Wolf, Hubert: Der Unfehlbare. Pius IX. und die Erfindung des Katholizismus im 19. Jahrhundert. Biographie, München 2020.
Wolgast, Eike: Die Einführung der Reformation in den deutschen Territorien zwischen 1525/26 und 1568, in: Joachim Bauer/Stefan Michel (Hg.): Der »Unterricht der Visitatoren« und die Durchsetzung der Reformation in Kursachsen, Leipzig 2017, 11–33.

Zeeden, Ernst Walter: Grundlagen und Wege der Konfessionsbildung im Zeitalter der Glaubenskämpfe, HZ 185, 1958, 249–299.
Zeller, Winfried: Protestantische Frömmigkeit im 17. Jahrhundert, in: Ders.: Theologie und Frömmigkeit. Gesammelte Aufsätze (MThSt 8), Marburg 1971, 85–116.
Zschoch, Hellmut: Die Christenheit im Hoch- und Spätmittelalter. Von der Kirchenreform des 11. Jahrhunderts zu den Reformbestrebungen des 15. Jahrhunderts (ZuKG 5 = UTB 2520), Göttingen 2004.
Zwingli, Huldreich: Sämtliche Werke (CR 88–108), Berlin/Leipzig bzw. Zürich 1905–2013.

Register

Personen

Adenauer, Konrad 448 f., 451
Agricola, Johann(es) 126, 189
Alacoque, Marguerite-Marie 361
Albertus Magnus 18
Albrecht von Brandenburg 42, 65-67
Albrecht von Preußen 116, 190
Aleander, Hieronymus 70
Alembert, Jean Baptiste d' 272
Alexander I., Zar von Russland 314
Alexander V., Papst 12, 33
Alexander VI., Papst 12, 51
Althaus, Paul 80, 396, 404, 428
Althusius, Johannes 206
Ambrosius 49
Ames, William 231
Amsdorf, Nikolaus von 64, 68, 86, 88, 122, 127, 188 f.
Andreae, Jakob 192 f., 199
Andreae, Johann Valentin 199
Angela von Foligno 198 f.
Angelus Silesius 201
Anna, hl. 42, 61, 356
Anselm von Canterbury 17, 268, 275
Anton, Paul 241, 243
Aristoteles 10, 194, 207
Arminius, Jacobus 152 f.
Arndt, Ernst Moritz 312
Arndt, Johann 195, 197-199, 206, 226-228, 235-237, 241
Arnold, Eberhard 388, 395
Arnold, Gottfried 262 f.
Arnoldi, Wilhelm 353
Asmussen, Hans 416, 420, 442 f.
Athenagoras, Patriarch 496
August, Kurfürst von Sachsen 192, 205

August der Starke, König von Polen, Kurfürst von Sachsen 183, 192, 249
Augustinus 49, 55, 64, 81, 83, 98, 142 f., 187, 238, 359

Bach, Johann Sebastian 195, 287
Bahrdt, Karl Friedrich 286
Barlaam 497
Baronius, Caesar 181
Barth, Karl 229, 342, 396-398, 416-418, 420 f., 426, 444, 450, 464
Bauer, Bruno 336
Baumgarten, Otto 381
Baumgarten, Sigmund Jakob 279, 282
Baur, Ferdinand Christian 290, 335 f.
Baur von Eyseneck, Juliana 261 f.
Baxter, Richard 215
Bayle, Pierre 271
Bayly, Lewis 215
Bea, Augustin 477
Beck, Ludwig 430
Bell, George K. A. 419
Bellarmin, Robert 184 f.
Benedikt XIII., Papst 12, 34
Benedikt XV., Papst 380, 390
Benedikt XVI., Papst 482
Bengel, Johann Albrecht 258 f.
Bengsch, Alfred 486
Benjamin, Hilde 465
Bentham, Jeremy 303
Berengar von Tours 105
Berkeley, George 270
Bernhard von Clairvaux 21, 197
Bernières-Louvigny, Jean de 234
Bertram, Adolf 406, 436, 483
Bethge, Eberhard 430

Personen

Bethmann-Hollweg, August von 331
Beyschlag, Willibald 376
Beza, Theodor 88, 140 f., 147, 161, 208
Biandrata, Giorgio 104
Biel, Gabriel 20
Biermann, Wolf 471
Birgitta von Schweden 8
Bismarck, Otto von 296, 369 f., 374–376
Blarer, Ambrosius 89
Blaschke, Olaf 306
Blaurock, Jörg 102
Blickle, Peter 76
Bloch, Ernst 455
Blum, Robert 354
Blumhardt, Christoph 320, 366, 395
Blumhardt, Johann Christoph 320, 366
Bodelschwingh, Friedrich von 365 f.
Bodelschwingh, Fritz von 409, 411, 423
Boff, Leonardo 481
Böhme, Jakob 200 f., 227, 259 f., 262
Boleyn, Anne 154, 156
Bolsec, Jérôme 140
Bonaventura 11, 15, 18, 359
Bonhoeffer, Dietrich 419 f., 427, 430, 465, 470, 488
Bonifatius 173
Bonifaz VIII., Papst 2, 4–7, 12
Boos, Martin 321
Bora, Katharina von 79, 85
Borromeo, Carlo (Karl Borromäus) 181, 352
Bosco, Giovanni 186
Bossuet, Jacques-Bénigne 274
Bousset, Wilhelm 343
Braecklein, Ingo 466
Brandt, Willy 453 f., 470, 486
Breit, Thomas 416 f., 421
Breithaupt, Joachim Justus 243
Brent, Charles 490
Brenz, Johannes 67, 86, 105 f., 118, 176, 190
Brès, Guy de 150

Bretschneider, Karl Gottlieb 81, 289
Briçonnet, Guillaume 146
Brockes, Barthold Hinrich 276, 278
Brunner, Emil 397
Bruno, Giordano 185
Brüsewitz, Oskar 471
Bucer, Martin 67, 76, 87–90, 105, 107, 112, 118, 120–123, 126, 138–140, 142, 155, 161, 202, 211
Büchel, Anna vom 265
Buddeus, Johann Franz 278
Bugenhagen, Johannes 86, 88, 134
Bullinger, Heinrich 88, 96 f., 141, 161, 208
Bultmann, Rudolf 342, 397 f., 428
Bunyan, John 215
Buonaiuti, Ernesto 360
Burckhardt, Jacob 44, 501
Buttlar, Eva von 265

Cajetan, Thomas 67
Calixt, Georg 196 f., 210, 279
Calov, Abraham 196, 238
Calvin, Johannes 55, 84, 88–90, 97, 104, 107, 130, 133, 135–146, 153, 155, 157, 161, 191, 202, 204–208, 211, 289, 341
Câmara, Hélder 480
Canisius, Petrus 172, 190
Cano, Melchior 176, 184
Canstein, Carl Hildebrand von 245
Capito, Wolfgang 112, 121
Carafa, Gian Pietro s. Paul IV.
Cardenal, Ernesto 481
Casel, Odo 402
Castellio, Sebastian 140
Chalmers, Thomas 317
Chemnitz, Martin 192
Christian III., König von Dänemark 134
Christian IV., König von Dänemark 218
Christina von Sachsen 121
Christlieb, Theodor 372
Christophorus, hl. 40

Chyträus, David 192
Clemens V., Papst 7, 9, 12
Clemens VII., Papst 12 f., 111
Clemens XI., Papst 187
Clemens XIV., Papst 290
Coccejus, Johannes 208, 232
Coelestin V., Papst 482
Coligny, Gaspard de 148
Comenius, Johann Amos 199
Comte, Auguste 303
Congar, Yves 400
Contarini, Gasparo 169
Cop, Nicolas 136, 146
Cortés, Hernán 173
Costa, Isaac da 318
Cranach, Lucas d. Ä. 2, 47, 53, 62, 85
Cranach, Lucas d. J. 47, 85
Cranmer, Thomas 154 f.
Cromwell, Oliver 210, 214
Cromwell, Thomas 154 f.
Crotus Rubeanus 47
Cruciger, Caspar 86
Crüger, Johann 200
Cyprian von Karthago 49

Dalberg, Karl-Theodor von 311
Daly, Mary 455
Daniélou, Jean 400
Dante Alighieri 40
Danton, Georges 308
Darwin, Charles 303, 402
David, Christian 250
Dehn, Günther 395
Deißmann, Adolf 343
Delitzsch, Friedrich 343
Delp, Alfred 430
Denck, Hans 102
Descartes, René 267 f., 270, 275
Dibelius, Otto 391 f., 440, 443, 445, 462, 466
Diderot, Denis 272
Dieffenbach, Johann Anton 236
von Diepenbrock, Melchior 354
Dietrich von Nieheim 33
Dippel, Johann Konrad 252

Dober, Leonhard 253, 255
Döllinger, Ignaz von 359
Domingo de Soto 177, 184
Dorner, Isaak August 340
Drewermann, Eugen 485
Drey, Johann Sebastian 350
Droste-Vischering, Clemens August von 350–352
Dunant, Henri 488
Duns Scotus, Johannes 14 f.
Dürer, Albrecht 47, 72
Durie, John 210
Dutschke, Rudi 454
Dyke, Daniel 215

Ebert, Friedrich 386
Echter von Mespelbrunn, Julius 183
Eck, Johann 66, 68, 70, 95, 111, 113, 120 f., 123
Eckert, Erwin 395
Eckhart s. Meister Eckhart
Edelmann, Johann Christian 248, 285
Eduard VI., König von England 155
Edwards, Jonathan 317
Ehrenberg, Hans 427 f.
Eichhorn, Johann Gottfried 282
Elert, Werner 396, 404, 418, 428
Elisabeth von der Pfalz 206
Elisabeth I., Königin von England 156 f.
Elisabeth Dorothea, Landgräfin von Hessen-Darmstadt 240
Eller, Elias 265
Emser, Hieronymus 108
Engels, Friedrich 303
Eppelmann, Rainer 472
Erasmus von Rotterdam 26, 47–50, 73, 79 f., 90, 97, 120, 123, 149, 258
Ernesti, Johann August 282
Ernst der Fromme, Herzog von Sachsen-Gotha 241
Ernst von Bayern 183
Esschen, Jan van 150
Eucken, Rudolf 396
Eugen IV., Papst 12, 35, 37
Eusebius 190

Personen

Fabri, Friedrich 378
Fahrenkrog, Ludwig 403
Falcke, Heino 455, 474
Falk, Adalbert 296, 374
Falk, Johann Daniel 363
Farel, Guillaume 137 f., 146
Felix V., Gegenpapst 12, 37
Feller, Joachim 228
Fénelon, François 187
Ferdinand I., Kaiser 72, 96, 108–110, 114, 128 f., 182, 190
Ferdinand II., Kaiser 218
Feuerbach, Ludwig 303
Fichte, Johann Gottlieb 301, 312
Ficino, Marsilio 48
Finney, Charles G. 317
Firmian 221
Flacius Illyricus, Matthias 127, 161, 188–191
Flasch, Kurt 22
Fliedner, Theodor und Friederike 363
Fox, George 213
Foxe, John 156
Francisco de Vitoria 174, 184
Franck, Sebastian 100, 200
Francke, August Hermann 228 f., 239, 241–248
Francke, Gotthilf August 247
Frank, Franz Hermann Reinhold von 339
Franz I., König von Frankreich 71, 86, 108, 136, 146
Franz II., Kaiser 311, 314
Franz von Sales 186
Franz von Assisi 10
Franziskus, Papst 173, 482
Frey, Hellmut 457
Freylinghausen, Johann Anastasius 247
Frick, Constantin 431
Friedrich der Weise, Kurfürst von Sachsen 42, 53, 62, 67, 71 f., 75, 108
Friedrich I., König von Preußen (= Kurfürst Friedrich III. von Brandenburg) 239, 247
Friedrich II. der Große, König von Preußen 271, 274, 280
Friedrich III., Kaiser 37
Friedrich III. der Fromme, Kurfürst von der Pfalz 118, 204 f.
Friedrich V., Kurfürst von der Pfalz 205, 217 f.
Friedrich Wilhelm I., König von Preußen 247
Friedrich Wilhelm II., König von Preußen 283 f.
Friedrich Wilhelm III., König von Preußen 314, 321, 324–326
Friedrich Wilhelm IV., König von Preußen 329 f.
Frings, Josef 483
Froschauer, Christoph 92
Fry, Elizabeth 363
Fuchs, Emil 466

Galen, Clemens August von 436, 483
Gama, Vasco da 54
Gansfort, Wessel 26
Gebhard Truchsess von Waldburg 183
Geiler von Kaysersberg, Johann 43
Geissel, Johannes von 352, 354
Georg, Fürst von Anhalt 122
Georg der Bärtige, Herzog von Sachsen 68, 75, 108, 110, 118, 121
Gerhard, Johann 195, 199
Gerhardt, Paul 195, 200, 210, 234, 259
Gerlach, Ernst Ludwig und Leopold von 330
Gersdorf, Henriette Katharina von 249 f.
Gerson, Jean 20, 33, 38
Gerstein, Kurt 430
Gerstenmaier, Eugen 430, 442
Gienke, Horst 466 f.
Gobat, Samuel 377
Goethe, Johann Wolfgang von 263, 266, 282, 293 f., 301, 363
Goeze, Johann Melchior 286
Gogarten, Friedrich 397
Gollwitzer, Helmut 429, 454 f.
Gomarus, Franz 153

Gorbatschow, Michail 473
Göring, Hermann 413
Görres, Joseph 348, 351
Goßner, Johann Evangelista 321, 362
Grafe, Hermann Heinrich 322
Graham, Billy 317
Granvella, Kardinal 120
Grebel, Konrad 102
Gregor XI , Papst 8, 12 f.
Gregor XII., Papst 12, 33 f.
Gregor XIII., Papst 180
Gregor XV., Papst 175
Gregor XVI., Papst 349 f.
Gregorios Palamas 497
Greinacher, Norbert 481
Griesbach, Johann Jakob 282
Grindal, Edmund 211
Gröber, Conrad 434, 436
Gropper, Johannes 120 f., 190
Großgebauer, Theophil 235
Grote, Geert 25
Grotewohl, Otto 463
Grüber, Heinrich 428 f., 462, 467
Grumbach, Argula von 85
Grundmann, Walter 404
Grundtvig, Frederik 318
Guardini, Romano 402
Guise, Franz von, Herzog von Lothringen 147
Guise, Karl von, Kardinal 147
Guise, Maria von 157
Gunkel, Hermann 343
Günther, Anton 350
Gustav II. Adolf, König von Schweden 210, 219
Gustav I. Wasa, König von Schweden 134
Gutenberg, Johannes 59
Gutiérrez, Gustavo 481
Guyon, Madame 187, 234

Hadrian VI., Papst 109, 482
Haeckel, Ernst 402
Hahn, Michael 260
Hahn, Philipp Matthäus 260
Haldane, James 317

Haldane, Robert 317 f.
Hamann, Johann Georg 293 f., 318
Hamilton, Patrick 157
Hamm, Berndt 38, 42, 55
Harleß, Adolf 338 f.
Harms, Claus 327
Harms, Ludwig (Louis) 322, 327
Harnack, Adolf von 339, 342 f., 367, 371, 380 f., 394
Haseloff, Elisabeth 433
Hauer, Jakob Wilhelm 403
Hauge, Hans Nielsen 318
Havemann, Robert 472
Hedinger, Johann Reinhard 257
Hegel, Georg Wilhelm Friedrich 201, 301–303, 335, 340
Heidegger, Martin 398
Heiler, Friedrich 401
Heinemann, Gustav 450 f.
Heinrich II., König von Frankreich 147
Heinrich II., Herzog von Braunschweig-Wolfenbüttel 122
Heinrich IV., König von Frankreich (Heinrich von Navarra) 148 f.
Heinrich VIII., König von England 86, 154 f.
Heinrich von Langenstein 33, 38
Helwys, Thomas 212
Hengstenberg, Ernst Wilhelm 328, 330, 338
Henhöfer, Aloys 320
Herberger, Valerius 197
Herbert of Cherbury, Edward 269 f.
Herder, Johann Gottfried 293 f., 300, 302, 363
Hermes, Georg 350
Herrmann, Wilhelm 342, 380
Herwegen, Ildefons 402
Herz, Henriette 332
Hesse, Hermann Albert 408
Hesshus, Tilemann 204
Heuss-Knapp, Elly 394
Hieronymus von Prag 30, 35
Hiller, Philipp Friedrich 259
Hinckelmann, Abraham 240

Personen

Hindenburg, Paul von 388, 405 f., 413
Hirsch, Emanuel 225, 229, 267, 396
Hitler, Adolf 405–407, 409 f., 412–414, 418, 426, 429 f., 432–434, 437
Hobsbawm, Eric 383
Hochhuth, Rolf 438
Hochmann von Hochenau, Ernst-Christoph 264
Hochstetter, Johann Andreas 257
Hofacker, Ludwig 320
Hofbauer, Clemens Maria 347
Hoffmann, Adolph 386
Hoffmann, Gottlieb Wilhelm 320
Hoffmann (Hoffman), Melchior 85, 102 f., 150, 202
Hoffmann, Wilhelm 233 f.
Hofmann, Johann Christian Konrad von 338, 339
Holbach, Baron d' 272
Holl, Karl 396
Hollaz, David 196
Holtzmann, Heinrich Julius 337
Honecker, Erich 470–473
Honius, Cornelius (Cornelis Hoen) 105
Honterus, Johannes 134
Hontheim, Nikolaus von 291
Horb, Johann Heinrich 240
Hossenfelder, Joachim 411 f.
Hromádka, Josef 426
Huber, Victor Aimé 366
Hubmaier, Balthasar 102
Huizinga, Johan 44
Humburg, Paul 421
Hume, David 270
Hus, Jan 3, 14, 27, 29, 30, 34 f., 53, 55, 68, 71, 161, 190
Hut, Hans 102
Huter, Jakob 102
Hutten, Ulrich von 49, 76
Hütter, Leonhard 195

Ignatius von Loyola 170–172, 175, 180
Immer, Karl 420
Innozenz III., Papst 32, 45
Innozenz X., Papst 221

Institoris, Heinrich 43
Irenäus 49
Iserloh, Erwin 65
Iwand, Hans Joachim 444

Jablonski, Daniel Ernst 253, 274
Jacob, Günter 467
Jaeger, Lorenz 494
Jaenicke, Johannes 321, 377
Jäger, August 409, 413 f.
Jakob I., König von England und Schottland 211 f, 214
Jakobell von Mies 30
Jakobus (Herrenbruder) 335
Jan van Leiden 103
Jansen, Cornelius 187
Jatho, Carl 371
Jedin, Hubert 168
Jeremias II., Patriarch 499
Jerusalem, Johann Friedrich Wilhelm 281
Jiménez de Cisneros, Francisco 170
Joachim I., Kurfürst von Brandenburg 108, 118
Joachim von Fiore 11, 288
Johann VI., Graf von Nassau-Dillenburg 206
Johann der Beständige, Kurfürst von Sachsen 53, 108, 112
Johann Friedrich der Großmütige, Kurfürst von Sachsen 53, 108, 122, 125, 128
Johann Friedrich II., Herzog von Sachsen-Weimar 191
Johann Georg III., Kurfürst von Sachsen 239
Johann Sigismund, Kurfürst von Brandenburg 207
Johannes XXII., Papst 9–12, 17, 476
Johannes XXIII., Gegenpapst 33 f., 476
Johannes XXIII., Papst 2, 476 f., 482
Johannes vom Kreuz 185 f.
Johannes von Paltz 38
Johannes Paul I., Papst 481 f.
Johannes Paul II., Papst 482, 486 f., 494
Jonas, Justus 86

Joseph II., Kaiser 292
Jud, Leo 88, 93 f., 96 f.
Julius II., Papst 12, 51 f.
Jung-Stilling, Johann Heinrich 294, 314, 318
Junius, Franciscus 209
Jursch, Hanna 432

Kaas, Ludwig 434
Kähler, Martin 339
Kajetan von Thiene 169
Kant, Immanuel 268, 274-276, 284, 288 f., 293, 301, 303, 337, 350
Kapler, Hermann 388, 408 f., 411
Karl der Große 71
Karl I., König von England 212-214
Karl II., König von England 214
Karl IV., Kaiser 10, 29
Karl V., Kaiser 10, 67 f., 71 f., 108, 111, 113 f., 122 f., 125, 128, 150, 154, 176 f., 184
Karl VII., Kgönig von Frankreich 36
Karl IX., König von Frankreich 147
Karlstadt, Andreas 64, 68, 74 f., 83, 100 f., 105, 200
Katharina von Aragón 154
Katharina von Medici 147 f.
Katharina von Siena 8
Keble, John 345
Kennan, George F. 379, 383
Kerrl, Hanns 420, 423, 425, 432
Ketteler, Wilhelm Emmanuel von 368
Kierkegaard, Sören 303, 397
Kirschbaum, Charlotte von 398
Kittel, Gerhard 418
Knox, John 157
Koch, Karl 410, 413, 415 f., 421
Kohl, Helmut 453
Kolping, Adolf 368
Kolumbus, Christoph 54, 173
Konrad von Gelnhausen 33
Koselleck, Reinhart 297
Kottwitz, Hans Ernst von 321
Krafft, Christian 320
Krause, Reinhold 412

Kreyssig, Lothar 444
Krüdener, Juliane von 314
Kube, Wilhelm 405
Küng, Hans 485
Künneth, Walter 410 f., 457
Kunst, Hermann 449 f.
Kutter, Hermann 395
Kyrillos I. Lukaris, Patriarch 499

Labadie, Jean de 231 f., 235
Labouré, Cathérine 361
Lagarde, Paul de 404
Laínez, Diego 171, 176
La Mettrie, Julien Offray de 272
Lambert, Franz 117
Lammenais, Félicité de 49
Lampe, Friedrich Adolf 233, 322
Lanfrank von Bec 105
Lange, Ernst 458
Lange, Fritz 464
Lange, Joachim 243
Las Casas, Bartolomé 174
Lasco, Johannes a 134, 202
Lassalle, Ferdinand 366
Laud, William 212 f., 216
Lavater, Johann Caspar 266, 294, 318
Leade, Jane 201, 261
Lefebvre, Marcel 481
Lefèvre d'Étaples, Jaques (Jacobus Faber Stapulensis) 145 f.
Leffler, Siegfried 404
Leibniz, Gottfried Wilhelm 210, 271, 273 f., 287
Lenin, Wladimir Iljitsch 381, 437, 498
Leo X., Papst 12, 52, 66 f., 69 f., 154
Leo XII., Papst 361
Leo XIII., Papst 359, 368, 376
Leppin, Volker 57, 65
Lepsius, Johannes 377
Lessing, Gotthold Ephraim 266, 286-288, 294
Leutheuser, Julius 404
Lichtenberg, Bernhard 429
Liebknecht, Karl 386
Liebknecht, Wilhelm 366

Personen

Lilje, Hans 411, 440
Lindemann, Margarethe 60
Lisco, Emil 371
Lloyd George, David 379
Lobwasser, Ambrosius 140
Locke, John 270, 273
Lodenstein, Jodocus van 231 f.
Löhe, Wilhelm 320, 328, 338, 364
Loisy, Alfred 360
Löscher, Valentin Ernst 246
Lotzer, Sebastian 77
Lubac, Henri de 400
Ludendorff, Erich und Mathilde 403
Luder, Hans 60
Ludwig IV., König 9 f.
Ludwig IV., Kaiser 12, 17, 32
Ludwig VI., Kurfürst von der Pfalz 205
Ludwig XIV., König von Frankreich 149, 224
Ludwig XVI., König von Frankreich 306 f.
Luise, Königin von Preußen 325
Luther, Martin 16, 20, 24-27, 49 f., 53, 55, 60-75, 77-93, 95, 97-100, 105-108, 111-114, 116 f., 119, 122-124, 136-139, 142-145, 150, 154, 160, 162, 167, 184, 188, 191, 193, 194 f., 199 f., 211, 234, 36-238, 246, 252, 316, 327, 338, 341, 382, 396, 471
Luxemburg, Rosa 386

Machiavelli, Niccolò 46
Maistre, Joseph de 348
Major, Georg 188 f.
Manz, Felix 102
Marahrens, August 408, 410, 414, 421, 424 f., 432, 440
Margarete von Valois 148
Marheineke, Philipp Konrad 335
Maria (Mutter Jesu) 42, 356, 358, 361
Maria Stuart, Königin von Schottland 156 f., 211
Maria Tudor, Königin von England 154-157, 202, 211
Maria Theresia, Kaiserin 292
Marot, Clément 140
Marsilius von Padua 10, 32
Martin V., Papst 12, 34 f.
Marx, Karl 303
Mather, Cotton 246
Matthijs, Jan 103
Maximilian I., Herzog von Bayern 217 f.
Maximilian II., Kaiser 182 f.
May, Johann Heinrich 240
Mehmed II., Sultan 497
Meiser, Hans 409 f., 414-416, 424, 440, 442, 445
Meister Eckhart 21-24, 227
Melanchthon, Philipp 2, 59, 65, 68, 74, 80, 82, 84, 86-89, 107, 111-113, 119-124, 126 f., 137 f., 161, 167, 176, 188-193, 195 f., 289, 499, 501 f.
Mendelssohn, Moses 287
Mendelssohn Bartholdy, Felix 287
Menken, Gottfried 322
Mentzer, Balthasar 196
Merlau, Johanna Eleonora von s. Petersen, Johanna Eleonora
Metternich, Clemens Wenzel von 313 f., 328
Metz, Johann Baptist 481
Meyer, Anna 92
Meyer, Harding 492
Meyfart, Johann Matthäus 44
Michael von Cesena 9, 11 f., 17
Michaelis, Walter 373
Michelangelo 47, 51
Mill, John Stuart 303
Milton, John 215
Mitzenheim, Moritz 466
Modersohn, Ernst 372
Moeller, Bernd 59
Möhler, Johann Adam 350
Molanus, Gerhard Wolter 273
Molina, Luis de 185 f.
Molinos, Miguel de 186 f.
Moller, Martin 197
Moltmann, Jürgen 455
Monod, Adolphe 318
Moody, Dwight L. 317, 372

Moritz, Kurfürst von Sachsen 122, 125–128
Moritz, Landgraf von Hessen-Kassel 206 f.
Morus, Thomas 155
Mosheim, Johann Lorenz von 167, 278
Mott, John 489
Mühlenberg, Heinrich Melchior 246
Müller, Friedrich 424
Müller, Heinrich 196, 199
Müller, Julius 340
Müller, Ludwig 408–416, 418–421, 423, 433
Müntzer, Thomas 77–79, 100–102, 471
Mussolini, Benito 390
Myconius, Oswald 88, 93 f., 97

Napoleon Bonaparte 299, 308–313
Naumann, Friedrich 367, 380
Neander, August 337
Neander, Joachim 229, 232 f.
Neri, Filippo 181
Newman, John Henry 345
Nicolai, Philipp 197
Niemöller, Martin 407, 411, 415 f., 419–421, 441–443, 445, 450, 454 f.
Niemöller, Wilhelm 407
Nietzsche, Friedrich 304
Nikolaus III., Papst 11
Nikolaus von Dinkelsbühl 38
Nikolaus von Kues 38 f.
Nikon, Patriarch 498
Nitschmann, Anna 256
Nitschmann, David 255
Nitzsch, Karl Immanuel 340
Noailles, Kardinal de 250
Novalis 301

Oberheid, Heinrich 413
Ochino, Bernardino 135, 169
Ockham, Wilhelm von 9, 12, 14, 17–20, 22, 32, 81
Oehlke, Eva 432
Oekolampad, Johannes 76, 89, 95, 105
Oetinger, Friedrich Christoph 258–260

Olevian, Caspar 204, 206
Olivétan, Pierre-Robert 146
Oncken, Johann Gerhard 322
Oranien, Moritz von 151, 153
Oranien, Wilhelm I. von 151, 206
Oranien, Wilhelm III. von 214
Origenes 40, 49
Osiander, Andreas 86, 123, 190
Ottheinrich, Kurfürst von der Pfalz 204
Otto, Rudolf 395 f., 400
Otto I., Kaiser 312
Oxenstierna, Axel 219

Pacelli, Eugenio s. Pius XII.
Papen, Franz von 434
Paracelsus 101, 199
Pareus, David 209
Pascal, Blaise 187
Paul III., Papst 119, 138, 169–171, 176
Paul IV., Papst 169 f., 177
Paul VI., Papst 362, 476 f., 481, 484, 486, 496
Paul, Jonathan 373
Paulus 55, 69, 91, 142, 238, 335, 357, 404, 412
Paulus, Heinrich Eberhard Gottlob 289 f.
Penn, William 216
Perkins, William 215
Perrin, Ami 140
Peter I. der Große, Zar von Russland 245, 498
Petersen, Johanna Eleonora 262
Petersen, Johann Wilhelm 262, 264
Petrarca, Francesco 45
Petri, Olaus 134
Petrus 18, 282, 357 f.
Petrus Lombardus 15, 64, 184
Peucer, Kaspar 192, 203
Pezel, Christoph 192, 203, 206
Pfaff, Christoph Matthäus 167, 210, 278
Pfefferkorn, Johannes 49
Pfeffinger, Johann 189
Pflug, Julius von 120
Philipp der Großmütige, Landgraf von

Personen

Hessen 85, 89, 107 f., 110, 117 f., 121 f., 125, 128
Philipp II., König von Spanien 150, 155 f.
Philipp IV. der Schöne, König von Frankreich 5-7
Pico della Mirandola, Giovanni 46, 48 f.
Pierre d'Ailly 20, 33
Pippin der Jüngere, König 224, 356
Piscator, Johannes 206
Pius IV., Papst 177, 179, 181
Pius V., Papst 179
Pius VII., Papst 291, 307, 309
Pius IX., Papst 296, 354-358, 361 f., 376, 482
Pius X., Papst 361 f.
Pius XI., Papst 356, 390, 437 f.
Pius XII., Papst 399, 434, 437 f., 475 f.
Pizarro, Francisco 173
Platon 48
Plütschau, Heinrich 246
Poach, Andreas 189
Poiret, Pierre 232, 234
Pordage, John 201
Potter, Philip 493
Preysing, Konrad von 430, 436, 483
Pückler, Eduard von 372
Pufendorf, Samuel 167
Pupper von Goch, Johann 26
Pusey, Edward Bouverie 345

Quenstedt, Johann Andreas 196

Racine, Jean 187
Radbertus 105
Rade, Martin 342, 388
Radewijns, Florens 25
Raffael 51
Ragaz, Leonhard 395
Rahner, Karl 484
Rambach, Johann Jakob 248
Ramus, Petrus 208
Ranke, Leopold von 54, 163
Ratramnus 105
Rautenberg, Johann Wilhelm 322, 362

Recke-Volmerstein, Adalbert von der 363
Reimarus, Hermann Samuel 285-287
Reinhard, Franz Volkmar 290
Reinhard, Wolfgang 165
Rendtorff, Heinrich 409
Rendtorff, Trutz 454
Reuchlin, Johannes 48 f., 86
Reuß-Ebersdorf, Erdmuthe Dorothea von 250, 256
Rhegius, Urbanus 86
Ricci, Matteo 175
Richter, Christian Friedrich 247
Rietschel, Ernst 27
Ritschl, Albrecht 228 f., 341-343, 396
Ritter, Karl Bernhard 401
Robespierre, Maximilien de 308
Robinson, John A. T. 431
Rochlitz, Elisabeth von 85
Rock, Johann Friedrich 264
Rogers, Richard 215
Rojas y Spinola, Christoph de 274
Ronge, Johannes 353
Rösch, Augustin 430
Rosenberg, Alfred 22, 403
Rothe, Johann Andreas 250
Rothe, Richard 336, 340 f., 370
Rousseau, Jean-Jacques 272, 278
Ruchrat von Wesel, Johann 26
Rudolf II., Kaiser 183, 218
Rust, Bernhard 409
Ruusbroec, Jan van 25

Sack, August Friedrich Wilhelm 280 f.
Sadoleto, Jacopo 138
Sailer, Johann Michael 321
Sale, Margarethe von der 121 f.
Salmerón, Alfonso 176
Sankey, Ira 317
Sasse, Hermann 427
Savonarola, Girolamo 27, 51
Schade, Johann Caspar 240
Schappeler, Christoph 77
Scharf, Kurt 467-469
Scheibel, Johann Gottfried 328
Schell, Hermann 360

Schelling, Friedrich Wilhelm 301
Schenkel, Daniel 336
Schiller, Friedrich 71, 293, 301
Schilling, Heinz 165
Schirach, Baldur von 431
Schlatter, Adolf 339, 371, 380
Schlegel, Friedrich 301, 333
Schleiermacher, Friedrich 265, 301, 305, 313, 325 f., 332-334, 338
Schmidt, Helmut 453
Schmidt, Johann Lorenz 285
Schmidt, Martin 245
Schmitz, Elisabeth 428
Schneider, Paul 425
Schneller, Johann Ludwig 377
Scholl, Hans und Sophie 429
Schönherr, Albrecht 469-471
Schott, Anselm 402
Schrempf, Christoph 371
Schrenk, Elias 372
Schurman, Anna Maria van 231
Schüssler-Fiorenza, Elisabeth 455
Schütz, Heinrich 195
Schütz, Johann Jakob 236, 238 f., 261 f.
Schutz, Roger 493
Schweitzer, Albert 344
Schwenckfeld, Kaspar von 100, 200
Scriver, Christian 196, 199f.
Seeberg, Reinhold 380
Selnecker, Nikolaus 192
Semler, Johann Salomo 279, 282 f.
Servet, Michael 103 f., 140
Seuse (Suso), Heinrich 21, 23f.
Seymour, William J. 373
Shakespeare, William 156
Sickingen, Franz von 76
Siegmund-Schultze, Friedrich 488
Sieveking, Amalie 322, 362
Sigismund, Kaiser 30, 33, 36
Simons, Menno 103
Sixtus IV., Papst 12, 51
Smend, Julius 400
Smith, John 212
Smith, Robert Pearsall 371
Söderblom, Nathan 401, 489

Sokrates 18, 293
Sölle, Dorothee 431, 455, 457
Soubirous, Bernadette 361
Sozzini, Fausto 104, 135
Spalding, Johann Joachim 280 f., 283
Spangenberg, August Gottlieb 257
Spee, Friedrich 44
Spener, Philipp Jakob 199, 228 f., 235-241, 243, 249, 257, 261-263, 280
Spengler, Lazarus 85
Spiegel, Ferdinand August 350 f.
Spinoza, Baruch de 268, 270, 285
Spitta, Friedrich 400
Stahl, Friedrich Julius 330 f.
Stählin, Wilhelm 401, 494
Stalin, Josef 381, 463, 498
Stapel, Wilhelm 404
Staupitz, Johann von 38, 61, 88
Stein, Edith 185, 437 f.
Stein, Karl Frhr. vom 312, 325
Stoecker, Adolf 367, 370
Stolpe, Manfred 467
Storch, Nikolaus 74
Storr, Gottlob Christian 290, 335
Strauß, David Friedrich 336, 339, 399
Strigel, Victorin 189
Stuckart, Wilhelm 422
Stutz, Ulrich 387
Suárez, Francisco 359
Suleyman der Prächtige, Sultan 110
Swedenborg, Emanuel 259
Sydow, Adolf 371

Tauler, Johannes 21, 23 f., 64, 100, 197 f., 200
Taylor, James Hudson 378
Teellinck, Willem 230 f.
Teller, Wilhelm Abraham 281
Temple, William 491
Teresa von Ávila 185
Tersteegen, Gerhard 229, 233 f.
Tetzel, Johann 65
Thadden-Trieglaff, Reinold von 451
Tholuck, August 337
Thomas von Aquin 14 f., 18, 22, 42, 163, 184, 356, 359, 361

PERSONEN

Thomas von Kempen 26, 100
Thomasius, Christian 167
Thomasius, Gottfried 339
Thurneysen, Eduard 397
Tiele-Winckler, Eva von 372
Tiling, Magdalene von 394
Tillich, Paul 395, 399
Tindal, Matthew 269 f.
Todt, Rudolf 366
Toland, John 269
Troeltsch, Ernst 159, 194, 225, 343, 381
Turrettini, Jean-Alphonse 278
Tyndale, William 154

Ulbricht, Walter 463, 466, 470
Ullmann, Carl 340, 370
Ulrich, Herzog von Württemberg 118
Undereyck, Theodor 232 f.
Urban V., Papst 8
Urban VI., Papst 12 f.
Urlsperger, Johann August 318
Ursinus, Zacharias 204

Vadian, Joachim 95
Valdes 27
Valdès, Juan de 135
Valla, Lorenzo 38
Vermigli, Petrus Martyr 135
Vilmar, August 328, 338
Vinci, Leonardo da 47
Virchow, Rudolf 375
Vischer, Wilhelm 427
Visser 't Hooft, Willem Adolf 443, 491
Voes, Hendrik 150
Voetius, Gisbert 208, 231 f.
Voltaire 271, 273

Wackernagel, Philipp 331
Walch, Johann Georg 278
Warneck, Gustav 378
Weber, Max 144
Wegscheider, August Ludwig 289
Wehler, Hans-Ulrich 383
Weigel, Valentin 200
Weiß, Johannes 342, 344, 360

Weizsäcker, Carl Friedrich von 456
Wellhausen, Julius 337
Welz, Justinian von 246
Wenzel, König von Böhmen 30 f.
Werner, Friedrich 425 f., 432
Wesley, Charles 255, 316
Wesley, John 255, 316
Wessenberg, Ignaz Heinrich von 349
Westphal, Joachim 107, 141, 206
Whitefield, George 316 f.
Whitgift, John 211
Wichern, Johann Hinrich 322, 331, 362–365
Wied, Hermann von 89, 123, 183
Wieland, Christoph Martin 293, 301
Wilberforce, William 317
Wilhelm, Landgraf von Hessen 128
Wilhelm I., Kaiser 330, 369f., 376
Wilhelm II., Kaiser 369, 377 f.
Wilhelm IV., Herzog von Bayern 108
Wilhelm V., Herzog von Jülich-Kleve-Berg 122
Wilhelm V. der Fromme, Herzog von Bayern 183
Williams, Roger 216
Wimpina, Konrad 66
Winckler, Johann 240
Windthorst, Ludwig 296
Winthrop, John 216
Witzel, Georg 120
Wladimir, Großfürst 498
Woellner, Johann Christoph 283
Wolf, Hubert 357
Wolff, Christian 243, 274, 279
Wrede, William 343
Wurm, Theophil 409 f., 414 f., 430, 433, 440–442, 445
Wyclif, John 3, 14, 26–30, 35, 55, 161

Xaver, Franz 171, 175

Zeeden, Ernst Walter 165
Zell, Katharina 85
Zeller, Christian Heinrich 363
Zeller, Winfried 197

Ziegenbalg, Bartholomäus 246
Zinzendorf, Nikolaus Ludwig von 229, 248–257, 264, 316
Zinzendorf, Christian Renatus von 256 f.
Zoellner, Wilhelm 423 f.
Zwilling, Gabriel 74
Zwingli, Huldrych 55, 60, 83, 88–98, 102, 104–106, 112, 133, 137, 140, 142, 145, 161, 202, 289

Orte

Aachen 202, 413
Aargau 95 f., 396
Afrika 174, 373, 378, 385, 504
Agnetenberg 26
Alcalá 170 f.
Allgäu 320 f.
Allstedt 78
Alpirsbach 258, 401
Altona 232, 263, 285, 416
Amerika 54, 101 f. 104, 173, 213, 215 f., 262, 317, 373, 378, 380, 383, 378, 399, 449, 488, 490; s. a. Lateinamerika, Nordamerika, Südamerika
Amsterdam 160, 212, 232, 491 f.
Anagni 6
Anhalt 20, 110 f., 122, 189, 193, 206, 324, 440
Annecy 186
Antwerpen 150
Arnoldshain 447
Asien 1, 173, 175, 481, 483, 504
Athos 497
Auerstedt 312
Augsburg 47, 67, 86, 87, 96
Auschwitz 427, 437, 452
Australien 321
Avignon 3, 7–9, 12 f., 17, 22, 32–34, 37, 50, 117, 476

Bad Berleburg 254, 260, 264, 285
Bad Boll 320, 366
Bad Laasphe 263
Bad Liebenzell 320, 378
Bad Oeynhausen 410, 424
Bad Wildungen 197

Baden 182, 294, 311, 320, 324, 328 f., 374, 386, 391
Baden im Aargau 95
Balkan 3, 71, 497
Baltikum 102, 245, 347
Bamberg 346
Barby 332
Bari 13
Barmen 322, 372, 415 f., 419
Basel 12, 31, 35–37, 49, 75, 89–91, 94–96, 100, 105, 124, 136, 138, 318, 363, 395, 397 f., 446, 456 f.
Bayern 108, 182 f., 217 f., 220, 292, 310, 311, 320, 324, 346 f., 374, 391, 409 f., 416, 433, 440
Belgien 68, 150f., 187, 349
Berg, Bergisches Land 122, 207, 310, 233 f.
Berlin 200, 210, 239 f., 243, 253, 264, 266, 274, 280 f., 287, 296, 301, 313, 321, 328–333, 335–337, 339 f., 342 f., 362, 364 f., 367, 369, 371–373, 377, 380, 386, 391, 394–396, 405 f., 410–412, 415, 419–421, 428–430, 436, 440, 454, 458–460, 462, 466–469, 473, 474, 483, 486–488
Bern 90 f., 95 f., 96, 137–139
Berneuchen 401
Berthelsdorf 250 f., 256
Bethel 365 f., 409, 420, 427 f., 457
Beuggen 363
Beuron 347, 402
Birmingham 345
Böhmen 3, 14, 27, 29–31, 34, 134, 218
Bologna 33, 71, 111, 126, 176
Bonn 331, 340 f., 343, 350f., 372, 396, 398, 455

Bourges   36, 136, 209
Brandenburg an der Havel   366
Brandenburg   41 f., 65 f., 108, 117 f., 126, 176, 189, 191, 239, 244, 326, 411, 415, 467, 475
Brandenburg-Ansbach   110 f., 116, 118
Brasilien   174, 246, 480
Braunschweig (-Lüneburg, -Wolfenbüttel)   88, 110 f., 118, 122, 192, 194, 196, 281, 423
Bremen   153, 182, 206, 218, 220, 232-234, 322, 378, 459
Bremgarten   96
Breslau   204, 328, 354, 391, 406, 436, 483, 485
Bretten   86
Bristol   316
Brüssel   25, 150 f.
Buchenwald   430
Bückeburg   293
Büdingen   256
Bundesrepublik Deutschland   445, 448-460, 467, 472. 474. 483-485
Burg Rothenfels   393
Burgsteinfurt   206
Byzanz, Byzantinisches Reich   1, 36 f., 39, 48, 54, 496-498

Calw   199, 259
Cambridge   90, 126, 154 f., 215, 270
Celle   86, 198, 323
Cevennen   264
Chiapas   174
Chicago   399
Chichester   419
China   175, 378
Christiansfeld   257
Coburg   111
Cottbus   465, 467

Dachau   425
Dahlem   415, 419-421, 423 f., 442
Dänemark   88, 134, 218, 264, 318
Darmstadt   240, 444 f.
Den Haag   268

Denkendorf   258
Deutsche Demokratische Republik   79, 444, 447, 454, 456, 459-474, 485-487
Deventer   25
Donauwörth   100, 217
Dordrecht   144, 152 f., 204, 208, 230 f.
Dortmund   457
Dresden   193, 239, 246, 249f., 290, 389, 456, 473, 487
Düsseldorf   233, 327, 363, 456
Düsseltal   364
Duisburg   232

Ebernburg   76
Edinburgh   157, 317, 378, 489, 491
Emden   134, 152, 202
England   1, 3, 13 f., 27, 29, 41, 49, 86, 104, 114, 134, 153 f., 156 f., 162, 180, 201 f., 211 f., 214, 216, 230, 245 f., 255, 270 f., 300, 315-317, 322, 345, 378, 428
Eichstätt   346
Einsiedeln   91, 93
Eisenach   60, 71 f., 331 f., 389, 404, 445 f., 470
Eisleben   60, 123, 126, 189
Elberfeld   265, 322, 363, 408, 420
Ellwangen   350
Elsass   76, 89, 120, 220, 235, 344
Erfurt   20, 22, 60-62, 71, 241, 243, 286, 455, 474, 485-487
Erlangen   320, 428

Ferrara   37, 135, 496, 498
Finkenwalde   420, 430
Flandern   150, 152
Florenz   8, 37, 45, 48, 51, 178, 496, 498
Flossenbürg   430
Franeker   152, 208, 231, 233
Franken   76, 356
Frankenhausen   77 f., 102
Frankfurt am Main   24, 150, 156, 190, 194, 202, 228, 235-240, 255, 261 f., 328, 354, 367, 399, 440
Frankfurt an der Oder   66, 77, 282, 333
Frankreich   1 f., 5, 7, 13, 26, 36, 41, 49, 51,

71, 86, 90, 104, 108, 110, 114, 119, 128, 136, 141, 145-148, 150 f., 157, 173, 175, 187, 217, 219, 220, 223f., 231, 290, 298, 307, 309 f., 312 f., 318, 347 f., 351, 360, 362, 374, 379, 386, 400
Fraustadt 197
Freiburg i. Br. 49 347, 349, 434, 436
Fulda 347, 485

Geldern 122
Genf 55, 88, 91, 104, 133, 135, 137-141, 146, 150, 157, 186, 208, 231, 235, 246, 272, 278, 318, 488-490, 492
Georgia 255, 316
Gießen 195 f., 207, 240, 248, 263, 286, 342, 457
Glarus 90
Glasgow 317
Glaucha 243 f.
Gnadau 372
Goa 173
Göppingen 320
Görlitz 197, 201, 485-487
Göttingen 278, 282, 337, 341 f., 396 f.
Goslar 122
Gotha 71, 241, 289
Granada 173
Griechenland 497
Greifswald 466
Grönland 255
Großbritannien 314, 317, 377

Hagenau 120, 138
Halberstadt 65
Halle 42, 239 f., 243-249, 257, 274, 279, 282, 286, 289, 316, 332 f., 339 f., 376, 378, 295
Hanau 206, 240, 324
Hannover 273 f., 346 f., 410, 414, 423, 445, 451
Hamburg 88, 107, 197, 232, 238, 240 f., 263, 277, 285-287, 322, 362, 367, 404, 416, 420, 456, 458, 60
Heidelberg 20, 67, 86, 89, 204-206, 208 f., 218, 294, 301, 336 f., 340, 343, 395

Heiligenhaus 234
Heiliges Römisches Reich 9, 13, 29, 47, 51, 54, 56 f., 90, 116, 130, 137, 162 f., 166, 175, 182, 202, 224, 235, 291, 309-311, 313
Helmstedt 196, 210, 278
Herborn 206, 208
Herbrechtingen 258
Herford 232
Hermannsburg 323, 377
Herrnhaag 256
Herrnhut 31, 248, 250, 251, 253-257, 377
Hessen 109-111, 114, 117 f., 120, 127, 149, 153, 191, 193 f., 206 f., 210, 234, 240, 311, 313, 324, 338, 374, 411, 423 f., 428, 440, 450
Hildesheim 347
Hirsau 259
Hochheim 22

Idstein 324
Indien 54, 173, 175, 246, 321, 323
Ingolstadt 66, 68, 172
Innsbruck 128, 347, 484
Israel s. Palästina
Italien 9, 11, 37, 44 f., 47, 49, 51, 71 f., 103 f., 108, 110, 133, 135, 168 f., 176 f., 184, 298, 310, 347, 356, 360, 374f., 390, 437

Japan 173, 175
Jena 125, 188 f., 195, 278, 282, 285, 301, 312, 314, 397, 402, 433
Jerusalem 42, 103, 377, 378
Jülich 122, 207, 310

Kaiserswerth 363 f.
Karibik 255
Kappel 96 f.
Kassel 210, 372 f.
Kerpen 368
Kiel 241, 381, 386
Kirchenstaat 5, 7, 8, 34, 51, 126, 176, 310, 313 f., 356

Kleinasien 36, 496
Kleve 122, 202, 207, 310
Koblenz 10, 323
Köln 15, 20, 22, 24, 49, 68, 89, 96, 120, 122, 172, 183, 291, 310, 323, 347, 350–352, 354, 368, 371, 413, 455, 457
Königsberg 116, 190, 274, 293, 333, 407
Konstantinopel 1, 3, 32, 37, 496–500
Konstanz 12, 14, 24, 30, 33–36, 50, 68, 90, 92 f., 96, 112, 347, 349, 380
Kopenhagen 246, 255
Korntal 320
Kronstadt 134

Lambarene 344
Landshut 320 f.
Lateinamerika 174, 452, 455, 480
Laubach 260
La Rochelle 148
Lausanne 141, 458, 490
Leiden 152, 208, 230, 232
Leipzig 30, 68, 77, 189, 192, 219, 228, 238, 241–243, 282, 286, 312, 462, 466, 473
Leuenberg 446
Limburg 347
Lindau 112
Lippe 193
Lissabon 271 f., 277
Loccum 273, 408
Löwen 68
London 17, 134, 150, 201 f., 213, 215, 245 f., 253, 256, 264, 293, 316, 372, 419, 430, 456, 488
Los Angeles 373
Lourdes 361
Lübben 200
Lübeck 88, 241, 262, 423, 433, 460
Lügde 265
Lüneburg 110, 111, 118, 198, 262
Lüneburger Heide 322
Lützen 219
Luzern 93
Lyon 7, 36, 496

Mähren 102, 124, 134, 250

Magdeburg 26, 42, 60, 65, 88, 127 f., 182, 188, 192, 194, 372, 456, 473, 487
Mainz 42, 61, 65 f., 70, 76, 291, 310, 313, 323 f., 347, 354, 368, 484
Manresa 171
Mansfeld 60, 123
Mantua 119, 169
Marburg 107, 110, 118, 207 f., 243, 274, 294, 328, 338, 342, 388, 395, 398, 401, 428, 432
Marienborn 256
Maria Laach 402
Mark, Grafschaft 207, 325
Massachusetts 216, 317
Meaux 146
Mecklenburg 423 f.
Medellín 480
Meißen 122, 485, 487
Memmingen 77, 112
Merseburg 122
Mexiko 173 f.
Middelburg 230–232
Möhra 72
Möttlingen 320
Montauban 149, 231
Montserrat 171
Moskau 3, 463, 498
Mühlberg 125
Mühlhausen 78
Mülheim 232–234, 372 f.
München 9 f., 17, 169, 291 f., 346, 348, 359, 368, 393, 425, 429, 482
Münster 103, 150, 220, 327, 350, 396, 401, 436, 483
Murrhardt 259

Nassau 151, 153, 206, 234, 324, 389, 411, 440, 450
Naumburg 88, 120, 122, 127, 191, 462
Navarra 147 f.
Neapel 135
Neuchâtel 138
Neu Delhi 477, 492 f., 500
Neudietendorf 257
Neuendettelsau 320, 328, 338, 364, 420

Neuengland 212, 215, 216
Neuwied 257
New York 399, 430, 455
Nicaragua 481
Niederlande 25 f., 44, 49, 103 f., 128, 133, 140, 149-154, 160, 164, 202-204, 207, 215, 218, 220, 223f., 230-232, 234, 245, 250, 254, 267, 310, 318, 437 f., 443, 480
Niederrhein 202, 233, 234
Niesky 257, 332
Nikolsburg 102
Nordamerika 164, 212, 246, 255, 264, 315-317, 338, 358, 384f., 398, 455, 488, 490, 503
Northampton 317
Norwegen 134, 318, 373
Noyon 135
Nürnberg 47, 85 f., 102, 108-111

Oberlausitz 249 f., 254, 257, 332, 440, 460
Österreich 9, 96, 167, 182 f., 218, 249, 292, 299, 310 f., 313f., 328 f., 359, 369, 379, 390, 480, 485
Oldenburg 401, 447, 459, 494
Orlamünde 100
Orléans 136
Osmanisches Reich 108, 124, 497
Osnabrück 182, 218, 220, 347, 485
Ostfriesland 103, 202
Oxford 14 f., 17, 20, 26, 28, 345, 490

Paderborn 350, 391, 485, 494
Palästina 1, 62, 171, 377, 427, 444, 449
Paraguay 174
Paris 14 f., 20, 22, 32 f., 38, 136, 146, 148, 149, 171, 250, 308 f., 361, 488
Passau 128, 346
Pennsylvania 216, 246, 262
Perleberg 263
Peru 173, 481
Pfalz 118, 153, 182 f., 191, 204-207, 217 f., 220, 234, 272, 310, 313, 324, 329
Pisa 12, 33 f.
Plymouth 216

Poissy 147
Polen 103 f., 134, 249, 298, 390, 420, 433, 482 f., 485
Pommern 88, 194, 196, 220, 321, 430, 440
Portugal 13, 173 f., 246, 290, 361, 377
Potsdam 325, 406, 469
Prag 20, 27, 29-31, 35 f., 43, 77, 169, 218 f., 426, 452, 466
Preußen 116 f., 149, 190, 239, 263, 281, 331-333, 346 f., 351, 369 f., 374-377, 386, 389, 391, 394, 409, 440
Provence 7, 11, 45
Providence 216

Quedlinburg 199, 262

Rappoltsweiler 235
Regensburg 102, 107, 121, 123, 126, 138, 218, 310 f., 346
Reutlingen 110
Rheinhessen 313, 324
Rheinland 24, 76, 321, 327, 352, 415, 440 f., 444
Rhens 10
Rhode Island 216
Riga 293
Rijnsburg 232
Rom 3, 5-9, 12 f., 32-35, 37, 41 f., 47, 51 f., 58, 62, 67, 105, 109 f., 154, 156, 171, 180 f., 184-186, 291 f., 296, 346-349, 355-358, 360, 390 f., 434f., 438, 477-479, 481 f., 484 f., 495 f.
Ronneburg 256
Ronsdorf 265
Rottenburg 347, 350
Rotterdam 271
Rumänien 104, 390
Russland 245, 291, 309, 314, 381, 386, 497-499

Sachsen 42, 62f., 65, 68, 71 f., 86, 91, 100, 108-111, 114, 117 f., 121f., 125-128, 176, 191 f., 203, 205, 217, 239, 249, 253, 255 f., 313, 329, 423 f.
Safenwil 396

Orte

Salamanca 171, 174, 184
Salem 216
Sankt Chrischona 318
Sankt Gallen 95
Santiago de Compostela 42
Saumur 149
Schaffhausen 95 f., 102
Schleitheim 102
Schlesien 100, 209, 485
Schlettstadt 89
Schlüchtern 388, 395
Schmalkalden 113, 119
Schottland 13, 133, 153 f., 157, 213, 317
Schwäbisch Gmünd 442
Schwäbisch Hall 102, 118
Schwarzenau 264
Schweden 8, 134, 219 f., 489
Schweiz 24, 44, 57, 76, 88, 90 f., 95–97, 102, 137, 141, 153, 234, 254, 278, 318, 336, 359, 371, 381, 395, 480, 490
Sedan 149, 271
Siebenbürgen 103 f., 134
Siegerland 322
Solms 206, 240
Sowjetunion 381, 383, 426, 437, 450, 452, 461, 463, 472 f., 498 f.
Spanien 13, 41, 133 f., 150, 156, 168, 170, 173 f., 184, 218, 246, 290, 309, 355, 374, 377, 437
Speyer 101, 109 f., 118, 346
Spöck 320
Stolberg 77
Stolp 333
Stotternheim 61
Stralsund 251
Straßburg 22, 89 f., 103, 105, 110, 112, 126, 138, 176, 194, 235, 400
Stuttgart 48, 199, 320, 430, 443, 444, 456
Südafrika 255, 323, 481, 493
Südamerika 171, 173 f., 246, 255, 373, 385
Südsee 378
Sudetenland 426, 485
Suriname 246, 255

Taizé 493
Tansania 255
Theate 169
Thüringen 22, 63, 76–78, 250, 257, 389, 404, 424
Tirol 76, 102
Torgau 111 f., 192
Toskana 11
Tours 147
Tranquebar 246
Treysa 441 f., 445
Trient 50, 55, 119, 123, 126, 162, 170, 175 f., 178
Trier 38, 76, 202, 204, 291, 310, 352 f.
Tübingen 20, 86, 195, 251, 335, 339, 350, 393, 455, 485, 499

Ulm 24, 100, 110, 416
Ungarn 110, 134, 298, 329
Unna 197
Uppsala 489
Utrecht 151, 208, 231–233, 359, 438, 491

Vancouver 456, 493
Vatikan, Vatikanstaat 8, 51, 91, 356, 390
Venedig 135, 476, 481
Verden 218, 220
Versailles 306, 369
Vienne 7, 12, 32, 104

Waldshut 102
Waldeck 324
Wales 180
Walldürn 41
Wartburg 72–74, 79, 314
Warthegau 407, 433
Wassy 147
Weimar 125, 293, 301, 363, 386
Wesel 26, 150, 202
Westfalen 321 f., 325, 327, 410, 415, 440
Wetterau 234, 240, 254–256, 264
Wertheim 285
Wied 206
Wien 3, 20, 38, 90, 110 f., 124, 169, 172, 181, 291, 306, 313 f., 323, 347, 350, 354

Wiesbaden 324
Wieuwerd 232
Wildhaus 90
Wilsnack 41
Windesheim 25
Wittenberg 27, 42, 55, 62–65, 67 f., 70, 73–75, 78f., 85–89, 92, 94, 98, 100, 107, 112 f., 117, 119 f., 123, 125, 133 f., 141, 154, 185, 188, 192, 195 f., 202, 206, 238, 249, 331, 354, 364, 410
Wittgenstein 240, 263–265
Wolfenbüttel 122, 286 f.
Worms 27, 70–72, 95, 108–111, 113 f., 120, 138, 154, 190, 446
Württemberg 86, 118, 176, 183, 192, 199, 229, 257 f., 260, 264, 311, 318 f., 350, 366, 371, 377, 395, 410, 440, 447, 459
Würzburg 183, 346, 354, 360, 484 f., 487
Wuppertal s. Barmen, Elberfeld, Ronsdorf

Ysenburg 206, 240, 256, 263

Zeist 257
Zittau 249
Zollikon 102
Zschopau 200
Zürich 55, 88, 90–97, 99, 102, 105, 140, 146, 294, 395, 397
Zwickau 77
Zwolle 25 f.

Sachen

Abendmahl 30 f., 53, 60, 68 f., 74 f., 83 f., 87–89, 94, 100, 98, 104–108, 114, 121, 126, 138, 140f., 145, 179, 204, 206, 234, 251, 261, 324–327, 401, 408, 446, 495
Ablass 5, 8, 12, 14, 27, 40 f., 52, 55, 62, 65–67, 85, 93, 112, 179
Absolutismus 167, 224, 290, 292
Achtzigjähriger Krieg 150–152, 164, 223
Adiaphoristischer Streit 127, 188
Adveniat 483, 486
Älteste 118, 139, 146 f., 252, 256
Agendenstreit, preußischer 326–328, 333, 400
aggiornamento 476 f.
Aktion Sühnezeichen 444
Allgemeines Preußisches Landrecht 284, 313
Altgläubige (Altritualisten) 498
Altkatholiken 359
Altprotestantismus s. Neuprotestantismus
Altlutheraner 328 f.
Altonaer Bekenntnis 416

Alumbrados 170 f.
Amt, Ämter 10, 28, 89, 139, 144, 179, 213 f., 246, 253, 316, 329, 338, 344, 428, 478, 491, 495
Anglikanismus 134, 154–156, 162, 201, 210–215, 246, 270, 316, 344 f., 359, 377, 419, 479, 490 f.
Antichrist 2, 27 f., 30, 68, 124, 190
Antiklerikalismus 59, 78, 92
Antimodernismus 357, 360 f., 399, 476
Antimodernisteneid 362, 476
Antinomer 82, 189
Antinomistischer Streit 189
Antisemitismus s. Juden
Antitrinitarier 99, 103 f., 134 f., 140, 214
Akkomodation 175, 282, 284
Ansbacher Ratschlag 418
Apokalyptik 29, 31, 51, 78, 100, 102 f., 124, 219, 258f., 260–262, 312, 319
Apologie der CA 87, 113, 181, 193
Apostolikumsstreit 342, 371
Arbeiterschaft 298–300, 305, 316, 319, 361, 364, 366–368, 386, 395f., 402

SACHEN

Arbeitsgemeinschaft Christlicher Kirchen 456, 473, 492, 494
Arierparagraph 407, 410-412, 415, 426-428
Arminianer s. Remonstranten
Armut 9-12, 17, 23, 28, 169, 171
Arndtsche Frömmigkeitsbewegung 199, 228, 235
Arnoldshainer Konferenz 447, 459
Atheismus 251, 265, 272, 276, 365, 381, 402
Aufklärung 104, 159, 162, 164, 167, 195, 223, 224-226, 229, 243, 250, 258, 264-294, 300 f., 318, 323, 332 f., 344, 346, 350
Augsburger Bekenntnis s. Confessio Augustana
Augsburger Interim 90, 126-128, 155, 176, 188, 190, 202
Augsburger Religionsfriede 96, 128-130, 149, 163, 167, 181 f., 190, 202-205, 220
Augustinereremiten 38, 61-63, 74, 150

Babel, Babylon 7, 32, 50, 69, 154, 261 f.
Babel-Bibel-Streit 343, 371
Baptisten 212, 214, 216, 319, 322
Barmer Synode s. Reichsbekenntnissynoden
Barmer Theologische Erklärung 398, 417 f., 441 f., 445, 468
Barock 181, 223 f., 244
Barockscholastik 184
Bartholomäusnacht s. Pariser Bluthochzeit
Basler Mission 318, 372, 377
Bauernkrieg 74, 76-79, 102, 114
Befreiungskriege 299, 312, 325, 380
Befreiungstheologie 455, 480f.
Beichte 5, 38, 40f., 61, 88, 122, 171 f., 184, 186, 240, 345, 400,
Bekehrung 25, 45, 136, 189, 215, 226, 230-233, 238, 242, 249, 252, 259, 262, 293, 316, 373
Bekennende Kirche 382, 398, 410, 412, 415 f., 418-426, 428-433, 441, 444 f., 450, 457, 465, 466

Bekenntnisbewegung Kein anderes Evangelium 457
Bekenntnisschriften 87, 97, 113, 119, 150, 162, 193, 204, 206, 283, 326, 338
Benediktiner 347, 401 f.
Berleburger Bibel 264, 285
Berliner Beichtstuhlstreit 240
Berliner Bischofskonferenz 486
Berneuchener Bewegung 401
Betheler Bekenntnis 427 f.
Bewegung für Glauben und Kirchenverfassung 446, 489-491, 494
Bewegung für Praktisches Christentum 419, 489-491
Bibelgesellschaften 245, 318 f., 321
Bibelhumanismus 48, 145
Bibelübersetzung 28, 49, 55, 73, 85 f., 88, 94, 146, 154, 178, 206, 246, 264, 285, 287
Biblische Theologie 258 f., 339
Bilder 41-43, 75, 93 f., 98, 140, 150
Bischofsamt 134, 155, 210-214, 253, 344
Blaues Kreuz 372
Böhmische/Mährische Brüder 31, 134, 199, 250-252
Book of Common Prayer 155 f., 211, 213
Braunschweiger Fehde 122
Brot für die Welt 452, 483
Brüder/Schwestern vom gemeinsamen Leben 25, 43
Bruderräte 416 f., 418-424, 424, 426, 432, 440-442, 444 f., 450 f., 465 f.
Buchdruck 4, 54, 68, 59
Bürgertum 224, 271, 298 f., 300, 303, 305, 319, 324, 328, 336, 364, 367, 381, 394, 448, 462
Bund der Evangelischen Kirchen in der DDR 459, 467, 469f., 472-474
Buße 25, 29, 51, 66, 69, 83, 102, 124, 139, 198, 236, 242, 252, 264, 316, 426
Buttlarsche Rotte 265

Calvinismus 87, 133, 135, 141f., 144 f., 149 f., 152, 157, 160, 162, 188, 192, 202, 204, 207 f., 211f., 215, 230, 250, 499

Cansteinsche Bibelanstalt 245
Caritas 368, 392, 486
Charismatische Bewegung s. Pfingstbewegung
Chiliasmus 31, 231, 238, 260, 262
China-Inland-Mission 378
Christenlehre 464, 475
Christenverfolgung 384, 437, 490, 498
Christlich-Demokratische Union 375, 430, 448 f., 451 f., 458, 462, 474, 483
Collegium Germanicum 180, 360
Collegium Pietatis s. Konventikel
Collegium Romanum 180, 184, 360
communicatio idiomatum 81, 106
Confessio Augustana 87, 111-113, 119-121, 134, 138, 165, 190f., 193, 203, 205, 328, 499
Confessio Belgica 150, 152 f.
Confessio Gallicana 146, 150
Confessio Helvetica Prior 97, 108
Confessio Helvetica Posterior 97, 141
Confessio Saxonica 176, 191
Confessio Scotica 157
Confessio Tetrapolitana 112 f.
Confessio Virtembergica 176
Confutatio 113
Congregatio de propaganda fide 175
consensus quinquesaecularis 196, 210
Consensus Tigurinus 97, 141
Corpora Doctrinae 191, 193
Corpus Evangelicorum 221, 239
CVJM 372, 488 f., 491

Dänisch-Hallesche Mission 246, 255
Dahlemer Synode s. Reichsbekenntnissynoden
Dahlemiten 420, 423 f., 430-432
Darmstädter Wort 444
Declaratio Ferdinandea 129 f., 182
Deismus 104, 269-272, 284 f., 308
Dekalog 38, 70, 84, 167, 179, 212
Denkschriften der EKD 454, 483
Deus absconditus, revelatus 16, 91, 143
Deutsche Bischofskonferenz 484, 487, 494

Deutsche Christen 382, 398, 404 f., 407-413, 418, 420, 423, 425, 428f., 431, 433
Deutsche Christentumsgesellschaft 318, 363
Deutsche Christliche Studentenvereinigung 372, 411, 451
Deutsche Demokratische Partei 343, 367, 388
Deutsche Evangelische Kirche 382, 404, 407-410, 412-415, 418, 420 f. 425, 428, 431 f.
Deutsche Revolution (Märzrevolution) 236, 299, 328 f., 354, 368
Deutscher Evangelischer Kirchenausschuss 332, 388, 390, 408, 411
Deutscher Evangelischer Kirchenbund 331 f., 382, 389, 408
Deutscher Evangelischer Kirchentag 331, 354, 364, 389, 451, 456f., 468
Deutscher Orden 24, 116, 239
Deutscher Protestantenverein 319, 336, 341, 370
Deutschglaube 403, 406, 421, 437
Deutschkatholiken 353 f.
Devaheim-Skandal 393
Devotio moderna 20, 25 f., 150
Diakone 322, 364
Diakonie 305, 365, 368, 372, 392, 432
Diakonissen 266, 320, 338, 363f., 372
Dialektische Theologie 394-398, 417
Diasporaarbeit 254, 257, 318
Dissenter 152, 159, 214, 344
Dominikaner 11, 21-24, 42 f., 49, 89, 174, 176, 179, 184 f., 200, 356, 400
Dominikanertheologie 18 f., 194
Dordrechter Synode 144, 152 f., 204, 208 f., 230 f.
Dreißigjähriger Krieg 163 f., 167, 182 f., 217-220, 223, 267, 383
Dunkelmännerbriefe 49, 76

Edikt von Nantes 148 f.
Ehe 79, 84, 92, 154, 201, 253, 262, 296, 351, 304, 307, 351 f., 355, 364, 374-376
Einheitsrat, päpstlicher 477, 495

SACHEN

Eisenacher Konferenz 331 f., 389
Eisenacher Regulativ 332 f.
Elizabethan Settlement 156, 210
Emser Punktation 291 f.
Empfängnisverhütung 477, 484
Empirismus 270, 303
Englischer Bürgerkrieg 164, 213, 223
Entdeckungsfahrten 4, 54, 174
Entmythologisierung 457
Entwicklungsgedanke 56, 293, 298, 302, 335, 338, 502
Enzyklopädisten 272
Episkopalismus 167, 177, 291
Erbauungsliteratur 26, 43, 186, 195–200, 215, 230 f., 235 f.
Erbauungsversammlungen s. Konventikel
Erbsünde s. Sünde
Erbsündenstreit 189
Erdbeben von Lissabon 271 f., 277
Erlanger Theologie 320, 328, 338 f.
Erste Zürcher Disputation 93
Erster Weltkrieg 297–299, 313, 367, 379–381, 383, 390, 393, 395f., 400, 403, 488 f.
Erweckungsbewegung 229, 246, 257 f., 294, 305, 315–323, 327, 330, 332, 337 f., 362, 374, 377, 487 f.
Euthanasie 432, 436
Evangelikalismus 229, 316 f., 344, 377, 453, 456, 458, 488
Evangelisation 316 f., 372 f., 458, 494
Evangelische Akademien 447, 451
Evangelische Allianz 318, 456, 488
evangelische Bewegung 60, 73–75, 79, 85, 89, 92 f., 95, 99, 103 f., 116, 133, 135, 146, 154, 157, 169
Evangelische Kirche der Altpreußischen Union 389 f., 405, 409–416, 420, 423, 425 f., 440, 447, 460, 462
Evangelische Kirche der Union 440, 447, 459, 462, 469
Evangelische Studentengemeinde 444, 451, 454, 463
Evangelischer Bund 376, 431
Evangelisches Hilfswerk 442 f.

Evangelisch-Sozialer Kongress 367
Febronianismus 291
Fegefeuer 40–42, 65 f., 91
feministische Theologie 455
Fiskalismus, kurialer 7 f., 14, 36, 59
Flugschriften 60, 73, 85
Föderaltheologie 208 f., 215, 232 f.
Fragmentenstreit 286–288
Franckesche Stiftungen 244
Frankfurter Anstand 120, 128
Franziskaner 9–12, 17, 33, 51, 117, 169, 175, 356, 481
Franziskanertheologie 3, 14–20, 42, 356
Französische Revolution 223 f., 271, 294, 298 f., 306–308
Frauen 44, 85, 232, 236, 253, 300, 359 f., 363 f., 372, 393 f., 432f., 455, 458, 493
Frauenarbeit, kirchliche 392–394, 431 f.
Frauenordination 359, 364, 385, 432 f., 458, 493
Freie Demokratische Partei 367, 453, 458
Freie Evangelische Gemeinden 319, 322
Freikirchen 212, 257, 316 f., 319, 322, 328, 344, 353, 374, 388, 420, 488, 504
Freisinger Bischofskonferenz 355, 486
Fremdengemeinden, reformierte 138, 150, 152–154, 156 f., 202
Friedensbewegung 453, 472
Frömmigkeit 4, 20 f., 24–26, 38–44, 55, 59, 137, 180, 185–187, 195–201, 208, 214, 224, 226, 228, 230–232, 235, 237, 243 f., 256, 258, 277, 293 f., 315–317, 320, 357, 360 f., 373, 430, 451, 457, 475, 497 f.
Frömmigkeitstheologie 38 f., 43
Fürstenreformation 74, 79, 109, 114
Fuldaer Bischofskonferenz 355, 406, 436, 483 f., 486,

Gallikanismus 36 f., 58, 309, 348
Gegenreformation 31, 96 f., 130, 134, 165 f., 168, 170 f., 177, 182 f., 186, 188, 218, 221, 292

geistliche Fürstentümer 58, 122, 130, 182 f., 218, 291, 310 f., 346
Gelübde 61, 74, 171 f.
Gemeinden unter dem Kreuz 202
Gemeindetag unter dem Wort 457
gemeiner Kasten 74, 116
Gemeinschaftsbewegung 229, 371–373
Genfer Akademie 133, 139, 141
Genfer Katechismus 139, 205
Genfer Psalter 140, 233
Gesangbuch 75, 234, 247, 250, 319, 331, 401
Geschichte 162, 208 f., 238, 258 f., 263, 272, 274, 276, 278, 293 f., 297 f., 301 f., 304, 335, 337, 340–342, 350, 378, 391, 397, 417, 501, 503
Gesellschaftsvertrag 10, 224, 272, 278
Gesetz 28, 82, 84, 87, 98, 107, 143, 189, 418
Gewissen 38, 61, 71 f., 75, 84, 110, 121 f., 124 f., 147 f., 159, 215, 280, 283 f., 333, 396, 477, 480, 484
Gewissensfreiheit 124, 147 f., 159, 280, 283 f., 387, 480
Glaubenskongregation 170, 482, 485, 495
Gnadauer Verband 372 f., 457
Gnade 15, 17, 19 f., 38, 64, 66, 74, 80–83, 98, 106, 112, 143 f., 178, 215, 238, 242, 259, 273, 279, 316
Gnesiolutheraner 87 f., 127, 188–191, 193
Gott-ist-tot-Theologie 431, 457
Gottesbeweise 16, 268, 275
Gottesdienst 8, 43, 75, 94, 99, 110, 116 f., 126, 139 f., 147–149, 117, 155, 168, 180, 204, 206, 210–212, 214, 221, 234, 236, 251, 253, 261, 292, 296, 322, 326, 336, 350, 400–402, 421, 426, 429, 433, 437, 478, 481, 490
Gottesfreunde 24, 26, 43
Gustav-Adolf-Verein 319, 431
gute Werke 42, 69 f., 104, 178, 186, 189, 238

Heidelberger Disputation 67, 89

Heidelberger Katechismus 97, 140, 145, 152 f., 204–206
Heilige 40–43, 57, 61, 65, 74, 90 f., 148, 171, 181, 290, 292, 345, 361, 482
Heilige Allianz 314
Heiliger Rock 352 f.
Heiligung 87, 143, 215, 216, 230, 242, 252, 264, 316, 371
Heiligungsbewegung 371, 373
Hermannsburger Mission 323, 377
Herrnhuter Brüdergemeine 31, 228, 248–257, 259, 263, 316, 318, 332, 377
Herz Jesu 361
Hesychasmus 497
Hexen 43 f., 164, 216
Himmelfahrt Marias 42, 358, 361, 475
historisch-kritische Exegese 271, 279, 282, 304, 335, 339, 342, 350, 360, 398
Homberger Synode 117
Hugenotten 133, 147, 164, 209, 264, 271
Hugenottenkriege 147–149, 223
Humanismus 4, 20, 38, 47–50, 57, 59, 68, 76, 80, 86, 89, 93, 97, 99, 102 f., 105, 120, 135 f., 140, 146, 149, 154, 170, 172
Hussiten 27, 29–32, 35 f., 53, 134, 199, 218, 250, 499
Hutterer 102, 395

Idealismus, deutscher 22, 201, 260, 275, 301, 315
Independentismus 212–214
Index verbotener Bücher 177, 350
Innere Mission 305, 319, 322, 331, 364–368, 392 f., 410, 431, 442 f.
Inquisition 22, 104, 134, 169 f., 177, 179, 186
Inspirierte 254, 261, 264
Institutio Christianae Religionis 136–138, 142, 207
intakte Kirchen 410, 412–416, 418–421, 424, 423, 440
Interimistischer Streit 127, 188
Internationaler Missionsrat 379, 489, 493

Sachen

Invocavit-Predigten 75, 92
Irenik 50, 120, 209 f.
Islam 124, 170, 287, 384
ius circa sacra/ius in sacra 168, 370
ius reformandi 129 f., 203

Jansenismus 187, 229, 250
Jesuiten 44, 170 f., 173 f., 175, 184, 231, 290 f., 347 f., 359, 376, 430, 482
Josephinismus 292
Jubiläum (Heiliges Jahr) 5
Juden, Judentum 41, 49, 123 f., 152., 170, 185, 238, 256, 268, 287, 330, 307, 310, 312, 337, 343, 367, 403-405, 426-428, 437 f., 444, 462, 479
Jülich-Klevischer Erbfolgestreit 122, 207
Jugendarbeit 186, 393, 463 f., 471, 486
Jugendbund für entschiedenes Christentum 372
Jugendweihe 464, 486
Jungreformatorische Bewegung ???

Kabbala 48 f., 259
Kaisertum 2-4, 9 f., 58, 71, 85, 111, 113, 118, 217, 220, 239, 308 f., 311 f., 329, 369, 386, 496, 498
Kanonisches Recht 8, 32 f., 66, 70, 116, 390, 486, 490
Kanzelparagraph 375 f.
Kappeler Krieg, Erster und Zweiter 96 f.
Kapuziner 12, 135, 169 f., 183
Karmeliten 185 f., 437
Katechismus 97, 117, 137, 139 f., 145, 152 f., 162, 173, 179 f., 192 f., 202, 204-206, 232, 236 f., 246, 324, 481
Katholikentag 354, 484
Katholische Aktion 362
Katholische Aufklärung 290-293, 346, 350
Katholische Erweckung 320 f.
Katholische Liga 217 f.
Katholische Reform 168-173
Katholische Soziallehre 362, 368 f.

Katholischer Verein Deutschlands 352, 354, 484
Kenosis-Streit 195 f.
Kirche 6, 10, 25, 28, 30, 38, 56, 67, 69, 83 f., 87, 100, 112,114, 120, 144, 162, 167 f., 190, 193, 201, 211, 212, 216, 230 f., 237, 242, 259, 261, 283, 291, 304 f., 308 f., 315, 327 f., 338, 340, 345, 348-350, 354 f., 358, 360, 391 f., 420, 433, 441 f., 453, 458 f., 465, 468, 470, 478-480, 490, 501 f., 504
Kirchenausschüsse 423-425
Kirchenaustritt 370, 375, 384, 426, 436, 458
Kirchengeschichte 55 f., 181, 189 f., 201, 263, 278, 334, 337, 343 f., 384, 496, 501-504
Kirchenhoheit/Kirchengewalt s. ius circa sacra/ius in sacra
Kirchenkampf 382, 398, 405-422, 441, 450 f., 457, 463
Kirchenlied 150, 200 f., 233 f., 229, 233 f., 247 f., 250, 254, 281, 316, 331, 502 ???
Kirchenordnung 74 f., 88, 116 f., 134, 139, 144, 146, 149, 152, 157, 204, 326 f.
Kirchenreform 3, 32, 34 f., 48, 52, 55, 69, 90, 109, 169 f., 179, 197, 213, 231, 237, 239
Kirchenstaat/Vatikanstaat 5, 7 f., 34, 51, 91, 126, 176, 310, 313 f., 356, 375, 390
Kirchensteuer 387, 474
Kirchenunionen 200, 207, 210, 306, 323-327, 408, 496
Kirchenväter 48 f., 59, 90, 136
Kirchenverfassung 88, 116, 134 f., 139, 144, 165, 167, 211 f., 304, 324, 329, 330, 370, 389, 407 f., 418, 440
Kirchenvolks-Begehren 485
Kirchenzucht 89, 102, 118, 138-140, 144, 146, 203, 231
Kirchliche Hochschulen 366, 420, 457, 462
Kirchliche Ostkonferenz 462 f., 468
Kirchliches Einigungswerk 433, 441
Kölner Kirchenstreit 351 f., 374

Kollegialismus 168, 278
Kolonialismus 173–175, 216, 246, 255, 291, 299, 316, 377 f., 463
Kolpingwerk 352, 368
Kommunismus 381, 383 f., 386, 437, 450, 460 f., 463, 482, 498 f.
Konferenz Europäischer Kirchen 492
Konfessionalisierung 56, 162, 165 f., 168, 170, 202–207, 217
Konfessionalismus 163, 165, 219, 306, 315, 318, 327 f., 330, 338
Konfessionsbildung 56, 165, 204
Konfessionskultur 145, 163, 166
Konfessionsmigration 129, 149, 153, 164, 212, 216, 262
Konfirmation 89, 111, 464
Kongregationalismus 117, 212 f., 317
Konkordate 37, 58, 309 f., 346, 390 f.
Reichskonkordat 292, 391, 434–437, 449, 83
Konkordienformel 192–196, 203, 206
Konservatismus 283, 299, 302, 306, 315, 329 f., 337–339, 367, 370, 374, 388, 394, 406, 410, 450, 456 f., 482
Konsistorium 117, 139, 144, 146, 152, 168, 204, 327, 389
Konstantinische Schenkung 38, 48
Kontroverstheologie 164, 184, 188, 194, 226, 237, 241
Konventikel 228, 232–240, 242, 250, 257, 260–262
Konversion 49, 124, 129, 148, 170, 183, 238, 249, 312, 320, 330, 337, 345, 427, 437
Konziliarer Prozess 455 f., 472 f., 493
Konziliarismus 14, 20, 32–38, 50
Konzilien 3, 6 f., 9 f., 12, 14, 32 f., 36, 52, 68 f., 72, 109, 113, 119 f., 169, 480, 490, 496, 499
Konzil von Basel 31, 35–38
Konzil von Ferrara-Florenz 37, 496, 498
Konzil von Konstanz 30, 33–35, 50, 68
Konzil von Trient (Tridentinum) 50, 55, 119, 123, 126, 162, 170, 175–179
Erstes Vatikanisches Konzil 356–359

Zweites Vatikanisches Konzil 180, 385, 400, 402, 476–482, 484 f., 487, 496
Kreisauer Kreis 429
Kriegsdienstverweigerung 468, 472
Kryptocalvinismus 192, 203, 206
Kulturkampf 296, 349, 368, 374–376, 380, 436
Kulturprotestantismus 336, 340 f.
Kunst 45–47, 51, 245, 301 f., 304
Kurie 3, 7 f., 12–14, 17, 22, 36 f., 58 f., 65 f., 80, 121, 170, 175, 179, 309, 348, 352, 477

Laien 5, 21, 23–25, 31, 38, 41, 43, 56, 66, 69, 85, 169, 179, 181, 186 f., 317 f., 348, 350 f., 355, 376, 389, 434, 478, 480, 484, 497
Laizismus 362, 381, 386 f.
landesherrliches Kirchenregiment 53, 114, 144, 166–168, 204, 298, 325, 338, 382 f., 385, 388
Latitudinarismus 270, 345
Lausanner Bewegung 458
Leben Jesu 26, 50, 264, 336, 339, 342, 344
Leipziger Disputation 68
Leipziger Landtagsvorlage 127, 188
Leuenberger Konkordie 145, 446
Liberale Theologie 228, 306, 319, 334–337, 339, 341 f., 344, 366 f., 370, 394, 396 f., 418, 457
Liberalismus 224, 296, 298 f., 304, 307, 314 f., 325, 328–330, 338, 343, 345 f., 348 f., 353–355, 367 f., 370, 374, 386, 468
Liebenzeller Mission 378
Lima-Erklärung 491
Liturgie 75, 78, 94, 117, 126, 134, 138–140, 149, 155, 180, 204, 206, 210–212, 214, 251, 253 f., 256, 281, 290, 292, 319, 326, 338, 344 f., 393, 400–402, 426, 478, 480, 491, 498
Liturgische Bewegungen 393, 400–402
Loccumer Erklärung 474

Loccumer Manifest 408 f.
Loci communes 86 f., 137, 191, 195
Lollarden 27-29, 32
Losungen 254
Lutherrat 424 f., 442, 445
Luthertum 82, 86 f., 90, 101, 107, 111 f., 118, 124 f., 127, 129 f., 133 f., 139, 141, 150, 160, 152, 160, 162 f., 188, 192, 194-205, 207, 209 f., 219, 228-230, 235, 237 f., 240, 246, 252, 280, 284, 306, 318, 320, 324, 327-330, 338, 396 f., 404, 408, 416, 418, 424, 450, 457, 490, 492, 495
Lutherrenaissance 47, 394, 396, 410

Märtyrer 30, 150, 156 f., 357
Magdeburger Zenturien 181, 189
Majoristischer Streit 188 f.
Marburger Artikel 107, 111,
Marburger Religionsgespräch 107, 110
Marienverehrung 42, 174, 356, 360 f., 475, 482
Marxismus 57, 79, 365, 400, 402, 444, 451 f., 461 f.
Materialismus 272, 303, 357, 367, 402
Melchioriten 102 f., 150, 202
Mennoniten 103, 150, 152, 212, 250
Menschenrechte 307, 453, 473
Messe 41, 61, 69, 74 f., 93 f., 117, 136, 148, 179 f., 205, 292, 345, 401 f.
Metaphysik 4, 16, 28, 38, 225, 267 f., 273, 275, 288 f., 303
Methodismus 255, 316 f., 493
Militärseelsorge 387, 435, 449 f., 467, 474 f.
Misereor 483, 486
Mission 173-175, 246, 255, 316, 320 f., 338, 372, 377-379, 489 f., 493 f.
Modernismus 360, 362
Mönchtum 12 f., 21, 24, 34, 57, 59, 61, 63, 66, 74, 76, 79, 85, 94, 112, 161, 169 f., 253, 290-292, 307, 311, 347, 436, 497 f.
Molinismus 185, 187
Monismus 259, 268, 371, 402
Montagsdemonstrationen 473
Moral 28, 50, 100, 108, 163, 211, 219, 224,
269, 275 f., 280 f., 283-285, 287, 340 f., 355, 406, 502
Münsteraner Täuferreich 103, 150
Mystik 21-24, 39, 62, 185-187, 197, 200, 234, 248, 252, 256
mystischer Spiritualismus s. Spiritualismus

Nadere Reformatie 208, 228 f., 230 f.
Nationalsozialismus 124, 382 f., 396, 403-438, 441, 443, 452, 483
Nationalismus 299, 312, 314, 379, 396, 444, 498
Naumburger Bischofsexperiment 88, 127
Naumburger Fürstentag 191
Neologie 277, 279-283, 287, 293
Neuheidentum s. Deutschglaube
Neupietismus 257, 315, 319, 371
Neuplatonismus 21, 24, 48, 201, 399
Neuprotestantismus 159, 225, 343
Neuscholastik 359 f.
Neuthomismus 359, 400
Neuwerkkreis 388
Nikodemiten 146
Nominalismus s. Universalienproblem
Nouvelle Théologie 400
Novemberrevolution 298, 381, 386
Nürnberger Anstand 114, 120
Nürnberger Ausschuss 415 f.
Nuntius, Nuntiatur 119, 292, 436, 438

Ockhamismus 20, 61, 178
Ökumene 274, 321, 352, 378 f., 385, 401, 419, 430, 441, 443, 446, 456, 458, 476, 479, 487-496, 499 f., 504
Ökumenischer Arbeitskreis 494
Ökumenischer Rat der Kirchen 443, 446, 456, 458, 491-493
Offenbarung 4, 14-16, 19, 74, 99, 213, 226, 259, 269 f., 273, 276-278, 280, 284, 288-290, 293 f., 305, 333, 337, 350, 368, 370, 397, 417 f.
Oktoberrevolution 298, 381, 383
Oratorium, Oratorianer 181, 345

Ordonnances ecclésiastiques 139
orthodoxe Kirchen/Ostkirchen 3, 32, 36, 56, 134, 180, 210, 292, 381, 390, 437, 477, 479, 490–493, 496–500
Orthodoxie, (alt)protestantische 149, 153, 164, 194–198, 200, 207–209, 225 f., 231, 235, 238, 240 f., 242 f., 246 f., 249, 253, 257, 258, 264, 278, 286, 293
Osiandrischer Streit 190
Oxford-Bewegung 344 f.

Packsche Händel 110
Pädagogik 87, 199, 244, 252, 272 f., 281, 287 f., 294, 322, 463 f.
Papsttum 2–14, 17, 26, 28, 32–37, 50–52, 58 f., 112, 177, 179, 190, 238, 291 f., 346, 348, 356, 385
Paracelsismus 101, 199, 201
Pariser Bluthochzeit 148
Passauer Vertrag 128, 218
Pauperismus s. Soziale Frage
Pazifismus 91, 102 f., 450
Pest 1, 25, 127, 141, 262
Pfarrergebetsbruderschaft 372
Pfarrernotbund 410–413, 415, 428
Pfingstbewegung 373 f., 492, 504
Philadelphier 201, 216, 250, 252, 264, 265,
Philippisten 87, 127, 188, 190 f., 192 f., 203, 206
Philosophie 3, 15 f., 18 f., 265–276, 279, 284, 288 f., 301–303, 360, 399 f.
Physikotheologie 277
Pietismus 24, 164 f., 187, 195, 199, 201, 214, 216, 223–265, 274, 278 f., 284, 293 f., 315, 318 f., 332, 371, 384
Hallescher 241–248
radikaler 201, 216, 260–265
württembergischer 257–260
Pilgermission St. Chrischona 318, 377
Pilgerväter 212, 216
Piusbruderschaft 362, 481
Pius-Vereine 354
Plakataffäre 136, 146
Pluralismus 130, 162 f., 226, 389

Politische Theologie 454 f.
Positive Union 370
potentia Dei absoluta, ordinata 16 f., 19, 81
Prädestination 28, 30, 81, 140, 143–145, 152 f., 185, 204 f., 208, 212, 215
Präzisismus 231
Prager Fenstersturz 31, 218
Prager Kompaktaten 31, 36
Pragmatische Sanktion von Bourges 36
Predigerseminar 281, 408, 420, 430
Predigt 43, 73, 94, 112, 140, 172, 237, 243, 332
presbterial-synodale Kirchenverfassung 144, 146, 152, 204, 211 f., 325, 329, 370
Presbyterianismus 157, 211–214
Priesterehe s. Zölibat
Priesterseminar 180 f., 349, 360, 375, 486
Priestertum 6, 41, 68 f., 142 f., 359
Priestertum, allgemeines 69, 84, 167, 237 f., 264, 422
Prophezey s. Lectorium Tigurinum
Protestantische Union 217 f.
Puritaner, Puritanismus 144, 156, 164, 211, 211–216, 228, 230–232, 235, 246, 316, 344

Quäker 214, 216, 262, 363
Quietismus 186 f., 234

Radikale Reformation 78, 92, 94, 99–104
Radikaler Pietismus s. Pietismus
Rationalismus 103 f., 267 f., 270, 277, 280, 284–289, 294, 300, 315, 318, 327, 332, 353, 355, 357, 400
Rauhes Haus 322, 363 f., 367
Reconquista 41, 134, 170, 173
Rechtfertigung 17, 20, 27, 63 f., 80, 82 f., 87, 98, 100, 111 f., 121, 143, 178, 188, 190, 193, 252, 264, 341, 344, 380, 396, 494 f.
Redemptoristen 347
Reformatio Sigismundi 36
Reformationsjubiläum 325, 396, 471

Reformiertentum (s. a. Calvinismus) 88, 90, 97, 130, 133–135, 137, 140–142, 144–153, 155, 157, 160–164, 166, 183, 193 f., 196, 202–210, 214, 218, 220 f., 228–234, 246, 252 f., 263, 271, 274, 278, 280, 284, 294, 310, 317, 320–328, 330, 332 f., 338, 408, 416, 442, 444, 446 f., 492 f.
Reformorthodoxie 196
Reichsbekenntnissynoden
Augsburg 421 f.
Barmen 416–419
Bad Oeynhausen 424
Dahlem 419–421, 442
Reichsbischof 382, 407–412, 414, 416, 419, 421, 431, 433
Reichsbruderrat 416, 418 f., 421 f., 424, 441 f.
Reichsdeputationshauptschluss 304, 310 f., 323, 346
Reichskirche, evangelische s. Deutsche Evangelische Kirche
Reichskirche, katholische 37, 130, 291 f., 304, 311, 346, 348
Reichskirchenministerium 420, 423, 432, 435
Reichsreligionsgespräche 87, 89, 119–121, 123, 138, 190
Reichsstädte 33, 58, 74 f., 78, 89, 96, 110 f., 113–116, 126 f., 166, 194, 202, 218, 221, 235, 237, 311
Reichstag 58 f., 67, 109, 119, 121, 126, 205, 217, 221, 310, 367, 375, 406, 434
Augsburg (1530) 87, 111–113
Augsburg (1555) 128
Speyer (1526) 109, 118
Speyer (1529) 101, 110
Worms (1521) 70–72, 108
Rekatholisierung s. Gegenreformation
Religiöser Sozialismus 367, 388, 394–397, 399
Religion 130, 163 f., 229, 269 f., 275 f., 278, 280, 283, 285–290, 292, 302, 305, 333, 341, 368, 395–397, 403 f., 461

Religionsgespräche 87, 89, 107, 110, 119–121, 123, 138, 147, 190, 196, 210
Religionsfreiheit 129, 182, 214, 216, 218, 284, 307 f., 310, 355, 390, 462
Religionsgeschichtliche Schule 342–344
Religionskriege 96, 110, 125–128, 147–152, 163 f., 213, 217–219, 223
Religionskritik 272, 303
Religionsunterricht 387, 390, 432, 435, 462, 464, 474 f., 486
Reliquien 41 f., 62, 65, 352 f.
Remonstranten 153
Renaissance 4, 12, 38, 44–52, 54
Restauration 291, 298, 314, 329, 314, 353
Restitutionsedikt 219, 221
Rheinisch-Westfälische Kirchenordnung 327, 329
Ritenstreit 175
Römerbrief 63, 80, 87, 138, 316, 396
Romantik 301–303, 315, 329, 332 f.
Ronsdorfer Sekte 265
Rosenkranz 42 f., 360 f.
Rosenkreuzer 199

Saalhofpietisten 261 f.
Säkularisation 31, 36, 155, 183, 218 f., 258, 281, 292, 305, 311, 363
Säkularisierung 162, 305, 384, 397, 458, 460, 503
Sakrament 38, 69, 83 f., 98 f., 112, 144, 154, 176, 178, 212, 338, 344 f., 422, 446, 494
Salesianer 186
Schisma 307, 309
Schisma, abendländisches 3, 12, 13 f., 26–31, 35 f., 50
Schisma, morgenländisches 36 f., 497
Schleitheimer Artikel 102
Schmalkaldische Artikel 80, 191, 193
Schmalkaldischer Bund 113 f., 120–122
Schmalkaldischer Krieg 87 f., 118, 125, 176, 188, 204
Scholastik 3, 14 f., 18 f., 22, 38 f., 48, 59, 267, 276, 359

Schule 26, 47, 60, 116 f., 139, 172, 195, 244, 246, 258, 290 f., 296, 304, 316, 374–376, 387, 432, 437, 462, 464, 472, 474 f., 486
Schwabacher Artikel 111 f.
Schwarzenauer Neutäufer 261, 264
Scotismus 15, 20
Sentenzen 15, 17, 64, 184
Separatismus 212, 214, 216, 229, 231–234, 239, 250, 252, 260–264
Shoa 426 f., 444
Sichtungszeit 256
Sickinger Fehde 76
Sklaverei 255, 317
Social Gospel 490
Sonntagsheiligung 212, 230
Sonntagsschule 322
Sophienmystik 201, 260, 262, 265
Sozialdarwinismus 299, 303, 403
Sozialdemokratische Partei Deutschlands 366 f., 380, 386, 388, 395 f., 449, 451–454, 458, 460
Soziale Frage 76, 267, 300, 305, 322, 362–369
Sozialismus 299, 265, 355, 366 f., 444, 454 f., 461 f., 463, 468, 470–472, 474
Sozialistische Einheitspartei Deutschlands 460–466, 468–471, 473, 486
Sozinianismus 104, 134
spekulative Theologie 335, 339
Speyerer Protestation 110
Spiritualismus 78, 98–102, 135, 200 f., 231, 262 f.
Sportpalastkundgebung 412
Staat und Kirche 151 f., 168, 216, 296, 304 f., 307–309, 328, 330, 345, 348–352, 354 f., 362, 370, 374–376, 381 f., 386–388, 391, 406 f., 409–411, 420, 422, 427, 429, 431 f., 434–437, 448–458, 461–473, 486 f., 499
Staatskirchenrecht 167 f., 386 f., 448 f.
Staatskirchentum 95, 133 f., 139, 152, 156, 210, 212, 214, 292, 296, 304, 307–309, 316–318, 325, 330, 344, 347 f., 354, 370, 422

Staatskirchenverträge 309, 448, 458
Staatsleistungen 376, 387, 393, 413, 431
Staatssicherheitsdienst 461, 463, 466 f.
Starzen 498
Studentenbewegung 429, 444, 452, 452–456
Stuttgarter Schuldbekenntnis 443 f.
Subjektivität, Subjektivismus 100, 159, 225 f., 229, 242, 273, 279 f., 302, 338
Subjektivitätstheologie 305, 333
Sünde 5, 19, 40–42, 70, 80 f., 82, 98, 120, 143, 178, 152 f., 178, 188–190, 242, 252, 273, 276, 279 f., 340, 356
Supranaturalismus 289 f., 337, 284, 288
Suprematsakte 154, 156
Syllabus Errorum 296, 355, 357
Synergistischer Streit 189
Synkretistischer Streit 197
Synoden 32, 117 f., 144, 146 f., 152 f., 204, 208 f., 213, 230 f., 350, 370, 410 f., 415 f., 419 f., 441, 467 f., 470, 474, 480, 495
Syrisches Waisenhaus 377

Taboriten 31
Täufer 101–103, 118, 150, 202
Taufe 69, 83 f., 98, 101 f., 170, 178, 198, 242, 322, 371, 398, 479, 498
Territorialismus 167 f.
Textkritik 258, 282
Theater 172, 241 f.
Theatiner 169
Theodizee 81, 272 f.
Theosophie, Pansophie 199, 201, 259 f., 294
Thesenanschlag Luthers 65, 72
Theologia deutsch 25, 64, 100, 198
Theologiestudium 64, 86, 237, 241, 243, 247, 251
Thomismus 15 f., 20, 172, 178, 184, 187
Thüringer Weg 466
Toleranz 152, 213, 266, 270, 280, 284, 287
Toleranzakte 214
Torgauer Artikel 111 f.
Transsubstantiation (Wandlung) 28, 41, 69, 105, 179

Transzendentalphilosophie 275, 288 f.
Trinitätslehre 19, 103 f., 142, 251 f., 265, 270, 288, 342, 351, 492, 500
Tropenlehre 252
Tübinger Schule
  ältere 290
  jüngere 335
  katholische 350
Türken (Osmanen) 1, 3, 36, 48, 54, 71 f., 108, 110f., 114, 124, 134, 377, 496 f.

Übergangstheologie 277-279
Ulmer Bekenntnistag 416
Ultramontanismus 42, 306, 346-349, 356, 359 f., 374
Unbefleckte Empfängnis 42, 355 f., 358, 360 f., 475
Unfehlbarkeit 348, 358 f., 375, 476
Union Evangelischer Kirchen 459 f.
Union von Brest 496
Unitarier 104, 214
Universalien 18 f.
Universitäten, Akademien, Hohe Schulen 13, 17, 20, 22, 28-30, 32, 34, 47 f., 62, 66 f., 86, 94, 100, 116-118, 125, 133, 136, 139, 141, 149, 152, 170, 172, 174, 180, 184 f., 188, 108, 204-208, 231-233, 243, 263, 270, 274, 278 f., 282 f., 286, 289, 296, 301, 313 f., 330, 332 f., 345, 347, 350, 359, 372, 375, 378, 387, 395, 398, 400, 420, 432, 452, 455, 457, 462, 484 f., 499
Urchristentum 56, 100, 190, 231, 236, 263
Utraquisten 31, 36, 134
Verbalinspiration 83, 270, 282

Vereinigte Evangelisch-Lutherische Kirche Deutschlands 424, 445-447, 459 f., 462, 469, 494
Vereinsprotestantismus 305, 318 f., 353, 362, 392, 431
Vereinskatholizismus 305, 351-353, 392, 434
Vermittlungstheologie 339 f.

Versöhnungslehre 17, 93, 98, 143, 252, 264, 270, 276, 332, 334, 338, 341
Vertriebene 442, 454, 485
via antiqua, moderna 20, 28 f., 38, 61, 97
via media 155 f., 210
Visitation 87, 117, 181, 183, 186
Völkische Bewegung 22, 403 f.
Volkskirchenbewegung 388
Vorläufige Kirchenleitung 421 f., 424, 425 f.
Vormoderne 45, 56, 128 f., 297, 368
Vorreformatoren 27, 53, 55, 68, 161, 190
Vulgata 73, 146, 178

Waldenser 26 f., 31, 135
Wallfahrten 31, 41 f., 174, 290, 292, 352 f.
Weimarer Klassik 260, 293, 301
Weimarer Konfutationsbuch 191
Weimarer Reichsverfassung 386-388, 393, 448, 462
Weimarer Republik 331, 375, 386, 392, 394, 406, 448
Weißenseer Arbeitskreis 466, 468
Weltbund für Freundschaftsarbeit der Kirchen 380, 430, 488f.
Weltgebetstag 493
Weltgericht 24, 40, 59, 78, 103, 106, 344, 502
Weltmissionskonferenzen 378, 489 f.
Wertheimer Bibel 85
Westminstersynode 213 f.
Widerstand gegen den NS 382, 407, 429-431
Wiederbewaffnung 445, 448-450, 483
Wiedergeburt 143, 198, 215, 232, 242, 338, 365
Wiener Kongress 314, 323
Wiener Konkordat 37, 58
Wille, freier 19, 23, 50, 80, 104, 152, 171, 185, 187, 189, 193, 341
Windesheimer Kongregation 25
Wittenberger Konkordie 89, 112 f., 119 f., 202
Woellnersches Religionsedikt 283 f., 286

Wohlfahrtspflege 392, 458
Wolffianismus 274, 277, 279, 284
Wormser Edikt 72, 95, 108–110, 113 f.
Wunder 16, 42, 247, 269, 285, 289 f., 353, 398

Zehn Gebote s. Dekalog
Zentralkomitee der deutschen Katholiken 354, 484
Zentrumspartei 296, 353, 366, 368, 375, 434 f., 448

Zivilkonstitution des Klerus 307 f.
Zölibat 74, 79, 92, 126, 350, 359
Zürcher Bibel s. Bibelübersetzung
Zürcher Fastenbrechen 92
Zwei-Regimenten-Lehre 84 f., 99, 139, 162, 450
Zwei-Schwerter-Theorie 6, 9
Zweite Zürcher Disputation 94
Zweiter Weltkrieg 321, 336, 379, 383, 391, 393 f., 398, 401, 432 f., 448, 499

Wolf-Friedrich Schäufele (Hrsg.)
Reformation im Kontext
Eine Bilanz nach
fünfhundert Jahren

200 Seiten | Paperback
15,5 x 23 cm
ISBN 978-3-374-05370-4
EUR 35,00 [D]

Die Reformation war nicht bloß ein Ereignis im Binnenraum der sich neu formierenden protestantischen Kirchen, sondern entfaltete ihre Wirkungen in ganz verschiedenen Kontexten und strahlte auf alle Gebiete des politischen, gesellschaftlichen und kulturellen Lebens aus. Ausgewiesene Experten aus Deutschland und dem europäischen Ausland ordnen die Reformation in ihre unterschiedlichen historischen Kontexte ein und zeigen ihre bleibenden Wirkungen in der Gegenwart auf. Zusammengenommen ergeben die Beiträge, die auf das Studium generale der Universität Marburg im Sommer 2017 zurückgehen, ein Gesamtbild und eine Bilanz der Reformation nach fünfhundert Jahren.

EVANGELISCHE VERLAGSANSTALT
Leipzig www.eva-leipzig.de

Tel +49 (0) 341/ 7 11 41 -44   shop@eva-leipzig.de

Ulrich H. J. Körtner

Luthers Provokation für die Gegenwart

Christsein – Bibel – Politik

176 Seiten | Paperback
14 x 21 cm
ISBN 978-3-374-05700-9
EUR 25,00 [D]

Die Reformation ist mehr als Luther, aber ohne Martin Luther hätte es keine Reformation gegeben. Die Sprengkraft seiner Theologie sollte gerade heute neu bewusst gemacht werden. In einer Zeit der religiösen Indifferenz und eines trivialisierten Christentums brauchen wir eine neue Form von radikaler Theologie, die leidenschaftlich nach Gott fragt und auf das Evangelium hört. Der Gott Martin Luthers ist und bleibt eine Provokation.

Die Provokation Luthers, die vor allem den Freiheitsbegriff, die Schriftauslegung, das Arbeits- und Berufsethos sowie Luthers Theologie des Politischen betrifft, steht im Zentrum des Buches von Ulrich H.J. Körtner. Der renommierte Wiener Systematiker schließt damit theologisch an sein streitbares, 2017 erschienenes Buch »Für die Vernunft. Wider Moralisierung und Emotionalisierung in Politik und Kirche« an.

EVANGELISCHE VERLAGSANSTALT
Leipzig   www.eva-leipzig.de

Tel +49 (0) 341/ 7 11 41 -44   shop@eva-leipzig.de

Ingolf U. Dalferth
God first
Die reformatorische
Revolution der
christlichen Denkungsart

304 Seiten | Paperback
14 x 21 cm
ISBN 978-3-374-05652-1
EUR 28,00 [D]

Die Reformation war nicht nur ein historisches Ereignis mit weltweiter Wirkung, sondern eine spirituelle Revolution. Ihre Triebkraft war die befreiende Entdeckung, dass Gott seiner Schöpfung bedingungslos als Kraft der Veränderung zum Guten gegenwärtig ist. Gott allein ist der Erste, alles andere das Zweite. Das führte existenziell zu einer Neuausrichtung des ganzen Lebens an Gottes Gegenwart und theologisch zu einer grundlegenden Umgestaltung der traditionellen religiösen Denksysteme.
Das Buch des international bekannten Systematikers und Religionsphilosophen Ingolf U. Dalferth legt dar, was es heißt, Gott vom Kreuzesgeschehen her theologisch zu denken. Und es entfaltet den christlichen Monotheismus nicht als System der Vergewaltigung Andersdenkender, sondern als Lebensform radikaler Freiheit und Liebe, die sich als Resonanz der Gnade Gottes versteht.

EVANGELISCHE VERLAGSANSTALT
Leipzig   www.eva-leipzig.de

Philipp Melanchthon
Glaube und Bildung
Herausgegeben und kommentiert von Armin Kohnle

Große Texte der Christenheit (GTCh) | 10

144 Seiten | Paperback
12 x 19 cm
ISBN 978-3-374-06843-2
EUR 15,00 [D]

In der Geschichte des christlichen Denkens kommt Philipp Melanchthon (1497–1560) durchaus eigenständige Bedeutung zu. Zwar lernte er seine Theologie von Martin Luther, er verband sie jedoch mit der zweiten großen Denkströmung seiner Zeit, dem an der griechisch-römischen Antike orientierten christlichen Humanismus. Glaube und Bildung waren die beiden großen Lebensthemen des Reformators und Bildungsreformers Melanchthon. Die drei für die »Großen Texte der Christenheit« ausgewählten Schriften illustrieren Melanchthons Bildungsprogramm (Wittenberger Antrittsrede 1518), stellen ihn als evangelischen Theologen vor (Eine Summe der Christlichen Lehre an den Landgrafen von Hessen 1524) und thematisieren das für den Erfolg der Wittenberger Reformation so grundlegende Verhältnis zu Luther (Grabrede 1546).

EVANGELISCHE VERLAGSANSTALT
Leipzig   www.eva-leipzig.de

Tel +49 (0) 341/ 7 11 41 -44   shop@eva-leipzig.de